HISTOIRE

DU

JANSÉNISME

PROPRIÉTÉ.

CET OUVRAGE SE TROUVE AUSSI CHEZ LES LIBRAIRES SUIVANTS :

BESANÇON.	Turbergue.	ARRAS,	Brunet.
LYON,	Girard et Josserand	LE MANS,	Le Guicheux - Gallienne.
—	Périsse frères.		
—	Briday.	CLERMONT-FERRAND,	Paris Beaulieu.
—	Bauchu.	RENNES,	Hauvespre.
MONTPELLIER.	Séguin.	—	Thébault.
—	Malavialle.	—	Verdier.
ANGERS,	Lainé frères.	REIMS,	Bounefoy.
—	Barassé.	ROME,	Merle.
NANTES,	Mazeau.	MILAN.	Dumolard.
—	Poirier-Legros.	—	Boniardi-Pogliani.
METZ,	Mlle Constant Loïez.	TURIN,	Marietti (Hyacinthe).
—	Rousseau-Pallez.	MADRID,	Bailly-Baillière.
LILLE,	Lefort.	—	J.-L. Poupart.
—	Quarré.	LONDRES,	Burns et Lambert.
DIJON,	Hémery.	ANNECY,	Burdet.
ROUEN,	Fleury.	CHAMBÉRY.	Perrin.
NANCY,	Thomas et Pierron.	GENÈVE,	Marc Mehling.
—	Vagner.	BRUXELLES,	Goemaere.
TOULOUSE,	Ferrère.	GÊNES.	Fassi-Como.
—	Privat.		

Imprimerie de P.-A. BOURDIER et Ce, 30, rue Mazarine.

HISTOIRE

DU

JANSÉNISME

DEPUIS SON ORIGINE JUSQU'EN 1644

PAR

LE P. RENÉ RAPIN
DE LA COMPAGNIE DE JÉSUS

OUVRAGE COMPLÉTEMENT INÉDIT

REVU ET PUBLIÉ

PAR L'ABBÉ DOMENECH
MISSIONNAIRE APOSTOLIQUE, CHANOINE HONORAIRE DE MONTPELLIER
MEMBRE DE L'ACADÉMIE PONTIFICALE TIBÉRINE, ETC.

PARIS
GAUME FRÈRES ET J. DUPREY, ÉDITEURS
RUE CASSETTE, 4

Droits de reproduction réservés.

PRÉFACE.

Nous ne croyons pas pouvoir nous dispenser d'une courte préface sur l'histoire intéressante que nous publions, et de quelques mots sur le père Rapin, dont la biographie fort simple pourrait presque se réduire au catalogue de ses œuvres. Le père René Rapin naquit à Tours en 1621. Il entra dans la Compagnie de Jésus en 1639, et enseigna pendant neuf ans les belles-lettres. Il publia pendant trente ans, de 1657 à 1687, un grand nombre d'écrits en vers et en prose, en français et en latin. Il composait alternativement, dit un de ses biographes, des livres de piété et de littérature; ce qui faisait dire à l'abbé La Chambre « qu'il servait Dieu et le monde par semestre. » Néanmoins, ses productions littéraires sont, en général, très-religieuses, et l'homme de lettres se retrouve dans ses œuvres religieuses. Le fond du caractère du père Rapin paraît avoir été une grande douceur, une aménité constante et beaucoup de politesse dans ses manières et dans ses rapports avec le monde. Ses contemporains assurent pourtant qu'il eut des démêlés assez vifs avec Maimbourg et le père Vavasseur; il traita brusquement Duperrier et Santeul, qui faisaient comme lui des vers latins, et qui, au refus de Ménage, l'avaient pris pour juge du mérite de leurs poésies. Abordé par eux un jour qu'il sortait de l'église, il leur reprocha leur vanité, leur déclara que leurs vers étaient détestables, et jeta dans le tronc des pauvres l'argent qu'ils avaient déposé comme enjeu entre ses mains. Le père Rapin mourut à Paris le 27 octobre 1687.

Voici la liste de ses principaux écrits : *Trophœum famœ eminent. cardin. Mazarino, Parisiis,* 1657. *Lachrymæ in carissimi alumni sui Alphonsi Mancini tumulum, Parisiis,* 1658, in-fol. Le savant jésuite avait été préfet des études de ce jeune Mancini, dont il pleurait la mort prématurée et qui était neveu du cardinal de Mazarin. Dans la même année, il publia une *Dissertatio de nova doctrina, sive evangelium jansenistorum, Parisiis,* 1658, in-8°; puis il fit paraître, l'année suivante, ses *Eglogæ sacræ cum dissertatione de carmine pastorali, Parisiis,* 1659, in-4°, qui lui firent une grande réputation. Costar l'appela Théocrite second; Santeul et Huet le comblèrent d'éloges. *Pax Themidis cum Musis, Parisiis,* 1660, in-fol.; *Pacis triumphalia ad eminent. cardin. Mazarinum, pro pacificat. legatione feliciter gesta, Parisiis,* 1660, in-fol.; *Regi christianissimo Ludov. XIV, populorum summo pacificatori, pacifer Delphinus, carmen heroicus, Parisiis,* 1662, in-fol.;

Hortorum lib. IV, *cum disputatione de cultura hortensi*, *Parisiis*, 1665. Ce poëme des *Jardins* a eu plusieurs éditions; les changements de celle de 1666, in-12, sont très-heureux; il a été traduit en français. La traduction de Voiron et Gabiot (Amsterdam et Paris, 1732, in-8°), est la meilleure. J. Evelyn fils le publia en anglais, à Londres, 1673, in-8°. Le père Giov. Pietro Bergantini l'a traduit en italien. De tous les ouvrages du père Rapin, c'est celui qui a eu le plus de renommée; il doit ce succès à son style plein de grâce et de fraîcheur, à l'ingénieuse composition et à la pureté du latin. *Serenissimæ reipublicæ venetæ armorum trophæum*, *pro debellat. turc. ob restitut. Soc. Jesu, Parisiis*, 1667, in-fol.; *Odes à Clément IX et au cardinal de Bouillon*, Rome, 1667, in-4°; *Comparaison d'Homère et de Virgile*, Paris, 1668, in-4°; *Observations sur les poëmes d'Homère et de Virgile*, Paris, 1669, in-8°; *Discours sur la comparaison de l'éloquence de Démosthènes et de Cicéron*, Paris, 1770; *la Comparaison de Platon et d'Aristote*, Paris, 1671, in-12; *Réflexions sur l'usage de l'éloquence de ce temps*, Paris, 1671, in-12; *Apologia pro summis pontificibus romanis, generalibus conciliis et Ecclesia catholica contra D. Petri Von Buscum, Antuerpia*, 1672, in-4; *Réflexions du père Rapin sur l'éloquence*, Paris, 1672, in-12; *Diatriba theologica, Antuerpia*, 1672, in-4°; *la Perfection du christianisme tirée de la morale de Jésus-Christ*, Paris, 1673, in-12; *Réflexions sur la poétique d'Aristote et sur les ouvrages des poëtes anciens et modernes*, Paris, 1673, in-12. Le père Rapin y parlait des épigrammes avec peu d'estime, et ne daignait pas nommer celles de son confrère, le père Vavasseur, qui en avait composé plusieurs livres, et y avait joint un traité sur ce genre de poésie. Le père Vavasseur se fâcha; il écrivit les *Remarques sur les Réflexions* et appela son adversaire l'*auteur réflexif*. Le père Rapin répliqua assez vivement. Lamoignon s'entremit entre les deux écrivains et les fit consentir à supprimer, l'un ses *Remarques* et l'autre sa *Réponse*. Vint ensuite *Christus patiens, carmen heroicum, Parisiis*, 1674, in-8°; *l'Importance du salut*, Paris, 1675, in-12; *Instructions pour l'histoire*, Paris, 1677, in-12; *La foi des derniers siècles*, Paris, 1679, in-12. Sa lettre latine au cardinal Lebo, *Pro pacando Regaliæ negotio*, Paris, 1680 ou 1681, in-8°, fit beaucoup de bruit, et les amis de l'évêque de Pamiers réclamèrent contre ce qu'elle leur semblait contenir d'injurieux à la mémoire de ce prélat. *Comparaison de Thucydide et de Tite-Live*, Paris, 1681, in-12; *Artifices des hérétiques*, Paris, 1681, in-12; *Comparaisons des grands hommes de l'antiquité qui ont le plus excellé dans les belles-lettres*, Paris, 1684, in-4°; *la Vie des prédestinés dans la bienheureuse éternité*, Paris, 1684, in-4°; *Epistola ad illust. virum S. Felterium summum regii ærarii præfectum regni administ., Parisiis*, 1684, in-8°; *Du grand ou du sublime dans les mœurs et dans les différentes conditions des hommes*, Paris, 1686, in-12; *le Magnanime* (éloge du prince de Condé), Paris, 1687.

Nous ne ferons pas la critique de tous ces ouvrages, que nous n'avons fait qu'énumérer, parce que cela nous entraînerait trop loin et que d'autres l'ont fait; nous dirons seulement que son poëme des *Jardins* assure à l'auteur un rang éminent parmi les poëtes latins modernes, dans la foule desquels ses autres poésies l'auraient laissé confondu. Ses œuvres en prose française témoignent d'un rare talent d'écrire. Nous ne savons pas pourquoi le père Rapin n'a point imprimé son « Histoire du jansénisme » que nous publions aujourd'hui, et à laquelle il avait travaillé pendant plus de vingt ans. Nous n'avons trouvé nulle part la raison de ce silence, mais nous croyons que c'est tout simplement pour ne point réveiller des haines mal éteintes et pour ne pas blesser des personnes ou des familles qui avaient joué un rôle quelconque dans cette grande lutte, et dont la plupart vivaient encore lorsque cet ouvrage fut achevé.

Quoi qu'il en soit, nous nous réjouissons d'avoir obtenu de M. le ministre de l'instruction publique et des cultes l'autorisation de publier en entier ce célèbre manuscrit. Nous nous sommes servi de la copie qui se trouve à la bibliothèque de l'Arsenal, et que le père Rapin lui-même avait fait faire pour les prêtres de Saint-Sulpice, qui lui avaient fourni plusieurs documents importants. Ce manuscrit, tel qu'il est, ne pouvait être publié sans une sérieuse révision. On dirait que le savant jésuite s'était borné à rassembler par ordre chronologique les matériaux de son histoire. Nous avons revu l'ouvrage en entier et fait des corrections. Nous avons retranché des redites, éliminé des passages obscurs et d'un médiocre intérêt; mais nous avons laissé à l'auteur son style, sa manière de raconter, de sentir, de juger, de voir, et l'ordre chronologique de ses relations, qui nous transportent tantôt à Louvain, tantôt à Paris, tantôt à Rome et tantôt ailleurs, sans aucune transition. Pour faciliter la lecture de cet ouvrage, nous nous sommes permis néanmoins de remplacer son ancienne orthographe, qui n'était pas très-régulière (peut-être par la faute des copistes), et nous l'avons remplacée par l'orthographe moderne[1].

Nous ne parlerons pas non plus de l'importance de ce travail au point de vue de l'histoire. Quoique le jansénisme en soit le but et le lien, l'auteur y glisse un certain nombre de détails et de faits très-curieux, qui, tout en dévoilant les causes de l'intrigue qui servit à faire éclore et à développer la nouvelle doctrine, ne laissent pas de donner de précieux renseignements sur les hommes et les choses qui illustrèrent le dix-septième siècle, et sur la moralité de la société de cette époque, célèbre à tant de titres. La position du père Rapin, ses talents et son caractère le lièrent avec une foule de personnes distinguées, qui assistèrent, soit comme acteurs, soit comme spectateurs, à la fin de cette longue crise qui faillit précipiter l'Église dans un nouveau schisme ; de sorte qu'il eut facilement tous les matériaux possibles pour composer non-seulement l'histoire publique et connue du jansénisme, mais encore son histoire secrète, intime, celle qui ne s'avouait que dans les ruelles et dans quelques salons.

En effet, le père Rapin ne se contente pas des événements qui frappent les yeux de la multitude ; en philosophe consciencieux,

---

[1] Quant à la plupart des noms propres, nous leur avons laissé leur ancienne orthographe, tout en mettant de temps en temps des notes aux noms diversement écrits dans le manuscrit.

en observateur sérieux, il remonte aux origines, qu'il analyse minutieusement; il dissèque, pour ainsi dire, les sentiments, les motifs, les passions qui faisaient agir les individus; il nous les montre tels qu'il les a vus de son œil fin et spirituel. Nous ne dirons pas que le savant jésuite n'ait jamais donné une teinte un peu plus sombre qu'il ne convenait à la peinture qu'il fait du caractère, des intentions ou de la conduite des personnes indifférentes ou peu affectionnées aux traditions et aux opinions des membres de la Compagnie de Jésus; mais, en général, il est impartial et ses tableaux sont vrais comme ses portraits; on voit à peu près partout que le chrétien honnête et bon modérait la plume de l'écrivain. Il n'insiste que faiblement quand il s'agit de faire partager au lecteur ses idées arrêtées et ses convictions les plus intimes, lorsqu'elles sont sévères pour le prochain; même pour Jansénius et l'abbé de Saint-Cyran, l'auteur nous les fait juger plus rigoureusement qu'il ne les juge lui-même.

Comme cette histoire finit en 1644, c'est-à-dire à la mort d'Urbain VIII, nous y avions ajouté un complément, composé des principaux événements passés depuis la promulgation de la bulle de censure des doctrines jansénistes jusqu'à l'affaire du procès des quatre évêques qui refusèrent de signer le formulaire, et nous terminions cette douloureuse histoire par la publication d'un autre manuscrit du père Rapin sur la paix de l'Église, qui termina ces tristes débats. Mais ayant appris que ce manuscrit n'est qu'un fragment des Mémoires du père Rapin, dont M. Aubineau possède une copie complète qu'il s'apprête à publier, nous lui avons laissé le soin de donner à ce document la place qu'elle occupe dans l'œuvre complète du père Rapin. Tout en nous limitant à l'histoire du jansénisme jusqu'à l'année 1644, nous croyons rendre un vrai service à notre époque en publiant ce monument historique, et nous espérons qu'elle placera l'illustre auteur au rang des historiens qui font le plus autorité par leur savoir, leur esprit sagace et leur intégrité.

HISTOIRE
DU
JANSÉNISME

LIVRE PREMIER.

Jeunesse de Corneille Janssen. — Ses études à Louvain. — Lipse. — Baïus. — Sa doctrine. — Sa condamnation par Pie V. — Rechute de Baïus. — Nouvelle condamnation de sa doctrine par Grégoire XIII. — Cabale contre les jésuites à Louvain. — Léonard Lessius. — Mort de Baïus. — Jacques Jansson ou Janssen. — Voyage de Jansénius à Paris. — Son amitié avec du Vergier. — Jeunesse de Jean de Hauranne du Vergier. — Ses études. — Querelle entre les jésuites et l'université de Louvain. — Clément VIII interdit la classe de philosophie aux jésuites de Louvain. — Amitié de Lipse et de du Vergier. — Inimitié de Jansénius et de du Vergier contre les jésuites. — Retraite de Jansénius et de du Vergier à Campiprat. — Bertrand Deschaux, évêque de Bayonne. — *La question royale*. — Affaires religieuses de Bayonne. — Assassinat du maréchal d'Ancre. — Du Vergier à Poitiers. — Retour de Jansénius à Louvain.

Le concile de Trente venait de terminer si heureusement les affaires de la religion, qu'il semblait que rien ne pouvait de long-temps troubler le calme dont jouissait l'Église, surtout en ce qui regardait les questions de la grâce et de la prédestination, ces matières ayant été éclaircies de manière à ne plus laisser se former de doute ou de dispute qui pût faire de la difficulté, et à devoir imposer silence à toute la terre, pour la faire entrer en esprit de paix dans les décisions que le Saint-Esprit avait rendues par l'organe du Saint-Siége. Ce fut aussi ce qui diminua si fort le crédit de la doctrine de Jansénius dont j'entreprends d'écrire l'histoire, parce qu'on regarda d'abord cette opinion comme déjà condamnée par le concile; et c'est ce qui fit qu'elle n'eut en ses commencements que des sectateurs peu considérables dans le monde. Il est vrai que le fond de cette doctrine, qui ne consistait presque que dans une simple question de l'École, ne parut avoir rien de spécieux qui fût propre à intéresser les peuples et à donner lieu par là à ces sortes d'événements qui sont sujets à semer des révolutions dans les États, comme on l'a vu pour les autres hérésies qui ont désolé l'Europe depuis Wiclef; et l'on peut dire qu'il ne s'est rien passé de mémorable dans les commencements de celle-ci qui ait été capable d'attirer la curiosité du public.

Si toutefois on avait pu pénétrer dans le secret de la cabale qui se forma d'abord pour donner cours à cette opinion, on aurait sans doute trouvé des choses assez curieuses pour mériter l'attention de ceux qui se plaisent aux aventures, parce qu'il n'y a point eu dans ce siècle d'affaire entreprise et soutenue avec plus de chaleur et plus d'intrigue, ni avec plus de dépense et d'artifice. Mon dessein est donc de raconter le plus simplement qu'il me sera possible la suite de ces manœuvres qui se firent contre la religion, afin que la postérité sache le jugement qu'on doit porter sur une secte qui eut depuis l'audace de se vanter de n'être venue au monde que pour réformer les mœurs et pour rétablir la religion. Je dirai par quelle sorte de gens, par quelles intrigues et par quels ressorts toute cette affaire a été conduite. Mais parce que j'aurai de la peine à ne pas devenir en quelque façon suspect, étant d'une profession et d'un ordre qui se déclara d'abord avec tant de zèle contre cette erreur, je m'étudierai à dire ces choses avec une ingénuité et une candeur qui pourra peut-être devenir dans la suite une espèce de caution de ma fidélité, et qui sera capable de répondre de la droiture de mon dessein et de la sincérité de mes intentions, pour mériter mieux la créance que je dois m'acquérir dans les esprits de ceux que je cherche à instruire de l'affaire dont il s'agit.

Et pour faire remonter la chose à sa première source (1585) et à son commencement, je dirai que le chef de cette secte dont j'écris l'histoire fut un nommé Corneille Janssen ou fils de Jean, car c'est ainsi qu'il s'appelait parmi les siens, avant que la fantaisie lui fût venue de se donner le nom de Cornélius Jansénius, déjà célèbre par le mérite et la réputation d'un évêque de Gand dont les ouvrages avaient fait du bruit dans le monde. Il naquit le 27 octobre de l'année 1585, à Arkoy, petite ville des États de Hollande, et non pas à Leerdam, comme quelques-uns ont cru et qui se sont trompés par le voisinage de ces deux villes. Né de parents vils et pauvres, il passa les premières années de sa vie dans une grande obscurité. Il fut élevé dans la religion catholique par ses proches, ce qui n'était pas alors difficile dans les commencements d'un État révolté contre son souverain, et d'un gouvernement qui n'avait pas encore pris de forme certaine en son établissement. On n'y exerçait point encore de ces rigueurs qu'on mit depuis en usage contre les catholiques pour les obliger à changer de religion. Comme ce jeune homme parut avoir de l'inclination pour les lettres, on l'envoya commencer ses études à Utrecht, où ayant trouvé place par le moyen de ses amis dans le collége de Saint-Jérôme, il y étudia les humanités sous des maîtres catholiques, et la rhétorique avec la dialectique sous des protestants; et dans ce mélange d'éducation si différente il ne prit aucune teinture des opinions nouvelles, tant il avait été bien élevé par ses parents dans les principes de notre religion, sur quoi on avait voulu rendre mal à propos suspecte sa première éducation, où il ne parut rien que de sain, de pur et de solide. Son application fut si grande d'abord qu'il donna lieu de douter s'il devait le succès de ses études à son travail ou à son génie; quoi qu'il en soit, il fit tant par son industrie, qu'il fit croire à ses maîtres qu'il ne manquait pas d'esprit.

Mais la pauvreté de ses parents l'obligea à quitter les études dans un temps où il commençait à y réussir; le manque de subsistance et l'extrême besoin dans lequel il tomba le contraignit à se mettre dans la boutique d'un charpentier pour lui servir de valet pendant quelque temps. C'est un secret de sa vie cachée qui a été connu de peu de gens, et qu'on a su par le premier confident de sa jeunesse avec qui il fit une partie de ses études, et qui se nommait Othon Zilly, à qui il avoua cette particularité. En voyageant un jour avec lui, et passant le long de ces *justices* qu'on met sur les grands chemins, il lui dit trop ingénument peut-être que c'était lui qui l'avait faite, en lui déclarant l'état où l'avait réduit la nécessité chez le charpentier qu'il fut obligé de servir pour avoir de quoi vivre. Et quoique cette circonstance de sa vie n'ait aucun rapport au principal caractère de son esprit, elle n'est pas tout à fait inutile pour marquer l'ardeur qu'il avait dès lors pour l'étude.

Le peu qu'il gagna dans un métier si abject, joint à quelque petit secours qui lui vint d'ailleurs, lui donna le moyen d'aller achever ses humanités à Utrecht. Le commerce qu'il avait contracté déjà avec son cher compagnon d'école Othon Zilly, qu'il y retrouva, s'augmenta de beaucoup par le besoin qu'il eut de lui; leurs livres, leurs études, leurs divertissements, tout devint commun entre ces deux amis, qui s'unirent encore bien davantage par la profession d'une même religion, dans un pays où la liberté d'en changer et d'en faire profession à discrétion croissait de jour en jour.

Mais comme Corneille Janssen était plus avancé que son camarade, il se présenta une position qui le décida à interrompre le cours de sa philosophie qu'il avait commencé à Utrecht, d'où il partit l'année 1602 pour aller à Louvain et se fit valet d'un maître qui lui promit d'achever ses études en le servant. La passion qu'il avait de s'avancer dans les lettres et la résolution qu'il avait prise de concert avec ses parents de se donner à l'Église lui firent surmonter avec plaisir tous les obstacles qu'il trouvait dans la bassesse de sa condition. Il fit connaissance avec les pères jésuites dès qu'il fut à Louvain, et non-seulement il s'adressa à eux pour se servir de leurs conseils dans ses études et de leur direction pour sa conscience, mais même il menait à leur collège les jeunes gens de son pays et de sa connaissance pour apprendre à se régler dans la conduite de leur vie, car dans la licence où l'on vivait alors pour la religion, il y avait peu de sûreté partout ailleurs. Et ce commerce fréquent qu'il eut avec ces pères le persuada si fort de cette vérité, qu'il louait sans cesse les jésuites et ne pouvait se lasser de vanter leur institut parce qu'il y trouvait plus de zèle, plus d'édification et plus de charité que parmi les autres. Ce qui lui remplit l'esprit d'une si grande estime pour la Compagnie qu'il ne pouvait assez la témoigner.

Cependant son cher Zilly ayant achevé ses humanités à Utrecht vint à Louvain pour y commencer sa philosophie. Leur séparation dans leur absence ne servit qu'à donner encore plus de chaleur à leur amitié, qui en eut alors peu de semblables, car il semblait que tout conspirait à unir les cœurs de ces deux jeunes hommes également touchés de l'amour de l'étude et de la piété. La seule chose que Corneille trouvait à redire à son ami était qu'il le voyait peu disposé à prendre confiance aux jésuites dont il lui parlait souvent sans pouvoir l'y affectionner, étant retenu dans sa méfiance moins par préoccupation, que parce qu'il ne les connaissait pas. Il servit utilement son ami en le priant de vouloir bien avoir quelque commerce avec les pères, et de les voir quelquefois sans écouter ses préventions; il lui représentait l'exemple de Juste-Lipse, l'homme le plus célèbre qui fût alors dans le pays, soit pour les lettres, soit pour la vertu; il lui racontait quelle confiance ce grand homme prenait aux jésuites pour la conduite de sa conscience; il lui faisait voir ce miracle de science et de vertu dans la chapelle de ces pères, au pied des autels, pour y entendre souvent la messe et pour y communier tous les huit jours.

L'exemple de Lipse, qui était en si grande réputation dans toute la Flandre, fit son effet sur l'esprit de Zilly, et le disposa fort à écouter ce que son ami voulut lui dire en faveur des pères, et surtout à l'occasion du bruit qui courut alors que le roi de France Henri IV proposait ce savant homme pour être précepteur du Dauphin, qui fut depuis Louis treizième (ce qui ne se fit pas toutefois); et non-seulement Zilly se laissa persuader à de si grandes raisons, mais il pria même son ami de le mener aux jésuites pour avoir commerce avec eux. Il commença par lui faire entendre le père Suquet, alors prédicateur du collège, dont ce jeune homme fut touché, car ce père commençait à faire sentir à ses auditeurs cette force d'éloquence qu'il a si bien exprimée dans ce fameux livre qu'il fit depuis sur l'Éternité. Il y avait aussi dans ce collége un grand théologien, qui s'est rendu célèbre par les ouvrages qu'il a composés depuis; il se nommait Gilles Conninck, et Corneille l'avait choisi pour son confesseur. Zilly prit en lui grande confiance, et s'y confessa toujours pendant le reste du temps qu'il étudia à Louvain.

Corneille eut une grande liaison avec le père Bahusius, qui s'appliquait plus que les autres aux belles-lettres, et qui a fait imprimer des élégies et des épigrammes latines. C'était le confident de ce jeune homme pour le désir qu'il avait d'être reçu en la Compagnie, à quoi il aspirait, et ce père le lui faisait espérer s'il avait de la santé, qui est une qualité des plus nécessaires à un jésuite. On dit même que, par l'entremise du père Conninck, Corneille eut quelques conférences en ce temps-là avec le père Lessius, qui passait alors à Louvain et dont il fut fort satisfait; mais il gâta, par un travail excessif et indiscret, le peu de santé qu'il avait.

Il s'agissait du prix qui se donne en cérémonie, à la fin du cours, à celui de tous les écoliers qui avait le plus mérité; plusieurs y prétendaient, et parmi les prétendants il se trouvait un jeune homme d'une des plus considérables familles d'Anvers, nommé Jean Tuccher, qui y avait plus de droits que Corneille Janssen par une capacité plus reconnue. Et toutefois Corneille, que l'étude avait épuisé, l'emporta par la faction des philosophes de son collége, dont le nombre et les suffrages surpassaient de beaucoup ceux du collége où était Tuccher, et ce fut l'intrigue qui emporta ce qui n'était dû qu'au mérite. L'émulation s'étant mêlée parmi la jeunesse de ces deux colléges, les compagnons de Tuccher ayant pris au point d'honneur que Corneille lui eût été préféré sortirent en troupes, armés de bâtons, et, s'étant jetés dans le lieu où se faisait la cérémonie, ils l'interrompirent par leur tumulte. Thomas Fienc, recteur de l'Université, qui y présidait, étant sorti de la salle où le banquet se préparait pour dissiper le désordre par sa présence, fut blessé d'un coup de pierre et contraint de se retirer. On s'adressa à un des officiers du prince Albert qui commandait une partie de ses gardes pour y amener sa compagnie; l'officier répondit qu'il n'avait garde d'exposer ses gens à des furieux. Ce combat ne finit que par la nuit. Corneille fut maintenu dans l'honneur qu'il avait remporté, mais on ne laissa pas de parler dans la ville de la mauvaise voie par où il était parvenu et d'en faire des railleries piquantes.

Fier qu'il était de cette gloire, il se crut en état de presser avec plus d'instances son entrée à la Compagnie. Le succès des poursuites de Zilly, son ami, qui venait d'y être reçu, l'animait encore davantage à solliciter cette grâce. On avait trouvé en son camarade de l'esprit, de la vigueur, et un naturel propre à l'institut, ce qu'on ne trouvait pas dans Corneille, et c'est aussi ce qui empêchait les supérieurs de lui faire une réponse positive sur sa demande : on demandait du temps pour en délibérer. Le jeune homme, cependant, avide qu'il était d'apprendre, s'embarque en théologie, écrit tout ce qui se dicte en classe, étudie avec ardeur à la maison sans ménagement, mais il ne put soutenir longtemps ce travail avec une santé déjà aussi altérée qu'était la sienne. Les médecins lui interdirent l'étude, et les jésuites lui conseillèrent le voyage de France pour se rétablir.

On n'eut pas de peine à lui persuader que le repos, le changement d'air, le voyage ne lui dussent faire du bien. Le voisinage de la France, la beauté du pays, le génie de la nation, mille autres raisons lui firent prendre ce parti. La France même jouissait alors d'une profonde paix par le soin que Henri IV prenait lui-même de ses affaires, et sa grande réputation l'avait déjà rendu si terrible à ses voisins qu'il n'en paraissait aucun qui ne fût soumis; et le calme dont jouissait ce royaume promettait une paix qui semblait ne pouvoir être de longtemps troublée. Ainsi ce malade, touché de ces considérations qui ne contribuèrent pas peu à le déterminer, se rendit aux persuasions des jésuites et suivit leur conseil. On lui offrit du secours pour ce voyage, et on lui promit des lettres de recommandation pour le père Pierre Cotton, qui était alors confesseur et prédicateur du roi, et dans une grande considération à la cour de France. Tout cela parut charitable à Corneille et lui donna encore meilleure opinion de ces pères en qui il avait pris une entière confiance ; mais il les pressa de lui donner une détermination sur ce qu'il leur demandait d'être reçu en leur Compagnie pour savoir à quoi s'en tenir avant de partir.

Les jésuites eurent des raisons importantes pour ne pas le recevoir ; son esprit, sa santé, son humeur, sa constitution naturelle ne leur parurent pas propres à leur institut ; ils crurent d'ailleurs ne pas devoir l'amuser d'espérances vaines ; on le pria le plus honnêtement du monde de n'y plus penser, et de se pourvoir ailleurs. Frappé de ce refus, à quoi il ne s'attendait pas, comme d'un coup de foudre, il se plaignit hautement de l'affront qu'on lui faisait ; il demanda pourquoi on le traitait d'une manière si injurieuse ; il répandit dans tout Louvain sa douleur, en déclarant à ses amis l'outrage que les jésuites lui faisaient sans sujet ; et le bruit de son mécontentement étant venu aux oreilles d'un vieux docteur, ennemi déclaré de la Compagnie, il courut chez ce jeune homme, l'embrassa, et fit tant par ses caresses qu'il arrêta ses larmes, apaisa sa douleur, et se fit écouter d'un affligé qui n'écoutait presque déjà plus que l'injure qu'on venait de lui faire. C'était un ancien disciple de Baïus, nommé Jacques Jansson[1], grand maître du collége d'Adrien VI, qui s'était mal à propos laissé gâter l'esprit par les opinions de ce docteur, duquel il avait recueilli avec respect les sentiments, et en était devenu l'adorateur. Jamais peut-être homme n'a porté plus loin ces sortes de préoccupations dont on se laisse prévenir sur l'opinion qu'on se fait du mérite de ceux auxquels on s'affectionne souvent sans sujet ; il avait dans son cabinet le portrait de ce savant homme dont la tête était environnée d'un rayon de gloire de la même manière que le portrait de saint Augustin, et d'autres saints dont il avait accompagné celui de Baïus pour lui faire honneur, les traitant tous d'un même respect.

Ce zélé défenseur de Baïus fomentait depuis longtemps dans son cœur une inimitié secrète contre les jésuites, parce que la doctrine de son maître avait été condamnée par le pape Gré-

---

[1] Le manuscrit porte indifféremment Jansson et Janssen ; nous avons préféré la première orthographe pour éviter de la confusion dans les noms.

goire XIII sur l'information du père Bellarmin, qui était alors de cette Compagnie, et qui fut depuis cardinal envoyé exprès à Louvain par le Pape. Il n'oubliait rien aussi pour marquer aux pères son ressentiment dans toutes les occasions où il pouvait les mortifier par lui-même ou par ceux de sa cabale. Cet homme, animé de son mécontentement autant que si la plaie eût été toute récente, crut que, du caractère dont était Corneille, il pourrait lui remplir l'esprit de la doctrine de Baïus, qui était tout à fait abandonnée dans cette université, où il avait autrefois régné avec tant de réputation, et qu'il serait peut-être assez heureux pour la faire revivre par ce jeune homme, s'il pouvait le former et l'élever à cela. « Vous avez été trompé, lui dit-il d'abord, par des gens qui ne cherchent qu'à séduire la jeunesse ; mais on doit vous pardonner cette faute, vous ne les connaissiez pas. Peut-être aurez-vous sujet de vous consoler, et même de vous réjouir du refus qu'ils vous ont fait quand vous les connaîtrez ; en quoi je ne vous serai sans doute pas inutile, car je les connais bien, et si vous voulez avoir la patience qu'il faut pour vous laisser instruire de ce que c'est que les jésuites et m'écouter, je ne doute pas que vous n'ayez un peu de honte d'avoir eu quelque sorte de commerce avec ces gens-là, où vous vous êtes laissé mal à propos engager. »

Ce discours eut d'abord tout l'effet que le docteur s'était proposé sur l'esprit du jeune homme ; il n'en fallut pas davantage pour le préparer au dessein pour lequel il le destinait. Il commença par lui faire un grand éloge de saint Augustin et de sa doctrine ; il lui marqua la vénération que l'antiquité avait toujours eue pour les sentiments de ce Père sur la grâce ; lui expliqua combien ses sentiments avaient été respectés par les premiers siècles, et de quelle manière les Papes et les conciles les avaient autorisés ; il ajouta que cette doctrine toutefois avait été combattue par les scolastiques modernes, et que les jésuites avaient toujours paru les plus ardents à la combattre et à la détruire ; que ce n'était que pour cela qu'ils avaient fait paraître tant d'animosité contre Baïus, lequel s'était mis dans l'esprit de rétablir l'autorité du grand Augustin en rétablissant son crédit dans l'École où l'on voulait l'abolir ; que l'on cherchait quelqu'un capable d'entrer dans ce dessein de Baïus, et de bien étudier sa doctrine pour rétablir celle de saint Augustin, qui est la même, et secourir l'Église dans le besoin pressant où elle était; que le plus grand honneur qui pût lui arriver était si l'on jetait les yeux sur lui pour un si grand ouvrage; qu'il trouverait par là le moyen de se venger de l'injure que les jésuites venaient de lui faire, et de rendre à l'Église un service considérable.

Ce jeune homme, charmé de ce discours et des projets qu'on avait sur lui, se livra de tout son cœur au docteur Jansson, déclara qu'il était déjà prêt à faire ce qu'on lui ordonnerait, et à sacrifier sa santé, son travail, ses forces, sa vie à un si grand dessein, sans penser à se ménager en rien. Dès qu'il fut décidé, son nouveau maître commença à lui dresser un plan de vie dont le premier article, et le plus important, était une profession ouverte d'animosité contre les jésuites, à qui il ne fallait plus qu'il pensât que pour les détruire. Le second était une étude constante de saint Augustin, et un attachement infatigable à se remplir l'esprit des dogmes de Baïus, qu'il fallait faire revivre dans cette université, malgré toutes les oppositions qu'il y trouverait; mais comme cette doctrine est le principal fondement du jansénisme, dont j'écris l'histoire, et que le docteur Jansson en dressa un plan à son nouveau disciple pour l'en instruire, il est bon d'en expliquer le fond et d'approfondir quel était l'esprit de celui qui en fut l'auteur pour une intelligence plus parfaite de ce dessein.

En l'année 1550, Michel Baïus enseignait la théologie dans l'université de Louvain avec la réputation d'une capacité qui l'avait rendu célèbre dans tout le pays. Il avait pour collègue un homme digne de le seconder dans une des plus fameuses universités de l'Europe, nommé Jean Hesseline, et ils s'étaient l'un et l'autre tellement signalés par leur doctrine, qu'ils furent tous deux choisis par Philippe II pour être envoyés au concile de Trente, en qualité de théologiens des Pays-Bas pour les affaires de la religion, et ils y donnèrent de grandes marques de leur savoir. Le concile étant fini, ils vinrent se rétablir dans leurs postes, et remonter dans leurs chaires pour y enseigner comme auparavant. Mais parce que leur crédit, joint à la députation que le roi d'Espagne avait faite d'eux pour le concile, les avait mis dans une considération qui les autorisait fort dans l'université, ils crurent pouvoir quitter la méthode ordinaire d'enseigner, et en établir une nouvelle sans que personne osât y trouver à redire, pensant s'être élevés par leur mérite au-dessus de tout. Ainsi ils furent les premiers à supprimer la manière établie depuis longtemps d'expliquer les livres du maître des sentences Pierre Lombart, ce qui se pratiquait dans cette université comme dans la plupart des universités de l'Europe. Cette innovation n'aurait peut-être pas fait de bruit si, dans le dessein qu'ils prirent d'enseigner la doctrine de saint Augustin, ils n'eussent donné dans des sentiments écartés, qui non-seulement parurent nouveaux à l'École, mais même semblaient favoriser la doctrine de Luther et de Calvin, sur quoi on était devenu délicat dans tout le Pays-Bas, qu'on tâchait alors d'infecter de tous côtés de ce poison pour surprendre les esprits comme on avait fait en France et en Allemagne.

Ce n'est pas que ces deux docteurs si célèbres, et qui venaient tout fraîchement de se remplir l'esprit des véritables sentiments du concile de Trente, où ils avaient assisté, ne fussent eux-mêmes bien intentionnés ; mais par une préoccupation trop grande de la doctrine de saint Augustin, dont ils s'étaient entêtés mal à propos, ils avaient pris de travers quelques-uns des sentiments de ce Père, auquel ils donnaient trop de vogue dans le lieu où ils enseignaient, au désavantage, et on peut dire même en quelque façon, au mépris de la plupart des autres Pères de l'Église, auxquels ils préféraient sans façon saint Augustin.

Non-seulement ils débitaient ces nouveautés dans l'École, mais ils les répandaient dans tout le pays. Ils vantaient surtout un certain passage tiré du livre de la correction et de la grâce de saint Augustin, dont ils faisaient le fondement principal de leur doctrine, sur lequel ils établissaient la distinction de la grâce du Rédempteur de la grâce du Créateur, prétendant que, puisque le premier homme s'était perdu purement par sa faute, en faisant un si mauvais usage de la grâce, il était juste que son salut ne fût plus en son pouvoir, mais dans le décret efficace que Dieu faisait de sauver ceux qu'il prédestinait. C'était sur cette prétendue distinction de ces deux grâces que roulait tout le mystère de la doctrine de ces deux docteurs, qui avaient bien plus étudié les sentiments de saint Augustin dans les hérétiques modernes que dans lui-même et dans les anciens canons des conciles. Ainsi ce n'était pas merveille s'ils avaient donné dans la plupart de ces nouveautés que les sectateurs de Luther et de Calvin, dont toute la frontière de Flandre était remplie, débitaient avec tant d'ostentation, parce que rien n'établissait leur doctrine sur la grâce et la prédestination que la doctrine de ces deux théologiens, et rien n'était plus favorable à leur dessein, car par là on détruisait la liberté de l'homme, à quoi principalement butait tout le système de la nouvelle opinion.

Les cordeliers observantins furent les premiers à s'élever contre cette nouveauté, et à signaler leur zèle contre l'autorité de ces deux docteurs qui s'étaient rendus redoutables par le crédit qu'ils avaient dans l'université de Louvain. Pierre Regis, vieux professeur du couvent de Nivelles, qui avait été provincial des cordeliers de l'observance de la province de Flandre, en écrivit au gardien du grand couvent des cordeliers de Paris, pour savoir le sentiment des théologiens de sa maison; mais voyant que sa réponse différait et qu'elle n'aurait pas toute l'autorité nécessaire pour apaiser le trouble que ces nouveautés causaient dans le pays, il jugea qu'il serait plus à propos de demander à la faculté de Paris son jugement sur une liste extraite des écrits de Baïus dont il lui envoyait dix-huit propositions. La lettre, datée du 25 mars de l'année 1560, pressait la faculté de les examiner et d'en faire une censure prompte, parce que le danger était pressant.

La faculté, après avoir pris le temps nécessaire pour délibérer sur une affaire de cette importance, et après avoir mûrement examiné ces propositions, s'assembla le 27 juin de la même année et censura ces propositions. Quoique les sectateurs de l'évêque d'Ypres aient tâché plus tard à révoquer en doute cette censure par des raisons assez frivoles, leurs conjectures ont été depuis si solidement réfutées par le père jésuite Étienne des

Champs, sous le nom d'Antonius Richardus, dans le traité qu'il a fait de la défense de cette censure, les registres mêmes de la faculté de Paris en font une mention si expresse que je ne crois pas devoir m'arrêter à la justifier, surtout après que Baïus, qui était le plus intéressé dans cette affaire, l'a reconnue en voulant la réfuter ; car quoiqu'il affectât de paraître se soucier peu de cette censure, il ne laissa pas de faire des observations sur chaque article, et de les envoyer au père Antoine des Sablons, son ami, et grand admirateur de sa doctrine, provincial des cordeliers de l'observance dans le pays, afin d'opposer son sentiment à celui des gardiens de Nivelles et d'Ath. Il lui manda qu'on l'a traité indignement, mais qu'il était bon que les théologiens de Paris fissent réflexion qu'ils n'avaient nulle supériorité de rang ni de mérite sur les théologiens de Louvain ; qu'ils devaient se souvenir combien de fois ils s'étaient trompés depuis quelque temps dans les décisions qu'ils avaient données sur le mariage de Henri VIII, roi d'Angleterre, avec Anne de Boleyn, sur la condamnation trop précipitée qu'ils avaient faite de l'institut des jésuites après l'approbation authentique que le concile de Trente en avait faite, et sur d'autres affaires aussi importantes, où ils s'étaient trompés si grossièrement ; et que des gens si sujets à se tromper n'avaient pas raison de s'ériger en tribunal pour juger les autres. Ainsi la censure que fit la Sorbonne de la doctrine de Baïus n'eut aucun effet, parce que ce docteur lui opposa une approbation secrète de la faculté de Louvain, qui ne servit qu'à le rendre encore plus fier, tout piqué qu'il parût au père des Sablons, son ami, auquel il avait fait confidence de son mécontentement.

Les cordeliers d'Ath et de Nivelles, qui s'étaient élevés contre Baïus, voyant que leurs plaintes et leurs accusations contre ce docteur ne servaient à rien, et qu'on n'apportait aucun remède au désordre, persuadés qu'ils étaient de l'importance de l'affaire, en firent donner avis à Philippe II, roi d'Espagne, afin qu'il interposât son autorité auprès du Pape pour y remédier ; ce qu'ils firent avec bien du zèle par l'entremise du père Pierre Le Roy, alors confesseur de la princesse gouvernante des Pays-Bas, et du père Godefroy de Liége, ami intime du duc d'Albe, l'un et l'autre célèbres théologiens de l'ordre de Saint-François. Philippe, averti du danger qui menaçait le pays par la mauvaise disposition de la plupart des esprits portés à la rébellion et même à l'erreur sous une espèce d'étoile qui semblait favorable à l'hérésie, écrivit à Pie V, pour le supplier de penser sérieusement à réprimer le cours de ces nouveautés qui se débitaient dans la Flandre au mépris de la religion et menaçaient ses États ; qu'au reste, s'il avait besoin de toute sa puissance pour faire observer ce qu'il réglerait afin d'empêcher les désordres, qu'il en pouvait disposer, et qu'il ordonnerait à ses officiers de tenir la main afin qu'il fût obéi.

Baïus, ayant eu avis que cela le regardait, écrivit au cardinal Simonetta qu'il s'étonnait que ce fût du côté d'Espagne qu'on l'attaquât, d'où il avait plus de sujet d'espérer de la protection. En effet, il arriva bientôt de Rome une constitution datée du premier octobre de l'année 1567, par laquelle Pie V condamnait soixante-seize propositions tirées des écrits de Baïus, toutes qualifiées d'une censure assez violente ; et comme le cardinal Granvelle était alors archevêque de Malines, il ordonna à Maximilien Morillon, son grand vicaire, d'aller trouver Baïus à Louvain, qui était de ce diocèse, et de lui signifier dans les formes le jugement du Saint-Siége et ce que le Pape venait d'ordonner de sa doctrine. On lui lut sa censure le 29 décembre de l'année suivante (car son collègue Hesseline, accusé d'erreur comme lui, était mort l'année précédente), et quoique, pour ménager Baïus, on eût eu égard à son mérite, et qu'on n'eût fait aucune mention de lui dans la censure, on lui déclara toutefois que c'était lui nommément que regardait cette constitution. Quelque instance qu'il fît au grand vicaire pour en avoir une copie, il ne put l'obtenir parce qu'on craignait que, par les subtilités de l'École dans lesquelles il était fort versé, il ne l'interprétât à son avantage, ou du moins n'en détournât le sens pour le rendre inutile à son égard, ce qui arriva comme on l'avait craint ; car en ayant recouvert une copie, il fit tant par ses chicanes et par la subtilité de son esprit, qu'il persuada à ses écoliers et à la plupart de ceux qui étaient prévenus en sa faveur que la censure ne donnait aucune atteinte à sa doctrine. De la manière dont il avait trouvé le moyen d'en détourner le vrai sens, et par le changement d'une seule virgule, il trouvait dans les termes de la constitution un sens tout opposé à celui qu'avait prétendu le Pape, lequel, mêlant dans sa censure des propositions condamnées à quelques-unes qu'il avoue soutenables, donne lieu au docteur de confondre les unes avec les autres par une transposition d'une pure ponctuation [1].

Et ce fut ainsi que ce théologien dicta à ses écoliers la censure comme il l'avait lui-même arrangée par les virgules qu'il avait placées pour faire un sens qui lui fût favorable; il fut même si hardi que de dire tout haut dans son école et dans la ville que la censure ne le regardait point. Cela lui servit un peu à la vérité pour mettre son honneur à couvert parmi ses disciples; mais quoiqu'il eût trouvé le moyen de leur imposer, il en jugeait lui-même tout autrement, comme il paraît par les lettres qu'il écrivit au Pape pour se plaindre de l'injuste traitement qu'on lui avait fait dans sa condamnation; que l'extrait de ses opinions n'avait nullement été fidèle; qu'on y avait pris sa doctrine en bien des endroits à contresens, qu'on l'avait exagérée en d'autres; il se plaignait toutefois d'une manière en laquelle il ne laissait pas de la justifier, prétendant que la censure faite contre lui regardait aussi bien la doctrine de saint Augustin et de saint Thomas que la sienne, puisqu'il n'avait puisé ses sentiments que dans ces deux Pères, qu'il s'était proposés pour modèles. Sur quoi, il représentait à Sa Sainteté qu'il était à craindre que l'atteinte que cette condamnation pouvait donner à ces Pères ne décréditât dans la suite les décisions du Saint-Siége, et ne diminuât quelque chose du respect et de la soumission qu'on avait pour le Pape même, qui pouvait donner lieu de croire qu'il s'était trompé; il fit courir quantité de copies de cette lettre au Pape datée du 5 janvier de l'année 1569, pour informer le public du danger qu'il y avait que la censure

---

[1] Quas quidem sententias coram nobis examine ponderatas, quamquam nonnulla aliquo pacto sustineri possent in rigore proprio verborum sensu ab assertoribus in tanto hereticas et erroneas damnamus.

eût lieu ; il en envoya au cardinal Simonetta et à ses autres amis avec qui il avait eu quelque liaison pendant le concile de Trente.

Quoique l'autorité du Saint-Siége soit d'une prééminence à ne pas s'abaisser à rendre raison de ses décisions ni à entrer en quelque sorte en éclaircissement avec ceux qu'il condamne, le Pape ne laissa pas de répondre à Baïus qu'il n'avait rien fait contre lui qu'après une mûre délibération ; qu'il avait fait examiner ses écrits par les plus habiles théologiens qui étaient alors près de sa personne ; qu'il l'exhortait comme un bon père, dont le cœur était plein de sentiments de tendresse à son égard, de se soumettre à ce que le grand vicaire du cardinal de Granvelle, son prélat, lui signifierait de sa part. Cependant le roi d'Espagne, dont le Pape avait interposé le pouvoir pour l'exécution de sa censure, fit dire au docteur par le duc d'Albe, son premier ministre et gouverneur du Pays-Bas, qu'il eût à se soumettre, et qu'autrement il s'en repentirait. En même temps la censure, qui n'avait été signifiée qu'au seul Baïus, qui était l'intéressé, et à l'université de Louvain, fut publiée partout avec les cérémonies qui pouvaient la rendre plus célèbre, et l'ordre très-exprès d'obéir fut donné au docteur et à tous ses sectateurs ; ainsi la chose fut tout à fait terminée par le concours des deux puissances du Pape et du roi, et le trouble apaisé pour quelque temps.

Pie V étant mort, Grégoire XIII lui succéda, le duc d'Albe fut rappelé en Espagne, et Raguessans, qui prit sa place, ayant été empêché par une mort assez prompte, les affaires du Pape se brouillèrent de nouveau par le succès des armes du prince d'Orange, qui faisait de grands progrès par ses conquêtes et par la disposition qu'il trouva dans la plupart des esprits à la révolte. Baïus prit occasion de ce trouble presque universel du pays pour rétablir dans l'École sa doctrine qui venait d'être condamnée, et de la débiter de nouveau sous le nom de saint Augustin, et voyant l'orage qui s'était élevé contre lui tout à fait dissipé par la mort du Pape et par l'éloignement de ceux qui l'avaient poussé à bout, il crut qu'il pourrait dans la suite dogmatiser encore plus impunément qu'il n'avait fait dans le commencement ; il jugea même qu'il pouvait dire ses sentiments avec moins de précaution qu'auparavant, n'ayant plus rien à craindre, de sorte qu'il commença à retracer à ses disciples les idées de cette grâce du Sauveur dont il prétendait avoir pris le plan dans les livres de saint Augustin ; il la déclarait tellement efficace par elle-même, que le soin de bien faire devenait par là absolument inutile dans la vie du chrétien, et qu'ainsi les bonnes œuvres n'avaient aucune part à la justification du pécheur ; qu'on ne se sauvait purement que par l'adoption gratuite d'une prédestination anticipée, sans aucune considération des mérites ; d'où il concluait que la grâce suffisante n'était qu'un amusement entièrement chimérique dans toutes ses circonstances. Et ce docteur étant devenu, par la mort du doyen auquel il succéda, le chef du chapitre de Saint-Pierre, qui était la première église de Louvain, il se donna encore plus d'autorité qu'auparavant par cette nouvelle dignité, qui ne lui servit que pour devenir plus fier dans un lieu où il l'était déjà beaucoup.

Mais comme la Providence a toujours des corps de réserve, ou pour l'exécution de ses desseins ou pour la défense de ses intérêts, il se trouva à Louvain deux docteurs également savants et zélés qui s'offensèrent d'abord de la liberté que se donna Baïus de débiter de nouveau sa doctrine après la censure si solennelle que Pie V en venait de faire : ce furent Arriedo et Cumerus, lesquels, s'étant déjà signalés dans leur corps par leurs ouvrages, résistèrent à la nouvelle entreprise de Baïus, à l'imitation de Rapperme, qui l'avait déjà fait avec bien de la vigueur. S'étant réunis ensemble, ils commencèrent à reprocher à ce vieux relaps qu'il ne pouvait avancer les opinions qu'il débitait sans favoriser l'hérésie des prédestinatiens. A quoi Baïus répondit qu'il n'y avait jamais eu ni de prédestinatien, ni d'hérésie de ce nom, que ce n'était qu'une imagination toute pure des semi-pélagiens qui, pour autoriser leur erreur, avaient malicieusement donné cours à cette chimère, et, pour justifier encore mieux ce qu'il disait, il eut soin, dans une édition nouvelle des ouvrages de saint Augustin que Plantin venait de commencer à Anvers l'année 1576, de supprimer tout à fait le nom de prédestinatien contre la foi publique, et de faire la même chose dans le traité de Gennadius qui contenait la liste des hérésies, et ce fut par Jacques Baïus, son neveu, qui eut la conduite de cette édition, que ce docteur entreprit une si grande fausseté.

Robert Bellarmin enseignait la théologie dans le collége de la Compagnie qui est à Louvain. C'était un homme d'une rare vertu et d'une doctrine déjà si reconnue dans le pays, qu'on commençait à prendre beaucoup de créance en lui, ce qui donna aussi bien du poids aux réfutations qu'il faisait dans sa classe des opinions de Baïus, qu'il avait entrepris de détruire par les mêmes armes dont se servait ce vieux docteur pour les établir, c'est-à-dire par l'autorité de saint Augustin et de saint Thomas, sans toutefois faire mention de Baïus ni de la censure du Pape, pour mettre à couvert par là l'honneur de la faculté pour laquelle il témoignait du respect. Ce que fit ce grand homme ne fut pas inutile pour arrêter la plupart des jeunes gens qui donnaient avidement dans ces nouveautés, et même pour imposer silence aux sectateurs les plus déterminés de Baïus; mais la guerre s'alluma sur toute cette frontière avec tant d'ardeur, que Bellarmin fut obligé de s'en retourner en Italie d'où il était venu, voyant bien que l'université ne serait plus en état de maintenir ses exercices parmi les troubles qui commençaient déjà à désoler tout le pays. Louvain, ayant été pris par le prince d'Orange et repris bientôt après par Jean d'Autriche que Philippe avait envoyé gouverneur en Flandre, devint en même temps le théâtre de la guerre; et la désolation qui a coutume de suivre ce fléau fut suivie d'un plus terrible encore qui fut la peste, et cette grande ville devint semblable à une vaste solitude qui fit bientôt déserter tous ceux qui y étaient ou pour apprendre ou pour enseigner. Mais le duc de Parme, Alexandre Farulhe, étant arrivé dans le pays pour prendre la place de Jean d'Autriche, remit peu de temps après le calme dans les affaires avec tant de succès et de bonheur, que l'université se rétablit bientôt dans ses exercices ordinaires, et que les écoles furent fréquentées comme auparavant, ce qui ayant contribué à rétablir Baïus dans son poste, il reprit son premier espoir, enseigna ses erreurs comme si elles n'avaient pas été censurées, et répandit dans toute la ville son poison avec la même liberté et la même hardiesse qu'il avait déjà fait. Arriedo, que la Providence lui avait déjà opposé, s'éleva aussi contre lui avec sa première vigueur, se plaignant à l'université de ce qu'on le souffrait sans lui fermer la bouche; il en écrivit à Rome avec toute la force que demandait une affaire de cette conséquence.

Grégoire, affligé de cette nouvelle rechute et de tous les égarements de ce vieillard qui s'était acquis de la réputation dans le concile de Trente, et choqué de son opiniâtreté, condamna derechef sa doctrine, envoya sa censure à Louvain par le père François Tolet, son théologien et son prédicateur, pour lui signifier en personne le jugement que le Saint-Siège faisait de lui. Ce savant homme, qui mérita depuis le chapeau de cardinal par sa profonde capacité, après avoir couru diverses aventures assez fâcheuses dans l'Allemagne qu'il fut obligé de traverser dans un temps où tout y était en armes, arriva enfin à Louvain au commencement de mars de l'année 1580. Il assembla les docteurs, leur déclara que Sa Sainteté avait fait une nouvelle censure de la doctrine de Baïus et qu'il ne l'envoyait que pour lui signifier en personne le contenu de cette censure, et pour les obliger tous à maintenir dans leur université une doctrine plus pure. La faculté répondit à Tolet qu'elle était bien obligée au Pape de la manière honnête dont il les traitait, qu'il était vrai que la faculté s'était un peu abandonnée à des opinions écartées depuis quelque temps, que toutefois ce malheur n'était arrivé qu'à peu de gens qui s'en repentaient déjà et étaient près d'y remédier, qu'au reste ils conjuraient Sa Sainteté de ne prendre aucune fâcheuse impression de leur conduite en cette occasion qui pût leur être désavantageuse, parce qu'ils étaient tous disposés à faire ce que le Pape leur ordonnerait. Le père Tolet, satisfait de leur réponse, prit jour avec eux pour publier la Constitution de Grégoire, et, du consentement de tous, la publication fut intimée le 21 mars.

Tolet cependant prit ses sûretés avec Baïus auquel il demanda une audience secrète pour convenir ensemble de ce qu'ils auraient à faire l'un et l'autre sur l'ordre de Sa Sainteté; et pour ne point effaroucher cet esprit déjà si égaré, il le flatta sur son mérite et lui dit qu'on avait eu de la peine à comprendre à Rome comment un homme si éclairé que lui s'était tellement ébloui de ses propres lumières pour donner dans des sentiments si conformes aux nouveautés qui se débitaient en Allemagne et en France. Baïus, prévenu de ces honnêtetés, ouvrit son cœur à Tolet; ils discutèrent sur la doctrine de saint Augustin, et après une assez longue conférence, Tolet satisfit tellement ce docteur et lui parla avec une si grande pénétration d'esprit sur les matières qu'il entreprit de lui éclaircir, que ce vieillard, charmé de la capacité et de la vertu de cet envoyé du Pape, reconnut son erreur, avoua qu'il s'était trompé dans la préoccupation avec laquelle il avoit lu saint Augustin dont il avait pris les sentiments dans un sens tout autre qu'il ne devait, et il convint du jour avec Tolet pour entendre le jugement que le Saint-Siége faisait de sa doctrine et s'y soumettre. L'assemblée de toute la faculté de théologie se fit. Tolet déclara son ordre, il fit lire les deux constitutions de Pie V et de Grégoire XIII contre le docteur Baïus; il lui demanda à lui-même si ce n'était pas de bonne foi qu'il reconnaissait les propositions justement condamnées. Le docteur répondit qu'il le reconnaissait sincèrement. Tolet le pressa d'avouer s'il les condamnait dans le même sens que ces deux Papes les avaient condamnées; il protesta qu'oui, et tous les docteurs ayant fait la même protestation, ils déclarèrent qu'ils recevaient de tout leur cœur les deux constitutions qui leur serviraient désormais de règle pour leur doctrine et pour leur créance, qu'ils les feraient enregistrer dans leurs actes, et qu'ils obéiraient en toutes choses à Sa Sainteté sans aucun déguisement. La cérémonie s'étant ainsi passée à la satisfaction des uns et des autres, la faculté en corps conduisit au collége des jésuites le père Tolet, qui partit peu de jours après pour retourner en Italie.

Le Pape fut merveilleusement satisfait de la conduite de son envoyé dans sa députation, mais il le fut encore plus en recevant quelque temps après les lettres de Baïus qui lui déclaraient sa soumission au Saint-Siége et qui étaient pleines des louanges du père Tolet dont Baïus faisait l'éloge à Sa Sainteté, ajoutant qu'il ne pouvait assez admirer la capacité et la vertu de ce jésuite. Les lettres de ce docteur au Pape, datées du 24 mars de l'année 1580, déclarent que sa doctrine avait été justement condamnée par le Saint-Siége, qu'il la détestait de tout son cœur, qu'il était dans la résolution de s'y soumettre en tout, et que ses décisions lui serviraient désormais de règles pour ses sentimens et pour sa conduite. La faculté de Louvain fit aussi de son côté ses diligences pour donner bonne opinion d'elle à Rome par les nouveaux règlements qu'elle fit pour arrêter le cours de cette liberté de sentimens que commençaient à prendre la plupart des vieux docteurs, à l'exemple de Baïus, et elle fit un décret pour empêcher que la doctrine qui venait d'être condamnée ne fût plus rétablie, en obligeant ceux qui aspiraient aux degrés d'y renoncer par un serment solennel au pied des autels avant que d'y prétendre, ce qui ne contribua pas peu à donner à Rome bonne opinion de ses intentions.

Mais comme dans toutes les affaires les plus universellement approuvées il y a toujours des esprits chagrins qui ne peuvent s'empêcher de trouver à redire, et d'en critiquer jusqu'au succès, il se trouva, dans ce corps composé de tant de têtes, des hommes qui, faisant les zélés pour la doctrine de saint Augustin, se plaignirent hautement que dans toute la suite de cette affaire on n'avait eu aucun égard à l'autorité de ce saint Père. Ils représentèrent qu'au moins il serait bon d'y pourvoir pour empêcher que dans la suite elle ne tombât pas dans le mépris, et qu'il serait à propos de commettre quelque habile homme de la faculté qui fût versé dans la connaissance de l'antiquité, et rempli de l'esprit du grand saint Augustin pour le charger de sa défense. C'était un reste de sectateurs de Baïus, ennemis des jésuites, qui avaient à leur tête Jacques Jansson, lequel proposait déjà un neveu du docteur nommé Gilles Baïus pour ce beau dessein. A la vérité, il parut une si ridicule délicatesse et une si sotte affectation dans l'inquiétude que ces gens faisaient paraître pour l'intérêt de saint Augustin, qu'on n'y eut aucune attention, et on se permit dans l'université de petites railleries sur Jansson qui, proposant cet avis, avait dit, dans la chaleur de son discours, qu'il était prêt de répandre jusqu'à la dernière goutte de son sang pour qu'on sauvât l'honneur du grand saint Augustin, à quoi il fallait pourvoir comme s'il eût été question de lui et de sa doctrine dans l'affaire qui venait de se terminer.

Ce calme rétabli dans l'université par la soumission de Baïus donnait lieu d'espérer que ce qu'on venait de faire serait de durée, parce qu'il avait paru une assez grande satisfaction dans les esprits; mais comme les grands corps sont sujets au mouvement par l'agitation des parties qui les composent, il se trouva des brouillons dans l'université qui ne purent souffrir une paix où les jésuites avaient tant de part; car en louant malicieusement l'action que Baïus avait faite d'obéir au Pape, ils blâmaient par des reproches piquants le peu de courage qu'il faisait paraître de se laisser opprimer par des jésuites qui étaient de nouveaux venus et qui n'avaient rien d'approchant de son mérite; que l'outrage qu'ils avaient fait à son nom avait été commencé par Bellarmin et achevé par Tolet; qu'on ne pouvait voir sans indignation un homme d'une aussi grande capacité que lui si maltraité par des gens qui ne faisaient que de naître, et qui avaient, en quelque façon, entrepris de le détruire sans raison. Ce discours, tout injuste et déraisonnable qu'il était, ne laissa pas de faire son impression; la vanité du bon homme n'était pas assez assoupie pour ne pas se réveiller à de si grandes flatteries, car il n'est rien de si vain et de si présomptueux qu'un docteur qui a vieilli parmi les applaudissements de ses disciples et parmi les adulations de ses collègues. Il n'eut pas de peine à croire que les censures qu'on lui avait signifiées venaient plutôt de la jalousie que les jésuites avaient conçue contre lui que de sa propre faute, ne pouvant s'imaginer qu'il eût failli; ainsi il ne pensa plus qu'à se venger de ceux qui l'avaient entrepris. L'occasion s'en présenta peu de temps après de cette sorte.

Le père Léonard Lessius régentait depuis quelque temps la

théologie avec tant de réputation dans le collége des jésuites à Louvain, que Baïus en fut jaloux. Sa jalousie s'augmenta quand il apprit que ce père, enseignant une doctrine fort opposée à la sienne, se mêlait souvent de réfuter ses opinions qui venaient d'être condamnées par Pie et par Grégoire, sans d'autre ménagement que d'épargner son nom. Baïus, offensé de la liberté que se donnait ce jeune professeur, engagea Jansson et Gravius, les deux docteurs de l'université qui lui étaient les plus dévoués, à prendre des copies de ces écrits que le père Lessius dictait en sa classe, et à les examiner avec cet esprit de critique qui est ordinaire à ceux qui se sentent offensés ; ils ne manquèrent pas de trouver l'un et l'autre de quoi chicaner Lessius ; ils portèrent à Baïus l'extrait de quelques propositions qui les choquèrent et dont il fut aussi choqué, étant déterminé à y trouver à redire, et les ayant censurées le premier, il les envoya à l'université pour les censurer.

Mais afin de le faire plus solennellement, on envoya deux docteurs anciens au père Baudoin de Lauge, alors recteur du collége, pour savoir de lui si les propositions dont ils lui apportaient la liste avaient été dictées par quelqu'un de son collége, et s'il reconnaissait lui-même quelque vestige de la doctrine de la Compagnie. Le recteur, les ayant examinées, répondit qu'en effet elles étaient assez conformes à la doctrine qu'on y enseignait, mais qu'on les avait altérées en les copiant, et qu'il serait bon d'entendre les professeurs du collége qui les avaient dictées pour en juger plus sûrement, car il n'y avait pas d'apparence qu'ils les avouassent de la manière dont elles étaient conçues. Ce père ne fut pas écouté. Le père Coster, alors principal, qui visitait la maison, averti de l'insulte qu'on voulait faire au père Lessius, alla trouver Henri Cuichy, doyen de la faculté, pour le prier qu'on ne décidât rien contre le père Lessius sans l'entendre. Le doyen répondit que cela n'était plus en son pouvoir, que la censure était déjà dressée par des gens malintentionnés. Le lendemain, André Sassen, bedeau de l'université, apporta au père de Lauge, recteur, une liste de propositions extraites des écrits du père Lessius qui concernaient les matières de la grâce et de la prédestination censurées, et ces propositions se réduisaient en abrégé aux quatre suivantes : 1° qu'il y avait une grâce suffisante donnée à l'homme après le péché ; 2° que cette grâce, qui n'était point efficace d'elle-même, ne manquait à personne, non pas même aux endurcis ni aux infidèles ; 3° que l'homme prévenu de grâce peut y consentir ou n'y consentir pas ; 4° que personne ne peut être prédestiné à la gloire, si ce n'est après la vue des mérites ; en quoi les docteurs prétendaient que le père Lessius, non seulement renversait toute la doctrine de saint Augustin, mais encore qu'il rétablissait l'erreur des semi-pélagiens, et qu'ainsi ils suppliaient les jésuites de renoncer à ces opinions dont Bellarmin lui-même avait paru si éloigné. Le père recteur reçut ce mémoire et promit de l'envoyer à Rome pour en savoir les sentimens de son général, sans le consentement duquel il ne pouvait rien résoudre sur cette affaire.

Lessius cependant fit une censure de cette censure, qu'il envoya en Italie par le même paquet ; et quoiqu'il eût dessein de ne point la produire, le docteur Gravius, emporté d'un zèle indiscret pour son maître Baïus, ayant envoyé à Jean Hanchin, archevêque de Malines, et au comte de Barlamont, archevêque de Cambray, les deux primats de Flandre, une copie de ces propositions censurées par la faculté, et s'étant intrigué par sa cabale pour porter l'université de Douai et celle de Paris à les condamner, ce père ne put pas se dispenser de donner cours à sa réponse qui était forte et judicieuse, et par laquelle il faisait voir la conformité de sa doctrine avec celle de tous ceux qui avaient enseigné depuis longtemps avec réputation dans l'université de Louvain. On ne répondit à cet écrit que par des médisances et des calomnies. On obtint sans peine une censure de l'université de Douai, qui trouva en cette occasion de quoi mortifier les jésuites qu'elle craignait ; mais on ne put rien obtenir de l'université de Paris, quoique alors mal affectionnée à ces pères.

Gravius et Jansénius, les deux principaux émissaires de Baïus, fiers du succès de leur prétendue censure, en firent des trophées partout, publiant que les jésuites étaient tombés dans l'erreur en voulant censurer les autres. Le bruit s'en répandit de tous côtés.

Le père Coster, leur provincial, ordonna qu'on défendît la doctrine de Lessius. Les deux universités, de Douai et de Louvain, écrivirent de leur côté pour soutenir leur jugement. Les esprits s'échauffèrent de part et d'autre, et l'on ne vit que traités sur la grâce et la prédestination dans le pays en un temps où la guerre avait déjà jeté le désordre partout. Les évêques délibérèrent d'assembler un concile national des deux provinces pour apaiser le trouble qui croissait de jour en jour. On donna avis au provincial des jésuites que les évêques étant prévenus d'estime pour ces deux universités où ils avaient presque tous fait leurs études, l'assemblée ne serait pas favorable à la Compagnie. On écrivit à Rome pour avertir le Pape du trouble où la religion se trouvait parmi ces divisions. Sixte V, informé du fond de l'affaire, ayant reconnu que la doctrine censurée par les deux universités était la même que celle qu'il avait autrefois tenue lorsqu'il enseignait la théologie en son ordre, étant cordelier, ordonna à Octavio Frangipani, son nonce à Cologne (depuis évêque de Calazzo dans le royaume de Naples), de se transporter à Louvain pour déclarer à l'université qu'il voulait juger lui-même cette affaire, sur laquelle il imposait le silence au clergé des deux provinces jusqu'à ce qu'il en ait jugé. Le nonce, ayant examiné l'affaire, en informa Sa Sainteté, qui, sur cette information, prononça que les censures des deux universités étaient injustes, que la doctrine du père Lessius était saine et orthodoxe, et qu'on avait tort d'y trouver à redire.

Le jugement de Sixte fut suivi; les docteurs mêmes de Louvain s'attachèrent à la doctrine de Lessius. Jean Malderus, depuis évêque d'Anvers, et Jean Vigers, tous deux célèbres docteurs de cette université, qui écrivirent des commentaires sur saint Thomas, l'enseignèrent; cette doctrine même fut dans la suite bien reçue dans toute l'Allemagne et dans toute la Flandre, parce qu'on la trouva propre à résister à la doctrine de Luther et de Calvin sur la grâce et sur la prédestination. Ainsi Baïus, avec ses partisans, déchu de ses prétentions de faire condamner la doctrine des jésuites, et intimidé par les menaces qu'on lui fit de la part du Pape s'il continuait à faire le censeur, accablé de chagrin et de vieillesse, se retira en son particulier, où il vécut quelque temps dans une grande obscurité, et mourut peu de temps après, sur la fin de l'année 1589. Sa mort fut suivie d'un calme, lequel dura en cette université, sur les questions qui avaient tant fait de bruit l'espace de quinze ans, et eût encore duré davantage sans la bizarrerie du docteur Jansson qui, ayant l'esprit plein des sentiments de ce vieux docteur, cherchait partout quelqu'un pour faire revivre sa doctrine dont il s'était mal à propos entêté, ne connaissant pas de mérite comparable à celui de Baïus, de qui il faisait son idole par le portrait rayonnant de gloire qu'il en avait eu son cabinet, ainsi que le père Joseph-Marie Suarez, de l'ordre des Carmes, et depuis évêque de Veson, m'a dit l'avoir vu de lui-même, étant à Louvain ; et voilà la disposition d'esprit où était ce docteur depuis la mort de son cher maître, cherchant toujours quelqu'un propre à faire revivre son esprit et à ressusciter sa doctrine. Lorsque le jeune Corneille lui tomba entre les mains, il lui trouva une partie des qualités propres à son dessein ; il était mécontent des jésuites d'une manière à ne se réconcilier jamais ; il avait de l'esprit, de l'application, un amour ardent pour l'étude, de la jeunesse, un naturel hardi et violent, et par-dessus tout il était Hollandais comme lui, ce qui est un grand point pour ces sortes de liaisons qui doivent être à l'épreuve de tout ; et ce fut sur cela que ce jeune homme s'attacha à ce docteur pour rétablir les ruines d'une opinion déjà tant de fois condamnée, et pour se venger des jésuites.

En quoi d'abord on peut remarquer quel a été le principal fondement de cette doctrine, qui commença par se vanter de n'être venue au monde que pour rétablir la religion. Est-ce le jugement qu'on doit faire de cette secte qui a tant fait de bruit en ce siècle ? et doit-on croire que Dieu, dont la conduite est si sainte, ait bien voulu jeter les yeux sur ce Hollandais si malintentionné pour réformer l'Église dans l'extrême besoin où elle se trouvait ? Car il semble que l'auteur de cette réforme n'apporta à l'exécution de cet ouvrage que bien de l'animosité et de la passion ; sur quoi il n'est pas malaisé de faire le pronostic de cette doctrine, qui n'a eu pour fondement que les ruines de la doctrine de Baïus, et la vengeance que méditait son auteur contre les jésuites qu'il haïssait[1], ainsi que parle son panégyriste F. Jean de la Pierre, religieux de Saint-Norbert, dans l'oraison funèbre qu'il fit à la mort de cet ennemi si déclaré de la Compagnie, quand il fut évêque d'Ypres.

Jansson assure que son homme commença à prendre des mesures avec lui pour dresser le plan qu'il avait imaginé; il lui remplit l'esprit des grandes idées qu'il avait lui-même du mérite de saint Augustin, qu'il mettait au-dessus de tout; il lui fit voir que la seule réputation qu'il aurait d'être le défenseur de la doctrine de ce Père le rendrait considérable dans l'université; que ce n'est que par là qu'on l'estimera, et qu'ainsi il n'y a que cette voie pour lui, qui était encore jeune, de s'établir et d'acquérir de la gloire. Le disciple, ému de nouveau par ces discours, commença de son côté à s'attacher à l'étude de ce Père pour répondre aux grands desseins qu'on avait sur lui; mais par cet attachement trop violent il retomba dans ses premières langueurs, ce qui obligea les médecins à lui interdire l'étude, et à lui faire reprendre le dessein du voyage de France qu'on lui avait proposé dans l'espérance qu'on avait que le changement d'air et le repos qu'il allait prendre par la cessation du travail lui rendrait sa santé.

Il partit de Louvain sur la fin de l'année 1604, et il arriva à Paris, où il trouva du Vergier, qui l'avait devancé, après avoir fait son cours de théologie, et avec lequel il avait eu déjà quelque commencement de commerce et de liaison, à ce qu'on prétend. Je trouve dans des Mémoires que messieurs du séminaire de Saint-Sulpice, du faubourg Saint-Germain de Paris, m'ont communiqués, quelque vestige de cette liaison, et ce fut par cet ami que Corneille trouva, en arrivant à Paris, une condition de précepteur chez un conseiller de la cour des Aides, dont on n'a pas même su le nom, tant le poste était peu considérable. Ses forces se rétablirent bientôt par le voyage pendant lequel il eut l'esprit libre et par la douceur de l'air de Paris, qui est bien plus tempéré que celui de Hollande. Les deux enfants du magistrat, qu'il élevait, lui donnaient du temps de reste pour étudier le

---

[1] Perfecto odio oderam illos. Orat. funeb., p. 33.

grec et ceux des auteurs latins qui ont écrit dans le siècle du bon goût.

Cet attachement qu'il eut à son étude ne lui permit pas d'avoir grand commerce dans le monde, et, pour dire le vrai, il ne s'en souciait pas. Jean du Vergier, son ami, qui avait plus d'ambition, et qui ne cherchait qu'à paraître, se produisait davantage; il s'avisa même de se préparer pour soutenir toute la Somme de saint Thomas, dans une salle du couvent des Grands-Augustins du Pont-Neuf, pour donner à tout Paris idée de sa capacité. En effet, c'était alors une chose assez rare de voir un jeune homme, à l'âge de vingt-quatre à vingt-cinq ans au plus, s'exposer sur les bancs pour soutenir, contre tous venants, la doctrine de saint Thomas, qui est presque immense. Il s'était préparé à cela; il avait fait de son côté toutes les avances pour la cérémonie, qui ne se fit pas parce que ce jeune homme prétendait se montrer dans un lieu qui était dépendant de l'université de Paris, sans avoir aucun degré, et qu'il n'avait étudié en théologie que sous les jésuites, à Louvain. D'un autre côté, sa mère le pressait par de fréquentes lettres de se rendre à Bayonne, son pays, où tout le poids des affaires de la maison était en quelque façon retombé sur elle par la perte de son mari, qui était mort il y avait déjà quelque temps. Il ne put pas résister aux empressements qu'elle lui fit pour l'obliger à venir la secourir de son assistance et de ses conseils, dans un veuvage qui devait sans doute lui donner de l'exercice par les affaires qu'elle allait avoir, et il ne sera pas hors de propos d'exposer ici la naissance et les premiers commencements de ce jeune homme, qui eut depuis tant de part à l'établissement de la secte dont je fais l'histoire, car on peut dire qu'il en fut le chef de la même manière que Corneille Jansénius. Ainsi il est bon de les connaître également l'un et l'autre, ayant eu tous deux une part presque égale en cette affaire.

Jean de Hauranne du Vergier naquit à Bayonne, en l'année 1581, d'une famille qui s'était rendue considérable par le commerce. Ce fut par le consentement du peuple qu'on ajouta au nom ordinaire de la maison, qui était du Vergier, celui de Hauranne. En voici l'occasion : la ville de Bayonne étant tombée dans une grande nécessité par la famine et par la disette des blés, un jeune homme de cette famille, mais fort riche, fut touché de Dieu pour soulager le peuple des biens dont il lui avait fait part; et comme sa vertu, malgré sa jeunesse, l'avait déjà fait distinguer dans la ville, il avait du pouvoir dans les conseils qui s'y tenaient pour les affaires publiques, et ce fut par ses soins qu'on fit premièrement venir des blés de tous côtés par la mer dans le port, où toute la province venait prendre ses provisions, et ainsi il fit subsister dans ces temps difficiles le pays des deniers publics qu'il avait grossis des siens par ses aumônes, et ce furent ces distributions fréquentes qu'il en fit qui lui attirèrent l'amour du public et les suffrages de tout le monde, et le firent nommer de Hauranne, qui signifie, dans la langue du pays, le bon jeune homme. Ce nom fut trop glorieux à celui qui l'avait mérité, qui était un des ancêtres de ce du Vergier dont il s'agit, pour n'être pas conservé dans la famille et réuni au nom ordinaire qu'on y portait pour en faire une espèce d'éloge, un titre d'honneur qui avait été mérité par une voie si honorable, et comme un monument de la piété de la famille.

Le père de Jean du Vergier était un homme de bien, qui avait de grandes richesses, et vivait à Bayonne dans une vie privée; sa mère était une femme vertueuse qui eut quatre fils et deux filles de son mari, lequel la laissa bientôt veuve. Elle maria ses deux filles à deux bourgeois de Bayonne : l'un s'appelait de Barcos, et l'autre de Bruxe, et avaient l'une et l'autre été formées de la main de leur mère. Jean, qui était l'aîné, commença ses premières études à Bayonne, et dès ces commencements il donna des marques d'une grande pénétration d'esprit et d'une heureuse disposition aux lettres; mais la mort assez imprevue du père troubla un peu cette famille. La mère, qui vivait bien avec lui, en fut frappée sans en être abattue, et son fils aîné en fut plus encouragé à l'étude où il était déjà engagé par cet accident qui devait jeter de la confusion dans leurs affaires; ainsi, après avoir achevé ses études, il obtint aisément de sa mère la permission d'aller à Paris y étudier les hautes sciences.

Le grand concours d'habiles gens qui enseignaient alors à Paris avait rendu cette capitale du royaume célèbre pour les sciences, la paix de Vervins ayant remis le calme aux affaires, qui étaient brouillées depuis longtemps par les guerres civiles. Il est vrai que l'Espagnol s'étant rendu maître d'Amiens par surprise, la crainte d'une guerre plus longue et plus dangereuse avait dissipé dans les provinces bien de la jeunesse qui s'était rendue de tous côtés à Paris pour y étudier. Mais Amiens ayant été repris bientôt après par la vigilance et le courage de Henri IV, Paris se trouvant dans une plus grande sûreté du côté de la frontière rassura la plupart des esprits, qui revinrent continuer leurs études. Ce fut en ce temps-là que du Vergier y arriva pour étudier en théologie dans la Sorbonne. Il logea d'abord proche le Puy, dans le quartier Saint-Hilaire, en la maison d'un homme qui prenait des pensionnaires, et il se trouva logé par hasard avec un jeune homme qui a été depuis une des grandes lumières qu'ait eues en ce siècle la Compagnie de Jésus : ce fut Denis Petau d'Orléans, qui commençait sa théologie.

L'humeur particulière et bizarre de du Vergier empêcha que Petau eût grand commerce avec lui; et depuis étant jésuite, parlant à ses pères qui l'interrogeaient sur du Vergier, abbé de Saint-Cyran, il répondait d'ordinaire que c'était un esprit inquiet, vain, présomptueux, farouche, se communiquant peu, et fort particulier dans toutes ses manières. Ils demeurèrent peu ensemble : soit que la méthode dont on enseignait la théologie en Sorbonne ne fût pas au goût de du Vergier, ou que l'état de ses affaires l'appelât ailleurs, ou qu'il eût des engagements secrets avec quelqu'un qui l'obligeât à ce changement, il quitta Paris pour aller recommencer son cours de théologie à Louvain; car je ne suis point du sentiment de ceux qui prétendent qu'il y eut du mystère en ce changement, et qu'on avait jeté les yeux sur ce jeune homme pour défendre la doctrine de saint Augustin en rétablissant celle de Baïus. On ne pensa nullement à lui; il n'était pas assez connu pour cela; j'aime mieux croire que le commerce fréquent qui se faisait depuis quelque temps sur cette frontière de Flandre avec Bayonne pouvait y avoir contribué, et que Bertrand Deschaux, évêque de cette ville, ami de la maison de du Vergier, obligea la mère et le fils à prendre ce parti. Il peut à la vérité y avoir eu d'autres raisons qu'il serait inutile de rechercher, parce qu'elles ne font rien à l'affaire dont il s'agit ici.

Peut-être aussi que ce jeune théologien fut attiré en cette ville par le bruit que faisait la réputation de Juste-Lipse, qui y vivait, comme un savant à consulter sur les lettres, et par la vogue de Thomas Stapleton, Anglais, qui, pour éviter la persécution qu'Élisabeth faisait alors aux catholiques, était venu en Flandre et s'était retiré à Louvain, où il trouva bientôt de l'emploi à cause de sa grande capacité dans l'intelligence de la sainte Écriture qu'il avait bien pénétrée par la connaissance parfaite des deux langues propres à cela. On lui donna la chaire de professeur en l'Écriture, qu'il remplit avec bien de l'éclat, et laissa en mourant cette place à Jacques Jansson, ce grand adorateur de Baïus. Pierre Damour, Jean Paludan, Jean Clavius, tous trois grands théologiens, faisaient aussi de leur côté bien du bruit par leur doctrine; et les pères Bellarmin, Amelius, Lessius, Connink, qui avaient ou enseigné ou écrit dans le collége des jésuites, ne laissaient pas de tenir leur rang avec dignité parmi tant de grands hommes qui avaient rendu cette université fort célèbre.

Du Vergier, attiré peut-être par l'éclat de la gloire de ces savants, dont l'évêque de Bayonne, son patron, l'avait informé, arriva à Louvain dans un temps où se tramait une faction violente mais secrète contre les jésuites, qui s'aidèrent du secours de leurs amis pour être reçus à enseigner dans cette université où ils aspiraient depuis quelque temps, prétendant que leurs écoliers seraient élevés aux degrés comme les autres, supposé qu'on les trouvât capables de cela. Il est vrai qu'il y avait de grands obstacles à leurs prétentions, car ils en avaient déjà eu l'exclusion par un interdit de Clément VIII, qui avait eu ses raisons pour s'y opposer. Voici quelle en fut l'occasion.

Torrentius, évêque d'Anvers, nommé à l'archevêché de Malines, célèbre dans le pays par sa grande capacité et par les ouvrages qu'il avait donnés au public, avait légué une somme d'argent assez considérable pour fonder une philosophie de deux professeurs dans le collége des jésuites de Louvain ; il connaissait ces pères, il avait fait la meilleure partie de ses études dans leurs écoles, et il était persuadé qu'il ne pouvait rien faire de plus utile pour la religion qui était alors exposée à toutes les attaques de l'hérésie de Luther et de Calvin dont tout le pays était infecté ; et le zèle de l'intérêt de Dieu fut le seul motif qui fit penser à cette union, ne voyant presque de la sûreté pour la religion que dans la pureté de la doctrine de la Compagnie. Ces partialités mêmes qu'il avait vues dans l'université de Louvain, à l'occasion de la doctrine de Baïus, lui firent prendre la pensée de s'adresser aux jésuites pour ce dessein ; il écrivit à la faculté de théologie pour cela, et manda qu'il ne pouvait donner une marque plus éclatante de sa bienveillance envers l'université, que de procurer l'union des jésuites avec son corps ; mais il trouva des gens qui s'opposèrent de toutes leurs forces à ce projet, parce que la plupart des docteurs de l'université étaient peu disposés à être favorables à la société. Mais ce bon prélat venant à mourir, son exécuteur testamentaire leur fit toucher la somme qu'il avait léguée à la Compagnie pour cette union, ce qui obligea ces pères à se pourvoir au conseil pour avoir des lettres patentes. Les principaux ministres y consentirent ; on leur expédia des lettres au nom du roi pour leur donner pouvoir d'enseigner, afin de satisfaire à l'obligation qu'ils avaient contractée par la somme reçue du prélat ; ils affichèrent leur permission d'enseigner à la porte de leur collége.

Leur école fut ouverte le 24 décembre de l'année 1605. Ils commencèrent par l'explication de la métaphysique d'Aristote, et toute l'université s'émut ; les professeurs de philosophie se plaignirent que leurs écoliers allaient les déserter pour aller chez les jésuites, où les exercices ordinaires de l'école seraient plus réglés, et que rien n'était plus capable de ruiner l'université, si vénérable par son antiquité et si considérable par ses priviléges. Enfin, après bien des délibérations, on alla au conseil de Brabant pour s'opposer à l'enregistrement des lettres des pères jésuites. Le conseil n'écouta pas même les députés de l'université; il répondit que l'affaire étant déjà réglée par l'expédition des patentes du roi, il ne pouvait pas l'empêcher. L'université, voyant qu'il n'y avait rien à faire de ce côté, députa à Rome Gérard Vossius, qui était de leur corps, pour faire intervenir l'autorité du Pape, la seule voie qui restait pour s'opposer à l'exécution de la permission du roi d'Espagne.

C'était alors Clément VIII qui était assis sur le Saint-Siége, peu affectionné aux jésuites pour bien des raisons; car, outre que leur général, le père Aquaviva, lui avait refusé le père Possevin pour l'accompagner dans sa nonciature de Pologne, outre la résistance très-forte qu'on lui avait faite pour l'empêcher de faire le père Tolet cardinal, il y avait bien d'autres occasions où l'on n'avait pas eu assez soin de le ménager et qui donnaient lieu de croire qu'il ne serait pas favorable à leur Compagnie. L'envoyé de l'université de Louvain sut si bien profiter de la conjoncture des affaires, qu'il obtint aisément de Sa Sainteté un bref par lequel Clément défendait aux jésuites d'enseigner la philosophie dans leur collège, et leur ordonnait de renoncer au pouvoir que le roi leur avait donné par des patentes expédiées en son conseil privé de s'unir à l'université. Le bref, pour avoir plus de poids, fut signifié à ces pères dans toutes les cérémonies. L'abbé de Sainte-Gertrude de Louvain avec l'abbé de Sainte-Marie du Parc eurent ordre de Sa Sainteté de leur signifier, ce qui fut fait dans les formes; mais l'autorité du conseil privé, qui y était intervenue pour l'intérêt de l'évêque d'Anvers et pour le bien commun de tout le pays, empêcha qu'on n'eût toute la considération et le respect qu'on devait au bref du Pape.

L'archiduc Albert arriva dans le pays sur ces entrefaites, pour y être gouverneur; on s'adressa à lui, afin de régler ces différends qui déjà commençaient à partager les esprits; mais pendant qu'il s'informait à loisir du fond de l'affaire, que ceux de l'université firent de grandes écritures pour lui représenter leur droit, que l'exécuteur testamentaire de l'évêque d'Anvers lui signifia que les jésuites avaient touché la somme que ce prélat leur avait donnée par son testament pour fonder la philosophie dans leur collège, que les pères déclarèrent eux-mêmes qu'ils ne pouvaient s'en dispenser sans agir contre l'intention du fondateur, et que l'affaire traînait dans de longues délibérations qui embarrassaient ce prince, Clément, informé du retard qu'on apportait à ses ordres, envoya quérir le général des jésuites, se plaignit des longueurs qu'on apportait à lui obéir sur l'affaire de Louvain et lui déclara d'un ton un peu ému qu'il l'interdirait lui-même et toute la Compagnie dans l'état ecclésiastique si l'on différait davantage.

Aquaviva, frappé d'un ordre aussi exprès, manda aux jésuites de Louvain qu'on renonçât immédiatement aux prétentions qu'on avait d'enseigner la philosophie par la permission du prince, qu'on congédiât les écoliers et qu'on fît protestation au recteur de l'université par-dèvant un notaire de l'obéissance qu'on rendait à Sa Sainteté qui avait ordonné de renoncer à cette prétention; la chose s'exécuta comme le général l'avait ordonné, sans aucun délai; l'acte de renonciation fut envoyé à Rome par le premier ordinaire dans toutes ses circonstances; et le Pape, satisfait de l'obéissance prompte que le père général avait fait rendre à ses ordres, écrivit à l'archiduc Albert par Frangipani, nommé évêque dans le royaume de Naples, son internonce en Flandre, pour le prier d'interposer son autorité afin que les jésuites n'entreprissent rien de nouveau dans l'université de Louvain, dont il lui recommandait les intérêts. Les jésuites cependant, qui avaient été exclus de leurs prétentions avec tant de hauteur, donnèrent lieu aux railleries de ceux qui leur étaient mal affectionnés dans la ville. On se moqua d'eux et en public et en particulier; on les traita de gens ambitieux qui ne pouvaient se contenter de leur état, sans aspirer toujours à quelque chose de nouveau; on prit même des précautions dans l'université pour empêcher qu'ils ne remuassent davantage, et pour donner des bornes à leur ambition, et depuis on les regarda comme des ennemis déclarés, dont il fallait éternellement se défier.

C'était là à peu près l'esprit qui régnait dans Louvain contre ces pères, et les dispositions où l'on était dans l'université pour ce qui les regardait, lorsque Jean du Vergier arriva dans cette ville pour étudier en théologie. Il ne lui fut pas difficile de conserver une espèce d'indifférence pour n'entrer en aucune façon dans ces particularités, ne connaissant pas même les jésuites qui étaient les principaux intéressés ; il n'entra en rien de tout cela, n'étant prévenu d'aucun intérêt ni d'aucune affection pour l'un ou pour l'autre parti, comme il paraît par la résolution qu'il prit d'étudier sous les jésuites dans l'obscurité de leurs écoles, qui n'étaient fréquentées presque de personne. En quoi il y a lieu de s'étonner qu'un jeune homme aussi plein de feu et d'ambition eût pris la résolution de s'enfermer pour ainsi dire dans l'école des jésuites, d'où il ne pouvait raisonnablement espérer aucun avantage pour se faire connaître et pour acquérir de la réputation dans le public, à quoi il devait penser, ayant des qualités propres à faire du bruit dans le monde. Mais il faut dire la vérité, il n'était pas le maître de sa destinée ni de ses résolutions quand il prit ce parti. Bertrand Deschaux, qui avait fait la même carrière, et qui avait étudié la théologie sous les jésuites dont il avait été fort content, l'obligea à cela ; et il y a apparence qu'il ne quitta Paris et la Sorbonne, où il avait déjà commencé ses études, que pour venir les continuer à Louvain, comme son évêque, de qui il dépendait en toutes choses, l'avait déjà fait. On n'a point su si ce prélat, en donnant ce conseil au jeune du Vergier, avait eu d'autres raisons que celles de sa propre expérience et de l'affection qu'il avait pour les jésuites. On prétend aussi que du Vergier trouvait son compte en étudiant auprès des jésuites, où l'on faisait en quatre ans ce qu'on fait en huit dans l'université, et où l'on tenait la jeunesse dans des longueurs qui n'accommodaient pas tout le monde.

Ainsi ce jeune homme, engagé chez ces pères sans les connaître, commença son cours avec toute la ferveur que demandait de lui cette science. Il trouvait souvent en son chemin, allant et venant au collège, Lipse, avec qui il eut bientôt quelque commerce ; il vit même dans ce grand homme de l'honnêteté, de la politesse et de la bonté, qui furent d'un grand charme pour lui et qui contribuèrent à lui rendre ses visites plus fréquentes. L'obscurité de l'école où il s'était engagé ne le piquait pas assez pour lui donner ces airs d'émulation qui sont nécessaires aux jeunes gens afin de les exciter, et lui laissait d'un autre côté une partie du temps qui lui était nécessaire pour cultiver ce grand homme.

On n'a pas su bien précisément la durée de ce commerce que du Vergier eut avec Lipse que par les lettres de ce savant qui ont été imprimées depuis sa mort. Le jeune théologien aimait la gloire, et avait bien de la passion pour l'étude, ce qui l'obligeait à faire sa cour assez régulièrement à Lipse pour profiter de ses conseils et pour mériter son approbation. C'était un homme consulté de toute l'Europe sur les sciences, et qui était en quelque façon l'oracle de tout le pays, ce qui le rendait recommandable au jeune homme, qui espérait devenir considérable en le fréquentant. Lipse, qui était civil et affable, le recevait toujours bien, et comme il lui trouva d'abord un naturel rude, il tâcha de l'adoucir par le soin qu'il prit de l'affectionner aux lettres humaines qui polissent les mœurs. Il le trouvait un peu rêveur et distrait par l'application qu'il donnait à sa théologie. « Mêlez, disait Lipse, l'étude des belles-lettres à cette science grave et sérieuse pour délasser votre esprit par ce mélange, sans cela vous ne réussirez pas. »

Leur amitié devint telle que lorsqu'ils ne pouvaient se voir, ou par l'état de leurs affaires, ou par indisposition, ou à cause du mauvais temps, ils s'écrivaient l'un l'autre de leur cabinet; voici quelques fragments de billets que je trouve dans ce tome des Épîtres de Lipse, imprimées en latin, car c'est en latin qu'il écrivait d'ordinaire aux savants, et c'est une réponse à un billet de du Vergier que cette première lettre. « Il y a bien de l'esprit dans votre billet, et j'y ai trouvé beaucoup de ce feu d'en haut que j'aime, je l'avoue, dans la jeunesse; courage, mon cher, cultivons cet esprit et ce feu par l'étude de cette science divine où vous vous attachez, et par les richesses des belles-lettres que tous les anciens ont mises en œuvre pour orner cette céleste science. Vous me demandez mon avis sur la lettre que vous écrivez à votre évêque; je la trouve bien, et remplie de cet esprit qui brille si fort dans vous. » Il est vrai que Lipse, qui avait entrepris en quelque manière la conduite de ce jeune homme qu'il encourageait par son secours et par ses conseils, avait coutume de lui inspirer l'amour des lettres humaines, et de lui répéter souvent qu'il fallait adoucir la sécheresse de la théologie, qui est une science difficile d'ellemême et épineuse, par la lecture des Pères grecs et des Pères latins, afin de se soutenir par ce tempérament contre les dégoûts qui viennent d'ordinaire aux jeunes gens quand ils s'abandonnent trop à l'air sec et austère de la scolastique toute pure.

Du Vergier écouta peut-être plus qu'il ne devait un conseil si sage, mais qui dans la suite lui devint préjudiciable, car le plaisir qu'il prenait à la lecture des Pères le dégoûta de la théologie; il s'abandonna en jeune homme à son plaisir, et n'alla pas assez au solide; et ce fut de là qu'il prit dans la suite cet éloignement de la scolastique, à quoi il parut depuis peu affectionné; d'ailleurs, comme il n'avait nul génie pour l'éloquence par le caractère de son esprit qui était embarrassé et profond, il ne tira pas tout le secours de la lecture des auteurs profanes et des Pères grecs et latins qu'il eût pu en tirer s'il avait eu plus de disposition à devenir orateur. Voici ce que Lipse lui en dit dans un billet qu'il lui écrivit le 9 mars de l'année 1603. « On vous conseille de lire Cicéron, pour prendre son esprit dans cette lecture. Je ne sais si on vous donne un bon conseil; pour moi je ne suis pas de cet avis, car votre génie vous porte ailleurs. » En effet, il n'avait point du tout l'esprit net, il avait je ne sais quoi de profond dans l'imagination qui rendait souvent son expression embarrassée et confuse, comme on verra bien mieux dans la suite de cette histoire et dans la manière dont il écrivait à ses amis, et Lipse avait raison de ne lui pas conseiller de s'adonner à l'éloquence; il n'avait nul talent pour parler en public, non-seulement par les défauts naturels qu'il avait pour la parole, mais bien davantage par la qualité de son esprit essentiellement obscur. Il s'amusa aussi à faire des vers, comme Lipse lui conseilla, mais la postérité n'en a rien su que par un billet de ce savant.

A la vérité il ne put pas avoir commerce avec ce grand'homme, ni mériter son suffrage sans qu'on le sût dans la ville et qu'on en parlât. Jansson, qui était attentif à observer tout ce qui se passait à Louvain, et surtout dans les choses qui avaient quelque rapport aux jésuites, ne put entendre parler d'un jeune Français qui avait mérité l'estime de Lipse, et qui avait renoncé aux degrés pour étudier d'une manière si obscure chez les pères, sans s'informer de son dessein dont il ne voyait pas le mystère, ne doutant pas qu'il n'y en eût.

Et c'est ici que je ne puis m'empêcher de m'abandonner un peu à mes conjectures; car, quoique je ne trouve dans mes mémoires aucun vestige de commerce du jeune du Vergier avec Jacques Jansson, ce zélé défenseur de saint Augustin, dans un temps où ce jeune homme faisait du bruit à Louvain par l'estime que Lipse avait de lui, quoiqu'il ne paraisse pas même qu'ils se soient vus, il y a si peu d'apparence que ces trois personnes qui ont tant remué pour rétablir la doctrine de Baïus, prévenus qu'ils étaient que cette doctrine était celle de saint Augustin, qui n'ont formé de parti que sur les ruines de ce vieux docteur, dont Jansson faisait son idole, et qui ont passé le reste de leur vie pour se faire un plan nouveau de la grâce sur celui que Baïus avait imaginé ; il y a, dis-je, peu d'apparence que, s'étant trouvés tous trois à Louvain, ils n'aient eu aucune conférence sur ce vaste projet, qui a été depuis l'unique objet de leurs travaux et de leurs veilles. Après tout, comme je me propose de donner en cette histoire mes certitudes pour des choses indubitables, et mes conjectures pour des conjectures toutes pures, je n'ose assurer que cela soit, et je m'en tiens toujours scrupuleusement à mon principe, que, n'ayant trouvé aucune trace de commerce et de liaison de du Vergier et de Jansson à cette époque, je ne suis pas assez hardi de faire passer pour une vérité ce qui ne me paraît qu'une vraisemblance. Rien aussi n'est plus vraisemblable que cet amour de saint Augustin, cette préférence de ce Père à tous les autres, ce zèle aveugle pour sa doctrine, et cette prévention qui s'était si fort établie dans le cœur de Jansénius et de du Vergier (et qui les a pour ainsi dire possédés le reste de leur vie d'une manière qu'ils s'en sont fait une occupation de plus de quarante ans durant) aient été puisés ailleurs que dans les entretiens et comme dans le sein du plus zélé sectateur de saint Augustin de ces derniers siècles, vu qu'ils étaient en même temps, en même lieu et dans un âge pour Jansénius et du Vergier où l'on prend les grandes résolutions que la jeunesse donne de la vigueur pour poursuivre.

Il y avait déjà près de quatre ans que du Vergier étudiait la théologie, lorsque l'ordre lui vint de son pays de se préparer à soutenir son cours à la manière des jésuités; et il y a de l'apparence que les mesures étaient prises avec sa famille pour dédier ses thèses à l'évêque de Bayonne. Il soutint donc sa thèse, deux heures et demie le matin et autant le soir, le 26 avril de l'année 1604. Ce fut le père Marc van Voerne, professeur de théologie au collége des jésuites, qui présida la cérémonie; et dans l'épître dédicatoire à Bertrand Deschaux, en lui rendant compte des raisons qu'il a eues de la lui dédier, du Vergier avoue l'obligation qu'il lui a d'avoir toujours eu soin de sa conduite et d'avoir pris part à ses études comme l'aurait fait son propre père s'il eût vécu; il déclare que c'est lui qui a choisi pour le former aux grandes sciences la Flandre, dans la Flandre Louvain, et dans Louvain le collége des pères jésuites; il dit que c'est dans ces sources si riches et si abondantes qu'il a puisé ce qu'il a de pur et de solide dans les études, et qu'il serait le plus ingrat de tous les hommes s'il n'avait bien de la reconnaissance du secours qu'il a tiré d'eux, qu'il ne l'oubliera jamais pendant qu'il vivra, assurant qu'il les regardera toujours comme des gens qu'il honore de sa bienveillance et auxquels il était obligé. Ce sont là les sentiments de du Vergier que j'ai copiés sur l'original de l'épître latine qui est à la tête de ses thèses.

Je ne sais pas quels progrès il avait faits dans l'étude des lettres humaines, mais le latin de l'épître qu'il avait composée lui-même est d'une obscurité fort convenable au caractère de son esprit naturellement embarrassé et confus, et d'un style de la dernière médiocrité. Pour le succès qu'il eut en sa dispute, on n'a pu savoir rien autre chose que ce qu'en a écrit Juste Lipse dans un billet qui se trouve parmi ses lettres imprimées après sa mort. Voici ce qu'il en dit : « Je vis ces jours passés le jeune du Vergier répondre de toute la théologie dans une grande assemblée ; il le fit avec tant d'esprit, tant de force, d'un air si aisé, qu'il mérita l'approbation de tous ceux qui l'écoutaient et auxquels il plut fort. J'ai cru lui devoir ce témoignage, que je lui rends ce 13 mai 1604. »

Car, quoiqu'il y ait lieu de ne pas compter beaucoup sur le témoignage de ce savant, qui était favorable à la jeunesse dans les jugements qu'il en faisait, et qui était fort libéral de son approbation, comme il paraît dans ses livres qui en sont pleins, il ne faut pas laisser d'avouer que du Vergier avait de la pénétration, et même de cette subtilité d'esprit propre aux sciences les plus sublimes ; et il y a sans doute lieu de croire qu'il aurait fait de grands progrès dans la théologie, où il s'est égaré tant de fois dans des sentiments si écartés sur la religion, s'il ne s'était point trop dissipé l'esprit à la lecture des poëtes anciens, et ne s'était point trop amusé à faire des vers, et trop attaché aux lettres humaines, où après tout il ne réussit que médiocrement, car ce n'était point pour ces sortes de sciences qu'il avait du talent.

Quoi qu'il en soit, il partit de Louvain peu de jours après avoir soutenu ses thèses, pour se rendre à Paris, d'où il écrivit à Lipse de grandes lettres de remercîments ; et comme il trouva son ami Jansénius établi dans cette ville, il eut quelques conférences avec lui, car ils se virent souvent ; mais il ne parut rien de ces conférences qui ait eu du rapport avec le grand dessein qu'ils formèrent plus tard. Ce fut alors que du Vergier entreprit de répondre sur toute la doctrine de saint Thomas aux Grands-Augustins, où il trouva de l'opposition comme j'ai déjà remarqué. Dès que sa mère sut qu'il était en France, elle le pressa par de fréquentes lettres de la venir trouver à Bayonne, ne pouvant plus différer de le voir après une si longue absence, et ayant un si grand besoin de lui et de ses conseils ; il se rendit alors aux désirs si justes d'une mère dont il avait sujet d'être content. Il partit de Paris, arriva à Bayonne ;

mais il ne se trouva pas en état de donner à sa mère le contentement qu'elle attendait de lui ; il était l'aîné et déjà dans un âge où il pouvait prendre quelque connaissance des affaires de la maison ; elle l'en conjurait, lui représentant sa vieillesse, ses infirmités, son peu de capacité aux affaires. Du Vergier, par un esprit inspiré d'en haut, lui répondit que Dieu le destinait à de plus grandes choses, qu'il avait acquis de la science dont il devait lui rendre compte, comme d'un talent dont il l'avait qualifié, et que venant d'achever son cours de théologie avec une grande application, il croirait agir contre l'ordre de la Providence de se borner à une fortune particulière. Et ce fut d'un ton de prophète qu'il dit cela.

De si grandes raisons éblouirent la dame, lui fermèrent la bouche sur son intérêt particulier et sur l'intérêt de sa maison, et les grandes idées qu'elle conçut de la destinée de son fils par le discours qu'il venait de lui faire, et l'obligèrent à l'abandonner à sa propre conduite, sans penser désormais à l'en détourner. Ainsi ce jeune homme, maître de lui et de ses résolutions, après avoir laissé le soin de sa maison à sa mère et à ses frères qui le regardaient déjà comme un homme destiné à quelque chose de grand, ne pensa plus qu'à la retraite, pour s'y enfermer tout à fait et renoncer entièrement au commerce du monde.

Son père avait une maison de campagne nommée Campiprat, bâtie sur la hauteur voisine de Bayonne qui regarde la mer. La situation en était heureuse, les promenades belles, l'air pur, la vue étendue, propre à ne lasser jamais. Enfin le lieu devait être agréable à un homme qui cherchait la solitude ; et ce fut là aussi qu'il se retira, soit qu'il eût une grande avidité d'apprendre, soit qu'il fût ennuyé de tout le reste, soit qu'il lui passât déjà par la tête quelque chose de ces grandes idées qu'il eut depuis ; et quoique le premier projet de ces vastes pensées qui occupèrent depuis son esprit ait été formé dans ce lieu, il n'y a nulle apparence qu'il y pensât dès ce temps-là, qui fut le commencement de sa retraite. L'affaire demandait une plus profonde méditation et plus de temps pour la concerter ; et comme on ne parvient que par degrés aux dernières extrémités, il n'est point vraisemblable qu'il pensât à faire dans l'Église des innovations, qui allaient au renversement de la religion, dans un temps qui ne fut à proprement parler que son premier noviciat.

Ainsi ce n'était qu'à parcourir les auteurs grecs et latins et quelques-uns des Pères qu'il employa ce premier loisir, selon le plan que Lipse lui avait tracé; et quoique la plupart des jeunes gens soient sujets à s'égarer dans cette route quand ils ne font que commencer, il ne laissa pas de s'y embarquer sans aucun guide, du moins à ce qui m'a paru, tant il avait bonne opinion de lui-même; et quoiqu'il ne sortît presque jamais de sa retraite, qu'il n'eût aucun commerce avec le monde, qu'il ne fît pas même les visites dont on ne se dispense point, il ne laissait pas de recevoir celles de son évêque, qui venait de temps en temps le voir, parce qu'il aimait les lettres et voyait volontiers ceux en qui il trouvait quelque capacité; c'était même une espèce de ragoût pour ce prélat que de venir quelquefois s'enfermer avec ce jeune reclus, pour parler de sciences et d'autres choses qui lui tenaient au cœur.

Il y avait déjà près de deux ans que du Vergier menait cette vie cachée et solitaire sans voir personne que quelques-uns de sa famille, qui venaient lui dérober des moments de son loisir, et auxquels il ne pouvait pas fermer sa porte, lorsqu'il commença à s'ennuyer d'une vie si retirée et d'une étude aussi peu divertissante que celle à laquelle il s'était attaché, ce qui lui fit penser à faire venir de Paris son cher ami Corneille Janssen. Soit qu'il crût que l'ennui de la retraite diminuerait par des conférences sur les matières qu'ils auraient étudiées, soit qu'ils eussent convenu en se séparant qu'après qu'il aurait réglé ses affaires avec sa famille, il lui manderait de venir le trouver pour établir une espèce de société entre eux afin d'étudier dans la vue de quelque dessein, il est vrai qu'il ne s'est rien trouvé de bien certain sur tout cela que je voulusse donner pour d'autre chose que pour des conjectures. Corneille, qui n'était arrêté à Paris que par deux enfants qu'il instruisait, comme j'ai déjà remarqué, n'eut pas de peine à se rendre aux empressements de son ami. Il se mit en chemin, et arriva à Bayonne après un voyage assez heureux. Ils se rendirent un compte mutuel d'eux-mêmes l'un à l'autre, et après avoir passé quelques jours à recueillir les premiers fruits d'une amitié aussi sincère et aussi tendre qu'était la leur, ils pensèrent au plan qu'ils devaient prendre pour leurs études, afin d'en profiter l'un et l'autre.

Voici l'ordre qu'ils établirent dans leur travail. Ils donnaient tout le matin à l'étude particulière et à la méditation sur leur étude, chacun travaillant de son côté sans aucune interruption; et après les repas ils se promenaient quelque temps, quand la saison le permettait, pour faire un exercice réglé et pour se délasser de leur application, et ils conféraient ensemble de ce qu'ils avaient étudié le matin. Leurs promenades recommençaient vers le soleil couchant au temps que les jours sont plus longs et plus beaux; tout enfin était fort réglé dans tout ce qui se faisait en cette solitude. On commença d'en parler à la ville comme de quelque chose d'extraordinaire; on disait que le jeune du Vergier, déjà savant bien au-dessus de son âge, s'était enfermé dans la maison de campagne de feu son père pour y étudier avec un jeune Hollandais, arrivé depuis quelque temps de Paris, et qu'ils pensaient l'un et l'autre à quelque grand dessein; ce n'était qu'avec admiration que le peuple regardait cela, louant la sagesse et l'application de ces deux jeunes gens, et l'on ne doutait pas à la ville qu'il ne se fît dans une retraite si cachée quelque chose de trop grand et de trop mystérieux pour être exposé aux yeux du public et aux discours du peuple.

Ce fut là, en effet, qu'ils jetèrent les premiers fondements du grand ouvrage qu'ils méditaient en parcourant les Pères, les conciles, l'histoire ecclésiastique, saint Augustin, et tout ce qui pouvait leur servir; déjà les écrits qu'ils faisaient sur les livres qu'ils parcouraient grossissaient en collections, et le trésor qu'ils amassaient par leur travail croissait de jour en jour, car personne n'osait les interrompre. Leur seul évêque les visitait; il admirait leur attachement à l'étude, sans comprendre ni même s'informer de ce qu'ils prétendaient par là, ne voyant encore rien dans la dureté de leur travail qu'une grande passion d'étudier et de devenir savants, à quoi il les exhortait le premier, regardant leur retraite comme quelque chose qui serait un jour utile à l'Église, si Dieu y donnait sa bénédiction. Ils travaillaient eux-mêmes comme des gens qui ne savaient peut-être pas bien ce qu'ils faisaient, n'ayant encore rien dans la tête que de fort confus et de fort indigeste, tant était vaste la grandeur du projet qu'ils méditaient, où ils ne voyaient encore rien de réglé.

Mais il arriva peu après une petite aventure qui les obligea d'interrompre leur étude dans la plus grande chaleur de leur travail. Il y avait sur la frontière du royaume de Navarre des restes de l'ancienne famille de Deschaux, une des plus nobles de la province, possédant un vieux château au pied des Pyrénées, proche Saint-Jean-Pied-de-Port, qui avait souvent donné de la jalousie au roi de Navarre par la force de sa situation, et qui, dans les guerres de la religion soutenues avec tant d'opiniâtreté par Jeanne d'Albret, avait été pris, rasé, et rétabli autant de fois par les ancêtres de l'évêque de Bayonne, où l'on se faisait une espèce d'honneur d'être dans les intérêts de la France contre la Navarre autrefois, et depuis contre l'Espagne. Henri IV, étant devenu roi de France par la mort subite et imprévue de Henri III, reconnut lui-même la fidélité de cette maison, qui ne balança pas à lui livrer cette place sur la frontière d'Espagne, et à signaler sa fidélité par des services importants qu'elle lui rendit, et c'était une espèce de gage du dévouement de cette famille au service de la France que ce château. Ce fut par là que Bertrand, s'étant insinué dans les bonnes grâces de Henri IV, fut fait premièrement évêque de Bayonne, et depuis archevêque de Tours sous Louis XIII, qui lui donna le collier de l'ordre du Saint-Esprit, lequel était alors une grande marque de distinction pour ceux à qui le roi faisait cet honneur. Ce fut enfin par là que ce prélat était toujours bien reçu à la cour, qu'il avait les entrées au Louvre comme les officiers qui servent auprès de la personne du prince, qu'il faisait des voyages assez fréquents à Paris, et qu'il était auprès du roi quand l'occasion se présenta de parler du jeune savant, dont il était lui-même si entêté, qu'il le vantait partout comme l'homme le plus savant du royaume.

On disputait depuis quelque temps avec assez de chaleur à la cour sur une question de cas de conscience qui faisait du bruit, et sur laquelle chacun prenait son parti selon ses lumières ou selon son inclination. Le roi ayant été voir une dame qu'il aimait, on parla dans le cercle de ce qu'il y aurait à faire s'il était enfermé dans une place forte propre à soutenir un long siége où les vivres manqueraient, et si en ce cas il ne pourrait pas faire égorger un de ses gardes pour se nourrir, n'ayant rien autre chose à manger. La dame, qui avait bien de l'esprit, jugea que cela ne lui serait pas permis, et qu'il vaudrait mieux rendre la place. Il se trouva des courtisans, qui sont d'ordinaire, ou qui du moins étaient alors gens peu instruits dans la religion et sans principes, qui, pour flatter leur maître, soutenaient que par le droit qu'il a de vie et de mort sur ses sujets, il pouvait sans doute faire égorger un de ses soldats. Le roi, qui n'était pas le mieux instruit du monde dans l'essentiel de sa religion, n'en doutait pas, tout équitable et clément qu'il était, mais il faisait ce que font tous les princes dans leurs intérêts qui se flattent toujours. Les esprits s'étant partagés sur cette question, chacun en parlait selon ses vues, et rien n'était plus à la mode à la cour que cette dispute, lorsque Bertrand Deschaux, qui était arrivé de Bayonne depuis peu, commença à dire au roi qu'il avait un homme de son diocèse fort capable de dire son sentiment sur cette question, car il n'ignorait rien. Enfin il prôna si fort le mérite de du Vergier, qu'il fit venir au roi la curiosité de savoir son sentiment sur cette matière, sur laquelle il trouvait une si grande diversité d'avis. Bertrand manda, par le premier ordinaire, à son savant que le roi souhaitait qu'il écrivît sur ce sujet et qu'il lui envoyât son opinion. Et ce fut cette occasion qui donna lieu au livre que du Vergier fit alors et qu'il appela la *Question royale*, parce que ce fut de la part du roi que l'évêque lui en fit la proposition, et qui fut depuis imprimé à Paris, l'année 1609, chez Toussaint du Brey.

Voici le plan du livre dans lequel il ne pose nullement la question comme le roi l'avait posée, et comme elle fut disputée de toute la cour. Chacun avait conçu la proposition d'une manière où il n'y avait pas de difficulté ; mais ce nouveau docteur, pour la rendre obscure et difficile, y avait répandu des nuages et avait pris la chose de travers. L'argument principal du livre était de savoir s'il est permis de se tuer, sur quoi il prétendait d'abord que non-seulement en certaines circonstances il est permis de se tuer, mais qu'on y est obligé, et il se proposait de prouver l'un et l'autre. Ce qu'il fit sans aucune autorité de conciles ou des saints Pères, mais par des raisons les plus obscures du monde. Et après un long discours pour prouver une si détestable doctrine, il concluait qu'il y a quelque chose de vicieux et de déréglé dans le meurtre du prochain qui ne tombe nullement dans celui de soi-même, qui est bien plus innocent, parce que celui qui se tue peut prendre des mesures avec lui-même par l'état de sa conscience, qu'on ne peut prendre en tuant un autre. A la vérité, un pareil raisonnement n'est jamais tombé dans une tête bien saine et dans un esprit élevé avec les maximes de notre religion. Tout le reste du livre est si plein d'horreurs qu'on ne peut le lire de sang-froid sans frémir ; c'est aussi ce qui m'oblige à supprimer des raisonnements si épouvantables et une doctrine si horrible. Mais enfin, soit que l'énormité de cet ouvrage blessât la candeur de notre nation, qui est naturellement portée à l'humanité, soit que le roi Henri IV, qui avait donné le sujet de ce livre et avait ordonné qu'on l'écrivît, fût peu de temps après assassiné par ce malheureux qui osa mettre sa main parricide sur la personne sacrée de ce grand monarque, cet abominable livre n'eut presque pas de cours ; on n'en fut pas content à la cour parce qu'il n'avait nullement traité la question qui avait été proposée, et on en eut horreur dans le public tant il parut détestable.

Ce fut là le premier coup d'essai de ce théologien, qui se vanta depuis d'être si attaché à la doctrine de saint Augustin. Il n'y a nulle apparence qu'il eût lu ce que ce père enseigne dans le livre premier de la *Cité de Dieu*[1], où il prouve qu'il n'est pas

---

[1] L. 1 *De Civ.* (20-21-22 et sequentibus).

permis de se tuer pour éviter le plus grand de tous les maux, qui est le péché, car s'il avait lu ce que ce grand saint en a écrit, il n'aurait osé donner dans un sentiment si barbare en s'éloignant si fort de sa doctrine; mais, pour comble d'abomination, il appuyait les principaux raisonnements de ce bel ouvrage de la maxime dont les gnostiques avaient coutume d'appuyer toute l'infamie et la prostitution de leurs détestables mystères, car ils croyaient qu'en disant que tout était pur aux âmes pures, ils autorisaient par là tous leurs désordres. C'était là le fondement sur lequel du Vergier établissait ce qu'il y avait de plus essentiel dans l'opinion qu'il enseignait, qu'on pouvait se tuer sans blesser sa conscience, parce que tout est pur aux âmes pures.

On n'a pas su quel fut le sentiment de Jansénius sur ce premier ouvrage de son ami, qui avait pris une manière de supériorité en toutes choses sur lui et qu'il conserva toujours. La cour et le peuple en furent également mal satisfaits, c'est-à-dire ceux qui le virent ou en entendirent parler. L'évêque de Bayonne, qui avait produit l'auteur, n'en devait pas être content, mais il ne laissa pas de considérer toujours du Vergier comme sa créature et de le combler de ses bienfaits, car ayant vaqué une cure considérable dans le bourg d'Isathoüa, de près de mille écus de rente, il la donna à du Vergier qui n'en profita que par une grosse pension qu'il en tira, ne pouvant se résoudre à faire résidence dans un air aussi grossier, parmi des Basques qui n'entendaient pas le français; il en traita avec un prêtre navarrais, nommé Guillentena, qui fut pourvu du bénéfice moyennant la pension. A la vérité, l'attachement qu'il avait à l'étude l'obligea aussi à se tenir dans sa maison de Campiprat, où il continua avec son collègue à étudier les Pères de l'Église.

Il vaqua aussi, peu de temps après, une chanoinie dans l'église cathédrale de Bayonne que l'évêque donna à du Vergier, ne voyant rien dans son diocèse comparable à lui, ni qui méritât mieux d'avoir part à tout ce qui se présentait d'avantageux. Mais il ne put consentir à recevoir le bénéfice qu'après avoir obtenu du chapitre la dispense d'assister au chœur seulement les dimanches et les jours de quelque célébrité extraordinaire. Il obtint aisément cette dispense par l'entremise de l'évêque qui entreprit de la lui faire accorder.

Il y avait alors une vieille cérémonie dans l'église de Bayonne, qui avait l'air un peu profane et choquait bien des gens : on présentait sur l'autel, dans les messes des morts, une brebis égorgée avec des circonstances qui avaient quelque chose d'indécent et peu convenable à la pureté des autels. Un jeune capucin qui avait du zèle entreprit de combattre cette cérémonie, et, prêchant le carême, il s'emporta avec bien de la chaleur contre une pratique si païenne. Il était de l'intérêt du chapitre de soutenir cette coutume autorisée par l'antiquité, et on n'eut pas de peine à engager du Vergier à écrire contre le prédicateur pour la défendre ; il le fit d'une manière où il parut de l'aigreur et de la véhémence plus que n'en demandait une dispute qui se faisait pour une pratique de dévotion, et qui devait se traiter dans les voies de la douceur entre deux ecclésiastiques. Du Vergier, qui avait une démangeaison d'écrire, s'attachait à ces petits sujets qu'il trouvait en son chemin comme une matière propre à l'exercer aux grandes choses qu'il méditait ; mais c'était toujours d'un style amer qu'il écrivait, parce qu'il suivait trop son tempérament. L'affaire fit du bruit dans le peuple, et si le capucin, qui fut traité de jeune déclamateur, n'eût eu plus de modération que son adversaire, elle eût été portée à de grandes extrémités qui auraient causé beaucoup d'émotion dans la ville.

Environ ce temps-là, on délibéra sur la fondation d'un collége pour l'instruction des enfants ; on trouvait à redire, et avec fondement, que la capitale d'une province aussi considérable fût dépourvue de ce secours qu'on était obligé d'aller chercher bien loin pour l'éducation de la jeunesse. Il se trouva plusieurs personnes d'autorité dans la ville qui, dans cette délibération, donnèrent d'abord leur suffrage aux jésuites, lesquels commençaient à se signaler dans plusieurs villes du royaume par le soin qu'ils prenaient d'élever les jeunes gens dans les lettres ; on citait même les services qu'ils venaient de rendre à l'Église dans le Béarn malgré la répugnance qu'y mit d'abord le parlement de Pau. L'affaire ayant été ménagée et conduite par la prudence d'Arnault Lemaître, évêque d'Oléron, qui, ayant trouvé presque tout son diocèse ruiné par le commerce des calvinistes, autorisés par son prédécesseur, commençait à y rétablir la religion et les mœurs par le soin des jésuites qu'il avait appelés à son secours, et Henri IV, qui avait pris confiance au père Pierre Cotton pour la conduite de sa conscience, ayant témoigné à la plupart des évêques de son royaume qu'ils ne pouvaient mieux faire pour le bien de leurs peuples et pour l'intérêt de leur diocèse que de se servir des jésuites, par l'expérience qu'il en avait faite lui-même dans tous les lieux où il les employait, ces raisons parurent dignes d'être considérées par tous ceux dont l'esprit n'était point prévenu. Ainsi on fut fort surpris de voir du Vergier, qui n'ignorait pas de quoi les jésuites étaient capables pour l'instruction de la jeunesse, et qui devait avoir encore l'esprit plein des idées que la reconnaissance lui avait imprimées si avant dans le cœur, comme il le déclara lui-même à Louvain à tous ses amis, et comme il le marqua si expressément dans l'épître qu'il mit à la tête de ses thèses; cet homme, dis-je, qui avait été formé aux grandes sciences par les mains de ces pères fut celui de toute l'assemblée qui s'opposa avec plus de chaleur à ceux qui les proposaient pour le collége de Bayonne.

Il ne s'était rien passé, ce semble, depuis son retour de Louvain qui dût l'obliger à changer si fort de sentiment et à prendre un esprit d'opposition et d'animosité envers des personnes à qui il avait fait de si grandes protestations de bienveillance, ce qui donne lieu de croire qu'on le gâta à Louvain par les intrigues de Jansson, qui lui avait inspiré du zèle pour la doctrine de saint Augustin, qu'il prétendait avoir été corrompue par les jésuites, ou à Paris même lorsqu'il y séjourna quelques mois avant de revenir en son pays. Ce fut la première démarche qu'il fit contre eux et qui soit venue à la connaissance du public.

L'évêque ne fut pas tout à fait de son avis en opinant en cette délibération; il avait conservé de l'estime pour les jésuites depuis le temps qu'il avait fait ses études en leur collége de Louvain, et comme il n'entendait pas mal sa cour, la

4

considération que Henri IV avait pour le père Cotton ne l'avait point gâté à l'égard de cette société; mais, par un intérêt de peu de conséquence, il avait opiné pour donner ce collége de Bayonne à des séculiers qui n'auraient pas besoin d'une fondation, car il avait été ordonné sous Charles IX, par l'édit d'Orléans, qu'on fournirait dans chaque église cathédrale une prébende pour la fondation d'un collége dans les villes où il n'y en aurait pas, afin de pourvoir à l'éducation de la jeunesse et pour servir de barrière à l'hérésie de Calvin qui se répandait partout.

L'évêque de Bayonne prétendait qu'en donnant le collége à gouverner à des séculiers il sauverait la prébende de la cathédrale, qu'il aurait fallu donner aux jésuites, et conserverait une de ses nominations qui lui étaient chères par le peu qu'il avait à en disposer. Comme il s'était rendu maître dans tout le pays par la considération où l'on savait qu'il était en cour, son avis fut suivi sans aucune contestation, et du Vergier y trouva son compte, parce que dès que la résolution eut été prise de donner l'administration du collége à des séculiers, il fit en même temps nommer par l'évêque Corneille Jansénius, son ami et son collègue, pour principal, c'est-à-dire celui qui devait avoir la direction du temporel et du spirituel de toute la maison.

A la vérité, ils s'attachèrent d'abord l'un et l'autre avec tant d'ardeur à l'étude, qu'ils passèrent quelque temps sans penser en aucune façon à leur établissement; mais la pensée leur en vint dès qu'ils eurent jeté une partie de leur feu dans leurs études. Ils crurent même qu'il était de leur prudence de se faire un fonds pour leur subsistance afin de n'être pas toujours exposés à cette servitude de la nécessité qui cause tant de distraction pour chercher ses besoins. Le poste où se vit Jansénius l'encouragea à travailler encore davantage, et quoiqu'il fût obligé de se passer de son cher collègue, ils ne laissèrent pas de continuer leurs études sur le même plan et de suppléer par de fréquentes conférences à l'obligation qu'ils eurent de se séparer.

Il est incroyable combien de livres ils expédièrent, ou pour en faire des extraits, ou pour en copier les endroits qui leur étaient nécessaires, et combien de richesses ils ramassèrent durant cette retraite, pendant laquelle ils résolurent de renoncer à tout, et on aura de la peine à croire combien ces deux jeunes hommes donnèrent de temps à une si rigoureuse retraite, car ils y passèrent près de onze ans. Ce fut aussi dans cette profonde solitude et par un travail si opiniâtre qu'ils commencèrent à se remplir l'esprit de cette immensité de doctrine qui parut depuis dans leurs ouvrages et qu'ils se firent ce fond de capacité qui leur donna lieu à l'un et à l'autre de faire tant de bruit dans la suite de leur vie, ainsi que cette histoire nous l'apprendra. Mais on doit faire ici une réflexion qui ne sera pas hors d'œuvre, c'est qu'il fallait une aussi grande ambition que celle d'innover dans la religion, qui est la plus grande de toutes parce qu'elle exerce son empire sur les cœurs, pour soutenir tout ce que cette réclusion avait de sombre et d'affreux dans un âge qui n'aime et ne cherche que la liberté et le divertissement; c'était une violente passion qu'ils avaient tous deux de devenir chefs de parti, et de s'abandonner éperdument à l'espoir de domination. Cette soif dévorante qu'ils avaient pour l'étude était causée par une soif qui les dévorait bien davantage et qui les excitait à devenir les réformateurs de la religion, car il ne fallait pas un moindre intérêt pour les ensevelir dans une solitude aussi obscure que celle dans laquelle ils s'étaient enfermés. On ne finirait point si on s'abandonnait à toutes les vues que serait capable de donner cette réflexion que je laisse à faire à ceux qui savent les ressorts cachés qui font agir les passions les plus fortes et les plus violentes, telle qu'était celle qui occupait le cœur de ces deux ermites qui ne furent pas de si bonne foi que la ville et la province aux yeux desquelles ils s'enfermèrent d'abord le crurent.

Tout ce qui se passa dans cette retraite pendant tant d'années fut enveloppé d'un silence si sombre qu'on n'a jamais pu le pénétrer; il y en a qui ont cru que l'on y avait déjà jeté ces fondements et préparé les matériaux du livre *De la fréquente communion*, et qu'on ne pensait pas encore aux matières de la grâce, qui ne leur vinrent en l'esprit que longtemps après. Pour moi, qui ne trouve rien de tout cela dans les mémoires qu'on m'a fournis qui puisse même fonder des convictions, je ne me hasarderai point à dire ce que je crois sur une conduite si obscure ; il suffit de penser qu'on y avait des desseins qui marquaient une grande entreprise par un travail si énorme, et par un renoncement si extraordinaire au repos et à la liberté qui sont ce qu'il y a de plus cher et de plus doux dans la vie.

Mais enfin cette union si étroite de ces deux amis, cette liaison cimentée par un si long commerce, entretenue par un travail si laborieux, et cette habitude contractée par un attachement réciproque de tant d'années, tout cela fut rompu du côté d'où on avait le moins à craindre, car ce fut par un nouveau degré d'honneur qui arriva à l'évêque de Bayonne, à quoi il n'y avait pas de remède. Et voici de quelle manière la chose arriva.

Bertrand Deschaux était devenu puissant dans la province par le crédit qu'il avait à la cour. Henri IV l'avait toujours bien traité, et outre, la reine mère, le ministre qui gouvernait sous elle et qui était alors le marquis d'Ancre, continuèrent à le considérer. Le crédit de l'évêque, qui lui venait de son assiduité à la cour et de son industrie, ne laissa pas que de donner un peu de jalousie au comte de Grandmond, gouverneur de la province, homme fier et superbe, qui se sentait soutenu par la noblesse, par l'ancienneté de sa maison, par la qualité de son poste et par sa propre considération. L'ombrage fit naître la défiance. Le gouverneur trouvait le prélat trop bien à la cour ; le prélat trouvait le gouverneur trop absolu dans la province ; l'animosité succéda à la défiance, et ensuite une inimitié déclarée, ce qui fit quelque temps que les intérêts de Dieu et ceux du prince ne furent pas ménagés en bien des rencontres. Le bruit en fut porté à la cour ; la reine mère voulut qu'on y remédiât. Le marquis d'Ancre, ami de l'évêque, qu'il faisait quelquefois entrer dans son jeu, proposa de le faire changer de poste ; on en attendait l'occasion lorsqu'il arriva une de ces révolutions auxquelles sont sujets les États les mieux réglés, qui font d'ordinaire de nouveaux projets dans la fortune des particuliers en donnant une autre face au ministère ; mais ce qui pensa renverser tout à fait les espérances et les desseins de l'évêque de Bayonne fut ce qui les établit.

Depuis la majorité de Louis XIII, la reine mère, qui s'était défaite du souverain pouvoir, n'avait encore pu se défaire de l'autorité que son favori, le marquis d'Ancre, partageait toujours en quelque façon avec elle, disposant des grâces et des faveurs du prince à peu près comme auparavant, ce qui faisait murmurer les principaux officiers de la couronne qui en eurent d'étranges jalousies, et ce qui commença à leur donner des pensées de conspiration contre ce favori. L'empoisonnement du prince de Condé, le mécontentement des autres princes, qui se retirèrent de la cour, firent le reste. Le duc de Luynes, qui avait plus d'ambition et de naissance que les autres, était un de ceux qui s'élevait le plus auprès du roi. Il soufflait sans cesse aux oreilles de ce jeune prince qu'il ne devait point espérer d'être roi tout à fait tant que le marquis d'Ancre ne serait retourné en Italie. L'attachement que la reine mère avait pour lui empêchait qu'on y pensât, et il n'y avait personne assez hardi à la cour pour lui en faire la proposition, ce qui obligea les conjurés à tirer du roi un consentement tacite de se défaire de cet Italien, et ce fut Vitry, vieil officier et capitaine des gardes, qui eut ordre de s'en défaire, ce qui fut bientôt exécuté, car le marquis d'Ancre, sortant du Louvre, fut assassiné par cet officier. L'assassinat fut reçu du peuple d'une manière terrible ; on imputait à ce favori tous les malheurs de l'État. Son nom était devenu si odieux qu'on ne pouvait plus le souffrir. Les crocheteurs du quai de l'École et du Pont-Neuf coururent en foule au lieu où l'on avait enterré le corps, dans la paroisse de Saint-Germain l'Auxerrois, pour le déterrer et pour le traîner par la ville avec une fureur qui n'a jamais eu de pareille. Sa femme fut arrêtée par arrêt du parlement ; c'était une Italienne que la reine mère avait amenée avec elle en France, et n'ayant aucune part dans la conduite de son mari ; elle fut pendue, tout innocente qu'elle était. La plupart des Italiens qui avaient pris des établissements à Paris sous le règne de Marie de Médicis s'enfuirent en secret dans leur pays ; mais Étienne Galigaï, Florentin, frère de la marquise qu'on venait d'exécuter, et qui peu de temps auparavant avait été élevé à l'archevêché de Tours par le crédit de son beau-frère le marquis d'Ancre, fut si épouvanté de la manière injuste et infâme dont on avait traité sa sœur qu'il aimait, que, s'étant démis de sa dignité dans les formes, il se retira en son pays, ne pouvant plus avoir que de l'horreur et de l'exécration pour la France. La nouvelle de cette abdication étant venue à la cour, où l'on s'était insensiblement accoutumé à la pensée de la nécessité qu'il y avait pour l'intérêt du service du roi qu'on ôtât Bertrand Deschaux de Bayonne (à cause du gouverneur de la province qui ne le pouvait souffrir), le fit nommer à l'archevêché de Tours, où le destinait le favori qui venait d'être assassiné.

Cette nomination fut reçue des courtisans comme une nécessité d'enlever l'évêque de Bayonne de sa province, à cause de sa mésintelligence avec le gouverneur, fort désavantageuse aux affaires du roi. Elle fut reçue dans le pays comme une politique du nouveau gouverneur; mais elle fut reçue de nos deux ermites comme un coup de foudre qui les effraya, car ce changement renversait tous leurs projets; ils jugèrent bien qu'il n'y avait plus de sûreté à espérer pour eux sous un autre prélat que celui qu'ils avaient, dont apparemment ils étaient sûrs, ou par la communication de leur secret, ou par les autres engagements qu'ils avaient commencé à prendre avec lui. La consternation où ils se trouvèrent d'abord à une nouvelle qui les désola si fort marquait un intérêt secret qu'ils avaient à la conservation d'un homme aussi fort à leur bienséance que l'était Bertrand Deschaux, car si leur retraite n'eût été purement que pour se rendre savants dans la science de l'Église, tout autre prélat devait leur être indifférent, et ils n'eussent pas eu raison de remuer autant qu'ils firent par la crainte qu'ils eurent de tomber entre les mains d'un successeur qui pouvait leur être incommode. Enfin, toutes les démonstrations qu'ils firent paraître de leur inquiétude avaient l'air de gens qui n'étaient pas bien intentionnés en ce qu'ils méditaient, et du Vergier était déjà tout effrayé de l'idée qu'il se faisait d'un inspecteur curieux qui viendrait le désoler par des visites de censeur en le venant voir comme son évêque.

Il n'eut pas de peine à faire sentir à Bertrand, son patron et son ami, tout le poids de son affliction : ce n'est pas que ce prélat ne l'eût préparé à cet événement, car, dans les mécontentements qu'il reçut de temps en temps de l'humeur hautaine du gouverneur, il lui avait déclaré qu'il sollicitait un changement auprès de la reine mère, laquelle, entrant dans ses raisons, lui faisait paraître n'être pas éloignée de lui accorder cette grâce, et dès lors il tâchait d'apaiser les frayeurs de du Vergier par l'assurance qu'il lui donnait de ne pas l'abandonner. Ces assurances lui fermaient la bouche, mais elles ne lui ôtaient pas ses inquiétudes.

Bertrand Deschaux avait contracté une ancienne amitié avec Louis de la Rocheposé, évêque de Poitiers, et c'était l'amour des lettres qui avait fait cette liaison, car l'évêque de Poitiers avait eu quelque temps pour précepteur, avec son frère le marquis, le savant Joseph Scaliger, qui lui avait donné du goût pour les sciences, et il s'était affectionné à l'évêque de Bayonne à qui il trouvait le même goût et la même inclination, ce qui donnait lieu à l'évêque de Bayonne de lui parler souvent de son savant Jean du Vergier, qu'il lui vantait comme un homme extraordinaire ; et à force de le lui vanter, il lui fit venir l'envie d'avoir auprès de lui un si grand homme. Ainsi l'évêque de Poitiers était déjà disposé à le prendre chez lui en qualité de son docteur, lorsque l'évêque de Bayonne se trouva sur le point de quitter son pays, pour aller prendre possession de son nouveau poste à Tours.

Cependant Jansénius, qui n'était pas si pressé de quitter Bayonne, se trouvant dans une place où il ne craignait pas tant l'inspection d'un successeur à l'évêque, prenait des mesures secrètes par ses lettres à Louvain avec son premier maître, Jacques Jansson, pour son établissement. Jansson lui manda qu'il ne fît pas de difficulté de quitter son principalat à Bayonne, et qu'il en trouverait un peut-être meilleur à Louvain quand il voudrait s'y rendre. Ainsi peu de temps après, c'est-à-dire vers l'année 1617, les trois amis partirent de Bayonne l'un après l'autre, Bertrand Deschaux pour aller à Tours jouir de sa nouvelle dignité, Jean du Vergier pour aller à Poitiers être domestique de l'évêque, et Jansénius pour se rendre auprès de Jansson à Louvain prendre le poste qu'il lui destinait. Du Vergier donna à Jansénius, son ami, deux de ses neveux, Barcos et Arguibel, pour les mener avec lui à Louvain, y commencer leurs premières études dans le collége des jésuites, où il avait fait une partie des siennes. On ne sut pas alors par quel motif il les mit chez les jésuites; mais, quoi qu'il en soit, ce ne pouvait être sans avoir bonne opinion de la manière d'enseigner de ces pères, car il n'y a nulle apparence qu'il eût confié ce qu'il avait de plus cher au monde à des gens qu'il n'eût pas estimés.

LIVRE DEUXIÈME.

Fondation du collége de Sainte-Pulchérie. — Jansénius en est nommé le principal. — Apostasie de Marc-Antoine de Dominis. — Jansénius fait docteur en théologie. — Troubles de Poitiers. — Du Vergier commence sa cabale. — Correspondance de Jansénius et de du Vergier. — *De la république ecclésiastique* de Dominis. — Amitié de du Vergier avec la famille de d'Andilly. — Projets de réforme dans l'Église par du Vergier et Jansénius. — Voyage de du Vergier à Louvain. — Épisodes et synode de Dordrecht. — Liaison de du Vergier avec le père de Condren et d'Andilly.

Il est bien difficile que dans des commencements aussi obscurs que ceux que je viens d'exposer, l'histoire ne devienne pas languissante, surtout n'ayant à produire que des personnes d'aussi peu d'importance que celles dont j'ai parlé; car enfin ce n'est que le fils d'un paysan de Hollande et le fils d'un bourgeois de Bayonne qui sont les deux chefs de l'entreprise que je raconte; mais aussi quand on commence à voir que ces deux personnes, si peu considérables qu'elles soient de leur propre fonds, se mettent dans l'esprit un aussi grand dessein que celui qu'elles se proposèrent, de s'élever contre ce qu'il y avait de plus établi dans la religion, d'entreprendre de réformer le monde et de donner une autre créance, d'autres mœurs et d'autres idées à toute la terre; quand on commence à voir les premiers succès de cette entreprise par le bruit que fit partout leur doctrine; quand on découvre les progrès d'un dessein si hardi, qui attira les yeux du public sur tous les pas qu'ils firent, qu'ils devinrent eux-mêmes une espèce de spectacle à toute l'Europe, qu'ils se firent des sectateurs dans toutes les cours, où l'on vit des personnes importantes devenir les ministres de leurs desseins, et eux-mêmes avec leurs disciples, après avoir jeté le trouble et la division dans le cœur de la plupart des fidèles, continuer à alarmer le saint-siége et à désoler l'Église par leurs innovations, de sorte que leur nom devint beaucoup plus fameux après leur mort qu'il ne l'avait été pendant leur vie, l'histoire aussi commence à prendre un autre air et devient plus attachante; ainsi l'on ne peut que ressentir du plaisir à donner son attention aux artifices et aux intrigues qu'il a fallu mettre en usage pour en venir là et pour faire de si grandes choses.

C'est ce que j'ai maintenant à développer dans la suite de cet ouvrage, qui va s'éclaircir par les mémoires que m'en ont fournis ceux même qui en ont été les auteurs, c'est-à-dire par leurs propres lettres qui me sont tombées entre mes mains, et qui vont me servir d'instructions et de preuves à l'histoire que j'entreprends d'écrire. Parmi les papiers qu'on trouva dans la cassette de du Vergier, abbé de Saint-Cyran, lorsqu'il fut arrêté, en l'année 1638, par ordre du roi, et Laubardemont, conseiller d'État, un de ses commissaires, il se trouva un paquet de lettres que Jansénius lui écrivait sur le projet qu'ils avaient ensemble concerté de réformer l'Église. Ce paquet, étant demeuré inutile dans le cabinet du commissaire, après sa mort fut demandé à sa veuve par une de ses filles, ursuline à Tours, fort affectionnée aux jésuites, qui avait appris que ces mémoires pouvaient être dans la suite d'une grande utilité à la religion, par la connaissance qu'ils seraient capables de donner du secret de la cabale et des projets qu'on y formait; elle avait été instruite de l'importance de ces papiers par le père Roccoly, qui était alors recteur du collége de la Compagnie à Tours, et qui fut depuis confesseur de Philippe de France, frère unique du roi. Ce père, en qui elle avait une parfaite confiance, n'eut pas de peine à lui persuader qu'il était important pour la religion qu'elle mît ces papiers entre les mains des jésuites. Elle en écrivit à son frère pour les avoir; c'était un jeune homme peu propre à lui répondre sur cela, mais elle ne laissa point sa mère en repos qu'elle ne les eût obtenus. Le père Roccoly, attaché au gouvernement du collége, ne pouvant lui-même les examiner, en fit dépositaire le père Jacques Pinthereau, homme fort versé en la connaissance de ces nouveautés, et grand théologien, qui, ayant pris du temps pour les déchiffrer, commença par donner au public les lettres de Jansénius à du Vergier qui contiennent tout le mystère du parti; il les fit imprimer en secret à Caen, l'année 1653, les fit débiter l'année d'après comme imprimées à Louvain, et fit relier ces mêmes lettres en original, qui se garde dans la bibliothèque du collége de Clermont, pour les exposer à tous ceux qui auraient la curiosité de les voir et en examiner la vérité, afin qu'on n'imposât rien dans une chose si importante qui ne pût être éclairci et justifié auprès de ceux qui pourraient en douter.

Et comme c'est d'un fonds si solide que je me sers pour la suite de cette histoire, dont je ne prétends donner le détail que sur des mémoires si certains et si authentiques, j'ai lieu d'espérer qu'on s'intéressera encore bien plus en ce qui me reste à dire qu'en ce que j'ai dit, parce que personne n'aura lieu de douter de ce que j'avancerai sur des instructions aussi incontestables que sont celles que je vais produire; et pour ne rien confondre dans une chose si éclaircie déjà d'elle-même, je déclare que je ne me servirai que de la copie de ces lettres, qui sont en original au collége de Clermont, comme elle a été imprimée par le même père François Pinthereau, sous le nom du sieur de Préville, parce que chaque lettre y étant fidèlement déchiffrée et ne l'étant pas dans l'original, l'usage que j'en ferai en sera plus net, moins embarrassé et d'une fidélité aussi exacte, comme il paraîtra dans la suite.

Ce fut vers la fin du carême de l'année 1617 que Jansénius arriva à Louvain, et qu'il s'alla jeter dans les bras de son patron, Jacques Jansson, selon les mesures qu'ils avaient prises ensemble par lettres. Il y avait quelque temps que l'on commençait à y bâtir un nouveau collége pour y élever la jeunesse dans la pureté de la foi de l'Église romaine, qui était alors fort combattue dans l'université par les nouvelles opinions qui se débitaient sur la frontière. L'Allemagne commençait à respirer un peu des désordres où l'hérésie de Luther l'avait exposée; mais il restait encore de si funestes marques des ruines que celle de Calvin avait causées dans tout le pays du haut et du bas Rhin; toute la frontière de France du côté de la Lorraine et de l'Allemagne avait été si gâtée; les universités de Cologne et de Louvain, qui devaient être des barrières au torrent de l'erreur, furent elles-mêmes tellement ébranlées, que les nouveautés eurent quelque temps cours dans l'une et dans l'autre. Quelques gens de bien zélés pour la religion, s'étant assemblés afin de remédier à ces désordres, s'avisèrent d'amasser une somme d'argent, qui devint considérable par le nombre des contributions, pour faire bâtir dans Louvain un collége, qu'on devait pourvoir de bons sujets, afin d'élever la jeunesse dans des principes sûrs et solides, et de l'affermir dans la religion par une bonne éducation. On ne doutait pas, en effet, que, cela exécuté selon le plan qu'on s'en était formé, la chose ne réussît comme on l'avait projeté. L'argent étant prêt, on eut bientôt acheté une maison dans un quartier de la ville assez commode. Le magistrat entra aisément dans un dessein si utile, et en peu de temps le collége fut bâti et on le nomma Sainte-Pulchérie, à cause d'une belle image de la sainte Vierge dont un des bienfaiteurs fit présent, afin de mériter par cet honneur la protection d'une si puissante médiatrice pour ce nouvel établissement, qu'on n'entreprenait que pour la défense de la religion.

Le bâtiment de ce nouveau collége était fort avancé quand Jansénius arriva à Louvain. Le docteur Jansson n'eut pas de peine, dans le poste qu'il occupait à l'université et avec le crédit qu'il y avait, de placer son disciple dans cette maison pour la gouverner en qualité de principal; il sut si bien faire valoir son mérite, l'expérience qu'il avait pour un emploi de cette sorte par plusieurs années qu'il avait gouverné le collége de Bayonne, et par son talent à conduire des enfants, ce qu'il avait fait à Paris avec succès, qu'on lui trouva les qualités propres pour lui confier cet établissement, qui avait besoin d'un homme du caractère que Jansson lui prêtait.

Il y avait peu de temps qu'il y était établi, lorsqu'il reçut une lettre de son cher ami Jean du Vergier, qui commençait de son côté à faire quelque sorte de progrès dans les bonnes grâces de l'évêque de Poitiers, auquel il s'était attaché. Mais cette lettre, et toutes celles que du Vergier écrivit à Jansénius à Louvain, pendant leur séparation, furent perdues, parce que tous les papiers de Jansénius tombèrent à sa mort entre les mains de gens qui étaient dans ses intérêts et ses affidés. Ainsi cette histoire perd une partie de sa clarté et de son mérite par la perte de ces lettres, dont on ne pourra bien voir la suite que par celle des réponses que lui fait son ami Jansénius. Et comme celles de Jansénius contiennent bien des choses qui n'ont nul rapport à l'histoire que j'écris (qui est purement de la nouvelle doctrine et des erreurs de ce docteur), je ne prétends me servir que des endroits de ces lettres qui pourront donner de l'éclaircissement à la suite de cette histoire, et des circonstances nécessaires à la connaissance que j'en dois donner au public.

Voici donc la première lettre de Jansénius tirée de l'extrait du sieur de Préville, que je suivrai fidèlement ; elle est datée du 19 mai de l'année 1617, c'est-à-dire peu de temps après son retour de France et son établissement dans la charge du collége de Sainte-Pulchérie de Louvain. L'inscription de cette lettre était : A Monsieur du Vergier de Hauranne, chanoine de l'église de Notre-Dame de Bayonne, à Poitiers. C'est la réponse à la première lettre qu'il avait reçue de son ami depuis son retour à Louvain.

« Monsieur, ayant commencé à lire votre lettre, qui fut la
« première que j'ai reçue de vous après mon partement, avec
« autant de joie que j'en ai reçu jamais aucune en présence
« de votre neveu, je fus contraint d'entrecouper le fil de la lec-
« ture pour ne découvrir point ma faiblesse à ceux qui inter-
« préteraient par aventure à feintise la sincérité d'une affection
« qui, à cause du peu d'expérience, leur est encore inconnue ;
« car je puis vous dire avec autant de candeur que je vous ai
« jamais dit chose du monde, que par plusieurs fois je n'ai pu
« achever de lire la lettre que les larmes ne me soient coulées
« des yeux, quoique mon naturel n'y soit guère porté ; je lâ-
« chai alors la bride à ma passion, et me contentai à me té-
« moigner à moi-même en ma solitude, où il n'y avait autre
« témoin que Dieu et moi, que mon affection n'est pas du

« tout tirée du fond de l'âme par syllogisme, mais enracinée
« dans les moelles et répandue par le sang ; le surplus de
« ma vie, quelque part qu'elle roule, fera voir que le change-
« ment de lieu ne saurait rien diminuer de ce que je vous
« ai consacré, mais s'allumera davantage. Je suis très-aise que
« l'homme[1] a haussé plutôt que changé de note, et reconnu
« le bien qu'il aura de jouir de vous... Je m'étonne de la
« providence de Dieu qui nous fait si bien à propos tomber
« sur vos pattes... Quant à moi, je suis encore sans béné-
« fice, non pas toutefois sans espérance d'en obtenir. Votre
« neveu[2] se porte bien, et n'étudie pas mal, quoiqu'il n'at-
« teindra pas le point où j'eusse bien voulu le porter ; je
« pense qu'il aura l'esprit plus pratique que spéculatif ; il
« n'était pas besoin que vous ou monsieur votre frère se mît
« en peine avec tant de soin, car je lui fournirai, tant que
« vous voudrez, tout ce qui lui faudra de l'argent du col-
« lége[3], je le dis naïvement, que j'ai entre les mains... Je suis
« tout vôtre. CORNÉLIUS JANSÉNIUS. »

On voit par cette lettre l'union et l'attachement de l'un et l'autre qui allait jusqu'à fournir l'argent du collége (dont Jansénius n'était que l'économe) au neveu de son ami ; mais si cette première lettre sert à découvrir le fond de son cœur à l'égard de son ami, la suivante doit servir à faire connaître le fond de son âme à l'égard de sa religion ; on ne l'aurait pas soupçonné d'abord d'une si grande corruption dans ses sentiments si on ne l'apprenait de lui-même ; car il parle de ce fameux apostat de Dominis qui se révolta contre l'Église romaine environ ce temps d'une manière qui donne lieu de croire qu'il n'avait pas lui-même bien de la religion ; mais comme rien ne marque mieux son caractère que cet incident, il est bon d'expliquer plus au long comment se passa cette affaire qui fit tant d'éclat dans l'Italie et dans tout le Septentrion par l'épouvantable apostasie

---

[1] Je crois que c'est Mgr l'évêque de Poitiers, auprès duquel était du Vergier.

[2] Ce neveu s'appelle Martin de Barcos, et fut depuis abbé de Saint-Cyran.

[3] Ce collége est celui de Sainte-Pulchérie.

de ce prélat, que l'étendue presque immense de sa capacité avait rendu si célèbre.

Marc-Antoine de Dominis était de Brescia, en Lombardie. Il avait, dans les premières années de sa jeunesse, étudié avec une si grande application et avec un si grand travail qu'il s'était rendu le modèle des savants dans l'Italie, qui n'en était pas alors dépourvue par les soins que Laurent de Médicis, Léon X, et toute la maison des ducs de Toscane avaient pris de rétablir les lettres dans le siècle passé ; il n'y avait presque rien dans la connaissance de la tradition, dans l'intelligence des Pères, des conciles, et dans toutes les sciences de l'Église qu'il ignorât. Les rares qualités de son esprit, jointes à sa capacité, le firent recevoir dans la Compagnie de Jésus, où il enseigna les hautes sciences, prêcha, et fit les autres fonctions qui se pratiquent dans cette société avec un grand succès ; il y demeura près de vingt ans, et ce fut pendant ce temps-là qu'il devint si savant par l'attachement qu'il avait à l'étude. Mais comme il avait l'esprit inquiet et remuant, lassé de sa première condition, ou respirant peut-être un peu trop la liberté, il employa le crédit d'un oncle qu'il avait auprès de l'empereur Rodolphe pour se faire nommer évêque, malgré le vœu qu'il avait fait chez les jésuites de n'accepter jamais aucune dignité ecclésiastique. Il fallait pour faciliter cette promotion que le pape s'en mêlât, et ce fut aussi à la sollicitation de l'empereur que Sa Sainteté le fit évêque d'une petite ville dans la Croatie, qui était appelée Segnia.

Mais s'étant brouillé avec les principaux de la ville auxquels il avait rendu de mauvais offices auprès de Rodolphe par le ministère de son oncle, il remua tant par ses intrigues qu'il fut fait archevêque de Spalatro, dans la Dalmatie, à quoi Paul Sarpi, ce fameux historien du concile de Trente, qui était son ami, ne contribua pas peu par le crédit qu'il avait dans le sénat de Venise. Ce nouveau prélat, étant établi dans son siége, entreprit de grandes innovations dans la discipline ecclésiastique en toute l'étendue de sa métropole, à quoi les évêques, ses suffragants, firent les plus grandes résistances. Les affaires furent portées aux dernières extrémités, de sorte qu'il eut besoin du crédit de Sarpi, son ami, auprès du sénat de Venise, dont il espérait la protection ; mais cet État s'étant attiré l'indignation de Paul V, il fut mis à l'interdit, et l'archevêque de Spalatro se joignit au frère Paul pour écrire contre cet interdit et pour en faire voir les nullités. Cette faute, qui n'était pas d'une qualité à être pardonnée à Rome, jointe à quelque autre mécontentement qu'on y eut de lui, l'obligea à prendre le parti de quitter son poste, de s'enfuir en secret, de se retirer en Hollande ou en Angleterre pour être en état de déclarer une guerre occulte au Saint-Siége, de donner au public tout ce qu'il avait déjà de mémoires contre le gouvernement de l'Église romaine, et de faire contre le Pape un fracas qui, dans la suite, pourrait peut-être détruire tout à fait son autorité.

La résolution étant prise il partit en secret, suivi de peu de domestiques, et se rendit à grandes journées (par l'Allemagne, qu'il traversa tout entière sans être connu) sur la frontière de Hollande. Il fit donner avis à ceux qui avaient plus de part au gouvernement de son mécontentement, de ses desseins et du plan de tout ce qu'il avait déjà préparé contre le Saint-Siége ; mais n'ayant pas été satisfait du détail des propositions qu'on lui faisait, il passa en Angleterre, où il trouva le roi Jacques disposé à le mieux traiter que les états de Hollande. Et c'est sur cet événement, si pernicieux à la religion, que Jansénius écrivit à du Vergier pour lui en rendre compte comme une nouvelle qui avait déjà commencé à se débiter dans ce pays-là, et pour lui en dire son sentiment. Voici ce qu'il en écrit ; la lettre est datée du 20 juillet de la même année 1617, avec la même inscription que la précédente :

« Monsieur, vous savez, crois-je, qu'il y a longtemps que l'archevêque de Spalate, Italien ou de bien près de là, a mis en lumière un petit livret où il rend raison de ce qu'il s'est retiré de la communion des catholiques ou du Pape. Il est venu en Hollande vers les états ; mais n'y ayant pas trouvé tout le recueil qu'il attendait, il s'est jeté entre les bras du roi d'Angleterre qui le caresse fort, à ce qu'on dit, pour avoir trouvé assistance à combattre la puissance du Pape. Il n'est ni huguenot, ni luthérien, catholique à peu près, hormis ce qui regarde l'économie de l'Église. En son petit livret il promet dix livres qui regardent presque tous le même sujet ; on les imprime à Londres avec un tel soin, qu'il n'y a pas moyen que les catholiques en attrapent une seule feuille, afin que tout le volume sorte ensemble. On en attend un grand esclandre. Ses plaintes s'adressent toutes contre le Pape pour avoir retranché la puissance et la juridiction des évêques, et le reste, que vous en pouvez inférer s'il y a jamais eu sujet qui requière bon jugement, savoir, lecture des anciens, éloquence, c'est celui-ci. Vous entendez le reste, etc. Votre C. JANSÉNIUS. »

Le caractère principal qui règne dans cette lettre est un esprit d'opposition au Pape et à l'Eglise romaine ; on y trouve même une approbation tacite du dessein qu'avait cet apostat d'attaquer le Saint-Siége, en insinuant qu'il fallait bien du jugement, de la lecture des anciens et bien de l'éloquence pour y réussir, et il est étrange que ce théologien trouvât cet ouvrage si catholique, hormis ce qui regardait l'économie de l'Église, vu que la Sorbonne de Paris y trouva plus de cinquante hérésies qu'elle condamna.

On a de la peine à concevoir où ce jeune docteur avait déjà pris tant d'animosité contre Rome. Que veut-il dire, qu'on attend de ce livre un grand esclandre ? Quel tort pouvait-il faire à l'Église contre laquelle les portes de l'enfer, c'est-à-dire toutes les puissances profanes, ne pourront jamais prévaloir. Mais il a paru dans la suite quel sujet Jansénius et son ami du Vergier avaient de s'intéresser si fort à cet ouvrage, dont ils ont tiré l'un et l'autre de si grands secours aux desseins qu'ils avaient d'innover et de combattre la religion, car le livre d'*Aurélius*, fait depuis par l'abbé de Saint-Cyran, sur la hiérarchie ecclésiastique, est presque tout pris de celui de l'archevêque de Spalatro. Ce sont les mêmes principes et les mêmes raisonnements, et Jansénius a rempli le sien des mêmes maximes, aussi bien qu'Arnauld, dans le livre *De la fréquente communion*, et on peut dire que la doctrine de ce prélat n'a point depuis été mieux mise en œuvre que par du Vergier et Jansénius, qui en ont fait le principal fondement de la machine qu'ils dressaient contre la religion, quoique cet archevêque, touché de Dieu, ayant ouvert les yeux sur son égarement, fût le premier à le désavouer et à rétracter ce pernicieux ouvrage de la *République ecclésiastique* où il avait entrepris de décrire le gouvernement de l'Église. Cet auteur quitta l'Angleterre et vint faire pénitence en Italie de son crime qu'il détesta. On dit néanmoins que, par une extrême légèreté d'esprit, il retomba dans l'erreur ; mais l'on prétend qu'enfin il mourut dans la communion de l'Église.

A la vérité, comme du Vergier était plus hardi à dire ses sentiments que Jansénius, et d'un caractère plus présomptueux et plus affirmatif, si nous avions les réponses qu'il faisait à son ami sur de pareils incidents nous aurions encore de plus grandes connaissances sur le fond du mystère dont ils ont eu tant de soin de cacher les commencements. Mais enfin on ne peut ignorer combien l'ouvrage de l'archevêque de Spalatro fut bien reçu de du Vergier, qui a su si bien en profiter dans le choix qu'il a fait de tout ce qui pouvait lui servir à combattre l'autorité du Saint-Siége. Car c'est à proprement parler d'une source si corrompue qu'il a puisé ses principaux sentiments pour s'ériger en novateur, et le soin que prenait son ami de lui donner avis très-exactement de tout ce qui s'écrivait alors contre Rome est une preuve convaincante que le plan de leur dessein était déjà préparé, et ce petit mot par où Jansénius finit sa lettre, « vous entendez le reste, » est une espèce de signal par lequel ils commençaient à s'entendre à demi-mot sans s'expliquer.

Dans la lettre suivante, du 4 février 1619, car celles de l'année 1618 se sont perdues, il rapporte un démêlé des jacobins avec les jésuites, où il maltraite fort ces derniers et fait déjà bien voir de la mauvaise humeur et de l'animosité contre eux. On ne comprend pas pourquoi du Vergier et lui faisaient étudier Barcos et Arquibel, neveux de du Vergier, en théologie chez les jésuites avec ce fond d'animosité : c'est un mystère que n'ai pu démêler.

L'assemblée des notables se tint à Rouen environ ce temps-ci pour réformer le gouvernement de l'État que Gaston de France, frère unique du roi, présida. Bertrand Deschaux, archevêque de Tours, et Louis de la Rochepozé, évêque de Poitiers, y furent députés du clergé. On y parla de du Vergier, mais l'archevêque de Tours parut changé à son égard; on ne sut pas le sujet de ce changement. On vit seulement dans la suite qu'après des commencements si pleins de chaleur dans la naissance de leur amitié, il y eut tant de froideur que dans le reste de leur vie il ne paraît plus aucun vestige de liaison qu'ils aient eu ensemble, car dans les deux volumes de lettres de Saint-Cyran, imprimées depuis, il n'y en a aucune à l'archevêque de Tours.

Cependant, tout appliqué que paraissait Jansénius à s'informer curieusement de ce qui s'imprimait en Hollande et en Angleterre contre le Saint-Siége pour en donner avis à son ami qui l'obligeait à cela, il ne laissait pas que d'étudier avec assez d'ardeur pour se préparer à prendre le degré de docteur. Il trouva de la difficulté dans son projet par une nouvelle épreuve où on le mit, car il s'élevait une troupe si prodigieuse de jeunesse aux degrés de l'Université, que les anciens furent obligés d'y rendre l'accès plus difficile par de nouvelles épreuves qu'on imposa aux prétendants. Ces épreuves nouvelles, outre les ordinaires, consistoient à répondre, trois jours durant, de toutes les matières de l'École, après deux ou trois jours de préparation; et pour rendre ce règlement plus indispensable, la faculté demanda au conseil privé de Brabant une ordonnance pour cela, laquelle fut expédiée au nom de l'archiduc Albert et d'Isabelle-Claire-Eugénie, fille de Philippe II, qui partageait alors avec lui le gouvernement; et ce fut Jansénius qui fut mis le premier à cette épreuve, quoiqu'il n'eût eu aucune part à son établissement qui regardait le public pour diminuer le nombre des prétendants au doctorat dont la faculté se trouvait chargée.

Le travail qu'il fallait subir pour obéir à l'ordonnance fut rude, car le soin qu'il devait à la maison où on l'établit demandait une grande étendue d'application. L'étude qu'il lui fallait faire pour se préparer à passer par toutes les formes parmi des gens qui ne faisaient point de grâce et qui ne pensaient qu'à la rigueur devait être sans aucun ménagement; on ne sait pas bien de quelle manière il se tira d'affaire, car il n'avait rien de particulier pour se faire distinguer, et rien ne marque mieux l'accablement dans lequel il était que la naïveté de ce qu'il écrit sur cela à du Vergier en la lettre du 13 septembre 1619, car il fut reçu docteur le 24 octobre suivant. « Je suis embrouillé des affaires du collège, n'ayant pas presque le temps de me gratter, et le soin des disputes prochaines et incertaines me faisant faire des courses à la volée par la théologie; » mais enfin il répondit, à ce qu'il mande à son ami, non sans quelque peu d'applaudissement, quoiqu'il ne fût pas fort préparé à cette carrière comme il l'avoue lui-même. Ainsi, par ce qu'il dit et par le peu de temps qu'il donna à cette science, ce n'était pas un grand théologien, et ce n'est pas merveille s'il s'est égaré tant de fois dans son grand ouvrage, n'ayant pas assez étudié la scolastique pour y prendre dans le commerce de saint Thomas et des autres théologiens la méthode de lire les Pères qui est absolument nécessaire à ceux qui s'engagent à la lecture de leurs ouvrages. C'est ce qui a causé tant d'égarements aux hérétiques modernes qui se sont trop abandonnés à l'étude de saint Augustin et de quelques autres sans se soucier de la scolastique, qui est le seul guide qu'il faut suivre pour ne pas donner inconsidérément dans des sentiments écartés. Il avoue lui-même qu'il s'appliqua à cette science peu solidement, c'est-à-dire sans règle, sans méthode et à sa fantaisie; c'est dans la même lettre, et ce fut là peut-être la première cause de son désordre et de ses erreurs.

Mais quoiqu'il eût reçu le degré de docteur comme il prétendait, et que ce fût une affaire finie, il ne laissa pas d'être fort mortifié de ce que du Vergier lui faisait espérer depuis quelque temps qu'il pourrait faire un tour à Louvain, et assister même à la cérémonie de son doctorat, ce qu'il souhaitait fort, n'y ayant alors personne au monde qui lui tînt plus au cœur que ce cher ami; outre qu'il avait besoin de temps en temps de son secours pour de petits discours latins qu'il devait prononcer en la cérémonie de son degré, et quelques autres petites exhortations dont il ne pouvait pas se dispenser, comme il arriva dans l'érection de la confraternité des jacobins, qu'on opposait aux jésuites pour les humilier. Son peu de génie à parler en public l'obligeait à avoir recours à son ami, qui n'avait pas lui-même le talent de la parole, mais qui ne laissait pas de composer assez passablement pour se faire admirer par des Flamands. Toutes ces raisons faisaient souhaiter à Jansénius que du Vergier fît le voyage de Louvain comme il lui promettait; mais il avait affaire à un maître dont il ne disposait pas tout à fait. L'évêque de Poitiers avait des projets dans la tête; on ne savait pas à quoi précisément il butait; mais on sut alors qu'il taillait de la besogne à du Vergier, et qu'il l'occupait à lui rendre compte tous les soirs d'une question de la *Somme* de saint Thomas qu'il aurait étudiée pendant la journée. Du Vergier, persuadé qu'il fut de l'importance de contenter ce prélat sur cela, s'appliqua fortement à le faire d'une manière qui ne lui laissât rien à désirer, en quoi il réussit. Il ne discourait pas mal; il parlait d'un air affirmatif, et de ces sortes de tons qui imposent; il se faisait écouter en tout ce qu'il disait, et il parvint bientôt à s'insinuer dans les bonnes grâces de son maître plus que jamais. L'attachement qu'ils avaient déjà commencé à avoir l'un pour l'autre redoubla, et voilà l'état où il se trouva avec son évêque, lorsque son ami Corneille l'invitait à venir à Louvain pour assister à sa cérémonie. Il y avait longtemps qu'il lui promettait de faire le voyage, différant toujours, parce qu'il ne pouvait en obtenir la permission du prélat, et lui-même, qui commençait à faire de plus grands progrès dans son estime et dans son amitié et qui sentait croître ses forces, ne trouvait rien à redire qu'il lui refusât la permission de faire le voyage. Ainsi les plaintes que son ami lui faisait dans ses lettres de ce qu'il ne venait pas et les invitations qu'il continuait à lui faire pour l'obliger de venir furent toutes perdues.

A la vérité, il arriva bientôt à Louis de la Rocheposé ce qui arrive d'ordinaire à la plupart de ceux qui sont constitués dans quelque grand poste : ils ont grand soin de conserver toute la dignité pour eux, mais d'abandonner un peu l'autorité à ceux qui les approchent et par qui ils se laissent gouverner; il n'eut pas assez de force pour refuser une partie de son pouvoir au nouveau savant auquel il venait de faire part de son estime et de sa bienveillance. Du Vergier, qui était un esprit hardi et entreprenant, se voyant si bien auprès de son maître, auprès duquel il commençait à prendre un peu d'empire, lui donna des délicatesses sur son autorité qu'il n'avait pas encore senties, et lui découvrit de nouveaux pays dans l'étendue de ses obligations qu'il ne connaissait pas. De la manière dont l'évêque avait l'esprit fait, il ne fut pas malaisé au docteur de l'intéresser sur son honneur. La maison de la Rocheposé était une vieille noblesse du Poitou, qui avait joint de la hauteur d'âme à son ancienneté, par où elle se distinguait des autres maisons de la province ; on y aimait la domination. Ainsi le prélat, s'abandonnant à son docteur, lui laissa faire ce qu'il avait entrepris.

C'était un peuple paisible que celui de Poitiers, et la ville jouissait d'une grande paix depuis longtemps, surtout dans les choses de la religion, quand on entendit des gens, apostés par du Vergier, débiter dans les compagnies que c'était péché mortel de n'assister pas les dimanches aux grandes messes des paroisses. Les gens de bien, étonnés de cette nouveauté, firent du bruit les premiers ; mais les savants s'élevèrent contre avec un esprit de zèle qui les faisait parler avec bien de la liberté. Cependant ce nouveau docteur, après avoir disposé l'esprit de l'évêque au bruit qu'allait causer l'affaire qu'il méditait, lui fit comprendre qu'il y allait du salut de son troupeau et de son autorité que la chose qu'il commençait à remuer s'exécutât. Il prit des mesures en secret avec tous les curés de la ville, que l'affaire regardait, pour les y intéresser, et après avoir disposé les choses à faire éclater dans le public le dessein qu'il avait, il fit monter en chaire, par ordre de l'évêque, un capucin d'un talent à se faire écouter du peuple (car il était hardi et affirmatif), appelé frère Simplicien, qu'il fit prêcher dans la paroisse de Saint-Porcher. Ce prédicateur déclara d'un ton de prophète qu'il y avait obligation d'entendre la grande messe de paroisse tous les dimanches sous nécessité de précepte, et que c'était un péché mortel que de s'en dispenser. L'auditoire, choqué d'une si grande nouveauté, et prêchée même d'un air si dur, murmura contre la doctrine et contre le prédicateur. Les honnêtes gens crurent qu'il y avait du dessein du côté du nouveau docteur de l'évêque, auquel on imputa cette rigueur, et qu'il en voulait aux jésuites. En effet, l'obligation d'assister aux grandes messes de paroisse tous les dimanches les regardait indirectement.

Mais les jésuites, qui n'avaient eu encore aucun démêlé avec du Vergier, ne purent croire qu'il voulût les buter. Cependant ce qu'il avait fait à Bayonne dans la délibération qui s'y tint pour un collége, lorsqu'il opina si fortement à leur exclusion, marquait déjà un poison secret qu'il nourrissait de gaieté de cœur contre eux, et qui a toujours augmenté avec l'âge, sans qu'il paraisse d'où il avait pu prendre ces impressions, en quoi je le trouve lui-même d'un caractère incompréhensible, car il avait conçu tant d'estime pour la doctrine des jésuites et pour leur manière d'enseigner, qu'après avoir été les chercher à plus de trois cents lieues de son pays pour étudier dans leur collége et apprendre d'eux la théologie, et après leur avoir confié l'éducation de ses deux neveux, qu'il envoya au même lieu, il ne pensa tout le reste de ses jours qu'à combattre cette Compagnie et à la détruire. C'est ce qu'on ne comprend point, si ce n'est qu'il roulait déjà en sa tête le dessein d'innover dans la religion, à quoi il ne pouvait réussir qu'en ruinant les jésuites.

Le peuple cependant, alarmé de ce joug nouveau qu'on lui imposait sous peine de péché mortel, répandit ses plaintes dans la ville. On fut chez le magistrat, on consulta les jésuites. Le recteur ordonna au père Viguier, qui enseignait les cas de conscience en son collége, de réfuter le capucin dans ses leçons, et de dicter un petit traité sur cette matière pour en éclaircir le public. Ce casuiste était un homme solide, versé dans cette science; il répondit au prédicateur d'une force qui l'exposa aux railleries du peuple, lui et du Vergier, auquel on ne manqua pas d'imputer cette équipée. Le docteur rendit compte à son prélat de ce qui se passait dans la ville, lui représenta que c'était fait de son autorité s'il mollissait en cette rencontre où il ne devait penser à se faire obéir que par la rigueur. L'évêque prit feu au discours de son docteur, envoya son grand vicaire déclarer au recteur du collége qu'il interdisait la classe des cas de conscience qu'il avait fondée l'année précédente, et qu'il défendait les assemblées de leur congrégation, où il y avait plusieurs des plus considérables du présidial et de la ville. Le grand vicaire, qui avait mal pris son temps, fut traité peu respectueusement d'une foule d'écoliers, lesquels sortaient de classe.

L'évêque, informé de tout par un procès-verbal, s'irrita

davantage; car, quoique les jésuites eussent répondu de leur obéissance, il ne put leur pardonner l'insulte faite à son premier officier par leurs écoliers qu'il attribuait à la négligence de ces pères. Aussi, pour les punir, il leur défendit tout commerce avec aucun couvent de religieuses dans toute la ville, et surtout dans l'abbaye de Sainte-Croix...

Charlotte-Flandrine de Nassau, fille de Guillaume, prince d'Orange, était alors abbesse de ce monastère; bien plus illustre encore par sa vertu que par sa naissance, quoiqu'elle fût de la maison de Nassau, fille de ce Guillaume, prince d'Orange, qui fut favori de l'empereur Charles-Quint et qui fit révolter les provinces unies. La réputation de sa grande piété l'avait fait connaître à la cour, où l'on avait bien de la considération pour elle, et elle s'était attiré l'estime et la considération même de toute la ville de Poitiers et de la province, non-seulement par la manière édifiante dont elle vivait, mais aussi par la conduite sage et religieuse dont elle gouvernait sa maison, où elle élevait dans la piété grand nombre de filles de qualité, qui s'étaient données à elle en devenant les épouses de Jésus-Christ sous un si sage guide et sous le gouvernement des jésuites. Effrayée de la défense que l'évêque venait de faire à ces pères, elle écrivit en cour à ses amis, et principalement au père Arnoul, alors prédicateur et confesseur du roi, dont elle se servait aussi des conseils pour sa conduite; elle le conjura de représenter à Sa Majesté le désordre où sa maison allait tomber par la défense que l'évêque venait de faire aux jésuites de fréquenter ce monastère pour y exercer les fonctions de leur Compagnie; que sans leur secours elle ne pouvait maintenir l'ordre et la discipline qu'elle y avait établie; qu'on considérât que c'était un monastère de fondation royale qui allait périr; qu'ayant été même fondé par une reine de France, il était de l'intérêt du roi de lui donner sa protection. Elle ajouta dans sa lettre que l'évêque, suscité par un nouveau docteur qu'on ne connaissait pas, opprimait ces pères dans l'exercice de leur ministère et les inquiétait sans raison; que la chose même regardait le public, et que le roi en serait mieux servi si on laissait cette grande ville dans l'exercice paisible de la religion où elle vivait en une si profonde paix.

Le père Arnoul rendit compte au roi de ce désordre; on députa un conseiller d'État pour s'informer sur les lieux du détail de l'affaire. On donna le tort à l'évêque, on se plaignit même au commissaire de la vexation injuste qu'il faisait sans raison aux jésuites et des nouveautés que son docteur lui voulait faire autoriser dans la ville et dans le diocèse. L'évêque reçut peu après une lettre de cachet par laquelle le roi lui ordonnait de rétablir les choses dans l'état où elles étaient, de laisser les jésuites exercer leurs fonctions dans les maisons religieuses, et surtout dans l'abbaye de Sainte-Croix, sans les inquiéter, et de ne rien innover en matière de religion dans une province déjà si gâtée par la religion prétendue réformée.

L'évêque, confus du peu de succès de son entreprise, disparut, et alla cacher son chagrin pour quelque temps en sa maison de campagne. Pour du Vergier, il ne devint ni plus sage ni plus retenu dans ses entreprises, qui ne lui réussissaient pas toujours, pour en vouloir trop faire sans rien ménager, et il ne laissa pas de se soutenir auprès de son patron après avoir engagé son autorité si mal à propos. Après tout, on prétendit que l'affaire alla encore bien plus loin; et je trouve sur cela dans les Mémoires du temps que le peuple, ému par le magistrat et par quelques-uns des premiers de la ville (que les jésuites s'étaient attachés par leur congrégation à la Vierge), excita une espèce de sédition dans les rues, qu'on y fit des barricades, et que son emportement alla à des extrémités dont on eut de la peine à le faire revenir. Mais il y a danger qu'on ne confonde les temps, car il est certain que la France était alors fort brouillée par les suites de la mort du marquis d'Ancre. La reine mère ayant pris le parti de se retirer de la cour, elle courut les provinces suivie de tous les mécontents du nouveau gouvernement qui s'étaient attachés à sa fortune, et répandait pour ainsi dire l'esprit de révolte dans tout le royaume contre son fils.

La maison de la Rochefoucauld, une des plus considérables de la province de Poitou, par antipathie contre le nouveau favori, le duc de Luynes, s'était jetée dans les intérêts de la reine et remuait une partie de la noblesse du Poitou. La ville où se rendirent les chefs du parti fut elle-même protégée; on mit les armes entre les mains du peuple qui, dans un tumulte assez confus, fit de la sédition. On se barricada dans les rues; le magistrat tenait pour le roi, le comte de la Rochefoucauld, alors gouverneur de la province, tenait pour la reine. On dit que l'évêque était gagné et dans les intérêts du gouverneur; mais ce commencement de désordre fut bientôt apaisé par la prudence et la dextérité de la Vacquerie, conseiller d'État, envoyé du roi pour calmer les esprits; car, moyennant la promesse qu'il fit de la part de la cour au comte de la Rochefoucauld que sa terre serait érigée en duché et pairie à la première occasion, et celle qu'il fit à l'évêque qu'on lui destinait un chapeau de cardinal, tout fut apaisé; et comme ces deux émotions arrivèrent à Poitiers dans des temps peu éloignés l'un de l'autre, et que l'évêque fut mêlé dans l'une et dans l'autre, cela a peut-être donné lieu de confondre ces deux affaires.

Mais, pour revenir à du Vergier, qui fut le premier auteur de l'entreprise mal entendue et plus mal concertée de l'évêque, si c'eût été un homme à avoir quelque sorte de jalousie pour sa réputation, il aurait sans doute été mal satisfait de son zèle prétendu ou de la fausse démarche qu'il venait de faire faire à son prélat; et ce fut là les belles affaires qui l'empêchèrent de faire le voyage de Louvain, après lequel son ami Jansénius soupirait uniquement pour bien des raisons. Mais enfin, quoique, malgré le peu de succès qu'il eût de sa première entreprise, et quoiqu'il n'eût encore reçu aucun rayon d'autorité de la part du prélat sur son troupeau, pour y exercer quelque sorte d'empire, parce qu'on le croyait inquiet et violent, il n'avait pas laissé de s'ériger une espèce de petit tribunal particulier dans la ville sur certains esprits qui se laissèrent éblouir à son air décisif et à ses manières affirmatives, dont il usait quand on commençait à l'écouter.

Il y avait à Poitiers des gens d'école et d'université auxquels les jésuites donnaient de l'ombrage; il y en avait d'autres qui, par bizarrerie, donnaient dans des sentiments écartés; il y en avait de sombres et de mélancoliques. Il se fit d'abord écouter de tous ces gens-là dans des entretiens particuliers et dans des conférences secrètes. Il n'y avait, leur disait-il souvent, que saint Augustin à estimer parmi les Pères, c'était le seul qu'il fallait étudier pour bien apprendre le mystère incompréhensible de la grâce du Rédempteur; que c'était toutefois celui des Pères à qui les jésuites en voulaient davantage; qu'ils ne pensaient qu'à détruire ses sentiments dans leurs écoles et à étouffer sa doctrine; que la religion allait se perdre si l'on ne remédiait à ce désordre; tout cela se disait d'un ton, lequel ébranlait les esprits des plus hardis, car ils ne trouvaient partout ailleurs personne qui parlât de cet air. Ainsi l'estime que la plupart de ceux à qui il parlait de la sorte avaient conçue de lui croissait insensiblement, et ce fut principalement par ce caractère d'esprit qu'il se fit des admirateurs, et de ces sortes de gens dévoués qui sont les premiers fondateurs des cabales.

Du Vergier, qui commençait à sentir sa force de ce côté-là, continuait dans le silence à étendre son empire sur ces sortes d'esprits qu'il cultivait, et il n'avait garde d'écouter alors les propositions que son ami lui faisait de le venir trouver à Louvain, où il n'y avait rien à gagner pour lui et pour les desseins qu'il méditait, et il y avait bien à perdre. Ce petit empire qu'il exerçait, et qui était si conforme à son naturel, l'occupait alors, et il ne pensait qu'à se former des disciples qui fussent capables de comprendre ses principes et de se faire écouter; car un de ses principaux talents était de prendre de l'autorité sur les esprits quand une fois on l'écoutait, et de s'en rendre maître. Les curieux se joignaient à ceux qui avaient commencé à le suivre pour l'entendre parler de la grâce et de la prédestination, de la pénitence et de l'usage des sacrements; et il se trouva des femmes encore plus curieuses que les hommes qui donnèrent du succès à ses conférences et y applaudirent. Tout cela cependant se passait encore dans le secret, et c'était ce secret qui animait ce petit commencement d'intrigue qui par là devint un mystère; et comme tout ce qui a l'air de mystère devient agréable à tous ceux qui en sont, cet air-là ne laissa pas de donner une petite impression de chaleur aux conférences et aux assemblées particulières qui se faisaient pour écouter ce nouveau docteur.

Cela dura quelque temps sur ce pied-là, car la pureté de mœurs qu'il prêchait à ceux qui s'attachaient à lui, le retranchement universel de toute sorte de luxe et un certain air de sévérité qu'il leur inspirait le faisaient déjà regarder comme un homme extraordinaire. Après tout, comme cela n'était encore soutenu d'aucun caractère qui donnât du crédit à ses maximes, on s'en tenait à l'estime ou tout au plus à l'admiration d'une si belle morale qui ne laissait pas même que de trouver de la contradiction parmi ceux qui en examinaient les principes, n'étant pas bien persuadés de la sincérité des motifs ; ce n'était que trop pour lui, de l'humeur dont il était, de trouver quelques approbateurs parmi un grand nombre de gens qui le désapprouvaient avec toutes ces nouveautés qu'il introduisait.

Jansénius, de son côté, s'établissait peu à peu dans son collége qui commença à fleurir par les libéralités de quelques gens de bien, lesquels s'affectionnèrent à cette œuvre et y apportèrent une espèce de petite abondance dont il sut bien tirer son profit. Ce fut aussi ce qui lui fit promettre en ce temps-là, par plusieurs lettres, de fournir à du Vergier tout ce qui serait nécessaire à ses neveux pour leur dépense, sans qu'il en parût rien sur les comptes qu'il devait rendre de son administration. Voici ce qu'il lui en écrit le 6 février 1618 : « Vous êtes trop soigneux pour Barcos, sachant qu'il est entre mes mains ; car quoique je n'aie rien de propre, j'ai assez de commun pour lui fournir trois fois plus qu'il n'a de besoin pour tant de temps qu'il vous plaira sans avoir soupçon de rien. » L'original de cette lettre se trouva entre les mains de Harlay, maître des requêtes et depuis procureur général du parlement de Paris [1]. Par la lettre du 5 août 1619 : « Quant à l'argent, n'y songez point ; il ne manquera rien à votre neveu de ce qu'il aura de besoin sans m'incommoder. » Par la lettre du 26 janvier 1620, il redit la même chose en d'autres termes, afin que du Vergier n'en doutât pas : « Quant à l'argent qu'il faut fournir à Barcos, je ne sais pourquoi vous interprétez par aventure autrement mon silence que mes redites tant de fois sur cela ne requièrent, à savoir, qu'il n'y a point de hâte pour des raisons que je vous ai écrites il y a longtemps, et quand il serait besoin de rendre compte entier de l'argent du

---

[1] Page 117 des Mémoires pour l'information du procès par le sieur de Preville.

collége, le peu de crédit que j'ai ici m'en ferait trouver au besoin ; mais nous ne sommes pas en ces termes. » Ces offres tant de fois réitérées ne vont pas à avancer de l'argent pour les neveux ni à en prêter. Un si grand empressement à fournir cet argent serait ridicule si ce n'était pour le fournir tout à fait. Mais les principes de la morale sévère n'étaient pas alors apparemment encore dressés quand cela se pratiquait.

Les autres sujets qu'il traite dans les mêmes lettres et les suivantes, c'est-à-dire depuis l'année 1619 jusqu'à mars 1621, sont si peu de chose, que je n'ai pas cru devoir les rapporter ici ; ce n'est que pour assurer du Vergier que ses neveux font bien que Barcos prend trois leçons aux jésuites, qu'il étudie le grec et le latin. Il lui déclare qu'ayant l'esprit lent et tardif il a besoin d'être excité ; qu'il a soutenu des thèses dans l'école des jésuites ; qu'il n'y put assister par politique à cause de l'inimitié déclarée qu'il avait contre eux ; qu'il prendra garde qu'on ne leur souffle aux oreilles quelque dessein qui pourrait lui déplaire (c'est-à-dire de les faire jésuites), car ils étaient dans une familiarité avec ces pères qui pouvait le faire craindre, mais qu'il lui en répondait par les précautions qu'il prenait ; qu'il le prie de faire un sermon pour une cérémonie de la Vierge et une harangue pour l'école, parce qu'il n'a pas le talent de discourir, et plusieurs autres choses encore plus frivoles qui n'ont nul rapport à cette histoire. Mais comme il commençait à former le dessein qu'il avait déjà concerté avec son ami, il le pria de lui mander quelle était la doctrine des jésuites en France sur la grâce et sur la prédestination, ce qu'on en pensait à Bordeaux, à la Flèche et à Paris. Il ajoute qu'il s'informera de même en Allemagne pour savoir si on suivait l'opinion de Lessius en ce pays-là. Et on commence à entrevoir par cette lettre, qui n'est datée que de l'année 1620, qu'il méditait quelque ouvrage important sur la grâce, dont il ne parle encore qu'en hésitant ; il avoue même qu'il a trouvé *quelqu'un*[1] qui lui a fait ouvrir les yeux sur saint Augustin, qu'il commence à y découvrir des choses merveilleuses qu'il n'avait point encore connues. C'est dans une lettre

---

[1] C'est Jansson.

du 14 octobre 1620 : « J'ai, dit-il à son ami, à vous dire beaucoup touchant certaines choses de notre profession qui ne sont pas de peu d'importance, et particulièrement de saint Augustin, qu'il me semble avoir lu sans yeux et ouï sans l'entendre ; que si les principes sont véritables qu'on m'en a découverts, comme je le juge être jusqu'à cette heure que j'ai relu une bonne partie de saint Augustin, ce sera pour étonner avec le temps tout le monde. »

Dans une lettre du 5 mars 1621, il parle du même sujet comme un homme transporté, mais toutefois en tremblant. « Il y a deux ans environ, dit-il, que je lis saint Augustin avec un étrange désir et profit, ayant lu les livres d'importance deux ou trois fois. Je ne saurais dire comme je suis changé d'opinion et de jugement que je faisais auparavant de lui et des autres. Je m'étonne tous les jours davantage de la hauteur et de la profondeur de cet esprit, et que sa doctrine est si peu connue parmi les savants, non de ce siècle, mais des passés.... » Et après avoir déclamé contre la théologie scolastique, il ajoute qu'il n'ose dire à personne du monde ce qu'il pense selon les principes de saint Augustin d'une grande partie des opinions de ce temps et particulièrement de celles de la grâce et de la prédestination, « de peur, dit-il, qu'on ne me fasse le tour à Rome qu'on a fait à d'autres. » Il veut parler de Baïus qui avait déjà été condamné pour avoir pris de travers le sentiment de saint Augustin sur ces matières-là. Et il paraît qu'il commence à s'entêter de cette doctrine qui avait été déjà si mal reçue du Saint-Siége, et qu'insensiblement il s'embarqua dans un dessein qui lui faisait peur par les étranges idées qu'il s'en forme lui-même. Mais sur quel plan et quel guide prit-il pour cette entreprise ? Tous les hérétiques modernes qui ont écrit sur ces matières, et principalement le livre de Marc-Antoine de Dominis, et le nouveau synode de Dordrecht, en Hollande, qu'on venait d'imprimer.

Ce furent les deux plus importantes nouvelles que Jansénius manda à du Vergier depuis son retour à Louvain, et où ils parurent l'un et l'autre s'intéresser davantage. Pour le livre de l'archevêque de Spalatro, il est vrai qu'ayant été imprimé à Londres par ordre du roi Jacques l'année 1617, le premier volume ayant, quelque temps après, paru à Louvain pour commencer à se débiter, on y fut épouvanté de l'audace de l'auteur qui attaquait l'Église en son chef, prétendant que ce n'était qu'une république et point du tout une monarchie. Voilà le dessein principal de ce bel ouvrage : ce livre, qui parlait d'un esprit envenimé contre le Saint-Siége, était une espèce de ramas de tout le poison que les plus grands ennemis de l'Église romaine avaient déjà vomi contre elle, et comme le but de l'ouvrage était de détruire la puissance du Pape, il déclarait : 1° que l'Église n'ayant point d'autre chef en terre que Jésus-Christ qui en est le fondateur, ce n'était qu'une république toute pure, un chef invisible étant peu propre à faire un État monarchique visible ; le chef devant répondre à ses membres par une proportion naturelle, c'est-à-dire un chef visible à un corps réel et visible ; 2° que toutefois les influences de ce chef étant purement spirituelles, tout invisible qu'il est, il ne laisse pas d'être chef ; 3° en donnant l'exclusion à tout autre chef, il assurait que saint Pierre n'a jamais eu de prééminence de rang ou de pouvoir sur les autres apôtres, lesquels étant égaux en autorité les uns aux autres sont représentés dans l'Église par leurs successeurs qui sont les évêques qui composent cette république ecclésiastique dont il forme le plan ; 4° que les apôtres ayant reçu de Jésus-Christ une égalité de puissance et d'autorité ont pu être nommés ses vicaires en terre, comme saint Pierre a été nommé tant de fois par les conciles et par les Pères, mais sans subordination ; 5° que saint Pierre n'a point eu d'autre primauté sur les autres apôtres que celle de nomination, parce que Jésus-Christ le nomma le premier sans juridiction de primatie ; 6° que la promesse des clefs, c'est-à-dire de la puissance faite à saint Pierre, n'a pas été à l'exclusion des autres apôtres qui ont eu le même pouvoir, de même que le soin du troupeau de Jésus-Christ et l'obligation de paître les brebis appartiennent également aux uns et aux autres. Enfin, après avoir examiné toutes les prérogatives que les Pères, les canons ou l'Écriture même donnent à saint Pierre, il prétend qu'elles ont été données de la même manière aux autres apôtres ; d'où il conclut que le gouvernement de l'Église n'est nullement monarchique, mais purement aristocratique ; et c'est proprement en quoi consiste le principal fond de son dessein et sur quoi roule tout le reste.

Ainsi, après avoir décrit la forme de ce gouvernement ecclésiastique qu'il établit dans le premier livre, il traite dans le second des dignités de l'Église et de ses ministres, et de la nature de leurs devoirs et de leurs fonctions ; il explique l'ordre et la subordination de la hiérarchie. Dans le troisième et le quatrième, il passe à l'Église romaine, dont il établit le pouvoir ; dans le cinquième, il fait la distinction de ce pouvoir purement ecclésiastique d'avec le laïque ; dans le sixième et dans les suivants, il tombe dans un détail particulier de la discipline et de la direction des mœurs de l'Église, de l'explication de ses lois et de ses ordonnances, de la nature et de l'administration des biens ecclésiastiques, et il déclare enfin quels sont les priviléges et les immunités de l'Église, sur quoi il parle toujours en ennemi déclaré.

Le seul projet de ce livre devait faire trembler ceux qui avaient quelque sorte de zèle pour le Saint-Siége, tant il était capable de donner d'étranges impressions à tous les ennemis de l'Église romaine, de son gouvernement et de l'administration universelle de cet État ; mais la manière dont l'auteur traite ce sujet est encore bien plus terrible, car ce n'est point en l'air qu'il avance les choses, c'est une recherche très-exacte qu'il avait faite de l'antiquité et de la tradition, ayant ramassé des preuves qui ne laissaient pas de donner quelque sorte de couleur aux visions qu'il s'était figurées, et de mêler de la vraisemblance à un dessein aussi chimérique qu'était celui qu'il s'était proposé, de détruire l'État monarchique de l'Église romaine pour en faire une république, c'est-à-dire faire du gouvernement de Jésus-Christ le plus défectueux et le plus imparfait de tous les gouvernements.

Ce fut ainsi que fut reçu ce livre par toute la chrétienté, et Jansénius mandé à du Vergier qu'il parut de la sorte à Louvain, où la plupart des esprits s'étonnèrent de la hardiesse et de la force dont il était écrit. On pensa d'abord à chercher quelqu'un dans l'Université pour y répondre, tant il était important d'arrêter le cours d'un ouvrage si dangereux et de détruire les impressions qu'il était capable de donner à ceux qui ne seraient pas prévenus contre un si pernicieux poison. Il ajoute même qu'on avait jeté les yeux sur lui pour le réfuter. Voici ce qu'il en écrivait à son ami, le 19 avril 1619.

« J'ai été requis une fois de m'employer à réfuter les quatre livres de Marc-Antoine de Dominis par ceux qui gouvernent l'Université ; mais depuis, soit que ma réponse ne leur plût point ou qu'ils se soient ravisés, voyant qu'ils n'auraient pas grandement de l'honneur de requérir aide d'un homme qui ne fait que venir au monde, ils se sont refroidis, dont je suis très-aise, ayant fort appréhendé cette charge. » Et par la lettre du 5 août de la même année, il écrit que le livre de l'Écriture qu'il a commencé à enseigner lui a servi de prétexte pour se dispenser contre Marc-Antoine de Dominis, ce qu'il avait en horreur. C'étaient là les dispositions où il était dès lors à l'égard de la religion, si violemment attaquée dans cet ouvrage.

A la vérité, quand il dit qu'on avait jeté les yeux sur lui pour réfuter l'ouvrage de l'archevêque de Spalatro, cela peut être vrai ; mais je doute qu'on l'en pressât fort, dans un temps surtout où il se trouvait tant de gens plus capables de cela que lui dans l'Université. Car outre le célèbre Henri Lancelot, qui se signala si fort par la force et par la vigueur de ses écrits contre Luther, outre Michel Paludan, si habile dans les controverses, et un certain André de la Tour, si savant dans la scolastique, il y avait alors à Louvain quantité de bons sujets beaucoup plus propres à répondre au livre de cet apostat que n'était Jansénius, qui, comme il le dit lui-même, ne faisait que de venir au monde, et s'était uniquement renfermé dans l'étude de saint Augustin ; mais il y a apparence que son patron Jacques Jansson, qui s'était donné du crédit dans son corps, et qui prônait partout ce nouveau disciple, en avait parlé, ou pour le flatter de cette petite vanité, ou pour lui en faire une espèce d'honneur qui ne lui coûtait rien. Peut-être aussi que, pour le produire bien ou mal à propos, il le proposa, quoique ce ne fût pas vraisemblablement son intention de l'engager, ayant l'un et l'autre d'autres affaires dans la tête qui les occupaient davantage. Des gens déjà embarqués n'étaient pas en état d'entreprendre de nouveaux embarras ; c'est ce qui fait dire à Jansénius que sa classe lui avait servi de prétexte pour s'excuser de la proposition qu'on lui en avait peut-être faite en l'air, et qu'il abhorrait ce travail, car c'est ainsi qu'il en parle : il avait encore d'autres raisons d'en avoir un si grand éloignement, car il eût été fort embarrassé de penser à réfuter un ouvrage dont lui et son collègue se sont servis si avantageusement pour construire le plan qu'ils s'étaient formé de leur doctrine. Il est vrai que je trouve dans mes mémoires que Paul Suarez, évêque de Veson, étant à Bruxelles l'année 1622, avec monseigneur Bagni, internonce du Pape en Flandre, il eut ordre d'aller à Louvain solliciter les docteurs de cette Université de répondre au livre de Dominis ; qu'il y porta quatre lettres : l'une à Jansson, qui s'excusa sur son âge ; l'autre à Tempélius ; la troisième à Fabricius ; la quatrième à Jansénius, pour réfuter cet apostat. Ce dernier s'excusa plus que les autres. L'évêque crut qu'il travaillait à son ouvrage, qui a paru depuis ; mais la vraie raison de son excuse est qu'il ne pouvait se résoudre à réfuter un livre qu'il estimait.

Quoi qu'il en soit, ce fut premièrement par Jansénius que du Vergier fut informé du dessein de Marc-Antoine de Dominis, et ce fut de lui qu'il apprit que l'ouvrage, achevé de s'imprimer à Londres, commençait à paraître à Louvain. Mais la nouvelle qu'il lui manda que le synode de Dordrecht était fini, et que les actes commençaient à se débiter en Flandre, est quelque chose de bien plus important pour le dessein qu'ils méditaient, et comme il ne s'est rien passé dans ce siècle qui ait plus contribué à la construction de ce grand ouvrage que Jansénius et du Vergier entreprirent alors avec tant d'ardeur contre le Saint-Siége, il est bon de remonter plus haut, afin de donner une connaissance plus ample et plus parfaite de ce synode si fameux de la religion prétendue réformée, qui ne se fit que pour l'opposer au concile de Trente. Ce fut ainsi à peu près que l'affaire se passa.

Les Hollandais, devenus fiers au commencement de ce siècle par l'établissement solide qu'ils avaient donné à leur État, qu'ils commençaient à former en établissant le commerce dans les pays éloignés, et en jetant la terreur de leurs armes dans leur voisinage, s'avisèrent de régler la religion par une assemblée de leurs docteurs, pour donner encore une forme plus parfaite à leur république, et pour en cimenter davantage les fondements. Il s'élevait de temps en temps dans le pays de certaines contestations sur les principaux articles de la réforme, qui donnaient lieu de craindre des suites plus fâcheuses en un État qui n'était pas encore tout à fait affermi. Ces disputes naissaient aisément dans un lieu aussi rempli de savants qu'était alors la Hollande, où l'on avait soin d'attirer par de grandes récompenses tout ce qu'il y avait dans l'Europe de plus habiles gens; outre que les écoles où l'on enseignait la théologie étaient remplies d'une jeunesse qui, cherchant peut-être trop à exercer son esprit, chicanait sur la religion et remuait des questions auxquelles on ne voulait pas toucher.

C'était la disposition où la plupart des jeunes gens se trouvèrent dans les écoles de Leyde, lorsqu'il se forma une espèce de jalousie entre les deux plus célèbres professeurs de théologie qui enseignassent alors dans toute l'étendue des états. C'étaient Gomarus et Arminius, tous deux d'une grande capacité et d'un grand nom dans le pays pour les choses de la religion. Arminius, qui par une longue étude des Pères grecs et latins et par la lecture du concile de Trente avait pris des sentiments plus doux sur la prédestination et sur la grâce que n'étaient ceux qu'on y enseignait (car on s'était entièrement attaché à la rigueur de la doctrine de Calvin), se rendit d'abord suspect par cet adoucissement; mais il ne laissa pas de prendre la place de D. Junius, un des plus grands hommes du parti protestant dans la première chaire de Leyde; il lui succéda après sa mort (arrivée le 28 août 1602), grâce à l'intrigue d'Itembogard, qui commençait déjà à favoriser en secret ses sentiments. Cet ami d'Arminius, qui avait bien du crédit dans l'Université, se fit caution de sa doctrine avec tant d'autorité qu'on ne put pas lui résister.

Arminius, établi dans le poste où il aspirait, commença à s'insinuer dans l'esprit de la jeunesse par son honnêteté et à sa faire du crédit parmi les anciens par sa capacité ; il avait étudié les Pères avec bien de l'attachement ; il les possédait mieux que les autres professeurs, et se distinguait fort par là ; mais comme il les avait lus sans cette prévention où sont sujets la plupart des protestants, il avait pris aussi dans cette lecture une teinture d'esprit qui l'approchait fort des sentiments de l'Église romaine. Il commença donc à enseigner : 1° que Jésus-Christ était mort pour tous les hommes ; 2° qu'il y avait une grâce universelle qui n'était refusée à personne ; 3° qu'il n'y avait point de grâce efficace à laquelle on ne pût résister. Mais il mêlait à cette doctrine, qui est celle du concile de Trente, certains tempéraments dont il ne se servait que pour ménager les esprits de ceux qui pouvaient le chicaner dans un lieu où il n'était pas absolument le maître ; ces tempéraments ne furent point considérés ; on lui donna des avis, il promit d'en profiter, et persuadé qu'il était de la vérité de la doctrine qu'il enseignait, il continuait à débiter ses pensées, mais sagement et à petit bruit.

Les plaintes de ses collègues recommencèrent, on s'adressa au magistrat, et il reçut l'ordre de conférer de sa doctrine avec Gomarus ; la conférence se fit, mais non pas, du côté d'Arminius, avec toute la sincérité que demandait cette vertu, qui ne rougit point de la vérité de la foi ni de la doctrine de l'Évangile. Gomarus parut satisfait de l'entretien de son adversaire, les plaintes qu'on avait faites de lui cessèrent et les soupçons s'évanouirent ; toutefois, il continua à débiter sa doctrine sur le même ton, car il s'était tellement nourri l'esprit de ces vérités par l'usage qu'il avait fait de la lecture des Pères et surtout de saint Augustin, qu'il ne put depuis se résoudre à changer de sentiments, ce qui est toujours difficile en matière de religion ; il ne laissait pas de se ménager pour ne pas choquer ceux qui l'observaient, mais il s'en expliquait à cœur ouvert à ceux de ses amis qu'il en jugeait capables. Après tout, ses ménagements commencèrent à diminuer à mesure que son crédit augmentait. Il gagna la plupart des esprits raisonnables qui trouvaient un air trop dur dans la doctrine de Calvin. Cette grâce à laquelle on ne peut résister n'était pas au goût des esprits solides ; enfin on s'apprivoisait peu à peu aux pensées et aux raisonnements d'Arminius qu'on trouvait plus conformes à la bonté de Dieu et à la misère de l'homme.

Ces sentiments, qui s'établissaient à petit bruit dans l'école de ce théologien, commencèrent insensiblement à se répandre dans les provinces. Les protestants zélés s'élevaient contre une doctrine conforme à celle de l'Église romaine, dont on faisait dans le pays une maxime d'État de s'écarter. Les partisans de Gomarus se plaignaient de ce qu'il s'était laissé tromper; on recommença de nouvelles accusations contre Arminius, qui fut cité au tribunal établi dans la Hollande pour les affaires de la religion; mais il en appela au conseil d'État. Il y eut alors un conflit de juridiction qui laissa cette affaire longtemps indécise, parce qu'on n'en craignait pas les suites. Cependant Arminius continuait à débiter ses sentiments : il se fit des sectateurs qui devinrent, comme cela arrive d'ordinaire, encore plus zélés pour sa doctrine que lui-même, et la plupart des personnes de bon sens, peu satisfaites de cette dureté que Calvin donne à Dieu, se rangeaient du côté d'Arminius dont la doctrine s'autorisait par cet esprit de douceur et de raison qui l'accompagnait et était bien reçue presque partout. Les fauteurs de Gomarus, offensés des applaudissements qu'on donnait de tous côtés à Arminius, poursuivirent le jugement de cette affaire qui allait, à ce qu'ils prétendaient, à la ruine de la religion. D'ailleurs, le conseil d'État s'excusait de juger d'une matière qu'il n'entendait pas, étant une question de théologie, et les partisans d'Arminius ne pouvaient souffrir qu'on s'en rapportât aux juges ecclésiastiques, dont la plupart lui étaient contraires étant prévenus.

Dans ce différend Arminius mourut au milieu de ses succès, car presque tous se rangeaient de son parti. On lui donna pour successeur un célèbre professeur de théologie nommé Conrad Vorstius, grand socinien et d'un autre esprit. Les gomaristes, victorieux par cette mort, s'étant un peu trop tranquillement abandonnés à leurs succès, crurent aussi trop tôt le parti d'Arminius entièrement défait, car toute la jeunesse qui fréquentait alors les écoles de Leyde s'était tellement rempli l'esprit des idées douces et agréables d'Arminius, et la plupart des pasteurs les prêchaient avec tant d'applaudissement dans les provinces, que cette doctrine était en quelque façon devenue à la mode étant au goût des honnêtes gens. Ainsi elle se répandait partout, ce qui fut cause que Jacques, roi d'Angleterre, zélé protestant, en ayant eu avis, en écrivit aux états généraux une lettre pressante pour les réveiller de l'assoupissement où ils étaient. Il leur manda qu'il s'étonnait de la négligence où l'on vivait dans la Hollande sur la religion; que la pureté de la doctrine de Calvin se perdait par le cours trop grand qu'on donnait à la doctrine d'Arminius, dont les esprits de la plupart des pasteurs s'étaient remplis; qu'il y avait parmi ces magistrats et jusque dans le conseil d'État des fauteurs secrets de cette doctrine, qui, lui étant devenus trop favorables, l'autorisaient de l'ombre seule de leur protection, et qu'il avait su de bonne part qu'on n'attendait que l'occasion en bien des provinces pour se déclarer avec éclat en faveur d'une opinion déjà si bien reçue des peuples; qu'au reste, c'était à ceux qui avaient ce gouvernement en main de prévoir les suites de cette licence, qu'ils avaient peut-être tolérée avec trop de mollesse. Les sentiments d'Arminius, disait-il, sont si conformes à ceux de l'Église romaine, que si on en n'arrêtait le cours par toute la rigueur des lois, leurs états allaient retomber dans le papisme, et ensuite sous la domination du roi d'Espagne, dont la religion protestante avait commencé à les délivrer, et que ce n'était que par là qu'ils pouvaient se maintenir.

Cet avis, tout important qu'il parût de lui-même, le devint encore bien plus par le mérite de celui qui le donnait. On trouva dans les informations que l'on fit sur le progrès de cette nouvelle opinion que les esprits étaient en effet fort prévenus en faveur d'Arminius, dont le nom était déjà devenu si célèbre, qu'on crut ne pouvoir décréditer sa doctrine que dans un synode national, qui fut ordonné par une assemblée générale des états tenue à la Haye et intimé à Dordrecht, l'ancienne capitale de la Hollande, au premier jour de l'année 1618. Cette résolution, qui fut encore combattue par une délibération de l'Église de Delft et par d'autres obstacles suscités par les arminiens (lesquels, pour se mettre à couvert par un nom moins odieux à ceux qui gouvernaient, s'appelèrent *remontrants*, prétendant n'agir que par voie de remontrance), fut enfin tout à fait conclue pour le lieu et pour le temps qui avait été déjà arrêté par l'assemblée des états. Mais afin de rendre ce synode encore plus célèbre, on trouva à propos d'écrire au roi d'Angleterre, aux commissaires généraux des Églises réformées de France, aux deux électeurs Palatin et Brandebourg, au landgrave de Hesse, aux quatre républiques protestantes de Suisse, c'est-à-dire de Zurich, de Berne, de Bâle, de Schaffhouse, aux républiques de Genève, d'Embden et de Brême, d'envoyer des députés de leurs Églises pour l'intérêt de la cause commune de la religion.

Mais comme le magistrat séculier s'était rendu maître de cette affaire, qui allait au renversement de l'État si elle n'eût pas réussi au contentement de ceux qui l'entreprenaient, cette liberté d'opiner, qui est l'âme de ces sortes de délibérations qui regardent la religion, n'y fut nullement gardée; on y exerça des violences qui effarouchèrent la plupart des esprits. Ceux d'Utrecht tinrent quelque temps des troupes sur pied pour n'être pas contraints; et on ne pouvait faire un crime d'État à ceux qui étaient favorables aux sentiments d'Arminius, sans les déclarer et leur imposer par là la nécessité de se taire ou de se venger de l'autre parti; mais rien ne nuisit davantage à la liberté de la délibération que l'ordre donné par le conseiller d'État d'arrêter Jean de Barneveldt, avocat général et garde des sceaux de Hollande, Hoguerbois, pensionnaire de Leyde, et Grotius, pensionnaire de Rotterdam, qui furent mis en prison dans le temps même de l'indiction du synode, c'est-à-dire le 22 août de l'année 1618, pour avoir favorisé la doctrine d'Arminius, comme préjudiciable à la république. On arrêta aussi en même temps le sieur de Leydemberg, secrétaire des états d'Utrecht, qui, quelques jours après ayant été conduit à la Haye pour être confronté aux autres, fut trouvé poignardé dans son lit.

Voilà quels furent les préparatifs du synode; et la mort de Barneveldt, décapité par arrêt du conseil pendant le synode, fut un signal, pour tous ceux qui en étaient, de la manière dont il fallait opiner, puisque l'homme le plus illustre de tout le pays, et qui avait rendu les plus grands services à la république, fut condamné à mort pour servir de victime à la doctrine dont on devait délibérer. Une conduite si violente enleva la liberté des suffrages, qu'il fallait commencer à établir, afin de discuter dans les formes sur une affaire si essentielle à la religion. Ainsi l'on peut dire que jamais délibération ne fut moins libre, et que rien n'eut moins l'air de synode que celui de Dordrecht, où la doctrine sur laquelle on devait opiner fut proscrite par la mort d'un des premiers officiers de la république, qui eut la tête tranchée avant les délibérations, parce qu'il favorisait cette doctrine, et par la prison de Grotius, l'homme le plus savant du pays, qui était détenu avec bien de la rigueur dans le château de Louvestein, près de Gorkum, pour la même cause.

De sorte qu'il ne faut pas s'étonner si la doctrine d'Arminius fut condamnée dans tous ces chefs par ce synode, après le soin que le magistrat séculier avait pris de jeter la frayeur dans l'âme de ses sectateurs par la terreur des supplices et par l'exemple du traitement qu'on fit à ces deux grands hommes, qui étaient du mérite le plus accompli et de la vertu la plus reconnue de tout le pays. La faction du prince d'Orange, qui avait promis en secret sa protection aux arminiens, n'osa pas même faire la moindre démarche pour les appuyer, tant fut grande l'oppression qu'on faisait à la liberté. Mais si dans les conciles généraux et dans toutes les assemblées où préside la vertu de cet Esprit-Saint, qui a été promis à l'Église romaine quand tout se fait dans les règles et dans les formes que prescrit notre religion, la vérité a toujours coutume de prévaloir sur le mensonge, il arrive dans ces synodes tumultueux du schisme et de l'hérésie, convoqués par l'intérêt et par la passion, où le Saint-Esprit n'a nulle part, que le mensonge a coutume de prévaloir toujours sur la vérité, parce que c'est l'esprit d'erreur qui y préside ; ce fut aussi par là que l'assemblée convoquée à Dordrecht, où se trouvèrent les députés de la plupart des protestants de l'Europe, après cent trente-six séances, condamna la doctrine d'Arminius en ces cinq articles.

Le *premier article* traitait de la prédestination. Arminius enseignait que l'élection à la gloire et la prédestination n'était que la suite de la prévision et de la vue qu'avait Dieu de la foi du chrétien en Jésus-Christ, et de la persévérance de cette foi comme d'une condition requise à ce choix.

Le *deuxième article* traitait du mérite universel de la mort du Sauveur. Arminius prétendait qu'il était mort pour tous les hommes en général et en particulier.

Le *troisième article* traitait de l'efficacité de la grâce. Arminius enseignait qu'elle n'était point d'une vertu et d'une force à laquelle l'homme ne pût résister.

Le *quatrième article* traitait de la grâce suffisante, qu'Arminius montrait n'être refusée à personne, étant un secours général destiné à tous.

Le *cinquième article* traitait de la persevérance. Arminius déclarait que c'était la faute du chrétien quand il ne persévérait pas dans la foi : en quoi il désapprouvait cette réprobation positive qu'enseigne Calvin, si contraire et si injurieuse à la bonté et à la miséricorde de Dieu, qui ne destine au supplice les réprouvés que parce qu'il en fait des vases de sa colère.

Et la résolution du synode fut : 1° que la prédestination se fait par un décret de Dieu, indépendamment des mérites du fidèle ; 2° que le Sauveur n'était pas mort pour tous ; 3° qu'on ne résistait point et qu'on ne pouvait résister à la grâce ; 4° qu'il n'y avait point de grâce suffisante destinée à tous ; 5° que le chrétien ne persévérait pas parce qu'il ne pouvait persévérer, à cause de la réprobation positive qui n'était qu'une suite du péché originel et de la masse de perdition. Et ainsi la doctrine de Calvin fut rétablie dans toute sa rigueur en Hollande par ce synode, pour servir de règle à toutes les Églises protestantes du Nord, et pour opposer la créance de la nouvelle religion à la créance de l'Église romaine, qui venait d'être réglée vers la fin du siècle précédent par le concile de Trente. Il a été nécessaire de remarquer toutes les circonstances de cette affaire pour faire mieux connaître le fond de l'esprit de Jansénius et ses sentiments les plus secrets sur ce synode, dont il fut un des premiers à recevoir les décrets, qu'il étudia avec une attention qui marquait un dessein bien arrêté de s'en servir. Voici comme il en parle à son ami du Vergier dans une lettre qu'il lui écrivit, en 1620, sans date du mois.

« Le concile de Dordrecht est achevé. Je l'ai depuis longtemps, mais en flamand ; je ne l'ai pu avoir en latin pour vous l'envoyer. Ils suivent presque entièrement la doctrine des catholiques au fait de la prédestination et de la réprobation, retranchant tout ce qu'il y avait d'aigre en l'opinion de Calvin, hormis qu'ils retiennent la certitude de la prédestination et l'inamissibilité de la grâce. »

D'où il paraît qu'il commençait à s'écarter des sentiments de l'Église, en appelant une doctrine si contraire au concile de Trente, et approuvée par tous les députés des Églises protestantes de l'Europe entièrement catholique; car Pierre Dumoulin, premier ministre de l'Église protestante de Paris qui se tient à Charenton, consulté par les députés du synode de Dordrecht, répondit à l'assemblée par des lettres datées du 27 avril de l'année 1619, avant que le synode fût fini, que la doctrine d'Arminius était tout à fait conforme à celle de l'Église romaine, et ensuite dangereuse dans un pays où l'on suit la doctrine de Calvin, et qu'ainsi elle devait être condamnée; car il fut obligé d'envoyer son avis par écrit, parce que le roi avait défendu aux protestants, ses sujets, de se trouver à ce synode, pour ne pas s'exposer à y prendre un esprit contraire à la soumission qu'ils devaient à leur souverain, par le commece qu'il fallait avoir avec des révoltés. Les députés d'Angleterre qui y furent envoyés par le roi Jacques les pasteurs du Palatinat avec les autres docteurs de l'Allemagne furent tous de même avis.

Cependant ce fut la doctrine que le synode avait approuvée, c'est-à-dire que le Sauveur n'était pas mort pour tous les hommes; qu'on ne pouvait pas résister à la grâce; qu'il n'y avait pas de grâce suffisante; que la prédestination se faisait sans aucun égard aux mérites, d'où il suivait une espèce de réprobation positive, que Jansénius appelait une doctrine catholique. Voilà quelle fut la première démarche qu'il fit dans l'erreur, et c'est ce qui m'a fait raconter dans un si grand détail l'histoire de ce synode, parce que ce docteur l'étudiant avec tant d'attachement, l'ayant eu des premiers, le vantant à son ami comme une chose digne de lui être envoyée, écrivant sur les mêmes matières qui y furent traitées, écrivant conformément aux sentiments qui y furent réglés et à la doctrine qu'on y approuva et presque en même temps, il y a apparence que ce ne fut que sur les mémoires de cette assemblée-là qu'il écrivit, et que ce fut à cette source qu'il puisa le poison qu'il débita depuis dans son ouvrage contre le Saint-Siége. Et c'est l'opinion de Jean-Henry Ottius, ministre de Zurich, dans une oraison qu'il fit imprimer depuis sur le jansénisme, l'année 1653, au même lieu, où, sans avoir lu cette lettre que Jansénius écrivit à son ami, il assure que ce ne fut que par la lecture du synode de Dordrecht que Jansénius quitta les sentiments qu'on enseignait dans l'Église romaine pour suivre ceux de leur parti. Voici ce qu'il en dit : « Je ne doute point que ce n'ait été le synode de Dordrecht, et ce qui y fut réglé par ceux lesquels y assistèrent, qui lui donna lieu d'examiner saint Augustin, et de travailler sur le même sujet que lui ; cela me paraît évident, parce qu'il a traité la même matière et les mêmes questions que celles qui furent traitées en ce synode ; c'est le même temps ; le voisinage de Louvain à Dordrecht était favorable pour cela, et écrivant en la même année sur le même sujet, assurément il n'a pu ignorer ce qui se passa dans cette assemblée et ce qui s'en est écrit depuis. »

Ce que ce ministre disait en hésitant et par une conjecture toute pure ne pouvait été mieux confirmé que par Jansénius lui-même et par ses lettres. C'était donc dans ce parti-là, parmi les protestants de Hollande, ses compatriotes, qu'il allait chercher des armes pour combattre l'Église romaine et pour se préparer à son grand ouvrage. Et comme Arminius, de calviniste qu'il était, devint en quelque façon orthodoxe en redressant ses sentiments pour les rendre conformes aux sentiments de l'Église romaine par l'usage droit et sain qu'il fit de la lecture de saint Augustin et des autres Pères, ainsi Jansénius, de catholique qu'il était, s'égara et tomba dans l'erreur par l'usage pervers qu'il fit de la même lecture, ayant eu le malheur de n'étudier saint Augustin et les autres Pères que dans les hérétiques, et surtout dans la lecture qu'il fit du synode de Dordrecht, qui devint un fond des plus importants de son ouvrage contre la doctrine du concile de Trente, à quoi il travailla le reste de ses jours. Ce qui paraîtra encore dans la suite, principalement par les thèses de Louvain qui furent soutenues en l'année 1644, où la doctrine de ce nova-

teur ne semble autre chose qu'une rapsodie des sentiments de
la plupart des hérétiques modernes.

Les affaires du roi d'Espagne, qui avaient été un peu gâtées
par la sévérité du duc d'Albe, se rétablissaient tout à fait en
Flandre par la douceur du gouvernement de l'archiduc Albert
et d'Isabelle-Claire-Eugénie ; il est vrai que les peuples, gagnés
par les manières bienfaisantes du gouverneur et de la gouvernante, ne cessaient de les combler de bénédictions pour les grâces
dont le prince et la princesse les comblaient. Les jésuites, qui
étaient assez bien auprès de Leurs Altesses, eurent aussi leur part
à ces faveurs, car ils furent unis à l'université de Douai pour
jouir de ses priviléges, à la sollicitation des amis qu'ils avaient à
la cour, jointe à celle des abbés de Hanchin et Marchin, leurs
fondateurs. Le prince, qui faisait justice à tout le monde, crut
leur devoir faire celle d'ordonner que leurs écoliers seraient
admis aux degrés comme ceux des autres colléges de cette Université, à quoi toutefois Jansénius, qui rendait compte à du Vergier de ce qui se passait aux Pays-Bas, surtout en ce qui regardait
ces pères, y trouve fort à redire.

On ne sait pourquoi il se met en colère de la grâce que l'archiduc venait de faire à ces pères. Voici ce qu'il en écrivait à son
ami, le 19 avril 1819 : « Les jésuites ont commencé à prendre
les degrés comme les jacobins à Douai, ils s'en sont faits trois ou
quatre docteurs ensemble. A Louvain, ils tâchent de faire le même,
mais ils y trouvent force empêchements, lesquels, je crois, ils
feront ôter par quelque bulle de Rome. » C'est de son chef qu'il
avance ce qu'il dit, qu'on tâchait de faire le même à Louvain,
car depuis la défense que Clément VIII leur fit par un bref exprès de renoncer au pouvoir que l'archiduc leur avait accordé
d'enseigner publiquement la philosophie, ils ne pensaient plus
à s'unir à l'Université. Mais l'esprit de jalousie contre ces pères
le possédait alors aussi bien que son ami, à qui il croyait faire
plaisir d'écrire de la sorte ; car ils avaient l'un et l'autre le cœur
si plein d'aigreur et d'animosité contre les jésuites, qu'ils ne pouvaient apprendre aucune chose qui fût à leur avantage sans se
plaindre ; il ne se peut dire aussi combien du Vergier était
fidèle à répondre à son ami sur cet article. L'évêque de Poi-

tiers, son patron, ne s'abandonnait pas tout à fait à sa conduite, ou plutôt à sa passion, en ce qui regardait les jésuites. Il était devenu plus circonspect depuis cette démarche qu'il lui fit faire si mal à propos contre ces pères; on dit même qu'il commença à se défier des conseils qu'il tâchait de lui donner pour le gouvernement de son diocèse, car il trouvait bien des choses dans cet esprit qu'il n'approuvait pas, quoiqu'il eût de l'estime pour sa capacité, mais il lui trouvait en bien des rencontres quelque chose de violent. Ce qui fut cause que, pour s'en défaire quelque jour plus honnêtement, il se défit de l'abbaye de Saint-Cyran, en Brenne, sur la frontière de Touraine, vers le Berry, et fit agréer au roi qu'il en disposât en sa faveur.

L'évêque prétendait deux choses par cette grâce qu'il fit à son docteur : la première, de le récompenser déjà par avance de ses services; la seconde, d'être en état de le congédier avec honneur quand il en serait las, car enfin il commençait à le connaître. Mais du Vergier était naturellement si caché, et il avait même si peu de disposition à se montrer tel qu'il était et tant de penchant à s'envelopper, que personne ne le connut mieux alors et ne le fit mieux connaître depuis qu'un grand serviteur de Dieu qui fut obligé d'avoir environ ce temps-ci quelque sorte de commerce avec lui pour une affaire qui le regardait. Ce fut le père Charles de Condren, l'homme peut-être le plus éclairé de ces lumières d'en haut, qui ait paru en ce siècle. Comme il avait un don rare pour les choses spirituelles, il avait aussi un discernement admirable des esprits, et il était si savant sur la religion, qu'il était hors des atteintes de ce qu'on appelle surprise en ces matières-là, ne pouvant pas même être trompé.

Il était né dans une maison de noblesse du Soissonnais, avec des marques d'un naturel et d'un esprit qui faisaient déjà voir dans ses premières années que Dieu le destinait à une élévation de vertu peu commune alors. Après avoir fait ses études, il fut reçu à l'Oratoire, qui était une retraite d'ecclésiastiques fort honorable, et à qui le père de Bérulle, depuis cardinal, commençait à donner de la réputation. Son mérite le distingua bientôt de tous ceux qui étaient de son âge, et les emplois qu'il eut dans la congrégation achevèrent de lui donner une grande considération. Ainsi, après plusieurs commissions qu'il reçut du révérend père de Bérulle, son général, d'aller en divers lieux dans les provinces pour y faire des établissements de la congrégation, il fut envoyé pour le même sujet à Poitiers, environ l'année 1620. Il y trouva de grands obstacles, ce qui l'obligea à avoir recours à l'évêque pour concerter avec lui sur les moyens qui pourraient faciliter son entreprise. Il ne put pas voir l'évêque, dont il avait besoin pour faire réussir son dessein, sans avoir quelque sorte de commerce avec du Vergier qui avait du crédit auprès du prélat, et la première visite qu'il lui rendit se passa d'une manière dont on n'a pas su le détail, mais qui donna à l'un et à l'autre une estime réciproque pour les qualités qu'ils se trouvèrent mutuellement. Le père de Condren découvrit du feu, de la vivacité, de la pénétration, bien de l'esprit enfin dans du Vergier, et du Vergier trouva une éminente vertu avec un grand discernement dans le père de Condren.

Cette estime mutuelle qu'ils conçurent l'un pour l'autre contribua fort à faire une grande liaison entre eux. Ils se virent souvent. A la vérité, le crédit de du Vergier auprès de l'évêque n'avança pas fort les affaires du père de Condren pour l'établissement qu'il poursuivait, car, après avoir été environ dix-huit mois en deux voyages différents qu'il fit à Poitiers pour cette affaire, il échoua à cause que les secours temporels lui manquèrent, et pour d'autres raisons qu'on n'a pas su il fut obligé de revenir à Paris; mais il eut le temps de connaître tellement bien du Vergier que voici le portrait qu'il en fit depuis, ou plutôt que le père Gibiens, de l'Oratoire comme lui, en fit sur ses mémoires.

Il dit que le père de Condren l'ayant fort connu à Poitiers par un long commerce qu'il eut avec lui, il le fit connaître au révérend père de Bérulle, alors général de l'Oratoire ; il remarqua alors en lui un rare savoir, une connaissance de la philosophie et de la théologie au-dessus du commun, une grande lecture des Pères, un esprit vif et laborieux, mais parmi ces belles qualités un esprit écarté, grand amateur des nouveautés, un penchant excessif à la singularité, et il se trouva aussitôt selon sa grande charité et son zèle dans un ardent désir d'en faire un ouvrier utile à l'Église. — Et quoiqu'il y aperçût déjà les semences de ce qui a paru depuis, et qu'il le vît fort plein de soi-même et de la bonne opinion de son rare savoir, il ne laissa pas de s'y appliquer avec quelque sorte d'espérance de le mettre dans des dispositions plus chrétiennes, et de lui inspirer un renoncement de lui-même, avec ce mépris que les disciples de Jésus-Christ doivent faire de la science qui enfle le cœur, pour parvenir à la science du salut. Il n'oublia rien d'abord pour le gagner ; il lui témoigna une grande amertume de cœur ; il lui communiqua même une partie de ces dons extraordinaires dont Dieu l'avait prévenu, et ces lumières admirables dont il a depuis enrichi l'Église par ses ouvrages, pour en savoir son avis et en avoir son approbation ; car c'était sa coutume d'exposer ses pensées au jugement des autres pour en profiter, et de se soumettre avec une docilité d'enfant à ceux qu'il trouvait indociles pour les faire entrer avec moins de répugnance dans ses vues. En effet, il y réussit un peu, car jamais Saint-Cyran n'a conservé tant de modération qu'avec le père de Condren, l'écoutant avec respect, et après qu'il l'eut perdu (car ce père mourut quelque temps avant lui), on remarqua qu'il n'y avait plus personne au monde pour qui il eût de la déférence ; et comme il se trouva quelques années après environné de gens qui n'avaient que de l'admiration pour lui, et n'en parlaient qu'avec des applaudissements continuels, cet homme, peu fondé dans la mortification intérieure et dans les dispositions que demande l'Évangile d'une défiance et d'un renoncement perpétuel à soi-même, dépourvu qu'il se trouva de ces grands principes qu'imprime l'Évangile dans le cœur des vrais fidèles, se persuada aisément qu'il était le plus savant homme du monde, et, s'abusant lui-même d'un zèle prétendu de profiter au prochain, il se remplit plus que jamais de grandes idées de sa capacité et de bonne opinion de soi, ne pouvant plus souffrir d'avis sur sa conduite ni de remontrances dans ses égarements.

Ce fut alors qu'il entreprit la réformation, ou pour mieux dire, le rétablissement de l'Église qu'il croyait (comme les calvinistes parlent dans leur confession de foi) tout à fait tombée en ruine et dans la désolation. Il crut que, pour conduire sagement son dessein, il avait besoin de personnes qu'il intéressât à le seconder, et qui fussent recommandables en autorité, en science et en piété ; il en chercha qui eussent toutes ces qualités, ou qui du moins en eussent quelqu'une des trois. Mais comme il ne faut pas moins de conduite à ceux qui entreprennent de faire un changement dans l'Église qu'à ceux qui entreprennent de faire un changement dans l'État, ce fut avec une réserve merveilleuse qu'il se conduisit dans l'entreprise d'un si étrange projet. Il découvrit aux uns ce qu'il cacha aux autres. Il parla des abus épouvantables qui s'étaient glissés dans la religion à certaines gens, et il exagérait à d'autres le tort que la théologie scolastique faisait à l'Église, tant par les mœurs que par la doctrine. Il passa plus avant en certaines rencontres, où il parla de l'Église comme un corps anéanti et perdu, déclarant que les conciles, depuis le règne de la théologie scolastique, n'étaient plus de véritables conciles, parce qu'on n'y cherchait qu'à en établir les maximes bien plus sur le raisonnement de l'esprit humain que sur la pureté de la parole de Dieu, que le concile de Trente n'était qu'une assemblée politique, que le Saint-Esprit n'était plus dans ceux qui gouvernent l'Église, c'est-à-dire en la hiérarchie ecclésiastique ; et il était tombé dans des erreurs énormes sur cet article, prétendant que rien n'était moins essentiel à l'Église que l'ordre hiérarchique, qui ne la fait subsister que par une parfaite dépendance des ministres subalternes aux supérieurs.

Il s'expliqua depuis à d'autres sur l'usage de la confession et de la communion de manière à détruire tout à fait ces deux sacrements ; il franchit le pas sur la confession des péchés véniels, assurant, contre la décision du concile de Trente, qu'elle n'est point sacramentelle, parce qu'ils ne peuvent être une matière suffisante à l'absolution. Il tâchait d'éloigner de la communion non-seulement les pécheurs, mais même les justes, les traitant d'indignes dès que la seule imagination n'était pas assez épurée des fantômes de la terre, et de ce qui reste d'humain dans l'esprit ; et ce n'était que pour rendre l'usage de la communion difficile qu'il voulait que l'on suspendît le saint sacrement au haut de l'autel sous prétexte de l'exposer mieux à l'adoration du peuple ; en distinguant deux sortes de communions, il tâchait d'abolir la communion réelle, pour en autoriser une qui ne l'était pas ; il les appelait *immédiate sans espèce*, et *contre-médiate par les espèces*, préférant de beaucoup la première à la seconde, parce qu'elle peut se faire à toutes les heures du jour. Il pensait à supprimer les messes basses et ordinaires, en mettant les prêtres et les laïques en pénitence pour des temps fort longs, et il privait par là les uns de la messe et les autres de la communion.

Ce fut à Poitiers, dans les entretiens fréquents qu'eut l'abbé de Saint-Cyran avec le père de Condren, qu'il se fit connaître de la sorte à cet homme si éclairé, en lui parlant peut-être trop à découvert et en lui exposant si ingénument les pensées les plus secrètes de son cœur. Le père ne put le voir dans des sentiments si écartés sans en être effrayé. Il mit tout en œuvre pour le remettre dans la voie d'où il s'égarait et pour le redresser ; il ne fit pas même semblant de paraître aussi scandalisé qu'il l'était, pour ne pas effaroucher cet esprit qu'il ménagea en tout ce qu'il put, pour le retirer de l'erreur ; mais il ne gagna rien, et du Vergier fut même assez satisfait de la confidence qu'il avait faite à ce grand homme de bien, ne désespérant pas de le faire peut-être un jour entrer dans ses vues et dans ses sentiments, prenant la douceur avec laquelle il avait tout écouté pour une demi approbation, quoiqu'il eût désapprouvé tout cela avec toute la force dont ses paroles purent être capables, et ils se séparèrent sans rompre tout à fait ensemble.

Au reste, ce fut le père Gibieuf qui, le premier, dressa ce portrait de du Vergier tel que je viens de le décrire, car le père de Condren étant devenu général de l'Oratoire par la démission qu'en fit le père de Bérulle en devenant cardinal, il ouvrit son cœur au père, qui était son ami, et le fit en quelque façon dépositaire des sentiments qu'il avait pris de du Vergier. Le père Gibieuf eut soin que cela ne fût pas perdu ; il ajouta ce qu'il en avait appris par lui-même ; mais comme il ne put continuer ce mémoire, il le mit entre les mains du marquis de Renty, pour le donner au père Amelotte, qui en prit copie, et renvoya au marquis l'original, qui se perdit ; il ne resta que la copie du père Amelotte, dont il fit part longtemps après à messieurs les ecclésiastiques du séminaire de Saint-Sulpice, qui me la communiquèrent. Mais pourquoi chercher des portraits de cet homme ailleurs que dans lui-même ? car quoiqu'il ait été toujours extrêmement caché, il n'était pas malaisé de le connaître. A la vérité, jamais la dissimulation la plus profonde n'a tant servi à personne qu'à lui pour parvenir à ses desseins, car un de ses plus grands principes pour établir sa doctrine était le secret et le silence; c'est ce qu'il recommandait sans cesse à son ami dans ses lettres et ce qu'il répétait si souvent à ceux qui l'écoutaient, persuadé qu'il était de ne pouvoir réussir en ce qu'il entreprenait qu'en se cachant. Ainsi il est important de bien pénétrer tous les voiles dont il se couvrait et d'éclaircir ce fond de ténèbres sous lequel il s'enveloppait lui-même pour le faire voir tel qu'il était. Je viens déjà d'en découvrir une partie par ce que nous en a appris le père de Condren, qui était un homme si éclairé; voici maintenant ce qu'on en peut apprendre par lui-même.

Antoine d'Andilly, sieur de Pomponne, aîné de la maison des Arnauld, qui a eu tant de part en la suite de cette affaire, avait à Poitiers une espèce de belle-sœur ou sœur (car on n'a pas pu bien démêler cela), qu'il aimait et qu'il considérait fort; ce fut elle qui fit la première connaître du Vergier à son frère, et qui l'attacha à toute la famille par des liens d'une si étroite amitié et d'un commerce qui fut depuis si grand. Du Vergier lui trouva d'abord tant d'esprit, qu'il en fut épris. Les autres qualités qu'il reconnut dans une personne si accomplie (comme il l'appelle lui-même dans une de ses lettres) achevèrent de le gagner et de faire avec cette dame une liaison qui en eut peu de pareilles et qui fut le fondement de tout ce qui se fit depuis par d'Andilly, par les mères Agnès et Angélique, par l'évêque d'Angers, par le docteur Arnauld et par toute la faculté pour l'accomplissement du nouveau projet qu'il méditait. D'Andilly passant par Poitiers vers l'année 1620, à l'occasion d'un voyage que la cour fit alors en Guyenne, après l'accommodement du roi avec la reine mère au Pont-de-Cé, il s'y arrêta quelque temps pour y voir cette sœur, et il y a apparence que ce fut chez cette admirable personne qu'ils se virent la première fois. Il serait difficile de bien exprimer toute l'impression que fit sur ces deux hommes cette première entrevue, et la manière dont ils furent d'abord prévenus d'estime l'un pour l'autre ; mais, à en juger par la lettre que du Vergier écrivit à d'Andilly, après son départ de Poitiers, il ne se peut rien dire ni rien imaginer de plus ardent que les premiers mouvements de tendresse qui parurent dans cette nouvelle union ; on voit dans cette lettre, dont je parle, les plus folles expressions de l'amour le plus passionné. L'inscription est à « M. d'Andilly, conseiller du roi, en son conseil d'État, en cour. » La lettre était datée de Poitiers, le 25 septembre 1620. Voici comment elle est conçue :

« Monsieur, je me persuade que, m'ayant fait la faveur de m'unir avec vous, vous m'avez affranchi de la servitude des cérémonies qui trompent les esprits, et qu'il m'est permis de dire avec franchise que je fais en votre absence au contraire de ceux qui ont de la passion à aimer, qui ne peuvent s'empêcher, lorsqu'elle s'est allumée en un naturel ardent, de la témoigner le plus tôt qu'ils peuvent à leurs amis absents, car je pris plaisir de me ralentir moi-même et de vous donner sujet de juger aussi désavantageusement de ma froideur, comme vous fîtes d'abord à M. de Bérulle, à qui je m'en suis plaint dans la chaleur d'un pourparler que j'ai eu avec lui, qui a duré, à deux ou trois reprises, près de douze heures ; mais si vous saviez bien la cause de ma retenue jusques à présent, vous me blâmeriez autant de la rupture de mon silence comme vous m'avez peut-être déjà blâmé de l'avoir gardé si longtemps. Je puis néanmoins dire sûrement que je n'ai point failli en cette occasion et que la cause de mon retardement vous sera aussi agréable qu'eût été une lettre écrite avec plus de diligence, d'autant que, désirant une fois pour toutes vous dire, avec une expression égale au fond de ma pensée, de quelle façon je prétends m'être donné à vous, j'ai fait en cet essai au contraire des excellents pénitents qui ont de la peine à rabattre leur imagination, n'ayant jamais pu relever la mienne au point où mon ressentiment la voulait loger, ce qui a fait dans cet état de mon cœur et de mon esprit qui n'approche jamais par ses conceptions de mes mouvements. J'ai mieux aimé me taire quelque temps, attendant la rencontre de ces esprits épurés qui aident à former les hautes imaginations, que voulant dire quelque chose, le dire avec diminution et au préjudice de la source de mes passions, où il est seulement loisible, quand elles naissent du vrai amour, d'avoir sans crainte de reproche quelque sorte d'ambition; mais, m'apercevant que le temps s'écoulait et que j'étais obligé de vous rendre raison de l'état où était cet ami[1], que vous m'avez tant recommandé et qui n'a rien de féminin que la vertu, j'ai pris la plume et j'ai écrit d'une traite ce qui s'ensuit. Pour vous assurer de moi, Monsieur, et à en juger à l'avenir certainement et d'une même façon, je veux vous dire pour manière de paroles et de vœu qui me rendent criminel devant Dieu si je les viole, que vous trouverez toujours mes actions plus fortes que mes paroles, que mes conceptions, que dis-je? que mes conceptions, que mes affections et mes mouvements intérieurs, car tout cela tient du corps; et il n'est pas suffisant pour rendre témoignage d'une chose très-spirituelle, vu que l'imagination qui est corporelle se trouve dans les mouvements de l'affection. De sorte que je ne prétends pas que vous me jugiez que par une chose plus parfaite et qui ne tient rien de ces choses-là qui sont mêlées de corps, de sang, de fumées et d'imperfections par ce qui me reste dans le centre du cœur avant qu'il s'ouvre et se dilate et pour se mouvoir vers vous il produise des esprits, des conceptions, des imaginations, des passions, et quelque chose de plus excellent que je sens comme un poids affectueux en moi-même et que je n'ose produire ni éclore, de peur d'exposer un saint germe. J'aime mieux e nommer ainsi à mes sens, à mes fantômes, à mes passions qui ternissent aussitôt et couvrent comme des nuées les meilleures productions de l'âme, si bien que pour me donner à vous de la plus grande pureté qui se puisse voir, qui se puisse imaginer, e ne veux pas me donner à vous ni par imagination, ni par

---

[1] Il y a à la marge de cette lettre, imprimée dans le recueil du sieur de Préville : Cet ami par excellence est une femme. — Et plus bas, page 133 : C'est la sœur de M. d'Andilly, vu que dans l'original il y a des ratures qui trahissent son déguisement.

conceptions, ni par passions, ni par affections, ni par lettres, ni par paroles, tout cela étant inférieur à ce que je sens en mon cœur et s'y relève par-dessus toutes choses, qu'accordant aux anges en ma philosophie la vue de ce qui est éclos, ce qui nage pour le dire ainsi sur le cœur, il n'y a que Dieu seul qui en connaisse le fond et le centre de moi-même, qui vous offre le mien, ne vois presque rien que je puisse désigner par un nom et n'y connais que cette vague et indéfinie, mais certaine et immobile propension que j'ai à vous aimer et à vous honorer, laquelle je n'ai garde de terminer par quelque chose, afin que je me persuade que je suis dans l'infinité d'une radicale affection, j'ai presque dit substantielle, ayant égard à quelque chose de divin et à l'ordre de Dieu où l'amour est substance, puisque je prétends qu'elle est infuse en la substance du cœur, dont l'essence est la quintessence de l'âme, qui étant infinie en temps et en vertu d'agir comme celui dont elle est l'image. Je puis dire hardiment que je suis capable d'opérer envers vous par affection, comme Dieu opère envers les hommes, me demeurant toujours plus de puissance d'agir et d'aimer efficacement que je n'aurai paru en avoir par mes actions, à cause de quoi je les retranche aussi bien que les imaginations comme incapables de vous rendre témoignage de la part que vous avez en mon âme qui, étant indivisible, se donne toute par la moindre de ses parties ou ne se donne point du tout; et en cela il n'y a rien d'incroyable si on sait que c'est par votre excellente vertu que je vous fais un vœu si excellent, ce que je vous ai si souvent dit en nos devis, que je rends à Dieu les mêmes amours que je vois qu'on rend aux choses qu'on aime dans le monde avec les mêmes transports et les mêmes passions, parce que je le reconnais comme l'origine et le recueil de toutes les rares beautés. Je fais remonter des hommes à Dieu et fais refluer de Dieu aux hommes mes pensées et mes passions, et aime celui en qui je rencontre ici-bas l'image non pas de la substance qui est en tous les hommes, mais de la vertu de Dieu qui n'est qu'ès bons. Comme Dieu même à qui seul le centre du cœur est dû, parce qu'il n'y a que lui seul qui le connaisse; comme il n'y a que lui seul qui pénètre l'abîme de la mer et le reflux qui figure nos mouvements et nos passions, puisqu'il s'y fait une merveilleuse transfusion de l'esprit de Dieu en celui qu'il aime, avec lequel il dit lui-même qu'il n'est qu'un esprit. Y a-t-il personne qui puisse trouver mauvais que je vous offre le centre du cœur, étant une même chose comme vous êtes avec Dieu ? Vous êtes obligé de voir qu'il est vrai, de peur que le moindre doute que vous en auriez ne vous fît tomber par la suggestion de notre secret et mortel ennemi en tentation de m'accuser de moins que d'impiété, voyant que j'emploie le plus pur de la piété, de la religion et de l'amour de Dieu pour vous assurer de moi, qui ai commencé à vous aimer en cette sublime qualité. »

En vérité il n'y a point de patience qu'un si profond galimatias ne fatigue. Ce qu'il ajoute au bas de cette lettre est encore plus extravagant. « Que tous les esprits de la terre, pour « aigus et savants qu'ils soient, n'entendent rien en sa cabale, « dit-il, s'ils ne sont initiés à ses mystères, qui rendent comme « en de saintes orgies les esprits plus transportés les uns en-« vers les autres que ne sont ceux qui tombent en manie, en « ivresse et en passion d'amour impudique. »

Voilà une belle idée qu'il donne de l'amitié. C'était là l'esprit de l'abbé de Saint-Cyran qui ne pensait rien de juste, et ne pouvait rien dire sans s'embarrasser. C'était une profondeur de conception qu'il n'était pas capable de démêler; il voulait penser autrement que les autres et ne pouvait s'expliquer; les sentimens de son cœur étaient aussi confus que ceux de son esprit, et peut-être qu'il n'y a jamais eu d'exemple d'un homme qui ait écrit de la sorte à un ami, pour lui faire une si extravagante déclaration d'amitié. Le reste de la lettre, dont je n'ai presque copié que la moitié, est du même style. Cela doit suffire pour connaître à fond le caractère de cet esprit, et de quoi un homme qui parle de la sorte peut être capable avec toutes les belles qualités qu'on lui suppose. Ce qu'on peut dire pour donner quelque sorte de couleur à tant d'égarements, c'est que dans le dessein que méditait Saint-Cyran de réformer l'Église et de donner d'autres mœurs à toute la terre, il avait besoin d'un homme établi à la cour, qui y eût du crédit, qui fût capable d'entreprendre avec chaleur ce qu'il lui inspirerait, qui eût de l'action, du feu, du mouvement, et qui ne se rebutât de rien. Il croyait avoir trouvé tout cela en son ami d'Andilly, et ces efforts d'imagination qu'il fait pour lui exprimer son affection ne sont que pour l'engager davantage à l'aimer et pour s'attacher un homme qui devait lui être bon à tant de choses. Mais on ne comprend pas comment d'Andilly, qui avait l'esprit bon et le discernement assez droit, ait été capable de se laisser surprendre en un si énorme galimatias, et soit devenu susceptible d'une affection si désordonnée, si ce n'est qu'étant lui-même ardent et affectueux, il n'ait pas eu de peine à s'aveugler pour aimer un homme qui lui faisait de si folles avances d'amitié, et qu'il était peu attentif aux règles ordinaires de la prudence.

C'est aussi en quoi le père de Bérulle, fondateur et général de l'Oratoire, ressemblait un peu à d'Andilly. Il passa à Poitiers cette même année à la suite de la cour qui allait à Bordeaux, il y avait été député (avec l'archevêque de Sens et le duc de Bellegarde) de la part du roi à la reine mère, qui était à Angers, pour leur agrément; ils se virent à Boissac, et toute la cour étant allée à Poitiers, le père de Bérulle la suivit, et ce fut là que le père de Condren lui fit connaître l'abbé de Saint-Cyran, pour lequel il conçut de l'estime et de l'affection. Il est vrai que ce père était d'un caractère d'esprit bien moins solide et d'un discernement moins subtil que le père de Condren, qui vit d'abord tout ce qu'il y avait d'exagéré et de faux dans l'esprit de Saint-Cyran; aussi le père de Bérulle n'y vit rien que de beau et s'y laissa aller, et la liaison qui se fit entre eux fut prompte et dura presque toujours.

Cet abbé avait de quoi imposer aux gens superficiels, et c'est par là qu'il s'insinua dans l'estime et dans l'amitié de tant de personnes, qui ne le regardaient que comme un homme extraordinaire, parce qu'ils ne le connaissaient pas. La mention qu'il fait du père Bérulle, au commencement de sa lettre, marque qu'ils étaient déjà grands amis, puisqu'il avait, à ce qu'il dit, des entretiens avec lui capables de durer douze heures en deux reprises. Ce furent là les deux premiers amis considérables que l'abbé de Saint-Cyran se fit dans le monde, et qu'il cultiva davantage, comme il parut dans la suite, et comme il paraît par les autres lettres écrites à d'Andilly et imprimées dans le recueil du sieur de Préville. Je ne les transcris point ici, parce qu'elles sont du même style que celles dont je copie une partie pour donner une idée de son esprit confus. A la page 126 de ce recueil, il compare l'amour qu'il avait conçu pour cet ami et pour sa sœur à la génération du Verbe. Il dit « qu'il aime Dieu avec la même passion qu'on aime dans le monde : qu'il est uni avec la sœur et le frère en Dieu, ne faisant tous trois qu'une même chose, c'est-à-dire qu'il se compare eux trois à la Trinité. Il dit ensuite qu'il attend le retour de cette sœur, laquelle est allée s'égayer à la campagne, afin de l'entretenir et s'élever avec elle par des degrés de la terre au ciel. » Dans celle du 27 septembre, il déclare « qu'en amitié il n'a égard qu'à cette pureté de centre qui hait les déraisons comme les crimes et les fautes vénielles ou les mortelles. » Dans celle du 10 février, après avoir avoué que cet ami dont il parle à d'Andilly dans ses autres lettres est sa sœur, il convient « que l'amour a des extravagances dont la plus grande est de porter l'homme à n'aimer rien tant que de se perdre pour son ami; tout le reste n'étant qu'une feintise, qu'un intérêt et un déguisement dont il est aussi ennemi qu'il se sentira heureux en l'union de Dieu et de son ami, qu'il prend pour une même chose. » Dans celle qu'il écrit aussi de Poitiers, le 19 février, il parle à son ami d'Andilly d'une philosophie dont il n'ose encore parler, prétendant qu'il a besoin d'autres circonstances favorables pour son courage, de peur que l'excellence de son dessein ne soit traversée par quelque fausse apparence qu'il avait à cause de sa timidité; il espère que la proposition qu'il en avait hardiment faite aurait été favorisée des chiffres indéchiffrables de sa lettre et qu'il n'y avait rien compris, mais qu'il a été heureux ou malheureux en cela, que ce qu'il voulait ou ne voulait point être connu s'est trouvé plus clairement écrit que le reste, etc.

Il tombe par ce beau discours dans l'embarras ordinaire de ceux qui ont conçu un dessein dont ils ont eux-mêmes de l'horreur; son projet lui fait peur, il veut et ne veut pas dire ce qu'il pense, il tâtonne, parce que dans le fond il ne laisse pas de sentir qu'il est mal intentionné. Ce qui est remarquable dans tout cela, c'est que Jansénius et Saint-Cyran, tout éloignés qu'ils sont l'un de l'autre, ont les mêmes sentiments sur ce qui leur passe dans l'esprit, sans en avoir concerté ensemble; ils tremblent dès qu'ils pensent à s'expliquer, comme on a coutume de trembler quand on médite un crime, car telle était l'innovation qu'ils projetaient, le plus grand de tous les crimes en matière de religion. Voici comme parle Jansénius dans sa lettre du 5 mars 1621 à l'abbé de Saint-Cyran : « Je n'ose dire à personne du monde ce que je pense d'une grande partie des opinions de ce temps, et particulièrement de celles de la grâce et de la prédestination, de peur qu'on ne me fasse le tour à Rome, etc. » Plus bas il ajoute : « Voilà ce que je ne vous ai pas dit jusques à maintenant, ayant été presque toujours en suspens et à m'affermir en la connaissance des choses qui peu à peu se découvraient pour ne me jeter point à des extrémités. ». Et le 20 janvier 1622 : « Plus j'avance, plus l'affaire me donne de frayeur, tellement que je n'aurais jamais le courage de tirer le rideau. » Il veut dire de commencer et de rompre la glace. Dans la lettre du 4 novembre 1621, au même, il avoue qu'il s'arrête souvent pour ne pas passer pour un rêveur et pour un extravagant. Et Saint-Cyran mande à d'Andilly, le 19 février de la même année, qu'il n'ose dire encore ce qu'il a songé, qu'il a besoin de circonstances favorables pour s'enhardir, de peur que son dessein ne soit traversé, etc. Ce qu'il écrivit au même, le 4 mars de la même année, n'a-t-il pas le caractère de la même crainte : « Je vous envoie, à la fin, ce que vous avez désiré de moi. Je prétends plus mériter d'oser vous l'envoyer que de l'avoir écrit, car qui est l'homme en ce siècle qui voulût croire, hormis vous, que tout ce qui est là dedans est sorti d'un esprit qui ait les quatre qualités nécessaires à l'arraisonnement en leur naturelle symétrie ? »

Quoi qu'il en soit, il paraît par ces fragments de lettres que ces deux amis, qui agissaient de concert dans le projet principal de leur ouvrage, étaient alors dans le terme, pour ainsi dire, de leur enfantement. Mais ce qui est étonnant, c'est que ce projet de doctrine nouvelle devient si admirable dans la suite à la plupart de ses sectateurs, qu'il s'est trouvé des hommes et des femmes, lesquels ont dépensé leur bien, se sont dépouillés de tout et ont renoncé à ce qu'ils avaient de plus cher dans la vie, c'est-à-dire à leurs plaisirs et à leur liberté pour la défense d'un parti, dont le seul projet faisait peur à ceux qui le formaient. En quoi l'égarement de l'erreur est bien aveugle, et ceux qui sont trompés se passionnent d'ordinaire bien davantage que ceux qui les trompent, car c'est la soumission, le dévouement et le faux zèle dont les mouvements sont plus ardents et plus vifs, qui font faire d'ordinaire aux uns ce que la vanité seule fait faire aux autres; ainsi l'aveuglement devient bien plus grand dans ceux qui sont menés que dans ceux qui mènent.

Mais, sur la fin de l'été de cette année 1621, il arriva du changement dans la fortune de l'abbé de Saint-Cyran; ce qui donna un autre tour aux affaires de ce parti naissant, car il quitta l'évêque de Poitiers et on ne sait point comment cela se fit : si l'évêque, fatigué des peines que lui faisait son docteur par la qualité de son esprit inquiet et remuant, le congédia, ou si l'abbé, rempli des grands projets qu'il roulait dans sa tête et commençant à se lier étroitement avec d'Andilly, dont il concevait de grandes espérances, se retira lui-même pour n'être plus dans une dépendance qui l'empêchait de vaquer à l'exécution de ses projets, ou si l'évêque et l'abbé, réciproquement mécontents l'un de l'autre, se séparèrent de concert. Mais il y a quelque sorte d'apparence que l'évêque s'en défit honnêtement, et que cette séparation se serait faite à l'amiable. Il y en a qui prétendent que Saint-Cyran, en partant de Poitiers, alla à Bayonne pour des affaires de famille. Je ne trouve aucun vestige de cela dans mes mémoires; il est plus probable qu'il ne quitta Poitiers que pour aller à Paris, car, après les transports d'amitié qu'il commençait à ressentir pour d'Andilly, il ne pouvait pas en être longtemps séparé; son intérêt même l'y attachait.

D'Andilly était devenu depuis peu de temps premier commis du comte de Schomberg, qui était surintendant des finances, et ce fut par un poste aussi important que sa fortune devint considérable, car il n'y avait presque personne à la cour qui n'eût besoin de lui et ne recherchât son amitié. Aussi l'abbé de Saint-Cyran comptait-il beaucoup sur un ami de cette conséquence, et il en avait sujet, car tout ce qui a rapport aux finances est d'un grand poids à la cour et dans tout le royaume.

Dès que l'abbé de Saint-Cyran fut arrivé à Paris, il rendit visite à toute la maison de d'Andilly; il alla à Port-Royal y voir ses sœurs, la mère Agnès et la mère Angélique et toute la famille, dont il fut bien reçu, autorisé qu'il était du nom et de la bienveillance de d'Andilly, qui suivait alors le roi au siége de Saint-Jean-d'Angely, que le duc de Soubise défendait pour le parti huguenot. Cette absence parut par des lettres que lui écrivit l'abbé, le 8 août de l'année 1621, et par une autre lettre du 12 septembre suivant, où il lui fait de grandes plaintes sur son éloignement; il lui répète que c'est par vœu qu'il est à lui, et pour se lier encore davantage, il lui offre son neveu [1] comme précepteur pour ses enfants, afin de lui marquer son grand dévouement. Il fit de pareilles protestations d'amitié à toute la famille et ne tarda pas, par ses manières ardentes et par son air affirmatif, de devenir bientôt le maître et de prendre un empire sur tous les cœurs de cette maison d'une façon qui n'a eu rien de pareil, et ce fut par là qu'il commença à s'établir dans le monde par le commerce qu'il y eut à la faveur de cet ami; ce qui lui faisait écrire à Jansénius qu'il faisait de grands progrès à la cour, dont il se louait fort, comme il paraît par la réponse de cet ami (1er novembre 1621).

Le séjour qu'il fit à Paris, logé proche les halles, chez un bourgeois d'un nom fort obscur, ne fut pas long. Il était pressé par son ami et par son ouvrage de faire un voyage à Louvain, où il alla dans le commencement de l'automne, sa présence y étant absolument nécessaire pour régler bien des choses qui ne pouvaient pas être confiées dans des lettres. On se rappelle que Jansénius étudiait depuis plusieurs années saint Augustin; il avait fait ses extraits sur le synode de Dordrecht; il avait lu le livre de Dominis, archevêque de Spalatro, contre le Saint-Siége, tous ses matériaux étaient prêts; il avait arrêté ses desseins, l'affaire

---

[1] On ne sait pas lequel.

pressait ; il était important qu'il ne fît rien que de concert avec l'abbé Saint-Cyran, de qui il était en quelque façon dépendant par l'ascendant que cet abbé avait pris sur lui ; car il y avait dans son caractère je ne sais quel air de supériorité, ou par son esprit, ou par ses manières, que l'autre reconnaissait. Toutes ces raisons enfin et peut-être d'autres obligèrent Saint-Cyran à faire le voyage de Louvain, duquel il ne put pas se dispenser.

Saint-Cyran trouva à Péronne l'abbé de Bouthilliers (depuis évêque de Boulogne et ensuite archevêque de Tours), qui devait passer par Louvain pour aller prendre les eaux de Spa, qu'on lui avait ordonnées pour sa santé ; ils firent le voyage ensemble. Voici ce que j'en ai appris de l'abbé de Bouthilliers lui-même ; il me dit : « que Saint-Cyran étant fort ami de son frère Sébastien de Bouthilliers, évêque d'Ayre, il le pria de souffrir qu'il eût l'honneur de lui tenir compagnie jusques à Louvain. Ses deux neveux, de Barcos et Arguibel, qui l'accompagnaient, étaient stylés à se récrier en de perpétuelles admirations quand leur oncle laissait échapper en chemin quelque mot sur l'Écriture ou sur les Pères, et comme il était grand discoureur, ils le louaient sans cesse de ce qu'il disait. Je m'en moquais en mon cœur, voyant des louanges si affectées et si fades. Il paraissait en cet homme je ne sais quoi de si fastueux, un air si dédaigneux, tant d'orgueil et de fierté en tout ce qu'il disait, que je ne pouvais plus le supporter ; mais rien ne me choqua davantage que de voir qu'il ne pouvait souffrir qu'on le contestât en rien, prétendant que tout ce qu'il disait devait être reçu comme des oracles. Enfin, fatigué d'un si grand orgueil encore plus que du chemin, j'arrivai à Louvain, ravi d'être débarrassé d'un homme si insupportable, qui regardait tout le genre humain de haut en bas ; aussi personne ne l'a mieux connu que moi, car il ne se contraignit en rien dans tout le voyage, où je le vis à fond sans en rien perdre. » C'est ce que me dit ce prélat, étant archevêque de Tours, il y a quelques années.

On n'a rien su de ce qui se passa dans l'entrevue qu'il eut avec Jansénius, sinon qu'il paraît par les lettres de Jansénius qu'ils convinrent de certains chiffres pour s'écrire en sûreté sur leur dessein, qui ne pouvait réussir que par les ténèbres dont ils l'enveloppèrent. Les affaires que le roi de France avait alors de tous les côtés avec les huguenots de son royaume qui remuaient partout, et dressaient alors à la Rochelle un modèle de république sur le plan des états de Hollande, rendaient le gouvernement très-délicat envers les nouveautés; de sorte que ceux qui pensaient innover dans la religion ne le faisaient qu'en tremblant. Il en était à peu près de même dans les Pays-Bas et dans l'Espagne, après les malheurs qui étaient arrivés dans la Flandre et qui furent causés par des innovateurs ; aussi était-ce avec de fort grandes précautions que s'intriguaient ces deux amis pour l'exécution de la réforme qu'ils roulaient dans leur tête. Le secret était une de leurs plus grandes maximes en ce qu'ils entreprenaient, et ce n'était que mystère, que déguisement en tout ce qu'ils faisaient. Ces mesures qu'ils prirent pour dérober aux yeux du public les moindres traces de leurs projets furent un des principaux fruits du voyage de Saint-Cyran. C'était du reste un homme caché et profond, qui couvrait sous un visage ouvert en apparence un grand fond de dissimulation, et il inspira à son ami, qui était moins caché, une partie de cet esprit, ce qui rendit dans la suite les commencements de cette intrigue et de toute cette cabale si obscurs, qu'il ne fut pas possible d'y rien connaître. Il est à croire que le fond de l'ouvrage que Jansénius avait entre les mains fut réglé dans cette conférence qu'ils eurent ensemble, et qu'ils convinrent de tout ce mystère et de la manière dont il fallait l'exécuter.

L'abbé partit de Louvain sur la fin d'octobre, et les deux amis se trouvèrent liés d'un si grand intérêt qu'ils ne purent se séparer sans répandre bien des larmes, comme il paraît par une lettre de Jansénius à Saint-Cyran datée du 4 novembre 1621 [1]. A la vérité, ce ne fut que par la grandeur de cet intérêt qu'ils se traitèrent si tendrement ; leur cœur eut moins de part à cette tendresse que leur esprit. L'abbé s'alarma fort, étant de retour à Paris, de la mauvaise nouvelle qu'il apprit d'une dangereuse maladie arrivée à d'Andilly en suivant le roi, qui, pour arrêter le cours de la révolte de la plupart des villes de son royaume où

---

[1] Du recueil dépouillé, p. 16.

les huguenots avaient du pouvoir, parcourait les provinces afin de retenir les peuples dans leurs devoirs, et ce voyage dura toute une partie de l'hiver. L'abbé mandait ses frayeurs à son ami sur cette maladie, car s'il eût perdu ce confident de ses secrets (qui commençait à prendre la nouvelle doctrine sous sa protection sans la connaître), il aurait tout perdu. Mais cette maladie, qui fut dangereuse d'abord, s'adoucit dans la suite, et la convalescence dont on eut bientôt après des nouvelles lui rendit toute sa tranquillité. Il employa le reste de l'année à cultiver la famille de son ami par ses assiduités, et il fit surtout de grands progrès dans l'amitié des religieuses de Port-Royal, c'est-à-dire des mères Agnès et Angélique Arnauld, en qui l'abbé de Saint-Cyran trouva deux admirables sujets pour recevoir aveuglément toutes les impressions qu'il se préparait à leur donner. Il est vrai qu'il se rendit aussi tellement maître de leur esprit et qu'il les gouverna avec tant d'empire, qu'il les fit tomber dans tous les égarements dont il devint lui-même capable et par la bizarrerie de son humeur et par sa vanité, de sorte qu'il porta l'une et l'autre à des extrémités dont on a vu peu d'exemples dans les siècles précédents.

LIVRE TROISIÈME.

Mort de Philippe III. — Frayeurs de Jansénius. — Florent Conrius, archevêque de Tuam. — Question des enfants morts sans baptême. — Origine du livre *De la grâce et du libre arbitre* de saint Augustin. — Le pélagianisme. — *De la correction de la grâce.* — Retour de Louis XIII à Paris. — Le père de Bérulle. — Affaires politiques. — Plan de Jansénius et de du Vergier pour leur réforme. — Canonisation de saint Ignace. — Falsification des livres de saint Augustin. — Affaires de Hollande. — Disgrâce du comte de Schomberg. — Haine de la famille Arnauld contre les jésuites. — Retraite de d'Andilly. — Guerre contre les jésuites. — Affaires des carmélites. — Portraits de Jansénius et de du Vergier.

La mort de Philippe III, roi d'Espagne, qui arriva le dernier jour de mars de l'année 1621, ne put pas causer la disgrâce du duc de Lerme, son premier ministre et son favori, sans donner lieu à de grands changements dans l'Espagne et dans les Pays-Bas. Philippe IV qui lui succéda, voulant se faire d'autres créatures, d'autres officiers et un autre gouvernement, envoya des commissaires au duc de Lerme pour examiner sa conduite dans son ministère et fit commander au duc d'Usède de se retirer de la cour. Le duc d'Ossune fut fait prisonnier à Alanulo. Le marquis de Laguna eut ordre de ne plus se trouver au conseil d'État. Le grand inquisiteur, confesseur du roi défunt, fut relégué dans un petit couvent éloigné de Madrid, et la plupart des officiers subalternes furent réformés ; l'amiral de Castille recouvra la liberté, le comte d'Olivarez devint grand d'Espagne, puis ministre. Aussi de cette grande révolution de fortunes il se fit une espèce de reflux en Flandre qui déconcerta bien des espérances, chacun s'appliquant pendant la vie du roi à faire sa cour à ceux qui étaient dans la faveur, et le docteur Jansénius eut un peu de part à ce changement, car il cherchait à se produire pour faire fortune, en faisant celle de la nouvelle opinion, soit que l'abbé de Saint-Cyran l'exhortât à chercher des protecteurs à la cour comme il faisait lui-même par son ami d'Andilly qui commençait à l'y faire connaître, soit qu'il intriguât de son chef pour s'y pousser. C'est dans cette espérance qu'il fit le voyage de Bruxelles pour assister à la pompe funèbre de l'archiduc Albert, qui mourut le 13 juillet, et qui mérita par ses qualités bienfaisantes d'être appelé l'amour du peuple et les délices de son siècle. Comme il fut regretté de tout le monde, on lui fit les obsèques les plus superbes qu'on eût vues dans le pays ; tous les ordres de l'État y furent convoqués ; et tout ce qu'il y avait dans les Pays-Bas et sur les frontières de gens de qualité s'y rendirent. Ce ne fut que pour s'y montrer que Jansénius se trouva à cette cérémonie ; il fit même ses efforts[1] pour avoir quelque copie d'une des oraisons funèbres qui se firent à la mort de Henri IV, roi de France, comme il le demanda à son ami l'abbé de Saint-Cyran dans une de ses lettres datée du 15 octobre 1620, pour s'en servir dans le besoin et se faire un peu distinguer par là ; mais il n'y gagna rien et toutes ses démarches pour s'avancer à la cour ou auprès de quelqu'un qui l'avançât furent perdues.

Ainsi il retourna à Louvain s'enfermer pour travailler à son ouvrage avec plus d'attachement que jamais, et chercha dans l'étude de saint Augustin des ressources et des consolations pour avoir si mal réussi à la cour. Il s'y attacha avec tant d'assiduité qu'il fit de nouvelles découvertes depuis le départ de Saint-Cyran, comme il le paraît par ce qu'il lui en écrivit le 1ᵉʳ novembre 1621[2] : « Les affaires dont je vous avais parlé s'avancent peu à peu. Je crois avoir trouvé certaines racines d'où sortira de quoi bâtir sur une matière de Pillemot[3], dont j'avais presque désespéré, comme je vous dis ; j'en écris tous les jours, et j'ai bonne espérance que tout viendra à son point. Je doute toutefois de force choses, non pas tant que mon jugement les

---

[1] Extrait de Préville, p. 13.
[2] *Ibid.*, p. 17.
[3] C'est un des mots dont il était convenu avec Saint-Cyran qu'il se servirait pour désigner son ouvrage.

condamne que parce que c'est mon jugement seul qui les juge ainsi; car si je fais voir ces choses à nos adversaires, je serai décrié pour le plus extravagant rêveur. »

Tout prévenu qu'il était en faveur de son dessein, il ne laissait pas que d'écouter ses frayeurs; il le regardait comme quelque chose de fort nouveau, ce qui est toujours odieux en matière de religion; il prévoyait de grandes oppositions qui naîtraient de tous côtés contre lui et contre son ouvrage; il ne doutait pas qu'il ne dût être condamné à Rome en remuant des nouveautés pareilles à celles qu'il méditait, tout cela l'arrêtait et le faisait trembler. Dans son attachement à ce travail, qui commençait à lui plaire par les nouvelles lumières qu'il découvrait de jour en jour et qui ne contribuèrent pas peu à l'encourager, il lui arriva une aventure qui lui donna de l'exercice et du chagrin tout ensemble.

Un cordelier hibernois nommé Florent Conrius, qui était alors à Louvain, devint son ami par quelques entretiens qu'ils eurent ensemble sur saint Augustin, qu'ils étudiaient l'un et l'autre. C'était un esprit vif et d'une profonde érudition que cet Hibernois, grand scolastique et fort exercé à toutes les subtilités de l'École. A force de lire saint Augustin, il s'était un peu rempli l'esprit des principes de ce Père et surtout de cette manière austère dont il explique la conduite de Dieu dans le terrible mystère de la prédestination, et il pensait alors à un petit ouvrage qu'il rédigea sur les maximes de saint Augustin, pour expliquer quelle est la punition des enfants dans le péché originel, et quelle peine ils souffrent. Il ne disait pas tout ce qu'il pensait sur cela à Jansénius, mais il ne laissait pas de dire qu'il y avait danger d'expliquer trop crument la doctrine de saint Augustin sur la grâce et la prédestination. La mémoire de ce qui était arrivé à Baïus, docteur de cette université, étant encore presque récente, lui faisait craindre les censures de Rome. Jansénius, tout en demandant à l'abbé de Saint-Cyran conseil sur la manière dont il devait se conduire avec cet Hibernois, ne laissait pas de profiter des conférences qu'il avait avec lui sur la doctrine de saint Augustin. Conrius lui expliquait certains endroits qu'il ne comprenait pas, mais il le rendait encore plus peu-

8

reux des foudres de Rome ; car autant que l'abbé de Saint-Cyran était hardi, autant Jansénius était craintif et timide, regardant comme le dernier de tous les malheurs d'être réfuté en ce qu'il écrivait ou d'être censuré. Il est vrai que Conrius, approfondissant la doctrine de saint Augustin sur le péché originel (qu'il était obligé de bien expliquer pour éclaircir le sujet qu'il avait entrepris d'écrire sur la peine des enfants morts avant le baptême), donnait souvent dans les vues et les sentiments que Jansénius s'était déjà formés sur les principes de saint Augustin et dont il se croyait l'auteur. Il résolut d'abandonner cette gloire au cordelier pourvu qu'il voulût rompre la glace, comme l'on dit, en débitant le premier cette doctrine, dont il se défiait dans le fond ; mais la vanité de devenir auteur et de dire quelque chose de nouveau le faisait pourtant passer par-dessus ses défiances, et Conrius était persuadé qu'il n'y avait rien à espérer du côté de Rome pour autoriser ce qu'il méditait [1].

Le pape Grégoire XV ayant fait Florent Conrius archevêque de Tuam, en Hibernie, sur la fin de cette année, Jansénius commençait à le traiter plus respectueusement, et cette nouvelle dignité arrivée sans y penser à un homme qu'il traitait un peu cavalièrement, partie par des railleries, partie par certaines insultes qui étaient un peu vives, lui firent changer de ton ; mais aussi le nouveau prélat rehaussa le sien et tous les deux se traitèrent l'un et l'autre assez librement. Cependant Jansénius tâchait de le faire parler.

Outre la confidence que cet archevêque lui avait faite de son ouvrage sur la peine des enfants mort-nés (où il expliquait toute la nature du péché originel dans les principes de saint Augustin), il lui avait fait encore l'ouverture d'une autre matière qui lui donnait bien plus de curiosité, parce qu'elle avait plus de rapport à son dessein : c'était une description de l'état de la nature après le péché, dans la personne du pélerin de Jéricho tombé entre les mains des voleurs, pour expliquer l'état où est l'homme

---

[1] Nous avons dû faire ici une transposition pour ne pas interrompre le sujet. Le père Rapin parle en cet endroit du voyage de l'abbé de Saint-Cyran à Louvain. Nous avons placé ce voyage à la fin des querelles de Jansénius et de Conrius sur la grâce.

après avoir perdu l'innocence. Cet état était le grand champ de bataille de saint Augustin contre les pélagiens ; il avait plus de rapport à l'ouvrage que Jansénius avait alors dans la tête et auquel il travaillait avec attachement, car il fallait approfondir toute la doctrine de ce Père sur la grâce pour bien éclaircir ces matières. Ainsi, en disputant du fond principal de ce sujet, ils se disputaient eux-mêmes la gloire d'avoir inventé le principe sur lequel roulait tout leur dessein. L'archevêque prétendait l'avoir trouvé depuis longtemps et s'en donnait l'honneur sans façon ; Jansénius lui faisait voir la copie d'un manuscrit dicté, il y avait plus de trente ans, dans une des écoles de l'Université, qui faisait mention de ce principe ; l'un et l'autre se l'attribuaient directement ou indirectement, et tous deux se trompaient, prenant de travers le passage de saint Augustin, qu'ils n'entendaient pas, et dont ils faisaient le capital de leur doctrine. Voici comment.

Il y avait en cette partie d'Afrique qui est vers la Numidie un monastère fort célèbre par le grand nombre de religieux qui y servaient Dieu, et qui devint encore plus célèbre dans la suite des temps par les ouvrages de saint Augustin, qui en fait souvent mention, et qui écrivit des discours admirables sur la grâce à son ami Valentin, alors abbé de ce monastère. Quoique l'occupation principale des religieux de ce couvent fût le service de Dieu, auquel ils vaquaient, partie par la méditation des choses saintes, partie par les louanges de Dieu, qu'on y chantait aux heures réglées, ils ne laissaient pas de s'entretenir quelquefois des questions dont saint Augustin écrivait alors contre les pélagiens. Chacun s'y intéressait d'autant plus qu'il s'agissait de la prédestination, le plus grand de tous les intérêts qu'on puisse avoir. Mais parce que l'importance de ces questions animait beaucoup les esprits, il arrivait souvent que la chaleur se glissait dans ces sortes d'entretiens, qui dégénéraient quelquefois en des disputes où la charité ne laissait pas que d'être blessée, parce que l'aigreur et l'animosité s'y mêlaient, les uns donnant à la grâce tant d'avantage selon les principes de saint Augustin qu'ils anéantissaient entièrement la liberté, les autres élevant si fort la liberté qu'ils détruisaient la grâce.

Comme dans des contestations de cette conséquence on se fait un mérite de ne pas céder, c'était par zèle du service de Dieu que ni les uns ni les autres ne voulaient point se soumettre. On commençait même déjà à n'avoir plus tant d'égards dans le monastère pour l'abbé, dont l'autorité n'avait presque plus le poids qu'il fallait pour apaiser ces différends. Ceci l'obligea de donner avis à saint Augustin de ce qui se passait en sa maison, à l'occasion de ses écrits, dont ses religieux faisaient un si mauvais usage. Saint Augustin, qui avait bien de l'amitié pour l'abbé Valentin et bien de la considération pour sa communauté, prit la plume pour arrêter le cours de ces contestations, et écrivit le livre *De la grâce et du libre arbitre*, qu'il adressa à Valentin pour le faire voir à ses religieux. Il se persuadait que par le tempérament juste qu'il prenait de laisser à la grâce toute l'étendue de sa vertu, sans toutefois blesser la liberté, il arrêterait l'animosité qui régnait parmi les esprits de cette maison à cause des difficultés soulevées par sa doctrine sur la grâce et le libre arbitre. Mais il en arriva autrement qu'il ne l'avait imaginé; car en donnant à la grâce toute sa force, prétendant que c'est elle qui fait dans l'homme qu'il veut et qu'il opère, c'est-à-dire le vouloir pour agir et l'action même, on commença à débiter dans le monastère que de la manière dont ce saint Père expliquait l'opération de la grâce, les avertissements et les exhortations devenaient entièrement inutiles, car à quoi bon les avis et les remontrances si la grâce fait tout, comme l'enseignait saint Augustin?

Valentin, plus embarrassé qu'auparavant de ces nouvelles difficultés qui alarmaient ses religieux, eut de nouveau recours à saint Augustin; il lui envoya Florus, un de ceux de sa communauté en qui il avait plus de confiance, pour l'informer de ce qui se passait à Adoumet et pour lui rendre compte des sentiments différents de ses religieux sur son ouvrage, qui, bien loin de calmer leurs esprits, les jetait dans la désunion par des contestations qui ruinaient la charité et détruisaient l'édification. Florus exposa à ce saint évêque en quoi particulièrement consistait le nœud de la difficulté qui troublait les religieux. Saint Augustin, bien loin de se rebuter de l'esprit indocile de ces moines, qui n'entraient point dans son sens, reprit une autre fois la plume pour les instruire de ce mystère qu'ils ne comprenaient pas et leur expliquer comment la grâce ne laisse pas de donner aux exhortations et aux remontrances tout ce qu'elles doivent avoir de force, en retenant l'empire qu'elle doit avoir sur les cœurs. Il leur écrivit ce livre admirable de la *Correction de la grâce*, dans lequel il balance les effets de l'une et de l'autre par un tempérament si juste qu'il ne laissait rien à désirer.

Mais comme saint Augustin, pour éclaircir tout à fait la nature de la grâce, fut obligé d'entrer dans une grande discussion sur une si profonde matière, il fit dans le chapitre XII de ce livre une distinction de deux sortes de grâces, qui devint fameuse dans les derniers siècles par le mauvais usage qu'en firent la plupart des hérétiques, à qui cette distinction servit d'écueil dans la matière de la prédestination. Il prétendait qu'il y avait une grâce sans le secours de laquelle on ne pouvait faire aucun bien, et une autre grâce par le secours de laquelle on faisait le bien[1]; que l'une donnait le pouvoir d'agir et l'autre l'accomplissement de l'action même. Ce fut cette distinction qui servit de fondement à l'archevêque de Tuam, Florent Conrius, pour la doctrine qu'il voulait établir dans l'explication de la nature du péché originel, dans son livre du *Pèlerin de Jéricho*, sur la distinction de la grâce du Créateur d'avec la grâce du Rédempteur, voulant que celle du Créateur laissât à la volonté de l'homme sa liberté tout entière et que celle du Rédempteur ne la laissât pas. C'était aussi le fondement dont Jansénius voulait se servir pour autoriser la doctrine nouvelle dont il dressait le plan sur les mémoires de Baïus, que Jansson lui avait fournis, et sur les lumières qu'il en avait prises dans la lecture du synode de Dordrecht, afin de faire saint Augustin le fondateur de cette doctrine. C'est à quoi butaient Conrius et lui pour ennoblir leur opinion de l'autorité d'un si grand homme, et en quoi ils se trompaient tous deux, car le lieu qu'ils citaient dans le XII° chapitre du livre *De la correction de la grâce*, aussi bien que dans les précédents, saint Augustin ne parle que de la grâce de la persévérance et nullement de cette grâce actuelle qui est néces-

---

[1] Cap. 17, De correct. et grat.

saire pour toutes les bonnes œuvres. Il déclare positivement que l'homme innocent avait devant le péché une grâce pour pouvoir persévérer, et que l'homme pécheur avait eu par la miséricorde du Rédempteur une grâce pour persévérer effectivement. C'était la pensée de saint Augustin, que ces deux docteurs tournaient à leur manière dans le sens qui leur était propre, pour établir la doctrine qu'ils voulaient mettre en vogue, et c'était sur ce principe que Jansénius avait imaginé : 1° une grâce qui était propre du Rédempteur, laquelle avait toujours son effet; 2° qu'on ne pouvait résister à cette grâce; 3° qu'il n'y avait point d'autre grâce que celle-là, qu'il appelait efficace par elle-même, c'est-à-dire indépendante de la volonté et que la grâce suffisante était une chimère; 4° que les commandements de Dieu étaient impossibles au juste en certaines circonstances; 5° qu'ainsi Jésus-Christ n'était pas mort pour tous les hommes; car c'était là l'enchaînement de sa doctrine, qui ne roulait que sur cette prétendue distinction des deux grâces du Créateur et du Sauveur, fondée sur ce principe de saint Augustin mal entendu.

C'était aussi le nom de ce saint Père qui rendait Jansénius si fier, espérant que tout céderait à l'autorité d'un si grand saint. Mais Conrius l'humiliait quand il s'attribuait l'invention de cette distinction, et c'est ce qui les faisait disputer l'un et l'autre cet honneur avec des faiblesses d'enfant.

C'était aussi à peu près l'état où ils en étaient ensemble, prêts à rompre tous deux, après une étroite liaison, par la contestation où les avait jetés la jalousie qu'ils conçurent réciproquement l'un contre l'autre, pour soutenir la gloire de leur opinion, en s'en faisant les auteurs, et l'ambition secrète qui les animait à disputer l'honneur de l'invention qu'ils se donnaient, en quoi Jansénius était plus injuste que son rival de se l'attribuer, puisqu'il avoue à Saint-Cyran qu'il l'avait pris d'un autre. Voici ce qu'il lui en écrivait le 17 décembre 1621 :

« Il m'est arrivé un cas fort étrange sur le sujet que vous savez, car il m'est venu entre les mains un petit écrit qui a été dicté à la main, devant trente ans en ces quartiers, dans lequel j'ai trouvé expressément en termes ouverts la même opinion de l'invention de laquelle monsieur Conrius croit qu'il est le seul auteur, après les anciens. Il semble que Dieu a expressément voulu que ceci soit arrivé afin que, le lui montrant, il n'ait point sujet de se formaliser, comme si on lui faisait tort, en cas que je fisse quelque chose sur ce sujet ; toutefois, je ne le lui montrerai pas, si ce n'est que vous soyez de cet avis. »

Cet écrit dont parle Jansénius, était de Baïus ; c'était lui qui l'avait dicté ; il n'avait donc pas raison de se l'attribuer puisqu'il le tenait de Jansson ou de quelque autre disciple de Baïus, car il ne pouvait venir que de ces gens-là, qui cherchaient à corrompre les paroles ou le sens de saint Augustin pour lui donner le leur. Rien ne me paraît plus frivole que le différend de ces deux docteurs, Conrius et Jansénius, qui se disputaient l'honneur de l'interprétation qu'ils donnaient à ce passage après que Luther et Calvin [1] l'avaient déjà longtemps avant eux interprété de la même sorte pour établir leur doctrine, comme l'assure Maldérus. Ainsi ce passage de saint Augustin mal interprété, partant de gens malintentionnés, devenu en quelque façon infâme par l'abus qu'en avaient fait ces hérésiarques, était le sujet de la contestation de ces deux docteurs pour en faire le principal fondement de leur doctrine.

La cour étant de retour à Paris du 18 janvier, l'abbé de Saint-Cyran eut la joie de revoir son ami d'Andilly et de l'embrasser. Les amitiés qu'ils se firent réciproquement rallumèrent les premières ardeurs de cette affection qui avait commencé à Poitiers, et les empressements du côté de l'abbé furent si grands, que d'Andilly, qui était vif et affectueux de son tempérament, n'y put résister, et ce commerce alla aussi loin que pouvait aller une grande passion entre deux cœurs touchés mutuellement l'un de l'autre. Ce fut alors que d'Andilly présenta l'abbé de Saint-Cyran à Philippe de Cospeau, depuis peu évêque de Nantes, et à Armand du Plessis de Richelieu, évêque de Luçon, ses bons amis. L'évêque de Luçon, qui commençait à se faire à la cour par les rares qualités de son esprit, s'insinuait dans les bonnes grâces du duc Luynes, qui avait été fait connétable de France depuis peu et devenait toujours plus agréable au roi et même à la reine

---

[1] Luther, in Serv. orb.; Calvin, in Antidoto ; ita Maldérus.

mère ; et comme sa cour l'occupait fort, aussi bien que les affaires dont le chargeait le duc de Luynes, alors favori, Saint-Cyran n'avait pas la liberté de le voir aussi souvent qu'il l'eût souhaité ; mais aussi il était fort assidu auprès du père de Bérulle et de l'évêque de Nantes, qui s'étaient l'un et l'autre rendus nécessaires aux affaires de la religion, dont le ministre les chargeait. L'évêque de Nantes s'était acquis une grande réputation et se rendit fort considérable par le talent rare qu'il avait pour la prédication. Il était le prédicateur le plus ordinaire de la cour et on l'y écoutait toujours volontiers ; mais tout homme de bien qu'il était et affectionné à la religion, il ne laissait pas d'avoir de l'ambition et de s'intriguer pour s'établir encore davantage, et il était un peu trop occupé des projets qu'il faisait pour sa fortune. Ce fut à cause de sa profonde érudition que Saint-Cyran s'insinua dans son amitié, car ce prélat aimait les savants et les gens de lettres. Pour le père de Bérulle, c'était un esprit moins solide, mais, dans le fond, fort homme de bien, tendre même, et qui écrivit sur la dévotion plusieurs ouvrages remplis d'onction. Par un goût particulier pour de certains termes nouveaux de spiritualité qui le touchaient, il s'était un peu trop abandonné à des expressions extraordinaires, qui ne furent pas approuvées de tout le monde et qui donnèrent à ses ouvrages une espèce d'air mystique, qui le fit passer pour un homme un peu singulier dans ses idées et d'un caractère plus dévot que solide ; mais tout dévot qu'il était, il ne laissait pas que de fréquenter trop la cour qui le dissipait un peu.

Outre les soins qu'il devait à sa congrégation dont il était général, il était encore grand supérieur des carmélites où l'avait engagé Marillac, depuis garde des sceaux et leur protecteur. Mais ce père, par son affectation de dévotions nouvelles, se fit une affaire en Sorbonne, pour laquelle il eut besoin du secours de son nouvel ami l'abbé de Saint-Cyran. Il s'agissait d'une formule de vœux qu'il dressa pour les carmélites. Cette formule fut présentée en Sorbonne comme quelque chose digne de censure. Marillac, qui était bien à la cour, et quelques évêques amis du père de Bérulle interposèrent leur crédit pour empêcher la censure, en quoi ils ne réussirent pas. L'abbé de Saint-Cyran qui était présomptueux assura ce père du suffrage et de l'approbation de l'université de Louvain, et qu'ainsi il ne se mît pas en peine de la Faculté de Paris ; qu'en tout cas, il aurait une université à opposer à une autre université, ce qui suffirait pour soutenir son sentiment dans l'ouvrage qu'il venait de donner au public, sur un vœu nouveau d'esclavage au Fils de Dieu et à sa Mère, confondant l'un et l'autre. Mais l'abbé se trompa, car la Sorbonne ayant condamné l'écrit du père de Bérulle, la censure fut approuvée par l'université de Louvain, malgré les sollicitations de Jansénius et de ses amis. Lessius, qui professait la théologie dans le collége des jésuites, auquel on présenta cette formule de vœux, la censura aussi ; mais ayant été réformée plus tard il l'approuva. Jansénius demanda la même chose à l'université de Louvain, mais on la lui refusa. Peu après, tout cela fut raccommodé en France par les amis du père de Bérulle qui, pour le tirer d'affaire, firent approuver sa formule un peu réformée par l'évêque de Langres, l'évêque du Belley, l'évêque de Poitiers, l'évêque de Nantes et quelques docteurs de Sorbonne qui n'y trouvèrent rien à dire.

Il n'est pas croyable avec quel attachement Jansénius travaillait à son grand ouvrage, encouragé qu'il fut par la visite que lui rendit l'abbé de Saint-Cyran l'automne précédent, et par tout ce qu'il lui dit pour l'animer au travail. Le soin qu'eut le docteur de rendre compte à l'abbé du progrès de l'ouvrage est une marque qu'ils l'avaient tous deux fort à cœur. Voici ce que le docteur lui en écrivait le 17 décembre : « L'affaire de Pillemot s'avance[1]... » Le 7 janvier, il dit : « Je suivrai votre avis exactement en ce qui est de l'affaire de Pillemot, et je suis aise que vous le preniez à cœur et que vous n'en fassiez point des approches qu'en général, car l'affaire est encore trop crue de deçà, quoique j'en doive rendre grâce à Dieu qui me fait toujours quelque faveur en me découvrant quelque chose que je ne savais point auparavant. Cette affaire m'emporte tant que du matin jusqu'au soir je ne fais autre chose. » Et le 20 janvier 1622, il ajoutait : « Je fais toujours quelque chose, et plus j'avance, plus

---

[1] Extrait des lettres de Jans. par le sieur de Préville. p. 20, 21.

l'affaire me donne de frayeur, tellement que je n'aurais jamais le courage de tirer le rideau, si je ne croyais que Dieu s'en mêle, car tous les jours je découvre de nouvelles sources ; c'est pourquoi je m'étonne que notre voisin [1] ne se met en peine d'autre chose que du pouvoir tramontain que j'estime la moindre chose quoiqu'elle est difficile, car il a perdu toute espérance et ne sollicite plus ; il dit que la cause du refus, c'est l'ignorance de telles affaires en la cour [2], et la crainte qu'ils ont de susciter de nouveaux troubles à l'assoupissement et intelligence desquels ils ne sont pas si bien dressés qu'au maniement des affaires de Machiavel. »

Le peu de cas qu'il paraît par cette lettre, que fait Jansénius de l'approbation du Pape et de son mépris de la cour de Rome qu'il voit plus intelligente dans la politique de Machiavel que dans les affaires de la religion, marquent un esprit déjà bien gâté. Mais un homme qui travaillait depuis le matin jusqu'au soir pour faire des innovations dans la religion devait avoir de pareils sentiments et parler de la sorte, en méprisant l'autorité des censures du Saint-Siége, qu'il ne pouvait éviter. Dans toutes les autres lettres qu'il écrivit à l'abbé le resté de cette année et qui furent fort fréquentes, il lui rend un compte exact du progrès qu'il fait dans son ouvrage, des difficultés qu'il y trouve, des nouvelles découvertes qu'il y fait, enfin de tout ce qui lui passe par l'esprit sur ce sujet. Il lui donne avis, par sa lettre du 22 avril, que l'ignorance bien grosse de plusieurs en ces matières-là peut servir à faire de bons coups. Il ajoute que son courage augmente à mesure que ses lumières croissent, et il semble avoir bien de l'ardeur dans l'esprit pour son ouvrage, dont l'abbé paraît merveilleusement satisfait. Pour l'encourager encore davantage, il lui mande de son côté qu'il commence à gagner les esprits des personnes de qualité en France, parce que l'affaire ne pouvait réussir que par une grande cabale, de puissantes intrigues, et par la conspiration de plusieurs personnes qui s'y intéressent [3] ; car c'est ce qu'il mandait à Jansénius comme

---

[1] C'est sans doute de Conrius qu'il parle.
[2] De Rome probablement.
[3] Page 24 de l'extrait des lettres de Jans. par le sieur de Préville.

on le voit par la réponse qu'il lui fait le 11 février 1622. L'abbé ajoutait qu'il avait deux petits seigneurs de la cour dont on lui avait confié l'éducation, ou la conscience, et qu'il élevait dans ses sentiments; que le père de Bérulle et la plupart des siens s'y affectionnaient, et que de tous côtés il y avait les plus belles dispositions du monde pour le succès de son dessein. C'est de quoi Jansénius lui fait des conjouissances par sa lettre du 20 janvier 1622 dans ces termes : « Je suis aise que vous commenciez à ménager si bien les personnes qualifiées pour l'affaire spirituelle, car je vois bien que c'est très-nécessaire comme aussi une très-grande prudence pour mener le bateau. »

Après tout, il en disait bien plus qu'il n'en pensait lui-même, car le roi, alors occupé aux affaires de la religion, était obligé de parcourir les provinces pour y calmer les esprits et pour en examiner l'hérésie. Le duc de Châtillon, qui négociait avec la cour pour les huguenots de Languedoc et principalement pour les villes de Nîmes et de Montpellier; les nouvelles entreprises des Rochelais pour se liguer avec les huguenots de Béarn et de Gascogne par la côte de Médoc, et la descente qu'ils firent en l'île d'Argenten à l'embouchure de la Garonne pour y bâtir un fort; ce qui se passa en Quercy après la levée du siége de Montauban; les révoltes perpétuelles des religionnaires en la basse Guyenne; les mouvements du duc de Soubise, et mille autres embarras qui naissaient tous les jours sur la religion en divers lieux du royaume tenaient le roi et toute la cour tellement éloignés de Paris, que l'abbé de Saint-Cyran n'était pas en état d'y faire aucun progrès, parce que tous ceux qui avaient du pouvoir auprès du ministre ou auprès du conseil en étaient absents; son ami même d'Andilly qui suivait le surintendant des finances y était rarement, sa fortune étant attachée à celle de son maître.

Le roi ayant passé les chaleurs à Béziers alla visiter le bas Languedoc, s'arrêta quelque temps à Toulouse, remonta par la Garonne à Bordeaux, d'où il passa à Lyon et ne revint à Paris qu'au commencement de l'année suivante. S'étant arrêté à Fontainebleau quelques jours, il y trouva les reines qui avaient d'ordinaire séjourné à Paris, mais auprès desquelles il n'y avait rien à faire qui pût donner lieu à l'abbé de Saint-Cyran de fonder des espérances. Il ne laissait pourtant pas d'exagérer à son ami les moindres avantages qu'il avait pour l'exciter encore plus à son travail ; il est vrai qu'il faisait de grands progrès dans l'abbaye de Port-Royal où on l'écoutait déjà comme un oracle, et ce ne peut être que ce courant à la conduite duquel on voulait l'embarquer, dont Jansénius le détourne autant qu'il peut dans sa lettre du 26 février 1622 : « J'ai vu, dit-il, votre lettre qui parle de l'affaire des filles religieuses à laquelle on a voulu vous embarquer mais je crois que vous voyez trop bien que si vous vous embarrassiez en ceci il est du tout impossible que vous vous mêliez de notre grande affaire que vous savez, étant entièrement incompatible avec semblables charges... Vous y êtes engagé et ne sauriez reculer sans offenser ceux à qui votre promesse vous oblige ; c'est pourquoi je vous supplie de ne vous abandonner point en une affaire dont vous avez vu les bienheureux commencements. » Il lui redit presque la même chose dans sa lettre du dernier février pour lui faire comprendre combien il est important qu'il ne s'embarrasse point dans la conduite de ces religieuses, tant à cause que cela le détournerait de l'affaire de Pillemot, qu'à cause des inconvénients où l'on s'expose dès qu'on s'amuse à conduire des filles [1].

Il paraît par ces deux lettres qu'ils travaillaient à l'ouvrage de concert et en commun : Jansénius lui déclare qu'il était résolu à quitter sa classe et de s'en décharger sur quelqu'un pour avoir plus de temps à donner à son travail, et pour vaquer, comme il dit, plus assidûment à Pillemot. Après tout, ce travail n'allait encore qu'à dresser des mémoires, faire des plans, amasser des matériaux, fonder des raisonnements, aller au devant des difficultés, préparer enfin tout ce qui était nécessaire pour un grand ouvrage qu'on médite avant que de prendre la plume pour le composer ; car on n'en était encore qu'à ces préliminaires-là, et la forme qu'il fallait à ses parties n'était pas encore bien conçue ni bien démêlée. Voici ce qu'il en dit lui-même dans une lettre du dernier février de cette même année 1622, par-

---

[1] Page 26 de l'extrait des lettres de Jans. par le sieur de Préville.

lant de son ouvrage : « Il faudra que je passe par votre jugement avant que je sois en repos ; je vous ai mandé par une lettre latine comme je n'en ai pas perdu l'espérance, jugeant que notre grande affaire doit être préférée à celles qui m'ont lié en ces quartiers, et qu'il sera malaisé qu'il se fasse autrement quand elle se devra éclore ou sera éclose ; cependant je ne cesserai point de m'éclaircir jusqu'à la composition de l'œuvre principale, car alors il sera nécessaire de converser avec vous devant que la commencer. »

Ce dessein, auquel nos deux docteurs travaillaient avec tant d'attachement depuis déjà tant d'années, était encore en quelque façon informe dans leur tête. Le sujet général devait être de la grâce du Rédempteur, qu'ils entreprenaient de distinguer tout à fait et dans sa propre nature de la grâce du Créateur; mais parce qu'ils prétendaient se déclarer contre l'école universelle des jésuites, dont il fallait ruiner le crédit avant que de rien établir (parce que ce qu'ils avaient à débiter était entièrement opposé à leur doctrine), ils trouvèrent d'abord de grands obstacles à l'exécution de leurs projets. Les noms de Suarez, de Vasquez, de Bellarmin et de quelques autres théologiens de cette société étaient si grands et si célèbres partout, que rien ne leur paraissait plus difficile qu'une entreprise si hasardeuse, car sans parler de Louvain, où le père Lessius régentait alors dans une grande réputation de capacité, sans parler de Paris où les jésuites s'étaient rendus si considérables par les prédications du père Arnaux et du père Suffren, qui étaient dans une estime universelle à la cour, ni de l'état florissant où était le collége de Clermont, dont les classes étaient remplies d'une nombreuse jeunesse, et que le père Jacques Sirmond et le père Denis Petau rendaient encore plus célèbre par leur profonde érudition, l'Italie, l'Espagne, l'Allemagne et la Pologne même étaient remplies d'un si grand nombre de bons sujets de cette société, qui servaient le public chacun selon leurs talents, que Jansénius et Saint-Cyran désespérèrent de pouvoir diminuer un crédit déjà si établi en l'attaquant de droit fil. Ainsi ils prirent le parti de les attaquer par des voies cachées et par des chemins couverts, car ce n'était que par l'artifice et par le déguisement qu'ils pouvaient réussir.

Il est vrai que plus ils trouvaient de mérite en cette Compagnie, plus le nombre de savants et surtout des théologiens fameux leur parut grand, plus l'éclat de leur gloire les blessait et plus leur jalousie s'aigrissait contre eux, et voici le tour dont ils s'avisèrent pour les détruire.

Dans le corps universel de ce grand ouvrage que se proposait Jansénius d'écrire sur la grâce qui était le principal sujet de son travail, pour procéder avec quelque sorte de méthode, il fallait commencer par combattre les ennemis les plus déclarés de la grâce, qui furent sans contredit les pélagiens. Ce fut aussi ce qui donna la pensée à Jansénius d'entreprendre d'écrire une longue et ample histoire du pélagianisme, et afin d'intéresser le public à s'affectionner à cette première partie de l'ouvrage, il résolut de dépeindre les jésuites, leurs mœurs, leur conduite, leur doctrine, sous le nom des pélagiens, sans toutefois les nommer, mais aussi de les marquer par des traits si singuliers et si ressemblants que personne ne pût s'y méprendre, et, par un artifice si bien imaginé, les charger de tout ce que les Pères ont jamais pensé ou dit d'odieux de ces hérétiques qui se signalèrent principalement par tous les déguisements et par toutes les impostures dont l'erreur, jointe à l'opiniâtreté, puisse être capable. Ainsi cette histoire, à proprement parler et dans l'intention principale de l'auteur, est moins l'histoire des pélagiens qu'une satire très-envenimée et très-sanglante contre les jésuites. Cet auteur les peint de certaines couleurs qui les rendent reconnaissables à toute la terre, et afin que personne ne doutât que ce ne fût là son dessein, l'évêque de Gand, qui a été un des plus zélés sectateurs de ce parti, dans un mémoire qu'il présenta au conseil privé de Brabant en l'année 1640, deux ans ou environ après la mort de l'évêque d'Ypres, déclara en ces termes qu'une des causes les plus certaines de la haine des jésuites contre cet évêque fut qu'en écrivant l'histoire des pélagiens, en la première partie de son grand ouvrage, il sut si bien peindre les mœurs et les artifices des jésuites modernes, que rien n'est pareil à cette ressemblance. C'est un des plus dévoués partisans de Jansénius et un de ses plus intimes amis qui parle de la sorte, en quoi il est aisé d'observer la bonne foi de l'auteur, et la créance qu'on doit à une histoire qui n'est tant pour faire connaître les pélagiens que pour diffamer les jésuites, car c'était ce que prétendait principalement Jansénius, lequel aussi s'est fort décrié parmi les savants en cet ouvrage, où il a mieux aimé s'abandonner à sa passion contre la société que de suivre la vérité de l'histoire. Il est vrai aussi que l'animosité qui le possédait l'engagea à de si étranges égarements, qu'on peut dire (par le nombre prodigieux d'erreurs qui s'y trouvent) que son ouvrage doit moins passer pour une histoire de pélagiens, que pour une fable faite à plaisir contre les nouveaux scolastiques, qu'il entreprenait de combattre sous le nom des jésuites. Ce ne serait jamais fait de vouloir suivre Jansénius pas à pas dans tous les endroits où il a pris l'écart ou contre l'ordre des temps ou contre la vérité des choses dans les détails de cette prétendue histoire du pélagianisme, dont il ne s'est point étudié de faire remonter l'origine à Rufin d'Aquilée pour l'Occident, ni à Théodore Mopsueste pour l'Orient; car il est constant que Pélage fut trouver cet évêque à Constantinople, où il était alors, et qu'il eut des conférences secrètes avec lui pour se préparer au combat contre saint Augustin. On sait que ce furent ces deux savants, alors dans une grande opinion de capacité, qui, en disputant sur le péché originel avec un esprit trop subtil et trop pointilleux, devinrent les auteurs de cette hérésie que saint Augustin entreprit de combattre avec tant de chaleur. C'est ce qu'on a appris, avec quantité d'autres circonstances, de la nouvelle édition que nous a donnée depuis quelques années le père Garnier, théologien de Paris, de la Compagnie de Jésus, sur le manuscrit du Vatican, dont on avait une copie en ce collége, joint au manuscrit du chapitre de Beauvais, l'un et l'autre fort exacts.

À la vérité, si l'on veut se donner la peine de consulter les épîtres des papes Innocent, Zosime et Célestin sur ce sujet, et qu'on veuille parcourir les actes des conciles de Diospolis, de Carthage, de Milet, d'Orange et de quelques autres synodes tenus en Afrique, on verra que Jansénius s'est bien trompé en prétendant confondre l'école de la théologie moderne et surtout des jésuites avec les pélagiens; car dans le fond rien n'est moins ressemblant que le portrait qu'il a entrepris de faire des uns pour représenter les autres. Les principes des uns sont tout à fait opposés aux principes des autres, et rien n'est si différent; mais le docteur avait à satisfaire son aveugle passion, qui l'emporta à des extrémités qui peut-être n'ont jamais eu rien de pareil. En voici des preuves.

Il n'est pas croyable avec quel empressement toute l'Europe sollicitait la canonisation de saint Ignace et de saint François Xavier; l'empereur, le roi de France, le roi d'Espagne, le roi de Pologne et tous les souverains catholiques avaient écrit pour demander au pape Grégoire XV cette grâce. Rien n'était plus pressant que les lettres du roi de France, Louis XIII, qui, pour la première demande qu'il fit au saint-père, en montant sur la chaire de Saint-Pierre, le pressa de lui accorder la canonisation de ces deux saints, lui déclarant que les premières instructions qu'il avait reçues en la foi et dans les bonnes mœurs lui étaient venues des pères jésuites, qui avaient la direction de sa conscience et dont il était très-satisfait, et qu'il désirait faire ressentir à tout leur ordre les effets de sa bienveillance. Enfin le Pape, ne pouvant résister aux instantes prières de tant de têtes couronnées, et voulant satisfaire aux vœux de tant de peuples, prit la résolution de les déclarer saints dans toutes les cérémonies que l'Église a coutume de garder en de pareilles occasions, et la fête se fit dans Saint-Pierre, le 12 mars de cette année 1622. Mais cette canonisation que le Pape venait de faire après une mûre délibération soutenue des suffrages de tout le sacré collége des cardinaux, sur les informations que Paul V en avait fait faire avec toutes les précautions imaginables et selon les formes réglées en pareilles occurrences pour le Saint-Siége, cette résolution, qui avait été sollicitée par les ambassadeurs de tous les souverains de la chrétienté, souhaitée des peuples et approuvée généralement de tout le monde, fut condamnée par le seul Jansénius, lequel, ou par animosité contre les jésuites, qu'il ne pouvait plus souffrir, ou par la présomption qui l'aveuglait, eut l'effronterie de trouver à redire que le Pape eût fait cette démarche et de critiquer malicieusement une si sainte action. Voici comme il en parle dans une lettre datée du 13 juin, après que la nouvelle de cette canonisation se fut répandue dans les provinces. « Les jésuites continuent à forger des nouveautés et hardiesses ; il semble que le Pape a eu tort de pousser ces gens encore davantage vers le principe en leur faisant cette faveur qu'il a faite naguère à deux de leur corps[1]. »

Ce qui suit dans la même lettre sont des railleries fort fades, que ce critique entasse les unes sur les autres parlant de saint Ignace sur les éloges qu'en firent alors trop simplement peut-être les jésuites de Flandre. Il l'appelle, d'un ton moqueur, « le patron des femmes enceintes, des enfants au ventre de la mère et des scrupuleux ; le protecteur des académies, le restaurateur des écoles, le maître des théologiens et des universités : » ajoutant « qu'il semble qu'il ne reste autre chose à l'opinion de ceux de sa société, sinon à le mettre gouverner le ciel comme ils tâchent eux-mêmes de gouverner la terre. Leurs thèses, dit-il, qu'ils préparent pour la célébrité dans leurs écoles de théologie et de philosophie, sont pleines de semblables niaiseries. » Mais quelque simplicité qu'on fasse paraître en écrivant sur les saints, cela ne doit jamais autoriser les esprits critiques à se moquer d'eux.

Voilà néanmoins de quelle manière Jansénius écrivait de saint Ignace et de saint François Xavier, quoique la mémoire de ce dernier ait été en vénération auprès des Anglais et des Hollandais protestants, qui ont eu quelque connaissance de sa vertu pendant sa vie ou après sa mort. Voilà de quelle manière ce novateur traitait les jésuites, n'épargnant pas même leurs saints et sans aucune raison, car il n'avait jamais reçu que du bien des pères de cette société, qui l'avaient servi dans toutes les occasions. Mais la bénédiction que Dieu versait de tous côtés sur les fonctions de cette Compagnie, qui florissait partout, l'offensait. Il ne pouvait voir leurs écoles remplies de savants théologiens, les chaires retentir partout de la voix de leurs prédicateurs et la plupart des souverains de l'Europe attachés

---

[1] Il y a « de leur Compagnie » dans l'original, mais ce mot a été effacé, et dans l'extrait des lettres de Jansénius à Saint-Cyran par le sieur de Préville, page 37, il y a à la marge « saint Ignace et saint François Xavier canonisés nouvellement. »

à leur direction, sans s'abandonner à toutes les aigreurs de la jalousie. Comme il prévoyait de l'opposition partout, de la part des jésuites, au dessein qu'il avait d'innover dans l'École et d'attaquer la religion, il s'était mis dans la tête que pour y réussir il fallait commencer par détruire la réputation de ces gens qu'il trouverait en tous lieux contraires à ses projets et qui ne lui donneraient jamais de quartier dans l'ouvrage qu'il méditait.

Ces dispositions d'esprit où était Jansénius à l'égard des jésuites lui étaient communes avec l'abbé de Saint-Cyran, qu'il tâchait de divertir par ce qu'il lui écrivait de ces pères ; l'abbé avait de l'aigreur dans le cœur contre eux, du moins autant que le docteur. Aussi Jansénius ne pensait qu'à les détruire dans l'estime du public, et Saint-Cyran avait soin de lui envoyer aussi les satires qui couraient contre les pères en France, comme il paraît par sa réponse du 25 mars, qui sont des marques évidentes de la jalousie que cet abbé nourrissait dans le cœur contre eux, ne pouvant plus rien souffrir de tout ce qui venait de leur part, et ce n'était proprement que par l'aigreur qu'il avait conçue contre ces pères et par cet esprit d'amertume si opposé au véritable esprit de la charité, qu'il se préparait à réformer l'Église avec la pureté de cette morale dont il commençait déjà à prévenir les esprits.

Mais comme Jansénius pensait à l'histoire des pélagiens, il écrivait à l'abbé de Saint-Cyran le 7 de janvier de l'année 1622 qu'il avait besoin de secours pour cet ouvrage et qu'il le priait de lui envoyer les livres de saint Fulgence contre Faustus et de Cæsarius, évêque d'Arles, qui lui étaient nécessaires pour son ouvrage. Il lui demande par la même lettre quelque pièce semblable à celle de l'Africain dont il lui parle ; mais il paraît qu'il ne la demande que pour la corriger et s'en servir par cette correction : ce qui marque sa bonne foi, laquelle paraît encore bien davantage dans la lettre qu'il écrivit à l'abbé son ami sur un livre de saint Augustin dont il voulait altérer le texte pour s'en rendre le sens favorable. Voici quelle en fut l'occasion.

Un magistrat d'Angers nommé Claude Ménard, homme savant dans l'antiquité et particulièrement dans la connaissance des

Pères, avait fait imprimer depuis quelque temps le dernier ouvrage de saint Augustin contre Julien, qui n'était pas tout à fait achevé et qu'il appela pour cette raison l'ouvrage imparfait, comme Possidius l'avait autrefois appelé pour le même sujet. Cette édition étant tombée entre les mains de Jansénius, il découvrit en ce livre bien des choses qui favorisaient sa doctrine ; il trouva mauvais que les docteurs de Sorbonne l'eussent rejeté comme indigne de saint Augustin, auquel on l'attribuait, et il n'eut pas assez de modération pour dissimuler le ressentiment qu'il en eut. Voici ce qu'il en écrit à Saint-Cyran le 25 mars 1622[1] : « Je suis marry que la Sorbonne juge si mal du dernier ouvrage de saint Augustin que je tiens pour si assuré, qu'il n'y a presque un seul de tous ses œuvres que je ne condamnerais plutôt que celui-là ; il est très-important pour Pillemot et entièrement nécessaire qu'il soit corrigé, approuvé et réimprimé ; partant, il faut travailler tant qu'on peut pour que la Sorbonne l'approuve, ou pour le moins ne le rejette point pour des choses de grande conséquence qu'il contient ; vous pourriez, si vous le jugiez à propos, mais sans me nommer, assurer que je me fais fort de démontrer si clairement qu'il est de saint Augustin qu'on pourrait dire que ce sont des bêtes qui le nient, voire démontrer si je m'en voulais donner cette peine qu'il n'y a peu s'en faut une seule sentence ou période dans tout le livre qu'on ne produira de ses autres ouvrages, et que jamais œuvre n'est sorti si conforme au génie de son auteur. »

A la vérité, il parut dans la suite que la Sorbonne (qui n'était pas de son avis sur cet ouvrage de saint Augustin) n'avait pas raison, car il se trouva depuis en la bibliothèque de Clairvaux un ancien manuscrit contenant ces livres contre Julien, qui les attribue à saint Augustin, et Jérôme Viguier, père de l'Oratoire, les fit imprimer sous le nom de ce saint Père l'année 1644, et ils ont été reconnus des savants pour des ouvrages de saint Augustin ; mais on ne comprend pas en quelle conscience ce docteur proposait à son ami de changer dans le texte de ce Père ce qui lui était désavantageux et de le tourner à son sens pour en faire une nou-

---

[1] Extrait du sieur de Préville, p. 28.

velle édition. Voilà de quelle manière ce chef prétendu des disciples de saint Augustin respectait ce saint, dont il voulait qu'on corrompît les sentiments par la corruption de son texte, pour faire servir sa doctrine à l'établissement de la sienne ; car saint Augustin ne pouvait lui être bon à rien en demeurant ce qu'il est et dans la pureté de ses anciens sentiments qui n'ont point encore été violés par ces sortes de dépravations où les hérésies modernes les ont exposés.

C'était aussi à quoi ce docteur s'occupait principalement, c'est-à-dire à retoucher souvent les livres de saint Augustin qu'il feuilletait sans cesse, à lui donner des sens nouveaux, l'expliquer à sa mode et à remplir le monde de nouvelles éditions de ses ouvrages pour lui tourner l'esprit, et donnant un autre tour à ses paroles. Ceci est si vrai, que voici ce qu'il écrivait à Saint-Cyran le 22 avril pour faire une édition nouvelle de cet ouvrage de saint Augustin dont je viens de parler, rejeté par la Sorbonne [1] : « Le saint Augustin que je disais qui devait être réimprimé requiert, à mon avis, une collation avec l'original, quoique vieux et corrompu, pour avoir plus d'autorité, car je ne doute point que celui qui l'a produit ne se soit trompé en certains endroits par faute de n'entendre pas le fond, personne n'en verra rien que vous ; mais, sauf votre avis, il n'y a point de hâte d'autant aussi que malaisément se ferait cela sans que je me trouvasse sur le lieu. Vraiment l'ignorance bien grosse de plusieurs semble pouvoir servir à faire de bons coups. »

C'était par ces coups fourrés, qu'en abusant de la faiblesse et de l'ignorance du siècle, on pensait à corrompre les textes de saint Augustin dans des éditions nouvelles, qu'on lui donnait d'autres sentiments, qu'on le faisait parler autrement qu'il n'a parlé, pour autoriser d'un si grand nom des erreurs aussi dangereuses qu'étaient celles que préparaient Jansénius et son abbé. Voilà sur quel fonds ils bâtissaient l'ouvrage qu'ils méditaient sur l'impression d'un saint Augustin corrompu et falsifié à leur manière ; ce qui s'exécuta quelques années après

---

[1] Page 31 de l'Extrait des lettres de Jansénius par le sieur de Préville.

par un docteur de Louvain nommé Michel Paludan, qui fit de l'ouvrage imparfait de saint Augustin une édition nouvelle toute différente de celle d'Angers, y ayant changé bien des choses à sa fantaisie, gagné probablement par Jansénius ou par quelque autre de ce parti.

Ce n'était pas la seule affaire qui occupât alors ce docteur. Le cordelier hibernois dont nous avons parlé lui donnait de l'exercice par ses vivacités : tantôt il l'intimidait du côté de Rome dont il lui augmentait les frayeurs, tantôt il lui faisait entrevoir les difficultés qu'il trouverait dans l'université de Louvain, où les nouveautés qu'il projetait seraient mal reçues. En d'autres temps, il lui faisait des demi-confidences sur le dessein qu'il avait lui-même d'écrire sur la grâce, en lui avançant des principes de saint Augustin qu'il ne lui expliquait qu'à demi ; et tant plus Jansénius l'excitait à parler, tant plus il le trouvait couvert. Mais rien ne déconcertait davantage ce docteur que le projet d'un certain voyage en Espagne que Conrius lui faisait passer devant les yeux pour lui donner des inquiétudes et se moquer de lui. Il est vrai que cet archevêque avait des affaires en Espagne et qu'il pensait à ce voyage ; mais on lui mandait que le Languedoc était si infesté des troupes de huguenots et que le passage des Pyrénées était devenu si dangereux qu'il y aurait de l'imprudence à s'y exposer. Sur cet avis qu'il écouta, il différa son voyage. Jansénius s'appliqua à le cultiver encore plus pour profiter de ses lumières, car il avait bien étudié saint Augustin, sur lequel il prenait plaisir de le faire parler ; outre qu'il se servait de lui pour sonder les sentiments des anciens docteurs de l'Université, afin de savoir à quoi s'en tenir, il voulait encore l'engager à faire le premier pas du côté de Rome pour déclarer ses sentiments sur sa doctrine, et prendre ses sûretés par cette tentative. Ce fut aussi ce qui l'obligea à le ménager (car il lui était bon à bien des choses) et à se l'attacher non-seulement par des caresses et des flatteries sur sa capacité, dont il affectait des éloges continuels, mais même par des services effectifs ; car ayant appris que le père général des cordeliers était à Paris pour y solliciter un établissement de cordeliers irlandais qui avaient besoin d'un asile et d'une retraite sûre dans l'agitation où la persécution les avait jetés, il écrivit à l'abbé de Saint-Cyran pour servir ce père de son crédit et de celui de ses amis, ce qu'il fit sans y pouvoir réussir, parce qu'on avait donné au duc de Luynes des impressions contre ces cordeliers irlandais qu'on faisait passer pour des gens trop dévoués à l'Espagne.

Ces services que Jansénius rendait à Conrius pour les affaires de son ordre étaient aussi intéressés que ceux qu'il tâcha de rendre en ce même temps au père de Bérulle, qu'il voulait gagner pour le rendre favorable au projet de doctrine qu'il traçait. Ce père, comme je l'ai déjà dit, s'occupait à faire des livres de dévotion, et sa science superficielle donnait à ses écrits un caractère plus dévot que solide ; aussi n'était-il pas difficile de trouver à redire à ce qu'il écrivait, et comme il promettait à Saint-Cyran son secours pour le dessein qu'il méditait avec Jansénius, Saint-Cyran de son côté promettait tant d'approbations qu'il voudrait pour ses livres, de la part de son docteur de Louvain, Jansénius, lequel était si libéral de ces grâces-là, qu'il en accordait tant qu'on en voulait, sans voir les livres, qu'il certifiait contenir une doctrine saine et pure, et qu'il donnait des approbations raisonnées sur des ouvrages dont il n'avait pas même vu la couverture. On aurait de la peine à croire cette liberté-là, tant elle est opposée à la sagesse et à la probité d'un homme de bien, si il ne l'assurait lui-même comme il le fait dans plusieurs de ses lettres à l'abbé son ami. Voici ce qu'il en écrivait le 3 juin 1622 : « Je vous envoie les thèses dont je vous ai parlé avec l'approbation du livre de M. de Bérulle, selon que vous la demandez. Je ne savais pas auparavant son vrai nom, ni sa qualité, le reste avait été oublié ; il serait bon de prendre bien garde, comme vous avez fait sans faute, s'il n'y a rien qui touche notre dessein en ce livre [1]. »

D'où il paraît qu'il l'approuvait sans l'avoir vu. Il écrit le 13 juin de la même année : « Je vous envoie l'approbation que vous désirez de moi, vous priant de m'envoyer un exemplaire du livre à quelque commodité qui s'offrira, » car il ne l'avait pas

---

[1] Page 35 de l'Extrait du sieur de Préville.

encore reçu. Deux jours après, il manda à l'abbé que l'approbation du livre du père de Bérulle avait été envoyée il y avait quinze jours, que si elle ne le contentait pas, il en fît une autre et qu'il la signerait, préparé qu'il était à signer tout pour faire plaisir à un homme si disposé à les favoriser. Mais le zèle du docteur allait encore bien plus loin pour les intérêts du père de Bérulle et de son ordre, que Saint-Cyran lui mandait être extrêmement favorable à leur dessein.

Philippe IV, roi d'Espagne, ayant rétabli ses affaires par la création d'un nouveau ministre et d'un nouveau conseil, depuis son avénement à la couronne, et la douceur du gouvernement de l'archiduc Albert n'ayant pas peu contribué à remettre le calme dans les esprits en tous les Pays-Bas, il ne put pas se voir le maître absolu de ses États par la tranquillité qui y régnait sans penser à reconquérir ces provinces qui s'étaient détachées de l'obéissance de ses ancêtres par la révolte de Guillaume, prince d'Orange. Il avait des troupes sur pied, des gens de tête dans son conseil et des sommes considérables dans ses finances ; enfin on ne pensait en Espagne à rien tant qu'à porter la guerre dans la Hollande, et à faire un effort extraordinaire pour la réduire à son premier état. Tout semblait conspirer à cela. Le roi de France, occupé par la guerre des huguenots, qui se révoltaient par tout le royaume, avait trop d'affaires pour en faire au roi d'Espagne. Le Portugal était entièrement soumis ; on ne craignait rien du côté de l'Angleterre. L'Allemagne se trouvait en état de fournir de grands secours au roi d'Espagne, pour une expédition d'où elle devait tirer tant d'avantage. On y pensait sérieusement dans le conseil, et les nouvelles en venaient de temps en temps en Flandre, comme d'un dessein déjà résolu, et on travaillait au plan de cette guerre, dont le bruit retentissait presque de tous côtés. On disait même que l'empereur, lié d'intérêt avec l'Espagne, avait déjà deux armées sur pied pour attaquer la Hollande par la Frise, et que ces armées étaient au delà du Rhin avec celle du duc de Bavière et des princes catholiques confédérés, sous la conduite du comte de Tilly, qui tenait ses troupes en quartier d'hiver sur les bords du Mein, afin de se couler par la Westphalie en la Frise, et que l'armée du roi d'Espagne, commandée par don Cordova, hivernait vers le bas Rhin. Mais les Provinces-Unies avaient pris leurs précautions pour s'y opposer, ayant fait entrer dans la Frise le comte Ernest de Mansfeld avec une armée qui devait se joindre au duc de Brunswick de Halberstadt pour s'opposer aux Impériaux.

Ainsi Jansénius, qui ne pensait qu'à son affaire et faisait tout rouler sur cela, allait bien plus vite que les autres ; il exécuta déjà dans sa tête ce qui à peine ne commençait qu'à se projeter dans le conseil d'Espagne ; car ne doutant point que ce dessein qu'on y avait ne dût être bientôt mis en exécution, il levait déjà des troupes en idée dans son cabinet, il les faisait marcher, il attaquait la Hollande de tous côtés, il formait des siéges, il prenait des villes et partageait les dépouilles de ses conquêtes.

L'abbé de Saint-Cyran lui mandait tant de particularités sur l'intérêt que le père de Bérulle et les siens prenaient en leur entreprise afin de l'encourager lui-même, et il lui représentait si souvent les grandes obligations qu'ils avaient à ce bon père, que Jansénius ne pensait qu'à l'agrandir dans son esprit et à l'élever avec tout son ordre ; lui distribuant par avance en son esprit la plupart des bénéfices des provinces confédérées quand le roi d'Espagne aurait reconquis la Hollande, et donnant tout ce qui regarde les biens ecclésiastiques aux pères de l'Oratoire.

Voici ce qu'il écrivait à l'abbé de Saint-Cyran de ce qui lui passait par la tête sur ce beau dessein. La date de la lettre est du 1ᵉʳ juillet 1622 : « J'espère avec la grâce de Dieu que je pourrai contribuer quelque jour à placer la compagnie du père de Bérulle en ce pays de ma demeure, car il faut de nécessité qu'ils soient au commencement en un lieu propre à se prodiguer par l'affluence des personnes capables, et cela étant, si Dieu favorise l'entreprise d'Alamas [1] contre les Hollandais, je crois qu'il n'y aura rien de si facile que de les introduire par tout le pays avec abondance de moyens temporels ; car il y a un nombre d'abbayes ruinées qu'on appliquera en partie à meilleurs usages en un pays qui a besoin d'autres personnes que de religieuses.

---

[1] C'est probablement le roi d'Espagne. Page 41 de l'Extrait du sieur de Préville.

Il vous plaira donc vous informer de leurs règles, lois, statuts, leur façon de vivre, leur but et profession, leur dépendance des ordinaires, s'ils incorporent les bénéfices qu'on leur donne, la façon de laquelle on les place dans les villes, ce qu'ils demandent soit en rente, soit en maisons et demeures, et conférer avec le père de Bérulle, toutefois, comme vous le savez, avec grand secret, et me l'envoyez particulièrement le plus tôt, car ce point étant vidé, je crois qu'on trouverait bien le moyen d'avoir l'aveu de l'archiduchesse et du conseil privé, pour les transporter en ces quartiers... Je ferai toute assistance à avancer les affaires du père de Bérulle en ces quartiers ; si ce père, entre vous et moi, avec les siens, voulait embrasser un peu particulièrement les affaires du vicaire de Hollande et des siens quand ils seront ici contre les jésuites, je crois qu'ils seraient capables à lui faire des grandes faveurs, Dieu favorisant les affaires du roi d'Espagne, car ils ont en grande partie les villes à leur dévotion et les pays. Le peuple est très-bon et plein de richesses ; mais ce sont des choses encore bien informes. »

Sur la fin de sa lettre, il prie l'abbé de penser sérieusement à ce qu'il lui propose pour le père de Bérulle sur l'établissement de son ordre dans ce pays-là, et qu'il ait la chose à cœur, n'ayant pas assez de modération pour dissimuler son ressentiment contre les jésuites, prétendant que si le père de Bérulle ne les prévient pas, ils sont gens à se saisir des bons postes en Hollande, comme ils ont déjà fait en Angleterre.

Ce fut un évêque *in partibus*, qui était grand vicaire de Sa Sainteté dans la Hollande et qui logeait alors chez Jansénius (étant lié d'une étroite amitié avec lui), qui le détermina à écrire à Saint-Cyran avec tant de chaleur. Il est vrai aussi que l'ardeur qu'avait ce docteur pour l'affaire qu'il entreprenait et pour chercher de tous côtés des gens propres à entrer dans cette conspiration qu'ils formaient contre la religion, et la persuasion où il était que ce dessein ne pouvait réussir sans un grand nombre de conjurés, contribuèrent à l'empressement qu'il avait de s'attacher le père de Bérulle et tout son corps par un service si important, en leur proposant des projets d'établissements si considérables. Mais l'abbé de Saint-Cyran le trompait sur cet article, car les pères de l'Oratoire n'étaient point en disposition d'entrer dans un dessein dont il était un des chefs, étant connu comme il était du père de Condren, qui savait de quoi il était capable, et pendant que ce père vécut, il n'y eut que quelques particuliers de cet ordre avec le père de Bérulle, homme un peu susceptible de nouveautés, qui eurent quelque liaison avec ces deux chefs de la nouvelle opinion, car le corps ne s'y attacha point, comme on le verra.

Le retour du roi à Paris, au commencement de l'année 1623, où il fut reçu en qualité de victorieux, après avoir défait les Rochelois en mer, et après s'être rendu maître de plusieurs villes du bas Languedoc, qui s'étaient révoltées en faveur de la nouvelle religion, causa bien de la joie à l'abbé de Saint-Cyran. Le retour de toute la cour, qui avait presque toujours été absente depuis son arrivée à Paris, lui devait faire trouver des facilités pour l'exécution de son entreprise. Il revit son ami d'Andilly avec des transports incroyables de joie; ils firent de nouveaux plans d'union et d'amitié, et d'Andilly forma d'admirables desseins pour produire et faire connaître à la cour cet homme incomparable, dont il venait de faire son ami, lui procurer des établissements, le présenter au ministre et le bien mettre en son esprit. Rien n'était plus sincère que ces promesses que faisait d'Andilly à l'abbé de Saint-Cyran. Il ne doutait pas qu'il ne dût l'avancer par son crédit, car il n'en manquait pas, étant le premier commis du surintendant et homme très-habile; mais tous ces beaux projets furent renversés par un de ces revers où sont exposées les fortunes de la cour, ou plutôt par un de ces coups de la Providence qui veille sans cesse au bien de l'Église et de la religion.

Le comte de Schomberg ayant été envoyé avec des troupes en Limousin contre le duc d'Épernon qui s'était mal à propos jeté dans les intérêts de la reine mère l'année 1619, pour favoriser sa retraite du château de Blois, et s'étant rendu maître d'une petite ville entre le haut et le bas Limousin, où le duc tenait garnison, il remit tout le Limousin dans l'obéissance du roi, lequel, pour récompenser ce service, appela le comte à Tours où il était, et le fit surintendant de ses finances avec de grandes marques de faveur. Le comte s'acquitta de cette charge et de celle de l'artillerie en la place du marquis de Rosny, qui s'était excusé du service à cause des alliances très-proches qu'il avait avec la plupart des chefs qui prirent les armes pour la religion et s'étaient soulevés contre le roi, parmi lesquels se trouvaient le duc de Sully, son père, le comte Dorval, son frère, qui commandait dans Montauban durant le siége, son beau-frère de Rohan, et de la Force, son allié. Mais peu de jours après le retour de la cour à Paris on fit de grandes plaintes au roi que les finances avaient été mal administrées pendant la dernière guerre. Ceci donna lieu à un changement presque universel de ceux qui y étaient alors dans le service, car le surintendant, le comte de Schomberg et le contrôleur général reçurent l'ordre du roi, sur la fin de janvier, de se retirer en leurs maisons de campagne. On arrêta aussi, pour la même raison, quelques trésoriers pour leur faire rendre compte de leur administration. Le comte de Schomberg écrivit au roi de sa maison de Nanteuil pour justifier sa conduite qui avait paru au public assez nette, et dans l'ordre même qu'il reçut de se retirer, il n'y eut aucune plainte du côté de la cour. Il ne put jamais savoir bien précisément pourquoi on lui ôta la surintendance et la raison pour laquelle il eut ordre de se retirer. On disait qu'il donnait trop à l'avarice des gens d'affaires qu'il traitait avec bien de l'indulgence ; on n'eut rien toutefois à lui reprocher sur l'honneur ; mais le chancelier de Sillery et de Puisieux, son gendre, le ruinèrent en l'esprit du roi pour mettre en sa place le marquis de la Vieuville qu'ils protégeaient, en quoi ils réussirent, malgré le duc de Luynes qui protégeait le comte de Schomberg.

Cette disgrâce ne put pas arriver au comte sans retomber sur d'Andilly, qui suivit la destinée de son maître. Il avait fait nombre de bons amis en cour, auprès desquels il était assez bien pour rendre des services importants à l'abbé de Saint-Cyran et lui être bon à bien des choses dans les desseins qu'il méditait ; mais le crédit du surintendant étant fini avec sa faveur, il fut obligé lui-même de quitter la cour avec les avances qu'il y avait et de se retirer à Pomponne, sa maison de campagne, située à quatre lieues de Paris, où il vécut depuis en particulier, s'appliquant à la culture des arbres et au jardinage, qui est la ressource ordinaire des gens disgraciés et mécontents. On ne put jamais rien lui reprocher dans le service, dont il s'acquitta avec bien de la fidélité. Le comte de Schomberg l'avait appelé pour le seconder dans les finances dès qu'il eut été nommé pour en prendre soin, car il était en réputation à la cour de bien entendre ces sortes d'affaires, auxquelles il avait été élevé par son oncle Arnauld, qui était intendant des finances et avait vieilli en cet emploi.

Ce jeune homme avait de grandes connaissances pour les affaires et pour le manége qui règne à la cour; il était d'une maison qui faisait une profession déclarée d'opposition à la société des jésuites; on ne sait pas bien par quel motif et pour quelle raison, si ce n'est qu'Antoine Arnauld, son père, célèbre avocat au parlement de Paris, était un peu favorable aux huguenots et à la doctrine de Calvin, comme l'étaient alors plusieurs du parlement, et que c'était lui faire plaisir de se déclarer contre les jésuites, qui étaient les plus grands ennemis des huguenots. Dans une certaine occasion, il signala lui-même son animosité contre ces pères. Ce fut l'année 1594 où il entreprit la cause de l'université de Paris contre la Compagnie; il parla en cette affaire, dans la grande chambre du parlement, avec une véhémence et une aigreur qui n'allaient pas moins qu'à perdre la société et à l'expulser de tout le royaume; car il avait joint une espèce de fureur à tout ce que la calomnie peut inventer d'horrible et d'affreux pour opprimer l'innocence; et les jésuites étaient perdus si celui qui résiste aux superbes et fait grâce aux humbles, comme dit l'apôtre, ne les eût pris en sa protection. Comme Arnauld passait dans le parlement pour suspect en sa religion (parce qu'il favorisait en secret le calvinisme), il commença son plaidoyer par une profession de foi, pour faire l'homme de bien dans une affaire où il fallait du moins donner quelque opinion de sa probité; mais il fit cette profession d'un air si peu sérieux, qu'il donna lieu de croire que ce n'était que pour se moquer de la religion, et l'avocat général Marion, son gendre, n'entreprit de déclamer contre les jésuites que pour flatter la passion de son beau-père et lui plaire par ses invectives contre des gens qu'il haïssait si fort. Mais enfin, comme cette entreprise contre la Compagnie ne lui réussit pas, que l'université de Paris perdit sa cause et que les jésuites furent maintenus dans leurs droits et dans leurs prétentions, Arnauld en conçut tant d'indignation, que, pour perpétuer sa haine, il éleva, à ce qu'on dit, ses enfants dans cette impression d'animosité qu'il avait conçue contre les jésuites; ce qui fut cause, à ce qu'on prétend, que d'Andilly et ses autres frères embrassèrent avec tant de chaleur un parti qui se formait contre ces pères par l'intrigue de l'abbé de Saint-Cyran et de Jansénius, dont ils furent les plus zélés et les plus ardents sectateurs. Du moins, on ne trouve point d'autre couleur plus spécieuse à la passion contre ces pères, de ses frères et de toute la famille qui puisse donner quelque fondement de vraisemblance à une inimitié et à une haine si prononcées.

La retraite de d'Andilly en sa maison de campagne ne fut pas tout à fait si tranquille que celle de son maître le comte de Schomberg, lequel, après avoir écrit au roi pour justifier son administration dans les finances, et après avoir engagé le marquis de Liancourt, qui était bien auprès de Sa Majesté, d'avoir un éclaircissement avec le ministre sur son maniement, il demeura paisiblement dans sa maison de Nanteuil, sans faire paraître aucun empressement de retourner à la cour. D'Andilly n'était pas de même, et de tous les pas qu'un homme comme lui était capable de faire pour se rétablir, il n'en oublia aucun, mais ce furent des pas perdus; car, soit qu'il ne trouvât aucun accès auprès de la faveur, soit que les gens disgraciés soient d'ordinaire malheureux, il ne put jamais trouver d'ouverture, je ne dis pas pour se remettre, mais même pour rentrer à la cour, quoiqu'il ne manquât pas d'amis ni de mérite, et il fut contraint de passer le reste de ses jours comme un homme particulier, sans charge et sans emploi. Aussi la chaleur des intrigues de Saint-Cyran pour se pousser à la cour, pour y gagner les esprits et se les rendre favorables, diminua fort par cet éloignement des affaires où vécut depuis d'Andilly. Il avait commencé à le faire connaître au maréchal d'Ornano, gouverneur de Gaston de France, frère unique du roi, et au marquis de Sennessé, qui avait épousé une nièce du cardinal de la Rochefoucauld, qui devint ministre peu de temps après par la mort du connétable, le duc de Luynes. Mais ce cardinal était si homme de bien et si sévère sur tout ce qui regarde la religion, que l'abbé de Saint-Cyran n'eût osé l'approcher pour lui parler des nouveautés qu'il voulait introduire, car il en aurait été mal reçu. Il avait eu quelque sorte d'entrée auprès de l'évêque de Luçon, qui devint bientôt puissant par le chapeau de cardinal et par le ministère ; mais cela n'alla presque à rien à cause des affaires dont cet évêque commençait à être accablé, et qui ne lui donnaient pas le temps de voir ni d'entretenir cet abbé, lequel fut réduit à l'évêque de Nantes, au marquis de Sennessé, au père de Bérulle et à quelques autres personnes d'un médiocre crédit, auxquelles il avait commencé de s'attacher.

Enfin, le progrès que fit l'abbé à la cour et à Paris fut si peu considérable, qu'il n'eut pas lui-même sujet d'en être fort satisfait ; mais ce qui le consolait, c'est que Jansénius travaillait toujours et ne se décourageait point. Celui-ci, ayant appris que l'archevêque de Tuam avait fait lire son ouvrage, sur la peine des enfants morts avant le baptême, au réfectoire des cordeliers de Louvain, et que tous les esprits intelligents de cet ordre s'étaient révoltés contre une doctrine si hardie, qu'on la désapprouva dans l'université de Louvain, il en fut très-affligé par le rapport qu'elle avait avec la sienne. Il consulta ou par lui-même ou par ses amis les sentiments des anciens de la faculté de théologie de Louvain, et avait trouvé peu de disposition aux maximes qu'il avançait ; mais après tout, ce qu'il en apprenait tous les jours n'était rien d'approchant aux craintes et frayeurs qu'il se formait lui-même sur son ouvrage. Ainsi, presque rien ne le soutenait que la vanité dont il repaissait son esprit et de l'espérance qu'il concevait de devenir chef de parti ; ce fut aussi la seule vue qui l'encouragea à surmonter toutes les fatigues et à dévorer tout ce qu'il trouva de rebutant dans un travail si pénible et si désagréable que celui qu'il avait entrepris. Il vivait dans son Université comme dans un désert, n'osant avoir aucun commerce avec ceux avec lesquels il vivait, ne pouvant même pas s'expliquer à qui que ce soit sur ses projets pour ne pas s'exposer à être décrié pour une entreprise qui avait été désapprouvée de tout le monde, et il avoue lui-même, dans sa lettre du 1ᵉʳ décembre 1622, qu'il y aurait du danger pour sa personne d'en parler. Aussi, l'application principale qui l'occupait en continuant son travail était de chercher des expédients pour commencer à ruiner les jésuites. Cet établissement des pères de l'Oratoire en Flandre et en Hollande, pour lequel il faisait paraître tant de chaleur et dont il écrivait à son ami avec tant d'empressement, était un des moyens des plus sûrs à son sens pour les détruire, et qu'il avait aussi plus à cœur, comme il paraît par ce qu'il en écrit à l'abbé de Saint-Cyran le 1ᵉʳ juillet de l'année 1622. « Je ferai toute assistance à avancer les affaires du père de Bérulle en ces quartiers, si le père de Bérulle, entre vous et moi, avec les siens, voulait embrasser un peu particulièrement les affaires de ce vicaire apostolique en la Hollande et des siens quand ils seront ici contre les jésuites [1]. »

Il ajoute dans la lettre suivante qu'il serait mieux et plus convenable à son dessein d'avoir des pères de l'Oratoire « comme plus propres et plus importants à rembarrer les jésuites qui empiètent de plus en plus sur lui, » c'est-à-dire sur l'autorité du prélat, grand vicaire de Hollande, dont il parle, parce que les jésuites agissent dans une grande indépendance de l'ordinaire, ce que ne font point les pères de l'Oratoire. C'était ainsi qu'il travaillait à détruire les uns par les autres et commettre les pères de l'Oratoire contre les jésuites, quoique les jésuites fissent leur devoir dans la mission de Hollande, qu'ils maintenaient avec de grandes fatigues sans épargner leur propre sang, qu'ils avaient déjà répandu en certaines occasions pour la défense de la religion, qu'ils continuaient à soutenir avec un grand zèle de leur côté et avec bien de l'édification du côté des peuples, qu'ils servaient utilement et d'une manière fort désintéressée, sans espérance même d'aucun établissement dans ce pays.

Mais son animosité contre la Compagnie ne se borna pas là : il apprit qu'il y avait un livre qu'on débitait en France, écrit d'un air atroce contre les jésuites et leur gouvernement. Ce livre portait pour titre : *Recueil des articles qui sont proposés par*

---

[1] Page 42 de l'Extrait du sieur de Préville.

Théophile-Eugène au roi pour la réformation des jésuites en France. Il était dédié au pape Paul, et imprimé l'année 1615, mais apparemment par antidate. Le dessein de cet ouvrage était de représenter les défauts les plus essentiels du gouvernement de la société et les abus énormes qui s'étaient glissés dans la conduite de ces pères; demandant instamment une réforme générale de ces abus et de tous les désordres où cette Compagnie était tombée; il contenait une longue épître au roi de France, une requête au Pape, une à l'empereur et au roi d'Espagne pour faire le fracas plus grand et plus universel. C'était même un jésuite qu'on faisait parler au nom d'une grande partie de ses confrères pour autoriser encore davantage une satire si cruelle et si sanglante contre tout l'ordre.

Jansénius mande à son ami, qui en avait déjà pris le suc, c'est-à-dire tiré tout le venin (comme il écrit lui-même à l'abbé dans sa lettre du 1ᵉʳ décembre 1622), et dans la lettre suivante du 9 décembre il dit à l'abbé que c'est un fort bon livre, écrit d'un bon style, de bon sens, qui contient de bonnes choses, parce qu'il traite cruellement les jésuites; car étant aussi appliqué qu'il était à observer tout ce qui se faisait contre pour en profiter, il avait déjà vu ce livre. Toutefois, il ne laissait pas de le demander à Saint-Cyran et de le prier de le lui envoyer, parce qu'il le trouvait propre à les décrier, en le rendant public encore plus qu'il ne l'était. Il y a apparence que ce livre fut fait par quelque apostat de la Compagnie, ou par quelqu'un de leurs ennemis, dont alors ils ne manquaient pas, parce que Dieu prenait plaisir à les rendre dignes de le servir encore davantage par ces sortes d'épreuves où il met la vertu de ceux sur qui il daigne abaisser les yeux, pour les engager à défendre ce qu'il a de plus cher, qui est l'intérêt de sa gloire. Enfin, comme cet archevêque[1] *in partibus*, qui était vicaire du Pape en Hollande, allait à Rome pour porter au Saint-Siège ses plaintes entre les jésuites, Jansénius écrivit à Saint-Cyran pour le prier de lui procurer une place en la suite du cardinal de la

---

[1] Plus haut le père Rapin dit que c'était un évêque; peut-être est-ce une faute de copiste, peut-être ce prélat devint-il archevêque plus tard.

Valette, qui se préparait à faire le voyage d'Italie, car il était toujours prêt à servir ceux qui se déclaraient contre les jésuites ou avaient quelque démêlé avec eux. Comme il n'avait dans la tête que la guerre qu'il faisait à ces pères, et qu'il était possédé, pour ainsi dire, de cet esprit d'amertume et d'animosité qu'il avait conçu contre leur Compagnie, il n'écrivait presque point à l'abbé de Saint-Cyran qu'il n'y eût quelque trait de son indignation contre les jésuites. Dans la lettre du 1er décembre, il dit « qu'il a été contraint de prendre encore un écrivain ou un secrétaire pour l'aider à décrire les impertinences des jésuites. » Dans la suivante, il ajoute « qu'il lit leurs ouvrages pour remarquer les rêveries qu'il y trouve, qui sont grandes, et qu'il avait pris encore un écrivain pour marquer tout. »

C'était sans doute pour composer son histoire des pélagiens qu'il ramassait tout ce qu'il trouvait pour mieux peindre les jésuites de toutes leurs couleurs en décrivant les mœurs de ces hérétiques; car c'était ce qui l'occupait alors et à quoi il appliquait ce qu'il trouvait d'injurieux et d'envenimé dans les livres qui lui tombaient entre les mains. Mais il ne faut pas s'étonner si Jansénius était si animé contre les jésuites, s'informant curieusement de tout ce que se disait ou se faisait partout contre eux puisqu'il n'épargnait pas même le Pape. Car ayant appris qu'il se formait en la Sorbonne de Paris un parti puissant contre l'autorité du Saint-Siège par un docteur de cette faculté nommé Richer, il était ravi d'en apprendre le détail, et par une lettre du 1er juillet 1622 il prie l'abbé de l'en instruire et de lui envoyer ce qu'on écrira dans cette cabale contre l'autorité du Pape pour la diminuer ou même pour la détruire, et il prenait grand plaisir à ces sortes de nouvelles qu'il ne laissait point tomber à terre, cherchant à s'en instruire et à en profiter.

Il est à remarquer qu'il s'éleva au commencement de cette année en Hollande une nouvelle persécution contre les arminiens bien plus terrible que celle qui s'était élevée pendant le synode de Dordrecht, en ce que les sectateurs de cette doctrine, qui approchait de la catholique, furent calomnieusement accusés de conspirer contre l'État, et il y en eut plusieurs qui furent exécutés sur cette prétendue accusation où il n'y avait nulle vraisemblance ; car pendant la vie d'Arminius il ne parut aucun vestige de conspiration ; toute sa doctrine ne roulait que sur une lecture qu'il avait faite des Pères avec moins de préoccupation que les autres protestants, et dont il s'était formé des principes plus doux que ceux de Calvin ; ce qui n'avait nul rapport au gouvernement ni à l'État. Il ne se trouva aucune mention de ce crime dans le procès de Barnevelt, qui ne fut accusé et poussé dans le précipice que par les partisans de la maison du prince d'Orange, auquel il résista comme un homme de bien et un bon citoyen qui ne pouvait voir ce prince s'élever au milieu des états avec une hauteur qui semblait menacer la liberté publique sans y résister ; car dans le fond ce fut là tout son crime. A la vérité, c'était par une politique des plus fines qu'on imputa aux arminiens de n'être pas bons républicains et de conspirer contre l'État, pour rendre leur doctrine plus odieuse, parce qu'elle fût devenue favorable et en quelque façon conforme à celle de l'Église romaine. Ainsi Jansénius avait été bien reçu en Hollande avec ses principes, en se déclarant si fort contre l'opinion des arminiens, qu'il ne pouvait souffrir, parce qu'il s'écartait lui-même des sentiments de l'Église romaine ; et si quelque gomariste écrivait contre le parti contraire, il était fort diligent à rechercher ce que c'était pour s'affermir dans les mêmes principes, comme il paraît par ses lettres à Saint-Cyran du 29 avril 1622 et du 27 mai, où il demande avec empressement à son ami qu'il lui envoie l'ouvrage du gomariste qui réfute par les seuls passages de saint Augustin l'opinion des arminiens et qu'il reconnaît pour la même que celle des jésuites. Il loue fort ce livre dont il trouve le plan à son gré, et il remercie Saint-Cyran de le lui avoir envoyé, louant excessivement sa diligence et son industrie, de même qu'il blâme, dans une autre sans date de mois, le livre d'un arminien qu'il imputait à Tillenus, attaché à ce parti, parce qu'il ne contient autre chose que la doctrine de l'Église romaine et des jésuites.

C'étaient là les démarches que faisait ce docteur pour s'écarter des premiers sentiments de sa religion ; il avait l'esprit tellement rempli de fausses idées sur la nouvelle doctrine qu'il machinait, qu'il s'égarait presque à chaque pas qu'il faisait. Tout était défectueux dans sa conduite, parce que ses principes étaient faux. Son trouble croissait de jour en jour à mesure que son ouvrage avançait, et ce n'est qu'à tâtons (comme il le dit lui-même) qu'il marchait ; aimant mieux marcher par des routes obscures et inconnues choisies par lui, plutôt que de suivre les voies communes et ordinaires ; car il ne cherchait qu'à se distinguer par des chemins écartés.

Mais après tout il avait des déréglements dans le cœur qui ne cédaient rien à ses égarements d'esprit, car il ne paraissait presque aucun vestige de bonnes mœurs et de probité dans ses sentiments, au moins de ceux qui nous sont connus par ses lettres ; en voici des exemples.

Marc-Antoine de Dominis, archevêque de Dalmatie, vivait en Angleterre comblé des bienfaits du roi, ayant une fort grande part à ses bonnes grâces, mais il était trop éclairé pour vivre en paix après avoir quitté la foi de l'Église romaine, pour prendre celle de l'Église protestante d'Angleterre, où il demeurait depuis près de cinq ans, mais dans une agitation d'esprit et un trouble qui ne le laissait point en repos, ce qui le fit résoudre à penser sincèrement à un retour. Il alla dans ce dessein ouvrir son cœur au marquis de Grandemar, ambassadeur extraordinaire du roi d'Espagne en Angleterre, pour lui demander des assurances de la protection du roi catholique, et sa médiation auprès du Pape, lui représentant l'état misérable où l'avait réduit son apostasie. Il n'eut pas de peine à faire entrer cet ambassadeur dans ses sentiments et même dans ses intérêts ; de sorte qu'ayant été assuré de la protection d'Espagne, il désavoua au dernier sermon qu'il fit dans Londres tout ce qu'il avait dit et écrit contre le Pape et l'Église romaine, rétractant tout ce qu'il avait avancé dans son livre de la *République ecclésiastique*, et fit imprimer sa rétractation pour la faire connaître à toute l'Europe, qu'il avait scandalisée par sa désertion. Le roi d'Angleterre, informé de ce que ce prélat venait de faire, le dépouilla des bénéfices qu'il lui avait donnés et lui ordonna de sortir au plus tôt de son royaume, afin d'ôter à ses peuples un exemple capable de leur inspirer de pareils sentiments. Il passa d'Angleterre en

Flandre, et se rendit par l'Allemagne à Rome où il arriva vers la fin de novembre, et il fit imprimer une ample déclaration par laquelle il donna de grandes démonstrations d'un sincère repentir. Il détesta ses erreurs et tous les livres qu'il avait composés contre le Pape. Dans le détail de sa déclaration il fait mention de la créance des protestants et des articles réglés dans le synode de Dordrecht, qu'il traitait d'hérétique, assurant que ce synode avait été conçu dans les ténèbres de l'erreur. Jansénius, qui n'était pas tout à fait de son avis, mande à Saint-Cyran la nouvelle de la conversion de ce prélat et de son abjuration avec une indifférence qui donne lieu de croire que, bien loin de s'intéresser à ce retour par cet esprit de charité qui est commun à tous les chrétiens, et bien loin d'entrer dans ce concert de joie que les bienheureux anges font retentir dans le ciel à la conversion d'un pécheur, il semble qu'il n'y prit aucune part. « Je vous envoie, dit-il en sa lettre à l'abbé de Saint-Cyran du 15 juillet 1622, la copie de la rétractation de Marc-Antoine, archevêque de Spalatro. » C'était d'un air vif et triomphant qu'il avait mandé son apostasie, louant le dessein qu'il avait d'écrire contre l'Église romaine et applaudissant en quelque façon ce pernicieux ouvrage ; et quand il parle du retour, c'est avec une sécheresse qui lui fait tarir les paroles dans la bouche ; il ne dit pas même un mot des seize vérités qu'il fit imprimer, pour les opposer aux seize hérésies contenues dans son livre des *Écueils du naufrage chrétien*.

C'est à peu près dans le même esprit qu'il rend compte à l'abbé son ami de la mort du père Lessius, qui enseignait la théologie dans les écoles des jésuites, et qui, s'étant acquis une grande réputation dans tout le pays par sa capacité, lui donnait des inquiétudes mortelles, et par la bonne opinion qu'on avait de sa doctrine, qui était bien reçue dans l'Université, et par les terribles atteintes qu'il donnait à la doctrine de ce nouveau dogmatiste, dont il réfutait les sentiments, avant qu'ils fussent éclos, en réfutant ceux des protestants de Hollande ; ce qu'il faisait avec une grande force et avec bien de l'autorité. Voici ce que Jansénius en écrit à Saint-Cyran, le 10 février 1623 : « Le père Léonard Lessius est mort au mois de janvier. Je crois qu'il est allé rendre raison de Pillemot. » C'est ainsi qu'il blâme inconsidérément la conduite d'un homme irréprochable dans ses mœurs, qui avait presque achevé d'éteindre ce qu'il restait des opinions de Baïus dans l'université de Louvain, pendant l'espace de vingt ans qu'il régenta le collége des jésuites, et dont il nous est resté un bel éloge d'Urbain VIII, qui l'avait fort connu. Voici comme il en parle : « Je connus fort particulièrement le père Lessius lorsqu'il était à Rome ; je l'ai toujours beaucoup estimé pour sa grande capacité, mais encore plus pour sa grande vertu ; il était fort humble, fort dévot et je le crois un grand saint dans le ciel. » Enfin, tout bien considéré, il paraît peu de sentiments de vraie piété et peu de religion dans toute la suite des lettres de ce docteur.

La disgrâce du surintendant, qui avait éloigné d'Andilly de la cour et l'avait réduit à mener une vie retirée à Pomponne, avait tellement affligé l'abbé de Saint-Cyran, par le renversement presque universel de ses espérances et des ouvertures qu'il commençait à avoir auprès des grands, qu'il en fut troublé, et ne put même pas en donner avis à son ami de Louvain qu'avec des marques d'une grande affliction ; comme si tout était perdu pour le grand dessein qu'ils méditaient, et comme s'il eût été nécessaire de prendre d'autres mesures et changer tout à fait le plan de cette affaire. Voici ce que Jansénius lui dit sur cette affaire dans une lettre du 4 mars 1623 : « De votre ami que vous consolez du changement de la surintendance en la cour, vous me parlez trop brièvement et en général sans que j'y entende rien. Ce changement du dessein mérite bien que nous en conférions, afin de savoir à quel but il nous faudra viser. » Voilà des gens bien déconcertés par la retraite de d'Andilly ; ils ne savent où ils en sont, leurs mesures sont renversées, tant cela tenait à peu de chose ; car il ne s'agit ici que de la disgrâce d'un commis et ils ne s'entendent déjà plus ; ce qui oblige Jansénius à demander une entrevue à l'abbé, qui la jugeait, de son côté, aussi nécessaire.

Le père de Bérulle eut dans ce même temps deux affaires sur les bras qui lui donnèrent de l'exercice ainsi qu'à ses amis. L'une fut pour le livre des *Grandeurs de Jésus*, qu'il venait de donner au public et qu'on menaçait de censure en Sorbonne. L'autre fut à l'occasion des carmélites. Il alla lui-même quérir en Espagne celles qui apportèrent les premières la réforme en France, et en devint le premier supérieur. Ces religieuses, lassées de la direction des pères de leur ordre (qui avaient peut-être pris un trop grand empire sur leurs esprits), s'avisèrent de s'en défaire et de prendre des pères séculiers pour les diriger. De Marillac, qui avait contribué à les faire venir en France et à les établir, les appuyait en ce dessein, et le père de Bérulle, qu'elles avaient pris pour leur supérieur, entreprenait de le faire réussir par son crédit. Les pères carmes produisirent un bref du Pape qui attachait ces filles à leur direction; ce qui se pratiquait en Espagne, où la réforme s'était faite par sainte Thérèse, leur fondatrice, et ils prétendaient que, possédant mieux l'esprit de l'ordre que des prêtres séculiers qui ne le connaissaient pas, ils devaient leur être préférés. Ces raisons, toutes solides qu'elles parurent, étaient combattues par les carmélites, qui répondirent que ce bref, produit par les pères, avait été obtenu par surprise, sans leur participation, que l'esprit de leur ordre n'était pas difficile à conserver, ayant entre leurs mains les œuvres de sainte Thérèse, qui leur en avait laissé le modèle; que le concile de Trente autorisait cette liberté dans toutes les maisons religieuses de changer de directeurs, parce que rien n'était plus dangereux que cet assujettissement à une même conduite, qui pouvait dégénérer en contrainte. Ces raisons, produites de part et d'autre, firent une espèce de division et de schisme dans l'ordre, car il se trouva même des filles qui s'opposèrent à ce changement. Les carmélites de Paris, soutenues par Marillac et par le père de Bérulle, entraînèrent en leur sentiment la plupart des couvents de tout le royaume; mais il se trouva à Bourges quelques-unes de celles qui avaient apporté la réforme en France qui s'opposèrent avec bien du zèle à ce changement, le croyant tout à fait contraire à leur esprit, et elles furent soutenues dans leur opposition par le prince de Condé, gouverneur du Berry, qui entra dans leurs raisons, et les envoya à Bruxelles auprès de l'infante archiduchesse Isabelle-Claire-Eugénie, veuve de l'archiduc Albert, pour les aider de sa protection, qui devait leur être d'un grand poids par l'expérience qu'elle avait de la manière dont en usaient les carmélites en Flandre et celles d'Espagne.

Ainsi, l'affaire n'était pas sans difficulté, et rien n'aurait fait plus de tort à la réputation du père de Bérulle, qui paraissait protecteur de ce changement, ou plutôt de ce relâchement dans un ordre tout nouvellement réformé, si le dessein qu'il appuyait de son crédit n'eût pas eu le succès qu'il souhaitait. Outre cette affaire dans laquelle il paraissait intéressé, il y en avait une autre qui n'était pas d'un moindre intérêt pour lui. Son livre des *Grandeurs de Jésus* commençait à se débiter ; on le menaçait des censures de Sorbonne pour certaines expressions qui paraissaient nouvelles et pour je ne sais quoi de peu solide dans la doctrine. Après le malheur qui lui était déjà arrivé d'être censuré dans la formule des vœux de ces religieuses, ses amis lui représentèrent de quelle importance il était pour lui d'empêcher que son nom ne fût flétri par une seconde censure. Mais l'abbé de Saint-Cyran parut sur cela le plus vif et le plus ardent de tous ; non-seulement il lui marqua la nécessité qu'il y avait de s'aider, mais il l'aida même de ses conseils, de ses lumières et de toute sa force, et lui répondit de son ami de Louvain et du crédit qu'il avait dans l'Université pour les deux affaires que ce père avait sur les bras. En effet, Jansénius était disposé de longue main à bien faire ; il ne faut que voir ses lettres pour connaître sa disposition. J'ai déjà parlé de celles par lesquelles il offre son approbation au livre du père de Bérulle sans l'avoir vu. Voici ce qu'il répond sur l'affaire des carmélites, le 17 juin 1622, à « Monsieur l'abbé de Saint-Cyran au cloître de Notre-Dame, au logis de monsieur le sous-chantre » (car il avait quitté les Halles depuis quelque temps pour venir loger au cloître).

« Monsieur,

« L'approbation du livre du père de Bérulle a été envoyée il y a quinze jours ; si elle ne vous convient pas, écrivez-en une, je la signerai ; car, à ce que je vois, il y aura assez de temps. Je me suis informé du différend des pères carmes déchaux et des carmélites, et ai entendu qu'il est arrivé sur la liberté de choisir un confesseur de quelle qualité qu'il leur plût, séculier ou régulier, qu'elles prétendent avoir de leur institut, car jusqu'à cette heure elles ont en partie un chanoine de l'église d'Icy, partie un professeur de philosophie. Ces religieux disent que cette liberté leur a été restreinte par une bulle du Pape, laquelle elles répondent être obtenue par subreption ; ayant proposé leur différend aux docteurs d'Icy, ils ont répondu en faveur des filles; voilà la substance de ce que j'ai entendu. Je m'en informerai de ceux de la faculté à la première occasion et vous en écrirai avec plus d'assurance. »

Il en parle plus en détail dans sa lettre du 15 juillet : « J'ai entendu plus particulièrement la dispute entre les religieuses et les pères discalez. C'est que les filles prétendent d'avoir par leur première institution de pouvoir élire un confesseur, plus souvent que le concile de Trente le permet, laissant leur confesseur ordinaire. Laquelle liberté les filles estiment beaucoup ; les carmes ne le veulent point permettre, et ont ordonné plusieurs constitutions qu'elles n'avaient point auparavant, qu'ils veulent qu'elles reçoivent, et entre autres choses est celle-là, la plus importante, et pressent avec de plus grands efforts ; ils ont gagné presque tous les couvents de ce pays, hormis celui de Louvain et d'Anvers ; elles sont des femmes et guère capables à prendre ou à poursuivre de grandes résolutions; car les carmes offrent que si elles ne les veulent pas recevoir ils les abandonneront comme des rebelles, ce qu'elles craignent, soit que les carmes font cela à bon escient ou pour les intimider. »

Mais quelque bien intentionné que fût Saint-Cyran, avec tout le zèle qu'il avait pour le service du père de Bérulle, ni son approbation pour le livre des *Grandeurs de Jésus* n'était pas suffisante pour le mettre à couvert d'une censure de Sorbonne, ni ses intrigues n'étaient pas assez vives pour terminer le différend des carmes et des carmélites, ce qui lui fit prendre le parti de s'offrir au père pour faire le voyage de Flandre, afin d'aller traiter avec son ami Jansénius de ces deux affaires, qui étaient si importantes pour lui. Il se faisait valoir par là près d'un homme qu'il voulait gagner sans qu'il lui en coûtât beaucoup, car, dans le fond, il était arrivé quelque chose dans leur projet qui les obligeait à changer de conduite et à se voir afin de prendre des mesures pour ce changement.

On prétend que Jansénius pensait à faire un voyage en Espagne; mais il ne paraissait point pourquoi; quoi qu'il en soit, ils avaient tous deux quelque dessein caché qui les intriguait fort, et le père de Bérulle fut servi sous ce prétexte, car ces deux amis convinrent de se voir à Péronne chez les pères de l'Oratoire le samedi de la semaine de Pâques, qui tombait le jour de Saint-Pierre, martyr, 29 avril; ce qui se fit comme ils l'avaient résolu. Ils furent peu de temps ensemble, et Jansénius fit le voyage en poste pour s'absenter de sa classe moins de temps; on ne laissa pas néanmoins d'en discourir comme il l'avoue lui-même dans sa lettre du 19 mai 1623.

Pour l'affaire des carmélites, il en rendit compte à son ami étant de retour, mais la lettre s'est perdue. Voici ce qu'il en écrivit le 27 mai : « Je vous ai écrit une longue lettre des affaires des carmes déchaussés, à savoir que les religieuses de Bourges excommuniées sont arrivées à Bruxelles, et que les carmes ont dressé un cas pour ces religieuses qui craignent d'être excommuniées là où ils font le narré qu'elles sont sorties du couvent, sachant par le prince de Condé qu'elles pouvaient aller en Flandre ou obéir au Pape, et que, craignant du scandale, comme il était arrivé à Bordeaux, elles sont sorties sans mandement du supérieur. » Dans le reste de la lettre, Jansénius mande à l'abbé ce qu'il a fait en toute cette affaire pour le service du père de Bérulle, comme il a engagé les docteurs ses amis de lui être favorable, qu'il a dressé un mémoire en latin pour le confesseur de l'infante, afin de l'empêcher d'être surprise, et parce qu'on pouvait l'accuser lui-même auprès de l'infante de s'être trop intrigué en cette affaire. Il demande en outre une copie du livre que Marillac avait fait pour justifier la conduite du père de Bérulle.

Le cordelier hibernois, ami de Jansénius, faisait des merveilles pour le même père, car Jansénius l'avait engagé à le servir, et c'était un docteur hardi et entreprenant; mais, après tout, ce ne fut pas par les mouvements que se donnait Jansénius pour cette affaire qu'elle réussit à l'avantage du père de Bérulle, mais par les amis que Marillac et lui avaient à la cour de France où il fut bien servi, et pour sauver son livre de la censure de Sorbonne et pour autoriser les carmélites dans la résolution qu'elles avaient prise de se défaire de la direction des pères de leur ordre; car ce qui se fit en Flandre, par les intrigues de Jansénius, eut peu d'effet. Il est vrai aussi que la résolution du voyage qu'il fit quelque temps après en Espagne fut le principal effet de son entrevue à Péronne avec l'abbé de Saint-Cyran, l'affaire du père de Bérulle n'en ayant été que le prétexte. Et ce voyage ne fut résolu que pour sonder les esprits à la cour et dans les universités de Valladolid et de Salamanque sur l'innovation qu'ils méditaient de faire dans l'École, pour attaquer la religion, car on était tellement prévenu contre tout ce qui avait l'air de nouveauté dans Louvain, que Jansénius avouait lui-même qu'il n'y avait pas de sûreté pour sa personne de s'en expliquer à qui que ce fût.

Enfin, pour achever le portrait de Jansénius par les qualités de son esprit dont je tâche de montrer le caractère dans ce livre, il est à remarquer que l'histoire du procès de Louis Gaufredy, qui avait été brûlé par arrêt de la cour du parlement de Provence pour ses ordures avec une ursuline nommée Madeleine de la Palud et pour ses crimes de magie dont il était accusé, celle de Marie de Sains, religieuse du monastère de Sainte-Brigitte de Lille en Flandre, qui se disait princesse de la magie et celles de quelques autres religieuses du même couvent qui passaient pour possédées ayant été imprimées à Paris, Jansénius eut une si grande curiosité de savoir ce que c'était qu'il en écrivit à l'abbé son ami, avec des empressements qui devaient le fatiguer. Voici ce qu'il en dit en sa lettre du 24 février 1623 : « Je viens de lire un livre curieux imprimé à Paris en l'an 1623, d'une histoire de possédées où il y a des choses admirables qui m'a empêché de ne pouvoir écrire à temps. » Et plus bas dans la même lettre : « Je voudrais que vous eussiez ce livre qui parle fort de l'Antechrist et quelle estime vous en avez; il semble bien qu'il soit véritable et authentique; que les dépositions ont été véritablement faites; mais la question est si elles sont vraies. » Par sa lettre du 4 mars, il lui parle d'un certain livre français imprimé cette année à Paris, concernant trois filles possédées et qui contenait des choses étranges Il voulait savoir ce qu'on en disait, et particulièrement Saint-Cyran, parce qu'il y trouvait bien de la conformité à ce qu'ils avaient dit autrefois de l'Antechrist. Il est vrai que cette histoire, qui était un récit de ce qui s'était passé dans l'exorcisme de ces possédées, était pleine de circonstances sur l'Antechrist, assurant qu'il était né l'année 1606 d'une Juive et d'un incube au pays de Judée; que Belzébuth l'avait avoué pour son fils; qu'il avait été baptisé le jour de saint Jean-Baptiste à un sabbat général qui s'était tenu en France avec toutes les magnificences imaginables et qu'on avait fait de grandes réjouissances à ce baptême. On assurait que Marie de Sains était accouchée le jour de la Toussaint (de l'année 1620) de son premier fils, dont Louis Gaufredy, alors prince des magiciens, était père. Tout l'interrogatoire de cette possédée contenait l'ordre que les magiciens et les sorciers tenaient en leurs sabbats, et toutes ces affreuses cérémonies qui se faisaient en l'honneur du diable pendant ces fêtes, ainsi que les adorations qu'on rendait à la mère de l'Antechrist.

Voilà à quoi s'occupait Jansénius, charmé qu'il était de la lecture de ce livre dont il parle dans ses lettres à son ami jusqu'à trois fois, tant il est plein de ces belles idées de sabbat, de possédées, d'Antechrist; ce qui décèle un caractère d'esprit peu solide, et je ne sais quoi de léger, de vain et de frivole, et l'inclination qu'il montre pour ces contes ne marque que trop son génie.

Voilà quelles étaient les qualités dominantes de ces deux chefs de la nouvelle opinion dont j'écris l'histoire, et en quoi consistait le véritable fond de leur esprit, qui avait plus d'emportement que de solidité. L'amour qu'ils avaient l'un et l'autre pour les nouveautés en matière de religion les engageait à des sentiments écartés, dont ils n'auraient peut-être pas été capables s'ils se fussent tenus dans les bornes qu'ils devaient garder; ils avaient tous deux une présomption naturelle qui leur faisait regarder le reste des hommes avec bien de la hauteur, aimant mieux l'un et l'autre devenir les maîtres en l'école du mensonge que d'être disciples en celle de la vérité. Ils avaient un grand mépris pour la théologie et les théologiens scolastiques, sans épargner même saint Thomas, qui leur semblait fort peu de chose. L'entêtement qu'ils avaient pour saint Augustin leur faisait regarder tous les autres saints Pères d'une manière à ne pouvoir les souffrir, et à compter pour rien tout ce qu'ils ont écrit pour l'Église. Ils étaient l'un et l'autre fort empressés à lire tous ceux qui ont écrit contre le Saint-Siége, et qui ont fait des innovations dans la religion, comme il a paru dans Marc-Antoine de Dominis et dans quelques autres. Ils faisaient une grande profession de dévotion, se vantant de bien aimer Dieu, et en même temps ils haïssaient fort leur prochain, comme il a paru surtout dans les jésuites, dont ils avaient une extrême aversion. Grands calomniateurs de tous ceux qui leur résistaient et grands idolâtres d'eux-mêmes, ils étaient très-habiles à pratiquer le mensonge et à le mettre en usage dans les affaires qui les regardaient. Au reste, leur plume était aussi pleine d'aigreur et d'amertume à l'égard de leurs ennemis, que remplie de flatterie et de douceur à l'égard de leurs amis.

L'esprit de cabale les liait bien davantage qu'une vraie amitié ; ils ne pouvaient pas être aussi jaloux de leur propre gloire qu'ils l'étaient sans se défier un peu l'un de l'autre. C'était un esprit de saillie que Saint-Cyran, qui n'avait rien de régulier, et Jansénius suppléait par son travail à son peu de génie. Le premier était insociable, chagrin, difficile, sans aucun agrément dans le commerce. Le second était un esprit dur, sec, glacé presque en toutes choses. Saint-Cyran était d'un caractère hardi, affirmatif, convainquant les gens, moins par les choses qu'il disait, que par l'assurance et par la fermeté avec lesquelles il les disait. Son collègue était plus timide par son tempérament, mais il devenait fier et entreprenant quand on le soutenait. C'était un raisonnement bizarre, singulier et enveloppé que celui de Saint-Cyran ; son ami cherchait moins de détours et de finesse en ce qu'il pensait et en ce qu'il disait. Saint-Cyran cachait sous un air froid et une modération apparente une colère et une violence qui le portaient à des extrémités étranges. Le flegme de Hollande avait radouci un peu plus l'humeur de Jansénius. Celui-là était un grand exagérateur en protestations d'amitié, mais sa fidélité n'était pas toujours si bien colorée qu'on n'en vît bientôt la fausseté. Celui-ci était plus simple. L'autre était austère au prochain, tendre et indulgent envers soi ; et celui-ci, intéressé, cherchant des bénéfices, amassant de l'argent, dont Saint-Cyran se souciait moins. Leur morale n'était pas la plus exacte du monde en bien des choses sur lesquelles ils n'étaient pas fort scrupuleux ; mais ils ne se cédaient rien l'un à l'autre pour l'ambition, sinon que Saint-Cyran était encore plus vain et même plus affamé de gloire que Jansénius. Ce furent là les qualités de cœur et d'esprit qu'ils apportèrent dans leur entreprise de réformer le monde, et ce fut principalement par ces différents ressorts qu'ils entreprirent de faire jouer la grande machine qu'ils dressaient, dont on pourra voir les détails dans la suite de cette histoire, si on veut les suivre pas à pas pour tâcher de ne rien perdre de leurs démarches.

LIVRE QUATRIÈME.

Mort de Grégoire XV. — Port-Royal. — Conférence de Bourg-Fontaine. — Mariage du prince de Galles. — Bochard de Champigny. — Difficultés des jésuites dans les Pays-Bas. — Voyages de Jansénius en Espagne. — Libertinage de la cour de Louis XIII. — Le père Garasse. — Jansénius se fait des sectateurs. — Cabale de Jansénius, Trevisi, Colenus et Fromond. — L'archevêque de Malines. — Le chapelet secret. — Le père de Gibieux.

Ce n'était pas sans fondement que les frayeurs de Jansénius s'augmentaient à mesure que son ouvrage avançait; car, outre qu'il était fort dangereux de penser à introduire des nouveautés dans la religion dans un temps où la plupart des princes chrétiens étaient occupés, presque dans toute l'Europe, à faire la guerre à l'hérésie, rien n'était plus délicat que d'écrire sur une matière que les censures de Rome avaient défendue avec tant de rigueur, quand, après quarante-sept congrégations tenues devant Clément VIII et Paul V sur la dispute des jacobins et des jésuites à l'occasion du livre de Molina, ces deux Papes n'avaient rien décidé. Paul laissa une entière liberté aux uns et aux autres sur leurs sentiments, leur défendant de se maltraiter en paroles ou écrits. Cependant, les deux partis ne laissaient pas de se traiter réciproquement d'hérétiques, malgré cette défense, au grand scandale de l'Eglise et au mépris du Saint-Siége. Pour remédier à ces désordres, qui naissaient des livres qu'on imprimait tous les jours sur la grâce, Paul ordonna dans une congrégation de l'inquisition, tenue en sa présence le 1ᵉʳ décembre 1611, qu'on écrirait à tous ses nonces de faire savoir aux supérieurs et aux ordinaires résidant dans l'étendue de leur nonciature de ne laisser imprimer aucun livre sur la matière de la grâce, même sous prétexte de commenter saint Thomas ou quelque autre docteur, et que si quelqu'un voulait écrire sur ce sujet, il eût à envoyer ses écrits à l'inquisition pour y être examinés.

La mort de Grégoire XV, qui arriva après deux ans et demi de pontificat, le 8 juillet de cette année, donna lieu à un nouveau règlement qui se fit sur ce sujet, lequel rendit cet obstacle que Jansénius trouvait dans l'exécution de son travail encore bien plus invincible. Voici comment jamais conclave ne fut peut-être moins tranquille que celui qui se tint après la mort de Grégoire. Ce Pape avait fait une bulle pour régler les abus qui se commettaient dans l'élection des souverains pontifes. Et outre que les cardinaux de Savoie et de Médicis eurent de grands démêlés sur leur rang, qu'ils se contestaient pour la préséance de leurs maisons, les deux principaux chefs de parti, le cardinal Borghèse, chef des cardinaux de la création de Paul V, son oncle, et le cardinal Ludovisi, neveu de Grégoire, avaient deux puissantes brigues opposées entre elles, et partagées encore par les cardinaux de la faction de France et de celle d'Espagne. Les ludovisiens portaient le cardinal Bandino au pontificat, et les borghésiens le cardinal Melino. Les Français voulaient le cardinal Borromée, suspect aux Espagnols, qui en proposaient un autre; de sorte que chaque faction se croisant pour aller à son but et pour élever son sujet, il arriva que dans le plus fort de ces agitations, qui tenaient tout le conclave partagé, le cardinal Mapheï Barberino, Florentin, auquel on ne pensait pas d'abord, fut élu Pape sous le nom d'Urbain VIII avec une satisfaction générale de tout le monde. Ce qui ne se fit pas sans une conduite particulière de la Providence sur l'affaire que j'ai entrepris d'écrire, car ce Pape fut le prédestiné que Dieu choisit pour s'opposer avec plus de fermeté à toutes ces nouveautés que Jansénius entreprenait d'introduire dans ce monde. Urbain VIII commença son pontificat par un nouveau bref qui confirmait le décret précédent de Paul V, pour défendre encore plus expressément, sous des peines très-rigoureuses, qu'on n'écrivît aucun traité sur la grâce, voulant même que ce que l'on imprimerait sur ce sujet, sans une permission expresse de l'inquisition, passât pour condamné, sans qu'il fût besoin d'une nouvelle censure.

Ces défenses, qui devaient servir de barrières propres à arrêter nos deux écrivains, ne firent aucune impression sur leur esprit, et ce décret de Paul V, qui fut respecté de tous les savants de ce temps-là, et qui donna lieu à l'Église de jouir d'une profonde paix l'espace de trente-trois ans ou environ, ne fut en aucune façon considéré de ces deux docteurs, qui, pour satisfaire leur vanité et l'ambition de devenir chefs de parti, continuèrent à travailler à leur dessein, et à troubler par leur ouvrage le calme dont jouissait le Saint-Siége. Mais ce qui paraît encore plus étrange, c'est que par la supputation que fit Jacques Zégers, imprimeur du livre de Jansénius, cet auteur fut vingt-deux ans, c'est-à-dire depuis sa retraite à Bayonne jusqu'à sa mort, presque toujours enfermé dans son cabinet pour travailler à son livre et à regarder de sang-froid, avec bien du mépris, les défenses que Paul V et Urbain VIII avaient promulguées pour empêcher qu'on n'écrivît sur ces matières de la grâce et de la prédestination. L'entêtement qu'il avait pour son dessein ne lui permettait pas d'avoir de la déférence pour le vicaire de Jésus-Christ; voici ce qu'il en écrit à son ami le 2 juin 1623 : « Le couvent de Conrius est autant passionné pour ce que j'entreprends que les carmes le sont pour les religieuses ; c'est ce qui me fait voir que telles gens sont étranges quand ils épousent quelque affaire, et je juge par là que ce ne serait pas peu de chose si Pillemot fût secondé par quelque compagnie semblable; car, étant embarqués, ils passent toutes les bornes, pour ou contre. »

Il paraît par cette lettre qu'il voyait combien il avait besoin de gens de résolution pour être soutenu dans son entreprise, qu'il n'était pas capable de diriger lui seul; il souhaitait même des gens hardis. Ce fut avec la même chaleur qu'il poursuivit son ouvrage les années suivantes, quoiqu'on n'ait pu savoir le détail particulier de son travail, parce que ses lettres qui servaient à nous en donner la connaissance se sont trouvées perdues dans les papiers de l'abbé son ami, et qu'il ne nous est resté que quelques fragments, qui font voir l'application extrême qu'il avait à l'exécution de son dessein.

Mais en revanche il se trouve de quoi suivre les traces de l'abbé de Saint-Cyran pendant ces deux années consécutives où nous perdons un peu celles de Jansénius ; car cet abbé ne laissa pas de cultiver l'amitié de d'Andilly, quoique disgracié, et il trouva dans ses deux sœurs de Port-Royal deux sujets admirables pour recevoir les nouveautés qu'il préparait et pour contribuer à leur donner cours quand il faudrait. Il est vrai aussi que la mère Agnès et la mère Angélique avaient l'esprit fait exprès pour seconder parfaitement les desseins de Saint-Cyran, et qu'il s'était acquis déjà bien de l'estime et bien du pouvoir sur elles. Elles le goûtaient fort toutes deux, et elles ne pensaient déjà plus qu'à le produire à la communauté et à l'y faire goûter. Son esprit, son air et toutes ses manières les enchantaient. Port-Royal était alors gouverné par Sébastien Zamet, évêque de Langres, qui avait eu commerce avec ce couvent parce qu'il avait des religieuses à Dijon (ville de son diocèse), qui étaient venues originairement de l'ancien Port-Royal, et s'établirent en cette ville par l'entremise de cet évêque, qui permit des translations de quelques-unes de ces religieuses de Dijon à Paris et de Paris à Dijon. Aussi était-il entré tout à fait dans les intérêts des unes et des autres, et avait été demandé au Pape par les religieuses de Port-Royal pour leur supérieur perpétuel, parce qu'il connaissait mieux que les autres prélats l'esprit de leur ordre et de leur institut ; outre que c'était un homme fort vertueux, raisonnable, zélé et dont la conduite était pleine de douceur.

Il y avait alors un ecclésiastique dans le couvent qui s'était attaché à cette communauté par esprit de zèle et de charité pour ces religieuses, dont la vie les édifiait ; il s'appelait Coligny ; c'était un homme de qualité, fils de Dandelot et petit-fils de l'amiral ; touché de Dieu, il avait quitté le monde et s'était fait père de l'Oratoire. On dit que son frère aîné étant mort sans enfants, on voulut le marier pour conserver la maison ; mais la misérable conduite de sa belle-sœur, qui vécut mal avec son mari, le dégoûta si fort du mariage, qu'il ne voulut point en entendre parler ; c'est ce qui le fit entrer à l'Oratoire, où il se signala encore plus par sa vertu que par sa naissance, et s'attacha par dévotion au service des religieuses de Port-Royal, pour leur administrer les sacrements; en quoi il fut secondé par le père Lambert et par quelques autres pères de l'Oratoire, qui avaient le moyen et la commodité de fréquenter cette maison.

Les deux mères Arnauld, éprises du mérite de l'abbé de Saint-Cyran, voulurent le faire connaître à la communauté, et le produisirent à la grille pour y faire une sorte d'exhortation; mais cet effet lui réussit si mal et on en fut si dégoûté pour la première fois, qu'on ne put s'empêcher de le dire; cela ne rebuta pas les mères, qui par leur adresse surent si bien tourner les esprits de ces religieuses, qu'une seconde tentative lui réussit mieux; et il se raccommoda tout à fait par des entretiens qu'il eut en particulier avec les plus considérables de la maison, auxquelles il donna une grande idée de sa capacité dans les choses spirituelles, et peu à peu la réputation de son mérite s'établit dans le couvent. Celles qui gouvernaient commencèrent à chercher les moyens de se l'attacher encore davantage, ce qui était assez difficile à cause que la place était déjà prise par le père de Coligny, dont la vertu, jointe à la qualité, lui donnait une grande distinction et le faisait fort considérer. Tout ce qu'on put alors pour l'abbé de Saint-Cyran fut de faire agréer à l'évêque de Langres, qui n'était point un supérieur incommode, que l'abbé ferait quelquefois des conférences à la communauté et entendrait les confessions de celles qui le demanderaient pour leur consolation. Ce qui se pratiqua quelque temps de la sorte, sans aucun emploi réglé; cela donna lieu à l'abbé de cultiver aussi le reste de la famille avec tout le soin possible, comme il paraît par une de ses lettres, dont je trouve une copie dans le recueil du sieur de Préville. Cette lettre est adressée à d'Andilly, qui était apparemment à Pomponne : la date est du 8 août; celle de l'année n'est pas exacte. Voici ce qu'il écrit :

« Je n'eus pas sitôt reçu une lettre, que je fus au Port-Royal, et après avoir parlé à madame, je parlai à mademoiselle Arnauld : il faudrait l'avoir vue en secret comme moi pour être de mon opinion et inférer que la contraindre tant soit peu, c'est la blesser dans le cœur et lui laisser en la vie je ne sais quoi de triste qu'on ne lui effacera pas facilement. » Il allait, ce semble, bien vite, car de la manière dont il parle, il connaissait déjà cette fille à fond après l'avoir vue une seule fois.

Celle du 12 septembre de la même année est pleine de ces transports d'amitié qui lui étaient ordinaires : « Depuis votre département, je ne vous ai point du tout écrit, et ce que je vous écrirai maintenant sera si peu, que vous aurez occasion de dire que je ne suis capable que des extrémités en votre endroit..... Je ne suis ici pendant votre absence que de la même façon que si j'étais emmy un grand champ, logé sous une petite tente, sans que j'entende rien bruire à mes oreilles du bruit et des tempêtes ordinaires de cette grande ville ; d'où, si vous n'y retournez bientôt, je suis résolu de me retirer, n'ayant fait état d'y demeurer principalement que pour l'amour de vous, sans qu'il y ait d'autre addition en ce que je vous dis que celle que marquera celui qui ne me connaît point, et qui ignorera jusqu'à quel point je me suis donné à vous, car je me souviens toujours que je suis à vous par un vœu, et tandis que vous aurez tant soit peu d'opinion de ma piété et de ma religion, vous l'aurez sans doute de ma fidélité envers vous : qui pour vous en rendre quelque raison, vous dirai que pour la seule connaissance que vous m'avez donnée en passant, que vous croyiez que je songe en vos enfants. J'ai rompu le cours d'une fortune à un mien neveu qu'on me demandait instamment pour un grand et puissant personnage, ne voulant pas qu'il soit destiné à autre chose qu'à vous rendre du service en l'institution de ceux que vous aimez tant. En quoi, si je prisais tant soit peu ce que je donne ou que je ne fusse pas tout à vous avec ce qui m'appartient, il me serait loisible de rehausser les qualités de ce jeune garçon [1]. »

Il est vrai que rien n'est comparable à ces protestations d'amitié qui marquent, après tout, dans l'abbé de Saint-Cyran, un naturel moins réglé qu'impétueux dans ses mouvements, et qui cherche encore plus l'ostentation que la vérité ; car dans le fond on n'est point fait comme cela, ou l'on est extraordinaire.

---

[1] Ce fut son neveu Barcos qu'il lui donna.

Mais il est bon d'observer tout le détail des sentiments de cet abbé, et de n'en laisser rien perdre afin de connaître mieux son esprit pour en porter le jugement qu'il faut quand il s'agira de décider. Voici le fragment d'une autre lettre d'un galimatias d'affection plus exquis encore que ne sont toutes les précédentes ; elle est datée du mois de novembre de cette même année 1623.

« Si la réjouissance que j'ai eue d'avoir appris l'heureux accouchement de mademoiselle d'Andilly ne m'eût transporté jusqu'à me faire quitter tout pour répondre par un homme qui est sur le point de partir à votre lettre. Je ne puis le faire comme je voudrais à cause de la hâte de cet homme et de mes empêchements qui sont tels qu'ils ne peuvent être surmontés par ma passion, qui est toujours au comble, ne pouvant dévaler et ne pouvant monter plus haut, parce que ma connaissance, mon affection et mon souvenir sont dans leur borne. C'est un mot que j'emprunte de notre philosophie qui nous apprend que la même circonscription que les corps ont par leur quantité, les anges l'ont par leurs actions, ce qui m'ôte le moyen d'étendre ma passion en votre endroit, et m'oblige de reconnaître mon être créé en la seule limitation qui me le ferait haïr, si je n'aimais en vous l'être incréé qui ne demande de moi que le même amour que je vous porte, dont vous demeurerez sans doute content, puisque, ne pouvant trouver en moi de l'infinité, vous la trouverez en lui qui vous aime en moi, et par mon entremise d'un amour infini, vous m'obligerez d'agréer que je dise à madame d'Andilly que j'étais sur l'alliance de ces deux pensées. Comme se peut-il faire que Dieu ait dit, lorsqu'il créa l'homme et la femme qui étaient tous deux l'image de Dieu, et que néanmoins l'apôtre dit en termes exprès qu'il n'y a que l'homme qui soit l'image de la gloire de Dieu, ne donnant cette double qualité à la femme qu'en regard de son mari, puisqu'en vous portant des enfants mâles plutôt que des filles, elle multiplie la gloire de Dieu en multipliant ses images, et ensuite la nôtre, puisque vous n'en avez pris d'autre que celle de celui dont vous êtes la gloire, une seule fois en votre personne et plusieurs fois en celle de vos enfants, qui ayant cela de commun avec vous, n'en avez l'obligation qu'à votre femme : ni eux qu'à leur mère, que je salue et remercie autant de fois que je puis du bonheur dont elle est cause au ciel et en la terre, et en votre maison par un si heureux accouchement. »

Le raisonnement est admirable pour montrer qu'il vaut bien mieux accoucher d'un garçon que d'une fille, et il est nouveau. Il y a dans la même lettre, en apostille, qu'il rendrait raison à la marquise de Senessé de ce qu'il s'était chargé de chercher un précepteur pour ses enfants. Il était devenu ami du marquis de Senessé, ami particulier de d'Andilly, que le duc de Luynes voulait faire surintendant des finances : mais il mourut à Lyon dans cette conjoncture-là. La marquise était aussi de ses amis, et elle lui avait obligation pour un service qu'elle avait reçu de lui auprès du comte de Schomberg lorsqu'il était surintendant ; mais cela changea fort à son égard, car elle devint dans la suite une ennemie des plus déclarées du jansénisme. Le duc de Luynes mourut aussi peu de temps après son ami le marquis de Senessé, et laissa son poste de ministre d'État au cardinal de La Rochefoucauld, lequel, dégoûté de la cour et ne pensant qu'à la retraite pour se préparer à la mort, laissa sa place à Armand de Richelieu, évêque de Luçon, et depuis peu fait cardinal par Urbain VIII. L'abbé de Saint-Cyran, qui avait commencé à s'insinuer par sa capacité dans les bonnes grâces de ce prélat avant son élévation, en eut bien de la joie et en écrivit au docteur de Louvain, son ami, comme d'un homme propre à autoriser la nouvelle doctrine ; car voici ce que Jansénius lui répond sur cet article, le 16 septembre 1622. « De la promotion instante de M. de Luçon je suis fort aise, croyant qu'il ne nuira point à notre affaire. » Et le 25 décembre suivant, il écrit ceci : « De M. de Luçon je suis fort aise, étant un instrument très-propre à faire de grandes choses. » L'abbé de Saint-Cyran lui avait sans doute mandé qu'il y avait bien à espérer de la faveur de ce cardinal dont il écrivait des merveilles : en quoi il fut bien trompé, car c'était celui que la providence de Dieu destinait pour détruire le projet d'innovation qu'ils méditaient tous deux, ainsi que la suite de cette histoire le montrera.

Il courut environ ce temps-ci un bruit d'une conférence

tenue en la chartreuse de Bourg-Fontaine dans le Soissonnais, à une journée de Paris (à laquelle assistèrent les deux principaux chefs de cette cabale), pour le débit de la nouvelle opinion. Mais comme on a parlé diversement de cette conférence, et qu'il s'est trouvé bien des gens qui en ont douté, je n'en dirai rien ici que ce que l'avocat du roi au présidial de Poitiers, Jean Fileau, en a fait imprimer par ordre de la reine mère, l'année 1654, dans un recueil de diverses affaires concernant le jansénisme, et qui fut intitulé : *Relation juridique sur les affaires du jansénisme.* C'est ainsi qu'il en parle au chapitre II de cette relation, car je crois devoir décrire ses paroles pour ne pas paraître parler de mon chef en une affaire dont je n'ai point eu d'autres mémoires que le sien, et où je ne prétends citer que son témoignage.

« Pour découvrir ce mystère caché du dessein de ceux qui ont été les auteurs de cette nouvelle doctrine, et que peu de ceux qui font profession du jansénisme ont su jusqu'à présent, je suis obligé de déclarer qu'un ecclésiastique qui, passant par Poitiers, ayant su que j'avais témoigné publiquement en diverses occasions beaucoup de résistance à cette nouvelle doctrine, prit résolution de me visiter, et après quelques compliments, l'ayant mis sur le discours des maximes qu'on avançait si librement touchant la grâce et le franc arbitre, enfin me dit que cette secte de gens ne tendait qu'à ruiner l'Évangile et à supprimer la créance qu'on avait de la rédemption des hommes par le moyen de la passion de Jésus-Christ, qui était parmi eux une histoire apocryphe (dont il pouvait rendre un témoignage certain, ayant assisté aux premières délibérations qui ont été faites sur ce sujet); en effet, dit-il, les auteurs de cette doctrine, qu'on nomme à présent jansénisme, firent une assemblée, il y a plusieurs années, dans un lieu proche de Paris nommé Bourg-Fontaine, où celui qui me faisait ce récit avait assisté. Cette assemblée était composée de six personnes, lui faisant le septième ; de ces six personnes il n'y en avait plus qu'un qui restait vivant au monde, lesquels il désigna par leurs noms et qualités, savoir : Jean du Vergier de Hauranne, Corneille Jansénius, Philippe Cospeau, évêque de Nantes, Pierre Camus, évêque du Belley,

Antoine Arnauld, Simon Vigor, qui était l'ecclésiastique dont il s'agit.

« Que le premier, Jean du Vergier, après avoir fait entendre à l'assemblée qu'il était temps que les savants pleinement illuminés détrompassent les peuples et les retirassent des ténèbres dans lesquelles ils étaient comme ensevelis, et que pour cet effet ceux qui avaient les connaissances nécessaires et les talents proportionnés à ce grand ouvrage devaient mettre la main à l'œuvre et faire paraître la puissance de Dieu tout autre qu'elle n'avait éclaté dans leurs jours; que, pour y parvenir, puisqu'ils savaient qu'il n'y avait qu'un Dieu pour objet de la véritable créance et qui faisait des créatures ce qu'il voulait, qui savait ceux qu'il voulait sauver, les autres, qui ne pouvaient s'en plaindre, ayant mérité la mort éternelle par la prévarication du premier homme, se trouvant engagés dans cette masse corrompue; il était nécessaire de leur dévoiler les yeux et de commencer leur instruction par la destruction des mystères dont la croyance est illusoire et inutile, et particulièrement celui de l'Incarnation, qui était comme la base et le fondement de tous, car à quoi bon un Jésus-Christ né et mort pour les hommes desquels le salut dépend de la grâce que Dieu leur donne, qui seule est efficace et opère leur bonne ou leur mauvaise fortune pour l'éternité? Celui qui opina le second, qui fut Corneille Jansénius, fut de même avis, et exagéra cette proposition par les conséquences qu'il tirait des principes de leur doctrine. Le troisième, Philippe de Cospeau, évêque de Nantes, qu'on avait appelé à dessein de l'engager dans cette faction et qui était grandement versé dans la lecture de saint Augustin, ne dit autre chose, sinon que c'étaient des fous de faire de telles propositions et de les vouloir autoriser dans un royaume si éloigné de pareilles nouveautés, et que pour lui il ne voulait nullement s'engager dans ce parti.

« Les autres témoignèrent que la voie qu'on voulait prendre d'abolir d'abord l'Évangile et de combattre la créance des mystères, et entre autres de l'Incarnation, était aussi périlleuse qu'elle serait peu fructueuse, et qu'en la conduite du dessein proposé il fallait user de moyens plus spécieux pour s'insinuer dans les esprits et tenter des voies plus plausibles, pour ensuite annoncer la vérité de laquelle les peuples n'étaient point encore capables, que les doctes et ceux qui ne l'étaient pas s'opposeraient aux premières démarches et feraient passer cette doctrine pour impie, la dénonceraient aux magistrats, qui pourraient la mettre à l'épreuve des peines et des prisons.

« Ces raisons politiques ayant été goûtées par ceux même contre lesquels elles furent avancées, on demeura d'accord de tenter des voies plus douces, par lesquelles on pût enfin parvenir à la ruine de l'Évangile sans qu'on pût s'en apercevoir, et au lieu de toucher sitôt aux mystères, on délibéra de saper artificieusement la créance qui était entretenue dans l'esprit des catholiques; on résolut d'attaquer les deux sacrements les plus fréquentés par les adultes, celui de pénitence et celui d'eucharistie. Le moyen d'y parvenir fut ouvert par l'éloignement qu'on en procurait, en rendant la pratique si difficile et accompagnée de circonstances si peu compatibles avec la condition des hommes de ce temps, qu'ils restassent comme inaccessibles, et que, dans le non-usage fondé sur ces apparences, on en perdît par après la foi.

« On y proposa aussi d'élever la grâce à un tel point qu'elle opérât tout toute seule; de nier celle qui est suffisante aux hommes; de renverser la liberté du franc arbitre, de lui imposer une nécessité de plier sous la grâce victorieuse; de publier que Notre-Seigneur n'était point mort pour tous les hommes à dessein de prévenir les esprits, et leur ayant persuadé ces faussetés, de tirer des conséquences par après qui ruineraient facilement l'Évangile, les mystères et les sacrements; car, disaient-ils, si nous pouvons une fois imprimer cela dans les esprits de ceux qui nous écouteront ou liront les ouvrages que nous ferons sur telles matières, ils ne pourront plus rester fermes dans leur première créance, et il nous sera facile de leur persuader que l'ouvrage de la rédemption est supposé, puisque le tout ne dépend que de la seule grâce efficace à laquelle on ne peut résister, et que d'ailleurs, quelque effort qu'on fasse pour accomplir les commandements de Dieu, il y en a qui sont impossibles et que même la grâce manque pour les rendre possibles; à quoi bon donc un rédempteur, des sacrements, et tous ces conseils évangéliques? On sera sauvé ou damné quoi qu'on fasse, selon qu'il plaira à Dieu.

« Mais d'autant, dit l'un d'eux, qu'il ne sera pas si facile de surprendre les esprits des directeurs, comme il le sera d'agir sur les esprits faibles, et que, dans les propositions qui leur en seront faites, ils auront peut-être recours aux mêmes directeurs qui résoudront ces difficultés, il est nécessaire de pourvoir à cet inconvénient auquel l'un de la Compagnie se chargea d'apporter le remède, qui ne consistait qu'à les décréditer ou diminuer la créance de leur direction, qu'il ferait paraître entièrement intéressée. On prévit aussi qu'il ne fallait point laisser ce chef de l'Église sans l'attaquer, car comme c'est à lui qu'on a recours dans les controverses de la foi pour y prononcer en qualité de souverain, fondé sur la créance qu'ont les fidèles que c'est en sa personne que réside l'infaillibilité promise par le Saint-Esprit à l'Église romaine. Il fut résolu dans cette assemblée que l'on travaillerait contre l'état monarchique de l'Église, et que, pour le détruire, l'on s'efforcerait d'établir l'aristocratique, afin qu'il soit facile d'abattre ensuite toute la trop grande puissance du Saint-Siége, et quant à l'infaillibilité il fut résolu qu'on écrirait contre elle, et que, ne la pouvant décrier tout à fait, on la restreindrait aux seules assemblées de conciles, afin d'être toujours en état, lorsque le Pape aurait prononcé contre leurs nouveautés, d'en appeler à un concile, auquel toutefois ils ne croiraient pas davantage qu'au Pape et à l'Évangile.

« Tous ceux de cette assemblée, à la réserve de celui qui n'avait voulu découvrir ses sentiments, et qui les avait accusés de folie sans s'engager à aucune action contraire à la leur, et sans déférer, comme il le pouvait, afin d'étouffer ce monstre dans son berceau, demeurèrent d'accord qu'il fallait écrire et donner au public des livres pour établir les nouvelles maximes, qui n'étaient que des démarches pour parvenir à leur dessein, qu'on n'osait faire sitôt éclore. Et d'autant que, de tous les docteurs de l'Église, il n'y en a aucun qui ait donné tant d'essor à son esprit que saint Augustin, dont on puisse mieux abuser des passages mal expliqués, et dont les calvinistes mêmes s'étaient si bien servis; il fut résolu qu'ils se diraient les défenseurs de la doctrine de saint Augustin, que son autorité servirait de voile à la nouveauté de leur doctrine et de piège pour surprendre les esprits faibles, et afin de ne pas tomber en concurrence de même matière, ils distribuèrent entre eux les matières qu'ils s'obligeaient d'établir par leurs écrits, ce qui a donné lieu non-seulement au livre de Jansénius, mais aussi aux autres qui ont été mis en lumière en cette occasion, traitant de tous ces points que les doctes peuvent aisément remarquer sans que j'en fasse ici un plus particulier dénombrement. Le dernier livre qui a paru, en conséquence de la résolution de cette assemblée, est celui des deux chefs par lequel ils prétendaient ruiner l'état monarchique de l'Église et en établir un tout différent, s'ils n'eussent rencontré cette même puissance vigoureuse, laquelle a foudroyé cet ouvrage d'iniquité, qui voulait abolir la monarchie de l'Église par la multiplicité de ses chefs. »

Voilà comme a été projetée cette cabale, poursuit cet ecclésiastique ; cette assemblée, qui en fit le plan, était un conventicule contre la personne sacrée de Jésus-Christ. Il ajoutait des choses encore bien plus atroces, dont je ne voudrais pas me rendre responsable, non plus que de tout ce discours, auquel le sieur de Filleau a donné cours dans tout le royaume, en le faisant imprimer par ordre de la reine mère, pour désabuser les peuples de la nouvelle doctrine dont on se servait pour leur en imposer ; car ce qu'il ajoute qu'il avait appris du marquis de Renty, l'homme de la plus grande réputation pour la piété qui fût alors en France, qu'Octave de Bellegarde, archevêque de Sens, lui avait dit qu'il fallait tenir l'abbé de Saint-Cyran pour un homme fort suspect en matière de religion et pour malintentionné à l'égard du Pape, je laisse à chacun la liberté de juger du témoignage de ce magistrat comme il le trouvera à propos. J'avoue pourtant qu'il est difficile qu'un homme d'une probité aussi reconnue, et qui a servi le public dans la capitale de sa province avec une aussi grande réputation d'intégrité, puisse être capable de débiter de pareils discours s'ils n'étaient conformes à la pure vérité. D'ailleurs, je ne trouve aucun vestige de cette conférence dans les mémoires qui ont passé par mes mains sur cette affaire, si ce n'est que l'abbé de Saint-Germain, ancien aumônier et prédicateur de Marie de Médicis, mère de Louis XIII, m'a assuré qu'il avait souvent ouï dire à Jansénius (l'ayant vu et pratiqué à Bruxelles pendant l'exil de cette reine en Hollande) qu'il avait eu quelquefois des conférences à la chartreuse de Bourg-Fontaine avec l'abbé de Saint-Cyran et d'autres qu'il ne nommait pas. Je n'ai rien à dire sur cette conférence, sinon qu'il eût été à souhaiter qu'on la circonstanciât de particularités qui eussent moins donné lieu de douter d'un incident aussi important à cette affaire; mais, après tout, je n'ai pu me dispenser d'en parler ici et de dire ce qui s'en est dit partout, après la relation juridique que l'avocat du roi de Poitiers fit imprimer, par l'ordre qu'il en reçut de la cour et qui lui fut signifié par une lettre de cachet, le 19 mai de l'année 1654.

Le mariage du prince de Galles, fils aîné de Jacques, roi d'Angleterre, avec l'infante Marie, sœur du roi d'Espagne, qui se ménageait entre les deux couronnes depuis deux ans, ayant été rompu (sous le prétexte que l'Empereur ne faisait aucune justice au prince palatin, allié d'Angleterre, sur l'invasion du Palatinat et sur les autres prétentions), Jacques fit demander la main de Henriette de France pour son fils par les milords Hay, comte de Castille, et Risch, comte de Holland, ses ambassadeurs, et les noces furent célébrées à Paris avec de grandes démonstrations de réjouissance de la part des deux peuples qui s'unissaient encore davantage par une alliance si solennelle. Le cardinal de Richelieu, qui avait réglé les articles en qualité de premier ministre, pensa pareillement à régler la maison de la princesse et de choisir ses officiers.

Dans cette distribution d'emplois, il jeta les yeux sur l'abbé de Saint-Cyran pour le faire confesseur et premier aumônier de la princesse; il crut qu'un homme de sa capacité pouvait lui être bon en mille occasions, où elle trouverait dans une seule tête un conseil de conscience tout entier. Ce qu'on lui avait dit du mérite de cet abbé, de son savoir profond dans les Pères, dans la théologie, et dans la science universelle de notre religion, lui faisait regarder, avec quelque sorte de complaisance, le choix d'un si bon officier pour une princesse pour laquelle il avait déjà conçu une grande estime. Il crut même qu'un homme de la force de cet abbé pourrait dans la suite devenir utile aux affaires de la religion, dans un royaume où elle était opprimée depuis le schisme que le divorce d'Henri VIII avec la reine Catherine causa dans le pays. Toutes ces raisons faisaient regarder au cardinal ce choix pour la princesse comme une affaire alors importante, et qui dans la suite lui serait glorieuse. Aussi fut-il bien surpris quand l'abbé lui fit dire par celui qui lui en était venu faire la proposition qu'il remerciait Son Eminence et qu'il ne se sentait pas propre à cela.

C'était un esprit fier que le cardinal; il voulait absolument ce qu'il avait résolu, et ne pouvait souffrir d'être refusé, et quand une fois il avait dressé son plan dans une affaire qu'il avait à conduire, quand il avait pris ses mesures, qu'il était persuadé lui-même de l'avantage de l'affaire et que c'était de son chef qu'il l'entreprenait comme glorieuse à son ministère, il n'avait pas de repos que la chose ne fût exécutée comme il l'avait imaginée; de sorte que, frappé d'un refus si sec et si méprisant tout ensemble, il conçut une espèce d'indignation contre cet abbé, dont il ne fut pas capable de revenir. Saint-Cyran avait trop fait d'avance dans le projet qu'il avait tracé avec son ami Jansénius pour réformer l'Église; il s'était, pour ainsi dire, trop rempli l'esprit de ces vastes idées d'innovation dans la religion, à quoi il y avait plus de vingt ans qu'il travaillait, pour prendre le change sans raison dans une affaire de cette importance, à laquelle il ne trouvait rien de comparable, car il ne se proposait pas moins que de faire changer de sentiment à toute la terre. Il ne trouvait d'ailleurs dans l'emploi que lui proposait le cardinal de Richelieu qu'une vie fort obscure auprès de cette princesse, qui ne serait pas sitôt maîtresse, et dont le pouvoir serait fort borné, lors même qu'elle en aurait.

D'ailleurs il regardait toutes ses peines perdues s'il renonçait au grand dessein qu'il avait à cœur, et il se fit un zèle d'une entreprise qui n'était qu'un effet d'ambition et de vanité; il commença à regarder l'Église tout à fait ruinée s'il n'y remédiait; il s'imagina voir la main de Dieu sur lui pour l'obliger d'entreprendre sa réforme, et il regardait d'un autre côté les jésuites qui régneraient dans l'École, s'il ne s'opposait pas à leur doctrine, ce qu'il considérait comme le dernier malheur où la religion lui paraissait exposée. Tout cela enfin lui passa par la tête et le détermina à refuser le cardinal de Richelieu, lequel ne voyant dans ce refus aucune ombre de raison (car l'abbé ne lui en fit dire aucune, n'osant alléguer celle qu'il avait), il traita ses excuses d'orgueil, de hauteur, et se sentit tellement offensé qu'il ne voulut le plus voir. Mais comme ce ministre n'était pas homme à se vanter d'avoir été refusé dans une affaire qu'il souhaitait fort, il eut soin que la chose fût secrète, faisant dire à l'abbé qu'il était important pour cette affaire qu'on ne sût pas qu'on eût pensé à lui, et sans l'abbé de Mourgues de Saint-Germain, qui était alors à la cour auprès de la reine mère, en qualité de son premier aumônier, je n'en aurais rien su. Depuis ce temps-là, le cardinal rompit tout commerce avec Saint-Cyran, en qui il lui fut impossible depuis de prendre aucune confiance ; il y a même sujet de croire que l'aversion qu'il eut toujours de lui était un peu fondée sur ce refus que ce ministre prit d'une manière à ne lui point pardonner, car c'était là son esprit.

Mais l'affaire ayant manqué au cardinal de ce côté, il écouta les sollicitations que lui fit faire la reine mère pour les jésuites, qu'elle considérait à cause du père Suffren, son confesseur, et elle crut qu'elle ne pouvait rendre un plus grand service à sa fille, qui allait passer en Angleterre, que de lui procurer un confesseur de cet ordre, étant, comme elle était alors, si satisfaite du sien. Mais il se trouva des obstacles du côté des milords anglais, qui craignaient les jésuites comme des gens trop zélés pour la religion et trop habiles dans les controverses, sur quoi le roi Jacques était lui-même délicat, et les ambassadeurs déclarèrent qu'ils avaient ordre dans leurs instructions d'empêcher plutôt le mariage que de consentir jamais, quelques offres qu'on leur fît, que les jésuites passassent en Angleterre avec un caractère d'autorité tel que serait celui de gouverner la conscience de la princesse. Cependant des trois jésuites qui furent proposés au conseil du roi, le père Jacquinot ayant été choisi, il fut mandé en diligence avec ordre de se rendre à Paris. Les milords insistèrent, en disant que leurs instructions portaient de ne point souffrir de jésuites dans la maison de la princesse. La reine mère, qui voulait des jésuites avec plus de chaleur, commença elle-même à se refroidir, et l'on fit intervenir les amis des jésuites pour leur conseiller de se retirer eux-mêmes de cette prétention.

Alors quelques évêques de la cour, amis du père de Bérulle, commencèrent à s'intriguer pour mettre des pères de l'Oratoire en la place des jésuites auprès de la princesse. On choisit le père de Bérulle avec deux autres qui l'accompagnèrent; mais le père de Bérulle, qui passa la mer avec la princesse, ne se trouvant pas bien en ce pays-là, crut que la providence de Dieu le voulait en France, où il revint bientôt, et les deux pères de l'Oratoire qui y demeurèrent furent si maltraités par la plupart des officiers du roi et surtout des fourriers, que le père de Chantloup fut fort mal logé dès les voyages qu'on fit avant d'arriver à Londres, où les choses se préparaient pour l'entrée du prince et de la princesse. On le marqua même pour un logis où il y avait eu de la peste, et il y mourut de misère. Il fut regretté à la cour, où il était connu, ayant été page de la reine mère; c'était un jeune homme d'esprit et capable de rendre de bons services à sa congrégation s'il eût vécu. On ne dit rien de celui qui resta auprès de la princesse ni ce qu'il devint.

L'abbé de Saint-Cyran n'était pas toutefois tellement sorti d'affaire avec le cardinal, qu'il ne lui en restât du chagrin d'apprendre que son excuse n'avait été bien reçue du ministre, ce qui l'obligea à penser d'aller trouver son ami d'Andilly qui était à Pomponne pour s'en consoler, comme il paraît par une lettre datée du 9 mai 1624, du Mont-Marsin où il s'était retiré quelque temps pour sa santé : « Je partirai d'ici le mois prochain sans faute, dit-il, si la peste, dont on nous menace ici n'est pas trop forte à Paris; je m'y rendrai bientôt après, et là je vous dirai dans les allées de Pomponne, à la faveur des ombres des arbres, ce que je n'estimerais pas être assez bien caché dans ce papier. » C'était où d'Andilly s'était retiré avec toute sa famille après sa disgrâce pour y chercher cette tranquillité que la cour et les emplois qui l'y retenaient lui avaient dérobée. La solitude qu'il goûta dans sa maison parmi les siens contribua à lui faire aimer la culture des arbres, dont il se fit une honnête occupation ; car, partie par son expérience, partie par les conférences qu'il eut avec le curé d'Henouville, qui venait le voir (l'homme le plus habile à dresser des espaliers qui fût alors en France), il parvint à cette perfection qu'on n'a vue en personne autant qu'en lui, pour la culture des espaliers, dont il est le premier qui a ennobli notre siècle d'une science si honnête et si fructueuse.

Mais il avait outre cela un talent si admirable pour écrire, qu'il y avait peu de gens alors qui le fissent mieux que lui, comme il paraît par ses lettres imprimées dès ces temps-là ; et comme il sentait l'avantage qu'il avait à écrire, il s'occupait fort à le perfectionner par le commerce de Vaugelas et de Balzac, ses bons amis, qui étaient les plus savants du temps dans la connaissance de la langue française, et par l'étude qu'il faisait de leurs ouvrages, à quoi il prenait un si grand plaisir, que son ami l'abbé de Saint-Cyran ne put pas s'empêcher de lui en faire des reproches comme d'un attachement vain et inutile qu'il blâme. Voici ce qu'il lui en écrit le 6 août de l'année 1625 : « Je ne sais qui est ce M. de Vaugelas qui vous a écrit ; il me semble qu'il est de l'humeur de M. de Balzac, duquel je ne fais plus de cas que de sa lettre que j'ai dessein de lire dans trois jours, pour ce que j'ai d'autres occupations et que je désire que par mon exemple vous apportiez quelque modération à cette passion que vous avez aux paroles, dont la belle tissure est moins estimable que vous ne pensez ; car comme il n'y a rien parmi toutes les choses de la nature plus léger que la voix de l'homme, ce qui en résulte ne se peut rehausser qu'à l'égal de son principe, à cause de quoi la moindre production de la nature est celle qu'elle fait en formant la parole, d'où vient que Dieu, voulant parler et écrire, a affecté une simplicité en l'un et en l'autre que les hommes, amis de la vanité jusqu'aux moindres choses qui sont les paroles, ne peuvent entendre ni même admirer par ignorance. »

J'ai cru ne devoir rien perdre de tous les sentiments de cet abbé que j'entreprends de faire connaître. Son esprit paraît en ce fragment de lettre, par cet air de censeur dont il ne pouvait se défaire en blâmant l'application trop grande qu'avait son ami à l'étude de la langue, qui, dans le fond, n'est point blâmable dans un homme du monde qui cherche des établissements à la cour par ce talent que Dieu lui avait donné, qu'il s'étudiait à cultiver et dont il s'est depuis servi si utilement dans plusieurs ouvrages de dévotion. Mais Saint-Cyran, par le caractère de son esprit naturellement critique, se donnait la liberté de censurer la conduite de ses plus intimes amis. Quoiqu'il ne fît jamais de protestation d'amitié pareille à celle qu'il fait à d'Andilly dans une lettre écrite du 9 mars 1624, où il dit en parlant de son amitié : « Je vous donne la même assurance que vous avez conçue au même moment que j'eus l'honneur d'entrer en votre esprit et en votre cœur tout ensemble par la connaissance certaine que vous prîtes de moi et par la part qu'il vous plut me donner en votre affection. Cela se fit avec une telle infusion réciproque de cœurs et d'esprits que, quand je garderais un éternel silence avec vous, je penserais que vous m'entendriez aussi bien que si je vous redisais à toutes les heures les sentiments et les passions que j'ai pour vous... » La suite de la lettre est de ce ton-là ; toutefois, il ne peut pas avoir assez d'indulgence pour son ami et lui pardonner un peu de soin qu'il prend à bien écrire et à bien parler ; talent naturel dont il se fit une occupation si honorable et si agréable dans sa vieillesse, qu'il avait de la peine à la passer doucement sans ce secours.

L'abbé de Saint-Cyran demeura une partie de l'été à Pomponne avec toute la famille de d'Andilly, et ce fut là que la liaison se fit avec toute cette maison ; mais l'ardeur de ce commerce réfléchit particulièrement sur les deux mères Agnès et Angélique, dont l'attachement qu'elles avaient commencé à prendre pour l'abbé de Saint-Cyran faisait tous les jours de nouveaux progrès, et ce fut environ ce temps qu'il commença à se donner du crédit à Port-Royal par les voies d'une perfection nouvelle, par des pratiques de dévotion inouïes qu'il entreprit d'y introduire, et principalement par une affectation de sévérité dans les mœurs qui fit le plus de fracas dans le monde ; ce qui donna lieu depuis à un des plus grands magistrats de ce siècle, Mathieu Molé, qui, ayant été longtemps procureur général, fut depuis premier président et garde des sceaux, d'appeler cet abbé le Tertullien des derniers siècles. C'était par ces voies détournées et par ces sentiments écartés qu'il conduisait l'esprit de ces deux filles, dont il s'était déjà rendu le maître, et qu'il remplit leur esprit de ces illusions qui parurent après dans leur conduite par d'étranges égarements.

Cet esprit régnait trop dans le caractère de Saint-Cyran pour ne pas sauter aux yeux, pour ainsi dire, d'un homme qui avait autant de commerce avec lui qu'en avait le père de Bérulle, qui venait de donner au public son livre des *Grandeurs de Jésus*, qui était d'un style de dévotion si fort recherchée, que la plupart des esprits curieux en nouvelles méthodes de piété lui avaient bien donné de la vogue, ce qui donna lieu à l'auteur de tâcher, comme l'abbé de Saint-Cyran, de se signaler par des voies extraordinaires dans la dévotion, parce qu'on se distinguait par là, et qu'en se distinguant on s'érigeait facilement en chef de parti. Marillac, son intime ami et le premier de ses disciples, fut aussi un des premiers à lui chercher des sectateurs. Il avait un ami dans le conseil du roi, alors maître des requêtes, nommé Jean Lauzon, qui depuis fut conseiller d'État et gouverneur du Canada, homme d'une grande vertu et dans une grande opinion de probité. Ils étaient, Marillac et lui, bons amis de François Sublet des Noyers, sur lequel le cardinal de Richelieu commençait déjà à jeter les yeux pour partager avec lui le ministère des affaires dont le roi l'avait chargé. Le commerce des bonnes œuvres auxquelles ils se livraient les avait associés à un chanoine de Notre-Dame de Paris, nommé Bergier, qui avait plus d'action que les autres, parce que son poste lui donnait plus de liberté d'agir. Ils se réunissaient de concert pour s'informer ensemble des besoins les plus pressants qu'il y avait dans Paris, afin d'y pourvoir par leur charité.

Un jour, qu'ils s'entretenaient de ces sortes de besoins dont s'occupaient leur zèle et leur piété, il vint dans l'esprit à Marillac de penser à faire dévot le contrôleur des finances Bochard de Champigny, qui fut bientôt après surintendant et premier président au parlement de Paris. C'était un homme de bien, bon magistrat, équitable, et qui, sans faire profession de dévotion, était plus solidement vertueux que la plupart de ceux qui s'en piquaient davantage, mais qui, dans l'exercice de piété qu'il pratiquait, était ennemi de ces façons extérieures qui plaisent tant aux dévots de profession, parce que c'est par là qu'ils se font remarquer. Il est vrai aussi qu'il a paru peu d'hommes en ce siècle, dans ces grands postes, d'une fidélité plus incorruptible, d'une vie plus irréprochable et d'une vertu plus austère. Après trente ans de services dans les plus grandes charges du royaume et avec les plus grands appointements, ce magistrat mourut ayant moins de biens qu'il n'en avait de son patrimoine. Ce fut une vertu si exemplaire qui donna dans les yeux du père de Bérulle et ce qui lui fit souhaiter (dans le projet qu'il se formait de faire une société de dévots) de le mettre à la tête de cette Compagnie, persuadé qu'il fut que rien ne pouvait être capable de donner plus de vogue à la manière nouvelle de dévotion qu'il avait imaginée qu'un exemple de cette force.

Ce fut aussi ce qui le fit résoudre à lui en faire faire la proposition ; car un nom aussi grand dans le monde aurait fait un grand honneur à son parti s'il avait pu l'y engager. Lauzon et Bergier furent chargés de lui en faire la proposition : ils lui demandèrent audience dans les formes pour une affaire de conséquence qu'ils avaient à lui communiquer. Il les écouta. Lauzon commença son discours par un grand éloge de la vertu du père de Bérulle, dont on ne se rebutait pas même à la cour, où la licence des mœurs était si grande, mais à quoi les gens de bien pensaient à remédier, parce que la vraie piété paraissait en quelque façon éteinte ; il ajouta que s'il voulait ajouter à la réputation qu'il avait dans le monde pour sa probité quelque sorte de profession d'une piété plus réglée, rien ne serait plus avantageux à la religion ; que c'était de la part de M. de Marillac et de M. Desnoyers qu'ils venaient lui en faire la proposition ; il lui représenta la vogue où était le père de Bérulle pour la direction ; qu'il pensait faire une société de gens de bien pour s'opposer au déréglement des mœurs qui régnait : qu'on avait dessein de le mettre à la tête de cette société pour l'autoriser de son exemple et de son nom ; que tout ce mystère ne consistait qu'à faire des assemblées en secret, de temps en temps, pour conférer des moyens qu'il y aurait à combattre le vice et à établir la vertu ; que le livre des *Grandeurs de Jésus,* composé par ce père, et cette dévotion tendre envers Notre-Seigneur, pouvaient servir de disposition au projet, et qu'on ne doutait pas qu'étant aussi homme de bien, il ne voulût bien permettre qu'on le nommât dans ce projet de dévotion qu'on formait, et qu'on se servît de son exemple pour l'autoriser.

Le contrôleur général, qui était sage, écouta ce discours (qui ne lui plut pas) sans aucune démonstration d'impatience; il remercia ces messieurs de l'honneur qu'on lui faisait de penser à lui ; mais il ne laissa pas de leur témoigner sa surprise de voir des gens aussi sages qu'eux lui venir proposer à son âge de nouvelles méthodes de dévotion pour donner vogue à un homme qui cherchait à se signaler par des voies extraordinaires, toujours dangereuses en matière de religion ; que pour lui il n'aurait jamais d'autre exercice de piété que celle qu'il avait apprise de ses pères, et qu'il croyait qu'il n'y avait point d'autre dévotion à pratiquer pour un chrétien que l'obéissance à l'Église et la fidélité au roi ; qu'il trouvait même que dans les postes où ils étaient il y aurait de l'indécence à faire des assemblées secrètes sous de certaines méthodes recherchées, qui auraient plus l'air de cabale que d'une vraie piété.

Ce discours d'un homme sensé surprit ces deux députés qui jugèrent bien qu'ils s'étaient un peu trop avancés; le contrôleur ne laissa pas de les traiter honnêtement, sachant qu'ils avaient bonne intention, et, après les avoir un peu raillés de leur nouvelle idée de dévotion et du dessein du père de Bérulle, les pria de le laisser servir Dieu et l'État sans aucun reproche, comme il l'avait toujours fait. Le père de Bérulle n'était pas son homme, et il ne cherchait point tant de finesse dans ses devoirs de chrétien ; il trouva même de l'affectation dans ce plan qu'on lui proposait et qu'il n'approuvait pas. L'abbé de Saint-Cyran inspirait tant qu'il pouvait ces nouveautés au père de Bérulle, qu'il gouvernait, pour disposer par là les esprits à celles qu'il méditait. Et ce fut une particulière providence de Dieu de ce que le contrôleur de Champigny n'écouta point la proposition que lui firent ces deux ambassadeurs du père de Bérulle ; car s'il eût été d'humeur à se laisser embarquer dans cette cabale de dévots, c'eût été un degré pour entrer peut-être dans celle de Saint-Cyran, qui était bien d'une autre conséquence pour l'État; car si un homme de cette importance joint à Marillac, à Desnoyers, à d'Andilly et aux autres qui y étaient déjà embarqués, se fussent trouvés favorables à la doctrine de cet abbé, tout était perdu.

Mais ce refus ne contribua pas peu à faire ouvrir les yeux à Desnoyers, qui depuis s'attacha fort aux jésuites, qu'il prit en affection d'une telle manière qu'il leur fit depuis bâtir cette belle église de leur noviciat, dédiée à saint François Xavier, dans le faubourg Saint-Germain. Lauzon s'affectionna aussi à la conduite de ces pères, qu'il aima depuis d'une telle manière, que par l'estime qu'il conçut de leur société, il s'exila volontairement de son pays pour vivre avec eux en la Nouvelle-France, en qualité de gouverneur de Canada. Bergier s'attacha à ses fonctions de chanoine, et tout ce beau dessein de dévotion nouvelle du père de Bérulle n'ayant rien de solide n'eut pas de suite. C'est ainsi que par ces raffinements de spiritualité on tendait des pièges à la dévotion des fidèles, et qu'on entendit dire à un des hommes des plus sages peut-être de ce temps-là, en voyant le livre des *Grandeurs de Jésus :* — Que toutes ces nouvelles expressions de dévotion si fines et si recherchées ne voulaient rien dire autre chose que la grande leçon du christianisme : — « Aimer Dieu de tout son cœur, et son prochain comme soi-même, et que cela ne valait rien s'il signifiait autre chose. »

Les jésuites se trouvaient dans de grandes difficultés par suite de la terrible persécution que leurs ennemis leur suscitèrent à Paris, à l'occasion d'un livre imprimé contre le gouvernement et imputé au père Garasse. Le cardinal de Richelieu en fut fort offensé, car ce livre était un avertissement au roi au sujet de ce ministre qui y était très-maltraité. Si dans cette concurrence on eût donné quelque approbation à la cabale de dévotion où s'intriguait le père de Bérulle, cela aurait eu de graves conséquences contre les jésuites, car le clergé, le parlement, la Sorbonne étaient fort aigris contre ces pères; mais, après tout, ce n'était rien d'approchant à ce qui se tramait alors en Flandre contre la Compagnie, où l'on députait Jansénius pour porter de grandes plaintes contre elle en Espagne. Voici quel en fut le sujet.

On avait commencé dès l'année 1612 à enseigner la philosophie dans le collége de la Compagnie à Louvain à quelques-uns de la maison, parce qu'il était assez malaisé de les envoyer étudier ailleurs. On jugea toutefois à propos de proposer à ceux qui avaient le pouvoir en main dans l'Université le besoin qu'il y avait d'en user de la sorte, à quoi ils ne purent pas résister, et en y consentant ils donnèrent avis aux supérieurs de ne pas oublier l'interdit porté par le pape Clément VIII, qui défendait d'enseigner à ceux du dehors. Cet avis parut un peu rude, parce qu'il pouvait donner lieu à des chicanes dont les malveillants de l'Université inquiéteraient les jésuites s'il se glissait quelque passé-volant qui se pourrait fourrer dans ces écoles, et on leur fit entendre que s'ils ne consentaient du moins à cela, on trouverait le moyen d'établir une école de philosophie hors l'étendue du territoire de l'Université, qui leur serait désagréable. Cette menace ne fut point vaine, car les professeurs de l'Université de Louvain continuant à inquiéter les jésuites sur leur permission d'enseigner, on établit l'année suivante dans le collége de Liége une philosophie. Le bruit s'en répandit bien vite dans le pays et alarma l'Université, qui eut aussitôt recours à l'archiduc pour empêcher l'érection de cette nouvelle école : il était alors à Mariemont. Les députés lui exagérèrent les désordres qu'allait causer dans l'université de Louvain la licence que se donnaient les jésuites d'enseigner la philosophie en leur collége contre les desseins du roi et l'interdit du Pape; que c'était l'intérêt du pays qu'on l'empêchât pour obliger les sujets du roi de ne point chercher d'autre éducation que celle du pays même; que la nouvelle école qu'ils venaient d'établir à Liége serait capable peut-être dans la suite de faire déserter l'Université, une des plus célèbres de l'Europe. Le prince fit appeler le recteur du collége des jésuites de Louvain, et lui déclara que s'il ne faisait fermer au plus tôt l'école de Liége, il allait interdire celle qu'il nous avait accordée par l'agrément du roi à Douai.

On tâcha de gagner du temps auprès de l'archiduc pour savoir du général ce qu'il y avait à faire. On envoya à ce prince le père Lessius, qui ne lui était pas désagréable, lequel pourtant ne put obtenir de lui aucun délai. Ainsi, après plusieurs délibérations, on aima mieux renoncer à la nouvelle philosophie de Liége, dont le succès était encore douteux, qu'à celle de Douai, qui était déjà établie depuis quelque temps, et très-florissante par le nombre d'écoliers qui la fréquentaient. Toutefois l'électeur de Cologne, dont ces pères interposèrent l'autorité, y apporta un tempérament agréé par l'archiduc, et par lequel ils ne souffriraient dans leurs classes que les pauvres garçons qui n'auraient pas le moyen d'aller étudier à Louvain, cela pouvant faire du bien au pays. Cet accommodement fait par l'électeur donna lieu aux jésuites de penser à s'aider, à proposer d'autres expédients, et à faire agréer à l'archiduc qu'il les laissât jouir de la grâce que Pie V leur avait accordée d'élever aux degrés ceux qui avaient fait leurs études dans leur collège de Louvain ; mais la concurrence ne fut pas favorable, car l'archiduc avait nommé des commissaires pour réformer le nombre des prétendants aux degrés. Ainsi on ne fit point de réponse aux jésuites qui avaient mal pris leur temps.

Il se trouva alors un homme de bien qui s'affectionna à cette affaire ; il se nommait Raphaël Gemma, chanoine de Saint-Pierre, une des premières dignités de cette église ; le zèle qu'il avait du bien public lui fit fortement solliciter auprès d'un magistrat qu'on permît aux jésuites d'enseigner la philosophie dans leur collège ; il représenta qu'il y avait de l'injustice que leurs écoliers n'eussent aucune part aux degrés : « Serait-ce, disait-il, à cause qu'ils servent mieux la religion, et que leur doctrine est plus pure que celle des autres, qu'on donne cette exclusion à ceux qui étudient dans leur collège ? » — Il amplifia la bizarrerie de ce raisonnement qu'on faisait valoir, que leurs classes seraient plus fréquentées, parce que leurs professeurs seraient plus habiles et l'exercice de leurs écoles plus réglé ; qu'ainsi l'Université en pourrait diminuer de beaucoup. Il conclut enfin qu'il n'y avait aucune raison de refuser aux uns ce qu'on accordait aux autres, sinon par une manifeste malveillance. Ce fut en vain que la faculté de théologie et celle des arts résistèrent à ces raisons, car l'affaire ayant été mise en délibération le 26 avril de l'année 1624, un des principaux officiers du conseil de Brabant, nommé Jean Fanny, qui fut déclaré en ce temps-là procureur de la ville de Louvain, fit accorder aux jésuites la permission qu'ils demandaient d'enseigner la philosophie dans leur collége de la même manière qu'ils enseignaient les humanités. L'Université, n'ayant pu résister à un homme de ce poids, jeta les yeux sur le principal du collége de Sainte-Pulchérie, Corneille Jansénius, pour l'envoyer en Espagne, afin de s'y opposer : outre qu'il s'était déjà tellement signalé par une haine déclarée et par une jalousie de profession contre les jésuites, Jacques Jansson, son patron, qui venait de mourir à Louvain, l'avait tellement mis en vogue dans l'Université sur cet article, après l'avoir laissé comme l'héritier de toute son aversion en mourant contre la société, qu'on n'hésita point de lui donner cette commission dont il fut chargé de la part de son corps. Il fit ce voyage; mais l'obscurité de son mérite n'en laissa échapper aucune circonstance qui soit venue à la connaissance du public. Ce n'est pas qu'après tout il ne réussit, car il revint d'Espagne avec des lettres expresses du roi à l'infante Isabelle, par lesquelles le prince se réservait la connaissance de cette affaire qu'il voulait faire examiner en son conseil; ainsi il la priait qu'on n'y changeât rien jusqu'à ce qu'il l'eût réglée. Cette lettre était datée de Madrid du 3 octobre de l'année 1624.

Mais le père Florent de Montmorency ayant été fait provincial de la Compagnie dans la province de Flandre, on crut qu'on pourrait se servir de l'occasion de sa promotion à cette charge pour représenter au roi le droit de la société et la justice de cette affaire, qui paraissait si raisonnable à tous ceux qui la regardaient sans prévention. Le nom du père de Montmorency, de la branche aînée de cette maison qui s'était établie en Flandre, était si considérable dans le pays, qu'on ne douta point que le roi d'Espagne et l'infante n'écoutassent les raisons qu'il avait à proposer en leur conseil. Sa requête fut à peu près conçue en ces termes : « Que la Compagnie, servant l'État selon ses talents et dans son caractère, qui regardait particulièrement le service des peuples pour la religion, avait lieu d'espérer quelque part aux grâces qui étaient communes à tous les autres ordres, qu'on avait sujet d'être satisfait de sa conduite dans le zèle qu'elle faisait paraître à défendre la religion dans les temps difficiles où elle était exposée aux insultes des hérétiques et aux attaques de ses ennemis, et que toutefois on n'avait nul égard à ses services, mais même qu'on lui donnait l'exclusion des privilèges qui étaient communs à tous ceux qui enseignaient ; que cette exclusion des degrés pour ses écoles était une espèce de distinction qui était capable de les rendre méprisables par cette sorte d'infamie ; car, pourquoi la priver des grâces qui sont communes à tous ceux qui s'appliquent à l'étude? Que dans un État bien réglé les récompenses dont on se sert pour exciter les esprits à la vertu doivent être également proposées au mérite, qu'il était même du bien public d'entretenir, par cette sorte de justice, l'émulation entre des corps destinés au service des peuples qui en seraient sans doute mieux servis, et que dans la suite peut-être la négligence se pourrait glisser dans les universités, lesquelles deviendraient languissantes n'ayant plus de rivaux ni de concurrents. »

Cette requête, présentée à l'infante par un homme de ce nom et de cette qualité, et envoyée en Espagne avec la recommandation de la princesse qu'elle ne pouvait refuser au mérite du père de Montmorency, y fut considérée d'une telle manière, que le roi, s'étonnant qu'on refusât aux jésuites (qui avaient toujours si bien servi l'État) ce qu'on ne faisait pas de difficulté d'accorder à tous les autres, envoya ordre à l'infante de leur donner la permission d'enseigner la philosophie dans leur collége de Louvain, et de n'avoir aucun égard aux oppositions qu'on y ferait de la part de l'Université. Jansénius, fier encore du succès de sa première députation, s'offrit de retourner en Espagne pour empêcher l'exécution de l'ordre que le roi venait d'envoyer. Mais l'Université ayant fait proposer au père de Montmorency des voies d'accommodement par des médiateurs qu'il ne put refuser, le départ de Jansénius fut différé. Ces médiateurs furent l'archevêque de Malines, l'archevêque de Cambrai et le duc d'Arscot. A la vérité, le père de Montmorency, ne trouvant aucune sûreté dans les propositions qu'ils lui firent, déclara qu'il voulait s'en tenir à ce que le roi avait réglé.

Ainsi le député se mit en chemin, passa par Paris, où, après avoir eu quelques conférences avec l'abbé de Saint-Cyran sur leurs affaires, il se rendit avec bien de la diligence par Bordeaux et par Bayonne à Madrid, où il arriva le 17 mai, comme il le dit à son ami dans sa lettre du 1er juin de l'année 1626. Il y trouva les esprits peu disposés à l'écouter, et voyant qu'on lui refusait audience après l'avoir assez longtemps sollicitée, il s'avisa de présenter une requête au conseil, afin qu'on ordonnât que l'affaire fût renvoyée en Flandre et instruite devant l'archiduchesse. Mais on ne lui répondit point. L'ambassadeur de France lui promit de le servir, ce dont il le remercia, craignant de gâter son affaire par une telle recommandation; on lui conseilla même de ne point trop se montrer dans sa maison pour ne pas se rendre suspect par ce commerce. Ces précautions ne lui servirent à rien. A la vérité, il ne perdait pas tout à fait son temps, car la lecture de saint Augustin, qu'il avait achevé de lire tout entier dès le mois de juillet et qu'il allait recommencer, l'occupait assez. Il avoue à son ami, par la lettre qu'il lui écrivit le 30 décembre, qu'il avance plus qu'il n'avait fait en Flandre, ayant plus de loisir, et il avait le temps, tout en lisant saint Augustin, de lire les ouvrages de ses deux disciples, saint Prosper et saint Fulgence. Mais enfin, comme il n'avançait rien et qu'il s'ennuyait beaucoup, il écrivit à l'université de Louvain qu'on le rappelât à cause des dépenses qu'il était obligé de faire, comme il le mande à son ami le 30 décembre : « J'ai fait instance qu'on me révoque le plus tôt qu'on pourra. Sans doute ils n'y manqueront point, car ils se sentent bien grevés de frais. » Et il ajoute dans sa lettre du 4 février de 1627 : « Que les affaires allaient si lentement à Madrid, que s'il devait y attendre qu'elles fussent achevées, les secours de ceux qui l'avaient envoyé n'y suffiraient pas. »

Mais son indiscrétion mit fin à son ambassade; car ayant mal à propos laissé échapper quelque chose de ses projets de réforme, et ayant parlé trop inconsidérément dans une compagnie où il se trouva à Salamanque, on prit la résolution de l'arrêter pour le mettre à l'inquisition. Il en eut avis par quelqu'un de ses amis ; et, sans délibérer, il prit la poste fort secrètement pour s'enfuir, car on se serait saisi de lui s'il n'eût été assez habile pour se sauver. On n'a pas su précisément ce qu'il dit pour s'attirer une si fâcheuse affaire, on n'en a rien appris que par ce qu'il en dit lui-même dans les lettres qu'il écrivit à Saint-Cyran quelque temps après pour l'en informer. La lettre est datée du dernier décembre de l'année 1627. Voici ce qu'elle dit : « On m'a écrit de delà des monts [1] que l'inquisition a été suscitée contre un docteur de Louvain qui a été en Espagne, et on s'est adressé à Salamanque au logis de son hôte qui était le premier docteur de l'Université, appelé Basilius de Léon, pour prendre information contre lui, comme contre un Hollandais, et par conséquent un hérétique. »

D'où il paraît que l'affaire qu'on lui faisait n'était point en l'air, mais quelque chose de conséquence, puisqu'on en écrivait encore en Flandre plus de neuf mois après qu'elle fut arrivée, et qu'on fit retentir jusqu'à Louvain le bruit du crime dont on l'accusait, qui était en effet une espèce d'hérésie qu'il avait laissée échapper, et non pas comme il dit (pour détourner artificieusement le soupçon qui tombait sur lui) de ce qu'il était Hollandais. Car si l'accusation n'eût été fondée et d'un caractère fort grave, il n'aurait pas été si alerte pour prendre la poste et se sauver si promptement. Mais sa lettre du 11 février à l'abbé justifie encore mieux cela. Voici ses termes : « On a reçu ici une lettre depuis que je vous ai écrit, par laquelle on me fait savoir de quelle façon on traite Jansénius en Espagne. » Et dans la lettre du 16 juillet 1627 il mande à son ami qu'il n'y a point de doute qu'on ne lui eût fait un affront en Espagne, s'il y fût resté, en le mettant à tort et à travers à l'inquisition. Il y a apparence qu'il s'était laissé aller à cet esprit d'innovation qui le possédait soit dans ses discours ou dans ses écrits, qui fut remarqué par ceux qui ont soin des affaires de la religion. Et la diligence qu'il fit pour s'échapper marque assez le jugement qu'il faisait lui-même de la conséquence qu'il y avait pour lui de ne point perdre de temps et de disparaître tout à fait.

[1] C'est des Pyrénées qu'il parle.

Ainsi, tout le fruit de ces deux voyages qu'il entreprit pour inquiéter les jésuites ne se réduisit qu'à faire paraître son animosité contre eux, et à persuader son corps de la disposition où il était de leur déclarer une guerre immortelle. Mais pendant que Jansénius s'occupait à Louvain à satisfaire sa jalousie contre les jésuites, l'abbé de Saint-Cyran s'attachait à Paris à déclamer et à écrire contre le père Garasse, dont il avait entrepris de détruire la réputation. C'était un homme zélé, qui s'occupait alors à combattre l'impiété qui répandait avec une licence inouïe son venin à la cour, où il régnait dans la plupart de la jeunesse un esprit de libertinage qui désolait la religion. Théophile fut le premier qui donna lieu à un si grand désordre ; c'était le plus bel esprit de son temps ; il avait un génie admirable pour la poésie et une teinture des lettres humaines qui le distinguait fort alors de tous ceux qui faisaient profession de savoir quelque chose. Ce fut par ses talents et par son enjouement d'humeur qu'il devint agréable à quelques grands seigneurs, qu'il s'insinua dans les bonnes grâces du duc de Montmorency et qu'il gagna l'amitié du jeune marquis de Liancourt et de la Rocheguyon, son frère. Enfin, il y avait alors peu de gens de qualité qui se piquassent d'esprit lesquels n'eussent commerce avec ce libertin, qui n'était pas le seul de sa cabale ; car comme il faisait profession déclarée d'impiété, sous de si grands protecteurs, qu'il divertissait aux dépens de la religion, il tenait école de libertinage dans sa maison, et avait bien des disciples.

Il avait aussi des compagnons de son impiété, dont la conduite était d'un pernicieux exemple pour la cour et pour tout Paris, entre lesquels Vauquelin, des Yvetaux et des Barreaux se signalaient le plus. Des Yvetaux avait été précepteur de Louis XIII ; c'était un de ces beaux esprits de profession qui entendent finement toutes choses ; il s'était gâté par la lecture des anciens romans, sur le plan desquels il s'était formé une espèce de vie grotesque dont personne, peut-être, ne s'était jamais avisé ; car il avait une demoiselle jeune, belle, qui jouait du luth et chantait bien, qu'il faisait habiller en Vénus ou en Diane, qu'il entretenait et dont il était amoureusement épris. Il vivait avec elle d'une vie molle, dissolue et en quelque façon romanesque, la faisant quelquefois adorer comme une divinité par ses domestiques, lorsqu'il folâtrait avec elle. Jamais esprit n'a été plus gâté par les délices les plus recherchées de la sensualité, ne connaissant pas d'autre plaisir que celui des sens, tout bel esprit qu'il était. Des Barreaux était une autre espèce de libertin qui n'était proprement touché que de la bonne chère, faisant tellement son capital de cela, qu'il avait coutume de voyager dans les différentes saisons de l'année par tout le royaume pour aller boire sur les lieux les vins les plus exquis dans le temps qu'il fallait les boire, et y manger ce qu'il y avait de plus délicat. Il y avait quantité de subalternes à ces trois principaux chefs qui ne faisaient pas tant de bruit, et ne laissaient pas de faire pour le moins autant de mal.

Le roi, qui ne se plaisait à son âge qu'avec des jeunes gens comme Chalais, Barradas, Liancourt, la Rocheguyon et quelques autres, donnait lieu à cette licence. Aussi cet esprit de libertinage, que les lois mêmes n'osaient plus réprimer par le crédit de ses protecteurs, s'augmentant de jour en jour, commença à faire trembler les gens de bien et tous ceux en qui il restait encore quelque zèle pour la religion. Les plus ardents crurent devoir se plaindre à ceux qui gouvernaient alors la conscience du roi et de la reine mère. On s'adressa d'abord aux jésuites pour les informer de l'excès où ce déréglement de mœurs était déjà parvenu. On leur représenta que c'était à eux de parler, et par la bouche de leurs prédicateurs qui avaient alors la vogue, et par la voie de la direction auprès de Leurs Majestés ; ce qu'ils firent avec toute la prudence et toute la chaleur que demandait une si importante affaire. Mais ils ne s'arrêtèrent pas là. Les supérieurs engagèrent le père Garasse à écrire contre cette dissolution. C'était un homme assez savant dans les belles-lettres, il avait fort étudié les anciens, et s'était rempli l'esprit de cette curieuse littérature qui avait vogue en ce temps-là et qu'on estimait ; il avait même étudié la langue qu'il ne savait pas mal ; il écrivait aussi poliment que le portait le génie du siècle, qui était encore un peu grossier.

Ce fut avec ces qualités que ce père prit la plume pour écrire contre les athées, en quoi il réussit si bien, que le roi commença par faire arrêter Théophile, qui paraissait le chef le plus déclaré des libertins et le plus dangereux de tous, parce qu'il n'attaquait la religion que par des plaisanteries qui étaient toujours bien reçues des courtisans. Il fut mis dans la tour de Montgommery, prison fameuse par la qualité des criminels qu'on y enferme.

La consternation se répandit parmi ceux qui avaient commerce avec ce libertin. Son emprisonnement étonna bien des gens à cause du nombre et du pouvoir de ceux qui le protégeaient, entre lesquels le duc de Montmorency paraissait s'y attacher davantage. Le crédit où il était alors à la cour et par cet air de magnificence dont il ne pouvait se défaire, et par la réputation même de bel esprit qu'il avait par-dessus tous les courtisans, l'avait rendu si considérable, que c'était la plus puissante protection qu'on pût espérer. Cependant on fit le procès à Théophile ; on lui donna pour rapporteur Guillaume de Landes, doyen du parlement, le juge de la plus grande intégrité qui fût dans cet auguste corps. Mais ce ne fut pas le seul fruit du livre du père Garasse, qui ferma la bouche aux impies et qui arrêta un peu le cours de ce libertinage que la perversité du siècle avait mis à la mode ; ce père faisait voir encore dans son ouvrage qu'il y avait de la faiblesse d'esprit à ne pas soumettre son esprit aux grandes vérités de notre religion, dont la solidité était elle seule capable de contenter un homme raisonnable, et que rien n'était plus extravagant ni plus faux que cette force d'esprit dont se piquaient les athées pour ne croire que ce qu'ils comprennent. Ce livre, qui n'était pas mal écrit au goût même de ceux qui s'y connaissaient le mieux, et qui mérita l'approbation de Balzac, de Malherbe et de Racan, les plus célèbres écrivains du royaume, ne put avoir ce succès sans blesser la jalousie de Saint-Cyran, qui en fut si choqué qu'il ne put s'empêcher d'en écrire ses sentiments à son ami Jansénius.

Il faut avouer la vérité, le père Garasse, qui avait le génie beau pour les lettres, ne l'avait pas aussi exact que demandait cette étendue de capacité dont il avait la réputation ; il savait bien des choses, mais ce n'était point en homme sûr qu'il les savait ; il se méprenait même quelquefois dans les citations qu'il faisait. Il avait lu les auteurs anciens avec une si grande rapidité, qu'il avait mêlé leurs sentiments avec les siens sans en faire le discernement qu'il fallait, donnant même souvent leurs pensées pour les siennes. L'abbé de Saint-Cyran, offensé de l'approbation qu'on donnait à ce livre et du bruit qu'il faisait, crut qu'il était trop bien reçu du public, étant écrit avec si peu de soin, et, sans considérer qu'il n'était fait que pour défendre la religion, il entreprit d'attaquer l'auteur et de combattre son ouvrage, parce qu'il y avait des citations fausses, et qu'il volait les pensées des auteurs sans leur en faire honneur, débitant leurs sentiments pour les siens propres.

A la vérité, ce que Saint-Cyran écrivit contre le père Garasse eut peu de cours; il fut peut-être supprimé par l'avis de ses amis, qui lui représentèrent combien il serait blâmable d'écrire contre un livre composé pour la défense de la religion, parce qu'il y avait de fausses citations. Jansénius n'était pas de ce sentiment. Voici ce qu'il lui écrivait de Madrid, pour répondre à l'avis que Saint-Cyran lui avait donné qu'il allait écrire contre le père Garasse. « Je suis fort aise que l'affaire du plagiaire est tant avancée[1]. » Il ajoute : « Envoyez-moi l'épître, s'il vous plaît, avec ce qui a été fait contre la Sorbonne. » Car Saint-Cyran lui mandait que l'épître de ce bel ouvrage était déjà faite. C'est de cette épître que Jansénius fait l'éloge dans une lettre qu'il écrivit de Madrid le 25 juillet 1626. « Monsieur, votre écrit est une excellente pièce, il n'y manque qu'une chose, à savoir, de n'avoir pas trouvé une maison qui méritât d'être ornée d'un tel frontispice, parce que c'est une liste des fautes du père Garasse. Les juges qui devaient le censurer se sont signalés en lâcheté ; ils ont été trop en nombre pour faire quelque chose qui valût. Je sais bien que si on l'eût manié ici, il eût été autrement accommodé. Voilà pourquoi je crois qu'il sera plus hardi à répondre et donnera de nouveau des affaires à ceux qui se sont mêlés de montrer sa honte à toute la France. »

---

[1] Il y a à la marge de l'extrait du sieur de Préville, page 65 : « C'est le père Garasse contre lequel Saint-Cyran écrivait, et il l'appelait plagiaire à cause qu'il prétendait que ce père volait aux auteurs leurs pensées pour les débiter en son nom. »

Voilà la manière dont on traite ce père qui défendait la religion par l'ouvrage qu'il venait de faire, et auquel Dieu donna la bénédiction par le succès qu'il eut, en faisant ouvrir les yeux à la plupart des gens de bien qu'il animait à s'élever contre cet esprit de libertinage qui se glissait partout. C'était là l'homme pour lequel Jansénius maltraitait si fort les docteurs de Sorbonne, qu'il accusait de lâcheté parce qu'ils avaient censuré son livre trop indulgemment à son goût, ne respirant déjà que feu et flamme contre un défenseur de la foi, parce qu'il était jésuite, et que cet ouvrage avait fait honneur à la Compagnie. Il est vrai que, par l'entremise du cardinal de la Rochefoucauld, le père Garasse fut ménagé en Sorbonne. Ce grand homme de bien, qui avait tant de zèle pour l'intérêt de l'Église, ne put se résoudre à voir ce père maltraité par des docteurs catholiques, pour s'être levé contre l'esprit de libertinage qu'il avait combattu si heureusement dans un ouvrage bien reçu de tous les gens raisonnables. Il se servit du crédit qu'avait André du Val dans la Sorbonne, pour empêcher les efforts que faisaient les richeristes, alors déclarés contre le Pape et contre les jésuites, pour faire condamner le père Garasse. Comme leur parti était puissant, du Val eut besoin de toute son autorité et de toute l'intrigue de ses amis pour s'opposer à une si puissante cabale, dont il vint néanmoins à bout en mêlant le nom du cardinal de la Rochefoucauld à toutes ses sollicitations, parce que les uns et les autres avaient de grands égards pour ce cardinal, qu'on respectait comme un des mieux intentionnés qui fût alors dans le clergé. Ainsi le père Garasse, que prit en sa protection ce grand homme, fut traité doucement, et ce fut cette douceur qui aigrit la bile de Saint-Cyran, parce que la censure n'était pas aussi sévère que son indignation contre les jésuites le lui faisait espérer, et ce ne fut que pour satisfaire son animosité qu'il entreprit d'écrire d'une manière si outrageuse contre le père Garasse.

Jamais entreprise ne fut plus injuste, parce que le père Garasse, après avoir donné son livre contre les athées au public, employa son crédit auprès des juges, avec le père Voisin, célèbre par ses prédications, pour faire condamner Théophile, qu'on n'accusait pas moins que d'avoir lu publiquement dans la cour du Louvre, à tous les courtisans qui s'y trouvèrent, et à tous venants, son hymne à la Nature, qu'il reconnaissait pour toute divinité, et qui passa pour la pièce la plus scandaleuse qui ait paru dans le monde en ces derniers temps : peut-être n'a-t-on jamais entendu parler en France d'une pareille impudence, car c'était faire leçon d'athéisme jusque dans le milieu du palais du roi très-chrétien et du fils aîné de l'Église. Mais la cabale du duc de Montmorency, secondée de la fleur de toute la jeunesse de la cour, fut si forte, et les jésuites étaient devenus si odieux au parlement, que Théophile fut absous, parce qu'on trouva le moyen de faire passer son accusation pour une entreprise de jésuites. De Landes, doyen de la grande chambre, rapporteur de cette affaire, dont les conclusions allaient à la peine de mort, tomba malade d'une si grande injustice faite à son rapport. Le père Garasse, s'étant retiré à Poitiers quelque temps après, eut le bonheur de signaler son zèle pour le prochain, après l'avoir si glorieusement employé à la défense des intérêts de la gloire de Dieu en combattant les athées, car la peste s'étant répandue dans tout le royaume, il obtint de ses supérieurs la permission de donner sa vie au service des pestiférés. S'étant enfermé avec eux dans l'hôpital destiné à ceux qui étaient frappés de cette maladie, et en ayant été atteint après quelques mois de service, on dit qu'il expira dans ce lit d'honneur, entouré des pauvres malades qu'il assistait, en répétant ces belles paroles de l'Écriture : *Que vos miséricordes, mon Dieu, nous parviennent au plus tôt parce que notre pauvreté est extrême.*

Telle fut la vie et la mort de ce père, que Saint-Cyran entreprit de décrier dans le public et de rendre ridicule par ses invectives, parce qu'il n'était pas fidèle dans les citations qu'il faisait des auteurs. On prétend que son animosité fut si grande contre ce jésuite, qui ne l'offensa jamais et qui ne le connut même pas, qu'il composa jusqu'à quatre volumes contre sa Somme de théologie ; il écrivit en outre une espèce de satire sanglante contre les docteurs de Sorbonne qui l'avaient épargné, et Calénus, ami intime de Jansénius, la fit imprimer à Cologne. C'étaient là les excès où cet abbé s'emportait sans raison contre ce père, dont la sainte mort pourrait seule justifier la vie; car on ne finit point de la sorte sans avoir de grands principes de religion.

A la vérité, son bon ami de Louvain ne répondait pas mal à cette animosité. Voici ce qu'il lui écrivait, le 19 mai 1627 : « Il semble que Dieu veuille que partout où je me trouve, mes travaux se tournent contre les jésuites. L'avis que vous me donnez que je suis obligé d'écrire leurs actions en suite de ma négociation, fait que je n'ai pas encore seulement touché à saint Augustin. Je suis déjà bien avant en cette entreprise; si elle réussit comme je le voudrais, elle serait importante [1]. » C'est l'histoire des pélagiens à quoi il travaillait, décrivant les jésuites sous le nom de ces hérétiques. Il lui mande du 8 juin. « L'affaire des jésuites que j'ai maniée deux ans m'occupe tout à fait, de sorte que je ne puis vaquer aux nouvelles que vous m'écrivez. » Et le 16 juillet : « J'ai grandement avancé l'œuvre des actes des jésuites, auquel vous m'avez initié; les commencements montrent que ce sera un terrible ouvrage encore plus que celui que vous avez fait contre le père Garasse. C'est un tel ouvrage, que si nous étions ensemble, quelque part que nous fussions, il y aurait danger que nous ne fussions saisis et nos maisons visitées, comme Calénus, à qui j'en ai fort communiqué, le tient pour assuré, car on l'imputerait sans aucune faute à l'un et à l'autre; c'est ce qui me donne de l'appréhension. » Ce qu'il écrivait contre les jésuites lui paraissait si atroce qu'il en avait une espèce d'horreur.

Ce fut aussi la frayeur qu'il eut d'être découvert et convaincu qui le fit changer de dessein, c'est-à-dire de ne point donner au public ce qu'il avait écrit contre ces pères; c'est ce qu'il avoue lui-même dans sa lettre du 17 mars 1628, comme lui conseillait Saint-Cyran. « Je compris, dit-il, vos raisons pour lesquelles il ne faut pas que je pense à mettre au jour ce que j'ai pensé sur les jésuites. Aussi n'est-il pas besoin de fortes persuasions, car je vois le danger où je me mettrais, et je n'ai nulle envie de me hasarder de nouveau, si ce n'est à bonnes enseignes; de sorte qu'en tous cas il n'en sera rien fait en tout

---

[1] Jansénius effaça le mot *terrible* qu'il avait d'abord mis.

sans vous en avoir communiqué. » Le péril qu'il avait couru en Espagne par son indiscrétion, parlant trop librement et sans se ménager du dessein qu'il méditait, l'avait rendu circonspect : il ne voulut point s'exposer une seconde fois au danger qui lui parut terrible. Saint-Cyran fut de son avis; il crut même que, pour mériter la créance qu'ils cherchaient l'un et l'autre dans l'esprit des peuples, ils devaient ménager leur passion, parce que la réputation des jésuites était si bien établie dans le public qu'elle ne pouvait aisément être détruite que par de grands artifices, et il y avait à risquer de les attaquer trop de droit fil; et comme on était prévenu en leur faveur, il les attaqua de biais dans son grand ouvrage d'*Aurélius*, comme on verra.

Cependant le projet qui occupait Jansénius avec un attachement si grand à son travail, et qui n'était pas encore éclos, commençait toutefois à avoir déjà des sectateurs. Jansénius, tout timide qu'il était de son naturel, ne laissait pas que d'avoir de certaines hardiesses à se pousser auprès des personnes de qui il espérait de la protection. L'archevêque de Malines était un de ceux vers lequel il élevait davantage les yeux, persuadé qu'il était que rien ne se pouvait faire sans lui dans l'ouvrage qu'il entreprenait, et il trouva le moyen de se faire connaître à l'archidiacre pour s'insinuer dans les bonnes grâces de l'archevêque, ce qui ne lui fut pas difficile. C'était un nommé Henri Calénus, homme adroit, fin matois, qui gouvernait son maître avec Libert Fromond, d'une plus grande capacité pour les lettres que Calénus, et du moins aussi délié. Calénus était Liégeois, intelligent dans les affaires et les aimant; Fromond était aussi d'un village de Liége; il avait régenté la rhétorique quatre ans dans l'université de Louvain, et quatorze ans la philosophie, l'une et l'autre avec assez de succès. Ce fut en ce temps qu'il fit connaissance avec Jansénius d'une manière assez étroite pour se communiquer l'un et l'autre leurs affaires et se faire part de leurs études. Jansénius, l'ayant trouvé capable de son secret, s'en ouvrit à lui en termes généraux. Il lui dit qu'il avait entrepris d'étudier à fond saint Augustin et de tâcher autant qu'il le pourrait de le faire connaître, car on ne le connaissait point dans l'École, ni lui ni sa doctrine. Fromond, qui était un homme d'assez bon sens, approuva ce dessein en général, mais dès que Jansénius commença à lui faire ouverture de ses vues en particulier et des sentiments que son patron Janson lui avait inspirés sur la grâce et sur la prédestination pour faire revivre la doctrine de Baïus, il le combattit de toute sa force, ne pouvant goûter une doctrine qui lui paraissait si peu conforme à celle du concile de Trente, ce qui faisait dire à Jansénius que Fromond avait l'esprit trop plein de dialectique pour s'affectionner à saint Augustin et pour goûter la sainteté et la pureté de sa doctrine.

Mais il arriva vers ce temps-là une aventure qui fit changer de sentiment à Fromond et qui le mit tout à fait dans les sentiments de Jansénius, qu'il combattait auparavant. Voici comme cela se passa. André Trevisi, Italien et médecin de l'archiduc Albert et de l'infante, homme célèbre dans son art et qui s'était acquis du crédit à la cour, s'était rempli l'esprit d'aigreur et d'aversion contre les jésuites, sans qu'on en ait pu savoir d'autre raison que ces sortes de préoccupations, dont s'entêtent quelquefois les mélancoliques, par pur chagrin et par tempérament, pour s'occuper de ces inimitiés gratuites, qu'on exerce souvent avec plus d'animosité que des haines fondées avec raison. Cet homme, qui s'était fait une espèce de fantôme des jésuites, qu'il combattait en tous lieux, était fort soigneux à ramasser tout ce qui s'écrivait dans le monde contre la Compagnie, ne prenant presque d'autre plaisir que de lire ce que la calomnie et la médisance répandaient contre eux. Un homme de ce caractère était bien propre à s'intriguer et à former une cabale contre la société. Aussi, ayant appris par Calénus et par Fromond le dessein de Jansénius, il témoigna une grande envie de le voir, et ayant trouvé dans ces trois esprits, qui avaient déjà quelque sorte de liaison ensemble, une aversion contre les jésuites, il s'avisa de les prier de venir un jour dîner avec lui pour se lier ensemble par une espèce de cérémonie où la familiarité de la table lie et anime même les esprits d'une manière à les rendre plus fermes et plus unis dans les résolutions qui s'y prennent.

Ce fut dans ce célèbre banquet, dont le bruit se répandit dans le monde quelque temps après (tout secret et mystérieux qu'il fût), que s'acheva de se former ce fameux triumvirat qui travailla le plus à l'établissement du jansénisme et à la destruction des jésuites, dont le médecin, pour piquer l'esprit de ses trois insignes conviés, fit des peintures terribles, en leur représentant à quel comble de réputation étaient parvenus ces pères qui commençaient à exercer leur domination sur toute la terre. Il leur fit passer devant les yeux la considération où ils étaient dans la cour et le crédit qu'ils avaient dans le pays, il exagéra leur ambition et amplifia toutes les prospérités dont ils s'étaient eux-mêmes enorgueillis, et leur exposa tout ce qui pouvait leur donner de l'indignation. Ce discours fut reçu comme le médecin s'y attendait, parce qu'il parlait à des gens préparés et déjà prévenus. Ainsi toutes les cérémonies qu'on peut garder dans une conjuration en forme furent mises en œuvre. Après cette exhortation, on fit d'admirables projets de guerre contre ces pères, et les esprits, échauffés par la bonne chère que leur fit faire Trevisi et par la chaleur du vin, se trouvèrent dans la disposition de tout entreprendre pour les perdre. A la vérité, comme cette conjuration se fit dans un grand secret et qu'on tâcha d'envelopper de tous les voiles dont on put s'aviser cette œuvre de ténèbres, je n'ai pu en trouver une tracé pour la prouver que dans des mémoires particuliers qui m'ont été fournis par des gens du pays, car la chose était d'une nature à n'être sue que de peu de personnes. Je parle de la cérémonie où se fit la conjuration et des circonstances dans lesquelles elle se fit, car, pour la chose même, personne ne l'a ignorée; on n'a que trop su que Trevisi était ennemi déclaré des jésuites, qu'il en faisait profession ouverte, qu'ayant appris par Fromond que Jansénius écrivait contre les jésuites et entreprenait de combattre leur doctrine, il s'offrit à lui fournir de quoi faire la dépense et de lui donner les secours nécessaires pour cela; qu'il devint son ami; qu'il eut de grandes liaisons avec lui, et qu'il acheta une maison à Louvain pour s'y loger avec Fromond, son intime. Jansénius, Calénus et Fromond se lièrent tous trois dans un même intérêt pour perdre les jésuites et se signalèrent dans le pays par la profession déclarée qu'ils firent de les détruire. Le bruit courut même dans la suite que Fromond, qui s'était acquis un peu de politesse pour écrire en latin dans les années qu'il enseigna la rhétorique à Louvain, retoucha l'ouvrage de Jansénius pour lui donner un style un peu passable et cet air vif et brillant qui paraît en certains endroits de ce livre; car on sait que Jansénius avait si peu de génie pour écrire en latin, qu'il fallait que l'abbé de Saint-Cyran lui composât jusqu'à des préfaces dont il avait besoin, quoique cet abbé écrivît lui-même dans une grande médiocrité de style.

Il ne s'était rien fait encore d'approchant à cette conspiration dans le Pays-Bas pour l'établissement du jansénisme; il ne s'est rien fait dans la suite qui ait eu un plus grand effet pour ce parti. L'archidiacre Calénus avait pris un tel empire sur l'esprit de l'archevêque de Malines, qu'il le gouvernait absolument, et ce fut lui qui le mit dans les intérêts de cette cabale. C'était un homme d'un petit sens, délicat sur son autorité, ne se nourrissant l'esprit que de ses pouvoirs et de sa juridiction; Espagnol zélé, s'il en fut jamais, quoique Flamand. Ce fut par ce caractère et par ses complaisances aux gouverneurs du pays qui avaient le pouvoir en main qu'il parvint à être président du conseil de Brabant, et qu'il s'acquit du crédit dans la Flandre où il était considéré. Fromond et Calénus, qui étaient tous deux Liégeois, vivaient dans une parfaite intelligence et s'entendaient bien pour gouverner le prélat, qui s'abandonnait à eux sans aucune réserve; et ce fut proprement par ces deux docteurs que le jansénisme s'établit davantage en Flandre, de sorte qu'on peut dire que rien ne fut mieux cimenté que ce fondement que Jansénius eut le bonheur de donner à son ouvrage, ainsi qu'il le paraîtra dans la suite; car ces deux associés étaient hardis, entreprenants et d'un caractère d'esprit à ne se rebuter de rien.

L'abbé de Saint-Cyran n'avait encore rien fait à Paris de semblable, soit que la conjoncture des affaires ne lui fût pas favorable, soit que la fièvre quarte qu'il eut une partie de l'année l'eût rendu moins agissant, soit qu'il eût aussi de son côté ses vues et ses projets pour préparer les voies au grand dessein qu'il avait conçu avec son ami Jansénius, soit enfin qu'il s'abandonnât à la conduite de d'Andilly, auquel il laissait le soin d'entreprendre ce qu'il y avait à faire pour aller à son but. Il est vrai qu'il s'occupait alors si fort de ce cher ami, qu'il aimait jusqu'à la passion (car il était en toutes choses ardent au dernier point), il épousait pour ainsi dire tous ses sentiments, et comme il était de ses plaisirs dans sa demeure à Pompone où il lui tenait compagnie, il ressentait toutes ses peines et toutes ses afflictions, comme il arriva en la disgrâce du maréchal Dornaco, gouverneur du frère unique du roi, son ami intime. C'était un Corse, que ce maréchal, fils d'un soldat de fortune qui avait bien servi sous le défunt roi. Son fils, qui donna en bien des occasions de grandes marques de sa bravoure, fut fait maréchal après quelques années de service, et sa conduite sage et judicicieuse, jointe à sa valeur, l'ayant distingué de la plupart des évaporés de la cour, le fit choisir pour être gouverneur de Gaston de France; et parce que c'était une espèce d'Italien, Marie de Médicis, pendant sa régence, eut un peu de part en ce choix. Ce gouverneur, néanmoins, tout sage qu'il était, fut accusé de donner au jeune prince qu'il élevait des conseils trop libres, et de jeter dans son esprit les principes de ces petites révoltes à l'égard du roi et du ministre, qu'on a vus depuis en la conduite de ce jeune prince; aussi reçut-il l'ordre de sortir de la cour, qui était alors à Compiègne, où le roi avait passé une partie du printemps et de se retirer en un de ses gouvernements. Le maréchal se rendit à Paris, d'où il écrivit une lettre au roi pour se justifier, au lieu d'obéir. Ce refus ayant été pris à la cour pour une désobéissance, il fut arrêté prisonnier et mené à la Bastille, d'où il fut conduit par le marquis de Mauny au château de Caen.

Cette disgrâce toucha si vivement d'Andilly, que Saint-Cyran en ressentit le contre-coup, comme il paraît par la réponse que Jansénius lui fait sur le déplaisir que l'abbé lui témoignait avoir reçu de cela. « J'ai compassion du malheur de notre ami (dit-il dans sa lettre de Madrid du 1er juin); vos prophéties se sont accomplies en la personne du prisonnier; » mais comme ce n'était qu'une calomnie du surintendant des finances, la Vieuville, le maréchal fut bientôt rappelé et rétabli dans ses honneurs, aussi bien que le comte de Schomberg, et la Vieuville fut disgracié et mené prisonnier à Amboise, pour avoir par ses intrigues accusé faussement le maréchal et le comte, et Marillac fut nommé surintendant des finances en sa place; ce qui releva un peu les espérances de l'abbé, parce que le père de Bérulle gouvernait Marillac. Mais ces espérances n'eurent pas de suite par un autre tour que prirent les affaires, ce qui fit prendre la résolution à l'abbé de Saint-Cyran, voyant qu'il n'y avait rien à espérer du côté de la cour, de s'attacher encore plus aux religieuses de Port-Royal, où il commençait à s'établir par le goût que les deux mères Arnauld prenaient aux nouveautés qu'il leur débitait, et par la sévérité de sa direction, qui plaisait fort à tout le monastère. Il s'étudiait à les affectionner au silence, à la retraite et à la pénitence; par où il commençait à avoir du succès en conduisant celles qui avaient pris confiance en lui par ces voies écartées qui plaisent toujours aux femmes, parce que la vanité à quoi elles sont sujettes leur fait aimer tout ce qui les distingue des autres. Ce fut pour cela qu'il imagina cette nouvelle et extravagante dévotion du chapelet secret du saint Sacrement (qui fit tant de bruit depuis), pour amuser la dévotion, et pour occuper la vaine curiosité de la mère Angélique Arnauld, qui dans toutes les méthodes de piété qu'on lui donnait aimait la singularité par-dessus toutes choses. Ainsi ce nouveau directeur, qui cherchait à la contenter, lui donna de la satisfaction par cette imagination nouvelle de dévotion qu'il inventa tout exprès pour elle.

Ce fut environ ce temps-ci qu'il fit ce beau projet dont il jeta tellement les semences ou plutôt les principes dans l'esprit de cette religieuse, que l'abbé fit ce qu'il put pour lui donner l'honneur de l'invention de cet admirable chapelet, et qu'il voulut la faire passer pour en avoir conçu la première idée. Mais comme ce dessein ne parut que quelque temps après à l'occasion du changement qui se fit dans le monastère de Port-Royal, où l'on quitta l'habit des religieuses de Cîteaux pour suivre un nouvel institut et pour prendre un nouvel habit, et que ces religieuses se firent appeler les filles du Saint-Sacrement, je dois dire auparavant que cette dévotion nouvelle commença d'éclore vers ce temps où l'abbé prit en quelque façon possession de l'esprit de la mère Angélique, et qu'il se fit entre lui et elle une espèce de commerce dont il y a peu d'exemples, ou pour l'attachement mutuel qu'ils prirent l'un pour l'autre, ou pour tout ce qui regarde le détail d'une direction la plus extraordinaire qui ait peut-être jamais existé, et ces commencements furent si secrets, que personne n'en eut connaissance, si ce n'est tout au plus la mère Agnès.

Aussi, on ne sait pas si ces premières impressions de défiance que le père de Bérulle conçut de Saint-Cyran, environ ce temps-ci, furent causées par quelque connaissance qu'il eut du mystère de cette direction si secrète, et s'il en éclata quelque chose qui vint à sa connaissance; mais j'ai appris du père Amelotte, avec qui j'avais quelque sorte de relation sur toutes ces affaires, que le père de Bérulle, commençant à se défier de la conduite de Saint-Cyran, s'en expliqua au père Gibieuf, et lui déclara assez confidemment ce qui lui passait par la tête à l'égard de l'abbé de Saint-Cyran. « Il lui dit qu'il avait jusqu'alors souffert son commerce dans l'espérance qu'il avait eu de le gagner, qu'il avait fait ses efforts pour cela, et qu'il s'était transformé lui-même dans toutes les figures qu'il avait pu pour s'insinuer dans son esprit, le regardant avec mille bonnes qualités dont Dieu l'avait pourvu comme un sujet capable de rendre de bons services à l'Église, surtout par son attachement au travail et par sa grande capacité; mais qu'enfin il trouvait de si grands écarts dans cet esprit, une pente si violente à la singularité, tant d'affectation à dire et à penser des choses extraordinaires, pour parler autrement que les autres et pour se distinguer, un amour de nouveauté si mal entendu, un esprit enfin si plein d'orgueil et de présomption, qu'il voyait bien qu'il n'y avait presque plus lieu d'espérer de lui rien de raisonnable de la manière dont il était fait. Il ajouta qu'il avait même découvert dans ses sentiments je ne sais quoi de si étrange et de si écarté des voies ordinaires sur ce qui concerne la religion, qu'il voyait que c'était un homme capable d'aller aux dernières extrémités, s'il était jamais assez libre pour parler sans crainte; que toutefois il était résolu pour le ménager encore de ne point faire de rupture avec lui qui allât à l'éclat, parce qu'enfin il fallait tout faire pour le gagner. »

Il est vrai que ce père avait souvent exhorté l'abbé de prendre des sentiments plus humbles et plus conformes à la modestie chrétienne sur tout ce qui regardait sa personne, lui répétant souvent qu'il n'ignorait pas que sans l'humilité il n'y avait pas de vraie vertu dans le christianisme, et qu'étant doué d'aussi grandes qualités qu'étaient celles dont Dieu l'avait comblé, il était obligé d'en être encore plus humble et plus reconnaissant ; mais il écoutait cet avis d'un air suffisant qui l'empêchait d'en profiter, et le père de Bérulle sentait bien lui-même qu'il perdait son temps à le prêcher. Le père Gibieuf, après avoir remercié le père général de sa confidence sur un homme dont il n'avait pas lui-même bonne opinion, lui demanda quel usage il voulait qu'il fît des sentiments qu'il avait de l'abbé de Saint-Cyran, vu qu'il lui demandait le secret avec une défense expresse d'en parler. Le père de Bérulle lui répondit qu'il serait bien aise que dans les occasions qui se présenteraient quand il ne serait plus, il témoignât ce qu'il venait de lui apprendre sur cet abbé, afin qu'on ne crût pas qu'il y eût été trompé. Peut-être que cette manière de penser et d'agir du père de Bérulle provenait aussi de ce que ses amis qui devinrent puissants à la cour, comme le surintendant des finances Marillac, le chancelier d'Aligre et d'autres qui le portaient par toute l'intrigue de leur faveur à être cardinal (comme il le fut peu de temps après), demandaient de lui une conduite encore plus irréprochable, et qu'ils avaient sans doute pénétré les sentiments du ministre, qui ne pouvait souffrir Saint-Cyran, depuis le refus qu'il lui avait fait d'aller en Angleterre pour y suivre Marie-Henriette de France.

Ainsi les empressements que Jansénius faisait paraître pour servir les pères de l'Oratoire à Louvain (qui y furent établis le 10 octobre de l'année 1626), le compte exact qu'il avait soin de rendre à l'abbé, son ami, par des lettres fréquentes de ce qu'il faisait en leur considération, et toute cette chaleur qu'il montrait pour leurs intérêts dans toutes les occasions, parce qu'il regardait ces pères comme des adversaires, ou du moins des rivaux propres à opposer aux jésuites, n'étaient plus reçus du père général qu'avec bien de la froideur dans le fond, quoiqu'il n'en fît rien paraître à l'abbé de Saint-Cyran, qui venait régulièrement lui en rendre compte et qui ne laissa pas de vivre avec lui comme auparavant.

Pour le père de Gibieuf, auquel le père général s'était ouvert sur le sujet des sentiments écartés de Saint-Cyran et de l'amour qu'il avait pour la nouveauté, il eut lui-même environ ce temps-ci des affaires désagréables pour avoir voulu raffiner sur la liberté de l'homme, affectant de parler d'une autre manière que les autres. Il avait l'esprit un peu confus, et une connaissance superficielle de saint Augustin ; en expliquant la nature de la liberté, il s'avisa de s'écarter des sentiments ordinaires de l'École, qui la met dans l'indifférence pour expliquer mieux la liberté des bienheureux. Le père Gibieuf l'établit dans une certaine plénitude et une espèce d'étendue de la volonté qui devenait libre, à ce qu'il prétendait, par un plein pouvoir de vouloir ce qu'elle veut, choisissant les moyens qu'il lui plaît, se portant d'elle-même et de son propre poids à aimer le bien en général, d'une manière toutefois qu'elle ne puisse pas aimer le mal, faisant consister tout l'exercice de cette prétendue liberté dans le seul choix des moyens pour parvenir à sa fin comme font les bienheureux. Cette doctrine ne fut nullement approuvée. Les docteurs de Sorbonne la trouvaient nouvelle et peu conforme au sentiment ordinaire de l'École, qui met l'essence de la liberté en un pouvoir d'agir ou de ne pas agir dans les circonstances qu'il faut le faire, c'est-à-dire dans une parfaite indifférence. Quand l'abbé de Saint-Cyran eut mandé à Jansénius le plan du père Gibieuf, dans son nouveau système sur la liberté, il en eut de grandes inquiétudes, car il craignait avec quelque sorte de fondement que ce père, par un chemin si nouveau et si peu connu dans l'École, ne s'étendît à toute la matière de la grâce, et ne le prévînt dans le dessein qu'il avait lui-même de dresser un plan nouveau de la grâce, qui était le principal sujet du grand ouvrage qu'il préparait, et dont il se vantait d'être l'auteur ; en quoi peut-être il aurait eu raison, s'il n'eût lui-même dérobé ce premier projet au synode de Dordrecht, comme nous l'avons dit, et à la plupart des hérétiques modernes qu'il étudiait. Voici ce qu'il en écrit à l'abbé : « Je voudrais savoir si ce livre du père Gibieuf, qui s'imprime, renferme toute la matière de Pillemot[1] tellement qu'il peut suffire à tout, car cela étant pour vous le dire sincèrement, j'en serais aise et je me déporterais du grand travail que je vois qu'il faudra prendre devant que d'achever la composition, 23 mai de l'année 1629. » C'était son inquiétude qui le faisait parler de la sorte et qui le décourageait dans la crainte qu'il avait que le père Gibieuf ne l'eût prévenu, car il recherchait par-dessus toutes choses la gloire d'être chef en l'affaire qu'il projetait.

Ce fut aussi ce qui obligea Saint-Cyran de lui envoyer l'écrit de ce père pour le tirer de peine ; il le parcourut rapidement avec ces mouvements de crainte qu'on ressent quand on a peur d'être surpris. L'abbé le priait en même temps de lui envoyer une approbation de cet écrit pour l'autoriser, s'il en avait besoin. Jansénius lui répondit après l'avoir vu qu'il avait lu une grande partie de cet écrit, qu'il y avait trouvé de bonnes choses, mais qu'il le trouvait trop philosophe, ayant encore beaucoup de rapport à l'école des jésuites, qu'il ne pouvait approuver bien des choses qu'il y avait trouvées, que toutefois, pour contenter l'auteur, il lui pourrait donner quelque approbation modérée sur le point qu'il désirait, qu'il lui enverrait cette approbation, afin de voir si elle pourrait passer et si elle serait au contentement de l'auteur qui la désirait. Cette lettre est du 21 septembre 1629, et il lui écrivit du 7 décembre suivant : « J'ai lu tout le livre du père Gibieuf, j'en ai écrit l'approbation pour vous l'envoyer quand vous le trouverez bon ; et combien que j'y approuve beaucoup de choses qui y sont dedans et qui me donnent de grandes ouvertures, néanmoins je crois qu'il n'a pas atteint l'affaire comme il fallait, même selon la philosophie dont il est rempli. Je vous en parlerais plus amplement si les occasions étaient à cela favorables. » Il ne trouvait pas que ce père eût dit tout ce qu'il fallait sur la liberté, qu'il prétendait détruire tout à fait lui-même, et c'était en tremblant qu'il parlait sur ce sujet, craignant toujours

[1] C'est-à-dire de la grâce et du grand ouvrage, page 82 du recueil de Préville.

d'être découvert. C'est aussi ce qui le rendait si mystérieux sur son ouvrage, qu'il écrivait avec un secret incroyable et avec une dissimulation profonde pour ne pas s'exposer au péril qu'il avait couru en Espagne ; c'est lui-même qui dit à son ami avec quelle précaution il travaillait. « On ne sait point ici du tout à quoi je m'emploie, sinon en général que je me romps la tête à saint Augustin, et par conséquent que je médite quelque chose sur lui. »

A la vérité, il ne laissa pas d'être surpris quand Saint-Cyran lui manda qu'on examinait en Sorbonne le livre du père Gibieuf, voyant bien que cela le regardait, parce que, dans son opinion, il donnait l'exclusion à l'indifférence comme ce père, dans l'essence qu'il établissait de la liberté, ne doutant pas qu'on ne dût lui faire de la peine sur cette doctrine, si l'on en faisait au père Gibieuf. Voici ce qu'il en écrivit à l'abbé de Saint-Cyran quelque temps après que l'ouvrage du père Gibieuf fut combattu : « Je ne m'en étonne pas, et j'admire comme ils tardent tant [1]. Je ne doute point que si les affaires allaient mal avec ce père, je ne fusse poursuivi pour le même sujet. » C'est toujours de Louvain qu'il écrit et du 31 janvier 1631. Rien n'est pareil à cette ingénuité ; il voit bien qu'on le condamnera, si le père de l'Oratoire est condamné, il s'y attend même et toujours avec ses frayeurs ordinaires. Le père fut en effet condamné pour la manière dont il parlait de la liberté ; car quoiqu'il eût pris quelque idée de sa doctrine dans saint Thomas, il prend l'écart toutefois dans la manière dont il l'explique, ce qui parut peu conforme à l'École, et contre laquelle plusieurs théologiens écrivirent depuis, entre lesquels le père Annat, jésuite, se signala dans son traité.

Mais enfin, quoique ce père ait été le premier qui ait ouvert le chemin à tous ceux qui ont voulu innover en ce siècle sur la liberté en s'écartant de la voie commune, il a toutefois eu le bonheur de s'écarter tellement des opinions nouvelles, soit qu'il eût profité de la confidence que le père de Bérulle lui avait faite sur Saint-Cyran, soit qu'il eût lui-même ouvert les yeux

---

[1] C'est des docteurs de la Sorbonne qu'il parle.

pour en voir la fausseté, qu'il fut dans la suite un des plus zélés à les combattre, comme il paraît par la lettre qu'il écrivit après la bulle d'Innocent aux carmélites, qu'il gouverna depuis, afin de leur marquer ses sentiments sur les nouveautés qui se débitaient dans le royaume et leur ordonner une conduite pour s'en préserver. Voici un extrait de sa lettre dans laquelle il fait connaître le dangereux esprit de la nouvelle opinion.

« Nous avons jugé à propos de vous défendre la lecture des livres qui traitent des matières contentieuses du temps, de la pénitence, de la fréquente communion, de la grâce et de la prédestination, estimant que cette lecture vous pourrait porter un préjudice notable; je différai de vous donner avis, craignant d'ouvrir votre esprit sur des sujets desquels vous n'aviez aucune connaissance; mais maintenant que je vois ces disputes plus échauffées que jamais, et que le parti de ceux qui se vantent d'avoir saint Augustin et la vérité pour eux en la matière de la grâce grossit tous les jours à vue d'œil, il est nécessaire de vous prévenir contre les dangers que portent leurs livres et leurs entretiens. J'ai donc à vous dire que ces gens se piquent de la pureté de l'Évangile, de la sainteté des premiers siècles et de zèle pour la doctrine de saint Augustin, et sont toutefois bien éloignés de l'humble disposition d'esprit qui a rendu ce saint éminent entre les docteurs de l'Église, autant que par la clarté et la solidité de ses lumières, car saint Augustin a soumis constamment toute sa doctrine à l'Église et au chef de l'Église, et ces messieurs, voyant un de leurs livres censuré par le Pape, non-seulement ne s'y sont pas soumis avec la révérence que cela se doit, mais ils ont eu la hardiesse d'écrire contre la censure, quelques remontrances que quelques-uns de leurs amis aient pu leur faire. Ils se vantent de faire profession de la pureté de l'Évangile, et ils ne voient pas que tout leur fait s'en va à un extérieur spécieux qui n'est bon qu'à les tromper eux-mêmes. Le premier document du Fils de Dieu dans l'Évangile est de renoncer à soi-même, ce qui apporte une docilité et une soumission d'esprit comme d'un enfant dans toutes les choses que l'Église vous propose de la part de Dieu, ce qui a fait dire à saint Paul que la charité croit tout : *Charitas omnia credit.*

Or ces gens-là ne s'étudient nullement à mettre leurs disciples dans la défiance de leur propre sens, tout leur soin est de les rendre savants et de les styler à la dispute, sans que j'aie remarqué parmi eux, combien j'y ai pris garde à loisir, qu'ils les forment dans l'obligation intérieure qui est le fondement de l'école de Jésus-Christ, et en cela ils semblent avoir pratiqué la même chose que les hérétiques, qui d'abord mirent l'Écriture sainte entre les mains des femmes pour les rendre juges des controverses et leur donner l'autorité et la hardiesse d'opposer leurs sentiments et leurs faibles lumières aux sentiments et décisions de l'Église. Ceux-ci ont fait à peu près la même chose, car ils ont mis en français les livres de saint Augustin et de quelques autres Pères sur les matières les plus relevées de la théologie, afin que chacun, jusqu'aux femmes, en pût parler. On dit que quelques-uns d'eux renoncèrent à leurs biens, mais jusqu'à présent je n'en ai eu aucune preuve... Vous ne lirez donc point leurs livres ni leurs apologies, qui sont remplis de disputes, ni les livres des Pères qu'ils ont traduits. J'ajoute à cette défense leur catéchisme ou théologie familière, leurs ouvrages de dévotion, leurs lettres, ni la vie de saint Bernard, avec leurs réflexions et le reste, car tout cela est marqué à leur marque, et ils insinuent insensiblement à ceux même qui les lisent sans dessein la singularité de leur esprit et ce mépris qu'ils font de l'Église présente. »

Ce furent là les sentiments du père Gibieuf, dont il fit part aux carmélites quelque temps avant sa mort; car étant leur supérieur général, depuis le cardinal de Bérulle, qui le leur donna, il écrivit cette lettre en forme de circulaire qu'il envoya à tout l'ordre, et commanda qu'on en gardât une copie dans tous les couvents pour être un préservatif et servir de règle de conduite contre les nouvelles doctrines; et comme les jansénistes se vantèrent de l'avoir pour chef dans l'explication de l'essence de la liberté dont il avait fait le premier pas pour en exclure l'indifférence, j'ai cru qu'il était bon de faire connaître au public ses derniers sentiments, pour empêcher de croire qu'il ne fût entré dans ce parti par l'opinion nouvelle qu'il avait eue sur la liberté.

LIVRE CINQUIÈME.

Jansénius écrit son *Augustinus*. — État de la religion en France et en Angleterre. — Élection de Richard Smith, évêque de Chalcédoine. — Déplorables effets de l'administration de monseigneur Smith. — Les jésuites écrivent contre la conduite de l'évêque. — Censures du clergé de France et de la Sorbonne. — Urbain VIII condamne la conduite de l'évêque. — Mort et portrait du cardinal de Bérulle. — Maladie de Louis XIII. — La journée des Dupes. — Origine de Port-Royal des Champs. — Irrégularité de l'élection des mères Arnauld. — Organisation du Port-Royal à Paris. — Mauvaise foi de Jansénius au sujet des prédestinatiens. — Vanité de Saint-Cyran. — Voyage de la mère Agnès. — Saint-Cyran commence à diriger le Port-Royal.

Enfin, après les fatigues d'une longue étude et d'un travail pénible et ennuyeux, Jansénius eut la joie de commencer à mettre la main à l'œuvre et à prendre la plume pour composer le fameux livre de la grâce, qu'il préparait depuis tant de temps. Il y avait plus de vingt ans que ce docteur, attaché avec tant d'ardeur au dessein qu'il traçait dans son esprit, se consumait de travail et de veilles pour amasser les matériaux nécessaires à son ouvrage. Il avait déjà lu plusieurs fois les petits traités de saint Augustin contre les pélagiens et les autres livres qui lui étaient nécessaires, et il creusait par ses méditations le fond de cet abîme impénétrable de la prédestination pour en développer le mystère. Lorsqu'il se crut en état d'arranger cette matière informe, qui grossissait tous les jours dans les mémoires qu'il en dressait, il en témoigna sa joie à l'abbé de Saint-Cyran et lui en donna avis. Voici ce qu'il lui mande de Louvain le 31 décembre de cette année 1627 : « Je suis très-aise que je puis vous écrire que je poursuis ma pointe, et que, par la grâce de Dieu, je suis à la parfin arrivé à la composition de mon ouvrage après tant d'années de préparation; j'ai commencé par l'histoire[1], dont j'ai fait environ deux cahiers en trois semaines, où je découvre plusieurs fautes d'un certain écrivain qui s'en est mêlé. »

Son ouvrage avait été retardé par ses voyages en Espagne et par ses divers travaux contre les jésuites, qu'il avait entrepris de ruiner. Voici ce qu'il en dit encore dans la même lettre du 31 décembre : « J'ai fait décrire une grande œuvre que j'ai faite contre les jésuites; je voudrais que vous l'eussiez vue, car je ne puis me résoudre à la publier à cause que je serai découvert; c'est ce qui fait que je ne me hâte point. » Au reste, il ne donna point d'autre titre à son livre que celui d'*Augustinus*, auquel on ajouta depuis celui de la ville d'Ypres, dont il fut évêque, pour l'opposer à l'Augustin d'Hippone. Et c'est ici le grand mystère de l'entreprise de l'abbé de Saint-Cyran et de Jansénius, qui, dans le projet d'innovation qu'ils formèrent, se partagèrent ainsi de concert le dessein d'un ouvrage si important. L'abbé, ayant entrepris de réformer la discipline ecclésiastique, qu'il estimait entièrement gâtée, donna pour titre à son ouvrage le premier nom de saint Augustin, qui est celui d'*Aurélius*; et Jansénius, qui, avait entrepris de réformer la doctrine de l'École sur la grâce et sur la prédestination, donna pour titre à son livre le nom d'*Augustinus*, qui était le second et véritable nom de ce Père, pour se déclarer encore avec plus de fondement le disciple de ce grand saint, en prenant ses livrées et en combattant sous son nom. L'abbé de Saint-Cyran n'avait point été de l'avis de son collègue d'attaquer de droit fil les jésuites, les sachant trop puissants et trop bien établis dans l'opinion publique pour les combattre d'une manière ouverte, et puis ce n'était pas seulement à leur doctrine qu'ils en voulaient, mais à toute l'École qu'ils prétendaient réformer, de sorte qu'ils crurent qu'un titre mystérieux, qu'ils prendraient l'un et l'autre, serait plus capable d'intéresser la curiosité du public qu'un qui révélerait leur dessein trop à découvert.

Dans le fond, Saint-Cyran avait raison; car, sans compter le

---

[1] C'est de celle des pélagiens qu'il parle.

désir qu'il avait de se cacher de manière à n'être point connu, pour ne pas se commettre dans un temps où il cherchait à se ménager, tout réussit mieux par la voie qu'il avait imaginée. Il est vrai aussi que Jansénius, qui n'y cherchait point tant de finesse, suivait la pente de sa simplicité naturelle sans y faire tant de façons. Il ne laissa pas de trouver par un artifice le moyen de prévenir le public pour le disposer à recevoir favorablement sa doctrine. Son ami, l'archevêque d'Hibernie, avait avec lui de jeunes cordeliers hibernois qui étudiaient en théologie : il lui conseilla pour son propre intérêt et pour celui de sa doctrine de sonder les sentiments des docteurs de l'université de Louvain, en enveloppant quelques traits de ses sentiments parmi les thèses qu'ils avaient à soutenir pour prendre les degrés. L'archevêque jeta les yeux pour cette affaire sur le frère François Fevalle, et fit mettre dans sa thèse quelque chose de l'opinion de Baïus, déjà censurée, sur la grâce et la liberté. Jansénius fit présider ce jeune homme (qui s'était préparé de longue main) par frère Jean Barneval, qu'on avait prévenu de ces sentiments-là, dont on ne parlait que pour faire honneur à l'Université, en remettant sur le tapis quelques restes de la doctrine d'un docteur qui lui avait acquis tant de gloire par son rare mérite.

L'abrégé de cette doctrine, qu'on avait inséré dans la thèse du jeune Hibernois, consistait principalement à déclarer que l'homme, après son péché, en perdant la grâce avait perdu sa liberté ; qu'il n'y avait point d'autres grâces pour lui que celle que lui avait faite le Rédempteur, laquelle était toujours efficace indépendamment du consentement libre de la volonté ; que la grâce suffisante, dont toute l'École retentissait, n'était qu'un fantôme de grâce imaginé par les scolastiques modernes, et quelques autres propositions pareilles à celles-là. Mais soit qu'on regardât le jeune Irlandais comme un aventurier, surpris par sa vivacité et par sa hardiesse, soit qu'il ne se trouvât alors aucun docteur assez zélé dans la faculté pour s'opposer à une entreprise si dangereuse, la thèse fut proposée et soutenue sans être désapprouvée, ce qui n'aurait pas dû arriver dans un corps qui paraissait aussi attaché au Saint-Siége que l'était alors l'université de Louvain. Ainsi, Jansénius eut ce qu'il démandait sans faire de bruit; il mit à l'épreuve les esprits de son Université sur ses sentiments qu'il fit passer pour ceux de Baïus, dont il renouvela les idées pour prendre ses mesures par cette tentative. Le succès de ce début servit à l'encourager au commencement de la composition de son ouvrage.

L'abbé de Saint-Cyran ne trouva rien de pareil pour le sien à Paris. Le clergé de France, qui avait depuis longtemps à sa tête le cardinal de la Rochefoucauld, homme zélé, était entièrement éloigné de toutes sortes de nouveautés ; la Sorbonne avait des docteurs affectionnés au Saint-Siége et fort opposés à tout ce qui pouvait le choquer ; car, excepté quelques richeristes, dont le nombre n'était pas considérable, on y était bien disposé à l'égard du Pape. Le parlement n'était pas malintentionné. Les images funestes de l'état où l'hérésie de Calvin avait réduit tout le royaume étaient encore présentes à leur esprit. Le ministre savait à fond la religion et avait du zèle pour la maintenir dans sa pureté. Les jésuites étaient écoutés du roi et de la reine mère dont ils gouvernaient les consciences. Le père de Bérulle même, sur lequel Saint-Cyran fondait une partie de ses espérances, venait d'être fait cardinal par Urbain VIII à la nomination du roi, parce que le cardinal de Richelieu le connaissant d'un caractère d'esprit peu disposé à prétendre au ministère et à tenir la première place, ne pouvait croire qu'il fût capable de favoriser des nouveautés. Enfin rien ne pouvait non-seulement donner occasion à l'ouvrage qu'il méditait dans tout ce qui se présentait à ses yeux, mais même tout devait l'en détourner parce qu'il ne trouvait partout que de l'opposition et des obstacles. Après tout, l'Angleterre lui procura l'occasion d'écrire et d'exécuter son dessein, ce qu'il ne pouvait alors espérer raisonnablement de la France, dans la situation où y étaient alors les choses de la religion. Pour intéresser les évêques de France à lui être favorables il entreprit dans un livre de défendre la juridiction et la puissance épiscopales en général, en quoi il affecta de faire le zélé. Il prit l'occasion de s'élever contre quelques ecclésiastiques anglais qui semblaient vouloir attaquer cette puissance. Voici comment.

Pendant qu'Élisabeth régna en Angleterre, la persécution fut toujours si ardente contre les catholiques en général et surtout contre les évêques et contre les ecclésiastiques, que la plupart de ceux que le mérite avait élevés aux dignités ecclésiastiques furent contraints ou de se cacher, ou de disparaître tout à fait en désertant le royaume, parce que c'était sur eux principalement que l'orage éclatait. La longueur d'un règne si funeste à la religion ne put faire durer la persécution sans priver bientôt les catholiques des secours nécessaires à leur constance, parmi les épreuves où on la mettait tous les jours, et surtout du sacrement de confirmation qui ne peut être administré que par l'évêque. Ceci donna lieu aux catholiques d'examiner si la nécessité de recevoir ce sacrement était si grande qu'il fallût absolument renoncer à la sûreté de professer la religion ; sûreté qu'on ne trouvait qu'en se cachant, car il était impossible d'avoir des évêques des pays voisins sans s'exposer au péril d'être découvert; et que les évêques du pays, effrayés par la rigueur des tourments, avaient déserté. Cette Église se trouvait donc entièrement dépourvue de l'assistance qu'elle recevait auparavant de ses pasteurs; on disputait alors dans les assemblées si ce sacrement de confirmation était d'une nécessité qui obligeât à perdre la sûreté qu'il fallait de professer la religion et qu'on ne trouvait que dans le secret et dans la retraite ; mais on ne se décidait pas. La dispute qui sert à éclaircir les matières, mais qui ne résout rien, obligea les jésuites de ce royaume (qui furent les plus consultés sur une si grande difficulté) d'envoyer un célèbre théologien de leur société, nommé le père Parson, à Rome au cardinal Alain, qui avait pris l'Église d'Angleterre en sa protection, étant du pays, pour demander au Saint-Siége une règle de conduite dans des temps si difficiles, ou pour y envoyer des évêques assez zélés pour s'exposer au péril de la persécution, en faisant profession ouverte de foi pour l'administration du sacrement de confirmation et pour affermir les fidèles parmi les tourments. Il se trouve encore aujourd'hui dans le saint office plusieurs requêtes des catholiques d'Angleterre présentées à ce cardinal pour ce sujet qui en peuvent faire foi. Mais ce cardinal étant mort un peu après, ils ne purent rien faire par cette voie. Aussi le père Parson s'adressa au cardinal Gaëtano qui était d'un grand crédit en la cour de Rome, et qui avait succédé à la réputation de celui que Sa Sainteté envoya à Luther pour traiter d'accommodement avec lui.

Ce cardinal, touché du besoin pressant de cette Église, fit nommer par le Pape pour cette mission George Blackwell[1], ecclésiastique d'une grande réputation dans le pays pour sa vertu et sa bonne doctrine. Il fut fait archiprêtre avec tout pouvoir de faire dans l'Angleterre ce que fait un évêque, pour y maintenir la discipline ecclésiastique et pourvoir à tous les besoins d'une Église si désolée, sans faire d'éclat; mais il se trouva à Londres un petit esprit nommé Watson qui, ne pouvant souffrir l'honneur qu'on faisait à Blackwell par cette distinction, jaloux qu'il fut de voir son égal élevé si fort au-dessus de lui, écrivit contre ce pouvoir que le Saint-Siége venait de lui accorder pour le détruire. Les jésuites, qui avaient du crédit parmi les catholiques, parce qu'il y en avait eu déjà plusieurs qui avaient donné leur sang pour la foi, défendaient par leurs discours et par leurs écrits le titre et le pouvoir de Blackwell contre ce rival qui l'attaquait.

Mais comme cette autorité nouvelle, sans aucun caractère de dignité, n'avait pas assez d'éclat pour satisfaire la plupart du clergé et la violence de la persécution s'étant un peu adoucie sous le règne du roi Jacques, on commença, dans les délibérations qui se tinrent parmi les catholiques, à penser de nouveau à un évêque qu'on demanda au Pape, afin de donner une forme plus réglée à cette Église par quelque sorte d'autorité qu'il était difficile d'établir sans un caractère épiscopal. A la vérité, les sages jugeaient qu'il ne fallait rien précipiter dans une affaire de cette importance, parce qu'après tout l'exécution leur en paraissait toujours sujette à de grands inconvénients auxquels il serait difficile de remédier. Mais enfin Grégoire XV, pressé par différentes personnes qui s'étaient entremises pour lui demander un évêque, se détermina à nommer Guillaume Bishop, docteur de la Sorbonne de Paris, pour pasteur en chef de cette Église, en

---

[1] Le nom de cet ecclésiastique est écrit de différentes manières dans le manuscrit original.

qualité d'évêque ; mais ce nouveau prélat mourut peu de temps après. Le conseil du Pape espérant que les affaires de la religion s'adouciraient en Angleterre par le mariage de Marie-Henriette de France avec le prince de Galles, qui était lui-même un prince d'un naturel assez doux, retarda l'élection d'un autre évêque.

Il avait déjà paru quelque lueur de paix et de tranquillité plus grande pour les catholiques sous le roi Jacques, par la conduite de don Carlos Colonna, ambassadeur extraordinaire du roi d'Espagne en Angleterre, qui avait obtenu la liberté des catholiques, prisonniers pour la religion, dans les trois royaumes, et que l'entrée et la sortie de leur pays leur serait permise sans qu'on les obligeât au serment de primatie qui les désolait : ils allaient même, sans être inquiétés, entendre la messe dans l'hôtel de cet ambassadeur en si grand nombre et si publiquement qu'ils voulaient. Ce rayon de douceur donna lieu d'en espérer encore plus. Ce fut aussi sur des apparences si favorables qu'on pressa le pape Urbain VII de donner un nouvel évêque à cette Église, affligée depuis si longtemps et destituée des secours qui lui étaient nécessaires, et ce fut sur les instances qu'on lui en fit qu'il nomma Richard Smith, Anglais, évêque *in partibus*, sous le nom de Chalcédoine, qu'il envoya en Angleterre.

C'était un homme qui paraissait avoir les qualités requises pour bien servir cette Église. Il était venu en France quelque temps auparavant pour y faire profession de la religion avec plus de sûreté, et pour s'en instruire à fond ; il s'appliqua même à étudier les controverses pour combattre les hérétiques en son pays, quand il y retournerait, et il s'était tellement exercé dans cette étude qu'il y devint assez habile ; ce qui engagea l'abbé Duplessis, depuis cardinal de Richelieu, à le prendre dans sa maison dans le temps qu'il étudiait en Sorbonne avec lui les controverses, afin de servir l'Église par cette science, à l'imitation du cardinal du Perron qui s'éleva à la pourpre par cette voie et devint si utile à la religion. Comme cet abbé avait de l'esprit et encore plus de l'ambition, il prit la résolution d'étudier l'histoire ecclésiastique avec les controverses sous Richard Smith, qui lui ouvrit le chemin dans l'une et dans l'autre science qu'il savait également bien, et lui en découvrit les principes.

Mais l'abbé, rebuté du peu de talent qu'il avait de retenir ce qu'il apprenait, et de son peu de mémoire, renonça à cette étude, et se retrancha à la seule scolastique que son docteur anglais lui apprit, et dont il se fit un ami après l'avoir eu assez longtemps pour précepteur.

Ce qui donne lieu de croire que l'abbé, étant devenu cardinal presque au même temps que ce docteur, fut fait évêque de Chalcédoine et destiné par le Pape au gouvernement de l'Église d'Angleterre; il contribua sans doute à ce dessein, et qu'il appuya cette promotion, car tout le monde sait que le cardinal prit soin de lui et qu'il fut son protecteur dans toutes les occasions où il eut besoin de son assistance. La nomination de ce prélat ne fut point heureuse pour les affaires qui obligèrent le Pape à l'envoyer en Angleterre, ni à l'intérêt même de sa commission, car comme l'assemblée du clergé de France se tenait alors à Paris et qu'il eut le temps de s'instruire des matières principales qu'on y traita, il partit ayant l'esprit plein de ces idées de réforme, et sur le plan de discipline qu'on venait d'y régler contre les religieux, et surtout de ce qui s'était fait sur l'entreprise tout à fait irrégulière et téméraire d'Étienne Luistre, doyen de l'Église de Nantes, lequel ayant été commis par les cardinaux de la Rochefoucauld et de la Vallette à l'affaire des carmélites, eut la hardiesse de jeter un interdit sur la maison de l'évêque de Léon, en Bretagne, et sur sa personne, parce qu'il avait retiré dans son palais épiscopal quelques-unes de ces religieuses qui s'y réfugièrent pour ne pas se soumettre à la direction du père de Bérulle et au bref prétendu du Pape qui les y obligeait.

L'évêque, surpris d'une telle insolence, implora le secours de l'assemblée du clergé contre cet attentat; on fit le procès au doyen. Son procédé fut condamné de témérité et il fut interdit; et comme la hiérarchie avait reçu un grand coup par l'audace d'un jugement fait par un prêtre sans caractère et sans juridiction contre un évêque, on fit des règlements nouveaux pour la réparation de la dignité épiscopale et pour le rétablissement de la hiérarchie, dont l'honneur avait été blessé par une entreprise si criminelle. Mais comme la plupart de ces règlements regardaient particulièrement les immunités et les priviléges des religieux qu'on voulut diminuer, on réforma les pouvoirs qu'ils s'attribuaient par leurs priviléges. Ce fut avec ce plan de réforme que partit l'évêque de Chalcédoine, dans la résolution de faire observer en Angleterre tout ce qui venait de se régler en France.

Ainsi cette Église qui gémissait depuis plus de quarante ans sous le poids de la plus terrible persécution, et qui se trouvait presque épuisée par l'effusion du sang de tant de martyrs à qui elle avait vu rendre les derniers soupirs dans son sein, fut bien frustrée de ses espérances, lorsqu'elle trouva dans ce pasteur, que lui envoyait le Saint-Siége pour son soulagement, un nouveau surcroît à sa douleur, et lorsqu'elle ressentit des tribulations nouvelles par celui de qui elle n'espérait que de la consolation; car ce prélat, sans avoir aucun égard à la conjoncture présente du temps et à la nécessité de cette épouse si désolée, prit possession de ce siége avec un esprit de hauteur et de domination, et, oubliant la douceur d'époux et de pasteur qu'il devait avoir, il s'avisa d'exercer son empire par de nouvelles rigueurs. Il commença par ériger un tribunal qui ordonna à tous les ecclésiastiques de venir le reconnaître pour lui rendre compte de leur ministère et de leurs fonctions, et il ruina par là cette sécurité dont ils ne jouissaient que par le secret du silence et de la retraite, qu'il fallut violer pour lui obéir; car quel moyen d'aller se présenter en foule à ce tribunal, en un pays où le trouble dans lequel vivaient les catholiques ne leur permettait pas même de se montrer.

Ce fut là sa première démarche, qui fut soutenue par une nouvelle création d'officiers dans toutes les villes et de doyens ruraux dans la campagne, pour exercer par eux, autant qu'il pourrait, toute l'étendue de sa juridiction. Ainsi il abrogea tous les priviléges des réguliers, leur ôta le pouvoir de conférer les sacrements sans la permission de ses officiers; ôta aux anciens pasteurs, qui s'étaient signalés pendant les années de la persécution, toute sorte d'autorité pour la donner à de nouveaux venus qui, étant sans expérience, ne pouvaient s'acquérir la confiance des peuples. il renversa de la sorte toute l'économie et la discipline de cette Église désolée, en lui ôtant ses ouvriers ordinaires et ses anciens pasteurs qui la servaient bien plus fidèlement et plus sûrement. Ce n'était que par un faux zèle de rétablir la hiérarchie dont l'ordre était entièrement impraticable dans la conjoncture présente, que cet évêque pensa tout perdre, parce qu'en cherchant de l'éclat dans l'exercice de ses fonctions, il ruinait les affaires de la religion qui ne pouvaient subsister que par le secret et l'obscurité.

Cette conduite si pleine de rigueur dans celui de qui on espérait de la condescendance jeta une consternation si universelle dans les esprits, que le reste des fidèles qui avait échappé à la fureur de la persécution d'Élisabeth pensa presque succomber sous la dureté d'un joug si capable de troubler les consciences et de révolter les plus soumis; car on ôtait aux catholiques les directeurs auxquels un long usage les avait obligés de donner leur confiance, pour en substituer de nouveaux qu'ils ne connaissaient point et à qui ils ne pouvaient pas se fier, et sans respect pour les lois du prince qui défendaient une profession extérieure de la religion. On voulait que dans les choses qui regardaient l'autorité épiscopale l'exercice s'en fît avec quelque sorte d'ostentation, et l'on fut obligé pour cela de renoncer à cette prudence nécessaire où s'étaient accoutumés les esprits pour pourvoir à leur sûreté.

Une conduite si à contre-temps fut le commencement des malheurs de l'Église de l'Angleterre, car la plupart des esprits, s'étant effarouchés du pesant poids de cette domination, pensèrent se révolter contre leur pasteur; ce qui donna sujet au cardinal de Richelieu de songer que, si le seul gouvernement d'un évêque avait été capable de jeter le trouble dans une Église dont la foi venait de s'affermir parmi les prisons et parmi les tourments de tant de fidèles qui s'étaient rendus dignes de la couronne du martyre par leur patience, il serait aisé peut-être de mettre la division dans ce royaume par la religion. Voyant que le caractère d'esprit de cette nation naturellement légère et volage est autant susceptible d'agitation que l'était cet Océan, dont leur île était environnée, ce fut sur l'idée qu'il en prit et sur cette persuasion qu'il fit passer quelque temps des ministres calvinistes dans ce royaume pour y dogmatiser et disputer contre les presbytériens, ce qui partagea les esprits, jeta la division dans les familles et acheva de perdre tout le pays dont la ruine devint en quelque façon complète par la mort du roi Charles, qui fut décapité par sentence de son parlement et mis à mort par ses propres sujets..

Mais, pour revenir aux désordres que causa la conduite trop rigoureuse du nouvel évêque, on commença à murmurer contre ses ordonnances, on eut ensuite de la négligence pour les observer, et, dans les besoins qu'on avait des sacrements pour les malades, on ne fit pas de difficulté de se servir des prêtres que le hasard ou la sûreté du secret présentait dans le moment, parce qu'on trouva qu'il y avait à risquer d'aller aux prêtres soutenus et autorisés par l'évêque dont on ne disposait pas à point nommé. Et ces difficultés paraissaient bien plus dures aux catholiques que les tourments de la dernière persécution dont ils respiraient à peine, parce que les consciences pâtissaient de cette sévérité, laquelle troublait la paix et l'union d'une Église dont la ferveur croissait par les supplices. On dissimula, à la vérité, quelque temps, dans l'espérance qu'on avait de vaincre la dureté de ce pasteur par la patience; mais enfin, quand on s'aperçut qu'il abusait même de la tolérance qu'on avait pour ses rigueurs, on redoubla les gémissements et les plaintes qui se firent au commencement dans les assemblées secrètes des catholiques et qui devinrent enfin publiques par les écrits des jésuites, lesquels furent d'abord les plus maltraités sous ce nouveau prétexte de réforme, parce que leur zèle les avait engagés à s'exposer davantage que les autres et à combattre plus courageusement pour la liberté d'une Église dont ils ne pouvaient abandonner les intérêts sans les trahir.

Ce premier écrit parut à la vérité de la part des jésuites, mais sans porter aucune marque d'eux. Ce fut par respect qu'ils ne voulurent pas paraître, et ce n'était que pour attendrir le cœur de l'évêque et pour émouvoir les entrailles de ce pasteur qu'il parut. Les catholiques lui représentaient par ce mémoire que ce qu'il leur restait de liberté pour l'exercice de la religion par la rigueur des lois du pays était étouffé par la multitude de ses ordonnances; que la plupart des fidèles ne trouvant de la sûreté qu'en se cachant, il n'y en avait plus à espérer pour eux si ses règlements avaient lieu; que la nécessité étant la première de toutes les lois, il devait s'attendre qu'on y obéirait plus qu'aux siennes; que la hiérarchie qu'il s'efforçait d'établir avec tant de zèle ne pouvait pas s'observer dans un temps et dans un lieu où tout devenait dangereux par l'éclat qui suit d'ordinaire les cérémonies qu'elle demande; que cette Église avait subsisté plusieurs années dans la persécution et parmi les tourments sans aucune observation de cet ordre hiérarchique qui ne pouvait être gardé que dans le calme et dans la tranquillité de la religion; qu'ainsi on implorait sa clémence pour adoucir ce joug; que, s'il voulait faire un peu de réflexion, il jugerait qu'il serait de sa prudence de ne pas troubler ce qui restait de paix à cette pauvre Église par une sévérité à contre-temps.

Le principal du collège des Anglais de Douai, nommé Kellison, homme dévoué à l'évêque de Chalcédoine, fit une réponse à cet écrit, mais elle parut froide par une trop grande affectation de louanges qu'il donnait au caractère épiscopal et à la hiérarchie ecclésiastique dont il n'était pas question. C'était un grand lieu commun et une manière d'amplification de tout ce que les canons et les saints Pères avaient jamais dit à la recommandation de l'ordre hiérarchique, dont on ne doutait point; on n'en disputait même pas, la question étant de savoir s'il était à propos de trahir les intérêts de l'Église d'Angleterre et de l'exposer à sa dernière ruine pour satisfaire au zèle de cet évêque, qui s'était mis dans l'esprit de régner trop hiérarchiquement sans ménager l'intérêt de son troupeau en lui procurant de la sûreté.

L'écrit du docteur Kellison fut réfuté, partie par les prédicateurs dans les lieux où l'on pouvait parler en sûreté, partie par des écrits publics, où Édouard Knot et Jean Floïde, tous deux jésuites, se signalèrent le plus, mais sous des noms supposés, pour ménager l'esprit de l'évêque déjà prévenu contre la Compagnie. Le dessein de l'un et de l'autre était presque le même, il montrait qu'il était difficile dans l'Église d'Angleterre de donner une forme de vrai troupeau avec les lois du pays, parce qu'on ne pouvait y rien régler de stable dans la confusion où l'on y vivait; ils tâchaient d'établir cela en remontant aux principes, prétendant qu'il y avait des conjonctures et des temps quelquefois si fâcheux et si difficiles en certains lieux, qu'il n'était pas possible d'établir rien de réglé dans l'observation de la discipline; qu'alors la nécessité peut devenir si grande, qu'elle est capable de dispenser les fidèles du sacrement de confirmation, lequel pouvait se suppléer par l'usage fréquent des autres sacrements si la présence d'un évêque y devenait dangereuse par l'éclat qui accompagne sa dignité.

Ces maximes ne purent pas se débiter dans le pays sans y faire du bruit; on s'éleva contre ceux qui les publiaient, lesquels furent déclarés rebelles et accusés de contumace par l'évêque et par ceux de sa faction. Il écrivit lui-même à l'assemblée du clergé de France, qui durait encore, pour l'intéresser à lui donner sa protection. Ce collége, offensé d'une doctrine qui semblait aller à renverser son autorité et la nécessité de la discipline ecclésiastique, la condamna hautement par une censure assez violente à laquelle on prétend que le cardinal de Richelieu, qui protégeait l'évêque, eut quelque part par son crédit. Les catholiques, frappés d'un coup si rude auquel ils ne s'attendaient pas, firent un manifeste pour rendre compte au public de leur conduite, afin de ne pas devenir odieux auprès des peuples voisins s'il paraissait de la révolte dans leur procédé; ils déclaraient qu'ils ne croyaient pas pouvoir obéir à leur évêque dans la profession extérieure de la religion, crainte d'émouvoir la colère du roi qui la défendait et dont ils espéraient adoucir l'esprit par leur modestie, en s'abstenant de l'éclat que l'évêque de Chalcédoine prétendait introduire dans la discipline par l'observation des cérémonies qu'il ordonnait pour établir la hiérarchie; que dans l'état déplorable où avait été réduite leur Église par la longueur de la persécution, elle ne pouvait pas encore soutenir cette pompe extérieure que l'évêque avait tant à cœur, et qui ne consistait que dans les dehors de la religion; qu'au reste, ils prétendaient bien mieux respecter les lois du pays, qui étaient leur première obligation, par le soin qu'ils avaient de se cacher dans l'exercice de leur créance et par leur patience, qu'en obéissant aux règlements nouveaux qui n'étaient nullement essentiels à la religion, et qu'ils espéraient même fléchir la rigueur du prince par leur humilité et par leur silence.

Ces raisons, toutes solides qu'elles étaient, ne furent point écoutées du clergé de France, qui s'était laissé prévenir aux considérations de sa propre gloire qu'il croyait blessée dans l'affaire de l'évêque de Chalcédoine, ce qui leur fit fermer les oreilles aux plaintes de ces pauvres affligés, lesquels, rebutés enfin de ceux dont ils imploraient la protection, députèrent le plus considérable de leur corps à Charles de Laubépine, marquis de Châteauneuf, ambassadeur du roi de France en Angleterre, pour l'informer de leur conduite qui pourrait être blâmée de ceux qui n'en auraient pas connaissance. Ils lui firent entendre que l'état déplorable de leurs affaires les obligeait à avoir recours à lui pour lui représenter la manière rigoureuse dont le clergé de France, assemblé à Paris, les avait traités sans les entendre; qu'on les accusait calomnieusement d'avoir violé le respect qu'ils devaient à la dignité épiscopale en n'obéissant pas à leur pasteur, parce qu'ils avaient été contraints d'obéir aux lois du pays qui leur défendaient de reconnaître aucune autorité extérieure que celle du prince; qu'après Dieu, leur première obligation était d'obéir au roi, qui leur défendait toute sorte d'éclat dans la profession de la religion, à quoi l'évêque de Chalcédoine voulait les obliger par l'érection d'un tribunal extérieur; que la constance et la vertu de la plupart des catholiques serait trop exposée s'il fallait reconnaître ce tribunal; que, pendant le règne d'Élisabeth et même depuis sa mort, les évêques du pays n'avaient jamais osé s'arroger dans l'exercice de leur autorité le pouvoir que voulait usurper l'évêque de Chalcédoine; qu'enfin, si la domination qu'affectait peut-être avec trop de faste cet évêque continuait, il faudrait renoncer au respect dû aux lois du royaume et au roi, et renverser par là les fondements les plus saints de la religion et de l'équité naturelle.

L'ambassadeur, qui avait le cœur droit, comprit ces raisons qu'il trouva justes; mais par malheur pour ces pauvres catholiques, il fut rappelé en France au moment où il commençait à leur laisser espérer sa protection, et fut remplacé par le marquis de Fontenay-Mareuil qui vint à Londres prendre la place du marquis de Châteauneuf. Les catholiques furent obligés de présenter une requête raisonnée au nouvel ambassadeur sur leur conduite pour le prévenir en leur faveur. Ils firent la même chose aux ambassadeurs des autres princes catholiques et surtout à celui d'Espagne, don Carlos Colonna, desquels ils furent bien reçus à la vérité, sans toutefois en retirer aucun fruit que le secours de leur bienveillance et de leurs conseils.

Pour remédier au scandale que pouvait causer la censure de leurs écrits faite par le clergé de France et devenue publique, ils jugèrent à propos d'écrire à l'assemblée au nom de la noblesse anglaise catholique. La lettre contenait en abrégé que l'Église d'Angleterre n'était pas dépendante de celle de France ; que ce zèle et cette charité, dont les évêques assemblés à Paris faisaient tant de démonstration envers eux par les lettres qu'ils leur avaient écrites, devaient avoir des bornes, aussi bien que les deux royaumes ; que ce n'était point à eux à se mêler de l'Église d'Angleterre, non plus que de celle d'Espagne ou des autres royaumes leurs voisins ; qu'ils avaient le Pape, père commun des fidèles, qui ne les abandonnerait pas s'ils avaient recours à lui pour leurs affaires ; qu'ils pouvaient s'en reposer sur la vigilance qu'il a pour tout son troupeau, et que personne ne devait s'ingérer et interposer leur autorité dans l'affaire dont il s'agissait, sans reprocher tacitement au Saint-Père quelque sorte de négligence ; qu'au reste, s'ils avaient manqué de respect à l'égard de leur évêque ou qu'ils eussent failli en quelque chose à leur devoir de ce côté-là, le nonce du Pape en France étant juge naturel (comme le plus voisin de leur île), on pouvait s'adresser à lui si on trouvait à redire à leur conduite.

Ils ajoutaient, qu'ils avaient su de bonne part que dans le temps qu'on se préparait à censurer leurs écrits dans leur assemblée, le cardinal de la Rochefoucauld, qui était une des plus grandes lumières de France, et dont la sagesse et la vertu devaient servir de règle à tous les autres évêques, s'était retiré de l'assemblée, prenant pour un attentat l'entreprise qu'on s'y proposait de censurer les catholiques d'Angleterre, et on ne put l'obliger à se trouver à aucune des délibérations qui se firent sur cette affaire, où il ne voulut jamais avoir aucune part ni en autoriser aucune de sa présence, y trouvant une espèce d'usurpation qu'il ne pouvait approuver.

Mais la nouvelle étant venue en Angleterre qu'on se disposait en Sorbonne à censurer aussi les deux écrits qui avaient été faits contre l'évêque de Chalcédoine, la noblesse catholique envoya en France pour l'empêcher le père Guillaume Talbot, de l'ancienne maison de ce nom, jésuite intelligent et d'une grande expérience dans les affaires. La plupart des docteurs hibernois, qui forment un corps considérable dans la faculté de Paris, l'assurèrent d'abord que les écrits qu'il venait défendre n'avaient rien que de sain et d'orthodoxe et qu'ils ne seraient point censurés, ce qui l'encouragea à voir les principaux docteurs de cette faculté qu'il trouva fort prévenus en faveur de l'évêque de Chalcédoine, par le crédit du cardinal de Richelieu qui avait ses intérêts trop à cœur. Ainsi les sorbonistes, sans avoir égard à ce que le père Talbot leur représentait de la misérable condition des temps et de la malheureuse nécessité où était réduite l'Église d'Angleterre, animés qu'ils étaient par le cardinal de Richelieu, condamnèrent l'écrit d'Édouard Knott qui était une réponse au docteur Kellison et l'apologie de Jean Floïde, qui avait paru sous le nom supposé de Daniel de Jésus. Cette censure avait du rapport à celle du clergé ; elle condamnait tout ce qui répugnait le moins du monde au pouvoir épiscopal, déclarait la nécessité du sacrement de confirmation qu'elle établissait par les anciens canons, et ne disait pas un mot de la question principale qui consistait dans l'état pitoyable de l'Église d'Angleterre, réduite à se cacher dans les exercices les plus ordinaires de la religion pour obéir au prince.

Les catholiques répondirent à cette censure et le firent d'un air assez libre, mais chrétien, avouant que, quoiqu'ils eussent eu depuis plusieurs années assez de courage pour soutenir tout le poids de la persécution d'Élisabeth dans les prisons et par les tourments, ils n'avaient pas eu assez de patience pour supporter les reproches que les catholiques de France, qu'ils regardaient comme leurs frères en Notre-Seigneur, leur faisaient, par leurs censures; qu'ils les priaient de considérer que leur Église était encore dans un état qui n'était pas capable d'une profession ouverte et déclarée de la religion, sans choquer les lois du pays de qui elle dépendait; qu'on ne devait pas leur reprocher le secret et le silence sous lesquels ils tâchaient de se mettre à couvert pour rendre leur culte à Dieu, ce qu'ils ne pouvaient faire en sûreté que par ces voies-là; que le royaume de Jésus-Christ ne consistait pas dans ces formalités de cérémonies extérieures que l'évêque de Chalcédoine voulait introduire, et qu'il n'y avait pas de nécessité, pour satisfaire l'ambition de ce prélat, de trahir les intérêts de leur Église et de l'exposer à la perdre par cet éclat qu'il recherchait mal à propos dans l'exercice de ses fonctions.

C'était en général sur ces considérations que roulait tout le principal raisonnement de leur réponse, laquelle parut sous le titre de *Plainte de l'Église anglicane de la censure des évêques de France assemblés à Paris*, par Hermant Lœmelius; et la réponse à la censure de Sorbonne parut sous le titre de *Spongia*, par le même auteur, qui prouvait le peu de créance que cette censure méritait dans le public. Il montrait combien devait être suspecte l'entreprise de ces docteurs qui s'étaient laissés prévenir par la faveur; qu'après s'être trompés depuis quelque temps en tant d'affaires où ils avaient voulu interposer leur jugement (dont on citait bien des exemples), ils ne devaient pas se mêler de juger la conduite de l'Église d'Angleterre sur laquelle ils n'avaient aucune juridiction; que la plupart des docteurs qui venaient de la condamner, étant mal affectionnés au Saint-Siége, contre lequel ils s'étaient élevés en qualité de richeristes, on ne devait avoir aucun égard à leur décision; que ce qu'ils condamnaient se trouvait en mêmes termes dans plusieurs de leurs docteurs et surtout dans Gerson, autrefois chancelier de Sorbonne; qu'enfin leur mauvaise foi avait si manifestement paru dans la liste des propositions condamnées dans la censure, par l'extrait qu'ils avaient affecté d'en faire sur la traduction anglaise dont le texte avait été gâté par des contre-sens et des corruptions, qu'ils devaient eux-mêmes en avoir honte s'ils y faisaient la moindre attention.

Le clergé de France et la Sorbonne furent également choqués d'une si grande liberté ; mais ce qui les choqua le plus, ce fut que ces écrits étaient solides et qu'il était difficile d'y répondre. On fit de grandes diligences pour en découvrir les auteurs par les émissaires de l'évêque de Chalcédoine; mais on ne put trouver que des conjectures qui en faisaient auteurs les jésuites. L'archevêque de Paris, qui y prenait intérêt, fit appeler les supérieurs des maisons de la Société pour les interroger sur cet article, à quoi ils répondirent qu'ils ne le savaient pas : en quoi ils répondirent conformément à leur connaissance, car c'était alors un grand secret, qui ne fut révélé que l'année 1643 par l'impression du livre de la bibliothèque du père Abgambé, de la compagnie de Jésus, lequel y déclara que la réponse à la censure des évêques de France fut faite par le père Édouard Knott, et la réponse à la censure de Sorbonne, ou *Spongia*, par le père Jean Floïde, tous deux jésuites, qui affectèrent alors un grand secret pour donner un cours plus grand et plus libre à ces écrits, en les donnant au public sans se déclarer et sans penser à prévenir les esprits pour ou contre l'affaire dont il s'agissait.

Et quand on voudra faire réflexion à l'intérêt que ces pères devaient prendre en cette affaire, où il s'agissait de la conservation d'une Église qu'ils avaient non-seulement cultivée plus que tous les autres ouvriers, mais qu'ils avaient tant de fois eu le bonheur d'arroser de leurs sueurs et de leur propre sang, on ne trouve pas étrange qu'ils aient paru les premiers sur les rangs pour la défendre par leurs écrits, après l'avoir soutenue par leurs souffrances, dans les tourments, et après avoir donné plus de cinquante martyrs, afin de cimenter, pour ainsi dire, par leur mort les fondements de cette Église tant de fois ébranlée par l'orage de la persécution. Ce fut toutefois ce qui attira à cette Compagnie l'indignation du clergé de France et ce qui aigrit encore davantage contre elle la Sorbonne, qui se sentit blessée par l'écrit contre sa censure, parce qu'il était si bien fait qu'il fut reçu favorablement de tout le monde.

Mais le succès de ces deux écrits irrita encore davantage l'évêque de Chalcédoine, qui, se sentant appuyé du cardinal de Richelieu et soutenu d'une censure de Sorbonne, appesantit encore plus sa main sur son troupeau pour dompter par un nouveau joug cette Église infortunée, qu'on lui faisait passer pour une révoltée. Ainsi il s'avisa d'ajouter de nouveaux règlements à ceux qu'il avait déjà faits pour établir encore plus cette servitude de hiérarchie qu'il s'était proposé d'exercer dans toute la rigueur de ses droits et dans toute l'étendue de sa domination. Il redoubla le nombre de ses officiers pour exercer son empire avec plus de sécurité; il y joignit des espions et des observateurs pour remarquer ceux qui n'obéiraient pas à ses ordonnances, et pour punir par des interdits, par des excommunications et par d'autres peines canoniques ceux qui manqueraient d'obéir à ses ordres. Une si dure domination et si éloignée du véritable esprit de l'Église, qui n'est que pour l'édification et non pas pour la destruction, comme le dit l'Apôtre, ne put durer longtemps sans réduire cette noblesse affligée aux dernières extrémités; car, lassée enfin de tant de rigueurs, elle se vit contrainte d'aller porter ses plaintes et ses soupirs aux pieds du Saint-Siége pour arrêter le cours d'une sévérité si à contre-temps. On députa un homme exprès au Pape Urbain VIII pour l'informer de l'oppression où gémissait cette Église; on lui représenta que tant de martyrs, qui venaient d'être égorgés sur les échafauds par la persécution, n'avaient pas tant ébranlé le courage de ce qui restait de fidèles dans l'Angleterre que l'empire insupportable de l'évêque de Chalcédoine, lequel entreprenait de donner une autre forme à cette Église, qui ne subsistait que par le secret et par le silence, pour faire pratiquer le culte ouvertement et tête levée contre les lois du prince; que cette conduite choquait ce qu'il y avait de plus établi dans la discipline, qui ne pouvait s'observer que sous le voile du secret; qu'on suppliait Sa Sainteté de se faire rendre compte à fond de l'état de cette Église, qu'il connaîtrait aisément s'il voulait faire un peu de réflexion aux tribulations qu'elle venait de souffrir; qu'il laissât attendrir les entrailles de sa clémence et tendre une main secourable à un troupeau si maltraité par les rigueurs qu'exerçait sur eux leur évêque, et qui peut-être n'avait point d'exemples dans les siècles passés.

Ce discours, joint à d'autres éclaircissements qu'avait eus le Saint-Père de cette conduite lui ouvrit le cœur en lui ouvrant les yeux; car, s'étant informé pleinement du détail d'un gouvernement si dur, il écrivit un bref à l'évêque de Chalcédoine, pour désapprouver l'esprit qui le faisait agir, l'obliger à changer de conduite et lui commander de renoncer à ces vaines idées de hiérarchie, auxquelles il avait si mal à propos abandonné son esprit, pour en faire un usage si contraire aux lois du pays. Il lui intima l'ordre de rétablir l'exercice de la religion en son Église dans la même liberté qu'on y vivait avant sa commission, parce que c'était en qualité de pasteur et de père qu'on l'avait envoyé à ce troupeau et non pas de dissipateur. L'évêque ne put pas se dispenser d'obéir à un ordre aussi exprès; les choses furent rétablies dans leur premier état, et l'affaire aurait été finie par ce bref, si la fantaisie ne fût point venue à l'abbé de Saint-Cyran de la faire revivre par une entreprise qui ne pouvait monter que dans la tête d'un homme mal intentionné contre le Saint-Siége et qui ne cherchait qu'une occasion de querelle pour écrire. C'est aussi ce qui m'a obligé de ne laisser échapper aucune circonstance de toute cette affaire, afin de marquer mieux tous les traits de la méchante intention de ce novateur, la disposition de son cœur et le véritable fond de son esprit.

Le Pape venait de donner un bref pour rétablir les catholiques d'Angleterre dans leur liberté en l'exercice de la religion et pour condamner la conduite de l'évêque de Chalcédoine dans le gouvernement de cette Église affligée, et l'abbé de Saint-Cyran, par un esprit de contradiction au Saint-Siége, entreprit de défendre la conduite de cet évêque contre le Pape, qui le désapprouva; il prétendit que la vraie liberté de cette Église persécutée était de se soumettre à la domination de son pasteur, toute dure qu'elle fût. Il avait en cela encore un autre intérêt qui lui était d'une grande conséquence, car il trouvait le moyen de se faire un mérite auprès du clergé de France, dont il entreprenait de défendre la puissance contre ceux qui l'attaquaient. De sorte que d'un côté il avait de quoi combattre ses plus grands ennemis dans l'entreprise de ce dessein, et de l'autre de quoi gratifier les évêques de France et mériter leur protection en se déclarant si hautement pour la défense de leurs droits et de la dignité épiscopale, en quoi il ne raisonnait pas mal. Le tour qu'il donna à un dessein si pernicieux, parce qu'il combattait de droit fil le procédé du Pape, fut une des choses des mieux imaginées comme on le verra dans la suite, quoiqu'il n'y parût aucune trace de l'esprit de Dieu ni aucune vue de la religion, qu'il tâchait d'y opposer à la religion même pour la détruire par cette opposition.

Sur un plan si avantageux, il commença à faire provision de tout ce qui pouvait lui être bon pour l'exécution de ce dessein; il amassa des mémoires pour servir de matériaux dans tout ce qu'il trouvait d'écrit sur ce sujet. C'est de Jansénius même de qui nous apprenons l'empressement qu'il avait, afin de recueillir ce qui s'était fait pour et contre sur ce sujet. Voici ce qu'il lui mande de Louvain, le 17 février de l'année 1630 : « Je n'ai pas encore reçu le livre que vous demandez, à savoir de Daniel à Jésus, mais seulement les propositions qui en sont tirées. On m'envoya devant hier le premier *Modesta discussio*, qui a tant de signatures; il est traduit en latin, imprimé à Anvers chez Moret, » et le 21 de mars suivant il répond : « Vous me demandez de nouveau que je vous envoie ces livres censurés à Paris; l'un n'est pas à trouver en ce pays, à savoir, celui de Daniel à Jésus; l'autre est imprimé à Anvers et ne se vend pas encore ici. Je l'ai fait rechercher et ne le puis trouver. » Cet empressement qu'avait Saint-Cyran pour ces livres était si grand, qu'il en écrivait à tous les ordinaires pour les avoir. Mais le docteur, en déclarant à l'abbé la peine qu'il avait à les trouver, ne laissait pas de lui avouer en quelle estime étaient ces écrits parmi tous ceux qui les avaient vus; que plusieurs docteurs de l'Université avaient déjà donné bien de l'approbation à celui par lequel les ecclésiastiques d'Angleterre répondaient à la censure de Sorbonne; que ces docteurs conseillaient à la faculté de théologie de se mêler de cette affaire; que l'on prenait des mesures pour intéresser les universités de Prague et d'Ingolstadt à être favorables à ces livres; que la réponse à la censure de Sorbonne sous le titre de *Spongia* était un livre bien fait, terrible, à la vérité, pour la Sorbonne, qui y était traitée d'hérétique à cause de la doctrine de Richer; que cette réponse était fort bien reçue à Louvain par tous les plus habiles gens; que les Espagnols prétendaient la soutenir, y prenant un intérêt particulier, parce qu'ils sont la plupart religieux; qu'elle serait appuyée en Espagne de tout ce qu'il y aurait d'habiles gens, et qu'enfin le nonce avait écrit aux Pays-Bas de la part du Pape, pour empêcher qu'on n'écrivît contre ces deux livres, ni qu'on fît aucune censure contre leurs auteurs.

Toutes ces raisons devaient ébranler Saint-Cyran dans la résolution qu'il avait prise d'écrire contre les Anglais pour défendre le procédé du clergé de France; car outre que le Pape avait approuvé leur conduite et les avait pris en sa protection, que les universités d'Allemagne et d'Espagne semblaient être déjà disposées à se déclarer en leur faveur, tous les gens raisonnables, c'est-à-dire ceux en qui il restait quelque rayon de droiture et qui ne jugeaient que selon les règles les plus pures de l'équité ne croyaient point que les catholiques d'Angleterre dussent mépriser les lois du pays, fouler aux pieds les ordres du roi et renverser la discipline extérieure du royaume pour satisfaire la vanité d'un évêque, qui s'était mis mal à propos dans la tête de régner hiérarchiquement, c'est-à-dire, de faire tête levée toutes les fonctions épiscopales dans une Église qui n'était pas même en état de souffrir un évêque déclaré, sans choquer les réglements du prince. Mais cet abbé avait fait de trop grandes avances sur un pareil dessein pour renoncer à l'ouvrage qu'il roulait dans sa tête; il était devenu trop célèbre par le bruit qu'il avait déjà fait pour ne pas profiter d'un si grand avantage, outre que par là il gagnait le clergé, dont il entreprenait la défense, et que le bonheur de trouver le père Sirmond de la compagnie de Jésus à combattre en son chemin flattait beaucoup sa vanité. Quoi qu'il en soit, toutes ces circonstances lui parurent favorables pour cacher les nouveautés qu'il pensait débiter sous le nom de hiérarchie, et le déterminèrent à publier un ouvrage sur ce sujet.

De sorte que plein de cette idée et pour préparer les voies à son ouvrage, il commença à faire partout de grands éloges de cet esprit hiérarchique, déplorant le pitoyable état de l'Église des derniers siècles où cet esprit était devenu si languissant, qu'à peine en restait-il quelque étincelle, et que la plupart des ecclésiastiques ne le connaissaient plus. Ce qu'il disait à Paris à ses amis sur ce sujet, sur lequel ses plaintes ne finissaient presque point, il le mandait en Flandre à Jansénius, au père Bourgoin, qui était venu à Louvain y établir les pères de l'Oratoire, et à tous ceux à qui il écrivait, comme il le paraît par les réponses qu'on lui faisait sur cet article; car voici ce que le père Bourgoin lui écrivait de Malines, le 25 mars 1630 : « L'esprit dans lequel nous devons entrer en ce pays est de nous lier beaucoup au clergé, et de ne point faire bande à part; plus nous nous donnons au clergé, plus il se donne à nous. Je fais toujours instance sur ce point avec le père Bertin et ensemble avec le révérend père général [1] de nous rendre plus ecclésiastiques et non pas moines, et de prendre un esprit plus général et plus universel dans l'Église, non si borné à l'État, à l'usage et aux fonctions; ç'a été celui de défunt mon très-cher et honoré père [2]. » Il écrivait encore au même abbé, du même lieu, le 19 avril suivant : « Sur ce que vous dites que vous ne croyez personne capable de cet esprit hiérarchique, c'est ce que je trouve grandement à plaindre et je vous nommerai toutefois ceux qui l'entendent et y sont portés : le père Bertin et les deux pères Goaustz, qui sont trois personnes recommandables. Je ne parle point de notre révérend père, qui y est fort porté. » Ainsi le père Bourgoin avait de la peine à convenir de l'ignorance profonde que cet abbé affectait d'imputer au siècle sur cet article, car il n'y avait rien en cela de particulier, et il se trouvait alors un bon nombre d'ecclésiastiques qui s'étudiaient à cet esprit hiérarchique, selon leur vocation. Mais Saint-Cyran trouvait cela beau de gémir sur un si grand sujet pour se faire un honneur de son zèle vrai ou prétendu, afin de disposer par là les esprits à un ouvrage sur cette matière,

---

[1] C'était alors le père de Condren.
[2] C'est le cardinal de Bérulle.

qui ne laissait pas d'être une grande entreprise; car il s'agissait de perdre les jésuites en ruinant tous les ordres religieux, qui auraient été obligés de changer d'état en devenant hiérarchiques.

Il ne réussit pas mal dans ce dessein, car à force de parler lui-même de la hiérarchie, dont il déplorait la ruine avec tant d'affectation, il fit que le public en parla et cela devint alors un peu à la mode. Voici enfin ce que Jansénius lui en écrivit lui-même sur les plaintes que son ami lui faisait de la ruine de cet esprit. Sa lettre est datée du 23 septembre de l'année 1633. C'est à propos d'un de ses neveux qui était entré dans la nouvelle société de l'Oratoire, et dont il n'était pas content : « L'Oratoire serait plus en vogue et plus favori des personnes capables, si le père Bourgoin eût suivi mon conseil, que je lui ai donné il y a cinq ans, et s'il ne le suit encore il ruinera tout, ou il n'aura qu'une troupe de gens incapables de servir à la hiérarchie. J'ai quelque envie d'en parler au prélat [1] afin qu'il y entremette son autorité. » C'est ainsi que par le bruit que faisait Saint-Cyran sur ce sujet, il avançait ses affaires, commençant par là à rendre célèbre une matière à laquelle il s'exerçait, et dont il se proposait d'écrire. Mais quelque succès qu'il eût, par des dispositions si favorables à préparer les esprits à un ouvrage auquel il tâchait d'affectionner le public, tout fut presque renversé par la mort inopinée du cardinal de Bérulle, sur lequel il fondait ses plus grandes espérances.

Ce cardinal était dans le fond homme de bien, d'une vie exemplaire, tendre à la dévotion et attaché à tous les exercices de piété; il était parvenu à la pourpre où il avait été élevé depuis deux ans par ses qualités, qui l'avaient distingué à la cour, où il avait de bons amis, et il s'était fait connaître au roi par les commissions qu'il lui avait données de traiter d'accommodement avec la reine mère, en quoi il avait réussi. Aussi n'eut-il aucune opposition à sa nomination du côté du ministre, qui était le seul qui pouvait l'empêcher, et qui l'avait toujours regardé comme un homme de nulle conséquence à son égard,

---

[1] C'est l'archevêque de Malines.

et nullement capable de lui faire ombrage. Il est vrai qu'il ne l'estimait pas assez pour le craindre; en quoi il se trompa un peu, car il le trouva, dans la suite, tellement attaché au maréchal de Marillac et au surintendant, ses anciens amis, qu'il se lia avec eux contre ses intérêts; et n'ayant pu le souffrir, il donna des marques assez publiques du mépris qu'il faisait de lui; ce qui contribua à sa mort, à ce qu'on prétend. C'était un homme replet qui avait le cou fort court, sous une tête fort grosse et pleine d'humeurs et propre aux débordements, qui sont déjà de grandes dispositions aux morts subites. Un jour en disant la messe, il fut surpris d'une de ces vapeurs qui saisissent d'abord le cœur, et, se transportant à la tête, font les apoplexies; il tomba, quelque temps après la consécration, entre les mains de ceux qui le servaient à l'autel, et à peine l'eut-on mis sur son lit qu'il mourut. L'air moqueur avec lequel l'avait traité le cardinal de Richelieu, joint à ces dispositions naturelles, lui causa cet accident. Le ministre l'ayant surpris dans un parti qui se formait à la cour contre lui, et auquel il s'était joint aux Marillac pour le détruire, après avoir parlé de son esprit et de sa personne avec bien du mépris, ajouta que ce n'était qu'un *prestolet*.

Richelieu ne savait pas alors le fond de cette intrigue, qui était bien plus terrible pour lui qu'il ne le pensait, et qui n'éclata que l'année suivante; car le roi étant satisfait des services de ce ministre, qui venait de réussir dans l'entreprise du siége de la Rochelle, très-importante à la gloire de son nom et de ses armes, il l'envoya en Italie commander l'armée contre le duc de Savoie, qui s'était joint aux Espagnols, afin de tirer le duc de Mantoue de l'oppression d'Espagne; et il lui avait donné les maréchaux de Créqui, de la Force et de Schomberg pour ses lieutenants généraux. Le cardinal prit Pignerol et contraignit les Espagnols à faire ce qu'il plairait au roi; celui-ci fut si content qu'il alla au commencement de l'automne au-devant du cardinal jusques à Lyon pour lui en témoigner sa joie. Et ce fut là que ce prince pensa mourir d'une fièvre ardente avec des redoublements qui le réduisirent à l'extrémité. Le ciel, toutefois, le rendit au vœu de ses peuples; il se porta mieux dès qu'il eut reçu les derniers sacrements. Il partit de Lyon aussitôt qu'il se sentit assez fort pour souffrir le voyage et vint à Fontainebleau achever de se guérir. A la vérité l'extrémité où il se trouva dans une si périlleuse maladie donna lieu à de grandes conspirations contre la faveur du cardinal, que la reine mère (dont il était la créature) ne pouvait plus souffrir. Gaston de France, son fils, frère unique du roi, entrait fort dans les sentiments de la reine. Le grand pouvoir du cardinal, qui commençait à le ménager moins, lui devenait de jour en jour plus insupportable; il s'était joint depuis quelque temps à la reine pour perdre le cardinal. Mais la maladie du roi à Lyon avait suspendu tous les sentiments des courtisans sur la puissance du ministre, comme ont coutume de faire ces moments critiques de qui on attend une grande décision. Ainsi ces agitations qui se font d'ordinaire à la cour par les craintes et par les espérances de ceux qui la composent, selon les différents intérêts qui les animent, durèrent autant que dura le danger. Dès qu'il fut passé et que le roi commença à se mieux porter à Fontainebleau, les cabales contre le ministre se réveillèrent, et il se fit de nouveaux projets pour le renverser, son pouvoir étant devenu entièrement odieux à ceux qui avaient droit de le partager, comme la reine mère et le duc d'Orléans. Ce prince, depuis la mort de l'héritière de Montpensier, qu'il avait épousée et qu'il aimait tendrement, s'était attaché d'inclination à la princesse Marie, fille de Gonzague de Mantoue, duc de Nevers, qu'il aimait fort et qu'il voulait épouser, et il était de l'intérêt public qu'il pensât à de secondes noces, parce qu'alors le roi n'avait pas d'enfant mâle pour succéder à la couronne.

Mais la reine mère ne pouvait souffrir une si grande élévation dans la maison de Mantoue, qu'elle n'aimait pas, et un si grand honneur dans la princesse Marie, qu'elle haïssait, ce qui lui donnait une grande opposition d'esprit au dessein du prince son fils sur ce mariage, qu'elle combattait toujours. Ainsi il fut obligé de renoncer tout à fait à ce dessein pour entrer dans celui que cette princesse méditait de perdre le cardinal. Il ne pouvait lui donner une plus grande preuve de sa fidélité qu'en renonçant à son inclination. La mère et le fils, animés également du désir de détruire le ministre, firent une espèce de traité, signé de l'un et de l'autre, dont Roger, duc de Bellegarde, fut le dépositaire ; il enferma cet écrit dans une boîte d'or qu'il portait pendue au cou pour plus grande sûreté. On prétendit que le duc de Guise avec les deux Marillac, le maréchal et le surintendant eurent part au secret. Le crédit des Marillac croissait tous les jours ; ils donnaient même de la jalousie au ministre, qui devenait délicat sur son autorité à mesure qu'elle croissait. Le roi étant de retour à Paris, on y prit de nouvelles mesures pour détruire en son esprit le cardinal. Les voyages qu'il avait coutume de faire à Versailles pour la chasse donnèrent lieu à ce dessein, parce qu'on lui parlait là plus en liberté qu'au Louvre ou à Saint-Germain ; on se disposa à lui faire des plaintes de la hauteur avec laquelle ce cardinal traitait la reine mère, le duc d'Orléans et les plus grands du royaume, qu'il dégoûtait du service ; on voulait y mêler le peu de respect qu'il commençait à avoir pour sa personne sacrée, et que, dans tous les pays où il allait, il y paraissait un esprit d'élévation qui lui faisait oublier son état pour usurper ce qu'il devait à son maître. Les Marillac, qui avaient des entrées plus libres que les autres par leurs faveurs, s'offraient de préparer l'esprit du roi à ces plaintes. Tout était assez bien concerté pour le premier voyage de Versailles ; mais le ministre, averti par du Puylaurens (favori du duc d'Orléans de qui il avait surpris le secret), ayant prévenu le roi, renversa tout le projet de cette conjuration qui se tramait contre lui. Le roi, content de ce que le cardinal venait de faire pour son service en Italie et ce qu'il avait fait l'année auparavant par la prise de La Rochelle, l'assura de la continuation de sa bienveillance. Les Marillac furent disgraciés, et on appela à la cour ce voyage à Versailles : *la journée des Dupes*.

Ce fut par cette disgrâce, qu'il a été à propos d'exposer dans toutes ses circonstances, que l'abbé de Saint-Cyran se vit exclu de toutes sortes d'espérances d'établir sa doctrine à la cour, où il ne pouvait avoir d'accès que par la destruction du cardinal de Richelieu. Car, outre qu'il avait perdu là le cardinal de Bérulle dont il espérait la protection, il croyait s'être fait un mérite auprès des Marillac par l'intérêt qu'il avait pris à l'établissement des carmélites en Flandre et par ce qu'il avait fait dans le même pays pour les pères de l'Oratoire, auxquels ses deux frères étaient favorables; de sorte qu'il renonça tout à fait depuis aux espérances qu'il avait du côté de la cour.

Le docteur Jansénius, tout attaché qu'il était à son université et à ses livres, faisait plus de progrès. Fromond et Calenus, les deux favoris de l'archevêque de Malines, lui en faisaient des éloges perpétuels pour le bien mettre en son esprit, en quoi ils réussirent si bien, que ce prélat, plein de grandes idées qu'on lui inspirait du mérite de ce docteur, le vantait sans cesse et le proposait à toutes choses. Ce docteur en écrivit lui-même à son ami, le 15 septembre 1628, en ces termes. « Je suis instamment prié et reprié de faire quelque exhortation en un des principaux monastères du pays où l'archevêque de Malines est allé; si vous avez entre vos sermons quelque chose qui puisse servir à cela, je vous prie de me l'envoyer. » Et le 22 décembre suivant: « Ce que vous m'avez envoyé l'autre fois touchant l'ordre des bénédictins est venu trop tard, ce qui fut cause que j'ai fait la harangue comme il a plu à Dieu sur la réformation des mœurs, suivant la doctrine de saint Augustin. Le prélat que vous connaissez[1] y était présent et y prit grand plaisir; il a été fort incité à cette occasion à tâcher de me faire évêque, jusqu'à souhaiter que je fusse son coadjuteur *cum successione;* mais il n'a pas le pouvoir de faire tout ce qu'il voudrait. »

Voici ce que Calenus, archidiacre de l'archevêque de Malines, en écrivit de Bruxelles à l'abbé de Saint-Cyran le 19 avril 1630, à l'occasion de la promotion de Jansénius à la première place de professeur à l'université de Louvain, à la sollicitation de l'archevêque[2]. « On devait au mérite de Jansénius cette promotion à la première chaire de l'Université, à quoi j'ai travaillé en faisant connaître ici les qualités aux conseillers d'État et au prince et les services qu'il a rendus à l'Université. Sans la chaleur de nos sollicitations, des gens contraires à nos intérêts l'auraient em-

---

[1] C'est l'archevêque de Malines.
[2] La lettre est en latin.

porté sur le prince, mais notre cher Jansénius a eu le dessus. Notre illustre archevêque a fait des merveilles en cette rencontre, et en remerciant l'infante qui avait fait cette grâce au docteur Jansénius, l'assura qu'elle ne ferait rien pendant son règne si digne d'elle et de son discernement dans aucun choix. Je ne puis exprimer ma joie de l'élévation d'un sujet si capable; ma joie sera parfaite quand je le verrai dans un plus grand poste et élevé autant qu'il le mérite. »

Jansénius, qui s'intriguait alors à bien des choses, se mêlant partout, se donnait bien du mouvement surtout à l'égard des pères de l'Oratoire, parce que cela lui donnait des relations avec l'archevêque et le faisait connaître. Les lettres du recueil du sieur de Préville de ces années-là 1628 et 1629, 1630 sont pleines de ces intrigues, qui ont peu de rapport à mon sujet, mais qui ne laissent pas de faire entrevoir les inquiétudes que lui donnait l'envie qu'il avait de s'avancer et de s'établir, car enfin il se mettait à tout, jusqu'à se députer lui-même pour aller complimenter de la part de l'Université le cardinal infant, qu'on attendait aux Pays-Bas pour y commander en la place de Claire-Eugénie, qui était morte. C'est ainsi qu'il en écrit lui-même à l'abbé, le 11 avril 1631 : « On attend pour le mois de mai, en ces quartiers, le frère du roi, le cardinal infant; si cela arrive, il y a de l'apparence que je serai député de tout le corps d'ici pour lui congratuler de sa venue et lui offrir leurs services. Je serais bien aise qu'il vous plût de m'envoyer un petit discours sur cela; les circonstances vous sont connues, car elles ne sont que générales. » On ne saurait assez s'étonner de la démangeaison qu'avait à se produire ce docteur et de parler en toutes les occasions d'éclat, avec si peu de génie pour la parole et une si grande incapacité; il voulait se montrer dans toutes les cérémonies et ne pouvait rien dire de son chef, comme il le reconnaît lui-même.

Mais pendant que Jansénius avait l'esprit occupé des pensées de son ambition ou de sa fortune et par le soin de son établissement, l'abbé de Saint-Cyran, plus tranquille de ce côté-là, et peut-être moins ambitieux, se renfermait dans les deux desseins qui l'occupaient entièrement. L'un, de son ouvrage sur la hiérarchie, auquel il donnait tout le temps qu'il pouvait avec un fort grand attachement et sans aucun relâche; l'autre, de sa direction à Port-Royal, persuadé que, par l'empire qu'il s'était acquis sur l'esprit des deux mères Arnauld (qu'il jugeait capables de tout), il avancerait davantage les affaires de la nouvelle opinion qu'il formait que par toutes les autres voies ; mais, pour bien comprendre cela au point qu'il le comprenait lui-même, il est bon d'éclaircir ce que c'était que Port-Royal et de faire bien connaître le détail de cette famille de laquelle il espérait tout, car ce n'était point en l'air qu'il espérait.

Il y a, à six lieues de Paris, sur la gauche de Versailles, dans un des fonds de la vallée de Chevreuse, un ancien monastère de religieuses de l'ordre de Cîteaux, et il y a une vieille tradition qui dit que la première fondation de ce monastère fut faite par Philippe-Auguste, qui, s'étant égaré à la chasse, trouva dans la forêt une chapelle déserte où il se retira et fut retrouvé là des siens, priant Dieu, faisant vœu d'y faire bâtir un couvent, et ce lieu qui fut une espèce de port à l'égarement de ce prince fut depuis nommé Port-Royal. D'autres attribuent cette fondation à Othon de Sully, neveu de Thibault, comte de Champagne, évêque de Paris vers l'année 1204, et ils ajoutent que les comtes de Montfort, qui sont voisins de ce lieu, l'enrichirent depuis de leurs libéralités; ils firent de leur domaine une principale partie du revenu de cette maison qu'ils fondèrent. Depuis ce temps, elle eut diverses aventures sous les différents gouvernements des abbesses qui s'y succédèrent jusqu'à l'année 1602, que Marie-Angélique Arnauld s'y vint enfermer avec sa sœur Agnès; car Antoine Arnauld leur père, étant chargé d'une grosse famille, eut le crédit d'obtenir du roi la nomination de cette abbaye pour sa fille aînée; mais il se trouva quelque chose dans la suite de si irrégulier et de si défectueux dans cette nomination qu'il fallut bien des façons pour la rectifier.

C'était un homme d'esprit, à la vérité, que cet avocat célèbre, mais qui, par le désordre des temps où l'hérésie avait déjà gâté bien des choses dans l'Église, ne paraissait pas se soucier tant de la religion que de ceux de sa famille, et qui cherchait bien plus à décharger sa maison qu'à donner à Dieu une religieuse éprouvée par les règles d'une vraie vocation. Il trouva le moyen par ses intrigues à la cour et par le crédit de Marion, baron de Druy, son beau-père, avocat général au parlement, de placer ses deux aînées, l'une à Port-Royal, l'autre à Saint-Cyr[1], avant qu'elles fussent en état de faire connaître de quoi elles étaient capables, n'étant âgées que de neuf à dix ans. Cette espèce de précipitation marquait assez un homme peu instruit du fond de la religion ; car contre toutes les ordonnances établies par les canons et contre toutes les lois ecclésiastiques il leur fit faire profession de son chef et les fit abbesses à un âge où, à peine, commence-t-on à avoir de la raison. Il est vrai que par l'état pitoyable dans lequel se trouvait alors la religion dans le royaume, où la corruption des mœurs avait introduit d'étranges abus dans l'usage de la discipline, il n'eut pas de peine à faire une partie de ce qu'il voulait par l'autorité que lui donnait le poste que son beau-père tenait dans le parlement, dont le pouvoir était alors assez absolu.

La cadette, n'ayant pu s'accommoder de l'abbaye de Saint-Cyr (peu considérable en elle-même) pour de certaines difficultés qu'elle y trouva, après s'en être démise, vint se rendre à Port-Royal, aimant mieux vivre comme une particulière auprès de sa sœur, que d'en être éloignée avec du pouvoir. Ce fut alors que le père, s'étant mis en possession de l'abbaye, en devint le fermier, l'économe et le maître absolu, sous prétexte de gouverner le temporel de cette maison, sa fille n'étant pas en âge de le faire. Ainsi, le couvent de Port-Royal devint la métairie et la maison de campagne d'Arnauld, où il ne laissa presque aucune trace de monastère, y entrant, menant ses amis et n'y faisant observer aucune ombre de clôture, ce qui dura presque autant que sa vie ; s'étant en quelque façon usurpé cette espèce d'empire que la licence du siècle avait un peu autorisé, et auquel la nombreuse famille dont il était chargé pouvait avoir donné lieu, car il eut de sa femme jusqu'à vingt enfants, onze garçons et neuf filles, dont il resta enfin six filles et quatre garçons. Cet esprit d'indépendance, que la conduite de ce père intéressé

---

[1] Autre petite abbaye au-dessus de Versailles.

avait introduit dans cette maison, y fit glisser un esprit de libertinage encore plus dangereux, qui pensa ruiner ce qui y restait de régularité, et le père dom Eustache de Saint-Paul, feuillant, qui y fut appelé un jour pour secourir cette maison dans le besoin pressant où elle se trouvait, commença à s'élever avec bien du zèle contre la licence des mœurs et le renversement de toute sorte de discipline qu'il y reconnut; car non-seulement on n'y gardait plus de clôture, selon les règlements du concile de Trente, mais même les religieuses s'habillaient d'un air mondain, sans presque aucune marque de modestie religieuse, et il leur fit voir dans l'austérité de l'habit qu'il portait, qui était le véritable habit de Cîteaux et celui qu'il prétendait que saint Bernard avait porté, l'austérité de la vie qu'elles devaient mener. La jeune abbesse, touchée de ce discours, promit de se réformer; elle s'enferma dès le même jour et parla à son père d'une telle force qu'il consentit au dessein qu'elle avait de rétablir la clôture dans la maison. Il vécut encore deux ans après; mais sa femme, plus sage et mieux instruite de la religion que son mari, fut la première à encourager sa fille dans son devoir. Elle n'eut pas de peine à l'y porter, car le fond en était bon; mais la légèreté de l'âge, le peu de soin qu'on eut de l'élever, les voyages qu'on lui fit faire à Tours, lieu de sa naissance, où son père se retira pendant que le parlement y fut, ne contribuèrent pas à lui régler l'esprit. La mère ne fut pas longtemps veuve sans être exposée aux prières du père Ange de Joyeuse, capucin, qui connaissait sa vertu, pour l'engager à se charger de l'éducation de sa nièce, fille du duc de Guise, à quoi elle résista fortement, quelque avantage qu'on lui proposât pour l'intérêt de sa nombreuse famille, prétendant devoir à ses enfants ce qu'on lui demandait pour cette princesse. Ainsi, s'étant excusée de cet emploi, elle ne pensa plus qu'à élever ses filles et à pourvoir à sa famille. De quatre fils qui lui restaient, elle maria son aîné à une héritière, fille unique du sieur de la Boderie, ambassadeur du roi très-chrétien en Flandre, puis en Angleterre, d'où naquit Arnauld de Pomponne, depuis secrétaire d'État sous Louis XIV. Cet aîné, qui fut connu dans le monde sous le nom de d'Andilly, s'attacha à la cour, où il devint premier commis du comte de

Schomberg, surintendant des finances et y fit beaucoup d'amis. Le second fut placé auprès du cardinal Bentivole, et fut longtemps en réputation sous le nom de l'abbé de Saint-Nicolas, et depuis évêque d'Angers. Le troisième suivit les armes : il fut capitaine de cavalerie. Le quatrième étudia en Sorbonne et devint célèbre par le livre de la *Fréquente communion*, qu'il fit sous le nom du docteur Arnauld. Mais cette mère si sage, pressée par une peste qui commença à désoler Paris vers l'année 1623, fut obligée de retirer le reste de ses filles à Port-Royal, et de s'y enfermer avec l'abbesse et Agnès, sa cadette, ce que l'archevêque de Paris, qui connaissait sa vertu, n'eut pas de difficulté de lui accorder, quoiqu'elle ne pensât point encore alors à quitter le monde.

Ce fut alors que cette vertueuse veuve, pour réparer le tort que son mari avait pu faire au couvent de Port-Royal par la licence qu'il y avait introduite, ne pensa qu'à secourir sa fille de ses conseils, et de l'aider en toutes choses au réglement de sa maison par elle, par sa bourse et par ses amis; mais les soins qu'elle donnait avec tant d'application aux besoins temporels et spirituels de cette maison pour y rétablir l'ordre ne furent pas de durée. Elle était d'une santé si délicate, et le grand nombre d'enfants qu'elle avait eus l'avait tellement épuisée, qu'elle n'eut pas la force de soutenir longtemps un air aussi grossier que celui de Port-Royal sans en être incommodée. Les vapeurs continuelles de deux étangs dont la maison était environnée, jointes aux fumées d'un ruisseau qui coulait des hauteurs voisines, répandaient un air si impur tout autour, que les corps les plus robustes s'en ressentaient. Ce fut aussi ce qui fit prendre à l'abbesse et à ses sœurs le parti de faire ramener à Paris leur chère mère pour la conserver. Mais comme il lui passait déjà par l'esprit des pensées de s'enfermer tout à fait avec ses filles pour se donner à Dieu, elle ne put y consentir, à moins que d'acheter une maison pour y faire un établissement par une entière translation de Port-Royal des Champs à Paris, ce qui avait commencé à s'autoriser déjà par des exemples. On accepta la condition, on en fit la proposition à l'archevêque de Paris, qui y trouva de grandes difficultés, ne voulant pas donner par là ouverture aux autres couvents de la campagne de lui demander la même chose, et de penser à charger la ville d'un trop grand nombre de religieuses, qui d'ordinaire sont peu utiles au public. On l'emporta toutefois à force d'amis, et on traita pour cet établissement d'une maison dans l'extrémité du faubourg Saint-Jacques, qui fut achetée vingt-quatre mille francs. Le Port-Royal des Champs s'y transporta avec toutes les religieuses sur la fin d'avril de l'année 1625 dans toutes les formes qu'on a coutume de faire dans ces sortes de cérémonies. La mère, ayant un peu rétabli sa santé et repris de nouvelles forces dans cette retraite, se fit religieuse à cinquante-trois ans, après trois années de noviciat. Elle eut la consolation de vivre le reste de ses jours en ce couvent avec six de ses filles et cinq de ses petites-filles, toutes religieuses, car celle qu'elle avait mariée à Antoine Lemaistre, conseiller de la cour des aides, et qui en fut chassé par ses confrères à cause de l'hérésie de Calvin dont on le soupçonnait, elle fut obligée de s'en séparer parce qu'il la maltraitait, et fit sa profession la dernière de toutes, quelque temps après la mort de son mari.

La veuve Arnauld ayant donné par de nouvelles acquisitions à sa maison un plan assez raisonnable pour former un établissement capable de soutenir toute l'étendue que lui promettait sa destinée pour en faire une grande et nombreuse communauté, elle ne pensa plus qu'à inspirer à sa fille, la mère Angélique, le dessein de la bien régler pour l'esprit, et de lui donner une forme stable et solide pour le spirituel. L'exemple des carmélites, leurs voisines, qui venaient de quitter les pères de leur ordre pour la direction, fit venir la pensée à cette abbesse et à la communauté de faire de même des religieux de Cîteaux qui les gouvernaient. L'affaire s'étant faite tout nouvellement, le Pape ne put pas leur refuser la même grâce, et il donna en même temps trois supérieurs à cette maison pour la gouverner et qui furent : François de Gondy, archevêque de Paris; Octave de Bellegarde, archevêque de Sens, et Sébastien Zamet, évêque de Langres. Les deux premiers, occupés à d'autres affaires, abandonnèrent entièrement le soin de cette maison à l'évêque de Langres, qui avait toutes les qualités pour s'en acquitter dignement comme j'ai déjà remarqué ; car, outre une parfaite connaissance des choses spirituelles, il avait encore un éloignement extrême de toutes sortes de nouveautés en matière de religion, ce qui l'obligeait de se servir du secours des jésuites dont il était plus sûr que des autres sur cet article.

Mais ce qui rendit l'évêque de Langres plus recommandable dans le Port-Royal et surtout auprès de l'abbesse, fut ce qu'il venait de faire avec tant de succès et avec une bénédiction si visible dans une célèbre abbaye de l'ordre de Cîteaux en son diocèse. Il y avait un monastère nommé le Tard, à deux ou trois lieues de Dijon, au milieu de la campagne, qui était décrié dans toute la province par la vie trop licencieuse qu'on y menait. Le scandale était si grand, qu'un des premiers soins de Zamet, ayant été nommé à l'évêché de Langres par Louis XIII, fut d'y remédier ; ce qu'il fit en transportant ces religieuses de la campagne à Dijon, en les pourvoyant de bons prédicateurs et de bons directeurs, et en leur faisant souvent lui-même des conférences. Aussi, d'une maison des plus déréglées peut-être du royaume, il en fit un modèle de vertu et de régularité, ce que la mère Angélique ne pouvait lui entendre dire sans en être extrêmement touchée ; et ce fut ce qui l'affectionna depuis si fort, elle et son couvent, à l'évêque de Langres, et les obligea à se livrer tout à fait à sa conduite, ne pouvant se lasser de se faire raconter à la grille les merveilles que ce prélat venait de faire dans cette maison.

Ce fut sur ce plan qu'elle demanda des religieuses du Tard pour venir régler le Port-Royal conformément à ce modèle, qu'on n'y parla plus que de réformes, et que l'abbesse même, honteuse du relâchement où l'on avait commencé à y vivre de son temps, et ayant scrupule de son établissement contre les canons et toutes les règles prescrites par le concile de Trente comme le père dom Eustache de Saint-Paul le lui avait représenté avec toute la force de son zèle, ne commença plus elle-même à respirer que la pénitence et l'austérité de vie sans aucun ménagement. Le père Suffren, confesseur du roi et de la reine et son prédicateur ordinaire avec le père Julien Hayneufve, tous deux jésuites et grands maîtres l'un et l'autre dans la vie spirituelle, que l'évêque de Langres avait fait connaître à cette communauté où ils avaient alors commerce, ne contribuaient pas peu à y entretenir cet esprit; de sorte que les dispositions de l'abbesse et de toutes les religieuses étaient admirables pour aspirer à ce qu'il y a de plus sublime et de plus élevé dans la perfection.

Voilà proprement l'état où était cette maison, et surtout celle qui en était la maîtresse, lorsque l'abbé de Saint-Cyran commença à la connaître mieux et à la fréquenter par la permission qu'il en eut de l'évêque de Langres, ami intime de d'Andilly. Sur la parole de cet ami, l'évêque y établit l'abbé sans le connaître, ce que j'ai été obligé de déduire comme une des circonstances les plus essentielles à l'affaire dont il s'agissait, et qui ne réussit presque que par la disposition où les esprits se trouvèrent quand l'abbé de Saint-Cyran y fut introduit. Rien aussi ne se fit que par là, l'abbé ayant trouvé des esprits disposés à faire tout ce qu'il leur proposait de difficile, et n'imaginant rien d'extraordinaire ni de sévère qu'elles ne fussent prêtes d'embrasser. Il est malaisé de représenter aussi toute la joie qu'il conçut en cette rencontre, trouvant si heureusement des sujets propres à entreprendre tout ce qu'il serait capable d'oser, ce qu'à peine avait-il eu la hardiesse d'espérer; mais ce fut pour lui un redoublement de joie quand il vit le Port-Royal des Champs; car quels projets de retraite et de mortification ne forma-t-il pas sur le plan d'une solitude si propre à ses desseins et si capable d'inspirer à ceux qui deviendraient ses sectateurs toute la force et toute l'étendue de cet esprit de pénitence et d'austérité qu'il méditait!

Ceci lui donna tant de confiance et même tant de présomption, qu'il considéra peu les difficultés qui se présentèrent d'abord à son esprit, quelque invincibles qu'elles fussent d'elles-mêmes; car il fallait commencer par se rendre maître de la maison; en chasser l'évêque de Langres, qui venait de l'y introduire; faire révoquer la commission dont le Pape l'avait mis en possession, en l'y nommant supérieur; détruire l'ami de d'Andilly, le meilleur ami qu'il eût au monde, en l'éloignant de Port-Royal. Il fallait combattre les jésuites, qui commençaient à s'attirer la créance de cette communauté, qu'il cherchait à dominer; mille autres difficultés plus confuses lui passèrent par la tête, mais il ne les écouta presque pas, tant la disposition où il trouva l'abbesse de Port-Royal lui parut favorable. Il crut que s'il pouvait la gagner et se rendre maître absolu de son esprit, du caractère dont elle était rien ne lui serait insurmontable; en quoi il ne se trompa pas, et ce fut le parti qu'il prit; mais l'important était de la gagner; en quoi sans se presser il prit de grands détours pour parvenir à son but, par des services, des complaisances et des assiduités qu'il tâcha de lui rendre pendant plusieurs années, et par des attachements, des confidences et une espèce de dévouement dont on n'a peut-être jamais rien vu d'approchant. Rien aussi n'était plus essentiel au dessein qu'il méditait ; car c'était non-seulement donner un établissement stable et solide à la nouvelle doctrine que de lui acquérir cette maison, mais c'était encore lui donner une espèce de fondement qui pourrait servir de modèle aux autres maisons. Enfin, il trouvait tout ce qu'il pouvait souhaiter pour l'accomplissement entier de son entreprise et du grand ouvrage auquel il travaillait s'il avait pour lui les deux mères Arnauld, ou du moins la mère Angélique, qui lui avait déjà donné de grandes démonstrations d'une parfaite confiance et d'un abandon sans réserve à sa conduite. Ce fut aussi ce qui l'occupa uniquement les années suivantes avec son livre sur la hiérarchie; il regardait ces deux voies comme presque infaillibles pour parvenir à son but; d'un côté, il gagnait tout le clergé du royaume, dont il entreprenait de défendre les droits, et, de l'autre, la conquête de Port-Royal devenait pour lui comme une place destinée à rendre les oracles de la nouvelle opinion et à les répandre dans les provinces. Voilà ce qui l'occupait le plus, et les autres affaires ne l'attachaient qu'autant qu'elles avaient de rapport à ces deux, qui lui paraissaient comme les deux principaux ressorts qui devaient faire remuer la grande machine qu'il roulait dans son esprit.

A la vérité, quelque inquiétude qu'eût le docteur de Louvain pour son établissement dans quelque bénéfice considérable, dont ses bons amis Fromond et Calenus le flattaient, il ne laissait pas d'avoir aussi un attachement assez grand à son travail, et, pour dire le vrai, il travaillait bien plus assidûment que Saint-Cyran, qui n'était nullement réglé dans son travail : aussi avançait-il bien plus dans tout ce qu'il entreprenait et se rebutait bien moins de son travail, dont il s'occupait modérément sans en être accablé. Ce qui parut dans le livre outrageux qu'il fit contre les rois de France, plus que dans aucune autre occasion, quittant quand il le fallait son grand ouvrage de la grâce, auquel il était si attaché. Ce fut pendant l'année de 1629 qu'il eut la pensée qu'on lui fit prendre d'écrire ce livre ; car elle ne fut pas toute de lui ; on l'en pressa même fort avant qu'il pût se résoudre à s'y rendre, et voici à quelle occasion.

La prise de la Rochelle, en désarmant l'hérésie, venait de donner de la sûreté aux affaires de l'État et la paix à tout le royaume ; elle obligea le roi à licencier une grande partie de ses troupes, lesquelles furent contraintes de prendre parti chez les Hollandais et d'aller servir sous le prince d'Orange, qui assiégeait alors Bois-le-Duc. Ces troupes firent tellement leur devoir et servirent si bien, que le bruit s'en répandit dans tout le pays. Après la prise de cette place, les soldats et quelques-uns des officiers retournèrent en France, passèrent par Louvain, où, en faisant leurs devoirs de chrétiens et se confessant, tombèrent entre les mains de quelques gens de l'Université, qui leur firent de grands sujets de scrupule de l'engagement qu'ils avaient pris avec des hérétiques contre le roi catholique et des sujets révoltés contre leur souverain, et non-seulement on leur refusa l'absolution, mais même il fut résolu dans une assemblée de docteurs, tenue exprès, qu'on ne recevrait plus à la participation des sacrements aucun soldat, de quelque nation qu'il pût être, qui aurait servi les Hollandais, à moins de renoncer pour toujours à ce service. Jansénius en parle à son ami dans une lettre du 29 juin, ajoutant qu'il fut résolu dans cette délibération qu'il ne serait pas même permis de donner l'absolution à ces soldats à l'article de la mort, s'ils ne renonçaient à ces engagements. Ce qui arriva à quelques-uns de ceux qui retournaient en France arrivait sur la frontière de Flandre à d'autres, qui prétendaient demeurer dans ce même service. Les officiers s'en plaignirent ; les plaintes furent portées en France ; on y désapprouva ce procédé, et l'on y fit des apologies de ces troupes, qui avaient servi les Hollandais, la guerre étant un métier dont on pouvait gagner sa vie et subsister, comme font les Suisses, sans avoir égard aux distinctions de religion, dont il ne s'agit pas dans cette occasion.

Ce fut le premier pas qu'on fit en France et qui déplut fort aux Espagnols ; mais, peu de temps après, les affaires du roi très-chrétien l'ayant obligé de déclarer la guerre à l'Empereur et à faire alliance avec la Suède pour une ligue offensive et défensive contre la maison d'Autriche, les Espagnols traitèrent d'abomination cette alliance dans quelques-uns de leurs écrits, qui firent assez de bruit dans le monde pour s'attirer des réponses, dont je ne dirai rien de particulier, pour ne parler que d'un ouvrage qui se fit distinguer parmi les autres par une force qui alarma les Espagnols. Cet écrit portait pour titre : *Les questions décidées*, par M. Bessien Arroy, docteur en théologie de la faculté de Paris et théologal de l'Église de Lyon. Le principal but de ce livre était de justifier la conduite du roi très-chrétien dans la déclaration de la guerre contre l'Empereur et son alliance avec les Suédois, parce qu'il prétendait faire remonter le droit du roi à l'état où était l'empire sous Charlemagne ; et qu'il retraçait ces temps glorieux où les Français avaient réformé toutes les Gaules, toute l'Italie, depuis Augsbourg jusqu'à la Calabre inférieure, l'Allemagne, la Hongrie, la Pologne, la Russie, la Prusse, la Livonie, la Lithuanie, la Moscovie, la Sclavonie, la Podolie, la Valachie, et l'Espagne qu'ils avaient réduits sous leur domination. Il prouvait que le monarque a plus d'autorité, plus de raison, plus de droit et plus de justice pour faire la guerre que qui que ce soit ; que le roi de France avait tout cela dans un plus éminent degré que tous les autres souverains ; que l'Empereur et ses prédécesseurs avaient usurpé l'empire, et que le roi de France était obligé en conscience de se faire justice par ses armes. Ces maximes et plusieurs autres semblables, annoncées par un particulier sans aveu et qui ne parlait que de son chef, ne purent paraître en public sans passer dans l'esprit des Espagnols pour des résolutions prises dans le conseil de

France et pour une espèce de déclaration des prétentions du roi très-chrétien, et dans le fond ce n'était rien moins que cela. Après tout, comme cet écrit se débita dans la Flandre, il y fit le même effet qu'aurait fait un manifeste dans les formes, et on chercha quelqu'un pour y répondre, afin de le détruire et de détromper le public.

On jeta d'abord les yeux sur Jansénius pour l'engager à le réfuter; mais, soit qu'il ne fût pas en état de l'entreprendre, soit qu'il ne se sentît pas assez de force pour y réussir, soit qu'il eût de la peine à se résoudre de maltraiter une nation que Saint-Cyran disposait à recevoir sa doctrine, et sur laquelle il comptait encore plus que sur l'Espagne et la Flandre, soit enfin qu'il lui passât alors par l'esprit quelque autre considération qui le détournât de ce dessein, il en parut si éloigné à ceux qui voulaient l'engager qu'on ne put vaincre la difficulté qu'il avait de l'entreprendre. Le président Rose, ce Flamand zélé pour l'intérêt de l'Espagne et qui n'était parvenu au premier poste du conseil du Brabant que par des démonstrations d'un zèle outré pour la gloire du roi catholique, fut un des plus ardents à presser Jansénius pour l'engager à commencer cet ouvrage. Ce fut en vain qu'il lui représenta les avantages qu'il tirerait d'une si favorable occasion, qui allait le faire connaître au cardinal infant, dont il devait espérer un établissement solide, et qu'il ne pouvait rien faire de plus avantageux pour lui, ni de plus glorieux à la nation.

Le docteur, qui cherchait à se dispenser de cet ouvrage sans choquer son ami par un refus malhonnête, lui avoua franchement qu'il n'était nullement en état de penser à cela, qu'il ne s'occupait depuis plusieurs années que de la lecture de saint Augustin et d'un plan de doctrine qu'il s'était formé sur celle de ce Père; qu'il avait l'esprit vide sur tous les autres sujets qui n'avaient aucun rapport à celui-là; que, pour bien écrire sur une matière et la traiter à fond, il fallait prendre du temps pour la méditer, s'en remplir l'esprit et se donner le loisir de voir ce que les savants en avaient écrit, et qu'il croyait qu'il n'était pas possible d'écrire sur le sujet qu'on lui proposait, qu'il n'eût d'abord fait une provision des choses nécessaires pour cela et amassé de bons mémoires. Et ce fut, à ce qu'on prétend, en cette rencontre que le président, qui avait du fond et de la capacité, offrit à Jansénius de lui fournir du secours pour traiter cette matière, comme il le fit en effet en son temps. Car on ne doute pas qu'il n'ait eu grande part à cet ouvrage, partie par les mémoires qu'il en fournit à ce docteur, partie par la chaleur avec laquelle il le pressa d'y travailler. Quoi qu'il en soit, le docteur gagna du temps par les raisons qu'il allégua à son ami, et le moment fatal auquel ce malheureux ouvrage devait éclore n'était pas encore venu; car il fallut d'autres considérations à Jansénius que celles de l'amitié ou de la gloire de son pays pour l'engager à ce travail, qu'il n'entreprit que quelques années après par de violentes aventures auxquelles il ne put pas résister.

Cependant il poursuivait sa pointe dans l'attachement qu'il avait à son ouvrage, qui l'embarrassait alors par une difficulté dont il avait de la peine à se tirer et qui lui paraissait invincible. Dans l'histoire des pélagiens qu'il avait presque achevée, il était parvenu à la matière de la prédestination; et comme il n'en pouvait parler que dans ses principes et suivant le plan de doctrine qu'il s'était formé, il fut quelque temps à délibérer de quelle manière il s'en expliquerait; car, d'un côté, il était obligé de supprimer entièrement toute sorte de grâce suffisante pour parler conséquemment et pour ne rien avancer dans son ouvrage qui fût capable de se démentir ni de détruire cette grâce du Rédempteur, essentiellement efficace par elle-même, qu'il entreprenait d'établir indépendamment de la liberté de l'homme. De l'autre côté, la destinée de la doctrine de Calvin, qui avait été si maltraitée à Rome et dans toutes les universités catholiques, lui donnait des frayeurs, dont il avait de la peine à se rassurer, par la conformité qu'il trouvait dans les sentiments de cet hérésiarque avec les siens, principalement après avoir tâché d'appuyer son opinion par les maximes et par les raisonnements de ce novateur.

La guerre que les Hollandais faisaient alors avec tant d'ardeur au roi d'Espagne, pour continuer à soutenir leur révolte, en rendant cette doctrine odieuse au peuple, rendait aussi les magistrats et tous ceux qui étaient dans le gouvernement plus attentifs et plus vigilants à s'opposer avec vigueur à ceux qui la favorisaient. C'est aussi ce qui réveillait sans cesse les inquiétudes naturelles de ce docteur, et qui le faisait trembler toutes les fois qu'il pensait à son dessein. Il avait alors dans l'esprit, pour former ce nouveau système de la grâce, de tâcher de détruire l'hérésie des prédestinatiens, qu'il voulait faire passer pour une chimère, prétendant que jamais il n'y avait eu d'hérétiques de ce nom. Il savait d'ailleurs trop bien le véritable fond de la doctrine de saint Augustin et ses sentiments sur le différend des moines d'Adoumet dont j'ai déjà parlé ; il ne pouvait pas ignorer les conseils que ce saint Père donnait à ces religieux d'éviter les deux extrémités où ils avaient donné d'abord en faisant l'action de la liberté de l'homme indépendante de la grâce dans les bonnes œuvres, comme les pélagiens, et l'opération de la grâce indépendante de la liberté, comme les prédestinatiens ; car, quoique saint Augustin n'oppose pas formellement ces deux sortes d'hérétiques, il oppose leur erreur, et comme la première ne peut tomber que sur les pélagiens, contre lesquels il dispute, la seconde ne peut tomber que sur les prédestinatiens, qu'il ne nomme pas, d'autant qu'il n'y avait alors personne faisant profession de cette erreur qui n'avait encore eu lieu que dans les disputes du monastère d'Adoumet ; car ces moines prétendaient que si la grâce agissait indépendamment de la liberté (comme saint Augustin avait donné occasion de le croire par sa première lettre à l'abbé Valentin), il y avait des âmes, dans les ordres de la prédestination éternelle de Dieu, dévouées comme des victimes à la peine, sans y avoir contribué, et c'était là l'opinion de ces prédestinatiens, n'ayant point alors de chef, comme le remarque Hincmar dans son épître au pape Nicolas, sur l'affaire de Goteschalque, religieux de l'abbaye d'Orbec, qui fut grand sectateur de cette hérésie tant de fois condamnée.

Ainsi, comme il fallait par nécessité que Jansénius embrassât cette erreur pour l'exécution de ses projets, il crut qu'il pouvait aisément abolir la mémoire de cette hérésie si peu connue dans ses commencements, qu'il n'en trouvait aucun vestige dans la liste très-exacte que Prosper avait faite de toutes les autres hérésies de son temps, et que le silence de cet auteur pourrait suffire pour faire valoir le dessein qu'il avait d'en supprimer tout à fait la mémoire. C'est aussi pour cela qu'il écrivit à Saint-Cyran, le 16 mars de cette année 1630, pour lui envoyer par un de ses neveux, de Barcos, précepteur des enfants de d'Andilly, ou par Archibel, le *Chronicon* de Prosper (édition de Pithon), où il prit la peine de voir s'il faisait quelque mention de cette hérésie des prédestinatiens vers l'année 415, lui alléguant qu'il n'y en avait aucune trace dans l'édition qu'il en avait lui-même; qu'à la vérité Thomas Valdensis faisait mention d'une certaine édition de Prosper, laquelle en parlait, et qu'il s'imaginait que ce pouvait être celle de Pithon. En effet, ce savant, qui connaissait si parfaitement l'antiquité par sa connaissance des anciens manuscrits, avait fait imprimer cet ouvrage de Prosper sur un manuscrit de la bibliothèque Saint-Victor, lequel faisait mention très-expresse de l'hérésie des prédestinatiens, que Jansénius voulait supprimer en faisant comme Baïus, qui, il y avait plus de cinquante ans, dans l'édition nouvelle de Gennadius, imprimée par son neveu, avait eu la hardiesse de faire ôter le nom des prédestinatiens, sa doctrine ne pouvant raisonnablement avoir lieu que par cette suppression.

C'est aussi ce que Jansénius avait dessein de faire pour établir la sienne, car il ne trouvait point d'autre expédient que celui-là qui lui parût naturel, ayant déjà été mis en usage par un homme qu'il s'était proposé pour modèle; mais l'impatience qu'il avait de sortir de ce mauvais pas lui fit écrire à l'abbé son ami une deuxième lettre datée du 8 avril, pour le presser de lui répondre sur l'article des prédestinatiens : « Vous ne m'écrivez rien des hérétiques prédestinatiens; je juge que vous n'avez rien trouvé qui me soit bon. » Et quelques jours après il le pria de lui envoyer les tomes de Prosper avec la date de l'année; « parce que, dit-il, je pense à renverser ce témoignage de Prosper et ces prédestinés. » C'était là son but dont on ne peut pas douter, puisqu'il le déclare lui-même avec tant d'ingénuité; mais il eut recours aux hérétiques modernes pour se tirer d'affaire, car c'était de ce côté-là qu'il tirait plus de secours, et il ne se trompa pas, surtout en cette rencontre; car ayant appris que Jacques Ussérius, archevêque d'Armacane en Hibernie, grand sectateur de la doctrine de Calvin et zélé fauteur de ce parti, écrivait alors sur le mystère de la prédestination selon l'opinion des protestants, il attendit patiemment l'édition de cet ouvrage, qui ne parut que l'année suivante, imprimé à Dublin, où cet auteur prétendait montrer que l'hérésie des prédestinatiens n'était qu'une pure imagination des semi-pélagiens, qui voulaient rendre odieuse la doctrine de saint Augustin, si saine et si pure d'elle-même; qu'à la vérité on voulut imputer cette erreur à Goteschalque, vers l'année 830, dont on fit alors tant de bruit contre lui par l'intrigue de l'archevêque de Reims, Hincmar, mais qu'on ne trouvait aucun vestige de cette hérésie dans Isidore au catalogue qu'a fait Gennadius des auteurs ecclésiastiques, où il ne parle que de l'erreur des pélagiens, sans dire aucun mot de celle des prédestinatiens, et que Arnobe, Gennadius, Hincmar, Sigebert, les accusateurs les plus déclarés des prédestinatiens, ne leur imputaient rien que les semi-pélagiens n'imputassent à saint Augustin; qu'ainsi il y avait apparence qu'ils confondaient la doctrine de ce Père avec l'erreur de ces hérétiques qu'ils tâchaient de produire pour en faire un fantôme, et qu'enfin l'écrit de Tiron, qui faisait mention lui seul de cette hérésie, avait été achevé par des corrupteurs, qui n'avaient cherché qu'à donner cours à cette fiction.

Jansénius, ravi de trouver la démarche qu'il balançait de faire déjà faite par un protestant, entra avidement dans toutes ses raisons sans les examiner, et déclara, dans le chapitre vingt-troisième de son huitième livre de l'*Histoire des pélagiens*, qu'il n'y avait jamais eu dans le monde de prédestinatiens ni d'hérétiques de ce nom, mais que ce n'était qu'une calomnie toute pure que les semi-pélagiens avaient forgée contre la doctrine de saint Augustin, pour la décrier, et qu'il n'y avait jamais eu d'autres hérétiques de ce nom que saint Augustin lui-même avec ses deux disciples saint Prosper et saint Hilaire. Ce fut ainsi que ce docteur décida de la difficulté pour trouver un dénoûment à son embarras, d'où l'on peut comprendre quel état on doit faire d'une doctrine que cet auteur impute à saint Augustin et qu'il n'établit que sur les instructions qu'il en prend des hérétiques[1]. Ce docteur, qui tirait tant d'avantage des hérétiques, avait de la peine à les maltraiter sans s'en repentir ; il avait un certain penchant dans le cœur pour eux que la bienséance de son état demandait de lui.

Les ministres de Boisleduc ayant fait imprimer quelque chose d'injurieux contre le Saint-Siège et d'outrageux à la religion, on fut d'avis, dans le conseil de Brabant, de chercher quelqu'un pour y répondre. L'archevêque de Malines, dont on avait déjà eu soin de remplir l'esprit du mérite de Jansénius, qu'on lui avait fait passer pour un homme qui n'était pas du commun, le proposa à l'internonce ; on l'accepta, il fut mandé à Bruxelles, et comme il espérait tout de l'archevêque qui commençait aussi de son côté à le mettre à tout, il ne put pas s'en excuser comme il avait fait en l'affaire de Dominis, et dut s'engager à répondre. L'abbé de Saint-Cyran lui conseilla de traiter doucement ces hérétiques. Il avait sans doute ses raisons ; mais parce que l'esprit des ministres était fier et insolent, il fut obligé de répondre sur le même ton pour ne pas paraître faible, et ce fut moins pour l'intérêt de la cause qu'il entreprenait de défendre que pour celui de sa gloire qu'il agit fortement, et qu'il fit paraître de la rigueur dans cette occasion où il était piqué au jeu. C'est lui-même qui rend compte de cela à son ami par une lettre datée du 14 juin 1630. « L'archevêque m'a fait venir à Bruxelles, où il a été résolu par le nonce et lui qu'il en faut venir aux mains avec les ministres de Boisleduc ; on m'a choisi pour cela avec un autre. Je m'imagine que l'affaire n'en demeurera pas là et qu'il faudra écrire contre ces clabaudeurs beaucoup et longtemps ; les affaires de Pillemot seront bien reculées. » Il fit imprimer cet ouvrage en latin peu de temps après. On n'a point su de quelle manière tout cela se passa ; quoi qu'il en soit, il prétend avoir maltraité les ministres, comme il le mande, le 21 juin, à l'abbé de Saint-Cyran, qui lui avait conseillé de les traiter doucement, comme nous l'apprenons de la réponse

---

[1] Voir sur cette matière le père Sirmond dans son *Prædestinatus* et les ouvrages de Prosper, de Sigebert, d'Hincmar, de Baronius, de Suarez, de Cellot, et tant d'autres auteurs catholiques qui ont traité cette matière à fond et l'ont presque épuisée.

que lui en fit Jansénius, du 24 juillet de cette même année 1630 : « Depuis que le calvinisme est entré aux Pays-Bas on a vu une telle fastueuse insolence, ce qui me fait grandement douter si cette douceur dont vous parlez eût été à propos, car saint Augustin, qui est le modèle de modestie, ne les a pas traités tous de même façon. » Et il conclut qu'on aurait pris pour défiance ou pour timidité dans le pays la modération qu'il aurait fait paraître en les réfutant faiblement.

Mais il changea de sentiments dans la lettre suivante, qui est du mois de juin, sans date du jour, et il entre dans celui de l'abbé de Saint-Cyran ; voici ce qu'il lui en dit : « Il y a longtemps que j'ai jugé de même que vous ; à savoir, qu'il eût été bon de les traiter un peu plus doucement. » Ce sont les ministres de Boisleduc dont il parle, mais la pierre était jetée, et je ne puis oublier la réflexion que le sieur de Preville, l'interprète de ses lettres, fait sur celui-ci, car elle est admirable [1] : « Si, dit-il, Jansénius et Saint-Cyran ont jugé qu'il fallait traiter doucement des ministres, comment est-ce qu'en écrivant contre des catholiques et des religieux, ils se sont engagés à tant d'excès et à tant de violence ? » Ce qui est si vrai, que Jansénius se vante à l'abbé son ami, par une lettre écrite de Louvain, du 27 mars de cette même année, d'avoir donné, dans le dernier livre de son *Histoire des pélagiens*, de l'exercice aux jésuites et de les avoir maltraités. Voici ce qu'il en dit : « Il me semble que dans le dernier livre j'ai bien donné sur les doigts aux jésuites et qu'il leur sera bien difficile de se défendre de certaines choses que je leur impute ; je voudrais que vous eussiez tout vu. »

A la vérité, on ne sait pas précisément pourquoi il se repentit si fort d'avoir traité ces ministres avec la rigueur qu'il dit, mais on sait bien pourquoi il se vante d'avoir maltraité les jésuites, car c'était parce qu'il faisait sa cour à Saint-Cyran, qu'il avait de la peine à satisfaire sur cet article. Voilà l'esprit de ces nouveaux réformateurs, qui ne respiraient qu'aigreur et qu'amertume envers ceux qui étaient affectionnés à la religion, et n'avaient que de la douceur et de l'indulgence pour ceux qui la combat-

---

[1] Extrait des lettres de Jansénius, page 96.

taient. Et c'était là principalement l'esprit de l'abbé de Saint-Cyran, qui avait conçu une jalousie la plus envenimée dont on ait jamais entendu parler contre les jésuites. Quand on voudra se donner la peine de remonter à la source de ces sortes de désordres qui jettent la division dans l'Église, on trouvera que l'origine la plus universelle de la plupart des hérésies a été d'ordinaire cet esprit d'orgueil et de jalousie qui ne peut souffrir de rival ni de concurrent, sans aller à ces extrémités qui ont coutume de désoler la religion.

Il était né avec un fond d'orgueil qui lui faisait regarder le reste des hommes d'un air plein de mépris, et la bonne opinion qu'il avait de lui-même ne lui laissait voir que les défauts des autres, ce qui lui donnait une complaisance pour tous ses sentiments dont il n'y a presque pas d'exemple et qui allait jusqu'à l'extravagance. On n'a qu'à parcourir l'information de son procès pour y découvrir ces traits de vanité et de présomption dont il s'était rempli l'esprit ; c'est là qu'avec cet air de suffisance qui lui était naturel, il se vantait que personne n'entendait l'Évangile ni les voies de Jésus-Christ ; qu'il en avait lui seul la véritable intelligence ; que la sainte Écriture n'avait pour lui ni obscurité ni ténèbres, et qu'il avait un discernement tout particulier pour juger ceux qui sont prédestinés et les distinguer des réprouvés ; que les évêques, les ecclésiastiques, les religieux d'à présent étaient tout à fait dépourvus de l'esprit de la grâce et du christianisme ; que leur conduite n'était qu'ignorance, que ténèbres et qu'aveuglement ; que saint Thomas était le premier qui avait gâté par les principes d'Aristote et par le mélange du raisonnement humain la véritable théologie, et que la scolastique était par là devenue pernicieuse à la religion. Il faisait passer le concile de Trente pour une assemblée de scolastiques et pour peu de chose. Enfin jamais vanité n'a été poussée plus loin, et ce fut aussi la source de son malheur ; car sa vanité, sa jalousie et sa haine contre les jésuites lui firent entreprendre la ruine de la religion, pour perdre des gens qu'il ne pouvait plus souffrir, parce que le seul bruit de leur réputation l'offensait ; ce ne fut aussi que pour cela qu'il conçut le dessein de son *Aurélius*, qu'il n'exécuta que pour détruire les jésuites, comme il s'en vanta lui-même dans un entretien qu'il eut avec l'abbé de Prières en l'abbaye de Maubuisson, quand il lui dit, quelques années après que l'ouvrage eut été imprimé, que le livre intitulé *Aurélius* était le meilleur qui eût été imprimé depuis six cents ans et qu'il ne voudrait pas pour mille écus que ce livre n'eût été mis en lumière, d'autant qu'il battait en ruine les pères jésuites, lesquels ne s'en relèveraient jamais [1]. C'est à quoi il travaillait alors et c'était sa plus grande occupation, car pour la direction de Port-Royal il était plus patient, parce qu'il avait à se ménager pour s'y établir peu à peu et se rendre maître des cœurs sans faire paraître de ces empressements qui sont sujets à reculer les affaires qu'on veut trop avancer. Il laissait faire l'évêque de Langres, qui se donnait à lui-même bien de l'emploi pour ces religieuses qu'il avait fait venir de Dijon, comme l'abbesse de Port-Royal l'avait souhaité.

La mère Angélique, touchée au vif de ce que ce prélat lui racontait de sa réforme, demanda instamment qu'il voulût lui permettre d'envoyer à Dijon deux de ses religieuses pour en prendre l'esprit et se former sur leur modèle. Louise de Bourbon, sœur du comte de Soissons, qui épousa le duc de Longueville, avait eu quelque commencement de commerce à Port-Royal, par l'entremise de d'Andilly, qui était de ses amis, et par le frère elle fit la connaissance de la sœur, la mère Angélique. Ayant appris qu'on avait le dessein d'envoyer deux religieuses de Port-Royal à Dijon pour en prendre l'esprit, elle offrit un équipage pour ce voyage, par l'amitié qu'elle avait pour l'abbesse et par l'estime qu'elle commençait d'avoir pour toute cette maison. La mère Agnès Arnauld, sœur de l'abbesse, ayant été destinée pour ce voyage avec la mère Geneviève Tardif, une des plus considérables de ce couvent, Marie Prévost, femme de Pontcarré, conseiller du parlement, qui s'était retirée depuis quelque temps à Port-Royal et séparée de son mari, se chargea de la conduite de ces religieuses et les mena à Dijon dans un des carrosses de la duchesse de Longueville, qui fit la dépense du voyage.

---

[1] Information de la doctrine de Saint-Cyran.

Il ne se peut dire avec quelles démonstrations de joie, d'affection et de charité ces deux religieuses furent reçues des religieuses du Tard, et combien la mère Agnès avec sa compagne fut touchée d'admiration de voir la régularité et l'esprit intérieur de cette maison, de sorte que la dame qui les avait conduites à Dijon étant obligée de revenir à Paris pour ses affaires, après y avoir demeuré trois mois, les deux religieuses de Port-Royal ne purent se résoudre à s'en retourner, et ce fut alors qu'on prit la pensée de faire l'échange et d'envoyer deux religieuses du Tard prendre la place des deux de Paris, ce qui se fit par la permission qu'en donna l'évêque de Langres. Jeanne de Saint-Joseph, l'une de ces deux religieuses du Tard, surprit d'abord tellement les esprits de toute la communauté de Port-Royal par l'éclat de sa vertu et par son exemple, que toute la maison ne retentissait que des louanges qu'on donnait à la réforme du Tard. Cette mère Jeanne était, en effet, une grande religieuse et d'un merveilleux intérieur, et la mère Angélique ne put la voir dans le détail de sa conduite, qu'elle observa avec une attention particulière, sans reprendre le dessein de se défaire tout à fait de son abbaye, par une démission volontaire, pour expier l'horrible faute où on l'avait engagée de la faire religieuse et abbesse à l'âge de dix ans, car elle avait sans cesse des scrupules sur son état et elle voulut le rectifier par cette abdication. L'exemple de sa sœur Agnès, qui avait renoncé tout à fait à l'abbaye de Saint-Cyr, lui repassait souvent par la tête. Elle délibérait depuis longtemps à faire la même chose, car l'évêque de Langres voulait qu'elle y pensât sans rien précipiter. Enfin l'exemple que la mère Jeanne commençait à donner à sa communauté dont elle cherchait la perfection fut ce qui la détermina. Elle donna sa démission en plein chapitre; l'évêque de Langres, qui avait du crédit à la cour par son frère, en obtint l'agrément sans difficulté; on y fut même bien édifié de voir une jeune abbesse se dépouiller de son pouvoir, et la mère Jeanne fut élue supérieure du consentement universel de la communauté.

Une personne si vertueuse, à la tête d'une maison qui l'était déjà si fort, y causa un redoublement de ferveur, qui fit de grands effets dans cette maison, et l'on y vit bientôt une étude toute particulière de la mortification, du renoncement à soi-même et à son propre sens, de l'esprit intérieur et de la plus sublime perfection. Mais cette ferveur alla un peu trop loin, car les religieuses par une sainte émulation cherchaient à l'envi à s'humilier par des manières outrées, lesquelles dégénèrent enfin dans des indécences qui ne furent pas approuvées de tout le monde. Elles couraient quelquefois par le couvent comme des insensées et quelquefois même affectaient de se montrer aux parloirs défigurées, afin de passer pour des folles, et celles qui avaient trouvé le moyen de se rendre plus méprisables par des manières plus choquantes et plus ridicules, croyaient avoir mieux réussi dans l'exercice de la véritable humiliation. On le sut dans la ville et on en parla diversement; l'archevêque de Paris s'en plaignit et fit dire à l'évêque de Langres qu'il s'étonnait que, sans sa participation, il faisait aller des religieuses de Port-Royal de Paris à Dijon, fît venir celles de Dijon à Paris, et qu'il souffrît qu'on introduisît des nouveautés dans ce couvent par un excès de vertu qu'on désapprouvait fort dans le monde.

Mais on ne conseilla pas à ce prélat de faire trop éclater son ressentiment contre l'évêque de Langres dans un temps où il avait besoin de son crédit pour obtenir du roi le cordon bleu dans la promotion des chevaliers et des commandeurs de cet ordre, qui devait se faire au plus tôt. En effet, l'évêque le servit si utilement, par le père Joseph son ami, que le ministre considérait fort, et par les autres amis qu'il avait à la cour où il était puissant, qu'il en vint à bout. Un service si signalé ne fut pas perdu pour l'évêque. L'archevêque de Paris lui abandonna entièrement le soin du couvent de Port-Royal, et ce fut en cette occasion que la mère Angélique, voyant ce prélat complétement le maître de cette maison, s'abandonna aussi avec plus de soumission que jamais à sa conduite, et qu'elle l'assura encore d'une plus grande obéissance qu'auparavant; mais elle profita aussi de cette occasion pour obtenir, par ce nouveau dévouement, une entière permission à l'abbé de Saint-Cyran de se mêler de la direction de la maison, c'est-à-dire de faire des conférences aux religieuses et de confesser tant qu'il lui plairait; ce qui lui donna une grande liberté d'entreprendre et d'oser bien plus qu'il ne faisait alors, ayant des pouvoirs fort bornés avant cette permission. Mais comme il avait à se ménager pour s'établir mieux, il n'usa de ses pouvoirs que pour approuver cet esprit d'austérité et de mortification qui commençait à régner en cette maison, pour aller par là à son but. Il agit d'abord avec une grande dépendance de l'évêque de Langres, qui eut soin de régler l'excès des ferveurs de la maison, qui choquaient l'archevêque de Paris, et surtout de la mère Angélique naturellement excessive en toutes choses. Mais il fallait à l'abbé de Saint-Cyran un esprit de ce caractère, pour être plus susceptible des étranges nouveautés qu'il préparait et pour les débiter avec plus d'assurance. Il entretenait dans ces dispositions cette fille, qu'il regardait déjà comme son principal instrument, et gardait toutefois certaines précautions pour ne pas choquer l'évêque de Langres, son patron, qui venait de l'établir à Port-Royal avec des pleins pouvoirs. Il ne laissait pourtant pas, pour piquer la curiosité de la mère Angélique et exciter secrètement sa ferveur, de lui faire entrevoir dans l'étude de la perfection qu'elle faisait des chemins qui lui étaient tout à fait inconnus, et de lui découvrir des secrets qu'elle n'entendait pas encore, pour se l'attacher davantage et l'affectionner de plus en plus à sa conduite et aux nouvelles idées de sa direction; ce dont cette pauvre fille était enchantée.

LIVRE SIXIÈME.

Institution de l'adoration perpétuelle au Port-Royal. — Saint-Cyran s'insinue dans l'esprit de l'évêque de Langres. — Saint-Cyran directeur des bénédictines réformées. — Histoire de la Durand. — Mauvaise réussite des intrigues de Jansénius. — Saint-Cyran compose le *Chapelet du Saint Sacrement*. — Pernicieux effets de cette doctrine. — Ouvrage de Saint-Cyran sur la hiérarchie ecclésiastique. — L'*Aurélius*. — Plan de l'*Aurélius*. — Effet qu'il produisit. — La France déclare la guerre à l'Autriche. — Jansénius écrit *Mars gallicus* contre les rois de France. — Fondation d'une nouvelle maison rue Coquillière. — Retour du roi à Paris.

Sébastien Zamet, évêque de Langres, était un des prélats du royaume des plus solidement vertueux et des plus zélés pour l'honneur de la religion : parmi les différents desseins de bonnes œuvres qui lui passaient par la tête et dont il s'occupait fort, il s'était particulièrement affectionné à l'idée d'un ordre religieux qu'il avait imaginé, et dont le but principal serait une profession particulière d'honorer le saint Sacrement de l'autel par une adoration perpétuelle. C'était pour faire une espèce de réparation à la majesté de Dieu, que tant d'impies outrageaient en cet auguste mystère par leur irrévérence, et que tant d'hérétiques déshonoraient par leur incrédulité ; mais afin que cela se pût faire dans toute la perfection que demandait une institution si sainte, il fallait un recueillement et un intérieur si grands qu'il prétendait élever ses religieux à une entière séparation du monde et à une vie très-solitaire, qui n'aurait presque aucune occupation au dehors, pour ne pas s'exposer à la moindre dissipation d'esprit, qui serait contraire à ce dessein. Comme il voyait de l'inconvénient à y engager des hommes, qui sont naturellement portés à l'action, sans laquelle souvent la plus ardente dévotion est sujette à devenir languissante, il s'en expliqua à la mère Angélique et lui ouvrit son cœur sur ce projet. Elle y applaudit avec une démonstration de joie qui fit comprendre au prélat qu'il ne pouvait lui faire plus de plaisir que d'engager sa communauté à l'entreprendre. Elle l'en conjura par l'intérêt qu'il prenait à leur conduite, et elle lui répondit de tout le couvent pour une œuvre si importante et si belle. L'évêque lui donna du temps pour en délibérer avec ses sœurs, et la conclusion fut que la communauté se chargerait de l'entreprise de ce dessein dans toutes ses circonstances, pourvu qu'il la jugeât digne de cette faveur, tant on y trouvait d'avantage, de quelque côté qu'on la regardât.

La duchesse de Longuéville, sœur du comte de Soissons, qui avait commencé à s'affectionner à Port-Royal par l'estime qu'elle avait conçue de la vertu qu'elle trouvait en la mère Angélique, l'étant allée voir dans cette conjoncture, ne put pas apprendre ce projet sans y donner une grande approbation et sans offrir son crédit et celui de ses amis pour obtenir du Pape et du roi les permissions nécessaires pour ce nouvel établissement, qui ne pouvait se faire dans les formes sans l'agrément de ces deux puissances. Pour la permission du roi, elle fut bientôt obtenue; car ce prince s'étant alors trouvé à l'extrémité par la maladie qui le surprit à Lyon, et s'étant aussi trouvé mieux dès qu'il eut reçu le viatique, les reines l'engagèrent à promettre à Dieu de faire honorer le saint Sacrement de l'autel partout son royaume, en reconnaissance de cette grâce. Ce fut alors que la duchesse de Longueville faisait demander par ses amis à la cour des lettres patentes pour ce nouvel institut du saint Sacrement à Port-Royal, lesquelles furent expédiées, et le roi autorisa non-seulement de sa permission, mais même de son secours, ce dessein pour satisfaire à sa promesse. Le Pape, de son côté, donna une bulle pour changer l'institut de Cîteaux, dont on faisait profession à Port-Royal, en celui du saint Sacrement, que l'évêque de Langres y venait d'établir. Ce changement se fit sur la fin de l'année 1629 avec cérémonie; on ne changea rien à l'habit, sinon qu'un scapulaire marqué d'une croix rouge fut ajouté à la tunique blanche de l'habit de Cîteaux, qui fut conservé comme un vestige de l'ancien habit qu'on portait en ce monastère, pour en montrer l'origine.

Ce changement d'habit, d'institut et même de noms (car les religieuses de Port-Royal ne s'appelèrent plus désormais que les filles du Saint-Sacrement), bien loin de nuire en quelque chose à la perfection de cette communauté, l'augmenta encore davantage, parce que ce changement s'était opéré dans les règles et par un esprit où l'amour de la nouveauté n'eut aucune part, comme quelques-uns ont voulu le faire croire sans fondement. Il arriva même que par cet attachement plus grand à l'autel dans l'adoration perpétuelle du saint Sacrement (qui durait jour et nuit sans aucune interruption), les religieuses se succédant d'heure en heure les unes aux autres dans ce saint exercice, leur dévotion s'augmenta beaucoup par la fréquentation plus grande des sacrements qui en fut la suite. La ferveur de toute la maison crut à un tel point, qu'elle attira bientôt les yeux et l'admiration de tout Paris, et cette communauté devint célèbre par la réputation de sa vertu et de sa piété. Communauté mille fois heureuse si, par la légèreté d'une supérieure trop crédule et peut-être trop curieuse, elle n'eût point prêté l'oreille aux discours de l'abbé de Saint-Cyran, lequel perdit malheureusement cette maison par l'esprit de nouveauté qu'il s'avisa mal à propos (à l'occasion de cette dévotion du saint Sacrement) d'inspirer à ces pauvres filles, et surtout à leur supérieure, dont il remplit l'esprit de ses visions, la conduisit d'erreur en erreur, et la jeta la première dans le précipice, ainsi que nous verrons par les pas qu'il lui fit faire. A la vérité, le caractère de cette fille la rendait susceptible de toutes les impressions qu'on voulait lui donner, et comme elle était naturellement excessive en tout, l'abbé, qui reconnut bientôt la disposition de son cœur, commença à lui parler de ce ton affirmatif qui lui était si ordinaire, et qui est presque le seul art de persuader les femmes, quand une fois on a pris l'ascendant sur leur esprit.

Ce fut aussi par là qu'il s'établit davantage auprès de la mère Angélique, plus que par toutes les raisons qu'il lui apportait, et qui lui acquit cette autorité à laquelle elle ne put résister.

L'ayant donc réduite à cet état par l'air absolu et impérieux dont il lui parlait, il acheva de la gagner tout à fait en lui retraçant les idées des premiers fidèles, ne faisant mention que des anciens canons, traitant d'ignorants tous les directeurs et les pères spirituels de ces derniers temps, prétendant qu'ils n'entendaient rien à la véritable direction, lui faisant entrevoir des routes dans la perfection entièrement ignorées en ce siècle, et lui donnant à connaître par ces détours qu'il était le seul éclairé en cette science, et l'unique capable de l'instruire dans les voies sublimes de vertu et de perfection où elle aspirait. Il réussit si bien, qu'elle n'eut plus d'estime que pour lui et que du mépris pour tous les autres. Ce ne fut après tout que par une longue persévérance et par beaucoup de patience qu'il en vint à bout, car il trouva bien des obstacles à ses desseins. La mère Angélique avait une de ses sœurs, nommée Marie de Sainte-Claire, qui ne pouvait souffrir ce nouveau directeur; elle se plaignait qu'il leur prêchait des nouveautés, et elle se faisait écouter en ses plaintes de ses autres sœurs, ce qui obligea cet abbé à prendre des précautions et des ménagements, qu'il ne laissait pas d'oublier quelquefois, et il se gâtait par ses négligences, qui lui attiraient le dégoût des autres religieuses.

La mère Agnès, qui était revenue de Dijon reprendre sa place à Port-Royal, ne donnait pas si aveuglément que sa sœur Angélique dans tous les sentiments de l'abbé de Saint-Cyran; elle était plus retenue qu'elle en bien des choses, et comme elle avait l'esprit plus solide, elle ne donnait pas si aisément son approbation aux nouveautés dont l'abbé flattait la curiosité de sa sœur aînée; il avançait peu à la vérité dans le dessein qu'il s'était proposé de se rendre maître de toute la maison par ces airs affirmatifs qui lui étaient naturels et qui sont toujours de grandes raisons auprès des esprits faibles, et surtout auprès de la mère Angélique, qui avait repris le gouvernement de la maison par une élection capitulaire, après que la mère Jeanne de Saint-Joseph du Tard eut achevé son temps. Mais ce n'était rien d'avoir la supérieure, s'il ne gagnait l'évêque de Langres; à quoi il s'appliqua en le cajolant sur sa conduite générale dans son diocèse, sur la direction de Port-Royal en particulier, et sur la réforme du Tard, qui lui avait fait tant d'honneur, car c'était un grand flatteur que l'abbé de Saint-Cyran, quand il voulait gagner quelqu'un, et tout fier qu'il était de son propre fonds pour parvenir à ses fins; il s'abaissait à des prostitutions de louanges où il paraissait peu de désintéressement et bien de la corruption. Tout cela ménagé avec une profonde dissimulation le mit bien auprès de l'évêque, lequel, comme tout homme est d'ordinaire sujet à la fragilité sur l'amour-propre, il écouta ces louanges, il en sut même bon gré à celui qui les donnait, et il le prit en amitié, lui trouvant de l'esprit et de la capacité; enfin il en conçut tant d'estime, qu'il pensa à le faire son coadjuteur, et qu'il en fit faire la proposition au ministre, par Mathieu Molé, alors procureur général au parlement, qui appelait cet abbé le savant du siècle; tant il en était prévenu lui-même. Mais le ministre, qui avait ses raisons et qui connaissait l'esprit de Saint-Cyran, n'écouta pas le procureur général, son admirateur. Le commerce ne laissa pas de durer entre l'évêque et l'abbé par des visites et des honnêtetés mutuelles qu'ils continuèrent à se rendre réciproquement, et l'abbé étant allé un jour voir ce prélat dans sa maison du Pré-aux-Clercs, au faubourg Saint-Germain, qui était proche, il loua fort une Bible en plusieurs langues, ayant appartenu au roi d'Espagne Philippe II, que le cardinal Ximénès avait fait imprimer; l'évêque la lui offrit; l'abbé l'en remercia; mais il fut surpris en arrivant chez lui le soir au cloître de Notre-Dame, où il logeait, de trouver un crocheteur chargé de cette Bible, qui la lui apportait de la part de l'évêque.

L'abbé, touché de cette honnêteté, pour répondre à ce présent, fit mettre sur le dos de ce crocheteur un cabinet d'Allemagne qu'on estimait, et qu'il aimait lui-même beaucoup. Mais à peine fut-il chargé sur les crochets du porteur qu'il le fit décharger et remettre en sa place, disant tout haut qu'il sentait bien que Dieu se contentait de sa bonne volonté; car il agissait souvent comme un inspiré par des mouvements intérieurs, qu'il attribuait à faux au Saint-Esprit, pour les autoriser. L'abbé de Prières m'ayant raconté ce procédé de l'abbé à l'égard de l'évêque de Langres, sur son présent de la Bible, me dit alors qu'il en divertit le cardinal de Richelieu, lequel y prit plaisir, disant que c'était un visionnaire. En effet, c'était une de ses manières d'agir de la sorte, et quoiqu'il y ait en cela de la minutie, il est quelquefois bon d'observer dans les personnes extraordinaires jusqu'aux plus petites choses, qui sont souvent des marques de leur caractère.

Cette extravagante civilité fut reçue de l'évêque comme d'un homme déjà prévenu d'estime pour l'abbé, et elle ne fut d'aucune conséquence pour leur commerce, qui continua de la même manière. L'évêque même fit des démarches pour élever l'abbé, le croyant digne d'être distingué et propre à servir dans un poste recommandable; il en parla au père Joseph, qui gouvernait un peu alors le cardinal de Richelieu. Ce père Joseph était un capucin de Paris, d'une des anciennes familles de la robe, frère d'un maître des requêtes, nommé du Tremblay, qui fut depuis gouverneur de la Bastille. Le cardinal de Richelieu, lui ayant trouvé du génie pour les affaires, l'envoya en Allemagne et en Suède pour des négociations, où, ayant réussi, il continua à l'employer et à prendre une entière confiance en lui pour bien des choses. Ce père ne pouvait pas être ami de l'évêque de Langres sans lui promettre de servir l'abbé; il en parla au cardinal comme d'un homme extraordinaire, et il en fut rebuté d'une manière où le père vit bien qu'il ne fallait pas y retoucher. Le cardinal lui parut informé à fond de cet homme, sans s'en ouvrir davantage, et il chercha à servir l'abbé par d'autres voies pour faire plaisir à l'évêque de Langres.

Antoinette d'Orléans, mère du duc de Retz, s'était servie des conseils et du secours du père Joseph pour l'établissement d'une nouvelle réforme qu'elle avait entreprise dans l'ordre des religieuses bénédictines, sous le nom du Calvaire, dont le premier couvent fut bâti au faubourg Saint-Germain, proche le Luxembourg, et ce père avait été choisi pour le directeur en chef de cette communauté. Madeleine de Rieux de Sourdiac, d'une des plus considérables et des plus anciennes familles de Bretagne, était alors supérieure de cette maison, et se fiait uniquement au père Joseph pour la conduite de ses religieuses et pour la sienne. Ainsi, comme il était le maître absolu, il n'eut pas de peine à y donner entrée à l'abbé de Saint-Cyran, et à l'établir en ce couvent avec les mêmes pouvoirs qu'il y avait. L'abbé, qui savait se faire écouter, acheva le reste, car jamais homme n'a eu plus de talent pour se faire valoir auprès des filles, qui sont naturellement ignorantes et curieuses. D'abord il traita d'un grand mépris tous les autres directeurs comme peu instruits des choses spirituelles, dont il parla lui-même d'un ton si élevé et d'un air si affirmatif que ces pauvres filles, bientôt éprises de leur nouveau directeur, en firent de grands remercîments au père Joseph, qui venait de le leur donner en le regardant déjà comme un homme incomparable, et voulurent engager ce père à le faire connaître au cardinal de Richelieu.

Il y a apparence que ce directeur ne s'était pas oublié auprès de tant de personnes qui l'admiraient; mais le père Joseph, déjà rebuté du cardinal sur ce point, s'en excusa, leur faisant entendre que ce n'était pas ce que cherchait un homme détaché comme l'abbé de Saint-Cyran, lequel dans le fond n'étant pas content de cette réponse, qu'il regardait comme une défaite, et choqué de ce mépris s'en expliqua à ses plus confidentes, et fit bientôt passer ce père pour un politique. Il fit ouvrir les yeux à d'autres sur leur état si éloigné de la perfection, qu'elles ne devaient pas espérer d'un homme si attaché à la cour que l'était le capucin, duquel on fit des railleries secrètes dans la communauté, et l'on commença à parler de sa direction avec une espèce de murmure et d'indignation de ce que l'esprit du calvaire était réglé par un homme de cour, dévoué au ministre, plongé dans le monde. Ces murmures se répandirent dans la maison. La supérieure en fut avertie; on remonta à la source; l'abbé de Saint-Cyran en fut soupçonné; les religieuses auxquelles il s'était fié parlèrent, et la supérieure, qui était sage, le congédia à petit bruit, car on ne voulut pas l'abîmer, et, pour sauver sa réputation, on n'en sut rien à Port-Royal. Pour l'évêque de Langres, il ne put pas l'ignorer; il eut un peu de honte d'avoir produit dans cette maison un homme si peu sûr, il en fit ses excuses au père Joseph, mais il eut soin de prendre ses précautions dans le commerce qu'il continua d'avoir avec Saint-Cyran par de grandes honnêtetés et de plus grandes défiances. L'abbé, dont la confiance à Port-Royal s'augmentait par l'union dans laquelle il y vivait avec l'évêque de Langres, devint froid et timide après cette aventure, rabattant un peu de ce ton d'autorité dont il y parlait, et se tint quelque temps sur ses gardes, louant à la mère Angélique plus que jamais l'évêque, auquel elle rendait compte de ce que l'abbé disait de lui, et ils vécurent ainsi tous deux dans une apparence de liaison et d'amitié, et dans le fond se défiant beaucoup l'un de l'autre.

Mais en se radoucissant sur la morale dont il prenait les sentiments qui convenaient à l'état de ses affaires, il ne rabattait rien de la rigidité de sa doctrine, surtout en certaines matières, comme celle de la prédestination et de la réprobation. En voici un bel exemple : Bouteville, ce fameux duelliste, qui se signalait depuis quelque temps dans le royaume par ses combats, ayant été pris par ordre du roi, on lui fit son procès ; il fut condamné à avoir la tête tranchée en la Grève. Ses amis lui menèrent le père de Condren pour le disposer à la mort et le conduire au supplice ; il mourut entre les bras d'un homme si saint avec des sentiments de piété, de religion et même de pénitence qui ravirent tout Paris ; on ne parlait à la cour, dans la ville et dans toutes les compagnies, que de la manière dont Bouteville était mort. L'admiration qu'on eut pour une si belle fin devint si publique que l'abbé de Saint-Cyran, tout retiré qu'il était, en entendit parler, mais ce ne fut pas sans s'en moquer, raillant même ces absolutions qu'on a coutume de donner sans discernement à des gens qui ont vieilli dans le vice, prétendant qu'il y a une mesure de péché à laquelle il n'y a point de rémission, quand une fois elle est comble ; que de la manière dont ce duelliste avait vécu, sa destinée dans les ordres de la justice de Dieu devait être qu'un si grand pécheur mourût dans son péché, et que ce qu'on disait de ces sortes de conversions à la mort n'était d'ordinaire que pour faire honneur à ceux qui les assistaient à mourir, et pour consoler leurs proches, qu'on amusait par ces apparences de pénitences. Ce fut ainsi que Saint-Cyran parla de la mort de Bouteville, selon les principes de sa doctrine, qui roulait principalement sur cette terrible idée qu'il donnait des jugements de Dieu. C'est ce que j'ai appris d'un des anciens amis de cet abbé, nommé Nicolas Tardif, avocat au parlement de Paris, qui avait été quelque temps son pénitent et même son domestique. C'était là son esprit et le fond de cette nouvelle théologie qu'il avait entrepris d'introduire dans le monde, avec le docteur son collègue, qui se préparait à cela par l'ouvrage qu'il avait entre les mains depuis près de vingt ans.

Mais la retraite de la reine mère à Bruxelles avec le duc d'Orléans, Gaston de France, son fils, par le mécontentement qu'ils avaient l'un et l'autre du gouvernement, et par la domination du cardinal de Richelieu qui leur était devenu insupportable, donna un autre tour non-seulement aux affaires, mais aussi aux études de ce docteur. Marie de Médicis était une princesse qui, outre la grandeur d'âme et les autres avantageuses qualités qu'elle avait héritées de sa maison, avait conservé de l'estime pour les savants, qu'elle considérait fort. Elle en avait alors un à sa suite, qui était son prédicateur, son théologien et son conseil, nommé de Mourgues, abbé de Saint-Germain, qui s'était attaché à sa fortune et qu'elle estimait. C'était un Provençal ayant, avec ce feu et cette vivacité naturelle à sa nation, bien de l'esprit et quelque teinture des sciences et des belles-lettres, qu'il avait prise chez les jésuites. Il trouva par des gens de son pays accès près de la reine, dont la cour était pleine d'Italiens et de Provençaux ; il plut à cette princesse, et il s'attacha à son service avec tant de dévouement, qu'il n'oublia rien pour la servir et pour la défendre contre le cardinal de Richelieu. On dit même qu'il le fit repentir (par ce qu'il écrivit contre lui) de n'avoir pas plus ménagé cette reine. Ce fut tête levée, à découvert et sans aucun ménagement, qu'il l'attaqua d'un style par lequel il signala son zèle pour la défense de sa maîtresse, et il fit paraître son courage en s'élevant contre un homme devant lequel tout le reste de la terre commençait à trembler.

Ce savant ne put pas être longtemps à Bruxelles sans s'informer de ceux de ce pays ; on lui nomma Jansénius, et on lui dit même à la cour que l'archevêque de Malines l'estimait fort. Il était alors appliqué à se montrer pour s'y faire connaître ; car on lui avait mis dans l'esprit qu'il fallait s'aider pour parvenir à quelque chose. L'abbé de Saint-Germain voulut le voir et le connaître ; ils eurent de longs entretiens ensemble ; ils se virent non-seulement au cabinet, mais à la table où la liberté de parler est plus grande par la familiarité et la franchise que donne la chaleur du banquet, et il le trouva partout également vain, plein de lui-même, présomptueux, n'approuvant rien, blâmant tout; ce qui lui donna de la curiosité de le faire parler et de l'écouter pour le connaître à fond. Aussi ses visites furent plus fréquentes et ses entretiens plus longs. Enfin, l'abbé de Saint-Germain trouva un homme d'un caractère peu solide, qui pensait à introduire des nouveautés dans la religion, et à faire changer d'opinion toute la terre. Jansénius lui fit part de ses projets, mais il ne lui en parla toutefois qu'en général; il en dit assez néanmoins pour faire connaître la disposition de son cœur, qui parut encore plus vicieuse à l'abbé que celle de son esprit; ce fut le jugement qu'il en fit alors et qu'il confirma dans la suite, comme il me l'a dit souvent lui-même, lorsque, après la mort de Marie de Médicis, il revint en France et s'établit aux Incurables, dans le faubourg Saint-Germain, où j'allais le voir et où il mourut.

Environ le temps que la reine mère s'établissait à Bruxelles, pour y chercher la paix, qu'elle n'avait pu trouver en France, et que l'abbé de Mourgues était à sa suite, une espèce de ces dévotes de profession qui courent le monde pour faire fortune s'y vint retirer dans l'espérance de se fourrer à la cour, où elle avait de quoi se faire valoir par elle-même et par une pauvre fille assez jeune et assez belle qu'elle avait. Cette femme s'appelait la Durand; elle était de Graï, petite ville de la Franche-Comté; son mari était un tapissier qui, par la méchante conduite de ses affaires, avait fait banqueroute plusieurs fois, et avait disparu pour se sauver des recherches de la justice; et après avoir bien couru, il mourut enfin, laissant sa femme chargée de grandes dettes avec trois enfants. L'impossibilité où elle se trouva d'y pouvoir satisfaire et l'état malheureux de sa fortune lui firent prendre la résolution de venir chercher à subsister à Bruxelles, par le moyen d'un père de l'Oratoire, nommé Carré, qui avait été son directeur, et qui était venu prendre la place du père Bourgoin, alors de retour en France, pour y gouverner cette congrégation. Ce père la fit connaître à Jansénius, son ami, et la lui recommanda pour lui procurer les secours dont elle avait besoin.

Jansénius et lui commencèrent à faire valoir la dévote, à prôner sa vertu dans la ville, et à la faire passer auprès de celles qui en faisaient profession pour une espèce de béate qui avait connaissance des voies de Dieu. Elle, qui ne parlait pas mal, soutenait cette réputation qu'on lui donnait par un jargon de spiritualité à quoi elle s'était exercée. On la présenta à la duchesse de Barlemont, une des plus illustres de cette cour, à qui l'on en dit et l'on fit accroire ce qu'on voulut. Toutes les dames eurent la curiosité de la voir, produite qu'elle fut avec tant d'ostentation par deux personnes d'une autorité à en faire croire plus de bien encore qu'il n'y en avait. Les aumônes succédèrent aux visites qu'on lui fit, car on ne manqua pas de la faire passer pour une personne aussi pauvre qu'elle était vertueuse. Les contributions ne répondirent pas mal à la bonne opinion qu'on avait donnée d'elle ; mais la mère en employait follement la meilleure partie à parer sa fille, et à satisfaire sa vanité pour la produire dans les compagnies avec tout le luxe que l'amour du monde a coutume d'inspirer aux jeunes personnes. Cette conduite donna mauvaise opinion de l'une et de l'autre, et la fille de la dévote passa bientôt dans la ville pour une coquette. L'attachement qu'avait Jansénius à cette femme et l'assiduité qu'il lui rendait par ses visites lui donna un ridicule dans Bruxelles qui lui fit grand tort ; on ne croyait pas ce docteur de l'Université si susceptible de ces impressions-là, dont on le soupçonna fort ou du moins de perdre bien du temps auprès de ces femmes, ce qui faisait parler le monde : on disait qu'il badinait souvent avec la fille après avoir parlé de dévotion avec la mère. Cela n'alla point toutefois au scandale, de la manière dont m'en parla l'abbé de Mourgues, mais à une espèce d'amusement qui marquait un esprit peu solide. Il se trouva même que la mère par sa méchante conduite donna lieu à d'étranges soupçons, qu'elle passa par la ville pour une empoisonneuse et la fille pour une prostituée, dont le commerce était dangereux à la jeunesse. Ce fut cette Durand, coureuse de profession, avec sa fille nommée Suzanne, qui firent la liaison de Jansénius et du père Carré, lequel devint depuis si grand sectateur de l'opinion nouvelle, et un des plus dévoués au parti, comme il parut quelque temps après, par l'empressement qu'il eut de gagner Marguerite de Lorraine, sœur du duc, et qui depuis épousa le duc d'Orléans. Cette princesse, étant venue à Bruxelles, avait en sa cour une demoiselle du caractère de la Durand, et son amie intime, nommée Lahaye, dont le père Carré voulut se servir, parce qu'elle avait du pouvoir sur sa maîtresse, pour la prévenir en faveur de la nouvelle doctrine; mais cette princesse avait alors pour confesseur un cordelier, nommé frère Didier, habile théologien, qui la préserva de ce poison par sa vigilance. Lahaye fut chassée, et reçue à Port-Royal de Paris à la recommandation du père Carré, dont le nom devint depuis encore plus considérable.

La seconde affaire qu'eut alors Jansénius, comme me l'apprit l'abbé de Saint-Germain, fit moins de bruit, mais l'embarrassa davantage par ses conséquences. Ce docteur, depuis qu'on lui eut dit qu'il avait du mérite, s'était mis dans la tête de s'avancer; il avait des amis, il avait de l'industrie, et par-dessus tout bien de l'ambition qui le tenait attentif à toutes les nouvelles qui venaient de quelque poste vacant. La mort de Jean Malderus, évêque d'Anvers, homme célèbre et d'une capacité reconnue dans le pays, réveilla son attention pour l'obliger à employer ses amis à la sollicitation d'une place qui était à sa bienséance autant que celle-là. Il y vit d'abord de grandes difficultés, parce que François de Moncada, marquis d'Agetone, qui était alors gouverneur des Pays-Bas, était gouverné lui-même par les jésuites, de qui il n'avait rien à espérer et tout à craindre après les deux voyages qu'il avait faits en Espagne pour les détruire; mais il crut pouvoir surmonter cet obstacle par ses amis qui étaient puissants, car l'archevêque de Malines et le président Rose et d'autres personnes considérables s'intéressaient à son élévation. En effet, l'archevêque fut le premier à chercher les moyens de les rendre favorables; il leur fit faire de grandes avances d'honnêteté, en les faisant prier de ne point s'opposer aux grâces que le roi voudrait faire à son ami, ajoutant qu'il était prêt de se rendre responsable de sa conduite auprès de la société et de ses sentiments sur la religion; qu'il le connaissait à fond, que c'était un bon sujet capable de rendre de grands services à l'Église, et qu'il serait sa caution. Cela fut accompagné de toute la chaleur dont était capable un si puissant médiateur. Les jésuites répondirent que quoiqu'ils n'eussent pas sujet de se fier à un homme si animé depuis si longtemps contre leur Compagnie, et qui leur avait déjà donné tant de marques de son aversion, ils le serviraient pourtant de leur crédit auprès du gouverneur; ce qu'ils firent comme ils l'avaient promis.

Ainsi le docteur, sûr qu'il était de ses amis et de ceux qui ne l'étaient pas, et satisfait de son intrigue, qui prenait un assez bon tour dans l'affaire qu'il menait, ne doutait presque pas du succès, voyant si peu de concurrents paraître sur les rangs, qui pussent lui disputer ce poste. Mais le courrier d'Espagne en décida autrement. Un docteur de Douai, nommé Gaspar Nenius, homme d'une grande réputation pour la vertu et pour la capacité, sans sollicitation ni intrigue aucune, fut nommé par Philippe IV à cet évêché, avec une approbation générale de tout le pays, qui connaissait son mérite. Outre les grandes raisons de préférence qu'avait ce docteur de Douai sur le docteur de Louvain, il y avait des raisons d'exclusion pour Jansénius, qui se trouva chargé de soupçons fâcheux sur les mémoires de l'infante Isabelle Eugénie, qu'elle avait envoyés en Espagne pour l'instruction du conseil quelque temps avant de mourir. Et voici en quoi sa fidélité devint suspecte.

Dans le temps que les Hollandais prirent Utrecht, Bois-le-Duc et quelques autres places qui semblaient être comme une barrière nécessaire à la sûreté du pays, l'alarme fut si grande à Bruxelles que la plupart des personnes les plus importantes qui avaient de grands établissements eurent des conférences secrètes pour délibérer des sûretés qu'il y avait à prendre dans la présente conjoncture des affaires, et voir si une bonne paix avec la Hollande ne serait pas plus à souhaiter que la continuation d'une guerre où il y avait tout à risquer. Jansénius même, dont on vantait la capacité, fut consulté sur cet article, pour savoir à quoi obligeait la conscience dans la situation où étaient les affaires, et si on devait l'obéissance à un prince qui ne se trouvait plus en état de défendre le pays. On prétend que parmi différents raisonnements qui se firent sur un sujet si délicat, on proposa une paix avec les ordres confédérés de Hollande, pour vivre avec eux sur le plan de la république des Suisses, où les cantons vivaient en parfaite intelligence, quoique de différente religion; qu'il serait aisé d'établir sur ce modèle une espèce de gouvernement, en secouant le joug d'Espagne. On ajoutait même que Jansénius, mécontent du ministère, par les exclusions qu'on lui donnait dans ses prétentions aux dignités ecclésiastiques, était auteur de cet avis, et l'abbé de Mourgues, qui était alors sur les lieux, m'a assuré qu'il fut si imprudent, qu'il donna son sentiment par écrit, et que cet écrit fut trouvé dans la cassette du duc d'Aerschot, qui avait assisté à ses conférences, lorsqu'il eut ordre d'aller rendre compte en Espagne de sa conduite en cette occasion, et que Jansénius fut, sur ce billet, accusé de trahison. Mais comme l'archevêque de Malines fut nommé un des chefs du conseil de Brabant après la mort de l'infante, il fut servi si fidèlement par cet ami (qui avait du crédit auprès du marquis Dayetone, nouveau gouverneur du pays), qu'on jugea à propos de ne pas faire de bruit sur cette affaire, et de dissimuler le crime du docteur en considération de l'archevêque son ami, qui interposa tout son crédit pour le tirer d'un si mauvais pas.

Mais comme dans le conseil d'Espagne on avait pris de ce docteur une mauvaise impression, qui devait l'exclure des grâces où il aspirait, l'archevêque l'avertit en particulier, qu'après la faute qu'il avait faite, il n'y avait rien à espérer pour lui, s'il ne tâchait à la réparer par quelque service signalé; qu'ainsi il l'exhortait de penser sérieusement à donner bonne opinion de lui, afin que ses amis pussent le servir. Il lui fit comprendre aussi que le séjour qu'il avait fait en France, la liaison étroite qu'il avait avec certaines gens à Paris, avec lesquels il entretenait un commerce réglé, et toutes les intrigues secrètes qu'il avait avec les ennemis de l'Etat les plus déclarés, lui faisaient grand tort, ce qui était si vrai qu'il mandait lui-même à l'abbé de Saint-Cyran, le 16 décembre de l'année 1633 : « Qu'on travaillait, à ce qu'on dit, à le placer en quelque fonction semblable à celle de l'homme qui lui avait légué la Bible royale, mais qu'on lui avait prêté cette charité, qu'il était trop affectionné aux parents de Cellias [1]. »

On ne sait pas, après tout, sur quoi l'on se fondait pour lui reprocher d'être si fort affectionné aux Français, car, excepté l'abbé de Saint-Cyran et ses deux neveux de Barcos et Arquibel, il ne paraît avoir eu quelque commerce ou quelque liaison avec aucun de la nation ; au contraire, il avait un fond d'aversion pour tout ce qui était Français, et jamais peut-être personne n'a donné de plus grandes marques d'un cœur plus envenimé contre nous que ce docteur, en nous traitant de la nation la plus abominable qui soit au monde, sans parler de l'horrible animosité qu'il avait conçue contre la personne du cardinal de Richelieu ; car un certain Alpheton, né à Châlons, et qui fut rompu sur la roué à Metz, le 23 septembre de l'année 1633, le consultant si on pouvait en conscience se défaire de ce ministre, il répondit qu'on le pouvait, et ce ne fut que sur sa réponse que ce malheureux entreprit d'assassiner le cardinal avec deux scélérats comme lui. C'est ce que j'ai appris de l'abbé de Mourgues et que je n'avance que sur son témoignage, sans faire mention de cette résolution qu'il donna à Louvain sur les soldats français, qui avaient servi le prince d'Orange, au siège de Bois-le-Duc, auxquels il prétendait qu'il fallait refuser l'absolution, même à l'article de la mort. Enfin, pour ne point lui reprocher tout le mal qu'il a dit de nous et tous les outrages qu'il nous fit, on peut dire que jamais personne n'a signalé sa haine contre notre nation d'une manière plus atroce et plus outrageuse que ce docteur, dans le livre sanglant qu'il eut l'effronterie de faire contre nos rois et dont je ferai mention en sa place, afin de faire connaître quel était le fond de son cœur et à quel point il était aigri contre nous. Ce ne fut sans doute que pour attendre une occasion favorable et pour faire encore plus de fracas, par une si cruelle satire, qu'il différa de faire paraître son ouvrage jusqu'à la déclaration de la guerre avec l'Empereur et à la maison d'Autriche, qui ne se fit que l'année 1635.

[1] C'était de Saint-Cyran et de ses amis qu'il veut parler. On lui reprochait d'être trop affectionné à la France, comme le sieur de Préville remarque dans ses apostilles. Extrait, p. 124.

Pour l'abbé de Saint-Cyran, quoique l'affaire qu'il avait eue avec le père Joseph l'obligeât à plus de circonspection, il ne laissait pas de suivre de temps en temps le penchant naturel qu'il avait à dogmatiser et à débiter ses imaginations, lorsqu'il trouvait des gens disposés à l'écouter, comme il en trouvait toujours à Port-Royal : témoin cette religieuse qui lui écrivait le 26 mars de l'année 1632 de ce lieu-là. « Je vous supplie très-humblement, mon père, au nom de Dieu, faites-moi part de vos pensées pour ce qui regarde la révérence du saint Sacrement et l'esprit de saint Augustin, qui a été, à ce que nous voyons, fort inconnu, quoique plusieurs aient porté son nom. » C'est la mère Angélique qui lui écrit ainsi, et elle commence à lui parler des pensées qui commençaient à lui passer par l'esprit sur cet admirable ouvrage du *Chapelet du saint Sacrement*, à quoi il travaillait alors et qu'il désavoua depuis pour le faire passer dans le monde sous le nom de la mère Agnès. Quoiqu'il paraisse par ce billet que la mère Angélique le lui attribuait et l'en faisait auteur, comme le déclare le sieur de Préville dans son extrait [1], voici ce que la mère Angélique lui écrit du 18 septembre de la même année : « Nous avons une entière confiance à votre charité et une entière soumission à votre conduite ; quoi que ce soit que vous désiriez de nous, je ressens une obligation de m'y soumettre comme à Dieu même ; je vous confesse aussi, mon bon père, que je trouve la puissance de l'esprit de Dieu en vous, lequel m'assujettit sans me permettre de faire aucun retour ni de donner lieu à la moindre raison. »

C'est l'état où était alors l'abbé de Saint-Cyran à Port-Royal et l'empire qu'il y exerçait, d'où il paraît qu'il y faisait de grands progrès et qu'il y était tout à fait le maître, puisque la supérieure déclare qu'elle avait la même soumission pour lui qu'elle avait pour Dieu, et qu'il avait un si grand pouvoir sur elle qu'elle n'écoutait plus ni ses réflexions ni sa raison dès qu'il avait parlé, et il est important de marquer ces progrès, pour faire voir que ce ne fut que par degrés qu'il parvint à ce dernier comble de hardiesse, qui lui fit entreprendre cet ouvrage le plus injurieux qui ait jamais été conçu contre l'honneur du saint Sacrement

---

[1] Extrait de Préville, p. 79, Du progrès du jansénisme.

de l'autel, qu'il ne prétendait faire, à ce qu'il dit, que pour honorer davantage cet auguste mystère, tant l'esprit d'illusion le possédait déjà, ou plutôt tant la passion qu'il avait d'innover l'aveuglait.

Mais ce n'était pas seulement sur l'esprit de l'abbesse qu'il exerçait cet empire si absolu, c'était encore sur la plupart des autres religieuses de cette maison, comme il paraît par ces fragments de lettres qui nous sont restés dans l'extrait de son procès-verbal; car voici ce que la mère Agnès lui écrivait le 3 mars de l'année 1634 : « Ma sœur Marie Magdeleine, à qui vous avez fait trouver bon qu'elle ne communiât qu'à la Purification, a désiré que je vous mandasse sa disposition au regard de certains points, auxquels elle vous supplie et moi avec elle de répondre. Elle dit donc, en premier lieu, que depuis qu'il vous a plu de l'instruire pour fréquenter la confession dans l'esprit de l'Église, elle a tâché de se confesser plus à Dieu qu'aux hommes, mais qu'à présent elle se trouve dans une extrémité toute contrainte, car elle dit qu'elle n'approche point de la confession qu'avec tremblement et effroi, pour la crainte qu'elle a de manquer à la nécessaire disposition. Mais quelque diligence qu'elle y fasse, il lui semble qu'elle ne reconnaît jamais en elle le regret d'avoir offensé Dieu, mais bien le désir de le vouloir... Ce qui fait que quelquefois, après s'être confessée, elle sort du confessionnal ne pouvant permettre qu'on lui donne l'absolution, et s'en va contre la volonté du confesseur pour demander à Dieu la contrition. »

La même mère Agnès écrivait encore à cet abbé, le 12 juin de cette même année, au sujet d'une autre religieuse de Port-Royal: « Je pense, mon père, qu'il ne faut pas que cette personne communie au jubilé; ce sera quand Dieu voudra, qui lui manifestera par votre moyen; cela est très-vrai que ce n'est pas par l'usage des choses saintes que l'âme l'est davantage, si elle n'a la vraie charité; il me semble que Dieu donne à cette âme l'assujettissement à votre conduite. Je l'estime extrêmement heureuse de vous avoir rencontré, et moi encore plus, car je vois tout le monde, même ceux qui sont à Dieu, si éloignés de la vraie voie, comme vous me le mandez. » Cette soumission si parfaite que trouva ce nouveau directeur dans la plupart des esprits de Port-Royal, acheva tellement de le gâter par la bonne opinion qu'elle lui donna de ses visions, qu'il commença à les débiter sans se ménager et sans se contraindre ; mais rien ne fut comparable à celles qui lui passèrent alors par la tête sur le saint Sacrement de l'autel, et pour la nouveauté du dessein et pour l'extravagance des pensées. Il fit le projet d'un ouvrage, qui était une espèce de censure de la bonté de Dieu en ce sacrement, qu'il s'efforçait de faire passer pour terrible, quoique ce soit la marque la plus éclatante de son amour envers les hommes ; car c'est ainsi qu'en parle saint Jean dans son Évangile en décrivant l'institution de ce sacré mystère. Le but de l'abbé de Saint-Cyran était d'éloigner les hommes de la fréquentation de ce sacrement par les idées redoutables qu'il en donnait. Le détail de cet ouvrage est un arrangement d'attributs que l'auteur y donne à Jésus-Christ, pour lui faire un caractère tout à fait opposé à celui qu'il s'y donne lui-même, dans un mystère qui est le chef-d'œuvre de l'amour divin.

Comme, par exemple, le premier attribut qu'il y donne à Notre-Seigneur est la *sainteté*, pour l'obliger à se renfermer dans lui-même, qui est entièrement pur et saint, et pour le détourner du commerce des créatures qui ne sont qu'impureté, ordure et péché ; de sorte que, même dans l'état de grâce, il n'y a rien en nous qui soit digne de la sainteté de Dieu ; de façon qu'il prétend que dans la pratique de cette dévotion affreuse qu'il enseigne, nous devrions dire ce que saint Pierre disait à Jésus-Christ : « Retirez-vous de nous, Seigneur, car nous sommes pécheurs. » Le deuxième attribut que cet auteur donne à Jésus-Christ au saint Sacrement de l'autel est la *vérité*, dont il fait un galimatias spirituel, dans cet air et le caractère qu'on sait qu'il a et qu'on lui connaît. Ainsi je ne m'arrête pas même à en chercher l'explication, car je n'en trouve point, et quelque tour qu'on y puisse donner, on n'y voit point de sens. Le troisième attribut est la *liberté*, qui consiste, à ce qu'il prétend, dans un plein pouvoir qu'il donne à Jésus-Christ d'agir indépendamment des règles que lui impose sa miséricorde, et que l'homme renonce à tous les mouvements de bonté qu'il peut avoir à son égard. Le quatrième est l'*existence*, le cinquième la *suffisance*, le sixième le *satiété*, le septième la *plénitude*, qui, dans un sens le plus alambiqué du monde, ne signifie rien autre chose dans la pensée de l'auteur sinon que Jésus-Christ, qui ne cherche qu'à se communiquer en ce sacrement ne s'y communique plus; que tout ce qu'il possède n'est que pour lui; qu'il garde tous ses trésors sans en faire part aux hommes; que tout s'y passe pour sa propre gloire; qu'il ne se donne qu'à lui-même, et qu'il n'a rien de commun avec la créature. Le huitième est une espèce d'*éminence*, qui ne sert à Jésus-Christ que pour faire sentir à l'homme sa bassesse, par l'établissement de sa grandeur, qui le sépare de tout ce qui n'est pas Dieu. Le neuvième est une manière de *possession*, qui veut dire une exclusion de toute communication, Jésus-Christ devant se posséder sans se donner au dehors. Le dixième est un *règne*, qui ne soit que pour lui, sans penser aux créatures, qu'il ne doit regarder que comme des néants. Les autres sont : l'*inaccessibilité*, l'*incompréhensibilité*, l'*indépendance*, l'*incommunicabilité*, l'*illimitation*, l'*inapplication;* tous termes nouveaux, presque d'aucun usage dans la vie spirituelle, si ce n'est que l'auteur les avait inventés pour raffiner encore plus ses pensées, et pour donner à sa nouvelle dévotion un air plus mystérieux par des paroles si obscures et si extraordinaires. Je ne m'arrêterai point à chercher le sens de ces derniers attributs, qui est presque le même que celui des premiers, où l'auteur a prétendu rendre ce sacrement inaccessible aux hommes, en leur faisant souhaiter de n'en avoir aucune communication. C'est ce qu'il signifie par ces grands mots d'*inaccessibilité*, d'*incompréhensibilité*, d'*incommutabilité*, et les autres, dont il ne se sert que pour éloigner de nous Jésus-Christ, pour le dépouiller de tous les traits de sa bonté, et nous faire en quelque façon renoncer à ses miséricordes, afin de ne pas avilir, pour ainsi dire, la majesté de Dieu, qui s'abaisserait dans des communications disproportionnées à son infinie capacité.

Voilà où la bizarrerie de la fausse dévotion avait porté l'extravagance de ses visions; et en vérité, à moins d'être possédé d'un esprit d'illusion des plus égarés, on n'est pas capable d'imaginer rien de si abominable. Mais l'abbé de Saint-Cyran n'était pas tout à fait si dépourvu de sens, qu'il ne prévît le fracas que ferait une entreprise si folle. Ce fut aussi ce qui l'obligea en donnant à ses dévotes de Port-Royal les plus affidées cet ouvrage (qu'il appela le *Chapelet du saint Sacrement*, à cause de l'arrangement qu'il avait donné à ces différents attributs) de les obliger au secret. Mais ces filles, qui trouvèrent d'abord cela si admirable, parce qu'elles n'y entendaient rien, en firent des copies, qui commencèrent à se multiplier au dedans et puis à se répandre au dehors. Les exemplaires ne purent en paraître dans le public sans faire du bruit et l'abbé, qui n'en doutait pas (pour se ménager et détourner l'orage de dessus sa tête), fit dire dans le monde que c'était la mère Agnès Arnauld qui avait imaginé cette dévotion pour voir de quelle manière elle serait reçue.

Mais l'écrit parut si abominable, tellement opposé au véritable esprit de l'Église et même si capable de détruire dans le peuple la dévotion au saint Sacrement, qu'on le porta en Sorbonne pour l'y examiner. Il fut mis entre les mains d'André du Val, de François Hallier, de Pierre Le Clerc, professeurs de théologie, de Jacques Charton, grand pénitencier de Notre-Dame, de Nicolas Carnet, grand maître de Navarre, bachelier, de Martin Morel, tous docteurs de la faculté, qui, après l'avoir examiné, en portèrent ce jugement :

« Nous, docteurs en théologie de la faculté de Paris, certifions avoir lu le livre qui porte pour titre : le *Chapelet secret du très-saint Sacrement*, que nous avons trouvé contenir plusieurs extravagances, impertinences, erreurs, blasphèmes et impiétés, qui tendent à détourner les âmes de la pratique des vertus de la foi, espérance, charité ; à détruire la façon de prier instituée par Jésus-Christ et introduire des opinions contraires aux effets d'amour que Dieu a témoigné pour nous, et nommément au sacrement de la sainte Eucharistie et au mystère de l'Incarnation ; l'avons jugé périlleux, de dangereuse conséquence, digne d'être supprimé et défendu. En témoignage de quoi nous avons signé la présente à Paris, au collége de Sorbonne, 18 juin 1633. »

L'intérêt que prit l'abbé de Saint-Cyran en cet ouvrage par la réponse qu'il fit à la censure empêcha qu'on ne doutât qu'il n'en fût l'auteur, car c'était son style, son esprit, sa doctrine, et l'on sait que la mère Angélique, comme nous l'avons déjà remarqué, lui avait demandé ses pensées sur le saint Sacrement par un billet du 26 mars 1632. Mais pour s'en persuader tout à fait on n'a qu'à voir un écrit qui parut l'année 1635, sous le titre de *Discussion sommaire d'un livret intitulé : le chapelet secret du très-saint Sacrement et de ce qui a été écrit pour en défendre la doctrine ;* on y verra que toute cette affaire n'a été qu'une intrigue toute pure de l'abbé de Saint-Cyran, qui pensait dès lors à ruiner la dévotion du très-saint Sacrement et les principaux mystères de notre foi; on découvrira aisément toutes les impiétés, les hérésies, les extravagances cachées dans ce chapelet mystérieux et dans les apologies qu'on a faites pour le défendre, et l'on reconnaîtra que ce sont presque les mêmes principes que ceux qu'on a voulu établir depuis dans le livre *De la fréquente communion* et dans plusieurs autres ouvrages qui sont sortis de Port-Royal, mais surtout des *Lettres spirituelles*, de la *Théologie familière*, de l'*Explication de nos principaux mystères*, et d'autres petits ouvrages du même abbé, qui sont entre les mains de tout le monde.

L'idée d'une si bizarre dévotion, qui, dans les règles, devait perdre cet abbé, l'établit plus que jamais à Port-Royal, où la plupart des religieuses ayant de l'esprit étaient charmées de ce nouvel ouvrage, et la bonne opinion qu'elles avaient conçue pour celui qui en était l'auteur augmenta de la moitié dès qu'elles le virent exposé à la censure, qui passa dans leur esprit pour une espèce de persécution Ce fut aussi par là que l'abbé de Saint-Cyran leur devint encore plus estimable. Elles crurent même qu'il y avait dans son écrit l'air d'une dévotion trop sublime pour être comprise de tout le monde, et qu'on ne la censurait que parce qu'on ne la comprenait pas. Enfin ce mystérieux chapelet fit tant d'honneur à l'abbé auprès de la plupart des religieuses de Port-Royal, qu'on commença à y vivre depuis selon ses maximes, c'est-à-dire à y regarder le saint Sacrement de l'autel avec plus de crainte que d'amour et n'oser s'en approcher qu'avec frayeur ; à passer des années entières et quelquefois davantage sans communier et à s'éloigner insensiblement des autels, devenus terribles et redoutables par la nouvelle dévotion de cet abbé. Ce fut là l'esprit qui régna le plus dans le Port-Royal, depuis que cet ouvrage y parut, par l'épouvantable illusion dont furent possédées les deux mères Arnauld, qui s'entêtèrent tellement du mérite de l'auteur de cette abominable dévotion, qu'on ne regarda plus en cette maison l'éloignement et la privation des sacrements que comme ce qu'il y avait de plus relevé et de plus sublime dans les voies de la perfection, ce qui ne paraît que trop dans les fragments de lettres de la plupart de ces filles et d'autres personnes qui avaient été séduites par cet abbé.

Voici ce que la sœur Jeanne de Saint-Joseph de Port-Royal écrivait à Saint-Cyran le 8 novembre de l'année 1633 : « Je n'ai jamais rien vu de si admirable que l'explication des principaux points de notre foi, qui se trouve en ce que vous nous avez envoyé d'une manière claire et intelligible[1]. » Sœur Marguerite de la Trinité lui écrivait aussi environ le même temps (13 juin)[2] ; « Il y a déjà assez longtemps que toutes les fois qu'il me faut communier je me trouve dans une si grande peine que je ne vous la puis exprimer, particulièrement depuis votre dernier sermon. Pour vous dire le sujet de cette peine, c'est que je suis fort en doute d'avoir fait une pénitence que vous dites de la manière qu'elle devait être faite pour se mettre en disposition de recevoir le recouvrement de la grâce perdue. » Dans une lettre sans date la mère Agnès de Saint-Paul assure : « qu'elle pense avoir le cœur endurci, n'ayant aucun sentiment de contrition ni d'humiliation de se voir privée des sacrements et qu'elle passerait bien sa vie comme cela sans s'en mettre en peine. » Elle ajoute à la fin : « Nous sommes au temps de la confession de nos petites filles ; il m'est souvenu d'un bon prêtre de Saint-Paul que vous avez dit qu'il confesse comme en l'ancienne Église. Je ne sais si nous le pourrions avoir pour elles et pour quelques sœurs, car pour le père supérieur de la doctrine chrétienne je crois que la méthode est celle du temps et que

---

[1] C'est du *Chapelet du saint Sacrement* qu'elle parle.
[2] L'année n'est pas indiquée.

ces enfants ne profiteront pas plus avec lui qu'avec un autre. Si la fête de Pâques ne les obligeait point, nous les ferions volontiers attendre jusques au mois prochain, que M. Féron sera en cette ville ; il y en a qui ne se sont point confessées depuis quinze mois. » Dans une autre lettre du 7 mai 1638 : « Mon esprit se perd dans la proposition que vous m'avez faite de communier ; ce mystère, par la privation que j'en ai portée, m'est devenu terrible et je ne puis comprendre que je sois rappelée à cette divine communication. Je vous supplie très-humblement, mon père, de me laisser dans la pénitence jusques au jour de l'Assomption ; s'il vous plaît de m'accorder ce délai, j'espère que Dieu me fera la grâce d'en mieux user. Je ne sors point de la joie et de l'admiration de la grâce que nous possédons par-dessus le commun du monde, d'en reconnaître la nécessité par la lumière que vous nous en donnez. » C'est ainsi qu'on ne respirait alors à Port-Royal que la privation des sacrements par les beaux principes qu'y donnait ce directeur, comme il paraît par ce billet du 12 juin 1634, que j'ai déjà cité : « Je pense qu'il ne faut point que cette personne communie au Jubilé ; ce sera quand Dieu voudra, qui lui manifestera par votre moyen, etc... » Je ne finirais pas si je disais tout ce qui se trouve dans l'information du procès sur cet éloignement de la communion.

Telle est la conduite qu'on tenait à Port-Royal, car l'abbé s'était tellement rendu maître des esprits que presque toute la maison s'était soumise à ses maximes ; aussi ne ménageait-il plus rien et ce fut là proprement le temps de la ruine de cette maison ; où il régnait avec un souverain empire, par la licence qu'il s'était donnée de tout oser, n'ayant presque plus personne qui l'observât et s'opposât à ses entreprises ; car l'évêque de Langres, qui s'était un peu rebuté de ses manières et le laissait faire une partie de ce qu'il voulait pour le bien de la paix, commençait à craindre l'humeur violente de l'abbé de Saint-Cyran, et ce ne fut pas sans fondement, car il fut bientôt maltraité du parti. Il faut avouer aussi que le soin que prit cet abbé de faire passer son *Chapelet secret* sous le nom de la mère Agnès Arnauld, et d'en excuser les expressions ou trop dures ou trop hardies par l'ignorance prétendue d'une fille qui n'avait aucune teinture de la théologie, ne lui servit pas peu pour se mettre à couvert de l'orage qui se forma contre cet écrit, car outre qu'on ne pouvait le convaincre d'en être l'auteur, une manière d'écrire si nouvelle avait plus l'air d'une fille séduite, qui, suivant le mouvement de sa curiosité, s'était perdue dans ses idées, que d'un théologien. Ce fut en partie cette vraisemblance qui détourna un peu les soupçons de la plupart des gens sur Saint-Cyran, lequel eut l'adresse de se sauver par là des poursuites et des procédures qu'on aurait faites contre lui.

Il est vrai aussi que l'*Aurélius* dont nous avons déjà parlé, qui commençait à paraître depuis quelque temps, occupait alors si fort les esprits des savants par le bruit des nouveautés dont il était plein, qu'on n'eut pas le temps de penser à celle du *Chapelet*. Ce fameux livre de la *Hiérarchie ecclésiastique* que Saint-Cyran avait entrepris sous le prétexte de défendre le clergé de France à l'occasion des disputes d'Angleterre, et en effet pour perdre les jésuites, fut imprimé chez Charles Morel l'année 1632. Rien ne paraissait de plus beau ni de plus spécieux que le dessein de cet ouvrage ; mais l'affaire de l'église d'Angleterre, qu'on avait portée à Rome pour avoir le sentiment du Saint-Siége avait été tellement éclaircie par les soins d'Urbain VIII, que ce Pape avait jugé à propos qu'on ne touchât plus à cette matière et avait défendu par un bref exprès de traiter ce sujet. Cependant l'abbé de Saint-Cyran entreprit de le faire, et le fit en effet d'une manière qui semblait être plutôt une satire de la hiérarchie ecclésiastique qu'une apologie. Mais pour bien examiner cet ouvrage dans les formes, il faut supposer que c'est une grande machine pour ériger le jansénisme sur les ruines de la société. En voici l'histoire en peu de mots telle que je l'ai apprise d'un de ceux qui eurent communication du secret.

Il y avait déjà longtemps que l'abbé de Saint-Cyran préparait des mémoires pour travailler à la réforme de la religion dans la discipline ecclésiastique, comme le faisait Jansénius pour la doctrine. Il avait ramassé tout ce que l'archevêque de Spalatro, Marc-Antonie de Dominis, en avait écrit ; il avait profité de tout ce que les hérétiques modernes avaient dit de favorable à son sujet ; Jansénius lui avait envoyé toutes les ordures qu'il avait pu trouver dans les livres que les protestants de Hollande et d'Angleterre avaient donnés au public contre les jésuites, et il commença à faire un corps de discours sur de si bons mémoires, qu'il arrangeait à sa manière, et qu'il donnait à son neveu Barcos pour les mettre en latin. C'était un père de l'Oratoire, nommé Prévost (depuis théologal de Dôle), dont se servait Jansénius pour faire tenir à l'abbé plus sûrement ces rapsodies, auxquelles les hérétiques ou les partisans de l'évêque de Chalcédoine donnaient cours dans les Pays-Bas contre les jésuites. Après avoir passé par les mains du neveu où l'ouvrage commençait à prendre sa première forme, on le donnait à polir à un certain apostat de la Compagnie, nommé Cordier, grand ennemi des jésuites, qui y répandait de son fonds le poison contre ces pères, dont il prétendait avoir été maltraité, et de là on portait l'ouvrage à un appelé Aubert, principal du collége d'Autun, dont se servait aussi Jansénius pour adresser à Saint-Cyran les paquets d'importance desquels il parle en ses lettres. Cet Aubert était un homme de petit génie, propre à briller dans une université, ayant toutes les qualités requises pour un pédant qui cherche à se distinguer. Il savait un peu de grec, mais toutefois pas assez pour entreprendre de lui seul la traduction de S. Cyrille qu'il fit imprimer, secondé d'un Grec qui était alors à Paris et dont il se servit; il savait le latin plus que n'en savent les gens de l'Université, qui ne sont que du commun, et c'était lui qui mettait à cet ouvrage ce qu'il y avait de plus poli, car il avait passé sa vie à arranger des phrases et à s'exercer au style, où il ne s'était que médiocrement perfectionné, et c'était lui qui portait les cahiers de l'*Aurélius* à Filzac, docteur de Sorbonne, grand brouillon, qui était de tous les méchants partis, et ce docteur les portait à l'imprimeur, et prenait soin de l'impression. C'est d'Antoine Vitré, mon ami, qui fit l'édition in-folio ordonnée par le clergé et qui avait part à tout ce secret que je sus ce détail.

On affecta d'abord un grand secret, parce que Saint-Cyran ne crut pas devoir se déclarer ouvertement dans un ouvrage qu'il n'entreprenait que pour ruiner les jésuites; il eut encore assez de conscience pour ne pas scandaliser le public en mettant son nom à la tête d'une satire si outrageuse contre des gens qui ne lui avaient fait que du bien, et c'était un peu pour sauver son honneur qu'il se cachait; car son dessein n'aurait pas été approuvé de tout le monde, s'il eût osé se montrer. Ce n'est pas qu'aucun de ceux qui le connaissaient et qui savaient ses sentiments en matière de religion, et l'animosité qu'il avait conçue contre les jésuites, ne doutât qu'il n'en fût l'auteur, quelque déguisement qu'on y apportât; ce n'était toutefois pendant son vivant que parmi ses amis que ce secret fut connu. Ses disciples faisaient gloire entre eux de cet ouvrage comme d'un chef-d'œuvre; sorti des mains de leur maître mais croyant après sa mort tirer un grand avantage pour l'établissement de leur doctrine et pour l'appui de leur faction de le déclarer publiquement auteur de ce livre (persuadés qu'ils étaient que ce serait le moyen d'engager les évêques de France à les prendre en leur protection), ils le firent avec tant de hauteur, qu'ils le publièrent presque dans tous les livres qu'ils firent imprimer après pour l'établissement de leur réforme; ils publièrent partout en termes pleins d'ostentation que c'était l'abbé de Saint-Cyran qui était cet illustre défenseur de la hiérarchie, et que sa main avait fait cet ouvrage incomparable, qu'ils faisaient passer pour le chef-d'œuvre du siècle et le prodige de nos jours. Ce fut à peu près comme en parla celui qui se nommait le dépositaire de ses secrets, Arnauld d'Andilly, en l'épître qu'il adressa à MM. les évêques pour leur dédier les *Lettres chrétiennes et spirituelles de l'abbé de Saint-Cyran.* Car faisant un long dénombrement des services insignes de ce grand hiérarque envers la hiérarchie, il vanta surtout le travail d'*Aurélius* comme l'un des plus signalés de ces derniers temps. Il ajoutait que plusieurs évêques avaient cru que leur ordre si auguste par sa dignité et par ses fonctions lui avait des obligations immortelles, quoiqu'on n'eût jamais pu tirer de sa bouche une confession qui lui aurait été si glorieuse.

Après tout, ces marques éclatantes de la reconnaissance de ces prélats pour un si bel ouvrage (que d'Andilly vante si fort) ne consistaient que dans une pension que deux ou trois particuliers du clergé, en haine des jésuites, faisaient espérer à Saint-

Cyran, s'il se voulait déclarer pour auteur du livre d'*Aurélius*[1]. On pourrait ajouter à ce témoignage de d'Andilly sur l'auteur de l'*Aurélius* celui de l'apologiste de Jansénius, qui en parle en sa première apologie[2], et qui déclare ouvertement que c'est le grand ami de Jansénius, connu partout pour l'abbé de Saint-Cyran, qui a écrit l'ouvrage de la hiérarchie sous le masque d'*Aurélius*. Ce livre enfin fut si vanté par les plus importants de la cabale, et on mit en usage tant d'artifices pour le faire valoir, que quelques évêques, qui avaient commencé à se rendre favorables au parti, entreprirent de le prôner encore davantage dans l'assemblée du clergé de l'année 1641 qui se tint à Mantes, et il y en eut qui proposèrent de faire imprimer ce livre encore mieux qu'il ne l'était aux dépens du clergé. Ce fut l'évêque d'Orléans, déclaré depuis longtemps contre les jésuites, qui, en ayant écrit avec assez de chaleur à l'évêque de Bazas, présent à l'assemblée, obtint enfin qu'il en ferait la proposition, quoique la plupart des autres prélats n'y prissent aucune part. Car voici ce qu'en dit l'évêque de Vabres en sa *Défense de la foi de l'Église*[3], et dont le témoignage, étant entièrement désintéressé, ne peut être suspect. « *Aurélius*, dit-il, a été imprimé aux dépens de neuf mille livres du clergé, non pas par l'avis du clergé, mais par la surprise qui lui a été faite par quelques personnes auxquelles le clergé n'en est pas fort redevable. » Ce livre ne put pas être approuvé du clergé éminent en sainteté et en suffisance, comme monseigneur de La Rochefoucauld et monseigneur l'évêque de Senlis, sur quoi le roi l'a fait condamner et fit confisquer les exemplaires. Le savant de Marca, nommé alors à l'évêché de Conserans, un des plus judicieux critiques de ce siècle, condamna hautement ce livre dans son admirable traité *De primatu lugdunensi*; mais on verra encore mieux dans la doctrine de ce livre le jugement qu'il en faut faire.

Le véritable fond de cet ouvrage était de réformer la discipline

---

[1] On sait que le docteur Hallier fit un ouvrage sur la hiérarchie, qui fut depuis conservé à Rome, et reçut une pension semblable.
[3] Page 23, I. Apol.
[2] I part., p. 44.

de l'Église romaine en plusieurs chefs, et principalement dans l'usage des sacrements, qu'il attaquait indirectement ; et comme il fallait donner de la couleur à un si pernicieux dessein, il prit pour prétexte la défense de la hiérarchie ecclésiastique, ou la défense du clergé de France, et l'affaire de l'Église d'Angleterre suscitée par l'évêque de Chalcédoine en fut l'occasion. A la vérité, l'entreprise était hardie pour un particulier, de penser à réformer la discipline de l'Église après ce que le concile de Trente, un des plus sages et des plus savants qui ait jamais été, venait de faire sur la fin du siècle précédent en cette matière, et ce dessein ne pouvait monter dans la tête d'un homme de ce caractère sans un orgueil de démon. Le prétexte prétendu dont il se servit n'était qu'un artifice ; car, dans le fond, il n'y eut jamais d'ouvrage plus contraire à la hiérarchie que celui-ci, qui renversait tous les principes de la hiérarchie, détruisait les maximes qui lui sont les plus essentielles, traitait l'état et le caractère épiscopal en général et quelques évêques en particulier d'une manière outrageuse ; il faisait la dignité de l'évêque égale à celle du Pape. Il prétendait, comme Antoine de Dominis, que l'état de l'Église n'est point monarchique, en quoi il justifiait les richeristes, grands ennemis du Saint-Siége et condamnés par le Pape. Il égalait les conciles provinciaux aux conciles généraux, et anéantissait par là l'autorité des derniers. Enfin, il renversait de son chef tout ce qu'il y avait de plus saint et de mieux établi dans l'ordre hiérarchique, comme il paraît dans les remarques que le père Pintereau a faites sur ce livre, dans l'extrait des erreurs et des hérésies dont il est rempli ; car il détruit l'ordre établi par l'Église dans l'usage des sacrements de la Pénitence et de l'Eucharistie pour en établir un autre ; il défigure la religion, et corrompt l'Écriture sainte ; il censure les Pères ; il maltraite les théologiens ; il déclame contre les casuistes ; il condamne les missionnaires et tous ceux qui fondent des missions ; il s'emporte contre les canonistes ; il offense un grand nombre de particuliers dont il n'a jamais été offensé. Enfin, il en veut à tout le monde, et n'épargne personne, ainsi qu'on peut voir dans la liste des fautes de cet ouvrage, imprimé à Lyon dans l'année 1656.

Et pour l'affaire d'Angleterre, qu'il combat d'un style si amer et si violent, où il s'agit de savoir si, dans une nécessité pressante, on peut se passer en une Église déjà établie du sacrement de confirmation, et dans les efforts que fait cet auteur pour prouver que cela est indispensable, il ne touche pas même le nœud de la difficulté. Car la question était si, dans une Église aussi persécutée qu'était celle d'Angleterre, qui n'avait aucune forme extérieure d'Église, où toutes les fonctions de la religion étaient défendues par les lois du pays, où l'on n'avait aucune liberté de paraître ce qu'on était sans choquer les ordres du prince, si, dis-je, on était obligé de faire une profession déclarée de la religion, en y faisant toutes les cérémonies les plus éclatantes, comme celle de la confirmation, sans rien ménager, car c'était la difficulté dont il s'agissait à quoi *Aurélius* ne touchait pas. Ainsi le livre qu'il écrivit pour répondre à ceux des catholiques d'Angleterre devenait inutile, n'allant nullement au but qu'il devait se proposer. Voilà en abrégé l'esprit de cet ouvrage si fameux, qu'on a voulu faire passer pour ce qui a paru de plus glorieux dans ce siècle à l'Église et au clergé de France, d'où l'on peut juger si c'est par un zèle ardent envers la hiérarchie, ou par une animosité enragée contre les jésuites, ou si c'est pour établir et défendre l'autorité épiscopale, ou bien pour jeter sous ce prétexte les fondements de son innovation, que l'abbé de Saint-Cyran l'a composé, et si l'on doit attribuer à une profonde humilité, comme fait d'Andilly par une ridicule flatterie, un ouvrage aussi rempli d'orgueil et de faste que mêlé de fiel et d'amertume.

Je ne m'arrêterai point ici à dire la manière offensante dont il parle de Suarez, de Vasquez, de Bellarmin, de Sanchez, qu'il traite tous d'ignorants avec une hauteur choquante. Je ne parlerai point du déchaînement presque perpétuel auquel il s'abandonne envers cette Compagnie. Je passerai sous silence l'emportement qu'il fait paraître contre le père Charles de Lorraine, voyant qu'au même temps qu'il commençait à travailler à son *Aurélius*, pour détruire les jésuites, ce prince, qui était alors évêque de Verdun, obtint permission du Pape de se dépouiller de toutes les grandeurs de sa maison, et de se défaire de son évêché, pour embrasser la pauvreté religieuse dans la Compagnie de Jésus. De sorte que ne pouvant souffrir l'éclat d'une action si glorieuse aux jésuites, pour en anéantir le mérite il eut l'effronterie d'écrire en son livre qu'il fallait que ce prince eût commis quelque grand crime pour embrasser une pénitence si extraordinaire. Je ne pourrais ajouter les outrages qu'il fait à la mémoire de ce saint homme, parce qu'il se fit jésuite, sans donner de l'indignation à tout le monde. Je n'exposerai point ce détail des injures ou plutôt des calomnies dont il a voulu flétrir l'honneur de la société, en se laissant emporter à son animosité pour la perdre, afin de m'attacher davantage à décrire l'indignité avec laquelle il traita le père Syrmond, le plus savant homme du siècle dans les matières de religion, et le plus digne de respect par la gloire où son rare mérite et sa grande réputation l'avaient élevé.

Ce père venait de donner au public les trois volumes de ses conciles, qui furent reçus avec une approbation universelle de tous les savants, auxquels sa critique parut si exacte en tous les points qu'il traitait, et ses notes si judicieuses, qu'elles passèrent depuis pour les lumières les plus sûres qu'on eût sur l'histoire ecclésiastique, dans les temps les plus obscurs et les moins connus de l'antiquité. Il y eut toutefois des gens qui trouvèrent à redire à ce qu'il avait observé dans le premier concile d'Orange sur l'usage de l'onction du sacrement de confirmation, qu'il prétendait n'être pas nécessaire[1]. Et Saint-Cyran, dans sa première édition d'*Aurélius*, avoua qu'il était surpris de ce que ce père avait corrigé cet endroit du canon de ce concile, sans rendre raison de sa correction; mais comme le père Syrmond n'était pas homme à avancer de son chef des choses de cette importance et que ce n'était point en l'air qu'il parlait, il écrivit une petite lettre pour justifier son sentiment et pour autoriser la correction qu'il venait de faire.

Saint-Cyran, qui avait entrepris de prouver la nécessité de la confirmation, pour répondre aux écrits des catholiques d'Angleterre et les réfuter, ne put souffrir cette critique du père Syrmond sans la combattre. Dans une réponse qu'il fit à cette lettre,

---

[1] Ex can, 1° prim. syn. arausic.

il l'accuse d'avoir corrompu le canon du concile; il prétend que le père Fronton, de sa Compagnie, grand observateur des anciens manuscrits qu'il avait examinés, n'est pas de son sentiment, et traite ce père avec aigreur, lui reprochant son erreur d'un air malhonnête. Le père Syrmond, qui n'était pas accoutumé à ces manières, fit une réponse fort vive à l'*Aurélius* qu'il appela Autrichien. Il rend raison encore plus amplement de sa critique, qu'il appuie du sentiment de savants et de manuscrits d'un caractère plus sûr que ceux qu'*Aurélius* alléguait, ce qui obligea l'auteur à se défendre encore par un autre écrit qu'il nomma *Anaréticus*, dans lequel il fit paraître bien plus de chaleur que dans sa première réponse, reprochant au père Syrmond un peu trop durement que le temps qu'il avait été obligé de donner à l'étude des belles-lettres pour les acquérir dans le degré de politesse où il était parvenu, lui avait bien dérobé de celui qu'il devait employer à s'instruire à fond de l'histoire ecclésiastique et de la doctrine des Pères et des conciles. Ce reproche si cruel à un homme d'un mérite aussi reconnu que le père Syrmond, joint à quelque chose encore de plus offensant, choqua si fort Morel, docteur de Sorbonne, et Hardiviliers, qui fut depuis archevêque de Bourges (auxquels on avait porté cet écrit pour avoir leur approbation, afin de l'imprimer), qu'ils refusèrent l'un et l'autre leur suffrage, à cause des injures contre ce père, si digne de respect par son grand mérite; cependant Filsac, célèbre dans la faculté par ses intrigues, et qui s'était chargé de l'impression de cet écrit, toujours prêt à se mêler de toutes les méchantes affaires, le fit approuver par Bocda, curé de Saint-André, mal affectionné aux jésuites, et par Flavigny, qui était une espèce d'étourdi et d'un caractère brouillon. Le père Syrmond, en ayant eu avis, fut en parler à son ami Pierre Séguier, qui venait d'être nommé garde des sceaux en la place du marquis de Châteauneuf disgracié. Les deux approbateurs furent cités au conseil, pour y rendre compte de leur procédé; ils eurent recours à Filsac qui les avait engagés; celui-ci était alors malade de la goutte; ainsi ne pouvant sortir, il écrivit une grande lettre de justification au cardinal de Richelieu, dont il était un peu connu, à cause de son esprit intrigant.

Sa lettre fut portée par Hallier et par Morel, ses amis. Le cardinal, informé du détail de cette affaire et de l'indignité avec laquelle on traitait le père Syrmond qu'il considérait fort, s'en plaignit, ajoutant que le nonce l'avait averti qu'il y avait des gens en leur corps mal affectionnés au Saint-Siége, qui débitaient des nouveautés. Ces deux docteurs avouèrent ingénument qu'il était vrai qu'un docteur de la faculté, nommé du Puy, curé de Sainte-Opportune, et un autre nommé Durand, curé de Saint-Hippolyte, s'étaient émancipés à prêcher des maximes peu conformes à l'esprit de la faculté, mais qu'en tout cas ce n'était que deux docteurs. Le cardinal, qui avait du zèle pour la religion, se mit en colère, et leur dit d'un ton menaçant : « Quoi! n'est-ce pas trop de deux hérétiques dans un corps qui doit être aussi saint que le vôtre! » et s'échauffant là-dessus, il leur déclara que si cela était il voudrait avoir autant dépensé à détruire la Sorbonne qu'il avait fait pour la bâtir, ajoutant que pour ce qui regardait le père Syrmond, il voulait qu'on lui fît satisfaction. Mais l'écrit étant imprimé et déjà répandu dans le public, tout ce qu'on put faire fut de lui demander pardon; ce qui se fit dans les formes par les deux approbateurs.

Mais le père Syrmond répondit à cet écrit d'une plus grande force qu'il n'avait fait au premier, confondit l'auteur de l'*Anaréticus* en bien des chefs, et lui marqua son ignorance et ses égarements. A la vérité, cet auteur était trop vain et trop plein de lui-même pour profiter de ces instructions; échauffé qu'il était dans une dispute où il s'agissait de son honneur, il tâcha de le mettre à couvert par une troisième réponse, qu'il appela *Orthodoxus*, où il ne faisait que redire ce qu'il avait déjà dit en ces deux premiers écrits, si ce n'est qu'il y ajoutait une critique encore plus faible. Ce titre, qui parut fastueux dans une dispute où celui qui était le moins orthodoxe eut la hardiesse de prendre un nom et de se donner une louange qui n'était due qu'à son adversaire, ne fut pas approuvé de tout le monde. Enfin les savants les plus raisonnables et les plus intelligents furent en ce différend pour le père Syrmond. Il parut une supériorité d'esprit, une justesse de critique, une science de l'antiquité, une politesse et une honnêteté si grandes en ce père, qui le plaçaient si au-dessus de son émule, qu'ils ne firent pas même de comparaison de l'un avec l'autre, et Filsac, qu'on crut avoir été un des fauteurs du latin d'*Aurélius*, parce que l'abbé de Saint-Cyran n'écrivait pas bien, avouait ingénument que le seul père Syrmond avait plus de génie pour écrire qu'*Aurélius*, et tous ceux qu'il mettait en œuvre pour travailler avec lui. Ce n'est pas après tout que Saint-Cyran n'eût quelque rayon de raison dans cette dispute et qu'il ne citât des manuscrits qui favorisaient sa critique, mais il avait pris la chose d'un ton trop haut avec un aussi grand homme que l'était le père Syrmond, dont les manuscrits, qu'ils citaient pour soutenir sa correction, étaient en plus grand nombre, plus authentiques et d'une autorité plus reconnue que ceux d'*Aurélius*, qui avait trouvé de quoi flatter un peu sa vanité d'entrer en lice et de combattre contre un homme d'un si grand nom; mais il fut blâmé de tous les honnêtes gens de n'avoir pas traité avec assez de respect ce père, qui en méritait tant, et l'orgueil qu'il fit paraître en cette dispute choqua ceux qui la regardèrent d'un œil plus indifférent et plus désintéressé. Tant plus on examina ce livre de près, tant plus le trouva-t-on plein de ce poison qui parut depuis davantage dans le livre de Jansénius, par les nouveautés sur la grâce et sur les sacrements dont il se trouva plein.

Il arriva même que par l'intrigue d'Antoine Godeau, évêque de Rancé, et de quelques autres prélats gagnés au parti, l'assemblée du clergé de l'année 1645, qui se fit à Paris, ayant chargé cet évêque de faire l'éloge d'*Aurélius*, les deux frères Abel et Scevole de Sainte-Marthe le firent aussi de leur côté sur le plan de celui de l'évêque de Rancé qu'ils insérèrent dans le 4° volume de leur ouvrage *De Gallia christiana*, où ils eurent le soin non-seulement de grossir les louanges que cet évêque avait données à l'abbé (qu'il nommait par son propre nom) et d'y ajouter les persécutions que le cardinal de Richelieu lui avait suscitées. Car quoique le nom du cardinal ne soit pas exprimé dans l'amplification que ces deux auteurs avaient faite des persécutions de cet abbé, ils font connaître, à n'en laisser nullement douter, que le cardinal de Richelieu est le persécuteur. Cet éloge fut depuis supprimé dans ce livre par ordre du conseil du roi qui crut devoir rendre justice à la conduite du cardinal, qui y était traité d'une manière odieuse; et afin qu'il ne restât aucun vestige dans la postérité pour honorer la mémoire d'un ouvrage aussi pernicieux que l'était celui de l'abbé de Saint-Cyran, le clergé ordonna aussi que cet éloge, fait par les deux frères de Sainte-Marthe, fût ôté de leur livre; après avoir reconnu que l'*Aurélius*, qu'on avait vanté avec tant de faste devoir faire honneur au clergé de France, ne pouvait servir qu'à le déshonorer, et qu'il ruinait la hiérarchie en faisant profession de la défendre, renouvelant l'erreur de Wiclef et de Jean Huss, premièrement condamnés au concile de Constance et en second lieu à celui de Trente en la vingt-troisième session, chapitre IV; car ces deux hérétiques enseignaient que les prélats ne sont plus prélats, ni les évêques ne sont plus évêques, sinon de nom, quand ils sont en péché mortel; c'est ce qu'enseigne Aurélius en termes formels quand il dit que le sacerdoce est anéanti par un péché mortel secret ou public, intérieur ou extérieur, contre la chasteté, dès qu'il viole le vœu de chasteté; et parlant de l'état épiscopal, il dit en propres termes que sitôt que l'évêque est pécheur il déchoit de son état selon le droit ancien. Cette doctrine ne lui a point échappé par surprise, puisqu'il établit la même chose dans ses *Lettres spirituelles*, où il ne se fait point de scrupule de dire que c'est à l'Église à corriger les mauvais prêtres et à les retrancher s'il lui plaît, et alors ils ne sont plus prêtres.

Voilà quels étaient les pernicieux desseins de ce grand défenseur de la hiérarchie, qui la détruisait d'une si terrible manière en voulant l'établir, et qui, sous prétexte de défendre les droits de l'épiscopat, dans l'usage de la confirmation, qu'on n'attaquait point, renversait ce qu'il y a de plus essentiel à la dignité d'un ordre si saint. Il ajoute à cela que les évêques et les pasteurs d'à présent sont tous dépourvus de l'esprit du christianisme, de l'esprit de grâce et de l'Église, selon une de ses maximes extraites de l'information de son procès; n'est-ce pas le dernier outrage qu'il pouvait faire à la hiérarchie? car sur ce beau principe il n'y a plus de Pape, plus d'évêques, plus de curés dans l'Église. N'aura-t-on pas après cela de la peine à croire que le clergé si outrageusement traité par cet auteur ordonna des éloges, proposa des récompenses et offrit des pensions, s'il voulait se déclarer. Voilà ce qui paraîtra peut-être incompréhensible, tout véritable qu'il soit. Ainsi on trouva le moyen de faire passer cet outrage de l'abbé de Saint-Cyran pour un service signalé à l'égard du clergé, tandis que c'était un vrai attentat contre cet ordre.

Il est vrai que tout le venin de ce livre ne parut pas d'abord, plusieurs se laissèrent surprendre à une fleur de nouveauté dont il était environné et qui les éblouit. Les autres, qui étaient gagnés, firent tant de bruit par leurs applaudissements, qu'ils étourdirent quelque temps ceux qui cherchaient à y trouver à redire et les empêchèrent d'en juger dans toute la liberté que demandait un jugement de cette importance; mais ce livre ne put pas être longtemps dans les mains du public sans qu'on y découvrît une infinité d'erreurs, dont nous avons la liste dans un imprimé ayant le titre de : *Les reliques de Saint-Cyran*. Cet ouvrage, divisé en trois parties, fut imprimé à Louvain, chez la veuve de Jacques Gravius, l'année 1646. En voici quelques-unes, car il faudrait des volumes pour les copier toutes : 1° Les évêques qui se dépouillent de leur juridiction pour renoncer aux soins de l'épiscopat et mener une vie particulière se dépouillent en même temps de leur dignité et de leur caractère. 2° Les religieux tirés de leur monastère pour être élevés à l'épiscopat ne sont pas de vrais ni de bons évêques. 3° La puissance du curé est la même que celle de l'évêque, comme le ruisseau est de même nature que la source. 4° Saint Pierre et saint Paul sont deux chefs de l'Église qui n'en font qu'un, ce qui est la doctrine de Marc-Antoine de Dominis. 5° Dieu ne veut pas que tous les hommes soient sauvés, ce qu'il avance sur le prétendu témoignage du concile de Valence contre le sentiment du concile de Trente. 6° Les trois vœux ne sont ni essentiels ni nécessaires pour acquérir la perfection, et l'état religieux ne convient mieux à personne qu'aux méchants et aux scélérats à qui pour ce sujet les Pères l'ont souvent imposé comme une peine. 7° La fréquentation des Sacrements est souvent plus nuisible que profitable, parce que la plus grande partie en est exposée bien davantage à l'abus qu'au bon usage.

C'étaient là les belles maximes dont ce livre admirable, qu'on vantait comme le chef-d'œuvre du siècle et la défense de la religion, était rempli. Voilà les nouveautés dont il était plein et les extrémités auxquelles ce docteur était sujet, car jamais homme n'a eu plus d'audace à imaginer, ni plus de hardiesse à débiter ses imaginations. A la vérité cela ne lui réussissait pas toujours, mais celles qu'il laissa échapper dans son *Aurélius* ne lui firent pas tout le tort qu'elles devaient lui faire dans les règles; car, soit que ce livre fût porté par la faveur d'une faction qui commençait à devenir puissante; soit que le clergé qui y prenait part s'intéressât à le protéger; soit que ceux qui devaient y trouver à redire fussent occupés à d'autres affaires; soit que les docteurs de Sorbonne qui sont les naturels observateurs des doctrines dangereuses ne dussent rien trouver à redire à un livre entrepris pour leur défense contre les écrits des catholiques anglais; soit enfin que les jésuites, défenseurs assez zélés de la religion, regardassent cette affaire comme l'intérêt personnel du père Syrmond, et qu'ils ne voulussent pas y toucher, par le respect qu'ils portaient au mérite de ce père, il ne se trouva personne qui eût assez de zèle pour s'élever contre ces nouveautés. Le cardinal de Richelieu même, assez bien intentionné pour la religion, et mal affectionné à l'abbé de Saint-Cyran, comme j'ai remarqué, ne donna aucune marque qu'il le désapprouvât, pour ne rien diminuer par là du poids de la protection qu'il avait donnée à l'évêque de Chalcédoine, dont il avait soutenu la conduite contre les catholiques d'Angleterre.

Après tout, rien ne mit tant à couvert d'abord l'abbé de Saint-Cyran sur cet ouvrage (qui fit tant de bruit dans la suite) que le parti qu'il prit d'en faire mystère; car en désavouant franchement qu'il y eût part à ceux qui n'étaient pas de la cabale, il répondait à ceux qui en étaient par des excuses affectées, qui leur laissaient penser sur cela ce qu'ils voulaient. Jansénius était le seul qui lui parlât à cœur ouvert, et pour ainsi dire tête levée, de ce secret sur quoi il lui donnait de grandes louanges; il le cajolait sans cesse par des flatteries fades et peu dignes de la gravité d'un vieux docteur, qui n'envisageait plus que des crosses et des mitres, car ses lettres n'étaient pleines que de railleries, qu'il faisait sur les jésuites, que l'abbé son ami avait maltraités dans son *Aurélius;* et, comme il sentait bien que la plaisanterie ne déplaisait pas à cet abbé, il prenait plaisir lui-même à le régaler en lui parlant tantôt des drogues un peu violentes qu'il préparait à ces bons pères; tantôt en disant qu'ils avaient bien mérité une médecine pareille à celle qu'il venait de leur donner; enfin, dans toutes les circonstances, jamais gens ne furent plus satisfaits, persuadés que les jésuites n'étaient pas capables de se relever d'une affaire aussi terrible que celle-là. Ils eurent même le temps de jouir assez tranquillement l'un et l'autre du plaisir que venait de leur donner leur jalousie, par ce trait d'une vengeance aussi complète que celle-ci.

Mais l'archevêque de Malines et le président Rooze ne laissèrent pas longtemps leur ami le docteur de Louvain en repos. Ils lui répétaient sans cesse qu'il n'avait rien à espérer des grâces qui venaient d'Espagne pour la distribution des bénéfices, et surtout des évêchés où il aspirait, et auxquels il avait de quoi prétendre par le mérite de sa capacité, s'il n'effaçait les idées qu'on avait de lui. Il se rendit à des raisons si pressantes, et le secours qu'on prétend que le président Rooze lui promit ne servit pas peu à le déterminer. C'était un Espagnol renforcé que ce président, tout Flamand qu'il était; il avait parcouru l'histoire de France pour en servir l'Espagne par ses écritures, car il était zélé pour son prince, et il avait de l'esprit. Son secours, ses empressements achevèrent de faire résoudre le docteur à entreprendre un ouvrage digne de toute l'aigreur et de toute la bile dont était composé son tempérament, en quoi il se signala, et la déclaration de guerre de la France contre la maison d'Autriche, qui se fit dans toutes les cérémonies ordinaires, par un héraut d'armes envoyé exprès au cardinal-infant, alors gouverneur des Pays-Bas, le 19 mai de cette année 1635, en fut l'occasion. Jamais guerre ne fut entreprise plus justement ni plus sagement déclarée. L'Empereur, pour se rendre maître des États de l'électeur de Trèves, s'était rendu maître de sa personne en le retenant injustement dans une étroite prison. Ce prince implora la protection du roi de France, son allié, contre une si violente oppression. Le roi demanda à l'Empereur sa liberté; il en fut refusé. La guerre se déclara dans les formes sur ce refus, et parce que la maison d'Autriche était alors puissante, il fut obligé de demander des troupes à la Suède, et de faire un traité avec elle pour résister à un ennemi si puissant qu'il s'attirait sûr les bras. Ce fut avec ce secours que commença cette sanglante guerre qui dura si longtemps, et qui fut l'humiliation de la maison d'Autriche et la désolation de l'Allemagne. Le livre que Jansénius entreprit d'écrire à la sollicitation du président Rooze était une réponse à un livre fait par un docteur de Sorbonne, nommé Bezian-Arroy, dont j'ai déjà parlé et qui contenait deux parties. Dans la première, le docteur prouvait les grandes prérogatives des rois de France au-dessus des autres rois. Dans la deuxième, il montrait la justice des armes du roi Très-Chrétien qui ne faisait que défendre ses droits et son État, en déclarant la guerre à l'Empereur. Le dessein du docteur de Louvain était une réfutation du livre du docteur de Sorbonne; mais on peut dire que le roi d'Espagne fut bien mieux servi en écritures que le roi de France, car le livre du docteur français n'était nullement de la force du docteur flamand. Voici le détail du dessein de ce livre.

La première partie était une satire contre les rois de France, pour répondre à la première partie du docteur de Sorbonne, mais c'était la satire la plus violente et la plus outrageuse qui ait peut-être jamais été écrite en ce genre. Cet auteur, avec le tempérament de poudre et de salpêtre dont la nature l'avait pourvu, avait encore ramassé toutes les ordures de notre histoire et tous les crimes des rois de la première race, pour les rapprocher et pour en faire un objet plus odieux et plus abominable. C'est là qu'il mit toute son éloquence en œuvre pour amplifier malicieusement les excès de cruauté et d'inhumanité auxquels ces princes se laissèrent emporter en ces temps-là, où la férocité naturelle des peuples et l'extrême barbarie de ces premiers siècles n'avaient pas encore été adoucies par le christianisme, et toute la terre sait que les premiers rois qui précédèrent Clovis furent eux-mêmes à demi barbares. Ce n'est toutefois qu'en insultant que cet outrageux auteur reproche, d'un style amer, à la France les déréglements de ces princes, qu'il entasse les uns sur les autres pour attirer plus d'exécration sur leur mémoire et en donner plus d'horreur. C'est là qu'il compare la vie de Childebert et de Clotaire à ce qui s'est jamais fait de plus cruel et de plus horrible parmi les Turcs, qu'il appelle doux et cléments en comparaison de ces premiers rois, se moquant même de la pénitence que fit Clotaire de ses crimes et qui est réconnue par tous les auteurs contemporains. Il représente les infamies de ces princes et de quelques-uns de leurs successeurs avec des couleurs qui ne peuvent servir qu'à rendre leur nom exécrable. Il fait de grandes exagérations des cruautés et des impudicités de Dagobert, pour ternir davantage la gloire de ce prince dans cette royale fondation qu'il fit de Saint-Denis, et qui a rendu depuis son nom digne de vénération et de respect dans tout le royaume. Pour Pépin, il le traite d'usurpateur d'une manière indigne et malicieuse, prétendant qu'il se saisit de la couronne sur la première race pour la mettre en la sienne, et donne par là une très-méchante idée de toute la deuxième race, qui est celle qui règne aujourd'hui, pour en avilir la dignité et la noblesse, par l'injustice et par l'impureté de cette usurpation à laquelle il donne le tour qu'il lui plaît pour la déshonorer. Et pour donner encore plus de couleur à ses impostures, il se moque des grands bienfaits de ce prince à l'égard du Saint-Siége, qu'il prétend avoir été trop intéressé, parce que ce ne fut que pour obtenir du Pape le droit de l'usurpation qu'il méditait et pour se mettre à couvert des recherches qu'on en pouvait faire. Ainsi il fait passer le Saint-Siége pour prévaricateur, afin de noircir encore plus la mémoire de ce roi et de déshonorer davantage toute sa race, quoique ce soit le sentiment commun de tous les historiens, que ce prince ne parvint à la couronne que par le consentement des peuples, qui, ayant reconnu les qualités de son esprit et son mérite, l'élevèrent sur le trône au défaut de la lignée des Mérovingiens.

On prétend, à la vérité, que la première race étant finie dans Childéric ou Hildéric, le pape Zacharie, pour qualifier les Français qu'il considérait, transporta le droit de succession du royaume à Pépin qui se trouva descendant de Clovis par les femmes. Et ce titre, joint aux autres qualités de ce prince, fit confirmer son élection du consentement universel de tout le peuple; ainsi c'est une médisance atroce de dire que ce ne fut que pour leur intérêt particulier et pour l'agrandissement de leur État que Pépin et ses successeurs s'attachèrent à combler le Saint-Siége de leurs libéralités, comme l'assure impudemment le docteur de Louvain.

Il continue de la même force à déchiffrer la vie des rois suivants, jusqu'à reprocher leur mollesse à Louis V et aux autres rois qui furent appelés fainéants, étant tombés dans cette sorte de fainéantise moins par leur faute que par une espèce de cessation d'affaires dans ces temps obscurs et misérables auxquels ils ont régné. Mais l'énormité de cette cruelle satire est poussée à son dernier comble dans le portrait que l'auteur fait de Philippe le Bel, duquel il noircit la vie de tous les crimes dont un prince puisse être capable; car, soit qu'il décrive la promotion violente que fit ce prince de Bertrand de Gottho, archevêque de Bordeaux, son sujet, à la papauté, sous le nom de Clément V, soit qu'il exagère les contraintes injustes qu'il lui fit (à ce qu'il prétend) pour transporter son siége à Avignon afin de se rendre plus maître de sa conduite, et soumettre par là la juridiction spirituelle à la temporelle, soit qu'il représente d'une manière odieuse les violences qu'il fit à Boniface VIII, qu'il maltraita en toutes façons, n'ayant pas même voulu épargner sa mémoire après sa mort, en traitant ses os et ses cendres avec des outrages inouïs, soit qu'il lui reproche les oppressions injustes des impôts et des exactions qui n'avaient point encore eu d'exemple, il donne partout une fort méchante idée de ce prince, qui d'ailleurs n'était pas sans mérite; mais ce médisant auteur trouve des couleurs pour défigurer ce qu'il y a de plus vertueux et de plus innocent dans la vie de ces rois, dont il entreprend de décrire la conduite pour la rendre odieuse à la postérité. Après avoir amplifié les infamies de la première race, les entreprises de la deuxième sur l'Église et sur la religion, il attaque les prérogatives les plus établies de nos rois, afin de détruire dans l'esprit des peuples l'estime et la vénération qu'on a toujours eues pour leur auguste personne, et pour leur ôter tous les glorieux titres dont l'Église a bien voulu reconnaître leur zèle et leur foi par l'organe des conciles et par la bouche des souverains pontifes, prétendant qu'ils n'ont fait servir l'autorité souveraine que Dieu avait mise entre leurs mains que pour la ruine de la foi et de la religion, et pour l'établissement de l'impiété et de l'hérésie. Il ne fait point de difficulté de dire, en ce livre si injurieux à la mémoire des rois de France, qu'ils doivent plutôt être appelés les destructeurs du christianisme dans toute l'Europe que ses protecteurs, et que Clovis, qui est nommé par les saints pères de son temps, un prince rempli de sainteté et de religion, avait, à son sentiment, plus l'esprit d'un Turc et d'un empereur ottoman que d'un chrétien. Il ajoute, avec cet esprit d'aigreur qui l'animait contre notre nation, que ses successeurs avaient fait une cruelle guerre à l'Église pour fomenter partout l'hérésie; que Louis XIII, qui régnait alors, prince si juste et si religieux dans l'estime du public, était le premier auteur de tous les crimes et de tous les désordres qui avaient désolé l'Allemagne.

Et après avoir déclamé par tout ce qu'il y a d'outrageux dans l'éloquence la plus infâme et la plus prostituée qui fût jamais contre la majesté de nos rois, il fait des railleries basses et puériles de la loi salique qu'il tourne en ridicule; il réfute le témoignage des papes Innocent III et Jean VIII, lesquels justifient cette loi et l'autorisèrent dans la lignée de Charlemagne. Enfin cet auteur demande par une amplification tout à fait ironique lequel des rois de la première ou de la deuxième race a mérité le titre de Très-Chrétien; si c'est Clovis par ses emportements, ou Dagobert par ses impudicités, ou Lothaire par ses impiétés, ou Pépin par ses usurpations, ou Louis V par ses mollesses, ou Philippe le Bel par ses violences; et c'est ainsi qu'il détruit ce glorieux titre acquis si incontestablement par les rois de France, qu'on ne leur a jamais disputé et que tous les peuples de temps immémorial reconnaissent leur être dû, après que l'Église, les Papes, les conciles les ont appelés tant de fois de ce nom. Cependant cet auteur prétend que ce nom de Très-Chrétien avait été donné aux rois d'Espagne et leur était dû avant qu'il eût été donné aux rois de France, quoique personne n'ignore que ce glorieux titre fut le partage de Charles le Chauve et comme une récompense dont le pape Innocent voulut honorer sa vertu dans la cérémonie de son couronnement; ce titre lui fut confirmé depuis pour la même raison par Honoré V, et avait été déjà donné aux rois de France par l'empereur Maurice, ainsi que toutes nos histoires en font foi. Après avoir pointillé sur la prérogative du sacre de nos rois et sur la sainteté de leur onction par une huile apportée du ciel au sacre de Clovis, après avoir contesté le don qu'ils ont reçu de Dieu de guérir les écrouelles, malgré cette foule d'Espagnols qui viennent toutes les années en France se faire toucher du roi pour être guéris de cette maladie, et malgré le nombre de treize cents malades que toucha le roi le jour de Pâques de cette année 1636 ; enfin, après avoir dit tout le mal que la calomnie lui a appris de nous et qu'il a tâché de détruire tout le bien que la vérité en publie, il passe à la seconde partie de son livre, qui est la principale et la plus importante dans son dessein.

C'est là aussi que, déployant avec quelque sorte de faste toutes les voiles de son éloquence, il entreprit de faire voir l'injustice et l'impiété de l'alliance du roi Très-Chrétien avec le prince palatin, avec les princes protestants d'Allemagne, le roi de Suède et les Hollandais, pour faire la guerre à la maison d'Autriche, sans faire aucune réflexion sur les alliances que le peuple de Dieu a faites tant de fois avec les infidèles, dont l'Écriture sainte cite tant d'exemples, comme d'Abraham avec Abimelech, de Joseph et des enfants d'Israël avec les rois d'Égypte, de Moïse avec Hobad, pour servir de guide à son peuple dans le désert, de Josué avec les Gâbaonites, pour les secourir dans les besoins de la vie, de David avec Achis, des Machabées avec les Grecs premièrement et ensuite avec les Romains ; car c'est une vision toute pure de prétendre que tous ces traités furent différents de celui que le roi Très-Chrétien avait fait avec les Hollandais, et que ce n'était que pour mettre les armes à la main et pour fournir du secours à des sujets révoltés contre leur prince naturel et fomenter parmi eux contre toute sorte de droit l'esprit de révolte. Rien n'était plus faible ni plus frivole que ce raisonnement, et quoiqu'il pût y avoir quelque sorte de couleur à l'égard des Hollandais, qui, par un esprit de rébellion, avaient secoué le joug du roi d'Espagne, cela toutefois ne pouvait avoir lieu à l'égard du prince palatin, de la Suède et des princes protestants d'Allemagne; car l'alliance faite entre la France et la Hollande l'année 1598 et le traité fait l'année 1608 avec les États n'étaient nullement pour fomenter la révolte de ces peuples, mais seulement pour se défendre réciproquement et se maintenir contre leurs ennemis. Par le traité fait entre l'Espagne sur la fin du dernier siècle et les Provinces-Unies, le roi d'Espagne reconnaissait les États confédérés de Hollande comme souverains et en plein droit d'établir leur république; l'on ne pouvait donc plus les accuser de rébellion, sans contrevenir au traité qui reconnaissait leur État comme un pays libre, absolu et indépendant; ainsi il y avait une espèce de mauvaise foi de reprocher à ces peuples une chose qui leur avait été accordée et de faire une querelle nouvelle d'un différend déjà terminé et d'un procès fini.

Mais comme il était de la dernière importance à ce docteur de bien certifier que l'entreprise de cette guerre que le roi Très-Chrétien venait de déclarer à la maison d'Autriche était entièrement injuste, tous ces raisonnements allaient principalement à ruiner les fondements de ce traité qu'il tournait à sa manière, pour le rendre odieux aux yeux du public, qu'il tâchait à mettre de son côté pour mériter l'approbation d'Espagne, afin de parvenir aux grâces qu'on lui proposait. Il tirait la principale raison de l'injustice de ce traité de ce qu'il allait à la ruine de la religion en Allemagne; appliquant toutes les forces de son éloquence du côté de la religion qu'on opprimait conformément à la déclaration qu'en avait faite l'Empereur en son traité de Baden, du 8 juin de cette année 1635, que ce n'était que pour empêcher l'établissement de la paix et celui de la religion catholique en Allemagne que le roi de France s'était allié à la Suède; quoique ce fût le contraire, et qu'il ne pensât qu'à la maintenir, en tirant les princes d'Allemagne de l'oppression. Comme j'ai déjà remarqué, le fond du traité avec la Suède n'allait qu'à la conservation réciproque des deux États, comme il paraît par l'alliance de Sa Majesté Très-Chrétienne avec la couronne de Suède faite l'année 1631. L'article premier porte en termes exprès que l'alliance qui se faisait entre les deux couronnes n'était que pour la défense respective de tous leurs amis opprimés, pour la sûreté des deux États, dans leur commerce sur mer, et pour remettre les affaires de ce pays en l'état où elles étaient avant les troubles d'Allemagne ; en quoi il ne paraît aucune trace des raisons de religion, malgré les tours forcés que cet auteur voulait donner aux motifs de cette alliance. Ce fut même, en quelque façon, par les soins du roi Très-Chrétien que la religion fut conservée en Allemagne par la suspension d'armes qu'il obtint de Bethléem Gabor, prince de Transylvanie, avec l'Empereur, comme toute l'Europe le sut alors.

Il ne s'agit nullement de religion dans ce différend, où le roi Très-Chrétien demandait la liberté de l'électeur de Trèves à l'Empereur, qui le tenait dans ses prisons sans raison. Le grand discours que fit Jansénius pour prouver que la guerre de Hollande n'était qu'une entreprise contre la religion, aussi bien que celle de Suède, sont autant d'impostures ; c'est donc en vain qu'il fit ces longues descriptions de toutes les profanations que cette guerre a causées dans la Hollande et dans l'Allemagne, et qu'il impute au roi de France ces désordres, qui ne sont décrits en cet endroit que pour donner horreur du nom français. C'est en vain aussi qu'il tâche de représenter par des airs pathétiques les autels renversés, les choses les plus saintes violées, les temples désolés et la religion foulée aux pieds, comme si le roi en eût été le destructeur. Voilà les lieux communs les plus fréquents de ses exagérations, en cette deuxième partie, qui n'est remplie que d'impostures, de faits colorés, d'exemples mal appliqués et de suppositions détournées. Il y a apparence que si cet auteur avait fait un peu de réflexion sur la conduite de Charles-Quint dans les guerres d'Allemagne, où il ne fit pas difficulté de se servir des troupes des princes protestants pour faire la guerre au Pape et pour l'emprisonner, il ne se serait pas avisé de reprocher à Louis XIII l'alliance qu'il fit avec le roi de Suède et les Hollandais pour soutenir par leur secours le poids d'une guerre aussi difficile et aussi hasardeuse que celle qu'il entreprenait, et pour une cause aussi juste. S'il avait eu de l'honneur et de la probité, il se serait bien donné garde de calomnier d'une manière si atroce ce prince, qui a mérité dans la postérité le nom de Juste par l'amour qu'il a toujours eu pour l'équité, et d'outrager si scandaleusement notre nation; car on peut dire, en général, que peut-être il n'a jamais paru dans le public d'écrit plus injurieux à la monarchie française, plus rempli de faussetés et de calomnies, ni plus outrageux à nos rois que celui-ci, lequel va jusqu'à ce dernier comble d'effronterie, d'appeler Louis XIII, ce prince dont les mœurs étaient si pures et la vie si sainte, l'auteur de toutes les abominations qui se sont commises en Allemagne et l'extirpateur de la religion; enfin, de faire passer les Français pour des monstres, non pas d'hommes, mais de crimes les plus pleins d'horreur, car ce sont là ses expressions les plus ordinaires, et l'esprit dans lequel cet abominable écrit fut conçu.

Ce furent là les deux premiers ouvrages considérables qui sortirent du sein, pour ainsi dire, de cette terrible cabale, laquelle commençait à se former, pour méditer la ruine de la religion, dont le premier, l'*Aurélius*, de l'abbé de Saint-Cyran, fut conçu pour perdre les jésuites. Le second, appelé par Jansénius, son auteur, *Mars gallicus*, ne fut entrepris que pour déshonorer le nom du roi Très-Chrétien, et pour donner de l'horreur à toute la terre des rois de France et de toute la nation. Voilà quel était le dessein de ces deux admirables réformateurs de la religion, qui ne commencèrent à se montrer dans le public et à paraître dans le monde que pour détruire les jésuites et pour humilier nos rois. Ce furent là les deux premières démarches de conséquence de ces deux chefs de la nouvelle doctrine de la grâce.

A la vérité, un livre aussi sanglant contre le nom français que le fut celui de Jansénius ne pouvait pas manquer d'être au goût du conseil d'Espagne, et surtout des patrons du docteur qui l'avaient embarqué à ce dessein; ils ne manquèrent pas aussi d'employer leur crédit pour prôner ce bel ouvrage, et pour le faire valoir, ce qui ne leur fut pas difficile, car en matière de satire c'était une pièce achevée. Le style en était vif, animé de citations grecques et latines assez bien appliquées, mais plein de fiel; l'auteur ayant l'air d'un homme toujours en colère, et qui ne cherche qu'à offenser, mêlant à tout cela de ces tours malicieux qui ne respirent que l'animosité et cette malignité artificieuse qui pique d'ordinaire la curiosité d'un lecteur. Enfin, après avoir dit de notre nation tout ce que la passion peut inspirer, il s'excuse de la faiblesse de son style, prétendant que c'est moins par son livre qu'on peut apprendre la vérité des crimes abominables des Français pour perdre la religion, que des soupirs et des gémissements dont les fidèles ont fait tant de fois retentir toute l'Europe.

Ce fut aussi cet ouvrage si rempli de venin qui parla si haut en sa faveur pour solliciter la récompense qu'on lui destinait ; et ce fut du prix de l'autel et aux dépens du sang de Jésus-Christ qu'une satire si scandaleuse fut récompensée. Elle fut reçue avec de grands applaudissements de tous les ennemis du nom français et avec indignation de tous les indifférents. Le cardinal de Richelieu eut, à ce qu'on dit, bien de la honte d'avoir laissé le cours à un livre si envenimé, sans une réponse, qu'il n'était pas difficile de faire, parce qu'il était plein de faussetés. On prétend qu'il voulut obliger l'abbé de Saint-Cyran à y répondre sans connaître ses engagements et ses liaisons étroites avec l'auteur pour leur grand dessein de réformer la religion, et que l'abbé, l'ayant refusé sans s'expliquer des raisons qu'il avait de le faire, acheva de se perdre par là dans l'esprit du ministre, qui le fit observer depuis encore avec plus d'attention. Pour moi, qui n'ai rien trouvé dans mes mémoires qui puisse justifier ce bruit, je ne voudrais pas en être caution ; mais ce qui est vrai, c'est que l'abbé, ne gardant plus de mesure pour se ménager dans le monde sur la réputation qu'il y avait de penser à des innovations et ne s'observant presque plus sur cela, s'attira bien des gens sur les bras qui, sans se déclarer, l'observèrent lui-même pour en rendre compte au ministre. L'occasion ne fut pas longtemps à s'en présenter.

Dom Jean Jouault, religieux profès de Cîteaux, abbé de l'abbaye de Prierres en Bretagne, secrétaire de l'ordre, étant alors à Paris, où il s'était rendu nécessaire pour les affaires de son ordre et demeurant au collége des Bernardins, trouva le moyen de se faire connaître au cardinal de Richelieu par le besoin qu'il eut de lui, étant devenu abbé de Cîteaux. C'était un homme de tête, bon théologien et habile dans les affaires de son ordre. Le cardinal le mit de son conseil pour ce qui regardait ces affaires-là, ce qui lui donna de l'accès auprès du ministre, et des entrées assez libres pour avoir des audiences quand il lui plaisait. Ce père ayant été un jour appelé par l'abbesse de Maubuisson, à six lieues de Paris, dans un des faubourgs de Pontoise, y alla, comme il avait coutume de le faire quelquefois, pour servir quelques-unes des religieuses qui avaient pris confiance en lui pour la conduite de leur conscience ou même pour le service général de la maison, et ce fut pour s'employer à un travail qu'il avait entrepris par l'ordre de ses supérieurs sur les constitutions de ce couvent, qu'il y était allé passer le mois de juillet de cette année 1635 et pour s'y enfermer.

Le lendemain qu'il y fut arrivé il apprit que l'abbé de Saint-Cyran venait de Paris pour y passer quelques jours auprès de deux ou trois religieuses qu'il dirigeait en cette maison ; le commerce qui avait été autrefois entre Port-Royal et Maubuisson, et dont il restait encore quelques vestiges, avait donné lieu aux habitudes qu'avait cet abbé en ce monastère, que Magdeleine Suyreau, élevée à Port-Royal par la mère Angélique, gouvernait alors en qualité d'abbesse. C'était une bonne et vertueuse fille; et l'abbé de la Charmoye, supérieur de cette maison pour le spirituel, avait souvent parlé à l'abbé de Saint-Cyran de l'abbé de Prierres comme d'un religieux qui se distinguait fort dans l'ordre par sa capacité. L'abbé de Prierres ne vit cet abbé qu'au repas et quelque temps après, c'est-à-dire aux heures destinées à la récréation ; il ne pensait ni à faire connaissance, ni à avoir aucune habitude avec l'abbé de Saint-Cyran, lequel, quoiqu'il fût extrêmement attaché à la direction qui l'occupait et qu'il passât à la grille des journées presque entières, ne laissa pas de rechercher avec quelque sorte d'empressement de faire connaissance avec lui. Ayant déjà appris à Maubuisson quelque chose de sa capacité et de son mérite, il se mit même dans l'esprit que, s'il pouvait en quelque façon le gagner et lui donner du goût pour ses maximes, il n'y profiterait pas peu, regardant l'ordre de Saint-Bernard d'un autre œil que les autres, car que ne lui promettait point la seule espérance de se rendre par là maître de tous les couvents des bernardines de France, sans compter ce qu'il y avait à espérer des religieux.

Le premier sujet de leur entretien, dès qu'ils furent seuls, furent des compliments. Saint-Cyran flatta l'abbé de Prierres sur la réputation de sa capacité, se jeta sur la théologie, lui demanda où il l'avait étudiée. L'abbé de Prierres répondit à ces honnêtetés par bien de la modestie; il avoua que les jésuites avaient été ses maîtres dans leur collége de la Flèche, où il avait fait une partie de ses études. Saint-Cyran, qui ne pouvait souffrir le nom des jésuites sans donner des marques de l'aversion qu'il en avait et du mépris qu'il faisait d'eux, répondit à l'abbé de Prierres qu'il trouvait les jésuites pernicieux à l'Église par leur doctrine, et qu'on n'avait pas assez de zèle pour s'y opposer et pour les détruire. L'abbé, qui n'en convenait pas, lui témoigna qu'il n'était pas de son avis, ajoutant que c'était une doctrine saine, solide et reçue de l'Église en tous lieux. Saint-Cyran trouva cet abbé si prévenu sur cet article, qu'il voulut passer à un autre, mais le bernardin lui fit sentir de la sécheresse sur la continuation de la conversation, témoignant ne pas prendre plaisir à des sentiments aussi particuliers que les siens, et surtout à certaines maximes qu'il avança, lesquelles lui parurent dangereuses, parce qu'elles choquaient les opinions communes, ce qui obligea ce religieux de prier l'abbé de Saint-Cyran de le dispenser d'avoir davantage communication avec lui, parce qu'il faisait état de se tenir en toute simplicité et humilité à la doctrine commune de l'Église, et il le pria de vouloir bien qu'il se retirât pour ne pas se gâter l'esprit par des nouveautés qui pouvaient lui nuire.

Saint-Cyran, pour le radoucir, le flatta sur son ordre et sur saint Bernard qu'il appellait le dernier des Pères de l'Église et le plus savant de tous sans toutefois changer de plan, car il lui représenta que ce n'était pas sans une permission particulière de la Providence qu'ils se trouvaient ensemble en ce même lieu, que Dieu avait ses desseins sur leur entrevue, qui n'était point un effet du hasard; et élevant la voix, il ajouta d'un ton de prophète qu'il avait de grandes choses à lui communiquer pour le bien de la religion; qu'au reste il ne voudrait que deux autres ouvriers qui lui ressemblassent pour réformer la religion dans tout le royaume. Il s'étendit là-dessus sur les lumières que Dieu lui donnait pour une si haute entreprise, et tâchant de donner dans les yeux du bernardin, qui était un esprit à ne pas s'éblouir aisément, il affecta de lui ouvrir son cœur ou du moins de faire semblant qu'il se fiait à lui pour lui communiquer ses vues sur la religion et sur la discipline de l'Église, dont il ne put s'empêcher de déplorer l'état, la jugeant dans sa dernière ruine. Que ne dit-il point sur cet article, et à quelles extrémités son erreur ne l'emporta-t-il pas ? car après avoir parlé avec bien de la chaleur contre les théologiens de ce temps en général et contre saint Thomas en particulier, prétendant qu'il avait tout gâté, il déclama ensuite contre la corruption de l'Église comme si c'était une prostituée et qu'il ne lui restât aucune trace de son ancienne pureté. Il traita le concile de Trente d'une assemblée de politiques, où la scolastique avait eu plus de part que le Saint-Esprit, et comme il demeura environ dix jours en cette abbaye, les entretiens continuèrent pendant ce temps-là, parce que l'abbé, quoique rebuté d'abord de sa liberté de censurer tout et de débiter ses sentiments, crut toutefois devoir l'écouter jusques au bout pour y apporter quelque remède en réprimant son audace.

Ainsi, après qu'il eut parcouru les sacrements dans l'usage qui s'en pratiquait alors dans l'Église, après avoir déclamé contre la cour de Rome, contre le Saint-Siége, contre le Pape et tous ceux qui étaient constitués en dignité, pour condamner leur conduite, il lui fit un nouveau plan de théologie propre à rétablir l'ancienne doctrine de l'Église, et un nouveau système de discipline pour la réforme des mœurs, qui étaient l'un et l'autre pleins de maximes nouvelles et dangereuses, ce qui contribua à faire connaître l'esprit du docteur à l'abbé de Prierres encore plus que le reste, et il comprit dès lors combien il serait capable de faire de mal avec de si terribles maximes. Cela l'obligea d'en avertir l'abbesse de Maubuisson pour interdire le commerce d'un homme si dangereux dans sa maison où l'esprit des filles, naturellement faible et curieux, serait capable de recevoir toutes les impressions qu'un homme de ce caractère pourrait leur donner.

Mais ayant su qu'on n'avait nullement profité de ses avis, et que cet abbé fréquentait toujours ce monastère, il ne voulut plus y retourner, pour ne pas y trouver un homme qu'il jugeait en toutes manières d'un si dangereux commerce. Et en effet, il ne le vit plus.

Quoique l'abbé de Saint-Cyran fît quelquefois ces sortes de démarches, assez impunément et sans conséquence, parce qu'il savait les soutenir avec bien de la hardiesse et qu'il y mêlait cet air de prophète qu'il s'était donné, et par lequel il imposait, il ne put toutefois faire celle-ci sans qu'il lui en coutât, car elle fut une des principales cause de sa perte. L'abbé de Prierres était un homme de tête comme j'ai dit, sachant bien sa religion, habile dans les affaires et qui avait accès auprès du ministre; il sut se servir de tous ces avantages pour informer le cardinal de son aventure, de manière à lui faire comprendre le danger qu'il y avait pour la religion de souffrir dans le public un homme de cet esprit-là, c'est-à-dire si plein de lui-même, si préoccupé des nouveautés qu'il débitait et si hardi à les débiter.

Mais les affaires qu'eut le ministre le reste de l'année, après la déclaration de la guerre avec l'Espagnol, l'occupèrent si fort qu'il ne put presque penser à d'autres choses; ainsi on laissa quelque temps Saint-Cyran jouir assez tranquillement du succès qu'il se donnait dans le monde pour y débiter sa doctrine à ceux auprès desquels il avait soin de prendre ses sûretés. La prise par les Espagnols de la Capelle, du Catelet et ensuite de Corbie, place d'importance sur la frontière de Picardie, répandit l'alarme dans toute cette province, jeta la consternation jusque dans Paris et donna lieu au progrès que faisait la nouvelle opinion par l'accomplissement d'un dessein que l'abbé de Saint-Cyran avait ménagé depuis quelque temps avec les mères Arnauld, pour une fondation nouvelle des filles du Saint-Sacrement, dans la paroisse de Saint-Eustache, en la rue Coquillière. Le ministre était tellement occupé des affaires de ces deux dernières années, qui furent les plus terribles de son ministère, par l'état où se trouva la frontière, dont la plus grande partie fut pillée et saccagée par l'ennemi, qu'il fut contraint de suspendre une partie des soins qu'il donnait aux autres affaires et suivit le roi en Picardie, avec une puissante armée, afin de le mettre en état de reprendre Corbie, qu'il força de se rendre à Sa Majesté après un siége des plus vigoureux et des plus célèbres qu'on ait vus pendant cette guerre.

Cet établissement nouveau, qui s'était fait dès l'année précédente, fut, à ce qu'on croit, le fruit de cette abominable dévotion au saint Sacrement que l'abbé de Saint-Cyran avait inspirée aux deux sœurs Arnauld par son *Chapelet mystérieux;* car, entêtées des sentiments dont il était composé, elles en parlèrent aux personnes même séculières, avec des éloges qui ne finissaient point, pour leur en faire venir le goût, sans leur en découvrir le venin, qu'elles ne connaissaient pas sans doute elles-mêmes. Elles s'abandonnaient à cette pratique par un esprit d'illusion qui les possédait, croyant ne pouvoir rien faire de mieux que d'en faire part à leurs bonnes amies, entre lesquelles se trouvait une femme de qualité, veuve d'un riche conseiller d'État, nommé Jean Bardeau, qui en fut des plus éprises. Les mères Arnauld, la voyant touchée de cette dévotion, lui proposèrent de faire un nouvel établissement de l'ordre des filles du Saint-Sacrement, qui faisaient une profession particulière de l'honorer; elle y consentit et offrit une somme considérable pour cela. La sœur du comte de Soissons, qui avait épousé le duc de Longueville, se joignit à ce dessein, fournit du secours de son crédit et de sa bourse pour faire une fondation complète. Les permissions furent obtenues de l'archevêque de Paris et de l'évêque de Langres. La mère Angélique fut nommée supérieure de cet établissement nouveau, qu'on regarda à Port-Royal comme une colonie de la maison mère. C'était une espèce de dépendance de ce monastère, qu'on commençait par là à considérer en quelque façon comme une manière de chef d'ordre qu'on érigeait pour dominer tout ce parti. Saint-Cyran fut accordé à cette supérieure avec un plein pouvoir pour en gouverner le spirituel, et ce fut en ce nouvel établissement que cet abbé, devenu en quelque façon le maître avec une supérieure dévouée à toutes ses volontés et qui s'abandonnait à sa conduite, fit de nouvelles entreprises dans le dessein qu'il avait si fort à cœur de préparer les voies aux innovations qu'il méditait. Mais comme l'esprit d'erreur avait plus présidé à cet établissement que l'esprit de l'Église et de la religion, il ne fut pas béni de Dieu, comme on pourra le voir dans la suite, qui en fut funeste.

L'assemblée du clergé, parmi les autres règlements qu'elle fit sur la fin de cette année pour la discipline ecclésiastique, opina pour la nullité du mariage du duc d'Orléans avec la princesse Marguerite de Lorraine, pour des raisons très-fortes, après la consultation des plus célèbres casuistes de Sorbonne et de tous les ordres religieux, comme d'un mariage de pupille sans le consentement de ses parents, parce que pour le bien de l'État les princes sont toujours censés mineurs et ne peuvent faire d'alliance de leur chef sans le consentement du souverain. Cette décision donna un nouveau sujet de déclamation à la critique de l'abbé de Saint-Cyran, qui, par esprit de contradiction, trouva à redire à cette résolution, qu'il eut l'effronterie de faire passer pour entièrement défectueuse et contre les canons. Il ne se déclara contre le sentiment universel de tous les savants du royaume qui furent consultés que par orgueil et par une affectation de sévérité; car dans le fond il n'avait pas de principes sur la morale, où il n'était souvent plus austère que les autres que pour se distinguer du commun et pour se signaler par des sentiments particuliers, ce qui fut d'autant plus mal reçu du cardinal de Richelieu qu'il était revenu de la frontière et avait quitté le roi pour venir présider cette assemblée.

Le roi étant de retour à Paris de Picardie où il avait rétabli les affaires par la reprise de Corbie et remis toute la province dans sa première sécurité, il manda au Louvre, par la Ville-aux-Clercs, un de ses secrétaires, Pierre Séguier, déjà garde des sceaux, pour lui donner la charge de chancelier en la place du sieur d'Aligre, qui l'avait laissée vacante par sa mort. Le choix que ce prince fit d'un si bon sujet pour cette charge fut non-seulement approuvé de tous les ordres du royaume, mais il fut aussi béni du ciel, et l'on peut dire qu'il ne se fit rien de plus important pour la religion dans la présente conjoncture des affaires que ce choix, parce que ce magistrat servit la religion pendant longues années qu'il jouit de cette dignité, avec une protection de Dieu qui le rendit digne d'être comme un bouclier de la foi par l'intelligence en laquelle il vécut avec le Pape et ses nonces et par le zèle qu'il fit toujours paraître à s'opposer aux nouvelles opinions, dont il fut l'ennemi le plus déclaré et le plus grand protecteur de la religion contre le jansénisme.

LIVRE SEPTIÈME.

Gaston de France, duc d'Orléans, s'enfuit de Bruxelles et revient à Paris. — Formation de l'Académie française : d'Andilly refuse d'en être. — L'évêque de Langres obligé de quitter la direction de Port-Royal. — Saint-Cyran se lie par intérêt avec le père Vincent, fondateur des lazaristes. — Rapports de saint Vincent de Paul avec Saint-Cyran. — Jansénius est nommé évêque d'Ypres. — Retraite d'Antoine Lemaître. — Premiers apôtres du Jansénisme. — Saint-Cyran ne prend plus de ménagements. — Rapports au cardinal de Richelieu.

Gaston de France, duc d'Orléans, frère unique du roi, honteux de n'avoir pu obtenir la grâce du duc de Montmorency (qui s'était jeté dans ses intérêts et qu'on venait de décapiter par arrêt du parlement de Toulouse), et irrité de n'avoir pu lui sauver la vie, s'était retiré pour la deuxième fois en Flandre, afin de faire sentir au roi son mécontentement. Il se tint pendant son éloignement à Bruxelles auprès de la reine mère, mal contente aussi du cardinal de Richelieu ; mais enfin lassé de la fierté des Espagnols, qui cherchaient ou à lui donner des impatiences par leurs froideurs ou à arrêter sa légèreté par leur lenteur, et fatigué de leur conduite, il reprit la pensée de faire sa paix avec le roi par un solide accommodement et lui envoya un gentilhomme pour implorer sa clémence. Ses propositions furent écoutées. L'ordre fut donné aux gouverneurs des places frontières de le recevoir, et ce prince, après s'être enfui de Bruxelles, sous le prétexte d'une chasse, se rendit à Paris, le 21 octobre de l'année 1634, où il fut reçu du roi et de toute la cour avec de grandes démonstrations de joie et avec des marques d'une sincère réconciliation.

Le cardinal de Richelieu, dont il était mécontent, s'attacha encore plus que les autres à lui faire sa cour et à mériter ses bonnes grâces par de grandes assiduités auprès de sa personne, et par l'espérance qu'il lui donnait d'adoucir le roi à son égard et de le lui rendre plus favorable que jamais. Il importait, à la vérité, pour le bien de l'État, qu'il y eût une parfaite intelligence entre ces deux princes, à quoi principalement s'appliqua le cardinal ; et, pour commencer cela par quelque chose de solide, il s'étudia à choisir de bons sujets pour faire la maison de son Altesse royale, d'une manière qui pût contribuer à fixer son esprit ou du moins à arrêter cette légèreté qui le faisait donner dans tous les partis qu'on lui proposait, et qui était la cause principale de sa mauvaise conduite ; car ce furent ceux qui se rendaient les maîtres de son esprit qui lui firent faire la plupart des fautes qu'il fit : c'était le faible de ce prince et son défaut le plus essentiel que de se laisser gouverner. Le Bouthillier, secrétaire d'État, fut choisi pour être le chef de son conseil et surintendant de sa maison en la place de Verderone, homme de qualité, mais qui ne plaisait pas au ministre, et parmi ceux qu'on proposait pour lui servir de secrétaire de ses commandements on ne porta personne avec plus de chaleur que d'Andilly de Pomponne, qui avait eu déjà autrefois une espèce d'intendance en la maison de ce prince avant ses éloignements de la cour, et pour qui on s'intrigua fort, car que ne dit-on point des qualités admirables qu'il avait pour remplir ce poste ? C'était un esprit beau, qui écrivait un des mieux du royaume, et avait un grand usage du monde, enfin un sujet propre à tout, dans une cour aussi nombreuse et aussi belle que celle qu'on destinait au frère unique du roi, qu'on voulait contenter après toutes les mortifications qu'il avait reçues. Le comte de Schomberg, ancien patron de d'Andilly, étant surintendant des finances, le marquis de Liancour, son beau-frère, qui faisait profession de favoriser les gens d'esprit, la marquise de Sénessé, qui avait obligation à d'Andilly pour des services qu'il avait rendus à sa maison, et surtout le maréchal d'Ornano, gouverneur du prince, le portaient à cet emploi ; et d'Andilly avait lui-même tant de rares qualités pour cela qu'on ne doutait pas qu'il ne dût l'emporter par-dessus ses concurrents, étant, comme j'ai déjà dit, un de ceux qui écrivaient le plus poliment à la cour et ayant déjà mérité de plaire au prince par ses services.

Mais avec tous ces avantages il ne laissa pas d'avoir l'exclusion. Goulas, qui n'avait rien d'approchant au mérite de d'Andilly, lui fut préféré, soit que le cardinal de Richelieu connût l'attachement que d'Andilly avait pour l'abbé de Saint-Cyran, qu'il ne pouvait souffrir, soit qu'il y eût quelque intérêt personnel qui l'obligeât à ne pas le souffrir en ce poste, jugé délicat dans la conjoncture présente, soit enfin que Goulas fût écouté sur ce qu'il représenta que la charge de secrétaire des commandements de son Altesse royale dont on pensait disposer était à lui, qu'elle avait été démembrée de la sienne et qu'on devait la réunir pour lui faire justice (ce qui se fit), le roi la lui donna avec une charge de conseiller d'État, pour faire la récompense complète. D'Andilly, qui ne sut pas peut-être l'intérêt de Goulas, piqué au vif de cette préférence, en témoigna son ressentiment. Le cardinal, qui ne pensait à rien moins qu'à le mortifier, n'ayant pas pu lui donner contentement de ce côté-là, chercha à l'apaiser par un autre moyen; car dressant alors le plan de cette Académie française qui s'est depuis rendue si célèbre par tant de beaux ouvrages, et voulant donner une idée à toute l'Europe de la grandeur de son génie, qui cherchait à faire refleurir l'amour des lettres dans le royaume, au même temps qu'il obligeait le roi à déclarer la guerre à l'Empereur et au roi d'Espagne, d'Andilly fut un des premiers qu'il choisit pour cette compagnie, parmi ceux qui avaient la plus grande réputation de bien écrire. Voici comment la chose se passa.

La plupart des beaux esprits s'assemblaient depuis quelque temps une fois la semaine dans une maison particulière de l'un d'eux, pour y avoir des conférences sur ce qui paraissait des ouvrages qu'on donnait au public. C'étaient tous gens de lettres au-dessus du commun, appliqués particulièrement à l'étude de la langue française, entre lesquels Antoine Godeau, depuis évêque de Grasse, qui n'était pas encore ecclésiastique, Gombault, Chapelain, Giry, Conrart, Habert, commissaire de l'artillerie et l'abbé de Serisay[1], son frère Serisay

---

[1] Dans le manuscrit il y a Cerisy et Serisay, comme il y a Senecy, Sennessé et Senessé; nous avons adopté pour ces noms l'orthographe la plus communément usitée à cette époque.

et Malville, étaient les plus assidus. Ces conférences, qui se faisaient sans bruit, sans façon et n'avaient point d'autres lois que celles de l'amitié, formaient une société d'esprits la plus douce du monde ; mais enfin quelque secret qu'on y gardât on le sut. Desmarais et Boisrobert en eurent connaissance par Faret, ami de Malville qui s'en vanta. Ils s'y trouvèrent et ne purent s'empêcher d'en donner avis au cardinal. Boisrobert était alors en sa plus haute faveur auprès du ministre ; son plus grand soin était de délasser l'esprit de son patron après le bruit et la foule des affaires et lui rendre compte de ces sortes de nouvelles qu'il écoutait volontiers ; il lui fit ce détail de la petite assemblée, des personnes qui la composaient et de ce qui s'y passait. Le cardinal, naturellement porté aux belles choses, touché de ce qu'il en apprit, ordonna à Boisrobert de voir de sa part ces honnêtes gens, pour leur témoigner son estime et les assurer de sa protection s'ils voulaient s'assembler régulièrement sous une autorité publique et donner une forme plus stable à leur assemblée. On délibéra. Malville et Serisay furent d'avis de remercier le cardinal d'une grâce qui allait ôter la douceur à leurs conférences en leur ôtant la liberté. Ils ne furent pas écoutés par l'intérêt qu'on sut qu'ils avaient à refuser le ministre, car Serisay était intendant de la maison du duc de La Rochefoucauld, qui s'était retiré en son gouvernement de Poitou, mécontent du ministère, et Malville, était secrétaire du maréchal de Bassompierre, alors prisonnier dans la Bastille, et ils avaient sujet de craindre que le protecteur d'une compagnie dont ils étaient ne les rendît suspects à leurs maîtres. L'offre du cardinal fut acceptée comme une grande faveur ; on lui députa les principaux pour l'en complimenter ; on fit un plan sur celui des académies les plus célèbres de l'Italie ; on dressa des statuts pour donner un corps à cette assemblée où l'on nomma de nouveaux sujets, parmi les gens de lettres les plus renommés qu'il y avait alors.

D'Andilly était déjà dans une si grande estime qu'il fut proposé des premiers, surtout par Chapelain, qui avait plus de part que personne à ce grand dessein et qui était obligé à d'Andilly pour une pension de quatre mille francs qu'il venait de lui procurer du duc de Longueville, pour le poëme fameux qu'il lui destinait. Le cardinal fut informé à fond du mérite de ce nouveau sujet qu'on prônait par-dessus les autres, pour sa grande politesse à écrire et pour la connaissance qu'il avait de la langue ; tout cela joint au traitement qu'il venait de lui faire sur les mouvements qu'il se donnait pour être de la maison de son Altesse royale lui fit consentir au choix qu'on lui en suggérait. D'Andilly fut proposé avec Habert de Montmort, maître des requêtes du Châtelet, conseiller d'État, Beautru, Servien, depuis surintendant des finances et d'autres personnes de qualité ; mais l'aigreur qui lui restait dans l'âme de la préférence que ce ministre venait de faire de Goulas pour l'exclure de la place de secrétaire des commandements du duc d'Orléans lui fit refuser cette grâce avec hauteur. Le cardinal, qui ne voulait rien médiocrement jusque dans les choses les plus médiocres, fut si choqué de ce refus, qu'il voulut que, pour punir le dépit de d'Andilly en ne l'oubliant jamais, on fît un statut dans l'Académie que personne n'y serait reçu qu'il ne sollicitât lui-même cette grâce et ne s'en rendît digne par la recherche qu'il en ferait ; ce qui s'observa depuis fort soigneusement, et le refus que fit d'Andilly de la faveur que lui faisait le ministre de l'agréer dans une compagnie dont il voulait être le chef et le protecteur l'éloigna entièrement de la cour le reste du ministère du cardinal. Son ami l'abbé de Saint-Cyran ne l'en plaignit pas, prévenu qu'il était qu'il n'y avait que de la vanité en tout cela ; c'est de quoi il lui avait donné avis dès les premières années de leur commerce et de leur amitié, comme je l'ai remarqué. Pour le talent qu'il avait d'écrire il continua à s'y appliquer sans écouter les scrupules que lui en voulait faire Saint-Cyran, lequel avait entrepris, comme il le dit lui-même par une lettre qu'il lui écrivait de Poitiers, le 10 de février, sans date de l'année, de réformer son style, où les plus habiles ne trouvaient rien à redire.

C'était là l'esprit de ce réformateur excessif en toutes choses. Pourquoi blâmer le talent de bien écrire que Dieu avait donné à d'Andilly, dont il se servait utilement pour faire venir aux honnêtes gens le goût des bonnes choses ? Car il a été un des premiers qui, par la politesse de son style, a affectionné les personnes de qualité à lire les livres de dévotion, et à inspirer cet esprit à notre siècle. C'était particulièrement dans la direction des femmes que Saint-Cyran réussissait, parce que cet empire qu'il avait coutume de prendre sur les esprits, ces airs affirmatifs qu'il se donnait, ce ton important dont il parlait lui faisaient faire bien du chemin dans les voies extraordinaires. Il en fit en effet beaucoup avec la mère Angélique, supérieure du nouvel établissement des filles du Saint-Sacrement dans la ville, car rien ne les retenait plus ni l'un ni l'autre. La pénitente s'abandonnait à son directeur avec un aveuglement qui tenait de l'illusion, et le directeur, enivré de ses idées, s'abandonnait lui-même à tous les excès que lui inspirait l'esprit de nouveauté qui le possédait.

C'était ainsi que la dévotion abominable du *Chapelet secret*, déjà condamnée par les censures de Sorbonne, était pratiquée au pied de la lettre dans le nouveau couvent de la rue Coquillière, et qu'on s'écartait des sacrés autels et de la sainte table comme d'un écueil dangereux. Cet esprit s'établissait dans la maison avec un progrès si grand, qu'une demoiselle, qui par ses cajoleries s'était insinuée dans l'esprit de l'abbé de Saint-Cyran, et qu'il avait choisie pour gouverner les novices, toute séculière qu'elle était, ne put s'empêcher d'en avertir l'évêque de Langres. C'était une fille qui avait joint une grande légèreté à une bonne volonté, et un esprit naturellement inquiet et volage à un grand fond de piété ; elle s'appelait de Senesson. On n'a point su de quel pays, de quelle maison, de quelle condition elle était, n'ayant pas toute la vocation qu'il fallait pour prendre l'habit de religieuse à Port-Royal, où elle vivait depuis quelques années assez religieusement et avec édification de toute la maison. Il y a quelque apparence qu'elle fut donnée à ce couvent par l'évêque de Langres, qui la connaissait, et qui fut son premier directeur. Comme elle avait de la complaisance pour la mère Angélique, elle prit ou fit semblant de prendre confiance à l'abbé de Saint-Cyran, se confessa à lui, gagna son estime, et s'établit si bien auprès de ce second directeur, qu'il voulut l'avoir à son nouveau couvent, qui était proprement le sien, parce qu'il en fut comme le fondateur, et s'y rendit le maître absolu par les gens qu'il croyait à lui. Quoique cette fille eût gagné ses bonnes grâces, elle ne pût s'empêcher, ou par scrupule ou par légèreté, d'avertir l'évêque de Langres du désordre qui régnait dans le nouvel établissement.

L'évêque, informé de l'état de la maison, en voulut donner avis à la supérieure, laquelle, entêtée de la direction de l'abbé, sans rien répondre de précis au prélat, lui fit dire, conjointement avec sa sœur la mère Agnès, qu'elles le priaient bien fort, l'une et l'autre, de ne plus se mêler de leur conduite, parce qu'il avait l'esprit trop doux, qu'il leur fallait plus de rigueur, parce qu'elles sentaient bien qu'elles abusaient de sa trop grande indulgence. Comme elles avaient un peu de crédit auprès de l'archevêque de Paris, à cause de leur frère d'Andilly, elles lui firent dire à peu près la même chose : que l'évêque de Langres les traitait avec trop de douceur, que sa conduite ne leur convenait plus, et qu'elles le suppliaient de trouver bon qu'il n'eût plus de commerce ni à Port-Royal ni au nouveau couvent de la rue Coquillière : ce que l'archevêque fit sans examiner la chose à fond, et l'évêque de Langres, qui ne se faisait pas une affaire de conserver le pouvoir qu'il avait du Pape dans le gouvernement de ces filles, ne crut pas à propos de se soucier davantage d'elles, ni de s'opiniâtrer à les servir, les trouvant si rebutées de ses services. Peut-être manqua-t-il de zèle d'abandonner à un trompeur une communauté dont il prenait soin depuis si longtemps ; mais peut-être aussi qu'il prit le parti de se retirer sagement, sans faire de bruit et de dissimuler pour mieux prendre son temps, afin de remédier à ce désordre plus sûrement.

Cependant Saint-Cyran, qui jouissait paisiblement de ses pouvoirs, régnait dans son nouvel empire, en se permettant tout ce que la chaleur de son tempérament lui inspirait, et les excès où il portait la supérieure, qui l'écoutait avec un dévouement sans égal, étaient autant de nouveaux engagements, de sorte que, ne gardant plus de mesure, il renversait presque tout dans cette maison, où il établissait ce qu'il y avait de plus étrange et de plus extravagant dans ses maximes, et il commençait à mettre dans l'esprit de la jeunesse et même du noviciat, comme une pratique de la plus sublime perfection, l'éloignement des autels, et la privation de la sainte communion. C'était là l'esprit dans lequel il élevait des filles consacrées à honorer le saint Sacrement d'un culte plus parfait que les autres fidèles. Le succès qu'il avait dans cette maison par l'autorité qu'il s'y était donnée, et par la soumission générale de tous les esprits à sa conduite, lui fit penser à s'introduire en d'autres. Il continua ses visites à Maubuisson, où Étienne Mauger, ancien religieux de Cîteaux, abbé de la Charmoye, homme plus éclairé dans la conduite des âmes, où il avait quelque expérience, que savant dans la solide théologie, l'avait introduit sans examiner son esprit ; mais, après tout, cela n'alla pas loin ; car cet abbé de la Charmoye étant allé avec l'abbé de Prierres un jour rendre visite à André du Val, docteur de la faculté de Paris, alors d'une grande réputation, et consulté par tous ceux qui se mêlaient de diriger des religieuses, parce qu'il avait lui-même une grande expérience en ces fonctions-là (étant devenu ou visiteur ou supérieur de la plupart des couvents les plus considérables du royaume), ce docteur, ayant su qu'ils avaient quelque sorte de commerce avec l'abbé de Saint-Cyran, leur en fit reproche ; car, outre qu'il avait appris déjà ce qui s'en disait dans le monde, il avait reconnu dans l'*Aurélius*, qu'on lui attribuait, et dans le *Chapelet secret du saint Sacrement*, des sentiments d'un esprit fort égaré ; il crut devoir leur en faire scrupule en leur donnant avis que c'était un homme d'un commerce dangereux. Il ne leur dit peut-être pas tout ce qu'il en savait ; mais l'abbé de Prierres lui répondit qu'il s'en était déjà bien aperçu dans les entretiens qu'il eut avec lui pendant le séjour qu'il fit à Maubuisson, et qu'il n'avait pas besoin de cet avis.

Il est vrai que l'abbé de la Charmoye, qui n'était pas si grand théologien que l'abbé de Prierres, en avait plus besoin, car il était homme à se laisser tromper par Saint-Cyran ; mais il profita de l'avis de du Val, dont l'autorité était d'un grand poids auprès de tous les gens bien intentionnés ; et comme il était supérieur à Maubuisson, il ordonna qu'on n'y reçût plus Saint-Cyran pour aucune fonction de direction. Saint-Cyran, averti de la défense de l'abbé de la Charmoye, ne douta point que l'abbé de Prierres n'y eût part; car il ignorait que ce fût du docteur du Val que provenait son exclusion de Maubuisson. Ainsi craignant que le public ne prît de mauvaises impressions de sa doctrine, il courut à Saint-Lazare pour prévenir sur cela l'esprit du père Vincent, supérieur général des Pères de la Mission, qui était un homme d'un crédit fort établi pour la piété et pour tout ce qui regarde la religion. Comme il était à peu près du même pays que Saint-Cyran (car il naquit dans le diocèse de Dax, proche de Bayonne), il le traita toujours bien et il avait de grands égards pour lui. Il n'en était pas ainsi avec le père de Condren, qui, après plusieurs tentatives pour s'insinuer dans l'esprit de Saint-Cyran, qu'il estimait pour sa grande capacité, n'espérant plus rien de lui, l'avait comme abandonné, ne trouvant pas qu'il y eût de la sûreté en son commerce, et croyant même qu'il y avait du mérite à le faire connaître pour le décréditer, de sorte que Saint-Cyran ne le voyait presque plus. Ainsi, afin de s'appuyer du moins de quelqu'un dont le suffrage pût le soutenir, il s'attacha encore plus au père Vincent, qui était naturellement bon, honnête, officieux et pensant bien de tout le monde. Il était alors dans une grande réputation de vertu, ayant été comme formé, pour ainsi dire, des mains de saint François de Sales, auprès duquel il avait pris les premiers principes de la piété; il servit depuis l'Église par son humilité, par sa modestie et par sa simplicité, mieux que les plus savants par leur capacité et leur doctrine; aussi sa probité reconnue du public lui avait acquis l'estime de tous les gens de bien, et son nom donnait du crédit à toutes les affaires où on le trouvait.

Ce fut sur la connaissance qu'avait Saint-Cyran de toutes les qualités d'un homme si vertueux, qu'il crut devoir prendre encore plus de confiance en lui et lui découvrir son cœur, persuadé qu'il ne le tromperait pas et qu'il le recevrait bien; il faut aussi avouer le vrai : le père Vincent, qui pensait alors à l'établissement de sa congrégation pour l'intérêt de l'Église (car il ne s'occupait presque que de ces desseins-là et de tout ce qui pouvait contribuer à la gloire de Dieu et à l'avancement de la religion), fit les premiers pas pour mériter l'amitié de l'abbé de Saint-Cyran, comme d'un homme capable de l'aider de ses lumières en ce qu'il entreprenait pour le service de Dieu ; car il avait appris de bien des endroits que c'était un homme fort versé dans la connaissance de l'antiquité et dans la lecture des Pères, et il avait demandé part en sa bienveillance, que Saint-Cyran lui promit, de sorte que leurs cœurs furent bientôt unis par un commerce réciproque de services et par une amitié établie dans les formes. Cette liaison dura quelques années sans que Saint-Cyran lui devînt suspect ; l'inclination qu'il avait à juger toujours favorablement de son prochain et sa simplicité l'empêchaient d'ouvrir les yeux sur la conduite de cet abbé, qui ne laissait pas de trop parler quelquefois et de faire voir ses sentiments ; mais le père, qui interprétait tout en bonne part, ne se défiait encore de rien, jusqu'à ce que l'abbé, dont la confiance croissait dans le commerce mutuel de l'un et de l'autre, commença à lui parler plus à cœur ouvert des desseins qui lui passaient par la tête et lui avança des maximes autant qu'il en fallait pour lui faire connaître son esprit.

Le père Vincent était trop ami du père de Condren pour ignorer ce que c'était dans le fond que Saint-Cyran, mais il ne le connaissait pas encore par lui-même ; il eut de la peine à l'entendre parler dans des sentiments aussi écartés que ceux auxquels il se laissait aller sans lui témoigner, avec toute sa modestie et son humilité ordinaire, qu'il se trompait. L'abbé, fier et présomptueux, avait de l'ascendant d'esprit sur le père Vincent et crut qu'il le persuaderait aisément de ses principes en lui parlant de ce ton ferme et affirmatif qui lui était ordinaire ; mais ce bon père, tout simple qu'il était, ne laissait pas que d'être fort éclairé. Cette prudence de la foi qui conduit les humbles lui avait rempli le cœur de ses lumières, sans lui faire faire de faux pas ni en souffrir dans les autres ; aussi, sans être grand théologien, il savait sa religion d'une manière à n'être point trompé, et ce fut en vain que Saint-Cyran crut lui pouvoir imposer en parlant de son air d'autorité. Il continua donc à dire tout ce qu'il pensait sans garder de mesures dans l'ouverture qu'il entreprit de lui faire de ses plus secrets sentiments, qu'il avait soin toutefois d'envelopper de couleurs propres à éblouir un esprit moins pénétrant que le père Vincent, lequel faisait toujours sentir à l'abbé qu'il n'était pas de son avis dans la plupart des choses qu'il lui proposait. Un jour étant tombés l'un et l'autre en discourant ensemble sur quelques points de la doctrine de Calvin, il ne put s'empêcher de faire paraître son étonnement de voir que l'abbé prenait le parti de défendre l'erreur de cet hérétique ; sur quoi le père lui ayant représenté que cette doctrine de Calvin, qu'il défendait, était condamnée de l'Église romaine, l'abbé eut l'audace de répondre que Calvin n'avait pas eu en cela une si mauvaise cause, mais qu'il l'avait mal défendue, ajoutant ces paroles en latin : *bene sensit, male locutus est.*

Une autre fois l'abbé s'échauffant à soutenir une doctrine condamnée par le concile de Trente : « Vous allez trop avant, lui répondit d'un ton assez ferme le père Vincent, l'Église a décidé, dans ce concile, le contraire de ce que vous soutenez ; osez-vous aller contre le sentiment d'une assemblée si sainte, si savante, inspirée par le Saint-Esprit, vous qui n'êtes qu'un docteur particulier sans autorité et sans caractère ? — Ne me parlez point de ce concile, reprit l'abbé, c'était une assemblée de scolastiques où il n'y eut qu'intrigues, que cabales et factions. » Des paroles si orgueilleuses frappèrent ce bon père, qui était tendre sur la religion et qui avait un respect singulier pour toutes les décisions de l'Église, et lui firent ouvrir les yeux davantage sur un esprit si dangereux. Ce fut alors qu'il commença à délibérer s'il romprait entièrement tout commerce avec lui et s'il prendrait la résolution de ne le plus voir ; à quoi il se détermina tout à fait par cette autre rencontre.

Étant un jour allé lui rendre visite, il le surprit dans son cabinet lisant la Bible ; d'abord l'abbé ne s'aperçut pas de lui, mais tournant la tête au bruit : C'est l'Écriture sainte que je lis, mon cher monsieur, lui dit-il, et après s'être étendu sur les lumières que Dieu lui donnait dans cette lecture, il s'emporta jusqu'à dire, par un transport d'orgueil et de présomption qui n'a jamais eu de pareil, que l'Écriture sainte avait quelque chose de plus éclatant et de plus beau dans son esprit que dans elle-même : ce que le père Vincent a redit plusieurs fois en différentes occasions à ses amis, pour leur faire connaître l'esprit de l'abbé de Saint-Cyran. Enfin, un autre jour, après avoir dit la messe à Notre-Dame et étant allé visiter l'abbé qui demeurait alors dans le cloître, ce bon père le voyant sortir de son cabinet pour le venir recevoir avec un air d'inspiré : « Avouez, monsieur l'abbé, lui dit-il avec sa douceur ordinaire, que vous êtes content de quelque nouvelle lumière que Dieu vous aura communiquée dans quelque entretien avec lui par la prière, car vous avez l'air d'un homme satisfait. — J'avoue, répondit-il, que Dieu vient de me remplir de ses lumières en me faisant connaître qu'il n'y a plus d'Église. » Le père effrayé de cette proposition s'arrêta sans répondre. « Non, dit l'abbé, Dieu m'a fait voir qu'il y a plus de six cents ans qu'il n'y a plus d'Église. Avant cela l'Église était comme un grand fleuve qui n'avait que des eaux pures et claires, maintenant ce n'est plus que de l'ordure et de la boue. Le lit de cette rivière si pure et si belle est encore le même, mais ce ne sont plus les mêmes eaux. — Quoi! monsieur, lui dit le père, que deviendrait la parole de Jésus-Christ qui nous a assuré qu'il bâtissait son Église sur la pierre, et que les portes de l'enfer ne prévaudraient point contre elle ? L'Église est son épouse, il ne l'abandonnera jamais. — Il est vrai, répondit l'abbé, que Jésus-Christ a bâti son Église sur la pierre, mais il est vrai aussi qu'il y a un temps pour édifier et un temps pour détruire ; c'était son épouse autrefois, maintenant c'est une adultère et une prostituée, ce qui l'a obligé de la répudier et de s'en faire une autre qui lui soit fidèle. »

Le père Vincent ne put avec toute sa douceur ordinaire et sa modération souffrir un discours si horrible sans donner des marques de son étonnement : « L'égarement où je vous vois, lui dit-il, me fait pitié ; croyez-moi, défiez-vous de vous-même et de votre propre esprit avec des sentiments si pernicieux. » L'autre voulut justifier ce qu'il venait de dire, mais le père n'eut pas assez de patience pour l'écouter, et après quelques contestations mêlées de chaleur de part et d'autre ils se séparèrent. C'est de ce père même qu'on a su tout le détail et tous les divers incidents du commerce qu'ils avaient l'un avec l'autre selon que nous en assure Louis Abelly, évêque de Rhodes, qui a écrit la vie du père Vincent, et c'est du chapitre douze du livre second de cette vie qu'on peut apprendre ce que je viens de dire. Ce prélat ajoute au même endroit que le père Vincent, plein de charité qu'il était, craignant que cet abbé ne se perdît tout à fait dans l'égarement où il le voyait et qu'aveuglé de la vaine opinion qu'il avait de sa suffisance il ne s'abandonnât à son orgueil pour se jeter tout à fait dans l'abîme, crut être obligé, tant par le devoir de leur ancienne amitié que par les considérations de la charité chrétienne, de faire un dernier effort pour le sauver de ce malheur.

Dans ce dessein, il alla le trouver chez lui, pour lui rendre visite encore une fois, et après avoir tâché de préparer son esprit par les voies de douceur et d'honnêteté, il le conjura de faire réflexion à l'obligation qu'il avait de soumettre son jugement à l'Église et d'avoir plus de déférence pour le concile de Trente, si digne de respect, dans toutes ses décisions et si saint dans ses canons; il tomba de ce discours général dans le détail de quelques propositions très-dangereuses que Saint-Cyran avait avancées; il lui fit voir combien elles étaient contraires à l'esprit de l'Église; qu'il se faisait un grand tort de les débiter et de s'engager par là dans l'égarement où l'emportait sa vanité; qu'il le conjurait au nom de Notre-Seigneur de se défaire de ces sentiments et de se retirer entièrement de cet esprit d'innovation dont il était en quelque manière entièrement possédé.

On ne sut pas alors ce qu'eut de particulier cet entretien ni quel en fut le détail; on sut seulement qu'il eut peu d'effet; Saint-Cyran ne changea point de sentiment, il fut un peu plus circonspect en sa conduite; mais il ne gagna rien par cette circonspection, dont il s'avisa trop tard, à la vérité. Ce bon père parla à cet abbé avec tant de force et tant de vigueur qu'il en fut en quelque façon interdit, de manière qu'il ne put rien répondre, frappé de la véhémence de son discours et vivement touché de l'ardeur de son zèle et de sa charité; mais Saint-Cyran n'était pas assez humble, ni assez docile pour profiter des avis salutaires de ce saint homme. Cet avertissement lui demeura sur le cœur, mais ne put le fléchir; et sa fierté s'étant réveillée par les réflexions qu'il fit sur les avis que lui donna cet ami, dans un voyage à son abbaye qu'il fut obligé de faire, il écrivit à ce bon père une grande lettre pleine des sentiments que sa vanité lui inspirait et que la maudite préoccupation qu'il avait pour les nouveautés l'obligeait de soutenir pour aller au but qu'il se proposait; toutefois il garda certaines précautions pour ménager ce père dont il espérait du secours; car quoiqu'il trouvât de la résistance dans son esprit pour le faire entrer en son sens, il ne laissait pas de compter sur son cœur dont il se tenait assuré par la connaissance qu'il avait de sa vertu. Voici l'extrait de sa lettre qui est trop longue pour être copiée, et c'est assez d'en marquer l'esprit pour faire connaître le dépit qu'il avait de recevoir des avis sur la religion d'un homme sur lequel il croyait avoir tant d'ascendant en toutes manières, et pour montrer l'état où il était avec ce père. On ne sait pas bien d'où fut écrite cette lettre; il semble insinuer que c'est de la maison d'un évêque, mais on ne sait lequel: en tout cas ce fut hors de Paris, et dans un voyage qu'il fit à son abbaye; il y fait même mention d'une maladie violente qui le prit à Cléry; ce qui donne lieu de croire qu'il allait à Saint-Cyran. Cette maladie lui vint d'avoir assisté à la mort de la femme de son bon ami d'Andilly, ce qui fit une impression si forte sur son esprit par la douleur qu'il en eut, et sur son corps par l'infection du flux de sang dont elle mourut, qu'étant lui-même tombé malade il fut obligé de sortir de Paris et d'aller se guérir au grand air de la campagne dans son abbaye, où il demeura jusqu'à ce qu'il fût tout à fait rétabli.

Il eut si peur que le silence qu'il gardait depuis la visite que lui rendit le père Vincent pour lui reprocher ses sentiments dangereux sur la religion ne fût une espèce d'acquiescement à ses avis, qu'il commence sa lettre[1] par une grande déclaration du danger où l'avait réduit une maladie si maligne et si opiniâtre, et pour diminuer le poids des reproches tous justes que ce père lui avait faits, il avoue qu'il a des choses d'une plus grande conséquence à se reprocher lui-même devant Dieu et qui lui font craindre ses jugements. Il espérait toutefois, par le fond d'humilité que le père avait dans l'âme, qu'il ne serait

---

[1] Cette lettre est dans l'information du procès de Saint-Cyran. P. 66, Extrait de Préville.

pas difficile de le détromper en lui faisant voir dans l'Écriture sainte ce qu'il croyait être des erreurs; mais ayant vu qu'il avait ajouté à ses avis le reproche de ne s'être introduit dans sa maison que pour y répandre le venin de sa doctrine et pour la gâter, cela le fit juger qu'il n'était plus temps de se défendre, puisque lui, qui était de ses meilleurs amis, prenait le temps d'une persécution terrible qu'on lui faisait pour se joindre à ses ennemis et pour l'accabler; c'est ce qu'il reproche à ce père avec aigreur, comme s'il avait entrepris de le précipiter en voulant le tirer du précipice. Il ajoute qu'il s'étonnait que, faisant profession d'être si doux en toutes occasions, il avait pris sujet d'un soulèvement fait contre lui par une cabale pour lui reprocher des choses qu'il n'avait osé penser auparavant, ajoutant que ce n'était que par des intérêts grossiers et par esprit de faction qu'on agissait ainsi et que la duchesse de Longueville, qui l'avait soupçonné de nouveautés, lui avait fait réparation d'honneur avant de mourir. Il dit la même chose du cardinal de la Valette, qui avait rendu témoignage dans une occasion en sa faveur, après en avoir douté, et il affecte de citer de grands noms pour éblouir le bon homme, se vantant de faire autoriser ses opinions par le suffrage des évêques du royaume. Dans le reste de la lettre, qui est fort longue et fort embarrassée, il cherche à se justifier du dessein qu'il avait de répandre sa doctrine dans la maison de Saint-Lazare; sur quoi il dit bien des choses en l'air, pour marquer combien il en était éloigné; et enfin il déclare qu'il lui pardonne la hardiesse qu'il a eue de lui donner des avis, se comparant à Jésus-Christ et le père Vincent à un persécuteur, dans un temps, à ce qu'il prétendait, où il lui rendait de grands services auprès de l'évêque de Poitiers. La lettre finit par un lieu commun sur les directeurs qui n'a nul rapport à tout le reste et par des compliments vagues pour l'assurer de la continuation de son amitié.

Il se plaignait, à la vérité, mais d'un ton un peu radouci, et ces protestations d'amitié, jointes au désir qu'il avait de servir sa maison, et au dessein qui lui passait par l'esprit de retrancher les défauts de son institut auquel il travaillait alors, lui marquaient qu'il voulait le conserver pour avoir du moins son suffrage à opposer à ceux qui commençaient à s'élever contre lui; car sa doctrine trouvait déjà dans le public bien de l'opposition, et c'est ce qu'il veut dire dans sa lettre, parlant des cabales qui se formaient contre lui, c'est-à-dire des gens qui désapprouvaient ses sentiments; mais ni par sa lettre mêlée d'amitié et de plaintes, ni par ses visites, ni par ses flatteries, il ne put venir à bout d'empêcher ce saint homme de parler et de faire son devoir, ce qu'il fit dans la suite, encore plus courageusement et avec plus de zèle, quand il prit le parti de se joindre au père de Condren, à l'abbé de Prierres et à l'évêque de Langres, pour informer le cardinal de Richelieu du danger qu'il y avait de souffrir un homme si dangereux dans le commerce du monde, ce qu'ils n'avaient encore pu faire, ou par l'accablement d'affaires que la guerre qu'on venait de déclarer causait au cardinal, ou par ses maladies qui lui durèrent une partie de l'été et l'obligèrent à se tenir à Rueil, sa maison de campagne, où le roi fut obligé de l'aller visiter, et même de tenir plusieurs fois conseil dans ce lieu-là pendant qu'il résidait à **Saint-Germain**.

Mais il arriva, par ces dispositions secrètes et impénétrables de la Providence, que dans le même temps que les amis de l'abbé de Saint-Cyran se réunissaient ensemble de concert pour le faire arrêter, afin d'empêcher le progrès de sa doctrine dans Paris, les amis de Jansénius concertaient aussi par leurs intrigues de leur côté à élever ce docteur dans quelque dignité, afin que le public profitât de ses lumières, et donner plus de cours à son opinion. Ils furent tous deux également coupables devant Dieu d'entreprendre des innovations dans la religion, et cette suprême conduite d'en haut qui veille sans se lasser à tout ce qui se passe ici-bas mène l'un en prison pour y être enfermé plusieurs années, et élève l'autre à l'épiscopat pour y être honoré et sa doctrine écoutée. C'est par des voies si différentes que ce souverain maître anéantit les vains projets de ces deux novateurs pour sauver son Église de leur pernicieuse doctrine.

Fromond et Calenus, qui étaient les deux intercesseurs de Jansénius auprès de l'archevêque de Malines, le pressaient sans cesse de penser à leur ami afin qu'il ne fût pas oublié dans le conseil. Le président Rooze représentait avec sa chaleur ordinaire le service qu'il venait de rendre à l'État par son livre contre les rois de France, qui avait été si bien reçu du public, et qui avait rendu la conduite du roi Très-Chrétien (par la déclaration de la guerre à la maison d'Autriche) si odieuse à toute l'Europe, qu'il n'y avait pas d'espérance que la France pût soutenir la honte du parti de la guerre qu'elle venait de prendre ; que c'était à ce docteur de Louvain que le roi d'Espagne devait la faveur des peuples, qui donnaient à ses armes une approbation générale en désapprouvant celles du roi Très-Chrétien. Ce président représentait tout cela au conseil avec toute cette chaleur dont il était capable, et en homme un peu intéressé ; car on prétend qu'il avait fourni une partie des mémoires à ce livre contre la France ; ce qui est si vrai, qu'étant à Rome en l'année 1667, il tomba entre mes mains une lettre de Fabio Chigi, qui était nonce du Pape à Cologne et qui depuis a été élevé sur la chaire de Saint-Pierre sous le nom d'Alexandre VII : dans cette lettre datée de Cologne du 25 mai de l'année 1641 [1] et adressée au cardinal François Barberini, il lui mandait que le cardinal de Richelieu avait conçu bien de l'aversion contre Jansénius, évêque d'Ypres, de ce qu'il avait écrit le livre de *Mars Gallicus* contre les rois de France avec le secours du président Rooze, car on ne doutait pas qu'il n'y eût mis la main. Ainsi ce président, en sollicitant au conseil privé la récompense d'un service si signalé que son ami venait de rendre à l'État, parlait un peu pour lui-même, mais toutefois sans se montrer et ne cherchant qu'à le servir ; car par un intérêt secret ou par animosité contre les jésuites il avait contracté avec Jansénius une liaison si étroite, qu'ils étaient fort attachés l'un à l'autre.

Ce fut aussi un de ceux qui parlèrent le plus haut au conseil pour récompenser l'ouvrage que ce docteur venait de publier, quoiqu'on ne manquât pas de faire retentir à la cour du cardinal-infant ce qu'on avait entendu dire au marquis de Las Veles, ambassadeur extraordinaire du roi d'Espagne à Rome : qu'il n'y avait qu'un chapeau de cardinal qui pût être la récompense de *Mars Gallicus*, tant il était bien fait.

[1] L'original est au saint office.

C'était ainsi qu'on parlait de l'ouvrage de Jansénius à la cour de l'infant, et c'était là les sentiments qu'on en avait, de sorte que ses amis n'eurent pas de peine à persuader ceux qui devaient penser à la récompense que méritait le service qu'il venait de rendre à l'État; mais on ne les écoutait pas et il ne se faisait rien pour lui, parce qu'il y avait en cette cour un de ces vieux Espagnols qui avait été élevé dans les maximes de Philippe II et du duc d'Albe, qu'il ne faut jamais pardonner un crime d'État. C'était le marquis d'Ayetone, qui avait été chef du conseil de l'infante Claire Eugénie et lui avait succédé dans le gouvernement du pays. Ce vieux courtisan avait l'honneur de l'État imprimé dans le fond de l'âme comme tous les officiers qui ont vieilli dans le service; il n'avait pu oublier que le docteur de Louvain, pour lequel on sollicitait des récompenses avec tant de chaleur, était celui qu'on avait accusé sous le gouvernement de l'infante d'avoir opiné dans un conseil secret où assista le duc d'Aerschot, avec quelques-uns des plus considérables du pays, contre les intérêts d'Espagne, et il ne pouvait se résoudre à appuyer auprès du cardinal-infant les prétentions d'un homme déjà mal noté dans sa conduite. Aussi n'avançait-on rien dans les demandes qu'on faisait au conseil pour lui procurer des récompenses; car le marquis, en se dépouillant de sa puissance pour remettre entre les mains du cardinal-infant le gouvernement du pays, ne s'était pas dépouillé de son autorité, il l'avait retenue tout entière et ses sentiments étaient suivis dans le conseil privé comme s'il eût été encore dans le pouvoir, par l'expérience qu'on avait de son zèle et de sa prudence. Ceci obligea les amis du docteur de Louvain de patienter, pendant que le marquis d'Ayetone resterait en Flandre auprès du nouveau gouverneur, pour donner des instructions à ceux qui devaient servir le pays sous lui et prendre avec le cardinal un plan de gouvernement conforme au sien, afin de ne rien changer dans les détails des affaires qui pût nuire à ce qu'il avait établi, et comme il était sage et expérimenté il demeura longtemps en Flandre à cause du besoin qu'on avait de ses conseils dans les commencements de la guerre. Il commanda même une partie de troupes de l'armée qu'on opposa à celle de France, et il eut part à cette grande consternation qui arriva à Bruxelles vers le 14 juin de l'année 1635, quand le cardinal-infant, ayant appris que les Hollandais s'étant joints aux Français avaient pris Diest (petite place peu éloignée de Bruxelles) et venaient à Tillemont, prit tellement l'épouvante qu'il s'enfuit avec bien de la précipitation à Louvain avec toute sa suite, et le marquis d'Ayetone, s'étant alors trouvé auprès de la personne du prince, crut devoir prendre part à ses frayeurs et au trouble de toute la cour, qu'il suivit à Louvain. Ce fut sans doute dans ce temps-là que Jansénius, travaillant à son ouvrage contre la France, ne put avoir devant les yeux une image si affreuse des premières impressions de cette guerre contre laquelle il écrivait et d'être témoin du trouble et de la peur du prince et de toute sa cour, sans éprouver cette animosité qui le faisait écrire et lui inspirait cette satire sanglante qu'il préparait.

Mais enfin le marquis d'Ayetone étant parti de Flandre pour l'Espagne où on le rappelait, les amis du docteur de Louvain ne trouvant plus d'obstacle à sa promotion, l'évêché d'Ypres étant venu à vaquer, ils le proposèrent au conseil avec tant de force que le cardinal-infant n'y put pas résister ; car comme l'archevêque de Malines et le président Rooze portaient avec bien de l'ardeur ce docteur, qui s'était fait un si grand mérite auprès du roi d'Espagne par son ouvrage, le reste du conseil et le chancelier même entrèrent dans l'intérêt qu'y prenait l'archevêque, et tout concourut à sa promotion ; ainsi Jansénius s'éleva à une dignité si sacrée par le plus grand de tous les crimes, c'est-à-dire par une médisance atroce du roi de France Louis XIII, prince qui fut estimé de son siècle ; et ce fut parce qu'il avait réussi à rendre notre nation odieuse et exécrable à tous les peuples qu'il mérita d'être évêque.

La nomination du cardinal-infant ayant été obtenue par l'archevêque, on expédia un courrier à Jansénius à Louvain où il était pour le presser de se rendre à Bruxelles ; il y apprit ce qui venait de se faire pour lui au conseil ; il courut au palais faire ses remercîments, et le bruit de cette promotion s'étant répandu dans la ville on le sut au collége des jésuites, où son ancien ami Othon Zilly était alors et qui vint aussitôt lui faire ses compliments sur son élévation. Le nouveau prélat le reçut avec toutes les marques de joie dont il était capable, il l'assura de son amitié pour la Compagnie dans le poste qu'il allait prendre et du désir sincère qu'il avait de bien vivre avec les jésuites. Le père Zilly, par un droit qu'il prétendait avoir de son ancienne amitié, lui fit comprendre qu'il avait sujet d'en douter. « Non, lui répondit Jansénius, c'est le plus sincèrement du monde que je vous parle. J'avoue que j'ai vécu d'une manière à Louvain qui vous doit donner des défiances de moi ; mais j'étais dépendant et je devais m'accommoder aux sentiments des gens de l'Université avec qui je vivais ; on m'y a fait faire des démarches contre la Compagnie que je n'aurais jamais faites si j'avais été le maître ; je vais l'être à Ypres et je vais aussi changer de conduite à votre égard. — Puis-je mander à nos pères une si bonne nouvelle, lui repartit Zilly. Je vous en prie, lui dit-il ; vous ne sauriez me faire plus de plaisir. »

En effet, ce père écrivit au père Herman Spruit, alors recteur du collége d'Ypres, l'entretien qu'il eut avec le nouvel évêque et les grandes avances d'honnêteté qu'il lui avait faites sur le désir qu'il avait de bien vivre avec les jésuites ; car le père Zilly était persuadé de la sincérité du procédé de ce nouveau prélat, et il avait raison, car c'était sincèrement que cet évêque pour parvenir à ses fins voulait la paix avec ces pères ; il roulait dans sa tête un dessein qu'il ne pouvait aisément exécuter dans le trouble et dans le tumulte, et qui demandait du repos et de la tranquillité. Ainsi, il suspendit une partie de son indignation contre ces pères (qu'il ne pouvait plus aimer dans le fond), afin de la mieux satisfaire plus tard, comme on le verra. Quoi qu'il en soit, il alla peu de temps après prendre possession de sa nouvelle dignité et y fut reçu des jésuites avec toutes les cérémonies que demandait d'eux le respect qu'ils lui devaient, et l'on fit une fête publique dans le collége de cette réception, où les pères firent réciter des vers à sa louange par leurs écoliers, dont il fut lui-même content, et il ne put pas recevoir d'eux tant de témoignages de respect et tant de marques d'honneur sans en témoigner bien de la satisfaction et de la reconnaissance. Ce fut ainsi que débuta le nouveau règne de ce prélat avec les jésuites ; rien ne se fit plus honnêtement de la part de l'évêque ni plus heureusement à l'égard des pères.

L'abbé de Saint-Cyran, qui avait reçu une impression maligne à la mort de la femme de d'Andilly, était allé faire un voyage à son abbaye pour surmonter par le grand air l'atteinte d'une dangereuse maladie qui le menaçait; mais cette mort fit un effet tout autre sur l'esprit d'Antoine Lemaître, neveu de la défunte, femme des plus accomplies qu'il y eût alors dans le monde, estimée de tous ceux qui la connaissaient, tendrement chérie de son mari et adorée pour ainsi dire de toute sa famille; ce neveu s'était distingué de tous par les devoirs d'assiduité et de respect qu'il rendait à une tante aussi parfaite que celle-là. Ce fut aussi par là qu'il mérita tant de part aux bonnes grâces et à l'affection que son oncle avait pour lui. C'était un sujet admirable qui à l'âge de trente-cinq ans environ avait acquis déjà toute la gloire qu'on peut acquérir au barreau par l'éloquence, et il venait encore tout récemment de se signaler d'une manière fort extraordinaire dans les trois cours souveraines par l'éloge qu'il y avait fait de Pierre Séguier, que le roi avait nommé chancelier de France sur la fin de l'année. Les trois actions que fit ce maître sur ce sujet firent un si grand effet dans le monde et lui acquirent une si grande estime dans l'esprit du nouveau chancelier, qu'il n'y avait presque point de poste des plus considérables où les conjectures du public ne le destinassent; et l'on commença même à penser à lui pour des ambassades. Ce fut toutefois au milieu de ces succès que ce jeune homme disparut tout à coup, s'étant retiré du monde pour penser à son salut en la solitude et renoncer à tout le reste; en quoi l'on peut dire que peut-être jamais personne ne sacrifia à la fleur de son âge de si belles espérances. Ceci parut si nouveau dans un siècle où la gloire d'être quelque chose n'était pas négligée, qu'on parla différemment d'une retraite si surprenante; il avoua à la vérité que la mort de sa tante d'Andilly, qu'il aimait tendrement, l'avait tellement frappé et lui avait donné un si grand mépris pour le monde, qu'il s'était senti obligé d'y renoncer tout à fait, ne pouvant plus y rester qu'avec bien du dégoût. Il est vrai que du naturel affectueux dont il était il ressentit cette perte avec beaucoup de douleur, et qu'une mort si imprévue avait fait une impression étrange sur son esprit; mais ce ne fut pas le principal ressort d'un changement qui parut imprévu au public et qui dans le fond fut fort médité, car on prétend que l'élévation de ce jeune avocat au suprême degré de la réputation, s'étant faite par une étude précipitée, le réduisit bientôt à une sorte d'épuisement qui lui ôta l'espérance de soutenir dans la suite la gloire qu'il avait acquise, et qu'il aima mieux renoncer au métier, que de se résoudre à diminuer son travail et à donner des bornes à son génie, car il aimait si fort la gloire, qui est la passion des belles âmes, qu'il faisait une sorte de commerce dans le palais par des gens apostés, lesquels s'informaient des causes les plus belles qu'il y avait à plaider et en traitaient à prix d'argent avec ceux qui en étaient chargés pour les céder à Lemaître qui les payait bien. C'était ainsi que lui venaient toutes les belles occasions de parler et qu'il ne manquait point de beaux sujets à plaider, et l'art qu'il avait de bien les choisir lui attirait toujours une grande foule d'auditeurs, qui ne venaient point l'entendre sans l'admirer; il avait aussi porté son talent à un tel degré de perfection, qu'il lui parut presque impossible de le soutenir longtemps, ce qui le détermina à quitter sa profession.

On donnait aussi une autre version à sa retraite qui m'aurait paru la moins vraisemblable de toutes si je ne l'avais apprise de l'un de ses proches, l'abbé de Cornouaille, qui, me parlant de la conversion d'Antoine Lemaître, son cousin, me dit qu'ayant pris la résolution de s'attacher au barreau dans l'inclination qu'il avait à l'éloquence, se sentant du génie pour la parole, il se donna à Philippe-Paul de Cornouaille Dotty, avocat au parlement, très-célèbre, qui prenait plaisir à former des gens à l'éloquence. Il avait déjà si bien réussi à donner des principes pour la parole à Bataille, Hilaire, Gaultier, qui s'étaient mis sous sa conduite, et dont il fit les trois meilleurs avocats du palais; Lemaître ayant perdu son père assez jeune, et sa mère s'étant retirée à Port-Royal avec ses autres sœurs, il ne délibéra point sur le parti qu'il avait à prendre et se donna à ce grand homme.

Ce fut sa mère qui le lui présenta elle-même avant de se retirer entièrement du monde. De Cornouaille, qui donnait si libéralement ses soins à l'éducation de la jeunesse en qui il voyait quelque disposition pour la parole, crut devoir les redoubler pour former son parent, qu'il trouva bientôt digne de ses leçons par les grands talents que possédait ce jeune homme, dont il fut épris lui-même; ainsi il se fit un plaisir de cultiver et de lui donner de son temps autant qu'il en voulait pour en faire un grand sujet. Il élevait en même temps en sa maison une nièce nommée Magdeleine de Cornouaille, fille de Pierre de Cornouaille, son frère, conseiller à la cour des aides et d'une sœur ou d'une proche parente de Jérôme Bignon, avocat général au parlement, car le père et la mère de Magdeleine étant morts jeunes, elle fut mise entre les mains de l'oncle par le conseil de famille. Le jeune avocat avec qui elle fut élevée ne put la voir dans cette liberté que permet la vie domestique, c'est-à-dire vivre, manger, converser avec elle sans la trouver à son gré. Elle lui plut, l'oncle mourut environ ce temps-là, ce qui les sépara; mais quoiqu'il eût peu de bien et elle beaucoup, il eut assez bonne opinion de lui pour la demander en mariage. Il ne fut pas heureux en cela, car la demoiselle, unique héritière de son oncle de Cornouaille, avait cinquante mille écus de bien et même davantage, somme alors assez considérable pour espérer un officier de cour souveraine et le jeune Lemaître n'avait que peu de chose; aussi l'avocat général Bignon, avec le reste de la famille, jugea qu'il n'était pas un parti sortable à leur parente; il fut refusé, et elle fut mariée peu de temps après au lieutenant général de Senlis, homme fort riche.

Ce refus le dégoûta si fort du monde qu'il se retira; et quoique de la manière dont les hommes sont faits ce dût être une raison de retraite assez vraisemblable, il y a apparence toutefois qu'il en eut encore d'autres; que la mort de sa tante d'Andilly dont il avait le cœur touché pour le mérite de sa personne, la délicatesse qu'il avait à se contenter dans les actions publiques qu'il faisait en contentant tout le monde, les difficultés invincibles qu'il prévoyait à soutenir sa réputation dans le haut point où il l'avait portée, et par-dessus toutes choses l'empire que Saint-Cyran avait pris sur son esprit dans les entretiens qu'il avait commencé à avoir avec lui sur l'affaire du salut, et l'estime qu'il avait de la capacité de ce grand homme (comme il paraît dans les lettres qu'il lui écrivait dès l'année 1633), tout cela concourut probablement à ce dessein de retraite; qui ne lui fit point d'honneur dans le monde, de la manière dont la chose se passa, et donna même lieu de murmurer contre son directeur, auquel on imputa cette résolution. Tout le palais se plaignit de perdre un si bon sujet. Les honnêtes gens n'approuvèrent pas cet amour malentendu de la retraite dans un homme qui donnait de si grandes espérances au public de le servir. Mais le chancelier en fit plus de bruit que personne, car, comme il avait sujet d'être fort content des actions admirables que ce jeune homme venait de faire à son honneur, il avait pris des desseins de penser à sa fortune, et de l'établir pour se l'attacher encore davantage; il en fit éclater son mécontentement, en rejetant entièrement la faute sur l'abbé de Saint-Cyran. Le bruit en vint jusqu'au cardinal de Richelieu, lequel, tout occupé qu'il était à repousser les Espagnols de la frontière, à rétablir le commerce, en faisant observer exactement les lois, à régler les finances et à réformer l'État, ne laissait pas que de donner de son temps et de son application à faire refleurir les arts et les sciences, afin que les lettres fussent en honneur dans le royaume, aussi bien que les armes, puisqu'elles sont un des principaux instruments de la vertu. Ainsi, attentif qu'il était aux choses agréables, après avoir établi les nécessaires, et regardant l'éloquence comme un des plus grands ornements de l'État, il fut choqué de ce que Saint-Cyran avait pour ainsi dire dérobé au public un si important sujet, et par une conduite bizarre et par des chemins écartés l'avait caché dans l'obscurité d'une retraite. La nouveauté même de cette conduite, qui n'avait point d'exemple, acheva de donner à ce ministre toute la méchante opinion qu'il avait déjà conçue contre lui par les rapports qu'on lui en avait faits, et rien ne fit alors plus de tort à cet abbé que le bruit de cette retraite, qui fut généralement désapprouvée de tous les honnêtes gens.

Mais le bruit que fit l'affaire du père de l'Oratoire nommé Maignard (un des disciples secrets de l'abbé de Saint-Cyran depuis quelques années), qui fut cité à l'official de Rouen, où il était curé de Sainte-Croix, pour l'impression et la distribution de quelques-unes des opinions de Saint-Cyran, acheva de le perdre. Il y avait déjà quelques années que ce père avait commerce avec cet abbé pour sa direction et pour celle des autres, qu'il faisait des voyages avec lui en son abbaye, où ils allaient s'enfermer. Ce commerce était caché, et l'on n'en sut rien que par les mémoires qui servirent au procès de ce réformateur, où il se trouva quelques fragments de billets de l'un à l'autre; je n'en ai pu découvrir les commencements ni l'occasion; mais ce qu'il y a de considérable dans la relation qu'ils avaient ensemble, c'est que dans les billets du père Maignard il est souvent fait mention d'un certain de Troye, capucin apostat, qu'on avait enfermé à la Bastille à Paris pour plusieurs crimes et surtout pour avoir commencé à former une secte d'illuminés, où ce curé s'était intrigué par rapport à Saint-Cyran. L'affaire, par les seuls dehors qu'on en trouve dans les mémoires du procès, paraît de conséquence; mais n'en ayant pu pénétrer le fond, je ne dirai que ce que le père Maignard en écrit lui-même à Saint-Cyran par les billets contenus dans ces mémoires, où il lui mande que l'official de Rouen l'oblige à lui rendre compte des papiers qu'il a fait imprimer pour les distribuer, que cela fait grand bruit, qu'il est temps qu'il le désavoue, comme l'aveugle-né désavoua Jésus-Christ, lequel se communiqua à lui après plus parfaitement; que si ce désaveu peut lui servir pour le justifier, qu'il s'offre à être sacrifié. Il ne laisse pas de s'informer si l'on pourrait trouver quelque docteur de Sorbonne qui voulût approuver la doctrine qu'il avait prêchée sur quoi on l'inquiétait. Dans un billet du 8 décembre de cette année 1636, il prie Saint-Cyran de lui mander si, supposé qu'il s'enfuie, il croit qu'il sera reçu aux pères de l'Oratoire de Paris, parce que ceux de Rouen avaient commencé à le désavouer; et comme les capucins étaient ses principaux accusateurs, qui poursuivaient la condamnation de sa doctrine en Sorbonne, il y a apparence que son affaire avait rapport à celle du capucin apostat, et il conclut cette lettre par la crainte qu'il a de passer tout à fait pour hérétique, dont il avoue lui-même qu'il était soupçonné.

Quoi qu'il en soit, le bruit que fit cette affaire à Paris, dont je ne pus savoir le détail, marque assez que c'était de la religion qu'il s'agissait, et que cela regardait Saint-Cyran, fort mêlé dans toute cette intrigue, qu'il ne put empêcher d'éclater et de commencer à former les nuages de l'orage qui le menaçait; mais par bonheur pour lui ce père de l'Oratoire mourut peu de temps après. Ce curé fut pour ainsi dire le premier apôtre du jansénisme; il en avait si bien pris l'esprit et les principes, comme il paraît par ses lettres imprimées, qu'il trouva le moyen de les faire subsister après lui, et de les perpétuer dans ses successeurs jusqu'à un tel point que ce fut par là que la duchesse de Longueville entra peu après dans le parti, et qu'elle s'embarqua si vivement dans la cabale qu'elle en fut un des principaux appuis, comme on le verra dans la suite.

Ce fut alors aussi qu'Antoine Singlin, qui s'était fait disciple de Saint-Cyran depuis quelques années, commença à se produire. Ce n'est pas ici le lieu de parler de sa naissance, de sa fortune, de son génie et de tout ce qui regarde sa personne. Je me réserve de le faire lors de son élévation, pour en marquer mieux les circonstances et pour donner une peinture plus parfaite de son esprit, car c'est un homme à distinguer par les endroits où il se signala. Je dirai seulement que jamais personne ne se donna au parti avec plus de dévouement; et de tous ceux qui s'y donnèrent, il n'y en eut point qui entrât mieux dans les principes de la nouvelle doctrine, ni qui parût avoir plus de disposition à prendre son esprit; en quoi il réussit si bien qu'il se rendit par là digne de succéder à Saint-Cyran, et de devenir le directeur en chef de Port-Royal après la mort de l'abbé; il y régna même avec une autorité presque égale à celle de son prédécesseur. Il est vrai aussi que Saint-Cyran ne le ménagea point d'abord, le trouvant peut-être d'un caractère d'esprit si souple, qu'il le mit à toutes les épreuves les plus difficiles, qu'il l'éloigna d'abord des autels, et qu'il le laissait des six mois entiers sans dire la messe. Singlin soutenait cela avec une patience, une paix d'esprit et une tranquillité que Saint-Cyran ne pouvait assez admirer lui-même; car s'abstenir de la participation des saints mystères sans impatience, c'était, à son sens, la souveraine perfection, et ce fut aussi par là que ce jeune homme devint bientôt le disciple bien-aimé de son cher maître, qu'il mérita sa confiance plus que tous les autres, et qu'il parvint à devenir son premier successeur dans la direction de Port-Royal.

Mais le disciple, en faisant ses affaires par sa docilité et cette souplesse naturelle qu'il avait à prendre toutes les figures qu'on voulait lui donner, gâta les affaires de son maître. On commença à dire dans le monde que Singlin, qui s'était mis sous la direction de l'abbé de Saint-Cyran, passait plusieurs mois entiers sans dire la messe ; on en murmura même, et cette conduite donna au public une méchante opinion du directeur, comme Singlin l'avoue lui-même dans un billet daté de Paris, du 8 novembre [1].
« Monsieur de Saint-Médard a fort entretenu M. d'Alençon de ma personne, que j'étais des trois mois entiers sans dire la messe, que je faisais de longues oraisons, bref, que je menais une vie bizarre, et qu'il devait prendre garde qu'en la maison où j'étais on avait condamné un livre intitulé *le Chapelet :* ce qu'ils improuvent n'est pas ce qui me donne de la peine, attribuant tout cela à l'ignorance. » Un dévouement si déclaré tint lieu d'un grand mérite à Singlin auprès de l'abbé de Saint-Cyran, et contribua bientôt à le placer à Port-Royal. On le mit d'abord à faire le catéchisme aux pensionnaires de la maison, où il réussit si bien, que les religieuses mêmes venaient l'écouter et l'entendaient toujours avec plaisir, car il donnait du poids aux plus petites choses qu'il disait, et les faisait valoir par le ton d'autorité avec lequel il les disait. Dès qu'il eut toute la confiance de Saint-Cyran, il eut aussi tout le pouvoir dans la maison, et ce pouvoir croissait à mesure qu'il s'établissait lui-même ; on lui trouva même dans la suite un talent pour les affaires et pour le ménage d'une maison qui le fit encore plus considérer.

Mais enfin le bruit que faisait une doctrine si opposée aux voies ordinaires, et si peu conforme à la conduite de l'Église d'éloigner un prêtre du commerce des autels, et de l'empêcher de dire la messe sans raison plusieurs mois entiers, donna une si

---

[1] L'année n'est point indiquée.

étrange idée du directeur, et l'on en parla si diversement que cela lui fit grand tort. Après tout, ce ne fut pas seulement par l'indiscrétion de ses disciples que son secret commençait à éclater ; sa présomption était si grande et l'aveuglait si fort qu'il se trahissait lui-même par le peu de précaution qu'il prenait sur ce qui le regardait. L'abbé de Sery, qui était son voisin au cloître Notre-Dame et frère du marquis Douailly, déclara environ ce temps, ce qu'il lui avait entendu dire dans la conversation, qu'il ne fallait rien faire que par esprit de Dieu, et comme il avait du discernement pour les mouvements de cet esprit qu'il ressentait sensiblement, il ne se trompait jamais. Sur quoi l'abbé, mal édifié, lui répondit que, sur ce principe, chacun pouvait prendre le mouvement de son propre caprice pour celui du Saint-Esprit ; mais Saint-Cyran s'était tellement imprimé ce principe dans le cœur, qu'il s'en faisait une conduite particulière de sa vie en bien des rencontres. Un jour, disant la messe dans une chapelle domestique pour sa commodité, il s'arrêta tout court au milieu du sacrifice, se déshabilla, quitta l'autel et sortit de la chapelle. Ses domestiques lui demandèrent s'il s'était trouvé mal. Il répondit que non, mais qu'il avait interrompu la messe par l'inspiration de l'esprit de Dieu, qui demandait alors cela de lui, et qu'il était soumis en toutes choses à cet esprit qui le guidait. On a remarqué que cela lui est arrivé deux fois, du moins par ce qu'il en est venu à la connaissance de ses domestiques ou de ses amis, d'avoir commencé la messe sans la finir.

Il avait coutume, pour autoriser la conduite de cet esprit intérieur (qui était l'erreur des gnostiques et des illuminés), de raconter une histoire, qu'il avait ou imaginée ou qu'on lui avait composée, d'une personne de qualité, qu'il nommait même par son nom, laquelle avait un neveu qui avait débauché une fille dans sa maison. Cette personne en fut touchée extrêmement, et elle eut des mouvements intérieurs par lesquels elle connut qu'elle était obligée, pour venger l'offense faite à Dieu, de tuer elle-même son neveu ; ce qui obligea ce jeune homme de disparaître pour quelque temps. Mais l'oncle étant tombé dangereusement malade, le neveu trouva le moyen d'interposer ses amis pour faire sa paix avec lui, qui ne fut qu'une dissimulation toute pure ; car ce malade s'étant fait apporter en secret un poignard, il le plongea dans le sein de ce pauvre jeune homme en l'embrassant, et le tua. Il se fit en même temps apporter le viatique. Mais le prêtre qui l'avait apporté et auquel il se confessait voulant l'exhorter à demander pardon à Dieu du crime horrible qu'il venait de commettre, il répondit froidement qu'il n'avait pas besoin d'absolution, qu'il avait fait une action louable puisqu'il avait suivi le mouvement de l'esprit de Dieu qui l'avait porté à la faire, que ce n'était que pour venger l'offense que ce malheureux garçon avait faite par son impudicité, que ce meurtre avait été agréable à Dieu par le motif qu'il l'avait fait, et qu'il venait d'en être récompensé au même moment, ayant reçu invisiblement, sans le ministère du prêtre, l'hostie qu'il lui avait apportée dans le saint ciboire, et que, pour reconnaître la vérité de ce qu'il disait, on pouvait voir dans le ciboire si l'hostie y était encore ; et, en effet, on ne la trouva plus. Le fait fut reconnu véritable par le prêtre. Cette histoire ou cette fable, qui était, comme il y a grande apparence, de la façon de cet abbé, lui servait de fondement pour vivre sur ce beau principe du mouvement intérieur auquel il voulait qu'on se laissât conduire ; et il s'était tellement rempli la tête de cette aventure, qu'il la redisait sans cesse, prétendant autoriser par là sa chimère ; car un de ceux qui l'accusèrent et, je crois même, qui lui furent confrontés, témoigna, dans l'information du procès, qu'il lui avait souvent fait ce plaisant conte, dont se servait ce grand maître de la vie spirituelle pour lui servir de conduite dans la plupart de ses actions et dans celle de sa vie.

Mais, par malheur pour lui, ce qu'il disait en secret à Nicolas Tardif, alors son ami (car c'est de lui de qui nous savons cette histoire), se redisait à d'autres, et ainsi le public se remplissait tous les jours de pareils discours, qui ne contribuaient pas peu à faire connaître l'esprit du réformateur et à rendre sa doctrine suspecte et odieuse. Ce fut aussi à peu près en ce temps qu'un ecclésiastique nommé Poche, qui avait autrefois été son domestique, et qui demeura depuis au Calvaire du Marais, au service des religieuses, en qualité de leur confesseur ordinaire et de leur chapelain, déclara lui avoir ouï dire que l'Église d'à présent était tombée dans le désordre et dans la corruption, qu'elle n'était plus l'épouse, mais une adultère et une prostituée, ce que disaient autrefois Luther et Calvin, et qu'il n'y avait plus que Jansénius et lui qui pussent la réformer. On entendit dire à peu près la même chose à un aumônier de Saint-Martin de Tours, nommé Nicolas Victon, qui était depuis quelque temps à Paris député du chapitre de cette église pour des affaires d'intérêt. Il déclara que, dans le séjour qu'il avait fait à Paris, il avait ouï parler de l'abbé de Saint-Cyran à plusieurs personnes de qualité et de probité reconnue, qu'il dogmatisait avec trop de liberté dans la ville et répandait une doctrine contraire à celle de l'Église, qu'il avait séduit un prêtre nommé Singlin, confesseur des pauvres de l'hôpital de la Pitié du faubourg Saint-Victor, l'ayant gâté par ses mauvaises maximes en l'empêchant de dire la messe plusieurs mois entiers, qu'on l'évitait comme un homme d'un dangereux commerce et dont les sentiments sur la religion étaient tous pernicieux.

L'abbé de Pormérant, jeune homme vif, plein de feu, occupé alors de bonnes œuvres où son zèle l'engageait, et demeurant au cloître de Notre-Dame, dans le voisinage de Saint-Cyran, ayant entendu parler de lui comme d'un homme rare et d'un mérite extraordinaire dans la science des Pères et de l'ancienne Église, eut la curiosité de le voir et de le connaître afin de profiter de ses lumières. Il alla donc lui rendre visite, attiré, lui dit-il, par le bruit de sa réputation, ajoutant qu'il avait plus de droit de le visiter que les autres, ayant l'honneur d'être son voisin. Saint-Cyran, après les premiers compliments, lui demanda ce qu'il faisait à Paris. Le jeune abbé lui répondit qu'il s'y préparait à prendre les ordres pour servir Dieu dans l'Église, et qu'il était dans les termes de traiter d'un bénéfice à condition de quelque pension. Saint-Cyran commença à déclamer contre cette conduite, prétendant que c'était se moquer de Dieu de se faire ecclésiastique pour avoir des bénéfices, que rien n'était plus opposé à l'esprit de l'Église. Pormérant répondit que c'était par le conseil de quelques religieux fort sages et fort éclairés qu'il avait pris ce parti. Sur quoi Saint-Cyran, s'étant échauffé, lui déclara d'un ton de docteur que ces religieux et, en général, toutes les personnes spirituelles de ce temps; qui se mêlaient de direction n'entendaient en aucune façon l'Évangile, qu'il était le seul qui en eût une parfaite intelligence, et que rien n'était plus ignoré que les voies de Dieu. Ce qui le fit déplorer l'ignorance et les ténèbres où vivaient alors la plupart des hommes qui, abandonnés à leur propre conduite, s'égaraient de la vérité pour suivre le mensonge. Une présomption si excessive choqua si fort ce jeune abbé, qu'il en fut scandalisé, n'ayant jamais entendu parler personne d'un air si orgueilleux; mais il le fut encore bien plus lorsque Saint-Cyran, dans la suite de l'entretien, lui avança des maximes si opposées à la conduite ordinaire de l'Église et à la doctrine reçue dans l'École, qu'il s'en sentit ému d'indignation, n'ayant jamais entendu rien de semblable. Il prit la résolution, en le quittant, de n'avoir jamais de commerce avec lui, tant il était effrayé de ses sentiments. C'est la déposition que fit ce jeune homme devant le commissaire nommé par le roi pour faire le procès au réformateur quand il fut arrêté prisonnier, et cette déposition se trouve, en l'information, dans le Recueil du sieur de Préville.

Il arriva aussi qu'environ ce temps-ci, qui fut proprement celui de la manifestation de la doctrine et des sentiments de Saint-Cyran, que l'abbé de Foix, Étienne Caulet, fils du président Caulet, au parlement de Toulouse, et qui depuis fut évêque de Pamiers, un des plus grands défenseurs de la nouvelle opinion, venant à Paris pour y apprendre ce que doit savoir un ecclésiastique qui veut faire son devoir, fut chargé d'une lettre d'un docteur de l'université de Toulouse, nommé Pellissier, qui fut dans la suite un célèbre acteur de ce parti, pour le recommander à Saint-Cyran, dont il était l'intime ami. Il lui demandait par cette lettre le secours de ses conseils pour ce jeune homme qui lui était cher et qu'il lui adressait. Sur une recommandation si puissante, Saint-Cyran prit le jeune abbé de Foix en affection; leur commerce fut bientôt lié par les assiduités que cet abbé rendait à Saint-Cyran et par l'amitié que Saint-Cyran conçut pour lui à la prière du docteur Manessier, et il se déclara sans aucun ménagement sur l'explication de ses sentiments. Il traita d'ignorants les théologiens qui enseignaient qu'il y avait une grâce, générale à tous les hommes, que Dieu ne refusait à personne et qui était la grâce suffisante ; que rien n'était plus insoutenable que cette grâce, qu'il traitait de vision, ajoutant qu'il s'était introduit une si épouvantable corruption dans les mœurs et dans la discipline de l'Église, qu'elle n'était pas reconnaissable ; que le temps de détruire dans une Église si corrompue était venu, et que tout le monde devait l'imiter en ce qu'il était le premier à déclamer contre cette corruption, afin de faire par là ouvrir les yeux aux fidèles et de reconnaître leur état par celui où était l'Église. Il ajoutait que la distribution des bénéfices lui paraissait une vraie prostitution, qu'un oncle évêque faisait évêque son neveu et le mettait en sa place parce qu'il était son neveu. Il lui parla ensuite de la pratique des sacrements et surtout de la confession, dont il blâmait hautement l'usage trop fréquent, lui demandant d'un ton moqueur s'il ne faisait pas des péchés exprès pour avoir l'absolution. L'abbé de Foix ne put s'empêcher dès lors de regarder la conduite de Saint-Cyran comme très-dangereuse, considérant même qu'il blâmait généralement tout le monde, n'estimant personne et n'ayant bonne opinion que de lui-même, ce qui lui fit prendre la résolution de ne plus le voir. Le père Vincent, supérieur des pères de la mission, auquel il avait rendu compte de cet entretien, lui en fit scrupule et lui conseilla de rompre ce commerce ; à quoi l'abbé de Foix n'eut pas de peine, rebuté qu'il fut de l'empire que ce réformateur prenait sur l'esprit de ceux à qui il parlait, les obligeant de renoncer tout à fait à l'usage de la raison pour examiner la nouveauté de ses maximes. C'est ce que cet abbé déposa au jugement devant le commissaire, quand il fut interrogé sur ce qu'il savait de Saint-Cyran.

Il y eut d'autres personnes qui témoignèrent lui avoir entendu dire qu'il tenait pour certain qu'après les hérétiques il n'y avait point de gens au monde qui eussent plus gâté la théologie, qui est la véritable science de la religion, que les dominicains et les jésuites, qu'il appelait les clabaudeurs de l'École, et qu'il était assuré que ces deux ordres disputeraient jusqu'à la fin du monde, poursuivant les traces qu'ils avaient commencées ; et qu'ils ne feraient rien autre chose que de s'égarer encore davantage par leurs raisonnements, qui n'avaient rien de solide. C'est ce qu'il avait écrit autrefois à son ami Jansénius, dans une lettre datée du 5 mars 1621, de Louvain. Voilà les extrémités où sa présomption l'emportait, devenant tous les jours plus vain et plus orgueilleux, se conduisant même avec moins de précaution et débitant ses maximes tête levée, les tenant pour incontestables ; ce fut en partie cette présomption-là qui le perdit ; car ce qui arrivait à ces particuliers dont je viens de parler, auxquels il s'ouvrait sans presque aucune réserve, se redisait à d'autres. Le bruit qu'on commençait à faire sur la nouveauté de ces sentiments croissant tous les jours, après s'être répandu dans la ville, où l'on regardait déjà avec frayeur cet esprit de réforme et d'innovation qui le possédait, éclata enfin jusqu'à la cour et parvint aux oreilles du cardinal de Richelieu.

La santé de ce ministre, déjà attaquée depuis quelque temps, commençait insensiblement à s'affaiblir. L'air de Rueil, sa maison de campagne, ne pouvant pas être assez pur à cause des bois et des eaux dont cette maison est environnée et qui en font la beauté, on lui conseilla de passer l'été dans la maison du président Barentin, qui est sur les hauteurs de Charonne, du côté du faubourg de Saint-Antoine. Il est vrai que par la situation de cette maison, qui est à la gorge de la grande plaine de Saint-Denis, d'un côté, et qui, de l'autre, regarde Paris, le bois de Vincennes, la rivière et toute l'étendue de la plaine d'Ivry hors la porte de Saint-Bernard, l'air en était si admirable, qu'on peut dire qu'il n'y en a pas de plus sain autour de Paris. Ce fut donc là qu'il se retira pour se guérir et reprendre ses forces. C'était en ce lieu qu'ayant l'esprit loin des intérêts les plus importants du royaume et des affaires de toute l'Europe, l'abbé de Bois-Robert, qui était une espèce de bel esprit dont il se divertissait, allait avec quelqu'un de ses amis de l'Académie lui rendre compte de ce qui s'y passait, lui parlait des ouvrages qui s'imprimaient, et le délassait par ces sortes d'entretiens auxquels il s'affectionnait, prenant plaisir d'entrer dans ce détail pour encourager les auteurs à bien faire en y prenant intérêt.

Mais s'il donnait de ces moments le plus de loisir aux affaires agréables et de ce qui se passait de plus considérable dans les lettres, qu'il aimait parce que c'était un génie propre à tout, il le faisait encore plus volontiers lorsqu'il s'agissait de la religion, qu'il avait à cœur plus que tout le reste et dont il avait compris l'importance, comme il arriva dans l'affaire de Saint-Cyran, qui commençait déjà à menacer l'Église par les étranges maximes que débitait ce dangereux esprit. Ce ministre étant un jour enfermé avec le père Joseph, qui le connaissait par d'Andilly, son allié, et avec l'abbé de Prierres, qui lui en avait déjà parlé, il leur demanda à l'un et à l'autre ce qu'ils pensaient de Saint-Cyran, s'il avait de l'esprit et de quel caractère il était. Le père Joseph, qui parla le premier, répondit qu'il en avait assurément et qu'on ne pouvait pas en douter. Le cardinal demanda à l'abbé de Prierres s'il le croyait ainsi. Cet abbé, qui était sage et qui ne voulait pas choquer le sentiment du père Joseph, se voulut dispenser de dire le sien. Le cardinal, imputant son silence à une pure cérémonie, le pressa et lui dit qu'il voulait absolument savoir ce qu'il en pensait. L'abbé, ne pouvant plus résister, avoua qu'il faisait difficulté de dire son sentiment parce qu'il n'était pas de l'avis du père Joseph, et qu'il ne pouvait appeler esprit la manière de parler et d'écrire de cet homme, qui lui paraissait si embarrassée, si confuse, si peu réglée, outre que le mépris qu'il avait pour la théologie, dont il n'avait qu'une connaissance très-superficielle, et cet éloignement de la méthode qui s'observe dans l'École ne lui paraissaient pas d'un esprit solide.

Le cardinal approuva fort ce que dit l'abbé, mais il prétendait qu'il n'allait pas au fond. « Je vous dirai, ajouta-t-il, ce que j'en pense : il est Basque; ainsi il a les entrailles chaudes et ardentes par tempérament; cette ardeur, excessive d'elle-même, lui fait des vapeurs dont se forment ses imaginations mélancoliques et ses rêveries creuses, qu'il regarde après, avec des réflexions de spéculatif, comme des lumières inspirées, et il fait de ces rêveries-là des oracles et des mystères. » C'est un détail que l'abbé de Prierres, un de mes amis, m'a raconté lui-même, et qui est authentique puisqu'il était de cette conférence. Le cardinal de Richelieu allait peut-être plus avant qu'il ne fallait, ou du moins il raffinait trop sur le caractère de Saint-

Cyran; mais il faut avouer qu'il y avait bien de ce qu'il disait dans le naturel de cet homme, et que ce fond de mélancolie qu'il avait déjà s'augmenta bien davantage depuis qu'il s'était retiré, proche les chartreux, dans une maison assez écartée de tout commerce, où il vivait d'une manière fort solitaire, ne voulant voir personne que ceux qui avaient de la déférence pour ses sentiments; et l'on prétend que cette solitude ne contribua pas peu à achever de lui dessécher le cerveau, à enflammer encore davantage sa bile et augmenter cette opiniâtreté naturelle qu'il avait à soutenir ses sentiments, qui se développaient de jour en jour parce qu'il ne voyait autour de lui que des gens dévoués et des adorateurs.

Quoi qu'il en soit, il paraît par ce portrait que fit le cardinal de Richelieu de l'abbé de Saint-Cyran, qu'il le connaissait bien et qu'il voulait encore le mieux connaître, effrayé qu'il fut de ce qu'il en apprenait tous les jours et des extrémités où l'emportait cet esprit de nouveauté qui l'aveuglait. Ainsi, voyant que l'abbé de Prierres le connaissait à fond par l'aventure de Maubuisson, dont il lui avait rendu compte, il le chargea de l'observer encore davantage et de le faire observer pour découvrir ses desseins et de le connaître tout à fait. L'abbé dit au cardinal que, s'il voulait savoir ce que c'était que Saint-Cyran et avoir une connaissance parfaite de cet esprit, les deux personnes qui le connaissaient le mieux à Paris étaient l'évêque de Langres et ce Tardif dont j'ai déjà parlé. En effet, Saint-Cyran s'était ouvert à peu de gens autant qu'à ce Tardif, alors avocat au parlement. Il l'avait trouvé à Port-Royal dans le temps qu'il commençait à s'y établir; car il était neveu de la supérieure Geneviève Tardif, qui l'engagea à prendre confiance à Saint-Cyran pour la conduite de sa conscience, et cette liaison dura quelque temps, pendant lequel Saint-Cyran fit part de ses secrets à ce jeune homme, afin de le gagner encore davantage par une confidence de cette distinction.

Le cardinal, impatient de savoir encore plus le détail de la conduite de Saint-Cyran et de ne rien ignorer de ce qui pouvait lui faire prendre la résolution de s'en assurer, envoya l'abbé de Beaumont, instruit par l'abbé de Prierres du lieu où demeurait

Tardif, pour le chercher; et il fut surpris de le trouver dans la disposition de partir le lendemain avec l'archevêque de Bordeaux pour l'armement de mer qu'il préparait, par ordre du roi, afin de surprendre Carogna, une des places des plus considérables de la Galice, proche le cap d'Ortegal, où se font les embarquements d'Espagne pour la Flandre. L'abbé le pressa cependant de monter en carrosse; l'autre y résista, alléguant son engagement; mais enfin, après quelques résistances qui n'allaient qu'à se faire valoir davantage, il obéit. Le cardinal, ayant appris qu'il s'était engagé avec l'archevêque de Bordeaux, lui proposa des emplois plus sortables, le flatta de grandes espérances et le fit parler.

Tardif, touché des propositions que lui faisait le ministre, parla de Saint-Cyran de la manière dont il avait parlé à l'abbé de Prierres dans le jardin des bernardins et dont il me parlait à moi-même quand il me venait voir, car j'étais de ses amis. Il lui dit que c'était un homme mal intentionné dans le fond avec tout cet appareil de réforme dont il se déguisait; que c'était un de ces faux prophètes prédits dans l'Évangile par le Sauveur du monde, qui, sous les apparences trompeuses de brebis, venaient, comme des loups ravisseurs, égorger le troupeau; qu'il le connaissait mieux que personne, parce que, s'étant mis sous sa direction par le conseil de sa tante (supérieure alors de Port-Royal), il l'avait fort pratiqué en observant sa conduite à l'égard de la communauté et de lui-même; qu'il lui avait reconnu un esprit dangereux et de mauvais principes, dont il lui fit un détail en abrégé pour ne pas le lasser. Il lui dit qu'il condamnait la fréquentation des sacrements, prétendant que, pour l'ordinaire, l'usage en était moins profitable que nuisible; qu'il fallait plusieurs années de pénitence pour un seul péché mortel; que toutes les bonnes œuvres sans la grâce, loin d'être d'aucune valeur, ne peuvent être que des accroissements de ténèbres et des péchés; que les vœux sont blâmables; et il lui expliqua l'abominable doctrine de ce prétendu réformateur par le mouvement de cet esprit intérieur et particulier qu'il suivait et qu'il conseillait de suivre par le conte qu'il faisait de l'oncle qui tua son neveu. Il ajouta qu'il avait eu autrefois commerce avec un capucin de Toulouse, apostat qui avait été mis à la Bastille comme un illuminé d'un esprit fort égaré, et que Saint-Cyran estimait beaucoup.

Pour l'évêque de Langres, soit qu'il ne fût pas alors à Paris attaché aux besoins de son diocèse, dont il s'occupait fort, soit qu'il eût de la peine à se faire l'accusateur d'un homme dont il était mécontent et qui l'avait offensé, soit enfin que le cardinal ne fût pas en état de l'écouter, il paraît qu'il n'eut aucun empressement à lui en rendre compte et qu'il différa longtemps à dire ce qu'il pensait de Saint-Cyran, dont il ne rendit témoignage qu'un peu devant sa prison et par une personne interposée, ne pouvant se résoudre à le faire lui-même. On ne sait pourquoi il s'avisait alors de ménager un homme qui l'avait si peu ménagé et dans un temps où les plus gens de bien se faisaient une espèce de zèle de parler, pour aller au-devant du danger qu'il y avait dans les nouveautés qu'il débitait, et lorsque le père de Condren et le père Vincent, tous deux dans la plus grande réputation de vertu qui fût alors, parlaient avec tant de hauteur et tant de liberté contre ce novateur.

Mais pendant que les savants et les gens de bien examinaient sa doctrine pour en empêcher le progrès et sauver la religion, il y en avait d'autres qui examinaient sa vie et observaient ses mœurs, et chacun en parlait alors et racontait ce qu'il en savait; car rien n'était devenu plus commun dans le public que de parler de Saint-Cyran. Les uns disaient que c'était un homme impatient, colère, emporté, qui n'était nullement maître de lui; sur quoi on citait une aventure qui lui était arrivée dans l'allée d'arbres qui est à l'entrée des chartreux, où on le trouva battant un pauvre à coups de poing et à coups de pied d'une manière qui le fit paraître forcené; il était possédé d'une espèce de petite rage contre ce misérable et l'on eut de la peine à le lui arracher des mains, parce qu'il l'avait poursuivi en demandant l'aumône jusqu'à l'importunité. On disait qu'il était sujet à ces sortes de colères, qui lui causaient des emportements dont il n'était pas le maître; il en paraissait quelques traits dans les contestations où l'engageait quelquefois la dispute, qui faisaient juger du reste. D'autres disaient qu'il n'était nullement sincère, ne reconnaissant pas même la vérité, sinon quand elle lui était favorable, avouant aujourd'hui ce qu'il désavouait le lendemain.

Quelques autres l'accusaient d'être sensuel pour le manger jusqu'à la délicatesse, et d'être trop sujet à sa bouche; il est vrai que j'ai ouï dire à la marquise de Villesavin que cet abbé, par une ancienne habitude qu'il avait eue autrefois avec le vieux Bouthiller, évêque d'Aire, il s'était maintenu dans la maison avec quelque sorte de familiarité, et qu'il venait souvent manger au logis, parce qu'il trouvait la table du bonhomme Villesavin fort bonne, et qu'on y était servi proprement; mais quand il trouvait quelque ragoût mal assaisonné ou quelque viande mal apprêtée, il avait coutume de faire monter le cuisinier, et lui faisait devant le maître et la maîtresse, et toute la compagnie, de rudes réprimandes sur ses sauces et sur ce qu'il trouvait à redire. La fille du lieutenant de Vincennes, qui s'appelait du Moulinet, et qui eut soin de lui pendant sa prison, m'a dit à peu près la même chose, qu'il était si délicat pour le manger qu'on ne pouvait le contenter sur cela, ce qui paraissait un grand faible à un censeur des mœurs, qui ne citait que les premiers chrétiens, et qui ne parlait que de réforme. Mais il avait eu soin de mettre à couvert ces petits défauts sous un extérieur fort composé, et sous un visage sévère par lequel il imposait aisément à tous ceux qui ne s'arrêtaient qu'aux apparences; et comme son air et sa mine soutenaient assez ce qu'il y avait d'austère dans sa doctrine, il ne se ménageait pas toujours dans le reste.

Ce n'est pas qu'il y eût rien de scandaleux dans sa conduite; il était à la vérité doux et indulgent à soi-même par le soin qu'il avait de sa propre conservation, pour l'intérêt de la réforme qu'il méditait, pendant qu'il était dur et sévère aux autres; mais cela n'allait à rien de criminel, et quoiqu'il eût dans son domestique une jeune fille pas mal faite, qui prenait soin de lui, et lui rendait les services d'un valet de chambre comme on le verra dans la suite, il ne fut toutefois soupçonné de rien d'essentiel contre les bonnes mœurs. Voilà à peu près les petits défauts qu'on remarqua en lui dans un temps où on l'examinait sur les grands. Il n'avait nul talent pour parler en public, par un défaut de langue ou peut-être par une imagination embarrassée qui le faisait quelquefois bredouiller lorsqu'il voulait parler trop vite ou qu'il s'impatientait; il ne laissait pas de dire que pour bien prêcher il ne fallait que de la hardiesse et de l'impudence, et qu'il n'en avait pas assez pour cela. Sa gravité lui tenait lieu de bien des choses; c'était un petit homme pas mal fait, d'un air de visage où il y avait de la dignité, et la vivacité de ses yeux sous un front large, net, serein, lui attirait des gens pour l'écouter; et dès qu'on l'écoutait, il se donnait l'autorité de prendre un empire sur les esprits, à quoi on ne résistait pas aisément, et c'était par là principalement qu'il se faisait des sectateurs; mais comme il était naturellement couvert, qu'il affectait même du mystère en la plupart de ses discours où il n'en fallait point, et qu'il ne débitait sa doctrine que par morceaux, après qu'on s'était lassé à le courir pour attraper quelque chose de ce qu'il disait, on était obligé d'y revenir pour en savoir la suite, et par là il s'attachait les gens.

Pour sa capacité, on doit convenir qu'elle était grande. L'étude qu'il avait faite des Pères et des conciles l'espace de plus de vingt ans lui avait rempli l'esprit de tant de choses, qu'il en ignorait peu. Ceux qui ont eu affaire à lui dans la dispute prétendent qu'il attaquait mieux qu'il ne se défendait, parce qu'il n'avait pas l'esprit prompt à la réponse, et qu'il avait moins de talent pour établir que pour détruire. Ce furent là à peu près les idées qu'on prit de lui dans le public à l'occasion des discours auxquels il donna lieu sur les desseins pernicieux qu'il avait contre la religion. Et ce fut ainsi qu'on examina à fond la nouveauté de sa doctrine et la singularité de ses sentiments; on apprit ses mœurs et le détail de son caractère, qu'on connut tout entier en cherchant de n'en connaître qu'une partie. On ne sait pas bien si ce furent ces bruits qui se répandirent alors dans tout Paris de sa conduite et de ses maximes qui le firent disparaître, sur la fin de l'été de cette année 1637, pour aller faire un voyage à Poitiers. Il avait là une pénitente d'importance qu'il cultivait depuis quelques années avec un fort grand soin, et qui s'était rendue digne de cela par bien de la soumission et un dévouement admirable à sa conduite. C'était la sœur de ce marquis de Puylaurens devenu favori du duc d'Orléans depuis son dernier retour de Flandre, et que le cardinal de Richelieu destinait à de si grandes choses ; elle était religieuse de la Visitation à Poitiers, et presque toujours supérieure ; on l'appelait sœur Anne-Marie de Laage de Puylaurens. On ne sait pas quels furent les commencements d'une liaison si étroite, et si l'abbé de Saint-Cyran en avait jeté les premiers fondements lorsqu'il était attaché à l'évêque de Poitiers, ni par quelles voies ce commerce s'était formé, mais il n'y a rien eu de pareil à l'attachement que cette pénitente avait pour son directeur, comme il paraît par les fragments de lettres et les billets qu'elle lui écrivait, et qui nous sont restés dans l'information du procès de Saint-Cyran, qui font voir qu'elle était aussi bien dans son esprit que la mère Angélique Arnauld, et qu'elles étaient l'une et l'autre les deux bien-aimées de ce père spirituel. La mère de Puylaurens avait l'esprit bon et pénétrant et je ne sais quoi de plus solide que la mère Angélique, car elle avait des troubles sur la nouvelle opinion, qui la jetaient dans des incertitudes et de certains petits embarras de conscience ; mais elle avait aussi je ne sais quoi de moins ardent, quoique l'attachement de l'une et de l'autre parût presque égal.

Elle ne laissa pas de lui proposer ses difficultés, et de lui demander de l'éclaircissement des scrupules qu'elle ressentait sur la nouvelle doctrine ; par exemple, en la première lettre qui se trouve dans le *Recueil de Préville* sur l'information du procès ; elle lui objecte que si l'absolution n'est qu'une marque de pardon déjà octroyé, et qu'elle ne confère pas la grâce, qu'elle est entièrement inutile, et que cette doctrine est contraire à celle du catéchisme du cardinal Bellarmin, dressé par le commandement du Pape Clément VIII qu'elle avait lu, et qui enseigne que Dieu agit intérieurement par la vertu des paroles du père, en rompant le nœud qui tenait l'âme liée par le péché, et lui rend la grâce ; de sorte que la grâce, selon son opinion, est attachée aux paroles de l'absolution. Voici une autre difficulté qu'elle lui fit, aussi embarrassante que la première : « Je vous ai dit, monsieur, une autre difficulté sur le sujet de l'attrition, à quoi vous m'avez répondu, à la vérité, que c'était un abus de croire qu'en la confession, le pénitent, d'attrit, fût rendu contrit : qu'ainsi, je crois qu'il est nécessaire que l'âme se dispose longtemps à la pénitence et à la douleur de ses fautes avant que de recevoir l'absolution. Non qu'il se rencontre rarement que l'âme soit en la disposition d'un vrai repentir dans le temps d'une confession courte et précipitée, mais ce qui m'étonne en ceci, et comment il se peut faire qu'une vérité si nécessaire et si importante soit universellement cachée, non-seulement à ceux qui ont introduit cette nouveauté dans l'Église, mais encore à tant de grands et savants prélats et docteurs, qui ne peuvent en cela être aveuglés par leurs intérêts, et qui ont pu, par leur savoir et par la connaissance de l'ancienne discipline de l'Église, connaître cette vérité, et avoir remarqué l'origine de ce changement si grand et si important qui se soit fait dans l'Église, sans qu'elle s'y soit opposée. »

En quoi la pénitente avait raison, car si c'était une doctrine reçue dans l'Église que ce fût un abus de croire que par la confession le pénitent, d'attrit, devenait contrit, pourquoi était-elle ignorée des savants? Si elle était nouvelle, pourquoi la débitait-il? Elle allait au point de la difficulté qu'elle découvrait d'elle-même, par le propre fond de son esprit, mais elle s'aveuglait en même temps sur cela par la déférence qu'elle avait pour son directeur, qui avait pris l'empire sur elle avec cette hauteur à laquelle on ne résistait point.

Elle avait encore d'autres scrupules qui lui donnaient de la peine et qu'elle lui proposa dans la suite de sa lettre, comme celle du délai de l'absolution, ayant toujours cru que c'est le sacrement, c'est-à-dire la vertu du sang de Jésus-Christ, qui efface le péché et non pas la pénitence, qui tout au plus ne sert qu'à satisfaire pour la peine, sans rien contribuer à effacer la coulpe ; mais elle avoue qu'elle s'était un peu rassurée sur cette peine, ne pouvant toutefois se remettre l'esprit sur la première. Voici comme elle en parle dans la suite de la même lettre.

« Mes autres difficultés se sont quasi toutes évanouies et sans que vous m'ayez mandé de vous les mander ; je crois que celles que je vous ai remarquées s'en fussent allées en fumée après les autres, hormis celle de l'étonnement où je suis de voir comme presque tout le monde ignore cette vérité ; il m'est venu plusieurs pensées pour me détourner de la créance générale du contraire que je trouve en tous ceux avec qui j'ai traité. Cela m'a obligée à chercher quelque chose pour appuyer ce que vous m'avez dit ; mais comme nous n'avons pas les livres qui traitent de cela, j'ai quasi trouvé le contraire partout, hormis dans une Bible qui est à ma sœur Abain, où il y a à la fin un traité de passages falsifiés par les hérétiques et des annotations sur chaque passage tirées des saints Pères ; j'ai trouvé en quelques-unes de celles qui parlent de la pénitence la confirmation de ce que vous m'avez dit ; c'est vous témoigner que j'ai en vous une confiance toute entière de vous dire tout cela. Certes je la sens dans mon cœur plus grande qu'une fille ne saurait avoir en son père et je vous en supplie très-humblement, monsieur, de me permettre de vous appeler dorénavant de ce nom comme plus convenable à l'entière soumission que je désire rendre à vos avis. » Elle finit sa lettre en lui demandant conseil sur la curiosité qu'elle a de lire l'abrégé de l'histoire ecclésiastique de Baronius, parce qu'elle aime l'état de l'Église naissante et qu'elle a de la dévotion aux successeurs des apôtres qui ont orné l'Église de leur sang et de leurs écrits et qu'elle trouve peu de solidité dans ce qu'on écrit maintenant.

Il paraît en général par cette lettre que la doctrine de Saint-Cyran dont il s'agit ici est capable de jeter bien du trouble dans un esprit, car la pauvre pénitente qui entend dire à son directeur que dans le sacrement de pénitence l'absolution n'a point la vertu d'effacer ce péché, n'étant qu'une déclaration du péché effacé, lorsque toute l'Église lui dit le contraire, est troublée à ne pouvoir se rassurer. Mais cet esprit de suffisance qui l'empêche de trouver rien de solide dans tous les livres est encore un plus dangereux effet de cette étrange doctrine. Il paraît aussi dans cette lettre une soumission bien aveugle à tous les sentiments de ce directeur, mais elle est encore plus grande dans les billets suivants. Dans celui du 1ᵉʳ janvier 1635, elle lui mande qu'elle a observé exactement ce qu'il lui avait ordonné de faire de ses lettres, c'est-à-dire de brûler celles où il lui parlait de sa doctrine. Elle ajoute dans le même billet qu'elle croit que l'éloignement de la communion servira beaucoup à celle à qui il a conseillé de s'en séparer. — Dans un autre billet sans date, elle lui rend compte d'une bonne sœur, pour savoir si elle la tiendra longtemps dans cet état de privation et de séparation des sacrements, ajoutant qu'il lui semble qu'elle a beaucoup profité par là.

Voici ce qu'elle lui écrit dans un autre encore sans date: « Je souhaiterais que le père qui nous assiste dans cette maison pût prendre et concevoir vos maximes, mais elles sont si particulières et éloignées du sens de ceux qui tiennent celles du train commun que je ne sais pas si cela se pourrait aisément. » Elle lui dit ailleurs : « Vous m'écrirez que nous n'entreprenions pas de changer de maison qu'après une mûre consultation avec Dieu et avec ceux qui suivent les règlements de la loi nouvelle qui sont les vôtres. » Elle lui parle dans un billet daté de l'année 1637, qui est celle dont il passa une partie à Poitiers, du changement qu'elle veut faire en son noviciat et la peine qu'elle a d'en prendre soin elle-même, parce qu'elle n'ose parler suivant ses sentiments, trouvant peu de personnes disposées à ces vérités qu'il lui débitait.

Pour répondre à un si grand dévouement Saint-Cyran prenait un soin d'elle tout particulier, et lui rendit de grandes assiduités pendant le temps qu'il fut à Poitiers où il passa le reste de l'année, et il ne retourna à Paris qu'au commencement de la suivante. On n'a point bien compris s'il y avait eu du mystère dans ce voyage pour disparaître quelque temps de Paris, où l'on parlait alors tant de lui et si diversement; mais on ne comprend pas aussi à quoi bon cette politique, car s'il était disparu sur les avis qu'on pouvait lui avoir fait donner que le cardinal de Richelieu le faisait observer, pourquoi venir se représenter peu après et se montrer dans un lieu où l'on prenait garde à toutes ses démarches? Quoi qu'il en soit, il revint à Paris fort satisfait de son voyage de Poitiers où il avait ressenti de grandes douceurs auprès d'une personne aussi spirituelle que l'était sa pénitente, jugeant même, par l'impression qu'avait faite sa doctrine sur son cœur, l'état que des personnes d'esprit comme elle en devaient faire, et qu'à la fin elle pourrait être reçue partout avec une pareille soumission et un dévoûement égal à celui de la sœur de Puylaurens.

Il est vrai que Lemaistre, qui s'était retiré du monde s'étant allé cacher chez lui dans le logis qu'il habitait proche les Chartreux, se trouva dans un assez grand embarras pendant son absence, à quoi il ne put remédier lui-même ; le logis de Saint-Cyran étant un peu retiré du commerce et propre à se cacher, ce jeune homme, dégoûté du monde, alla avec son frère Isaac, qui fut depuis appelé de Sacy, s'y enfermer l'un et l'autre sous la direction de l'abbé de Saint-Cyran qui avait touché leur cœur, et en partant il les avait logés chez lui en leur donnant une conduite de vie pour les disposer comme par degrés à une solitude encore plus étroite ; ils ne voyaient personne et ils ne sortaient que pour aller entendre la messe et les vêpres aux Chartreux. Ils s'occupaient à lire la grammaire hébraïque, sous un maître que Saint-Cyran leur avait donné pour les affectionner à lire l'Écriture dans la langue originale et à étudier saint Augustin. Voici ce que Lemaistre écrit le 12 octobre de cette année 1637 à l'abbé de Saint-Cyran, pour lui rendre compte de la vie qu'il mène avec son frère et de ce qu'ils font dans leur retraite.

« Monsieur,

« Je ne saurais assez vous témoigner les obligations que je vous ai de m'avoir prêté une solitude où je trouve Dieu de tous côtés ; je n'ai encore goûté de contentements purs que dans votre cabinet ; je n'en sors que pour aller manger et ouïr vêpres. Nous vivons comme dans un petit monastère, et pour vous rendre compte du détail de mes exercices, je vous dirai, monsieur, que nous vînmes chez vous dès mercredi au soir. Je suis plus résolu que jamais à faire une bonne pénitence ; nous ne commencerons que demain saint Augustin et la grammaire hébraïque ; dans le reste de mes exercices, j'observe tout ce que vous m'avez ordonné. Je suis, monsieur, votre très-humble, très-obéissant et très-obligé serviteur, LEMAISTRE. »

L'embarras où il était ne lui permettait pas de jouir tranquillement de la douceur de cette solitude dont il rendait compte à Saint-Cyran ; il s'était chargé pendant l'été d'affaires à plaider à la Saint-Martin, qui approchait ; il y avait de la conscience à ne pas laisser ses parties sans les faire avertir de l'état où il se trouvait, et il y avait d'ailleurs de l'inconvénient à se déclarer et à dire son dessein ; il y avait aussi de l'injustice à se cacher après s'être chargé de ces affaires. Ceux qui le croyaient à Pomponne, dans la maison de son frère, où il avait coutume de passer les vacances, étaient trompés, et il ne pouvait se taire sans faire tort au public ; il demandait à son directeur un expédient dans cet embarras, et quel parti il avait à prendre. Il avait de la peine à parler sitôt pour ne pas s'exposer au bruit que ferait une retraite déclarée, craignant surtout le chancelier qui agirait d'autorité pour l'en retirer. Il lui proposa l'expédient d'une maladie feinte jusqu'à son retour ; mais, ne pouvant point prendre de résolution sur cela, il lui mande qu'il attendra son conseil, et ce qu'il juge le plus à propos qu'il fasse. Mais Saint-Cyran le laissa dans son irrésolution, jugeant qu'il trouverait lui-même l'expédient nécessaire dans la conjoncture du temps et dans les circonstances des choses. Ce fut ainsi qu'il passa le reste de l'année dans la solitude, sans que son directeur pensât à le tirer de la peine où il était, et il continua d'étudier saint Augustin avec son frère, sous un nommé Daix, que Saint-Cyran leur avait donné, et qui leur apprenait aussi un peu d'hébreu. Il écrit à son directeur l'impression que la lecture de saint Augustin fait sur son esprit sous un tel maître, et les frayeurs que lui donne une doctrine si terrible, qui dans le fond ne l'était que par le tour que Saint-Cyran et ses disciples lui donnaient, s'étant préoccupés eux-mêmes mal à propos de ces impressions-là, dont Lemaistre, dégoûté de la vanité du siècle et touché de Dieu, commençait à se remplir l'esprit.

Ce fut aussi ce qui le fit renoncer si hautement au monde, sans prendre les mesures que la bonne foi et une espèce de bienséance dans le commerce de la société lui inspiraient de prendre avec ses parties, pour leur remettre entre les mains leurs affaires, ou du moins les avertir qu'il ne voulait plus y penser pour ne s'occuper que de son salut. Cette conduite, qui n'était point honnête, acheva de rendre sa retraite encore plus odieuse, ou du moins fit qu'elle fut plus désapprouvée de tous ceux qui le connaissaient. Après le retour de Saint-Cyran à Paris, il se retira à Port-Royal du Faubourg pour quelque temps, et enfin dans la grande solitude de Port-Royal des Champs. Ce fut une grande conquête pour la nouvelle doctrine que deux sujets aussi importants que ces deux frères, dont l'un servit si admirablement le parti par le talent merveilleux qu'il avait d'écrire, et qui fut Isaac Lemaistre; car tout ce qui se fit de plus beau et de plus achevé dans ce qu'on écrivit à Port-Royal sortit de ses mains, et de tous ceux qui s'y mêlèrent d'écrire, il n'y en eut aucun qui approchât de la beauté et de la perfection où il avait porté la pureté de notre langue, et rien ne donna tant de réputation à l'opinion nouvelle que cette pureté. Pour son frère Antoine Lemaistre, ce fut d'une autre manière qu'il fit honneur à ce parti, en y apportant toute la gloire qu'il venait d'acquérir dans le monde par son bel esprit et par son éloquence, dont il fit une espèce de sacrifice à cette cabale naissante, devenue en quelque façon plus considérable par le mérite d'un si grand homme.

Mais le Port-Royal, en acquérant ainsi d'un côté, perdit en ce même temps beaucoup d'un autre. Lorsque Louise de Bourbon, sœur du comte de Soissons, qui avait épousé le duc de Longueville, mourut à la fleur de son âge, elle commençait à s'affectionner fort à cette communauté; elle avait même conçu tant d'estime pour la mère Angélique, et elle avait contracté déjà une si étroite liaison avec elle, que ce fut une grande perte pour le jansénisme que la mort de cette princesse, qui arriva le 9 septembre de cette année 1637, c'est-à-dire environ le temps que son frère, le comte de Soissons, s'était retiré à Sedan, mécontent du cardinal de Richelieu, pour faire les préparatifs de cette guerre qui lui fut si funeste et qu'il méditait contre le roi. Ce fut par la mère de Jésus, carmélite du couvent de la rue Chapon, que cette princesse connut l'évêque de Langres, qui la fit connaître à la mère Angélique. On disait que Saint-Cyran fut son directeur, et la duchesse de Nemours, sa fille, n'en convenait pas; mais quelque protection que cette princesse eût commencé à donner à Port-Royal et à la nouvelle opinion par le secours de sa bourse et de son crédit, elle ne fit rien d'approchant à Geneviève de Bourbon, fille de Henri de Bourbon, prince de Condé, seconde femme du duc de Longueville, qui se signala par sa protection au jansénisme, encore plus que par la guerre de Paris, dont elle fut la cause, après que la doctrine de l'évêque d'Ypres eut été si solennellement condamnée à Rome dans les cinq propositions proposées au pape Innocent X par plus de quatre-vingts évêques, qui demandèrent la résolution du Saint-Siége sur cette doctrine, laquelle commençait à jeter le trouble dans l'Église de France.

Le nouvel évêque d'Ypres régnait cependant dans une espèce de tranquillité dans son diocèse et donnait lieu de croire qu'il se tenait en repos, quoiqu'en effet il se donnât bien de l'action; car se trouvant entièrement maître de lui et de son loisir, il s'attacha avec plus d'ardeur que jamais à son grand ouvrage, qu'il se mit en tête d'achever. Un travail si violent et si opiniâtre fit une grande impression sur sa santé, déjà altérée par l'application de plusieurs années à l'étude. Les jésuites furent surpris les premiers de ce grand calme qu'ils ressentirent, ne s'y attendant point du tout; car depuis près de quinze mois que ce prélat avait pri spossession de son Église, ils jouissaient d'une profonde paix, faisant leurs fonctions dans toute leur étendue sans qu'il témoignât penser à eux, et les laissant vivre en quelque manière à discrétion : ce qui faisait qu'ils se louaient hautement de lui, ne pouvant se lasser de publier partout le sujet qu'ils avaient d'être satisfaits de sa conduite. Il est vrai qu'il les laissait en paix parce qu'il n'avait pas le temps de penser à eux. Outre l'application presque infatigable qu'il donnait à son travail, il avait, par des personnes interposées, fait acheter à Amsterdam une presse et tout l'attirail nécessaire pour l'impression de son ouvrage, afin d'y faire travailler lui-même dans son palais épiscopal, ne pouvant se résoudre de s'en fier à personne; car il s'était mis dans la tête que son livre ferait du fracas, et ne voulait pas l'exposer à être condamné : ce qui lui fit prendre le parti de ne le donner au public qu'en se cachant, et de prendre toutes ses sûretés pour ne pas être découvert. C'est aussi ce qui le faisait renoncer à toutes les fonctions épiscopales pour ne vaquer qu'à l'accomplissement de son ouvrage et à l'impression qu'il en faisait lui-même dans sa maison.

On ne s'étonnera pas de cela quand on réfléchira qu'il n'avait dans la tête que cet ouvrage, qu'il y avait plus de vingt-cinq ans qu'il le préparait et qu'il en espérait un grand succès, ne se promettant pas moins que de détruire par là le crédit des jésuites, de donner une autre face à l'École dans toute l'Europe et de réformer ainsi l'Église. Tout cela ne pouvait lui passer par l'esprit sans ressentir de grandes complaisances pour un dessein qui devait produire de si grandes choses, et un homme aussi vain que lui devait être sensible à de si belles espérances. Mais après tout, ce ne fut qu'après avoir tenté d'autres voies pour l'exécution de ce dessein, qu'il prit le parti de s'enfermer chez lui et de travailler lui-même à l'impression, sans que personne au monde le sût. Il s'attendait toujours qu'on s'opposerait du côté de Rome à sa doctrine, qu'elle n'y serait jamais approuvée, et qu'il n'y avait rien à espérer de delà les monts, parce que, renouvelant la doctrine de Baïus qu'il voulait rétablir dans l'École sous le nom de saint Augustin, cette doctrine ayant été condamnée par trois papes, il ne pouvait pas raisonnablement s'attendre qu'on lui dût faire grâce sur cela. Voici ce qu'il en écrivait à son ami l'abbé de Saint-Cyran, dans sa dernière lettre datée du 25 mars 1635 : « De croire qu'il sera facile de faire passer mon ouvrage aux juges, cela peut difficilement tomber en mon esprit, quelques dispositions qu'il puisse y avoir de delà[1], sachant les extravagances qu'il y a, et les oppositions des esprits. » C'est ainsi qu'il parle du Saint-Siége.

Il y avait alors un savant théologien en Allemagne, nommé Jean Caramuel, dont la réputation s'était répandue dans la Flandre, où son crédit était grand. L'évêque d'Ypres lui écrivit des lettres pleines d'estime pour sa personne et fort flatteuses sur sa capacité. Il lui demandait part en son amitié par de grands compliments, et en ses conseils, pour l'y intéresser et pour l'embarquer dans le même dessein, mais qu'il ne pouvait lui communiquer sans prendre ses sûretés avec lui par un ser-

---

[1] C'est de Rome qu'il parle.

ment inviolable. Ce savant, qui était un esprit droit et un homme sans façon, choqué de tant de précautions, se défia du procédé du prélat, et crut que s'il avait de la peine à lui confier son secret sur la réputation de sa probité, il devait peu compter sur un serment dont on se soucie peu quand on manque de vertu. Ainsi il ne voulut s'engager à rien, et sa réponse passa pour un refus dont l'évêque ne se rebuta point; il chercha en son pays ce que le docteur d'Allemagne lui venait de refuser.

Il y avait dans l'université de Douai un savant d'un aussi beau nom que Caramuel, nommé François Sylvius; il lui écrivit de grandes honnêtetés pour s'insinuer dans son esprit, lui demandant le secours de ses lumières pour la conduite de son troupeau. Le docteur lui répondit par de plus grandes honnêtetés. La chose en demeura en ces termes jusqu'à ce que le prélat, voulant passer outre et lui communiquer le dessein qu'il avait de rétablir dans l'École la doctrine de saint Augustin sur la grâce, dont il lui fit un système nouveau, l'assura que ce dessein serait bien reçu en France où il trouverait bien des approbateurs. Sylvius, voyant que cela allait trop loin, lui fit de grandes excuses de ce qu'il ne pouvait entrer dans ce nouveau projet de doctrine, et n'eut plus de commerce avec lui sur ce sujet trop délicat. Ainsi, le prélat, rebuté de tous côtés, prit la résolution de se passer de tout le monde, et de faire lui seul, sans secours aucun, ce qu'il demandait aux autres; mais l'entreprise surpassait ses forces, il ne put pas suffire à ce travail et succomba peu de temps après.

LIVRE HUITIÈME[1].

Affaires des jésuites (1637). — Le père Caussin parle au roi contre le cardinal de Richelieu. — Le père Caussin est exilé. — Le livre du père Seguenot. — Mort de Jansénius. — La duchesse d'Aiguillon. — Arrestation de Saint-Cyran. — Procès de Saint-Cyran. — Interdit de la maison de la rue Coquillière. — Informations contre Saint-Cyran. — Le jeune Arnauld. — Orgueil de Saint-Cyran. — Naissance du Dauphin. — Alliance des richéristes et des jansénistes. — Mort du père Joseph. — Renvoi de la cour de la marquise de Sennessé.

Les apparences semblaient plus que jamais favoriser de tous côtés les progrès de la nouvelle opinion, par l'élévation de Jansénius à un des postes les plus considérables du clergé de Flandre, par la faveur qu'il s'était acquise dans le conseil privé, où il s'était fait de bons amis, et par le bruit que commençait à faire cette doctrine à Paris et dans le reste du royaume en l'esprit de la plupart des personnes de qualité qui se piquaient ou de réforme ou de curiosité. Le voyage même que l'abbé de Saint-Cyran venait de faire à Poitiers ne l'avait pas peu encouragé, par la disposition qu'il trouva en la supérieure de la Visitation, sœur Anne-Marie de Laage de Puylaurens, pour ses maximes et pour ses sentiments; car elle ne le cédait ni à la mère Agnès ni à la mère Angélique Arnauld en l'attachement qu'elle prit pour ce nouveau directeur, qui se promettait déjà de grands succès au moyen de ces personnes qui lui étaient si dévouées. Enfin, il voyait que peu à peu tout devenait favorable à l'importante entreprise qu'il méditait. Mais rien ne releva davantage ses espérances que l'affaire qu'eurent

---

[1] Années 1638 et 1639.

les jésuites avec le cardinal de Richelieu sur la fin de l'année 1637, et qui pensa les perdre par la conduite trop hardie du père Caussin. Voici de quelle manière la chose se passa :

Le père Gourdon, Écossais, confesseur du roi, étant mort l'année précédente à Bourbon-Lancy, le cardinal jeta les yeux sur le père Caussin pour remplir cette place. Ce ministre, qui avait du goût pour les bonnes choses, avait été ébloui des premiers volumes de *la Cour sainte*, que ce père venait de donner au public avec un succès admirable. En effet, le père Caussin était un homme d'un mérite extraordinaire dans le cabinet et le plus grand politique du royaume la plume à la main ; mais dans les affaires et dans la conduite de la vie il était d'une telle simplicité que ses supérieurs furent obligés d'aller trouver le cardinal pour l'avertir que c'était un homme capable de faire des fautes dans la place où il le destinait, et qu'il n'y était pas propre. Ils ne furent pas écoutés ; ce père fut choisi pour confesseur dans les formes, et confessa le roi le 25 mars de l'année 1637. Le roi fut assez satisfait de lui pour cette première fois, lui trouvant de la douceur et de la bonté, et sa simplicité lui plut davantage que la finesse trop polie et trop recherchée des gens de cour. Le dessein que prit quelque temps après mademoiselle la Fayette, fille d'honneur de la reine, de quitter le monde et de se faire religieuse à la Visitation sous la direction du père Caussin, donna lieu au père d'avoir quelquefois des conférences secrètes avec le roi, qui eut de la peine à y consentir parce qu'il avait de l'affection pour elle ; ce qui commença à donner de l'ombrage au cardinal, lequel avait des inquiétudes continuelles sur tous ceux qui approchaient le roi sans sa participation ; car il trouvait de grandes difficultés à gouverner l'esprit de ce prince, naturellement chagrin. Mais l'entretien qu'eut ce père avec lui sur les affaires les plus importantes de son État acheva de gâter tout.

Il y avait à Paris, depuis quelque temps, deux jésuites étrangers, qui, s'étant rendus maîtres de l'esprit du père Caussin par une espèce de confidence qu'ils lui firent de leurs secrets en des affaires dont ils s'étaient chargés, et qui, connaissant son esprit, l'engagèrent mal à propos à faire des plaintes au roi du cardinal de Richelieu et de son ministère. L'un était Écossais, nommé Guillaume Talbot; l'autre, Savoyard, nommé Philibert Mounot; tous deux, mécontents du cardinal, étaient venus en France : le père Talbot, chargé de l'affaire des catholiques d'Angleterre contre l'évêque de Chalcédoine; et l'autre, envoyé de la part du duc de Savoie, mal satisfait lui-même du ministre. Ces deux jésuites, à dire le vrai, n'avaient pas toute la discrétion que demandait leur caractère. C'était un esprit souple et adroit que le père Talbot, qui, sans considérer les véritables intérêts de sa Compagnie en ce pays-ci, ne pensa qu'à ceux de sa nation, en quoi le père Mounot l'imitait à sa manière. Le duc de Savoie, lui ayant trouvé du talent pour les affaires et l'ayant instruit de ses intérêts, l'avait envoyé en France pour en traiter avec le cardinal de Richelieu. Mais ce père, avec toute son habileté, n'ayant pu obtenir du cardinal ce qu'il demandait de la part de son prince et étant mal satisfait de ce ministre, se joignit au père Talbot pour aller porter son mécontentement aux oreilles du père Caussin, que la douceur, jointe au bon naturel, avait rendu accessible indifféremment à tout le monde.

Ces deux pères, habiles qu'ils étaient, mêlaient leurs plaintes à celles que tout le public faisait de la conduite du cardinal; ils ajoutaient à ce père qu'ils ne comprenaient pas comment un aussi homme de bien que lui n'avait pas encore représenté au roi l'oppression que les gens d'affaires, autorisés du cardinal, faisaient en son nom à son peuple dans tout le royaume, et que la manière dont il traitait lui-même la reine sa mère scandalisait toute l'Europe. Les discours qu'ils lui tenaient firent leur effet sur son esprit sans qu'il le fît paraître; il les écoutait sans se rebuter, mais aussi sans leur donner lieu de croire qu'il les écoutât, ayant souvent les oreilles battues des mêmes reproches partout où il se trouvait, le mécontentement étant presque universel. Ainsi, se sentant lui-même disposé à trouver à redire à cette conduite qui choquait tout le monde, il prit la résolution d'en parler au roi à la première occasion qu'il se confesserait et de lui en dire ses sentiments.

Cette occasion n'arriva qu'au 8 décembre, jour de la Conception, que le roi fît ses dévotions. Le père Caussin, n'ayant pris conseil d'aucun des supérieurs de la Compagnie, après avoir confessé le roi et avant de lui donner l'absolution, entreprit de lui faire scrupule sur ces deux chefs : de sa dureté envers la reine sa mère et de l'oppression de son peuple. C'était un prince assez susceptible des impressions qu'on voulait lui donner par son naturel inquiet et timide. Il écouta son confesseur en homme qui voulait profiter de ses avis, il entra même en quelque façon dans ses raisons; mais il lui dit que comme la difficulté qu'il lui proposait regardait principalement son ministre, qu'il serait à propos qu'on lui en fît part, d'autant que cela regardait le ministère du cardinal; il témoigna au père qu'il serait bien aise qu'il l'allât trouver à Rueil, où il était pour sa santé, pour en conférer avec lui, et qu'il irait l'après-dînée savoir leurs sentiments. Le père Caussin ne manqua pas de se rendre à Rueil le jour même, comme le roi lui avait ordonné. Il demanda à parler au cardinal, lequel était averti dès le matin du dessein du confesseur par le duc d'Angoulême, à qui ce père s'était ouvert mal à propos de l'entreprise qu'il méditait, prétendant mettre ce duc en la place du cardinal et le faire premier ministre si le roi l'écoutait; mais c'était un trop fin courtisan que le duc d'Angoulême pour ne pas rendre compte au cardinal de la confidence du père.

Ainsi, le cardinal, préparé qu'il était sur ce qui se tramait contre lui, fit dire à sa porte qu'il ne voyait personne parce qu'il se trouvait mal. Le père pria qu'on lui dît que c'était lui et qu'il venait de la part du roi trouver Son Éminence. On le laissa dans l'antichambre très-longtemps sans réponse. Le roi arriva cependant; et, comme on avait eu soin d'en ôter la connaissance au père parce qu'on l'avait mis dans un lieu d'où il ne pouvait pas s'en apercevoir, le roi fut assez longtemps en la chambre du cardinal en attendant son confesseur, comme il lui avait ordonné, et il raconta au cardinal le scrupule qu'il lui avait fait sur sa conduite à l'égard de la reine sa mère et de son peuple. Le cardinal lui répondit froidement, sans paraître instruit de ce qui s'était passé, que ceux qui trouvaient à redire à a conduite de Sa Majesté envers la reine sa mère n'étaient pas tout à fait bien informés du caractère de cette princesse, changeant sans cesse et jamais maîtresse de ses résolutions; que comme elle prenait aisément toutes les impressions qu'on voulait lui donner, et que le dernier qui fermait le soir le rideau de son lit était d'ordinaire celui qui se rendait maître de son esprit, tant elle avait de légèreté dans l'âme, il y aurait de la conscience d'exposer le gouvernement de l'État, qui doit être réglé, à une si grande inconstance; que, pour le peuple, il ne pouvait pas se dispenser de l'obliger à des contributions pour soutenir le poids d'une guerre aussi importante que celle qu'il venait de déclarer à la maison d'Autriche, dont la puissance faisait trembler toute l'Europe, et qu'il ne pouvait lui répondre du succès d'une si grande entreprise sans de grands secours d'argent; que son peuple y avait un aussi grand intérêt que lui-même, parce que c'était le bien commun de l'État d'avoir de grandes forces pour résister à un ennemi si redoutable; qu'il n'y avait point de docteur en Sorbonne qui ne lui dît la même chose, et qu'il y allait de sa gloire en particulier et de l'intérêt public d'en user de la sorte.

Le roi, satisfait des raisons du cardinal, demanda si le père Caussin n'était point venu, comme il lui avait ordonné de le venir trouver. Le cardinal répondit hardiment qu'il n'oserait paraître, et qu'il le confondrait, ajoutant à ce prince que s'il voulait écouter les avis de tous les esprits faibles de son royaume, il fallait renoncer à la sûreté de son État. « Quoi faire donc? dit le roi. —Il faut, répondit le cardinal, renvoyer le père Caussin, et chercher un confesseur d'un esprit plus solide. » Ce fut avec de la peine que le roi, naturellement bon, y consentit; mais le cardinal, le connaissant d'un naturel timide, savait le gouverner en l'intimidant. L'ordre fut aussitôt donné au secrétaire d'État, François des Noyers, d'aller trouver le supérieur de la maison professe afin de faire partir le lendemain matin le père Caussin pour la Bretagne et se saisir de ses papiers, ce qui fut exécuté ponctuellement. Un exempt vint le prendre de grand matin et le conduisit à Rennes. Le cardinal, ayant su qu'il trouvait dans le parlement bien des approbateurs de la démarche qu'il venait de faire, qu'on lui rendait de fréquentes visites, et qu'il y recevait de grands honneurs, lui envoya l'ordre de se retirer à Quimper-Corentin, dans le fond de la Bretagne, où il demeura jusqu'à la mort du roi; car il fut aussitôt rappelé de la reine, devenue maîtresse des affaires par la minorité du roi.

De l'humeur dont était le cardinal de Richelieu, une affaire de cette nature lui venant de la part d'un jésuite devait lui donner du chagrin contre toute la Compagnie; mais ce chagrin augmenta de la moitié, quand il apprit que le public regardait le père Caussin comme un homme persécuté pour la justice, par où son ministère devint plus odieux, ce qui l'anima d'une telle sorte contre toute la société, qu'il résolut de ne la plus ménager. Mais ni Saint-Cyran, ni ceux de son parti ne se trouvèrent en état de tirer avantage de la disposition où était alors le ministre. Ainsi, soit que l'étoile de la nouvelle opinion ne fût pas encore propice à la présente conjoncture, soit que la providence de Dieu veillât alors à la conservation de la religion, qui s'allait perdre dans l'Europe, jamais année ne fut plus funeste à cette erreur que celle-ci où l'évêque d'Ypres mourut et l'abbé de Saint-Cyran fut arrêté prisonnier par ordre du roi, pour avoir voulu innover dans la religion. Ce fut aussi par la destruction du nouvel établissement des filles du Saint-Sacrement, institué en forme de colonie de Port-Royal dans la rue Coquillière, paroisse de Saint-Eustache, par l'archevêque et par le magistrat, que le jansénisme reçut son premier échec. Voici la manière dont cela se fit.

L'abbé de Saint-Cyran s'était attaché un père de l'Oratoire nommé Seguenot, dont il s'était entièrement rendu maître, l'ayant trouvé susceptible de sa doctrine par l'amour de la nouveauté, et par un penchant qu'il lui trouva à la singularité, qu'il recherchait en tout. Ce père était entré à l'Oratoire, touché du mépris du monde, après avoir été quelque temps avocat; ainsi ce ne fut qu'avec une teinture assez légère de la théologie qu'il se donna à Dieu, et son peu de capacité fut cause de son malheur. Ce fut par là que Saint-Cyran abusa de sa simplicité et de son ignorance pour débiter ses erreurs dans le monde, et pour s'en servir à faire les premiers pas dans le dessein qu'il méditait, n'osant s'exposer à les faire lui-même, parce qu'il commençait à devenir suspect. Il lui proposa donc le livre de *la Virginité* de saint Augustin à traduire en notre langue pour autoriser les sentiments qu'il avait contre l'excellence des vœux et surtout de la chasteté. Saint Augustin n'avait entrepris cet ouvrage que pour réfuter un hérétique de son temps nommé Jovinien, lequel enseignait que les vierges, qui se devaient à Dieu par des vœux faisaient profession d'un état bien plus imparfait que celles qui se mariaient, et que le mariage était préférable à la virginité, contre le sentiment de saint Paul, contre les conseils évangéliques et contre la doctrine reçue universellement dans l'Église. Saint Augustin entreprit la défense de la virginité contre ce novateur, dont le père Seguenot avait pris tous les sentiments qu'il avait exprimés dans cette traduction, et ce fut sous le nom de saint Augustin que, pour imposer mieux au public, il eut la hardiesse de débiter les erreurs de ce visionnaire. Ce livre ne put pas paraître sans faire beaucoup de bruit et sans choquer tous les gens de bien ; on le porta en Sorbonne, on choisit des commissaires pour en examiner la doctrine, et on proposa au 1ᵉʳ mai de cette année (1638), dans l'assemblée qu'on a coutume de tenir en la faculté tous les mois, les propositions suivantes qui en furent extraites :

La première, que ceux qui usaient du mariage comme s'ils n'en usaient pas, selon l'apôtre, avaient non-seulement tout le mérite des vierges, mais qu'ils étaient aussi parfaits étant aussi purs et aussi chastes.

La deuxième, que non-seulement les vœux n'ajoutent rien à la perfection, mais que ce sont quelquefois des obstacles aux imparfaits de suivre la volonté de Dieu qui les appelle ailleurs ; que la profession de la pauvreté volontaire est bien différente de la pauvreté évangélique.

La troisième, que l'action de la génération était de toutes les actions extérieures de l'homme la plus parfaite dans l'état de la justice originelle, parce que les hommes se sanctifiaient alors par là, comme ils se sanctifient maintenant par l'usage des sacrements.

La quatrième, que ce que les théologiens modernes enseignent de l'auréole des vierges et des autres prérogatives des saints dans le ciel n'était qu'une imagination toute pure de leur esprit sans fondement aucun.

La cinquième, que la confession des péchés qui se fait au prêtre doit être publique et non pas particulière et secrète.

Ces propositions ayant fait du bruit dans le monde contre les pères de l'Oratoire, qui en étaient les auteurs, étant produites par le père Seguenot, Charles de Condren, général de cette société, homme de bien, fort versé dans la connaissance de la religion, fut alarmé lui-même de ce bruit et d'une doctrine si pernicieuse, qu'il désapprouvait entièrement ; il alla trouver le père Joseph du Tremblay, capucin, son ami, pour le prier de lui procurer une audience du cardinal sur l'affaire du père Seguenot dont il voulait l'entretenir. Le cardinal, qui connaissait sa probité, fut bien aise d'être informé de cette affaire par un aussi homme de bien que le père de Condren, qui lui dit que le père Seguenot, auquel on imputait le livre de *la Virginité*, était un homme d'un petit caractère, d'une capacité fort bornée, fort simple et peu capable de dogmatiser, qu'il s'était laissé séduire par l'abbé de Saint-Cyran, auquel il s'était attaché depuis quelque temps, et que cet abbé, abusant de la simplicité du père, s'était servi de lui pour commencer à répandre ses erreurs dans le monde, n'osant encore le faire lui-même. Le cardinal, qui avait appris d'ailleurs ce que lui dit le père de Condren, lui sut bon gré de ce qu'il lui disait de Saint-Cyran et du danger qu'il y avait à le laisser répandre le venin de sa doctrine dans le public, car il avait déjà gâté bien des gens par son commerce, qui devenait de jour en jour plus dangereux : il profita de cet avis, et prit dès lors la résolution de faire arrêter Saint-Cyran et le père Seguenot.

Pendant que l'abbé de Saint-Cyran avançait peu à peu vers le précipice où son égarement le conduisait, l'évêque d'Ypres détruisait sa santé par l'opiniâtreté prodigieuse de son travail et par toute l'inquiétude et l'application, ou plutôt le tourment d'esprit que lui causait une entreprise où il s'était imaginé de suffire lui seul, et dont il ne partageait la peine avec personne ; car dans les frayeurs qu'il avait sans cesse des nouveautés qu'il méditait, il ne pouvait se résoudre à se fier à qui que ce soit pour l'impression de son ouvrage, dont il s'était chargé de tout le soin. Outre celui de la composition, qu'il continuait toujours avec la même ardeur, il était obligé de faire dans l'impression les confrontations nécessaires, pour rendre fidèles les citations des passages de saint Augustin et des autres Pères. L'attachement à un travail si rude l'échauffa de telle sorte, que le feu s'alluma dans ses veines et dans la masse de son sang avec une intempérie si furieuse, qu'il fut désespéré des médecins dès les premiers jours de sa maladie. La veille du jour que le mal se déclara, il eut une grande contestation avec son chapitre sur quelques règlements de son Église, et comme il était fort colère, depuis particulièrement qu'il était devenu le maître, il s'emporta à des reproches contre ses chanoines avec tant de violence, qu'il sortit tout ému de la dispute où il s'était engagé, et le bruit se répandit dans la ville que la maladie si subite de l'évêque ne venait que du transport de colère auquel il s'était trop abandonné ; en quoi le peuple fut trompé. Mais ce prélat avait vécu d'une manière si cachée depuis son élévation, par l'attachement trop grand à l'impression de son ouvrage, qu'on n'avait pas encore commencé à le connaître, et ce bruit ne courut dans le public que sur les discours qu'en publièrent les chanoines, car ce n'était rien moins que ce qu'on en disait.

Le mal s'augmenta bien davantage le lendemain, et quoiqu'il n'y eût aucun vestige de peste dans la ville ni dans tout le pays, il parut un gros charbon dans le haut de la cuisse, qui fit connaître le danger où il était ; on l'en avertit, et il commanda qu'on le transportât dans un appartement séparé du reste du logis, pour ne pas infecter la maison et pour sauver son domestique. On lui amena deux sœurs grises, espèce de religieuses dont on se servait dans le pays pour avoir soin des malades, et qui étaient propres à cela par la profession qu'elles en faisaient ; il eut de la peine à y consentir, se récriant que depuis l'âge de quinze ans il n'avait point été en état de souffrir aucun service de femmes, avec qui il avait eu soin d'avoir peu de commerce. On lui fit comprendre que dans l'état où il était il fallait le souffrir, que c'était une chose établie dans le pays, qu'on n'y trouverait rien à redire, et qu'il ne pouvait s'en passer. Il fallut se soumettre à cette nécessité ; mais comme le mal croissait par les redoublements de la fièvre, il se disposa de lui-même à recevoir les sacrements ; il fit une confession générale de toute sa vie à son aumônier Renauld l'aîné, en qui il avait commencé de prendre confiance, et donna de grandes marques de douleur en cette confession, par une abondance de larmes et de soupirs, car il avait la conscience timorée, et ne pensait au jugement de Dieu qu'avec de grandes frayeurs. Il reçut le viatique après sa confession, en présence seulement d'un récollet de ses amis, nommé frère Colomban, qu'il avait fait venir pour ne pas se trouver seul avec les deux religieuses qui avaient soin de lui et pour l'édification de ceux qui le servaient. Au moment qu'on lui apporta Notre-Seigneur, il se jeta hors du lit avec des sentiments fort tendres de respect et de piété, il se tint à deux genoux malgré la tumeur du charbon dont la cuisse était tout enflammée, et donna des preuves d'une assez grande dévotion. Il reçut en même temps l'Extrême-Onction par cet aumônier, qui, pressé par la violence du mal, ne voulait lui faire qu'une onction afin de le laisser un peu en repos ; mais Jansénius voulut absolument, malgré sa faiblesse, les recevoir toutes, et après les avoir reçues, il se fit apporter un crucifix qui était sur la table, pour se disposer à rendre l'esprit dans les embrassements de son divin Maître, avec des marques d'une foi vive et d'un amour de Dieu qui parut sincère à ceux qui en furent les témoins.

Le temps se grossit sur le soir par un nuage fort épais qui se répandit sur la ville, d'où se forma un orage si violent et des éclairs avec des tonnerres si fréquents, que le malade, sentant toute l'impression de ce changement de temps, reconnut bien que sa fin approchait par l'affaiblissement de ses forces ; il se fit apporter, par une des religieuses qui l'assistaient, son ouvrage qui était dans une cassette, et, ayant demandé une plume et de l'encre, il écrivit à l'entrée du livre qu'il donnait cet ouvrage et tout ce qu'il avait écrit sur saint Augustin à Renauld l'aîné, son aumônier, parce qu'il avait pris la peine de l'écrire de sa propre main, et qu'il l'avait fort aidé en ce travail, à condition, toutefois, qu'il se concerterait avec Libert Fromond et Henry Calenus, ses deux intimes amis, pour le faire imprimer, et qu'on ne se servirait point d'autre copie pour l'impression que de la sienne, s'il s'en trouvait d'autre en ses papiers. Enfin, il consacra les derniers moments de sa vie au soin de l'impression, qu'il avait commencée et qu'il laissa imparfaite par la mort dont il fut surpris, et pour engager ses deux bons amis à se charger de cette édition, il les nomma l'un et l'autre pour être les exécuteurs de son testament; les suppliant de ne rien changer dans son ouvrage s'ils trouvaient quelque chose de peu conforme aux sentiments de l'Église romaine, à laquelle il se soumettait entièrement; il écrivit tout cela de sa main, en forme de codicille, qu'il joignit lui-même à son testament pour le confier à son aumônier, n'ayant, auprès de sa personne, que lui de raisonnable. Cela étant fait, et les mesures prises pour l'impression de l'ouvrage, il reprit son crucifix, et, dans un colloque qu'il fit à son Sauveur, plein de tendresse et de dévotion, il mourut assez tranquillement pour un homme qui avait des desseins pernicieux à la religion. Ce fut le 6 mai de cette année 1638, âgé de cinquante-quatre ans ou environ, après avoir gouverné l'Église d'Ypres dix-huit mois seulement.

Comme il avait mené une vie fort occupée dans son travail et dans l'étude de saint Augustin, il n'avait pas eu de peine d'entretenir ces sentiments de piété qu'il fit paraître à la mort, et qui n'ont coutume de s'éteindre que par des mœurs corrompues, dont il était assez éloigné par l'attachement qu'il eut à son étude. Ce fut ce qui lui conserva ce peu de probité qu'il n'avait altéré que par le commerce de l'abbé de Saint-Cyran, plus hardi que lui, et par la haine déclarée contre les jésuites, dont il faisait assez ouvertement profession. C'était un homme qui avait quelque chose de sombre dans l'esprit, aussi bien que sur son visage et dans toute sa physionomie; il affectait une espèce de sévérité chagrine, qui lui donnait un air de gravité propre à lui attirer du respect; quoiqu'il fût sujet à la colère et peu maître de ses emportements, il ne laissait pas que d'être lâche et timide en certaines rencontres où on lui résistait. Il avait de l'esprit; mais la bonne opinion que son orgueil lui donnait de sa suffisance lui faisait regarder avec quelque sorte de mépris la plupart des hommes. Son peu de naissance ne diminua rien de son ambition, qui seule lui fit dévorer toutes les peines et toutes les fatigues de son ouvrage, lesquelles furent excessives, car jamais on n'a travaillé avec tant d'attachement et avec tant d'opiniâtreté, n'espérant pas moins que de devenir chef de parti, étant si peu de chose de son propre fonds; mais il n'avait pas tout le mérite qu'il fallait pour soutenir sa vanité. Ce fut aussi ce qui le perdit; car, n'ayant pas la solidité d'esprit nécessaire pour une entreprise de cette importance, il se laissa éblouir par la fausseté de ses idées, et il tomba dans cet égarement que tout le monde a su, qui le jeta dans le précipice. Il fut enterré dans l'église cathédrale d'Ypres, à côté du grand autel, et ses sectateurs firent mettre sur le marbre qui couvrait sa fosse cette épitaphe :

CI-GIT CORNEILLE JANSÉNIUS.

« C'en est assez dire ; sa vertu, sa capacité et sa réputation diront le reste; il a été longtemps l'admiration des savants dans Louvain; il n'a fait que commencer ici. Il fut élevé à la dignité épiscopale pour être montré à toute la Flandre; il y parut comme un éclair qui s'éteint au moment qu'il éclate.

« C'est le destin des choses humaines, dont la durée la plus longue finit bientôt. Il ne laisse pas que de vivre après sa mort dans son saint Augustin, dont il a été l'interprète le plus fidèle qui fût jamais; il eut quelque chose de divin dans l'esprit, et il fit paraître une constance infatigable dans son travail, auquel il employa presque toute sa vie, dont le terme fut celui de son ouvrage.

« L'Église en recevra le fruit sur la terre pendant qu'il en reçoit lui-même déjà la récompense dans le ciel. C'est ce que vous devez lui souhaiter, lecteur, et ce que vous devez demander à Dieu pour lui. »

Il fut regretté de ses peuples, qu'il avait commencé à gouverner avec bien de la douceur, étant occupé à son travail, qui ne lui donnait pas le loisir de penser à ses autres devoirs. Jean Jansénius, son neveu, ayant hérité de ses meubles, et de tous ses autres biens, vendit, quelques années après, sa bibliothèque à un marchand libraire de Douai, nommé Jean Serrurier. Ce libraire ayant fait le mémoire de ces livres, qu'il venait d'acheter pour les revendre, en donna une copie aux jésuites du collége de Douai, afin de s'en défaire par leur moyen, et il se trouva que la plupart des livres de cet évêque n'étaient que des hérétiques modernes, dont les principaux étaient toutes les œuvres de Calvin, de l'impression de Genève; l'*Histoire du concile de Trente*, par fra Paolo; les deux volumes des *Actes du Synode de Dordrecht;* le *Mystères d'iniquité*, de du Plessis-Mornay; l'*Histoire de Seleiden*, grand calviniste d'Angleterre; l'*Idolâtrie des papistes*, par Théodore Simon; le livre de Marc-Antoine de Dominis contre la monarchie de l'Église romaine; l'*Abrégé de la théologie des protestants de Hollande;* l'*Histoire de Pomponace;* la *Théologie des protestants d'Allemagne;* le livre de Vorstius sur la religion, et quantité d'autres du même caractère, qu'il serait trop long de décrire; ceux-ci pouvant suffire à faire connaître l'esprit du prélat et à quelles sources il puisait pour la composition de son grand ouvrage, persuadé qu'il ne pouvait rien établir dans le nouveau système de la grâce qu'il méditait que par le secours des hérétiques de ces derniers temps, et espérant qu'il pouvait le faire plus impunément, en ce que les sources de ce secours étaient inconnues à la plupart des catholiques qui ignoraient ce commerce, lequel lui était ordinaire, comme il paraît dans l'affaire de Gotescalque sur la controverse des prédestinatiens, qu'il copia tout entière du livre de Jacques Cosserius, comme j'ai déjà remarqué, pour établir les principes de sa doctrine sur ce que cet hérétique en a imprimé, sans parler d'une infinité d'autres endroits, qu'il a pris de Calvin et des autres novateurs, dont il avait ramassé fort soigneusement les ouvrages, desquels il s'était servi, ainsi qu'on voit dans les notes qu'il avait faites sur tous ces livres, et que ce libraire n'avait pu effacer en revendant ces livres, et comme les thèses des jésuites de Louvain le lui reprochent en faisant connaître les lieux d'où il avait pris les fondements de sa doctrine.

Au même temps que mourut l'évêque d'Ypres en son diocèse, l'abbé de Saint-Cyran fut arrêté prisonnier à Paris par ordre du roi. Voici ce qui en fut l'occasion.

Le cardinal de Richelieu, fatigué des plaintes qu'on lui faisait de tous côtés des nouveautés que cet abbé se donnait la liberté de répandre dans tout le royaume, et par lui-même et par le ministère de ceux qu'il avait engagés en son parti, prit la résolution de le faire arrêter. Le refus qu'il lui fit de répondre au livre de *Mars Gallicus*, la liberté qu'il se donna d'approuver avec sa présomption ordinaire le mariage du duc d'Orléans avec la princesse de Lorraine contre le sentiment de tous les docteurs les plus habiles du royaume et de l'assemblée du clergé l'avaient déjà rendu odieux à ce ministre. Le père Joseph, lui rendit compte d'autres affaires, lui apprit le fracas que faisait dans le monde le livre du père Seguenot et combien les gens affectionnés à la religion s'étaient alarmés des maximes d'un livre si dangereux, surtout en ce qu'il enseignait que la pénitence publique était d'une nécessité absolue dans l'usage des sacrements, ce qui parut si nouveau et si impraticable dans les mœurs de l'Eglise d'aujourd'hui et dans tous les principes de notre religion, qu'on s'alarma de la seule proposition que ce père en faisait dans son livre *De la virginité*, d'où il avait paru au public qu'il était mal intentionné et conduit par des gens d'un dangereux commerce.

Henri de la Mothe-Hodancourt, qui fut peu de temps après nommé à l'évêché de Rennes, capitale de la Bretagne, avait alors l'esprit plein de sa théologie qu'il venait d'achever en Sorbonne avec un grand succès et donna un grand poids aux plaintes que fit le père Joseph au cardinal des dangereuses maximes de ce livre. Le père Seguenot, qui le connaissait un peu et qui l'estimait beaucoup, lui ayant présenté son livre pour avoir son approbation, le savant homme le trouva si plein d'erreurs et d'une doctrine si pernicieuse qu'il alla trouver le cardinal à Rueil, afin de l'en informer; quoiqu'il n'apprît rien de nouveau au cardinal, lequel avait déjà été prévenu de semblables plaintes, il ne laissa pas de lui donner un nouveau degré de chaleur pour animer son zèle contre ces nouveautés. Le roi se préparait alors au voyage de la frontière de Picardie, pour aller joindre son armée qui avait commencé le siège de Saint-Omer et pour l'encourager de sa présence. Avant le départ ce ministre prit son temps pour avertir Sa Majesté du bruit que faisait dans le monde l'abbé de Saint-Cyran par les dangereuses nouveautés de sa doctrine et par le scandale que causait dans les esprits le livre du père Seguenot, dont Saint-Cyran était l'auteur, ainsi que le père de Condren, général de l'Oratoire, l'en avait assuré. Il ajouta qu'il importait fort, pour la sûreté publique et pour l'intérêt de l'Église, d'arrêter un désordre qui menaçait l'Etat en menaçant la religion ; que rien n'était plus dangereux que la seule idée de cette pénitence publique que ce novateur voulait introduire, parce que cette seule nouveauté renversait tout ce qu'il y avait de plus établi dans l'usage des sacrements et dans la discipline que le concile de Trente venait de régler..

Le roi, informé de ce détail, ordonna au cardinal de le faire arrêter ; l'ordre en fut donné à Isaac de Laffemas, lieutenant civil au Châtelet de Paris et exécuté quelques jours après le départ du roi pour la frontière, car le cardinal, qui l'avait suivi, reçut en arrivant à Compiègne des lettres du lieutenant civil, qui lui rendait compte de l'emprisonnement de cet abbé, commandé par le roi avant de partir, et j'ai ouï dire à Hardouin de Péréfixe, alors abbé de Beaumont, depuis précepteur de Louis XIV et archevêque de Paris, que le cardinal de Richelieu, dans le cercle de ceux qui étaient venus lui faire leur cour, dit qu'il venait de recevoir du lieutenant civil une nouvelle, laquelle donnerait lieu à bien des discours dans le public ; qu'on venait d'arrêter, par ordre du roi, un homme qui commençait à se rendre célèbre par l'opinion de sa vertu et de sa capacité et par la profession qu'il faisait d'une sévérité de sentiment et d'une austérité de mœurs devenue recommandable auprès de la plupart des gens de bien, qui en feraient peut-être du bruit ; mais il ajouta qu'on ne l'avait arrêté que par l'amour qu'il avait de la nouveauté et par la liberté qu'il se donnait de dogmatiser d'une manière à imposer au public et à scandaliser la vertu, assurant qu'on aurait remédié à bien des malheurs et à bien des désordres dans toute l'Europe au siècle passé si on avait emprisonné Luther et Calvin dès qu'ils parurent, comme on avait fait de l'abbé de Saint-Cyran, que le roi venait de faire mettre en prison au château de Vincennes. On ne parlait point encore de la détention du père Seguenot, qui ne put pas être arrêté en même temps que l'abbé de Saint-Cyran (qui le fut le 15 mai de cette année 1638), parce que ce père était alors à Saumur, afin d'assister à une assemblée qui s'y tenait pour les affaires de la congrégation, et ce fut au milieu de cette assemblée qu'on l'arrêta; puis, ayant été amené à Paris, on le conduisit à la Bastille, où l'on met d'ordinaire, comme à Vincennes, les prisonniers d'Etat.

On dit que quand on conduisait l'abbé de Saint-Cyran à Vincennes, d'Andilly, qui revenait de sa maison de Pomponne, ayant rencontré en son chemin le carrosse qui le menait, demanda à un des gardes qui le conduisaient quel était le prisonnier qu'on menait. Le garde lui ayant appris que c'était l'abbé de Saint-Cyran, il courut au commandant pour lui demander la permission de saluer son ami, et l'ayant obtenue il fit arrêter le carrosse et embrassa fort tendrement ce cher ami. Il n'eut pas le temps de l'interroger pour apprendre où on le conduisait et pourquoi, mais il tira de sa poche les *Confessions* de saint Augustin qu'il avait, et le pria de les lire pour sa consolation, ce qu'il lui promit; et pressés par les gardes ils se séparèrent en s'embrassant. La nouvelle de l'emprisonnement de cet abbé s'étant répandue dans le monde, ses disciples, dont le nombre croissait de jour en jour, publièrent que la prison de Saint-Cyran n'était qu'une vengeance toute pure du cardinal de Richelieu, parce que l'abbé n'avait point voulu approuver la rupture du mariage du frère unique du roi, Gaston de France, et le bruit de cette oppression qu'on faisait si injustement à un innocent lui attira une partie de la pitié du public, déjà mal content du cardinal à cause de son ministère.

D'Andilly, cependant, touché du malheur de son ami, alla trouver la duchesse d'Aiguillon pour implorer son secours auprès du cardinal, auquel on imputait l'ordre de cet emprisonnement. Marie de Vignerot, veuve du feu duc d'Aiguillon et nièce du cardinal, était celle de tout le royaume qui avait le plus de crédit auprès du ministre, qui la considérait et par la qualité de son esprit et par les grands avantages de sa personne; car c'était une des femmes les plus accomplies de la cour. Cette dame, qui savait le pouvoir qu'elle avait sur l'esprit de son oncle, se faisait un mérite de lui parler d'affaires et de le gouverner; en quoi elle réussissait fort par le plaisir qu'il avait de l'écouter et par la confiance qu'il prenait en elle. Ainsi, elle n'eut pas de peine à se charger de cette affaire à cause de d'Andilly, qu'elle avait toujours estimé et qui la persuada de la probité et de l'innocence du prisonnier; car il l'assura que l'abbé était un des plus hommes de bien et des plus savants du royaume et qu'on ne l'opprimait que par jalousie.

Le roi étant retourné de la frontière, où sa présence n'était plus nécessaire, par la vigilance du maréchal de Châtillon, qui commandait son armée au siége de Saint-Omer, heureusement commencé, partit de Compiègne le 21 mai et se rendit à Saint-Germain et le cardinal à Rueil, où sa nièce l'attendait pour le recevoir et lui faire ses compliments sur le succès des armes du roi et sur son heureux retour. Après quoi, elle prit son temps pour lui parler du nouveau prisonnier de Vincennes, comme elle l'avait promis à d'Andilly. Elle lui dit qu'on s'étonnait dans le monde qu'étant aussi bien éclairé et aussi bien intentionné, il s'était laissé surprendre aux calomnies que les ennemis de Saint-Cyran débitaient contre lui; sur quoi on l'avait mis en prison, quoiqu'il fût innocent, comme d'Andilly l'en avait assurée. Pendant que la duchesse parlait ainsi au cardinal son oncle, on vint lui dire qu'un seigneur de la cour voulait lui parler de la part du roi pour une affaire pressée. Le cardinal commanda qu'on le fît entrer, et dit alors à sa nièce que si elle voulait se donner la peine de voir quelques papiers qui étaient sur la table, elle serait bientôt détrompée sur l'abbé de Saint-Cyran.

On avait apporté au cardinal, à son retour de la campagne, plusieurs mémoires qui regardaient l'affaire de Saint-Cyran et devaient servir à l'information de son procès; ces papiers étaient alors sur la table. La duchesse en lut quelque chose précipitamment et y vit une partie des accusations qu'on faisait à Saint-Cyran sur les nouveautés qu'il débitait contre la religion. Le cardinal revint à elle après avoir expédié ce seigneur. Il lui demanda ce qu'elle pensait de ces accusations. Elle lui répondit qu'elle ne pensait pas que l'affaire regardât la religion, dont ce n'était pas à elle de se mêler. Le cardinal, pour la contenter pleinement, lui dit qu'il avait toujours eu bien de l'estime pour Saint-Cyran, pour son rare mérite et pour sa capacité, mais qu'il ne pouvait pas se dispenser, en la place qu'il tenait, d'écouter plusieurs gens de bien, qui venaient lui rendre compte du danger où la liberté que se donnait l'abbé de Saint-Cyran exposait la religion ; que rien n'était plus dangereux dans un État que d'y tolérer les novateurs qui faisaient profession d'y renverser ce qu'il y avait de plus établi ; que la sévérité la plus rigoureuse valait mieux alors que la douceur et la clémence ; que c'était autoriser la nouveauté en matière de doctrine que de ne pas la réprimer par la prison et par les supplices ; et que devant être le défenseur des lois du royaume et de la religion par le ministère que le roi lui avait confié, il ne pouvait pas avoir de la douceur et de l'indulgence en cette occasion sans trahir sa conscience et sans devenir un prévaricateur. Il ajouta à sa nièce, pour lui faire sentir tout le poids de ses raisons, que si l'on eût traité les hérétiques des derniers siècles avec cette rigueur, on aurait remédié à bien des malheurs et on aurait épargné des torrents de sang, dont l'Allemagne et la France, la Flandre et l'Angleterre furent inondées, et dont il reste encore de si funestes débris, dans la plupart de ces pays, par la profanation et la ruine de la religion, qu'on aurait conservée par la rigueur des tourments, et qui s'est perdue par la tolérance et par la douceur ; car rien ne demande plus de sévérité que l'esprit d'innovation en matière de religion, disant que si le cardinal Cajetan avait eu de la rigueur pour faire arrêter Luther dans le temps qu'il contrefit cette prétendue rétractation dont cet apostat l'amusa pour gagner du temps et pour grossir le nombre de ses sectateurs, il aurait préservé l'Allemagne de l'état déplorable où la fureur de l'hérésie la précipita.

La grande expérience des affaires qu'avait ce ministre et la connaissance que sa capacité lui avait donnée de l'histoire l'avaient tellement instruit de toutes les maximes qu'inspire la prudence pour le gouvernement d'un État, qu'il allait au-devant de tous les désordres qui pouvaient donner quelque atteinte ou à la sûreté publique ou à l'intérêt de la religion. Ce fut aussi sur ce plan qu'il se fit cette conduite si sûre à l'égard des monastères, qu'il regardait comme des ennemis de la monarchie, et qu'il résista avec tant de fermeté aux sollicitations que sa nièce, qui lui était chère et qu'il considérait beaucoup, lui faisait pour l'élargissement de Saint-Cyran. Il le connaissait depuis longtemps; il avait observé toutes ses démarches sur la religion; il s'était informé de ses sentiments, et tant plus avait-il trouvé dans le monde d'estime pour sa vertu, tant plus l'avait-il jugé dangereux, parce que rien ne séduit davantage le peuple que l'opinion de probité dans ceux qui dogmatisent. Il avait coutume de dire que les novateurs des siècles précédents n'avaient eu pour sectateurs que des gens d'une vie libertine et dissolue, et que Saint-Cyran n'avait que des gens de bien, parce qu'il avait un air composé dans son extérieur et une apparence de piété dans les maximes qu'il débitait, fort capable de séduire le peuple et de faire de terribles effets dans le public; qu'enfin c'était à lui, dans le poste qu'il tenait, de s'y opposer avec toute la rigueur que demandait une affaire de cette importance. Il est vrai qu'outre son zèle pour la religion il avait encore une application au bien de l'État qui le rendait incapable de surprise dans les choses qui avaient le moins du monde rapport à la sûreté publique ; et l'on peut dire que cette hérésie dont il s'agit aurait été étouffée dans sa naissance, où du moins n'aurait fait aucun progrès, si le cardinal de Richelieu eût vécu ; il en avait connu d'abord tout le venin, et il avait tout le zèle et tout le pouvoir qu'il fallait pour la détruire. Mais Dieu, par les profondeurs de cette sagesse incompréhensible qui lui fait tolérer le mal pour en tirer sa gloire, en donnant à ceux qui lui sont fidèles de quoi exercer leur vertu, permit que ce ministre, tout bien intentionné qu'il était pour la religion, trouvât de grands obstacles dans l'entreprise de cette affaire et ne voulut pas souffrir qu'il achevât le procès de ce novateur pour s'opposer aux pernicieux desseins qu'il avait d'attaquer l'Église d'une manière dont les suites font encore aujourd'hui gémir tout ce qu'il y a de gens de bien dans la chrétienté, par le progrès de cette erreur, qui a désolé la religion.

Enfin le cardinal, pour apaiser tout à fait l'esprit de la duchesse sa nièce, lui dit que si ces maximes dont il lui parlait semblaient trop hautes au peu de lumières et au peu d'expérience qu'elle avait eu de pareilles affaires, il la priait de prendre patience jusqu'à ce que l'information du procès de ce prisonnier fût entièrement faite, et qu'on eût examiné le fond de ces accusations qu'on faisait contre lui; que, pour ce qui la regardait, il ne pouvait pas, sans une perfidie manifeste, s'exempter d'écouter le détail des crimes dont on le chargeait; qu'au reste, si elle voulait se donner la peine de voir le père de Condren, général de l'Oratoire, et le père Vincent, supérieur des pères de la Mission, les deux plus gens de bien du royaume, qui s'étaient faits les accusateurs de l'abbé de Saint-Cyran par principe de conscience, elle serait peut-être satisfaite de ce qu'elle apprendrait d'eux. Elle y alla.

Mais il faut remarquer que le père de Condren, ayant en toutes rencontres combattu les sentiments et tâché de faire ouvrir les yeux à cet abbé, s'en était séparé, ne jugeant pas qu'il pût, en conscience, avoir désormais de commerce avec un homme qu'il ne pouvait plus regarder que comme un ennemi de l'Église, et il s'en expliqua au père Gibieuf, au père Simpé, au père Lambert et à quelques autres de sa congrégation, afin que si Dieu le retirait de ce monde, ils pussent rendre témoignage de l'opinion qu'il avait de lui et de sa doctrine, pour en empêcher le cours. Il en parla encore plus ouvertement au père Lambert en sa dernière maladie, lui déclarant le scrupule qu'il avait de n'avoir pas répondu aux juges séculiers établis pour examiner ses sentiments; il lui déclara avec quel mépris il l'avait entendu parler de l'Église et du concile de Trente, et ordonna qu'on n'eût point de liaison avec un si dangereux homme; il dit encore au père Viguier qu'il avait reconnu dans Saint-Cyran toutes les marques d'un novateur; qu'il enseignait que les péchés n'étaient remis que par la satisfaction et nullement par l'absolution du prêtre, qui n'en était qu'une simple déclaration; que l'Église était tombée depuis cinq cents ans dans les ténèbres et dans la corruption; que le concile de Trente, où l'esprit d'intrigue et de cabale avait le plus régné, n'était pas un bon juge de la foi, et qu'enfin il lui avait trouvé plusieurs opinions très-pernicieuses et conformes à la plupart des dernières hérésies qui avaient été condamnées.

Ainsi cet abbé jugea bien par les froideurs avec lesquelles le père de Condren le recevait depuis quelque temps, et par l'éloignement qu'il témoignait avoir de sa personne, qu'au lieu de se rendre à ses sentiments il s'y opposait; craignant qu'il ne le fît connaître pour ce qu'il était, et qu'un homme d'un si grand poids ne le décriât dans le monde, il prit la résolution de le prévenir par des reproches qui parurent spécieux à ceux de son parti, disant qu'il avait rompu sans éclat toutefois avec le père de Condren, peu satisfait de la manière dont il s'était comporté en l'affaire du mariage de Monsieur; car, étant son confesseur et s'étant acquis de la créance en son esprit, c'était à lui à décider que le mariage était bon, contre la foule de tous les docteurs du royaume, qui en avaient jugé autrement par pure déférence aux volontés du cardinal de Richelieu, qui le voulait rompre, pour proposer à ce prince sa nièce la duchesse d'Aiguillon; mais ce fut une pure calomnie que cette plainte de Saint-Cyran. Car, quoique presque tous les casuistes du royaume eussent opiné pour l'invalidité du mariage, qui s'était fait sans le consentement du roi, il ne laissa pas, sans s'opposer à cet avis, de faire comprendre à Monsieur que s'il y avait quelque chose de défectueux en ce mariage, on pouvait y suppléer en attendant le consentement du roi, qu'il pourrait obtenir par une conduite douce et soumise; et il sut si bien gouverner l'esprit de ce prince par le conseil qu'il lui donna, qu'enfin le mariage se fit, et que ce bon père dit en mourant à un des principaux de l'Oratoire, qu'il n'avait rien à se reprocher sur cet article. Saint-Cyran fut injuste de condamner son procédé, qui avait été droit et dans les règles; mais ce reproche n'était conçu que pour donner quelque couleur à son éloignement de ce père, et pour empêcher qu'on n'ajoutât foi à ce qu'il dirait de lui pour rendre sa doctrine suspecte. Les plaintes aussi qu'il fit de lui n'eurent aucun effet. La duchesse d'Aiguillon vit le père, l'entendit parler des accusations dont on chargeait Saint-Cyran et il lui apprit ce qu'il en savait par lui-même. Elle en fut si épouvantée, qu'elle retourna au cardinal, son oncle, pour lui déclarer qu'elle se départait entièrement de l'affaire de ce prisonnier et de la protection qu'elle lui avait promise à la sollicitation de d'Andilly. C'est d'elle que j'ai su le détail de toute cette affaire, qu'elle racontait volontiers pour donner à son oncle la louange qu'il méritait sur sa vigilance à la défense de la religion et sur le zèle qu'il avait sur le bien de l'État.

Un maître des requêtes, nommé Henri Laguette Chazé, homme d'une grande réputation de probité, fit alors auprès de François Sublet des Noyers, secrétaire d'État et confident du cardinal, la même démarche pour Saint-Cyran qu'avait faite la duchesse d'Aiguillon auprès du cardinal; car, comme il était ami et allié de des Noyers, il alla le trouver pour l'avertir du bruit que l'emprisonnement de cet abbé faisait dans le monde, et que rien n'était capable de faire plus de tort au ministère du cardinal que la détention d'un homme si saint et si innocent. Des Noyers lui promit d'en parler au cardinal, ce qu'il fit; et peu de jours après, il revint trouver Laguette pour lui rendre compte de cette affaire. Il lui dit que le cardinal ne s'étonnait pas qu'un homme de bien comme lui eût eu de la peine sur cet emprisonnement, et eût interposé son crédit pour lui en faire parler; que dans le siècle passé il y avait eu des gens de bien trompés comme lui qui avaient parlé de Luther et de Calvin comme il faisait de Saint-Cyran; qu'on aurait bien épargné du sang en Allemagne et en France si d'abord on les avait enfermés comme on avait fait de cet abbé; que sur les accusations dont on le chargeait, le roi avait ordonné de l'arrêter et de lui donner des commissaires pour faire examiner sa doctrine, afin de le mettre en liberté si on la trouvait conforme à celle de l'Église, ou d'en réprimer le cours si on voyait qu'elle fût dangereuse et capable de troubler l'État. Laguette, satisfait de la réponse de des Noyers et du zèle du cardinal, ne voulut plus se mêler de cette affaire, où il s'était laissé engager mal à propos par les amis de Saint-Cyran.

Robert Smith, cet évêque de Chalcédoine qui avait donné occasion au livre d'*Aurélius* de Saint-Cyran, était alors à Paris, après avoir été révoqué de ses fonctions par un bref du Pape, pour laisser l'Église d'Angleterre en paix; il fut trouver le cardinal de Richelieu, et lui dit trop simplement peut-être que Saint-Cyran était son ami, qu'il venait implorer sa clémence pour sa liberté, ajoutant que c'était un homme de bien, et qui par sa capacité allait devenir une des colonnes de l'Église et un des plus grands appuis de la religion. Il fit si pitié au cardinal de lui parler de la sorte qu'il lui tourna le dos et le renvoya avec un fort grand mépris, voyant de quoi ce vieillard était capable, en se laissant tromper si grossièrement. Les amis de Saint-Cyran l'avaient engagé à cette démarche, lui ayant représenté les obligations qu'il lui avait, après le gros volume d'*Aurélius* qu'il avait composé pour sa défense contre les jésuites d'Angleterre.

Les premiers bruits qu'avait causés dans le public la prison de Saint-Cyran ne furent pas grands, car peu de gens y prirent intérêt. Le cardinal donna les ordres nécessaires pour lui faire son procès. Il y avait à peu près quatre mois qu'Achille de Harlay, évêque de Saint-Malo, pour commencer l'information de cette affaire, par ordre du cardinal, avait tiré de Sébastien Zamet, évêque de Langres, un mémoire par lequel il déclarait qu'il connaissait l'abbé de Saint-Cyran; que c'était lui qui l'avait donné aux religieuses de Port-Royal pour directeur, mais avant de le bien connaître, ce qu'il n'aurait pas fait s'il l'avait mieux connu, parce qu'il éloignait ces religieuses de la fréquentation des sacrements autant qu'il pouvait; qu'il avait empêché la mère Angélique Arnauld, alors supérieure de Port-Royal, de communier pendant cinq mois, et même pendant la quinzaine de Pâques; qu'il lui remplissait l'esprit, aussi bien que celui de sa sœur Agnès, de nouveautés qu'il leur faisait passer pour des maximes des premiers temps de l'Église, où la religion était dans sa naissance et dans sa vigueur; que cette supérieure, trompée comme elle l'était, se piquait de débiter à la grille, aux dames qui venaient la visiter, ce qu'il y avait de plus profond et de plus incompréhensible dans l'adorable mystère de la grâce et de la prédestination, ne citant que saint Augustin et les premiers siècles, donnant lieu aux railleries qu'on faisait dans la ville de la liberté qu'elle se donnait d'expliquer des matières qu'elle n'entendait pas elle-même et de toucher à des mystères impénétrables aux théologiens les plus consommés. Cet écrit contenait les erreurs et les égarements de Saint-Cyran dans l'usage des sacrements, les déguisements et les artifices dont il se servait pour séduire ceux qui prenaient confiance en lui, et ce qu'il y avait de plus pernicieux en sa doctrine. Il donnait avis sur la fin au cardinal que l'abbé de Prierres pourrait l'informer encore mieux des sentiments et des maximes de ce réformateur, et pour donner toute l'autorité qu'il fallait à ce mémoire, afin qu'il pût servir à l'information du procès, le cardinal ordonna à l'évêque de Saint-Malo de témoigner, par la signature de son nom et dans les formes, que c'était de l'évêque de Langres qu'il avait eu cet écrit, pour le mettre en ses mains, et pour lui rendre compte de la conduite de ce dangereux homme.

Cependant le livre du père Seguenot qu'on examinait en Sorbonne fut condamné le premier jour de juin, et les lettres patentes pour faire l'information du procès de Saint-Cyran furent expédiées le 15 à Martin de Laubardemont, conseiller d'État, pour le juger dans les formes ordinaires et selon les lois du royaume. On commença à chercher des témoins pour instruire ce procès. L'abbé de Prierres, qui avait donné avis des premiers au cardinal des dangereuses maximes que Saint-Cyran débitait dans le monde et de sa conduite, fut mené à Rueil par le père Joseph, pour convenir avec Son Éminence de l'ordre qu'il y avait à tenir dans cette procédure, car il savait ce détail aussi bien que sa théologie; il crut que personne ne sachant tant de particularités de Saint-Cyran que Tardif, son ami, qui avait été son domestique et qui était frère d'une religieuse, il serait bon de l'interroger. En effet, il fut cité devant le commissaire le 16 juin, et après avoir fait serment selon la coutume qu'il dirait la vérité, il lui avoua qu'il y avait huit ans qu'il connaissait l'abbé de Saint-Cyran, qu'il avait demeuré quelque temps avec lui, s'étant confessé à lui pendant une partie de ce temps-là, et témoigna qu'il lui avait ouï dire bien des choses qu'il n'entendait pas, n'étant pas théologien; par exemple, que les justes n'avaient point d'autre loi que le mouvement intérieur de la grâce, auquel ils devaient obéir, quoique ce mouvement fût contraire à la loi extérieure; il dit sur cet article les choses horribles qu'il en avait entendues, comme cette histoire de l'oncle qui poignarda son neveu en recevant le viatique, et qu'il avait déjà dite au cardinal. Il ajouta que Saint-Cyran commençait quelquefois la messe sans l'achever, selon le mouvement de cet esprit particulier auquel il se laissait conduire, et qu'il disait que la vertu du sacrement de la confirmation était bien plus grande dans tous ses effets que celle du baptême ; que toutes les vertus morales étaient des péchés sans la charité ; que la parfaite contrition était absolument nécessaire dans la confession ; que les vœux ne contribuaient en rien à la perfection, étant eux-mêmes des défauts dignes de répréhension. Il avoua quantité d'autres choses contenues dans son interrogatoire imprimé dans l'information du procès.

Antoine Vigier, supérieur des pères de la doctrine chrétienne de la ville de Toulouse, fut interrogé par le commissaire après Tardif ; il déclara qu'il avait eu un commerce assez particulier avec l'abbé de Saint-Cyran à Port-Royal ; qu'il éloignait alors de la communion autant qu'il pouvait les religieuses de ce monastère ; que c'était par pénitence qu'il les privait de la communion ; qu'il avait ouï cet abbé se vanter d'avoir retiré Antoine Lemaistre, le célèbre avocat du parlement de Paris, du commerce du monde et l'avoir mis en pénitence à Port-Royal ; qu'il se servait de Singlin, un de ses disciples les plus dévoués, pour gouverner Lemaistre et les autres qu'il mettait en pénitence ; mais enfin, comme il était d'un caractère d'esprit fort caché, qu'il n'avait pu en savoir davantage.

Le lendemain parut devant le commissaire l'abbé de Prierres, qui lui répéta tout ce qu'il avait déjà dit de cet abbé au cardinal de Richelieu : qu'il lui avait ouï parler de l'Église d'aujourd'hui comme d'une corrompue et d'une prostituée ; qu'il n'y restait plus aucune trace de cet esprit qui y avait régné dans les premiers siècles ; qu'il la comparait à une rivière dont le cours, plein de boue et d'ordure, avait succédé dans le même canal à une eau claire et pure ; qu'ainsi il anéantissait l'Église en la détruisant en tous ses membres, prétendant qu'il ne restait aucun vestige de la pureté de cet esprit, aussi corrompu dans le chef que dans ses parties, c'est-à-dire dans les évêques, les prêtres et les religieux ; que la théologie scolastique avait tellement été gâtée par saint Thomas et ses successeurs, qu'elle était devenue pernicieuse à la religion, parce qu'ils avaient profané cette divine science par les subtilités et les raffinements des raisonnements humains. Il ajoutait une infinité d'erreurs sur les sacrements, et surtout sur la confession qu'il voulait faire passer plutôt pour un exercice d'humiliation que pour un sacrement, où il ne pouvait souffrir qu'on donnât l'absolution, qui n'était que la déclaration de la rémission après l'accomplissement de la pénitence; que la confession des péchés véniels pouvait se faire aussi bien à un laïque qu'à un prêtre. Enfin il parlait du concile de Trente comme d'une assemblée politique; en quoi il y a apparence qu'ayant une si mauvaise opinion de ce concile il s'était rempli l'esprit des visions de fra Paolo, dont il avait lu l'histoire.

Alexandre Colas de Pormorant, abbé de Sainte-Madeleine de Plaine-Sylve, fut ouï après l'abbé de Prierres; il avait connu Saint-Cyran pendant qu'il demeurait au cloître Notre-Dame, en son voisinage. Il témoigna qu'il avait trouvé une présomption incroyable en cet esprit; qu'il lui avait entendu dire que tous les directeurs et tous ceux qui se mêlaient de conscience étaient dans une ignorance profonde des choses spirituelles dont lui seul avait l'intelligence parfaite, par les lumières que Dieu lui avait données de l'Écriture sainte, et principalement des Épîtres de saint Paul, et qu'enfin il l'avait trouvé en quantité d'erreurs sur la religion, dont il ne se souvenait plus.

Un officier de l'église de Saint-Martin de Tours, nommé Nicolas Victon, aumônier du roi, qui avait connu particulièrement Saint-Cyran pour l'avoir fort fréquenté, déclara au commissaire de quelle manière il avait tiré Singlin à son parti; qu'il l'avait tenu plusieurs mois sans dire la messe, pour éprouver son esprit et s'assurer par là de lui; qu'il débitait comme siennes bien des maximes contenues dans le livre *De la Virginité*, du père Seguenot; que quelques-uns l'avaient assuré qu'il en était l'auteur, et qu'il avait connu bien des gens de qualité, hommes et femmes, qui avaient renoncé à son commerce à cause de ses sentiments contre la religion.

Marie d'Aquaviva, fille du duc d'Atrie, au royaume de Naples, qui avait été sa pénitente, citée devant le commissaire, avoua que Saint-Cyran l'avait éloignée de l'usage de la communion pendant un temps notable, et qu'après cette longue privation qu'il lui faisait passer pour une longue pénitence, à peine avait-elle pu obtenir qu'il la laissât communier le jour de la fête de tous les saints; qu'il traitait de la même manière les autres personnes qu'il dirigeait, et principalement les religieuses de Port-Royal, dont il était plus le maître, et qu'il privait de la fréquentation des sacrements, leur persuadant que l'invocation toute simple du nom de Jésus avait autant de vertu que la participation du sacré corps de Jésus-Christ dans la communion; elle ajoutait qu'elle l'avait ouï débiter des maximes très-pernicieuses contre les vœux, et qu'elle en avait été scandalisée.

François Caulet, alors abbé de Foix et depuis évêque de Pamiers, qui se gâta si fort l'esprit dans sa vieillesse par les nouveautés du jansénisme, fut ouï des derniers; il avait fait une partie de ses études chez les jésuites, dans leur collége de la Flèche, où il vécut dans un grand attachement à ces pères et à leur conduite, et principalement à un père Chauveau, directeur de la congrégation des écoliers externes. Cet abbé étant retourné à Toulouse, son pays, pour se disposer à venir à Paris, il fit connaissance avec un docteur de cette faculté, nommé Pellissier, qui lui donna des lettres de recommandation pour l'abbé de Saint-Cyran, qu'il vit en ce temps-là assez souvent, et lui trouva une grande expérience des choses spirituelles; mais il déclara au commissaire que, dans l'usage des choses de la religion, en quoi il lui parut éclairé, il découvrit en lui de grands égarements, lui ayant ouï dire qu'il n'y avait point de grâce suffisante; que la grâce efficace ne se donnait qu'à peu de gens; que l'Église était tombée dans l'erreur et dans le désordre; que l'usage trop fréquent du sacrement de pénitence était blâmable. Il ajouta qu'il y avait encore d'autres choses qui l'avaient choqué et dont il ne se souvenait pas bien précisément; mais qu'en général il l'avait jugé d'un dangereux commerce; que c'était un esprit vain, présomptueux, qui se louait sans cesse, annonçant des nouveautés en la religion jusqu'alors inouïes, ce qui l'avait obligé de ne plus le voir, ainsi que le père Vincent, supérieur de la mission, le lui avait conseillé, parce que cet abbé prenait un empire si absolu sur l'esprit de ceux qui l'approchaient, qu'il leur ôtait en quelque façon le discernement pour juger de ses maximes.

Après ces interrogations, Laubardemont, ayant appris que

Sébastien Zamet savait bien des particularités sur Saint-Cyran, qu'il avait connu encore mieux que les autres, le fit citer devant lui pour apprendre ce détail et s'en servir dans les formes, à quoi ce prélat prétendit qu'il n'était pas obligé de répondre, étant évêque, parce que c'était une espèce d'indécence qu'un ecclésiastique se soumît à un juge laïque pour en être interrogé, ajoutant qu'outre sa dignité, le seul caractère de prêtre l'exemptait de cette dépendance aux lois. Voyant toutefois qu'il ne pouvait pas se dispenser de contribuer à ce qui pourrait faire connaître l'esprit de l'abbé de Saint-Cyran, il fit une copie du mémoire qu'il avait donné à l'évêque de Saint-Malo, par ordre du cardinal de Richelieu, l'envoya au chancelier, signé de son sceau et de sa main et lui permit d'en faire l'usage qu'il trouverait à propos.

La difficulté qu'eut l'évêque de Langres de paraître à l'interrogatoire de ce conseiller d'État, nommé commissaire en cette affaire, fut la même qui empêcha le père de Condren et le père Vincent, les deux principaux accusateurs de Saint-Cyran, de répondre dans les formes judiciaires, ce dont le père de Condren eut de grands scrupules à la mort, craignant que le succès de la procédure contre l'accusé n'eût manqué par son silence, en quoi le père Vincent l'avait invité. Mais ce qu'ils en avaient dit dans le secret au cardinal de Richelieu avait eu tout son effet, et ils n'eurent rien l'un et l'autre à se reprocher sur cet article; car ce fut principalement sur leur témoignage que le cardinal prit la résolution de faire arrêter Saint-Cyran, ne connaissant point dans le royaume deux plus hommes de bien.

Laubardemont, ayant fini l'interrogatoire de ceux qui furent cités à Paris devant lui, eut ordre de se transporter à Port-Royal des Champs pour y interroger ceux qui s'y étaient retirés; car Saint-Cyran, s'étant déjà rendu maître de l'une et de l'autre maison, y exerçait un souverain empire, y faisant observer ses maximes et mettre en pénitence ceux qui se donnaient à lui pour les éprouver. Il y arriva le 4 juillet et commença par Antoine Lemaistre, qui s'était retiré depuis quelque temps à Port-Royal des Champs (l'archevêque de Paris lui ayant défendu de demeurer davantage à Port-Royal de la Ville). Le commissaire qui était venu pour l'interroger le trouva retiré dans son cabinet, appliqué à la méditation des choses de la religion, étudiant les saints Pères ; et, s'étant d'abord informé de sa conduite, il apprit qu'il vivait dans une grande solitude, fort retiré, n'ayant presque de commerce avec personne, mais approchant rarement des autels pour communier et s'en éloignant par un esprit de pénitence.

Le commissaire, après lui avoir fait faire le serment, l'interrogea sur la vie qu'il menait en cette solitude, sur les raisons de sa retraite et pourquoi il avait renoncé aux affaires, ce qui l'avait obligé à cela, comment il avait connu l'abbé de Saint-Cyran, quel commerce il avait eu avec lui, pourquoi il s'était attaché à le suivre et à se faire son disciple, quelle était sa doctrine, ses maximes, ses sentiments et quelle opinion il avait de lui. Lemaistre répondit à tous ces articles d'un air si plein de circonspection et avec tant d'artifice et de biaisement, il parut enfin si peu de sincérité et de candeur dans toutes ses réponses, qu'il donna lieu au commissaire de redoubler les soupçons qu'il s'était déjà formés du prisonnier dont il instruisait le procès, et il en comprit encore davantage par ces réponses ambiguës et par ce silence artificieux qu'il n'en avait compris par les dépositions des autres. Après avoir interrogé Lemaistre, il fit venir tous ceux qui s'étaient retirés en cette maison, c'est-à-dire Singlin, prêtre, Sylvain, Gaudon, clercs, Jean d'Arcange, parent de Saint-Cyran, Claude Lancelot de Paris, qui avait quelque écriture, de la grammaire et des belles-lettres, Vitard d'Avitti et quelques autres, qui, s'étant tous exercés à répondre à peu près comme avait fait Lemaistre, ne dirent presque rien de considérable qui pût servir à charger l'abbé de Saint-Cyran ; car c'était une de leurs principales leçons d'apprendre à dissimuler, et cet abbé ne leur avait rien tant recommandé que le secret sur les mystères de la cabale et sur la doctrine qu'il leur enseignait.

Ainsi le commissaire ayant eu ordre de rendre compte au chancelier du détail de cette information, on lui commanda de retourner une seconde fois à Port-Royal, d'où il venait, pour saisir les papiers de ceux qu'il avait interrogés ; à quoi il avait manqué comme à quelque chose d'essentiel dans une affaire qu'on voulait rendre criminelle. Les papiers furent saisis, et il s'y trouva peu de chose, par les précautions qu'on avait prises; mais tous les pénitents de cette solitude, qui commençait à devenir célèbre, furent congédiés et renvoyés chez eux. Ainsi l'ermitage devint plus solitaire que jamais, on n'y laissa que les religieuses, et le nouveau troupeau, dissipé de la sorte, ne put se répandre en divers lieux sans y porter des plaintes de la persécution qu'on leur faisait et sans faire retentir tout Paris et les provinces voisines de l'oppression que Laubardemont venait de leur faire. Mais ce fut en vain qu'ils se plaignirent alors; l'autorité du cardinal de Richelieu était si grande que personne, ni à Paris ni à la cour, n'osa se déclarer pour eux parce qu'on savait bien que c'était par son ordre que tout se faisait.

Le chancelier, qui donnait le plan à toute cette procédure, ordonna au commissaire d'aller au château de Vincennes interroger le prisonnier et de le presser, par ses interrogations, d'avouer quelque chose; mais étant prêtre il refusa de répondre à un juge laïque. Et tous les efforts de ce magistrat pour faire parler l'abbé de Saint-Cyran furent vains, parce qu'il se tint ferme aux priviléges des ecclésiastiques, qui ne peuvent être jugés, surtout en matière de doctrine et de religion, par un juge séculier. Le cardinal, auquel Laubardemont fit son rapport, et qui voulait pousser cette affaire dans les formes et observer les règles, afin qu'il n'y eût rien de défectueux dans la procédure, renvoya cette affaire à l'archevêque de Paris, qui était le juge naturel de cet abbé, afin qu'il en fît les poursuites. Jacques Lescot, alors docteur et professeur de Sorbonne, chanoine de Notre-Dame de Paris, et depuis évêque de Chartres, fut commis pour en prendre la connaissance et pour instruire son procès. Lescot, qui avait passé sa vie dans l'étude de la théologie, n'avait aucune teinture des affaires civiles et de la procédure du barreau, ayant toujours été éloigné de cette route par celle qu'il avait suivie, ce qui fut cause que l'abbé des Roches, chantre de l'église de Notre-Dame de Paris, et le père Châtillon, jésuite, lui parlèrent d'un jeune homme nommé Pecquot, habile dans la science des affaires civiles, qui étudiait alors chez un procureur, et l'un et l'autre lui en dirent tant de bien, qu'il le prit auprès de lui en qualité de secrétaire. C'est de lui que j'ai su depuis que le docteur-commissaire allait trois fois la semaine au château de Vincennes pour interroger l'abbé de Saint-Cyran, et qu'il l'accompagnait toujours pour faire les écritures de l'interrogatoire. Ce prisonnier était alors gardé à vue avec bien de la rigueur, parce qu'on voulait le faire parler. Il n'avait ni encre ni papier, de sorte que ses lettres, depuis imprimées en son nom et datées de ce temps-là, sont ou supposées ou écrites après coup. Cette rigueur, qu'on lui tint par ordre du cardinal, dura presque toute l'année; car le prisonnier faisait toujours bien de la difficulté de répondre et avait d'ordinaire, ou dans son peu de santé, ou dans la disposition de son esprit, de nouvelles difficultés à faire au commissaire, qui s'en retournait presque toujours mal content.

Dans la guerre que le roi faisait cette année (1638) en Allemagne, Enxenfort et Jean de Weert, tous deux généraux des troupes de l'empereur, furent pris la seconde journée de Rhinfeld par le duc de Weimar, général des troupes de Suède unies aux troupes du roi, et furent amenés prisonniers, le 27 mai, à Vincennes, par le sieur de la Milière, gentilhomme de Sa Majesté. Enxenfort était un homme de qualité, et Jean de Weert soldat de fortune. Un jour que le commissaire était allé interroger son prisonnier d'avec lequel il sortit satisfait, il trouva dans la cour du donjon les deux généraux allemands qu'il fut saluer, et comme il s'entretenait avec eux, Saint-Cyran, l'ayant conduit jusqu'à la porte de sa prison, s'arrêta à parler au secrétaire, pendant que le commissaire parlait aux autres; ce secrétaire prit occasion de lui dire : « En vérité, je ne comprends pas votre conduite, monsieur l'abbé, il semble que vous vouliez vous noyer dans une goutte d'eau. Ce n'est pas une affaire que la vôtre, si vous vouliez parler. — Comment l'entendez-vous? dit l'abbé. — Ce n'est rien d'essentiel dont on vous accuse, répondit Pecquot; on prétend que vous avez enseigné que l'attrition ne suffit pas avec le sacrement pour la rémission, et qu'il faut la contrition ; dites que vous vous soumettez à l'Église, et que si c'est son sentiment c'est aussi le vôtre, et vous voilà hors d'affaire. — Dites-vous vrai? répondit l'abbé. — Assurément, repartit le jeune homme. — J'y penserai, dit Saint-Cyran. — Pensez-y donc sérieusement, ajouta le secrétaire, si vous voulez vous aider et qu'on vous aide. »

Pecquot rendit compte de cet entretien au commissaire en retournant à Paris, le commissaire en parla au cardinal ; sur quoi il eut ordre de faire parler le prisonnier qui désavoua tout. Le secrétaire lui soutint qu'il lui avait promis de penser à changer de sentiment ; on contesta de part et d'autre, et ce ne fut pas sans quelque sorte de honte que l'abbé, qui faisait le réformé, se vit commettre avec un jeune homme qui lui soutint en face une chose qu'il avait dite et qu'il nia. Cette conjoncture le rendit encore plus circonspect, et l'on ne put le faire parler ni rien tirer de lui.

L'affaire du siége de Hesdin, place considérable sur la frontière de Picardie, obligea le roi à quitter Paris ; toute la cour le suivit ; le cardinal, qui ne le quittait point, fut du voyage, et l'affaire de l'abbé de Saint-Cyran fut suspendue le reste de l'été aussi bien que l'automne et une partie de l'hiver. La rigueur de la prison de l'abbé de Saint-Cyran dura pendant tout ce temps-là ; ce ne fut que pour le faire parler qu'on le traita de la sorte et pour rabattre quelque chose de cette fierté qui l'empêchait de répondre aux juges. Mais le comte de Chavigny qui était gouverneur de Vincennes, sollicité par ses amis ou pressé par sa propre curiosité, s'étant avisé de rendre visite au prisonnier, il en fut touché d'une manière qui l'engagea à continuer de le voir. C'était un homme assez extraordinaire que Chavigny, singulier dans ses sentiments et dans sa conduite, amateur des nouveautés et d'un esprit fort particulier. L'abbé de Saint-Cyran lui parla d'abord de ce ton hautain et affirmatif des choses de Dieu qui le frappa ; il s'en ouvrit même à la comtesse sa femme, de qui je le sus, et, touché qu'il fut du mérite de cet accusé, il pensa d'abord à adoucir sa prison en le faisant mieux traiter ; il recommanda fort à du Moulinet, son lieutenant, d'avoir plus de soin de sa nourriture ; enfin il s'affectionna tout à fait à lui préférablement aux autres, quoiqu'il y eût alors dans Vincennes le prince Casimir, frère du roi de Pologne, qui fut arrêté aux Martigues, dans l'extrémité de la Provence, par ordre du comte d'Alais, gouverneur de ce pays-là, parce que ce prince passait en Espagne pour aller commander en qualité de vice-roi en Portugal, après avoir visité cette côte sur laquelle les Espagnols avaient de grands desseins, et après y avoir fait descente en plusieurs endroits pour en observer la situation, d'où il avait été mené à Vincennes.

Mais il arriva environ ce temps-là une espèce de disgrâce au parti qui le rendit encore plus odieux à tous ceux qui en eurent la connaissance et qui acheva de le perdre dans l'esprit du cardinal et du chancelier. Ce nouvel établissement des filles de Port-Royal, dans la rue Coquillière, dont j'ai parlé, et qui formait une sorte de colonie sous le nom de *Filles du Saint-Sacrement*, sous la direction de l'abbé de Saint-Cyran, par la permission de l'archevêque de Paris, fut détruit, par son ordre, de cette manière.

Ce prélat, sur de grandes plaintes qu'on lui avait faites de cette maison où Saint-Cyran avait établi un esprit de nouveauté fort contraire au véritable esprit de l'Église, alla un jour en ce couvent, et ayant pris en son carrosse la mère Angélique, alors supérieure de ce monastère, avec quelques autres religieuses des plus considérables de la communauté, les mena lui-même à Port-Royal du faubourg Saint-Jacques, et, après les avoir rétablies dans leur ancienne maison, il envoya quérir le reste de ces filles pour les mener au faubourg, après quoi cette nouvelle maison fut tout à fait interdite. On parla diversement dans la ville de cet interdit; les intéressés s'en plaignirent comme une suite des persécutions que leur faisait le cardinal de Richelieu, car l'archevêque ne s'expliqua sur la vraie raison de l'interdit qu'à la supérieure et aux autres religieuses les plus considérables de cette communauté. Les uns disaient que la prison de l'abbé de Saint-Cyran et les nouveautés dont on l'accusait avaient obligé l'archevêque à détruire ce nouveau couvent pour arrêter le cours d'une doctrine dangereuse à la religion. D'autres prétendaient qu'elle était suffisamment décriée par le seul bruit de la prison de cet abbé qui en était le supérieur, assurant qu'il n'était pas possible que des parents pussent se résoudre à donner leurs filles à un couvent déjà décrédité par l'éclat de la prison de Saint-Cyran; il se trouva même des gens qui publièrent qu'une des religieuses de cette communauté était morte d'une façon bien étrange. Le bruit courut qu'on lui avait trouvé autour du col, après sa mort, des marques de désespoir, s'étant elle-même étranglée dans sa chambre, effarouchée qu'elle fut des horreurs de la doctrine de Saint-Cyran, et ayant l'esprit trop faible pour résister aux mouvements de la mélancolie à laquelle elle s'abandonna. Mais cette aventure si funeste fut cachée avec tant de soin par les gens du parti, et avec tant de charité par ceux qui n'en étaient pas, qu'on n'a pu en savoir les circonstances assez bien pour en rendre un compte exact au public, ni en connaître, avec quelque sorte de certitude, le détail, ce qui est cause que je ne m'arrête pas à cet accident, comme à quelque chose de bien essentiel à cette histoire. Je ne fais que rapporter simplement ce qui s'en dit alors; ce qui est vrai, c'est que la communauté fut éteinte, la maison interdite, les religieuses renvoyées à leur premier couvent, sans qu'on ait bien su pourquoi, et le secret qui fut gardé en cette affaire est une marque que la cause de ce changement était d'une nature à être cachée au public, dont la délicatesse fut ménagée en cette occasion pour éviter le scandale.

Lemaistre, qui eut ordre de s'en aller de Port-Royal, se retira à la Ferté-Milon, à vingt lieues ou environ de Paris, vers la frontière de Champagne, pour y continuer sa retraite, ne pouvant plus retourner honnêtement dans le commerce du monde auquel il venait de renoncer avec tant d'éclat. Mais il lui vint mal à propos dans l'esprit, qu'après s'être fait admirer de tout Paris par le don extraordinaire de l'éloquence qu'il avait, et qu'après s'être acquis une si grande réputation par la parole il pourrait venir à bout de justifier l'abbé de Saint-Cyran, son ami et son directeur, en écrivant au cardinal de Richelieu une lettre pour le défendre dans ce style et avec ce talent de persuasion qui l'avait fait tant de fois triompher des cœurs au parlement, lorsqu'il y plaidait. Il avait une telle confiance ou plutôt une si grande présomption, qu'il prit la plume et écrivit au ministre une grande lettre avec tous les ornements du discours qui lui étaient naturels pour le toucher ou pour l'éblouir, car on regardait dans le parti ce cardinal comme le principal auteur de toute cette prétendue persécution qu'on suscitait à Saint-Cyran, et on espérait que l'orage cesserait dès que ce ministre serait apaisé. Voici donc en abrégé ce qu'il lui écrivit pour le fléchir.

Il commençait en disant qu'il y avait six mois et même un peu plus que l'abbé de Saint-Cyran avait été accusé par l'évêque de Langres et mis en prison, et qu'il ne s'était encore trouvé personne assez charitable pour entreprendre la défense d'un si saint homme et si innocent, qu'il ne doutait pas que Son Éminence, équitable comme elle était, ne le fît élargir dès qu'elle serait informée de son innocence; qu'il la suppliait de vouloir bien souffrir la liberté qu'il prenait de le justifier; qu'il était obligé plus que personne à le défendre, puisque le principal chef d'accusation dont on le chargeait était sa retraite, dont on le faisait auteur et qu'on imputait à cet homme de bien le tort qu'il avait fait au public de l'avoir fait renoncer au barreau et aux affaires, ce dont il était innocent; que s'il s'était autrefois trouvé des solitaires qui avaient quitté leur désert et rompu le silence pour implorer la clémence des empereurs chrétiens en faveur des criminels, Son Éminence ne trouverait point à redire s'il faisait de même pour la défense d'un ecclésiastique plein de capacité et de vertu et d'une vie exemplaire, opprimé par la calomnie et l'injustice de ses adversaires; et quoiqu'il se fût retiré lui-même du commerce du monde pour mieux servir Dieu et pour penser à son salut, ne pouvait pas se dispenser de parler pour un homme à qui il avait tant d'obligation et qu'on abandonnait.

Après ce grand préambule, il déclamait d'une grande force contre l'évêque de Langres, qu'il regardait comme le seul accusateur de son ami; mais dans les plaintes qu'il faisait en général de son injustice, il ne produisait aucun point particulier, en quoi il était injuste, de même qu'en faisant l'apologie de Saint-Cyran il n'alléguait aucune chose qui pût le justifier. C'était une défense vague qui n'était pas capable de l'excuser en rien de tout ce dont on l'accusait, sur quoi il se laissait aller à de grands lieux communs pour comparer le traitement qu'on lui faisait aux plus grands hommes de l'antiquité, dont il en nomma plusieurs, comme Tertullien, Origène et quelques autres qu'on avait accusés d'erreurs; d'où il paraissait que les plus grands hommes avaient été sujets à se tromper, mais qu'ils n'étaient pas tombés dans toutes les erreurs dont on les accusait; ce qui était trop général pour pouvoir prouver quelque chose qui pût servir à la justification de ce prisonnier. Il ajoutait que Son Éminence devait plutôt porter jugement de l'abbé de Saint-Cyran par les ouvrages qu'il avait faits que par les calomnies dont on le noircissait, qu'il paraissait dans tous ses écrits l'attachement qu'il avait aux saints canons, à la tradition et aux sentiments des Pères; qu'il n'avait renoncé aux bénéfices et aux dignités ecclésiastiques que pour avoir le loisir de s'y attacher encore plus et de n'étudier la religion que dans des sources si pures et si saintes. Il passait de là aux chefs d'accusation qu'on lui faisait; mais, au lieu de s'attacher aux plus importants, il s'arrêtait aux plus faibles, comme, par exemple, que cet abbé s'était vanté de réformer l'Église et la religion, n'ayant ni caractère, ni autorité pour cela, disant qu'à la vérité l'ardeur de son zèle pour réformer les mœurs pouvait l'avoir mené trop loin dans les plaintes qu'il faisait sur le renversement de la discipline ecclésiastique, en quoi il avait imité la plupart des anciens Pères qui avaient déclamé en leur temps contre les désordres de leur siècle. Après quoi, pour intéresser le cardinal de Richelieu en le flattant sur le dessein qu'il avait de réunir les protestants à l'Église dans le royaume, il ne pouvait se servir de personne plus propre à le seconder dans une entreprise si digne de sa piété que l'abbé de Saint-Cyran, soit par la connaissance parfaite qu'il avait des langues, soit par la science des anciens canons et des conciles, soit par l'étude continuelle qu'il avait faite des Pères; d'où il prenait encore occasion de comparer cet abbé à saint Athanase, à saint Hilaire, et aux autres Pères qui avaient signalé leur zèle dans la défense de la religion. Enfin, après avoir fait de grands éloges du ministère du cardinal et l'avoir loué de son mérite extraordinaire, il lui déclare que son ami avait dessein de travailler à sa gloire en lui dédiant un ouvrage qu'il méditait sur le saint Sacrement de l'autel, le suppliant d'obtenir du roi la liberté de ce prisonnier pour achever au plus tôt un livre qui devait être si utile à l'Église et si redoutable aux hérétiques. Il finissait cette grande lettre par l'éloge de la vertu et de la douceur de son ami, qui avait fait éclater sa modération au milieu des calomnies dont on le chargeait depuis quelques années. Il disait qu'on l'avait accusé d'orgueil comme saint Basile, d'emportement comme saint Chrysostôme, d'aigreur et de médisance comme saint Jérôme, et qu'il avait sujet de se consoler à l'exemple de saint Augustin dont la foi avait été mise à l'épreuve par les erreurs que ses ennemis lui avaient imputées et de tant d'autres saints maltraités de pareilles accusations dont ils étaient tout à fait innocents.

Mais comme cette lettre ne contenait rien de particulier qui pût servir à justifier ce prisonnier, et que c'était une apologie fondée en raisons trop générales, elle ne fut nullement considérée par le cardinal, qui avait trop de fermeté d'esprit pour se laisser émouvoir à des plaintes si frivoles ; ainsi ces grands traits d'éloquence, qui avaient plus l'air d'une déclamation que d'une lettre, ne firent point d'impression sur lui. Mais le refus que fit le père Vincent, supérieur des missionnaires, de répondre à Laubardemont dans les formes le choqua fort. Ce père, étant ecclésiastique, avait fait la même difficulté de répondre à un juge séculier qu'avait faite le père de Condren ; toutefois, ayant eu depuis scrupule de ce refus, comme l'autre, il avait envoyé au cardinal de certaines lettres qu'il avait reçues de Saint-Cyran, dont on pouvait se servir pour son procès. Ces lettres ne contribuèrent pas peu à l'instruction des juges dans une affaire où l'on ne cherchait qu'à s'éclaircir, et la déposition que fit ce bon père contre Saint-Cyran, qu'il connaissait mieux que personne, fut d'un grand poids, venant d'un homme aussi sûr et d'une aussi grande probité que lui.

Il se trouvait parmi les papiers de ce prisonnier une espèce de projet d'un ordre religieux tout nouveau qu'il avait imaginé, lequel ne contribua pas peu à faire connaître son esprit et juger de ses intentions ; mais parce que ce projet est décrit fort au long dans l'information de son procès, je ne m'arrêterai point ici à en faire la description, pour ne pas charger cette histoire d'un détail qui ne pourrait être que fort ennuyeux. Je ne remarquerai que les choses principales qu'on observa pour lors sur ce qui se trouva d'odieux dans un dessein si extravagant et si visionnaire et qui furent présentées à l'archevêque de Paris par des personnes sages et vertueuses, lesquelles en furent scandalisées.

1° Le plan de cet ordre nouveau était un ramas de tout ce qu'il y avait de singulier et d'extraordinaire en toutes les sectes des autres religions, semblable à peu près à celui que Mahomet s'était formé pour construire sa secte. Car cet abbé, pour représenter le peuple juif de l'Ancien Testament, distribuait le nombre de ses religieux en douze classes séparées les unes des autres, et donnait à chaque religieux une cellule formée sur la figure de celle qui est décrite au quatrième livre des *Rois* pour le prophète Élisée.

2° Dans la distribution de ces douze classes, il exprimait le nombre, consacré dans l'Évangile, des douze apôtres et des septante-deux disciples qui composaient le corps de l'Église dans sa naissance.

3° Il voulait que le supérieur de ce monastère fût laïque, pour ne pas être dans la dépendance de l'évêque, qui est sujette à des inconvénients, quand on est mal affectionné à la hiérarchie; toutefois, pour ne pas trop éloigner l'esprit des évêques par une affectation d'indépendance de leur autorité, il ordonnait que les prêtres de son institut seraient dépendants des ordinaires, et qu'ils leur obéiraient en ce qu'il y aurait de plus essentiel en leur ministère, et prétendait qu'ils présideraient dans les assemblées de l'ordre qui se célébreraient tous les ans pour y maintenir la discipline. Mais pour ce qui est du souverain Pontife, auquel tous les autres ordres sont essentiellement soumis, il n'en faisait aucune mention, en quoi il paraissait peu affectionné au Saint-Siége. Il avait imaginé une sorte d'habit pour ces religieux, qui non-seulement n'avait aucun rapport aux habits de tous les autres religieux, mais d'une figure toute différente, afin d'amuser le peuple par sa nouveauté.

On pouvait recevoir en ce nouvel ordre toutes sortes de gens, pourvu qu'ils eussent la vocation au travail des mains comme les moines de la Thébaïde, car il n'exemptait personne, de quelque condition ou de quelque talent qu'il fût, de ce travail, comme d'un moyen nécessaire pour la subsistance de la communauté, qui ne devait point avoir d'autre revenu que celui-là, et il ne trouvait nulle indécence à faire des cordonniers, des laboureurs, des jardiniers, des vignerons et d'autres artisans les plus vils et les plus mécaniques des personnes constituées dans la prélature et les dignités ecclésiastiques les plus éminentes. Pour ce qui regarde l'usage des sacrements, il ne parlait ni de confession ni de communion dans un détail de ce projet qui allait jusqu'à régler les jours et la manière de balayer sa chambre; mais il paraissait une profession d'austérité dans toutes les parties de cet institut, qui n'allait qu'à donner bonne opinion du fondateur, lequel, en dressant le plan de cet ordre nouveau, avait autant pensé à sa réputation qu'à tout le reste. On disait même alors que dans le vaste dessein qu'il avait de réformer la religion par les vaines idées qui lui passaient par la tête, il méditait quelque chose de plus étrange dans l'usage des deux sacrements les plus propres à entretenir la religion, c'est-à-dire de la confession et de la communion, et qu'il voulait réduire le nombre des pères à un seul pour chaque ville où l'on ne dirait qu'une messe chaque jour, afin, disait-il, de concilier plus de respect aux saints mystères, qui s'avilissaient par la trop grande multitude de prêtres et par le nombre trop fréquent des messes qu'on célébrait.

Quoi qu'il en soit, car je ne crois pas devoir faire grand fond sur les relations de quelques auteurs incertains qui avaient part à sa confidence, ce projet, dont on trouva la copie dans ses papiers, fut examiné dans toutes ses parties, et acheva de faire connaître l'esprit de cet abbé à ses juges, qui ne purent, après tout, l'obliger à rien avouer, par les précautions qu'il avait prises pour ne pas se laisser embarrasser dans l'interrogatoire qu'on voulut lui faire; ce qui ayant déplu au cardinal, qui voulait le pousser à bout, il ordonna à du Moulinet, lieutenant du château de Vincennes, d'ajouter à la sévérité qu'on tenait à ce prisonnier un nouveau degré de rigueur, afin de l'obliger à parler par cette espèce de dureté. Ainsi on eut moins de commerce avec lui pour le fatiguer par là, on ne lui donna point les livres qu'il demandait, et on l'abandonna à une affreuse solitude. Son ami d'Andilly, qui en savait des nouvelles ou par les gardes ou par le lieutenant, fut alarmé pour sa santé, qu'il trouva exposée par une si grande rigueur; il écrivit alors une lettre fort touchante à Philippe de Cospeau, son intime ami, qui n'était pas mal alors dans l'esprit du cardinal, pour le supplier de tâcher d'adoucir ce ministre à l'égard de son ami. Voici sa lettre :

« MON TRÈS-CHER PÈRE,

« Vous pouvez vous souvenir des assurances d'amitié que vous eûtes la bonté de me donner à Bordeaux, il y a vingt ans et plus; je viens vous demander aujourd'hui des effets de cette amitié, en vous priant de vouloir interposer votre crédit auprès de Son Éminence pour mon ami l'abbé de Saint-Cyran, avec la même ardeur que s'il s'agissait de moi et de ma vie. Je ne doute point que si l'affection que vous avez pour moi ne vous touchait en cette occasion pour m'accorder cette grâce, que votre charité ne vous excitât à secourir un homme si agréable à Dieu par sa grande piété, et si considérable par sa science. Je ne vous dis rien de son affaire, vous la savez encore mieux que moi; mais je ne puis m'empêcher de vous presser, en cette rencontre, à employer tout ce que vous avez de crédit pour la défense d'un si savant et si saint homme. Il me semble même que vous avez quelque sorte d'obligation à le secourir, ayant parmi les grands talents que Dieu vous a donnés tout ce qu'il faut pour cela, car il faut autant de lumière et de capacité que Dieu lui en avait donné pour justifier la doctrine de ce savant homme. » Il ajoute qu'il fallait autant de l'affection pour sa personne (dont il ne manquait pas non plus) que du crédit auprès du ministre pour se faire écouter, mais qu'il fallait surtout de la charité dont il avait le cœur plein, pour parler avec toute la force que demandait une affaire de cette importance; qu'au reste le besoin était pressant, parce que la vie de ce grand homme était dans un danger évident par les longueurs d'une prison très-rude, par l'ennui d'une solitude trop grande, et par le méchant air du château de Vincennes; que l'abbé de Saint-Cyran était délicat, et que toutes ces incommodités-là avaient déjà beaucoup altéré sa

santé; qu'ainsi il s'agissait bien plus de sa vie que de sa liberté.
« Je ne doute pas aussi, ajoutait-il, que si vous voulez prendre la peine de représenter à M. le cardinal toutes ces raisons, et vous faire caution de la doctrine de ce savant homme, il ne se laisse fléchir, surtout s'il veut s'en rapporter au témoignage de M. Molé, procureur général du parlement, et M. Bignon, avocat général, les deux magistrats du royaume de la plus grande probité, qui sont ses amis, et qui ont une grande estime de sa vertu et de sa capacité. Pour moi, je serais prêt de prendre sa place et de livrer ma liberté pour la sienne, tant je lui ai d'obligation, sans parler de la gloire qu'il y aurait pour moi à sauver un si grand homme. »

D'Andilly touchait encore d'autres raisons pour presser son ami, l'évêque de Lisieux, de ne point perdre de temps dans une affaire qu'il avait si fort à cœur; ce que cet évêque fit d'une manière plus sincère que n'ont coutume de faire les courtisans dans les offices qu'ils tâchent de rendre à leurs amis. Mais le cardinal avait tellement approfondi cette affaire et connaissait si bien de quelle importance il était pour l'État et pour la religion d'empêcher le cours des nouveautés que cet abbé débitait partout, qu'il n'écouta point l'évêque de Lisieux, quoiqu'il le considérât, parce qu'il le regardait comme un homme mal instruit et trompé. Ce fut aussi en vain que la princesse de Guéménée, sollicitée par les instantes prières de d'Andilly, entreprit d'interposer sa faveur auprès du ministre pour ce prisonnier. C'était une dame que l'esprit et la beauté rendaient considérable à la cour; sa grande qualité lui donnait des accès assez libres auprès du cardinal; mais elle ne fut pas plus écoutée que les autres. Le cardinal, cependant, pressé encore par la duchesse d'Aiguillon, sa nièce, qui avait plus de pouvoir sur lui que tous les autres, par le comte de Chavigny, secrétaire et ministre d'État, aussi bien que par la princesse de Guéménée, par l'évêque de Lisieux et par d'autres personnes puissantes, commença un peu à relâcher la rigueur dont on traitait ce prisonnier, et il ordonna au lieutenant de Vincennes de lui fournir les livres qu'il demanderait, de lui donner du papier et de l'encre pour écrire et de le laisser voir à ses amis.

Les premiers qu'il vit furent d'Andilly et son frère Arnauld, qui lui rendirent d'abord de grandes assiduités, et ce fut dans ces visites-là qu'on commença à former le plan du livre célèbre, *De la fréquente communion*, qui parut quelques années après. Il y en eut encore d'autres qui furent introduits auprès de ce prisonnier, et ces visites parurent d'abord si fréquentes au lieutenant qu'il se crut obligé d'en donner avis au cardinal et de lui dire qu'il ne pouvait plus répondre de la sûreté de ce prisonnier parce qu'il voyait trop de monde. Mais, soit que le cardinal fût alors occupé par d'autres pensées plus importantes, soit que son esprit se fût adouci par les sollicitations de Chavigny et des autres personnes considérables qui lui parlèrent en faveur de cet abbé, et qu'il n'eût pu résister aux importunités qu'on lui faisait, il négligea un peu l'avis de du Moulinet, persuadé qu'il n'y avait rien à craindre d'un homme aussi bien enfermé que l'était Saint-Cyran, et qu'en tout cas il pourrait peut-être s'ennuyer de la longueur de sa prison et de prendre le parti de parler pour se tirer d'affaire.

Le comte de Chavigny, qui vivait dans une grande dépendance du cardinal, qui l'avait élevé au ministère et qui le comblait de faveurs, ayant lui-même observé qu'il s'était beaucoup radouci à l'égard de ce prisonnier, commença à voir l'abbé encore plus souvent que les autres; car, étant le maître dans Vincennes, dont il était gouverneur, il pouvait prendre ces libertés impunément et sans qu'on pût y trouver à redire. Il fut d'abord tellement épris de la capacité de cet homme et de l'air dont il parlait de Dieu, il conçut une si grande estime pour son mérite qu'il y menait la comtesse sa femme pour jouir du bonheur qu'il avait de l'entendre et en profiter. Le comte admirait tout ce que disait l'abbé, et sa femme, plus simple, mais moins touchée d'un mérite qu'elle ne connaissait pas encore, n'admirait que les admirations de son mari, dont elle le trouvait trop libéral; car elle voyait dans l'extérieur de cet abbé tant de vanité et tant d'orgueil qu'elle ne pouvait le souffrir. Cet air dédaigneux et même méprisant qu'elle lui trouvait la rebutait si fort, que c'était toujours malgré elle qu'elle était des visites que lui rendait son mari, ce qu'elle m'a redit plusieurs fois. Le comte de

Chavigny, qui avait en toutes choses des goûts singuliers, paraissait bien entêté sur le mérite du prisonnier, mais il était aussi le seul de son sentiment; car Saint-Cyran était d'une humeur si difficile et si bizarre, que personne de ceux qui l'approchaient ne pouvaient le souffrir. Il était insupportable à ses gardes, il se plaignait sans cesse à du Moulinet, lieutenant du château, et à ses domestiques du traitement qu'on lui faisait, il trouvait à redire à tout et on ne pouvait le contenter en rien. J'ai appris ce détail d'Angélique du Moulinet, fille aînée du lieutenant, religieuse au couvent des Filles-de-la-Croix du faubourg Saint-Antoine, que je connaissais, et qui me disait des choses encore plus étranges de cet abbé.

Mais la bizarrerie de son humeur s'était tellement fait connaître à tous ceux qui le voyaient et qui étaient à Vincennes, que Euxenfort, ce général des troupes de l'empereur qui y était enfermé avec Jean de Wert, ayant été averti par un jésuite allemand, qui était son confesseur, de prendre garde à ne pas se laisser surprendre aux discours de l'abbé de Saint-Cyran comme d'un homme dangereux dans ses sentiments et dans sa doctrine, ce général, qui était homme de bien et qui avait des principes de religion, répondit qu'il n'avait pas besoin de cet avis, parce que cet abbé était tellement décrié dans le château par son air farouche et par sa mauvaise humeur, qu'on ne voulait avoir aucune société avec lui et qu'on le fuyait comme un homme difficile et insupportable; de sorte qu'il n'y avait même rien à craindre pour ceux qui le voyaient, tant il était repoussant en toutes ses manières et n'ayant depuis longtemps de douceur et d'honnêteté que pour ceux qui l'admiraient.

Ses sectateurs et la plupart de ceux qui étaient les plus considérables dans le parti commencèrent un peu à reprendre cœur sur le relâchement de rigueur de la prison de Saint-Cyran. Ce rayon de douceur ranima leurs espérances; ils ne doutèrent plus que le cardinal n'eût ouvert les yeux pour reconnaître l'innocence du prisonnier, ou qu'il n'espérait plus de le convaincre après l'avoir mis à la question par toutes les tentatives et les interrogatoires de deux commissaires, l'un laïque et l'autre ecclésiastique, qui se relayèrent successivement plus de six mois durant, et ils se persuadèrent aisément que ce ministre, aussi animé d'abord qu'il était contre cet abbé, n'aurait jamais consenti à ce traitement plus doux s'il eût pu le convaincre de quelque chose. Ce fut aussi sur une pareille confiance qu'ils s'avisèrent de faire des apologies de leur maître, qu'ils firent passer pour un innocent persécuté, et qu'ils tâchèrent de montrer les nullités de la procédure qu'on avait commencée contre lui, parce qu'on lui avait donné un juge séculier contre l'ordonnance des canons ; que les témoins qu'on avait produits contre lui étaient ou gagnés par le ministre ou prévenus par leur propre animosité ; qu'après avoir été ouïs du commissaire, ils n'avaient point été confrontés avec l'accusé, selon la pratique des jugements criminels qui se font dans le royaume ; qu'on ne lui avait point donné de conseil pour se défendre, ce que l'on ne refuse pas aux plus scélérats. On ajoutait à ces raisons des exemples des plus grands saints de l'antiquité, accusés d'erreur par leurs ennemis comme Saint-Cyran ; on comparait cet abbé, traité si indignement, à saint Basile, accusé par les Ariens, à saint Épiphane, maltraité par Jean, évêque de Jérusalem, grand fauteur d'Origène, à saint Chrysostôme, à saint Jérôme, à saint Ambroise, condamnés par les novateurs de leur temps ; en quoi ces apologistes faisaient deux fautes énormes : l'une, en ce qu'ils comparaient un homme accusé d'hérésie par les plus gens de bien du royaume aux docteurs les plus saints et les plus célèbres de l'Église ; l'autre, en ce qu'ils confondaient ces gens de bien qui l'accusaient aux hérétiques de ces premiers siècles.

On comparait dans la seconde partie de cette apologie l'abbé de Saint-Cyran à tous les hommes les plus saints et les plus illustres que la vertu avait exposés à la calomnie des méchants, à ce célèbre Narcisse, évêque de Jérusalem, accusé par des gens subornés d'un mauvais commerce avec des femmes perdues ; à saint Athanase et à Eustachius, patriarche d'Antioche, chargés par leurs ennemis l'un et l'autre de grands crimes et à quelques autres grands hommes persécutés. On n'osa pourtant pas faire imprimer cette apologie pour ne point choquer le ministre. On en fit écrire des copies qu'on distribua à ceux du parti qui s'intéressaient au prisonnier et à ses amis. A la vérité, comme cela était bien écrit et d'un air assez pathétique, on le lut avec plaisir dans le monde, et chacun y prit intérêt selon le degré de préoccupation dont il était prévenu pour la nouvelle doctrine. On n'imprima cette apologie que quelque temps après la mort du cardinal, et, quoique Saint-Cyran fût sorti de prison, on ne laissa pas de la donner au public pour justifier sa doctrine et sa mémoire même, car il mourut peu après qu'il fut élargi ; mais aussi il faut avouer la vérité, il parut si peu de rapport dans ces exemples, qu'on alléguait pour la défense de Saint-Cyran aux accusations formées contre lui, que tous ceux qui les virent avec un esprit désintéressé s'en moquèrent : cela ne fut bon que pour tromper ceux ou qui voulaient l'être ou qui l'étaient déjà. Pour le cardinal, il eut un si grand mépris de cet écrit qu'il ne voulut pas même le voir.

Mais l'abbé de Saint-Cyran, qui se vit comparé aux plus saints et aux plus savants hommes des premiers siècles, en devint encore plus fier, et on l'entendit dire alors que sa doctrine ferait un jour du bruit dans le monde, et qu'il y avait un jeune bachelier sur les bancs de la Sorbonne, d'un génie extraordinaire, grand sectateur de ses sentiments, qui s'élèverait contre l'école moderne et contre les scolastiques ; lesquels avaient gâté la théologie et corrompu la religion par la subtilité de leurs raisonnements pour les détruire. Ceci ayant été rapporté au cardinal, il ne douta point que ce ne fût Antoine Arnauld, cadet de d'Andilly, qui avait déjà fait paraître des sentiments nouveaux dans la Sorbonne, où il étudiait, et qui rendait quelquefois avec son frère des visites au prisonnier, depuis qu'on avait la liberté de le voir, ce qui obligea ce ministre, zélé comme il était pour la religion, d'envoyer quérir les plus anciens et les mieux intentionnés docteurs de Sorbonne, c'est-à-dire Isambert, Lescot, Morel, pour savoir leurs sentiments sur ce jeune bachelier, pour leur dire en secret ce qu'il en pensait lui-même, et pour prendre des mesures avec eux, afin d'aller au-devant d'une menace si importante à la religion, et il leur demanda s'il n'y avait pas moyen d'exclure ce jeune homme du degré de docteur sans faire d'éclat. Morel répondit que ce ne serait pas difficile, pourvu qu'on voulût faire observer un vieux règlement de la faculté contre les bacheliers qui briguent le doctorat par d'autres voies que par celles du mérite, et pour le remettre dans sa première vigueur, d'où il était déchu par l'indulgence et par la mollesse des professeurs, qui souffraient depuis quelque temps des intrigues honteuses, dont la plupart des jeunes gens se servaient pour s'élever aux degrés; qu'il serait aisé de surprendre Arnauld dans quelques-unes de ces intrigues, pour lui donner l'exclusion du doctorat où il aspirait. Il ordonna à Hennequin, un des plus anciens de la faculté, en qui il se fiait parce qu'il avait été son précepteur, d'observer ce jeune homme en toutes ses démarches, et de lui en rendre compte.

Le bachelier, qui avait eu avis qu'on l'observait, se tint sur ses gardes; on ne put le convaincre d'aucune de ces brigues défendues par les statuts, mais on lui trouva des sentiments nouveaux dans le cours de philosophie qu'il dictait à ses écoliers dans le collége du Mans; car il fut des premiers qui enseignèrent que l'essence de la liberté ne consistait point dans l'indifférence; doctrine qui allait à autoriser celle de l'évêque d'Ypres. Quoi qu'il en soit, on eut de quoi l'empêcher de parvenir au degré de docteur pendant que vécut le cardinal. Mais, après sa mort, la brigue de ce bachelier fut si puissante, que Lescot, déjà nommé à l'évêché de Chartres, Habert et quelques autres des docteurs les mieux intentionnés, n'osèrent se trouver à l'assemblée où il fut reçu, tant sa cabale était puissante.

Comme l'abbé de Saint-Cyran était naturellement mélancolique et que la longueur de sa prison, dont il ne voyait pas de fin, l'attristait, sa santé commença à s'altérer par les impressions du chagrin qu'il ressentait et qui augmentait de jour en jour. Son ami d'Andilly, qui le voyait, ne put s'en apercevoir sans s'alarmer, il courut chez la princesse de Guéménée pour implorer son secours auprès du cardinal de Richelieu, qui la considérait beaucoup et auprès de qui elle avait du pouvoir. On avait déjà commencé à mettre cette princesse dans les intérêts de la nouvelle doctrine, et par l'envie qu'elle avait de devenir dévote elle avait eu des entretiens, par l'entremise de d'Andilly son ami, avec l'abbé de Saint-Cyran, pour qui elle avait conçu déjà bien de l'estime. Ainsi ce fut avec plus de chaleur et de sincérité qu'on ne fait d'ordinaire à la cour qu'elle parla au ministre en faveur du prisonnier, et qu'elle lui demanda qu'on le donnât à d'Andilly avec un garde pour le mener en sa maison de campage, afin d'y rétablir sa santé qui dépérissait, lui représentant qu'il y allait de sa gloire de conserver un si grand homme. Les prières de la princesse de Guéménée furent secondées de celles de Cospeau, évêque de Lisieux, qui avait déjà parlé pour son ami, et qu'on y engagea pour la seconde fois, et du comte de Chavigny, qui se rendit responsable de cet abbé si on voulait lui donner la permission d'aller en son abbaye, sur la frontière du Berry, vers la Touraine, ou à Pomponne, maison d'Andilly.

Le cardinal répondit qu'il leur accorderait ce qu'ils demandaient, si le prisonnier voulait bien convenir de son erreur et de ses égarements, et en donner une reconnaissance par écrit. D'Andilly assura qu'il le ferait. On lui envoya Lescot pour avoir cet aveu par écrit; il le refusa avec hauteur. Lescot lui dit qu'au moins il désavouât les articles principaux de la doctrine qu'on lui imputait, et qu'il avait déjà commencé à désavouer dans l'interrogatoire. Comme il hésitait en délibérant s'il le ferait, Lescot lui fit apporter du papier et de l'encre pour le déterminer; à quoi l'autre ne répondit rien, sinon qu'il ne signerait rien qu'en faveur du concile de Trente, où il reconnaissait quelques vestiges de l'Église. Le cardinal se moqua d'un si grand orgueil, quand celui qu'il avait envoyé à cet abbé lui en rendit compte, et il ne put souffrir qu'on lui parlât davantage d'un homme si présomptueux, qui marquait déjà dans son obstination l'esprit d'hérésie qui le possédait; mais Chavigny lui fit donner tout ce qu'il put de secours pour adoucir sa prison par du Moulinet et du Boulay, ses principaux officiers, qui lui fournissaient tout ce qu'il voulait.

Ce fut alors que ce prisonnier commença de s'occuper à lire les Pères pour le dessein du livre *De la fréquente communion*, dont il donnait les mémoires à Arnauld, et de composer les *Lettres spirituelles* que d'Andilly retoucha après sa mort, en y mettant plus de politesse et de netteté, et qu'il fit imprimer en l'année 1645. Quoique ces lettres soient toutes des instructions de la spiritualité la plus sublime, on ne laisse pas d'y voir un esprit d'aigreur et d'animosité la plus envenimée contre la mémoire du cardinal, en quoi il fit paraître le fond de son cœur, et son peu de religion qui ne consiste principalement que dans la douceur et la charité. On voit aussi, dans les instructions qu'il donne en ses lettres de la véritable dévotion, une présomption peu chrétienne à décider de tout, et à parler de ce ton affirmatif, impérieux et altier qui lui était ordinaire ; enfin comme l'esprit se peint d'ordinaire dans les lettres, on voit le sien (dans celles que nous avons de lui) entièrement à découvert et tel qu'il était en effet, c'est-à-dire un style embarrassé de nuages et d'obscurités, qui, à travers un galimatias de spiritualité, font voir un caractère de nouveauté très-dangereux. Mais le cardinal de Richelieu, occupé des pensées de la guerre avec la maison d'Autriche qui lui donnait de l'exercice en Flandre et en Catalogne, et pressé d'ailleurs de ses infirmités qui augmentaient, fut contraint de suspendre un peu les soins qu'il avait commencé à prendre pour faire instruire le procès de ce prisonnier.

La fin de cette année 1638 fut heureuse à la France par la naissance d'un Dauphin promis du ciel par des révélations et des miracles. Ce fut en effet un don de Dieu que ce prince qui vint au monde, après plus de vingt ans de stérilité dans Anne d'Autriche, sa mère ; mais il fut demandé par des prières si fréquentes, si continuelles et si ardentes, de quantité de personnes vertueuses par tout le royaume, que Dieu ne put résister à de si pressantes sollicitations pour donner un successeur à un roi aussi chrétien que l'était Louis XIII. Le roi venait de mettre ses États sous la protection de la sainte Vierge, par un vœu solennel qu'il fit à Notre-Dame de Paris, en lui présentant le 11 octobre de l'année précédente une lampe d'argent à six branches, d'un ouvrage magnifique, pour être suspendue devant son autel en reconnaissance des succès de la campagne précédente qu'il croyait devoir à cette sainte patronne de son royaume, et pour mériter encore davantage sa protection. L'on peut dire que la naissance de ce Dauphin, qui arriva le 5 septembre de cette année, fut un des premiers fruits de la dévotion de ce monarque à la mère de Dieu. Comme ce jeune prince était un présent que le ciel fit à ce royaume, il le combla de tant de rares qualités, qu'il n'est peut-être jamais monté de souverain sur le trône des Français plus accompli que lui, ni qui ait fait de plus grandes choses pour la religion ; mais entre les éminentes qualités dont Dieu le favorisa, il lui donna un fond de religion qui fut cultivé avec tant de soin et même de bénédiction du ciel par la reine mère, qu'il devint, comme nous le verrons, un des plus grands obstacles au progrès de la nouvelle opinion, laquelle aurait perdu tout à fait le royaume si elle eût trouvé l'esprit de ce prince disposé le moins du monde à l'autoriser ou même à la souffrir. Ainsi l'on ne doute pas que ce prince ne sauva l'État par l'opposition qu'il fit toujours paraître avec tant de zèle contre ces nouveautés, Dieu l'ayant destiné, en le donnant aux vœux de son peuple, à la défense de ses intérêts et à la conservation de la religion. La joie aussi de sa naissance fut si générale dans tout le royaume, qu'il parut dès son entrée dans le monde des présages certains dans l'allégresse publique, qu'il était né pour le bien de ses peuples, en les préservant du danger où cette hérésie naissante les exposait.

Il se trouvait alors en Sorbonne un reste de richéristes, depuis la mort de Richer, célèbre docteur de la faculté, qui, non-seulement s'était élevé contre l'autorité du Pape, en opinant dans toutes les occasions contre le Saint-Siége, et en écrivant contre les abus du pouvoir qu'il prétendait avoir usurpé, mais même en formant un parti contre Rome, lequel était entré dans ses sentiments. Ces richéristes parurent si favorables à la plupart des sentiments des sectateurs de la nouvelle doctrine, surtout pour ce qui regardait le dessein qu'ils avaient de se déclarer contre le Pape, ou du moins d'affaiblir en ce qu'ils pourraient l'autorité du Saint-Siége, qu'ils tâchèrent de faire quelque sorte de liaison avec eux pour grossir leur parti, et parmi ceux qui suivaient la doctrine de Richer, François Hallier, ancien professeur de Sorbonne et d'une grande érudition était des plus considérables. Ce fut d'abord par un esprit d'opposition à Rome et aux réguliers, qu'il ne pouvait souffrir, qu'il donna dans les sentiments de Richer, ce qui lui attira les assiduités et les respects du jeune docteur de Sainte-Beuve, lequel brillait alors dans la Sorbonne et qui lui fit sa cour avec plus d'assiduité que les autres, ce qui lui réussit; car Hallier qui ne pouvait plus suffire aux fatigues de sa classe, à cause de son âge et de son peu de santé, jeta comme on verra les yeux sur lui pour en faire son successeur : mais il changea depuis de sentiments et de conduite en devenant si opposé à la nouvelle doctrine, qu'il fut envoyé lui-même à Rome pour la faire condamner. Le père Joseph, dont le cardinal de Richelieu se servait comme d'un homme sûr dans les affaires qu'il avait le plus à cœur, et surtout en l'affaire de l'abbé de Saint-Cyran et du jansénisme, mourut d'apoplexie à Rueil, en la maison de ce ministre, sur la fin de cette année. Ce fut pour le cardinal une perte en toute manière, car c'était un homme de tête qu'il savait bien mettre en œuvre. Ce fut aussi sur la fin de cette même année que la marquise de Sennessé, dame d'honneur de la reine, fut renvoyée de la cour, parce qu'elle donnait de la jalousie au cardinal par l'adresse qu'elle avait de gouverner l'esprit de la reine, qui allait devenir considérable auprès du roi après lui avoir donné un Dauphin. La comtesse de Brassac prit sa place, mais ce fut par cette disgrâce que Dieu voulut préparer la marquise de Sennessé à l'honneur qu'il voulait lui faire de la destiner à la destruction du jansénisme à la cour.

LIVRE NEUVIÈME[1].

Fromond et Calenus se disposent à publier l'ouvrage de Jansénius. — Vains efforts de l'internonce pour s'opposer à sa publication. — Les jésuites le font interdire en Flandre. — Mort de la mère Arnauld. — Mort du père de Condren. — Les jésuites publient leurs thèses contre le jansénisme. — Histoire de Henri du Hamel. — Cabale Janséniste. — Écrits des jésuites. — Faiblesse du cardinal Barberini. — Bulle du Pape. — Mort du cardinal infant. — Division des partis en Flandre. — Insulte faite à l'ambassadeur d'Espagne.

La mort de l'évêque d'Ypres, bien loin d'arrêter le cours de sa doctrine, l'avança encore plus; car c'est un des caractères de l'hérésie de tirer avantage de ses disgrâces et de profiter de ses pertes. Cette qualité ne lui vient que de l'air empesté et corrompu qui l'accompagne, par où elle reprend de nouvelles forces et une nouvelle ardeur à la mort même de ceux qui la font naître; c'est ce qui étant arrivé à la mort de Wicleff, de Jean Huss, de Jérôme de Prague, de Luther, de Zwingle, de Calvin et presque de tous les hérésiarques des derniers siècles, arriva aussi à celle de Jansénius, qui fit en mourant plus de sectateurs par l'impression de son ouvrage qu'il n'en avait fait lui-même en personne pendant sa vie, soit que ses disciples en ces occasions, n'ayant pas tant de mesures à garder que leurs maîtres, deviennent plus hardis et plus entreprenants qu'eux, soit que l'esprit d'erreur qui est timide en sa naissance pour cacher son venin devienne plus insolent et plus fier dans la suite, soit enfin qu'il y ait une providence de Dieu qui prenne plaisir à exercer l'esprit des fidèles, en laissant grossir le nuage par ce qui devrait le dissiper

---

[1] Années 1640 et 1641.

et à humilier par l'erreur ceux que la foi n'humiliait pas assez. Quoi qu'il en soit, comme Baïus trouva un disciple plus zélé pour sa doctrine qu'il ne l'était lui-même et qui fut Jansénius, l'évêque d'Ypres, trouva aussi deux confidents de son secret bien plus ardents à débiter ses sentiments qu'il ne l'avait été, et qui furent Fromond et Calenus. Ce fut aussi sous leur protection qu'il mit son ouvrage en mourant pour le rendre public, assuré qu'il était de l'attachement qu'ils avaient à sa doctrine autant qu'à sa personne. Ils étaient Liégeois l'un et l'autre, d'une naissance assez obscure, mais ils s'étaient élevés par les lettres dans l'université de Louvain et s'étaient poussés auprès de Jacques de Boonem, archevêque de Malines, primat des Pays-Bas et chef du conseil d'État de Brabant. Ils avaient tous deux de l'esprit, mais dangereux ; Calenus qui était domestique de l'archevêque et plus aventurier que son collègue était aussi plus ardent ; ils n'eurent pas de peine, agissant de concert et s'entendant bien l'un et l'autre, de se rendre les maîtres de l'esprit de ce prélat, homme d'un esprit borné, mais délicat sur son autorité plus que les plus intelligents et les plus éclairés. Et ce fut principalement en lui donnant du goût pour exercer son empire dans toute son étendue qu'ils le gouvernèrent et qu'ils abusèrent de son pouvoir en faisant les zélés pour le maintenir.

Il ne fallait pas moins pour une entreprise de cette conséquence que ces deux docteurs, amis du défunt évêque, aussi dévoués, aussi fiers du crédit de l'archevêque dont ils disposaient, aussi hardis de leur propre fond, aussi ardents de leur naturel et aussi capables de tout entreprendre et de ne se rebuter de rien qu'étaient Fromond et Calenus ; la jalousie secrète qu'ils avaient depuis longtemps contre les jésuites, le reste d'estime et de considération qu'ils conservaient pour la mémoire de Baïus, qui était chère à la plupart des vieux docteurs de l'université de Louvain, et d'autres considérations peut-être qu'on n'a pas sues, contribuèrent à les engager à bien faire en cette occasion, qui demandait plus de vigueur et d'animosité que de prudence. Ils ne laissèrent pas toutefois, après s'être mis en possession de l'ouvrage de l'évêque d'Ypres et de ses papiers, de garder un grand secret auprès de ceux qu'ils jugeaient devoir être moins favorables à ces nouveautés pour ne pas les effaroucher, et d'en faire de secrètes confidences à ceux de la jeunesse dont ils tâchaient de ménager les esprits, pour les intéresser dans cette affaire qui ne pouvait réussir que par le concours de plusieurs. On leur fit comprendre que l'évêque d'Ypres, qui avait employé une partie de sa vie à l'étude de saint Augustin, avait laissé en mourant un ouvrage admirable sur la grâce qui donnerait lieu à bien des discours quand on en ferait part au public, que le temps n'en était pas encore venu, mais qu'on leur donnerait avis quand l'affaire serait mûre.

C'était pour les exciter davantage en piquant leur curiosité qu'on leur parlait de la sorte, et ce procédé eut son effet par la disposition où se trouvèrent ceux qu'on voulait engager à appuyer cet ouvrage en son temps; cependant on eut soin de s'assurer de la protection de l'archevêque de Malines, dont le nom fut d'un grand poids dans une affaire de cette nature, où il fallait de l'appui pour soutenir le risque des nouveautés qu'on hasardait. On y engagea aussi le président Roose, disposé déjà de lui-même à toute la chaleur et à toute l'animosité que demandait l'exécution d'un pareil dessein. On délibéra de faire travailler à l'édition de l'ouvrage hors de la ville pour une plus grande sûreté; mais les difficultés parurent si grandes, qu'on en quitta la pensée pour s'attacher à un imprimeur affidé et d'un caractère sûr dont les deux docteurs répondirent, et qui était Jacques Zégers, lequel, gagné par la proposition d'un grand intérêt qu'on lui fit, prêta serment d'une fidélité à l'épreuve, et entreprit l'impression de l'ouvrage. Jacques Poutan, alors syndic de l'Université, homme attaché à Fromond et à Calenus, donna sans difficulté la permission de l'imprimer, et on chargea Jean Smith, esprit remuant et inquiet, du soin de l'impression. C'était un Irlandais, docteur de l'Université où il se mêlait de toutes les méchantes affaires, gouverné par Fromond qui avait sa cabale dans la faculté, où par ses intrigues il s'était rendu maître de la plupart de ceux qui étaient d'un caractère propre à tout brouiller. Mais autant qu'on se ménageait peu dans la conduite de cette affaire à l'égard de la jeunesse que l'on voulait y engager pour s'appuyer de leur hardiesse, autant prit-on soin d'en ôter la connaissance aux anciens et à ceux qu'on croyait bien intentionnés et dont on ne pouvait pas espérer l'approbation. Mais quelque attention qu'on eût à leur cacher un secret de cette importance où il s'agissait de la religion, il en éclata quelque chose ou par l'indiscrétion de ceux qui le surent, ou par le zèle de ceux qui devaient le savoir, car on prétend qu'un docteur des plus anciens de la faculté, nommé Jean Vuigers, l'homme de l'Université alors le plus célèbre par ses ouvrages, d'une grande capacité et d'une plus grande vertu, étant à l'extrémité et ayant soupçonné quelque chose du dessein de Fromond qu'il voyait cabaler avec la jeunesse, fit prier Jean Schenchelius, son ami, grand homme de bien et d'une probité reconnue dans l'Université, de venir le trouver. C'était pour l'avertir qu'on tramait quelque chose de sinistre dans la faculté contre la religion, par le mouvement que se donnaient Fromond et Calenus, dangereux esprits l'un et l'autre, avec les jeunes gens les plus brouillons ; qu'il fallait s'en défier ; que sa réputation et le crédit où il était le faisaient regarder des gens bien intentionnés comme le seul capable de dissiper cet orage ; que c'était pour lui en donner avis qu'il l'avait prié de le venir voir pour le conjurer d'avoir du zèle dans cette occasion, afin de s'opposer à leur entreprise, à quoi il n'était plus en état de remédier, étant sur le point d'aller paraître devant Dieu pour être jugé. Ce malade, épuisé par l'état où l'avait réduit son mal, n'eut pas la force de se faire entendre à son ami dans tout le discours qu'il lui fit, il en comprit une partie et devina le reste, mais d'une manière qui lui laissa bien de l'incertitude, n'ayant pas entendu bien distinctement les dernières paroles du mourant ; il ne laissa pas d'en entendre assez pour juger du fond des intentions de Fromond et de Calenus, mais ce ne fut pas sans quelque sorte d'inquiétude d'avoir perdu une partie de l'avis que lui donnait son ami.

Après tout, l'affaire dont il s'agissait était en des mains trop indiscrètes pour que le secret fût longtemps gardé, il éclata bientôt par l'impatience qu'ils eurent de se venger. Les jésuites faisaient cette année-là une fête publique dans toute la Flandre au sujet du centième anniversaire de la confirmation de leur

Compagnie. Cette fête était une espèce de jubilé semblable à celui que faisaient les juifs en leur loi pour témoigner leur joie et leur reconnaissance dans les bienfaits les plus signalés que Dieu leur faisait. Le premier siècle de la naissance et du progrès de la Compagnie s'était passé avec de si grandes marques de la protection du ciel sur cet ordre, par la multiplication de ses maisons dans toutes les parties du monde; Dieu même l'avait honoré par tant de démonstrations de sa bienveillance dans un si grand nombre de martyrs qui avaient eu l'honneur de répandre leur sang pour la gloire de son nom, par tant de persécutions qu'ils avaient souffertes pour la justice et par un nombre si prodigieux de nations converties par le ministère des sujets de cette Compagnie, qu'on crut devoir rendre grâce à Dieu de ces succès et de les célébrer par une fête publique, qui le fut trop, peut-être, pour ne pas blesser les yeux de la plupart des méchants. La jalousie qu'ils conçurent de cet éclat alla même si loin, qu'on entendit, à Anvers, quelques-uns de ces furieux dans une espèce de débauche où quelquefois la chaleur du vin fait parler les plus discrets, dire tout haut que pendant que les jésuites faisaient tant de bruit de leurs succès, dont ils célébraient la fête avec tant d'ostentation, on leur préparait à Louvain une affaire capable de les humilier au milieu de leur gloire et de les mortifier dans l'excès de leur joie. Une menace de cette nature, échappée dans un banquet, fut trop célèbre pour ne pas être sue; on en rendit compte aux jésuites de cette ville où ils ont toujours été dans une grande considération pour le bien qu'ils y font, mais ils ne purent y rien comprendre. Ce mystère se développa depuis à l'occasion que je vais dire.

Le père Adrien Connius, préfet des classes du collége des jésuites et qui prenait soin de leur bibliothèque, était fort ami de Jacques Zégers qui avait entrepris l'impression de l'ouvrage de l'évêque d'Ypres, à condition d'un grand secret comme j'ai dit. Le père l'étant venu voir comme il le faisait souvent, il fut surpris de ce qu'on lui ferma la porte de l'imprimerie où il entrait auparavant sans façon, car il n'y avait rien de secret pour lui; il en demanda la raison, on ne lui répondit point nettement, il soupçonna du mystère sans trop faire l'empressé pour le savoir, mais étant de retour au collége et ayant dit aux autres pères son aventure, on ne douta point, sur les lettres qu'on y avait reçues d'Anvers, que ce ne fût l'impression de quelque ouvrage contre la Compagnie dont il s'agissait, car on était alors accoutumé à ces sortes d'insultes; mais il arriva quelques jours après que l'imprimeur, faisant ses diligences pour avancer l'édition de l'ouvrage, un vent subit et imprévu ayant donné dans le lieu où l'on avait exposé à l'air les feuilles pour les faire sécher à mesure qu'on les tirait de la presse, ce vent en enleva une partie qui fut répandue dans le voisinage, et un passant en ayant ramassé quelques-unes, il en mit une partie entre les mains de ce père Connius à qui on avait, peu de jours auparavant, refusé l'entrée dans l'imprimerie contre la coutume. On examina dans le collége ce que c'était que cet ouvrage qu'on imprimait avec tant de précaution et dans un si grand secret, et l'on trouva que c'était le *Traité de la grâce*, par l'évêque d'Ypres, dont on avait raison de faire un grand mystère à cause des erreurs qu'on y trouva.

Les pères jésuites du collége de Louvain en donnèrent avis au plus tôt à Paul Richard Stranius, archidiacre de l'Église de Cambrai et d'Arras, alors internonce du Pape dans les Pays-Bas. On lui fit entrevoir les intentions de ceux qui avaient soin de cette impression, par les précautions qu'ils prenaient pour en dérober la connaissance au public, et l'on lui fit remarquer qu'un procédé si caché marquait assez que le dessein de cette édition n'était pas tout à fait innocent, et que quand il n'y aurait rien à redire à l'ouvrage, que la seule entreprise de l'imprimer choquait les décrets de Pie V, de Grégoire XIII et de Paul V, qui défendaient d'écrire sur la grâce à l'occasion de la doctrine de Baïus (qui avait fait tant de bruit par les différents écrits qu'on avait faits pour et contre cette doctrine); que ces décrets avaient été confirmés par un autre encore plus exprès d'Urbain VIII, peu de temps après son élévation au pontificat, le 22 mai de l'année 1625, qui défendait l'impression des mêmes matières sous de grandes peines, et qu'on s'adressait à lui comme au ministre de Sa Sainteté, afin de pourvoir aux suites fâcheuses que cet ouvrage pourrait avoir.

L'internonce, averti de cette impression, écrivit de Bruxelles au recteur de l'université de Louvain pour l'arrêter. Le recteur répondit que le livre ayant eu l'approbation du syndic, il ne pouvait pas s'y opposer, et qu'on se moquerait de son opposition par les précautions qu'on avait prises. Ce recteur était un des émissaires de Fromond, engagé dans la cabale comme il parut par le refus qu'il fit d'obéir à cet ordre. L'internonce, qui savait combien le cardinal François Barberini était délicat sur de pareilles affaires, et combien il était jaloux de la gloire du pontificat de son oncle, lui rendit compte de ce qui se passait à Louvain à l'occasion de cette impression, et du refus que le recteur lui avait fait de l'arrêter. Le cardinal loua la vigilance de l'internonce, lui ordonna de la part du Pape d'employer tout son pouvoir pour empêcher l'impression, et si l'on continuait, malgré son autorité, d'interdire le livre de la part du Saint-Siège.

Cependant Fromond et Calenus pressaient l'imprimeur par leurs assiduités, par leurs instances, par leurs importunités et par tout ce qu'ils purent lui proposer ou de peines ou de récompenses, avec tant de chaleur, qu'en redoublant le nombre des ouvriers il acheva en peu de temps cet ouvrage, tout grand qu'il était, car il contenait trois tomes, et l'on commença à le débiter par la Hollande, où l'on en envoya plusieurs exemplaires, parce que l'internonce en avait déjà arrêté le débit en Flandre par l'interdit qui fut signifié à l'imprimeur de la part du Pape. Voici ce qu'il en écrivit au cardinal Barberini, pour l'informer de ce détail par des lettres de Bruxelles, où il résidait d'ordinaire, et qui portaient que les exécuteurs du testament de Jansénius, évêque d'Ypres, et particulièrement Henri Calenus, intime de l'archevêque, avaient tellement pressé l'impression du livre dont il avait donné avis à Son Éminence, qu'il se trouvait déjà imprimé et prêt à exposer en vente, en trois tomes, dont on avait déjà envoyé une grande quantité d'exemplaires en Hollande *alla requisizione de' calvinisti, quali sensa dubbio si serviranno di quelli in prejudizio della nostra santa sede*[1]. Il ajoute que la

---

[1] Termes copiés sur l'original pris au saint office, tom. I, regist. sacræ inquisit. 16 juin.

grosseur du livre ne lui permet pas de l'envoyer par la poste, mais qu'il ne manquera pas de l'expédier à la première commodité des marchands qu'il trouvera et qu'il n'a pas cru devoir manquer d'y joindre une copie de l'approbation de Calenus, placée à la tête du livre, où il paraissait bien de l'emportement, et qu'enfin cette approbation contenait une proposition impie et scandaleuse, à savoir, que les Papes avaient quelquefois hésité dans la foi, et qu'ils avaient consulté saint Augustin pour s'affermir dans leur créance. Cette lettre était écrite du 14 juillet de cette année 1640 [1].

L'internonce, ne trouvant aucune voie d'envoyer l'ouvrage entier de l'évêque d'Ypres, fut obligé d'en expédier par la poste des feuilles séparées. Cependant il fit défendre de la part de Sa Sainteté à l'université de Douai et à celle de Louvain et à tous les supérieurs des ordres du pays de souffrir l'usage et le débit du livre, et leur envoya le décret du Pape qui en donnait la suppression par un interdit formel, ce qui peut-être donnera un jour lieu à la postérité de s'étonner comment une hérésie qui devait par sa destinée être tout à fait détruite en sa naissance par la mort de celui qui en était l'auteur, et dont l'ouvrage fut condamné par un décret d'Urbain VIII à être supprimé avant de paraître, ait pu surmonter son destin, et, dans la suite des temps, s'élever contre toutes les puissances que le zèle de la religion lui opposait pour le détruire. On fulmina des interdits à Rome contre cet avorton, dont on avait précipité la naissance contre toutes les lois; le Pape, le cardinal Barberini, l'internonce, commandèrent qu'on supprimât ce livre; Fromond, Calenus, Pontan, cabalent pour lui donner cours et pour le débiter; le parti prend feu, l'intrigue s'échauffe, l'Université se partage, tout se brouille d'abord à Louvain et ensuite dans tout le pays, et c'est l'ouvrage de l'évêque d'Ypres qui fait tout ce bruit et cause tout ce fracas.

Le décret d'Urbain VIII pour l'interdit et pour la suppression du livre était du 19 juillet de cette année 1640; il ordonnait qu'on procédât par les voies ordinaires des canons contre ceux

---

[1] La quale approbazione non solamente è troppo affettata ma contiene una asserzione impia e scandalosa.

qui n'obéiraient pas. L'internonce l'avait fait signifier à l'université de Louvain et aux principaux officiers, lesquels, étant presque déjà gouvernés par Calenus et Fromond, n'eurent pas d'abord toute la soumission qu'ils devaient aux ordres de Sa Sainteté; mais l'Université, qui n'entrait pas encore dans ces intérêts, répondit à l'internonce qu'elle n'avait eu aucune part à l'impression du livre de l'évêque d'Ypres, qu'elle n'y prenait aucun intérêt, et qu'elle était en état de se soumettre à tout ce qu'il plairait au Pape de lui ordonner; ce que l'internonce manda au cardinal Barberini par l'ordinaire du 15 de septembre. Cependant R. Vuouters, recteur de l'Université, ne laissa pas d'écrire à l'internonce que l'Université, toute soumise qu'elle était, trouvait de la difficulté à l'exécution du décret de Sa Sainteté pour la suppression du livre dont il s'agissait, parce qu'elle n'avait aucune autorité sur l'imprimeur, qui avait pris ses précautions pour les permissions nécessaires, et qui n'avait aucune dépendance de leur corps; qu'au reste, Sa Sainteté ne devait pas trouver à redire si on la suppliait de souffrir qu'on l'informât du mérite extraordinaire de l'évêque d'Ypres, avant de consentir qu'on flétrît de la sorte la mémoire d'un si grand homme par un interdit honteux. Ce fut là le premier pas qu'on fit contre le décret d'Urbain VIII. On commença à chicaner, par l'intrigue des exécuteurs testamentaires de l'évêque pour ne pas obéir, car ce n'était que pour donner cours au débit du livre que ce recteur et sa cabale demandaient au Pape du temps pour l'informer du mérite de l'auteur, dont l'internonce de Flandre lui avait donné avis; ainsi ce n'était que pour tromper cet officier du Pape que le recteur lui demandait que l'interdit fût suspendu, pour avoir le temps de le débiter.

Un procédé si captieux ne marquait que trop la méchante intention des partisans de l'évêque d'Ypres; et le premier esprit de cette cabale naissante ne chercha à s'établir que par des artifices et des déguisements, et ce ne fut d'abord qu'aux gens de bien à qui on en voulait, et qu'on tâchait par toutes sortes de voies de rendre suspects. Les jésuites, cependant, qui étaient les plus intéressés dans cette entreprise, parce que l'ouvrage de Jansénius les regardait directement, et que ce n'était que pour les détruire que toute cette intrigue se tramait, ayant par leurs amis découvert un de ces livres qu'on débitait, pensèrent à se défendre des calomnies qu'il renfermait contre eux. Le cardinal Barberini, qui ne craignait rien tant que de rembarquer Urbain VIII, son oncle, dans ces disputes sur la grâce qui avaient fait mourir Clément VIII, mandait à l'internonce par des lettres pressantes d'en arrêter le cours, et afin de le faire avec plus d'autorité il lui envoya une copie du bref de Paul V, renouvelé par Urbain VIII, afin de défendre toutes sortes de traités sur la grâce pour et contre l'affaire *De auxiliis*, qui le faisait trembler toutes les fois qu'il y pensait.

L'internonce n'oublia rien pour le faire obéir; mais il trouva des gens plus ardents encore que lui, qui rompirent ses mesures. Le recteur, à qui l'internonce avait écrit pour faire supprimer le livre de l'évêque d'Ypres, instruit par Fromond et son collègue, répondit de la part de l'Université que le bref de Paul V ne lui ayant point été signifié, on ne pouvait pas l'obliger à y avoir de la déférence, et comme il paraissait qu'Urbain VIII n'interdisait ce livre qu'en conséquence du bref de Paul V, il ne devait pas trouver à redire si l'on en différait l'exécution, mais que la faculté espérait de Sa Sainteté qu'elle ne souffrirait pas qu'un homme d'un mérite aussi rare que l'était le prélat dont il s'agissait fût déshonoré par un interdit avant d'être informé du fond de cette affaire. On continuait par ces détours à amuser le Pape, pour débiter l'impression du livre qui faisait déjà grand bruit partout où il paraissait, et cette université s'étant bientôt remplie du poison de la nouvelle doctrine du livre de Jansénius, tout en promettant une entière soumission au Saint-Siége et aux ordres souvent réitérés du Pape, elle ne donna que des marques de son opiniâtreté et de sa désobéissance, et il ne se peut dire par combien d'intrigues et d'artifices ces premiers sectateurs de la doctrine de la grâce s'efforcèrent de sauver la personne et l'opinion de leur chef et de leur fondateur, par leur faction qui se rendit bientôt la maîtresse dans cette université.

Mais parce qu'il fallait amuser l'internonce, qui faisait du bruit à Bruxelles, lieu de sa résidence et dans tous le pays, les deux docteurs lui députèrent un augustinien, nommé Michel

Paludan, déjà dévoué au parti avec toute la chaleur dont est capable un homme de ce caractère, et pour faire honneur à la députation on lui donna deux associés aussi déterminés que lui. Ces députés à gages commencèrent par de grandes démonstrations de leur respect envers le Saint-Siége et de leur soumission au décret d'Urbain VIII, ce qui fut suivi par de plus grands éloges du rare mérite de monseigneur d'Ypres. L'internonce leur répondit qu'il ne s'agissait pas du mérite de ce prélat ; mais puisqu'il en avait tant à leur dire, pourquoi ne l'avaient-ils pas imité en ce qu'il n'avait pas donné au public son livre pendant sa vie, ne l'ayant pas jugé à propos ; que du reste il fallait obéir à Sa Sainteté, qui voulait absolument que le livre fût supprimé. Le père Paludan répondit à l'internonce que l'Université dont ils étaient députés était dans cette résolution-là, mais qu'il était difficile de supprimer un livre imprimé par les soins des officiers de l'archevêque de Malines, Fromond et Calenus, en qui il avait pris une entière confiance. L'internonce, mécontent de cette réponse, leur dit d'un ton plus ferme que le Pape saurait bien se faire obéir, et pressa assez brusquement ces députés de lui promettre ce qu'ils n'osèrent pas refuser pour n'être pas tout à fait désavoués de leur corps, qui voulait se soumettre.

Ce ne fut après tout qu'une grimace que cette prétendue soumission, car l'internonce reçut peu de temps après des lettres de l'évêque de Nardy, alors nonce de Sa Sainteté à Cologne, depuis cardinal Chigi et pape sous le nom d'Alexandre VII. Ces lettres datées du 24 septembre portaient que le livre de Jansénius, imprimé à Louvain, se débitait à la foire de Francfort, d'où il se répandait dans l'Allemagne, et qu'on en avait envoyé des exemplaires à Cologne, malgré l'interdit d'Urbain VIII dont l'internonce lui avait donné avis ; mais il fut bien plus surpris lorsqu'il apprit par le nonce de France que le livre de l'évêque d'Ypres s'achevait d'imprimer à Paris, avec l'approbation de quelques docteurs de Sorbonne gagnés par la cabale. Cette nouvelle édition produisit deux effets opposés, qui toutefois concouraient au même but ; elle fit connaître encore mieux à l'internonce que l'on se moquait de lui dans l'université de Louvain, en promettant au Pape de lui obéir et l'amusant par de vaines promesses de le supprimer; l'autre effet fut d'inspirer plus d'audace à ceux qui en furent les auteurs, par l'approbation que les docteurs de Sorbonne donnaient à ce livre, comme si le suffrage de deux ou trois sorbonnistes d'une très-médiocre capacité, de nul mérite et d'un nom fort obscur, qu'on avait surpris par intrigue et par cabale (à quoi on a de la peine à résister quand on a l'esprit faible), était l'approbation de toute la Sorbonne, qui se déclara depuis avec tant de zèle et tant de fermeté contre une doctrine si pernicieuse qu'était celle de l'évêque d'Ypres; mais on fit de grands trophées de cette édition de Paris dans le nouveau parti à Louvain. Ainsi, l'internonce avec ses ordres exprès de Rome et son décret du Pape ne fut presque plus écouté, ou du moins on eut peu d'égard à ses remontrances, et une résolution si hardie fut soutenue dans l'Université avec toute l'opiniâtreté dont les chefs de cette cabale étaient capables. On ajouta même qu'on n'était point obligé d'obéir au bref de Paul V, qui n'avait jamais été signifié à l'université de Louvain ni à tout le pays; ce qui se trouva faux, par des lettres du cardinal Bentivoli du 4 janvier de l'année 1612. Ce cardinal, étant alors archevêque de Rhodes et internonce en Flandre, écrivait à l'université de Douai à l'occasion des commentaires que François Sylvius avait fait imprimer sur saint Thomas, et que ce docteur avait mis à la tête de son livre, pour montrer combien il avait eu de déférence pour ce bref, faisant assez connaître qu'il avait été publié par toute la Flandre; outre que ce ne se serait jamais fait, si l'obligation d'obéir aux résolutions du Saint-Siége dépendait de la signification dans tous les lieux de sa dépendance, comme si ce n'était pas assez qu'elles soient publiées à Rome pour obliger les fidèles à obéir.

Mais pendant que l'université de Louvain, gouvernée par l'intrigue de ces factieux, donnait cours à ce livre de l'évêque d'Ypres en approuvant sa doctrine, le bruit qu'il commençait à faire s'augmentait à Rome, où le cardinal Barberini l'avait reçu tout entier; car, l'ayant envoyé au père Jean Bagot, grand théologien de la Compagnie de Jésus, alors au collége romain en qualité de réviseur des livres que les jésuites de France envoyaient à Rome, pour avoir permission de leur général de les imprimer. Il fut surpris d'apprendre que l'ouvrage de Jansénius était d'une dangereuse conséquence, parce que non-seulement il renouvelait entièrement la doctrine de Baïus, déjà condamnée par trois Papes, mais qu'il était plein de nouveautés encore plus dangereuses, ce qui obligea ce cardinal de presser par des ordres encore plus exprès la suppression de cet ouvrage. A la vérité, tout le corps de l'Université n'était pas dans ce sentiment, quoique les partisans de l'évêque d'Ypres s'en fussent rendus les maîtres, mais tous n'étaient pas de leur avis, et ce n'était que par leur audace et par cette chaleur qui règne d'ordinaire dans les cabales naissantes qu'ils entraînaient les autres.

Leur fierté, qui avait crû de la moitié sur la nouvelle de l'édition de l'*Augustin nouveau* de l'évêque d'Ypres à Paris avec l'approbation des docteurs de Sorbonne, s'augmenta encore bien plus par le bruit qu'il commençait à faire dans toute la Flandre, où il fut d'abord bien reçu des évêques, des abbés les plus considérables du pays, des religieux et de la plupart des ecclésiastiques qui, partie par ignorance, partie par animosité contre les jésuites, donnèrent vogue au livre avec tant d'applaudissement, que les jésuites même, qui n'étaient pas mal à la cour du cardinal-infant, alors gouverneur des Pays-Bas, n'osant parler, voulurent engager le père Pietro Rivero, de leur société, à avertir le cardinal du danger de cet ouvrage. Ce père était un Espagnol, grand théologien, qui, ayant été confesseur du marquis d'Ayetone, successeur de l'infante Claire-Eugénie en ce gouvernement, s'était rendu recommandable en cette cour par sa vertu et par sa capacité, étant devenu le prédicateur ordinaire du cardinal-infant; mais soit que les esprits fussent prévenus en faveur de l'évêque d'Ypres par l'archevêque de Malines et par le président Roose, soit qu'il ne trouvât peut-être pas le cardinal disposé à l'écouter sur cette affaire, chagrin qu'il était du mauvais succès des affaires du pays et de la dernière campagne, pendant laquelle Arras venait d'être pris par les armes du roi de France sous la conduite des maréchaux de Chastillon, de Chaulnes et de la Meilleraye, il n'osa se charger d'une pareille commission, ne se croyant aussi peut-être pas assez fort pour parler; mais il conseilla aux jésuites de Bruxelles et d'Anvers d'engager l'abbé de Mourgues, de Saint-Germain, premier aumônier de Marie de Médicis, qui était alors à la cour de l'infant et s'était rendu considérable par sa capacité, de parler à sa place. Le père Rivero, étant son ami, en parla à cet abbé, qui prêchait alors à la cour de l'infant alternativement avec le père Rivero, et était fort considéré du prince; celui-ci l'écouta favorablement sur l'affaire du livre dont il s'agissait; l'abbé lui représenta de quelle importance il était pour l'intérêt de la religion d'en arrêter le cours, et il le persuada si bien du danger qu'il y avait à le souffrir, qu'il ordonna dès le lendemain qu'on le supprimât, ce qui fut confirmé par un arrêt du conseil privé, et cet arrêt fit revenir la plupart des esprits du pays, qu'on avait surpris pour les rendre favorables à cette nouvelle doctrine. Les jésuites mêmes, qui trouvèrent à propos de garder le silence parmi les bruits que faisait ce livre, prévoyant que leur voix serait étouffée par le fracas de l'approbation publique, reprirent cœur, et on se réveilla dans l'université de Louvain à la faveur de l'ordonnance du prince et de l'arrêt du conseil qui condamnait ce livre. Le bruit aussi courut alors que Fromond avait un peu poli cet ouvrage, qui, en effet, est mieux écrit que le commun des autres ouvrages de cette nature, et le peu de génie qu'avait Jansénius à écrire en français et en latin (comme il l'avoue lui-même à son ami l'abbé de Saint-Cyran en ses lettres, qui lui faisait tout ce qu'il avait coutume de dire en public dans les deux langues) donne lieu de croire qu'il avait été secouru d'ailleurs pour son style.

Quoi qu'il en soit, car je crois ne devoir pas faire grand fond sur ce bruit, et qu'il importe peu à cette histoire si cela est ou non, il parut bientôt de quelle conséquence il était, pour l'intérêt de l'État et pour celui de la religion, d'arrêter le cours d'un ouvrage si dangereux par le poison dont il était rempli, et qui se fit bientôt connaître par les avis différents qu'on en eut de tous côtés; car, par les diligences des intéressés, on avait déjà envoyé des exemplaires de ce livre en Allemagne, en Hollande, en France, en Angleterre et presque dans toute l'Europe, pour en répandre partout le venin. On trouva la doctrine de ce nouveau livre assez conforme à celle de Calvin, qu'on suivait dans le pays;

il y eût même un ministre des plus célèbres de cette Église, nommé Gilbert Voet, contre lequel Jansénius et Fromond avaient écrit sur la controverse, et auxquels il avait répondu assez vigoureusement, qui, touché de la doctrine de l'*Augustin nouveau*, en fit de grands éloges à son troupeau et en parla comme d'une doctrine tout à fait favorable à celle qu'ils suivaient. Un autre ministre, plus ardent encore que celui-là, nommé Jacques Ariglaudi, ayant trouvé le livre de l'évêque d'Ypres tellement conforme aux sentiments de Calvin, employa tout ce qu'il avait de crédit et d'industrie pour le faire traduire en la langue du pays, prétendant que le peuple en recevrait bien du fruit, et que rien n'était plus capable de l'affermir dans sa créance.

On sut aussi alors les sentiments de Grotius sur ce nouvel ouvrage ; cet homme, d'un mérite extraordinaire, s'était acquis bien du crédit en son pays par sa grande capacité que personne n'égalait. Il avait trouvé dans la lecture des conciles et des Pères de quoi avoir une assez bonne opinion de la créance romaine, ce qui lui avait donné la pensée de chercher quelque tempérament pour accommoder la sienne à la nôtre ; il s'était même expliqué au père Sirmond, son intime ami, de qui je sus ce secret, qu'il pensait à revenir à l'Église romaine en ramenant une partie des siens. Ce dessein l'avait engagé dans les sentiments et dans le parti d'Arminius, où il pensa périr par la faction du prince d'Orange ; mais enfin, cela n'ayant pas réussi comme il l'espérait, ce nouveau livre de l'évêque d'Ypres, qu'il vit des premiers, réveilla ses espérances ; il y trouva tant de conformité entre les principes de Calvin et ceux de cet évêque, qu'il ne douta point de la réunion des deux Églises si la doctrine de l'évêque d'Ypres était celle du Pape et du Saint-Siége. Un des plus considérables de l'université de Louvain reçut environ ce temps une lettre du secrétaire du prince d'Orange sur le même sujet et dans les mêmes sentiments. Paul Calini, ministre de Leerdam, petite ville de Hollande, proche d'Arkoy, lieu de naissance de Jansénius, écrivit le 13 février de l'année suivante à Othon Jansénius (frère de Corneille, homme de probité et bon catholique) de grands compliments sur l'ouvrage nouveau de Jansénius, dont il lui fait de grandes conjouissances, remerciant Dieu de ce que ce prélat s'était enfin converti en prenant leurs sentiments dans le livre qu'il avait fait, ajoutant qu'il ferait bien son profit de la doctrine qu'il y débitait, et qu'il s'en servirait pour son propre avantage et pour celui de son Église et de son troupeau, déclarant aussi que c'était la même doctrine que celle qu'il avait toujours enseignée dans la chaire de Leerdam.

Voilà quels furent les sentiments de tous les protestants de Hollande sur le livre de l'évêque d'Ypres dès qu'ils le virent, et il ne se peut dire avec quels transports de joie ils le reçurent, le regardant comme une preuve invincible de la vérité de leur religion, ne pouvant se lasser d'en faire des éloges continuels, et si l'on savait tout ce qu'on se dit alors dans toutes les Églises protestantes d'Allemagne et d'Angleterre sur ce bel ouvrage, on aurait vu combien injuste était la résistance de ces docteurs de Louvain qui s'opposaient à la suppression de ce livre, et combien le soin que prenait le Saint-Siége d'en arrêter le cours était nécessaire, parce qu'on avait reconnu toute la malignité du poison dont il était rempli par les louanges que lui donnaient tous les ennemis de l'Église et de la religion.

Ce qui parut encore davantage par la qualité d'esprit de ceux qui furent les premiers à embrasser cette doctrine et par les motifs qui les embarquèrent à se déclarer avec tant de hauteur et d'opiniâtreté contre le Saint-Siége, qui la condamnait en ordonnant la suppression de ce livre. Ce fut l'archevêque de Malines, prévenu par les cajoleries de Calenus, qui employa le premier son crédit pour autoriser ce livre, dont il n'avait pas lu un seul mot, ne sachant pas même de quoi il traitait et n'ayant ni assez de lumière de son fond ni assez de capacité pour en juger. L'évêque de Gand et celui de Tournay, ses amis, entrèrent dans ses sentiments par complaisance et devinrent favorables à ce livre en sa considération. Fromond et Calenus y furent engagés par cette célèbre conjuration qui se fit contre les jésuites chez André Trévisi qui rassembla les conjurés, et ce ne fut que pour les détruire qu'ils se déclarèrent chefs de ce parti. On prétend que Fromond y fut engagé par un intérêt personnel, car il avait mis du sien dans cet ouvrage comme je le dis et comme je le trouve dans les mémoires que m'en ont fournis les jésuites de Louvain, de qui j'ai appris tout ce détail.

Ces deux chefs, qui avaient les qualités nécessaires pour donner toute la chaleur qu'il fallait à cette intrigue, associèrent à leur cabale ce qu'il y avait de brouillons dans l'université de Louvain, dont ils se rendirent les maîtres. Les principaux furent Jacques Pontan, syndic et censeur des livres qui s'impriment; c'était un Liégeois, entièrement dévoué à Fromond et dans sa dépendance; Jean Lynch, hibernois, esprit d'un petit génie fort intéressé; un augustinien, nommé Paludan, qui cherchait à gagner les bonnes grâces de Fromond et à plaire à l'archevêque de Malines; Gérard Van Vuerm, recteur de l'Université, qui avait été écolier de Fromond en philosophie et quelques-uns de la jeunesse qui étaient alors en leur licence et que Fromond avait trouvés plus remuants et plus propres à cabaler avec quelques professeurs de philosophie, auxquels il avait joint des docteurs de droit et de médecine, tous gens à sa dévotion; car par sa qualité de doyen de Saint-Pierre de Louvain, par sa faveur auprès de l'archevêque, par son aversion des jésuites, par une espèce de réputation qu'il s'était faite dans son corps, où il se donnait du crédit par ses cajoleries, il s'était attaché un nombre de factieux qu'il préparait pour soutenir le livre de l'évêque d'Ypres, combattu dès sa naissance par tout ce qu'il y avait de puissances temporelles et spirituelles qui conspiraient à sa destruction.

Ce furent là les premiers sectateurs de la nouvelle doctrine et ceux qui commencèrent à donner cours au livre de Jansénius; tous étaient gouvernés par leurs intérêts ou par leur passion, et ce fut à peu près le caractère des religieux qui embrassèrent ce parti. Car ou ils voulaient plaire à l'archevêque de Malines comme les prémontrés, qui cherchaient à faire leur cour à ce prélat par leurs deux principaux abbés, celui du Parc, proche Louvain, et celui de Saint-Michel d'Anvers; comme les jacobins, qu'on flattait par l'espérance qu'on leur donnait que ce livre allait les faire triompher des jésuites sur l'affaire *De auxiliis*; comme les religieux de Saint-François, dont les deux commissaires généraux dans le pays avaient été gagnés par d'autres intérêts, et enfin les pères de l'Oratoire, dévoués à l'archevêque. Mais comme dans tous ces ordres il se trouvait des gens bien intentionnés, qui parlaient selon leur conscience, le bruit qui se fit dans tout le pays par la nouvelle opinion était plutôt un effet de la cabale pour donner vogue au livre dont il s'agissait qu'au vrai mérite de l'auteur, qui ne devint célèbre en Flandre et dans les pays voisins qu'à force d'intrigues.

Les choses n'étaient pas tout à fait si bien disposées en faveur du parti en France, où la crainte du cardinal de Richelieu, qui avait tant d'opposition à cette nouveauté, arrêtait la plupart des esprits; ce ne fut qu'avec de grandes précautions que se fit cette impression et les docteurs qui l'approuvèrent étaient si peu considérables qu'on ne fit pas de réflexion en Sorbonne à leur approbation. Le ministre, prévenu du danger de cette doctrine, l'arrêtait par le seul crédit de son nom et par le procès qu'il faisait faire à l'abbé de Saint-Cyran accusé de cette nouveauté. Quoique le voyage que fit ce cardinal à Lyon avec le roi sur la fin de l'année précédente, pour la célèbre entrevue, à Grenoble, de ce prince avec la duchesse de Savoie, sa sœur, pour l'affaire de Casale, et toute la suite des affaires qu'il eut avec l'Espagne après la déclaration de la guerre, c'est-à-dire le siège et la prise de Hesdin, le siège d'Arras et tout ce qui se fit cette année sur la frontière lui ayant causé de grandes distractions sur ce procès, l'obligèrent malgré lui d'interrompre le soin que l'intérêt de la religion lui donnait pour opposer toute son autorité à cette faction naissante qui la menaçait.

Ceci ne contribua pas peu à adoucir la prison de l'abbé de Saint-Cyran, par le repos que les soins de l'État obligèrent le cardinal à lui donner, ce qui augmenta beaucoup par les assiduités que lui rendit le comte de Chavigny, épris de son mérite, mais qui n'osait s'en vanter, pour ne pas choquer le cardinal, son bienfaiteur et son patron, car ce ne fut que par sa faveur qu'il devint secrétaire et ministre d'État. Ainsi ce n'était qu'en secret qu'il le visitait et qu'il lui faisait des grâces pour ménager celles du cardinal. L'attachement toutefois qu'il avait à cet abbé et les faveurs qu'il lui faisait, toutes secrètes qu'elles étaient, ne laissaient pas de donner du courage au petit troupeau et de la réputation au parti. Ces grâces allaient à soigner le prisonnier jusqu'à la délicatesse. Du Moulinet, lieutenant du château, avait ordre de ne le laisser manquer de rien. Et cet abbé, tout austère et réformé qu'il était, se plaignait sans cesse de la nourriture, quoiqu'il ne fît aucun jour maigre et qu'on eût grand soin de ne lui servir que des viandes exquises, comme le disait un jour la fille de ce lieutenant. En effet, de tous les prisonniers c'était le plus difficile à contenter pour la table, quoique le prince Casimir, frère du roi de Pologne et le brave Enkenfort, général des troupes de l'empereur, fussent alors prisonniers avec lui. Saint-Cyran eut bien du chagrin d'apprendre l'élargissement de ce prince, dont le roi de Pologne se rendit responsable, et du général Enkenfort et de Jean de Wert, qui se fit l'un et l'autre dans l'été de cette année ; il avait assez bonne opinion de lui pour se croire aussi digne d'une pareille grâce que ces deux seigneurs.

Pendant que le nouveau livre de Jansénius occupait les savants à Paris, on fit courir, sur le commencement de l'année suivante, un écrit de Port-Royal pour occuper les dévots et les dévotes du parti, et comme cet écrit fut répandu dans tout Paris, il tomba entre mes mains. C'était une relation de ce qui se passa à la mort de sœur Catherine de Sainte-Félicité, mère des Arnauld, et un éloge en abrégé de sa vie. Sœur Catherine de Sainte-Félicité était fille de Simon Marion, baron de Douy, conseiller du roi en ses conseils, avocat général en son parlement, et de Catherine Pinon, sa femme ; elle naquit à Paris, le 3 janvier 1573. Elle fut élevée en la charité de Dieu par une vertueuse mère. Elle fut mariée à douze ans à Antoine Arnauld, célèbre avocat au parlement ; elle eut de lui vingt enfants, onze garçons et neuf filles ; ainsi son mariage fut béni de Dieu ; elle vécut trente-quatre ans avec son mari ; étant veuve, elle se retira avec ses deux filles aînées, Angélique et Agnès, à Port-Royal des Champs, pendant une grande peste qui désola Paris. Elle fut toujours malade à cause de la situation du lieu, ce qui fit penser à ses deux filles à une translation de toute la communauté à Paris. Elle acheta pour cela une maison au faubourg Saint-Jacques 24 mille livres où se fit l'établissement de Port-Royal comme j'ai déjà dit. La vie qu'on y menait lui donna la vocation, elle prit l'habit de la main de sa fille aînée Angélique alors abbesse. Elle fut trois ans novice, pour terminer ses affaires, avant de faire sa profession qu'elle fit le 4 février de l'année 1629; elle y vécut dans de perpétuelles infirmités près de douze ans; elle perdit la vue et devint hydropique quelques années avant de mourir; elle reçut ses sacrements le 4 février de l'année 1641, jour auquel elle avait fait profession; après les avoir reçus, elle pria son confesseur de dire de sa part à son fils le docteur, que Dieu l'ayant engagé dans la défense de la vérité, elle l'exhortait et le conjurait de ne s'en départir jamais, et de la soutenir avec courage, sans crainte aucune, quand il irait de mille vies, et qu'elle priait Dieu qu'il le maintînt dans l'humilité, afin qu'il ne s'élevât point pour avoir reconnu la vérité, grâce qui lui venait de Dieu. Quinze jours après, son confesseur lui ayant demandé si elle n'avait rien à dire à son fils le docteur, elle répondit qu'il ne se relâchât jamais dans la défense de la vérité, puis elle recommanda à la mère abbesse, sa fille, d'avoir un grand soin de sa santé pour soutenir plus longtemps le parti.

Cet écrit marque l'esprit qui régnait à Port-Royal; il ne dit qu'un mot en passant des sacrements qu'elle reçut, sans faire aucune réflexion sur une si importante action, et donne de grandes louanges à la force qu'elle eut de se priver, les vingt derniers jours de sa vie, de voir son confesseur, car elle ne le vit pas depuis le viatique afin de s'abandonner encore plus à Dieu, qui était une des pratiques de Port-Royal, de ne pas penser à prendre des précautions dans cette extrémité, pour montrer plus de confiance à ce qu'on prétendait; mais, en effet, parce qu'on croyait en cette maison qu'il n'y avait plus rien à faire et que le jugement se faisait avant la mort, dans les derniers jours de la vie. Enfin elle mourut le 28 février; on fit alors entrer le confesseur lorsqu'elle n'était plus en état d'en profiter, mais seulement pour dire les prières de la recommandation de l'âme. Elle avait soixante-huit ans, desquels elle avait passé douze ans fille, trente-quatre ans mariée, six ans veuve et seize ans religieuse; elle laissa en mourant six de ses filles et six de ses petites-filles religieuses à Port-Royal.

L'affectation qu'on eut de donner cours à cet écrit fut d'abord pour disposer les esprits à cette conduite qu'on tenait envers les moribonds, que l'on tâchait de désaccoutumer des consolations (puisées dans l'assistance des confesseurs à la mort), pour ne chercher de la consolation qu'en Dieu, ce qui paraissait le plus beau du monde, mais était, dans le fond, une maxime horrible, qui allait à établir la prédestination et la réprobation positive, comme l'enseignait Jansénius après Calvin. C'était ensuite pour autoriser la nouvelle doctrine de la grâce, que cette sainte religieuse, allant paraître devant Dieu, recommandait à son fils le-bachelier de soutenir jusqu'à souffrir le martyre pour la défendre. On voit assez que ses deux filles, Angélique et Agnès, entêtées qu'elles étaient de cette nouveauté, inspirèrent à leur mère de recommander en mourant au bachelier, son fils, le zèle qu'il avait déjà et qu'il eut depuis encore plus, de donner son sang, s'il le fallait, pour cette vérité; en quoi on ne saurait assez s'étonner de la présomption de ces deux filles, qui décidaient de la doctrine qu'on leur enseignait à Port-Royal avant que le Pape eût parlé, et qui voulaient qu'on donnât sa vie pour les nouveautés dont on les amusait.

Le père de Condren, général de l'Oratoire, mourut aussi environ ce même temps, c'est-à-dire le 7 janvier de cette même année, âgé de cinquante-deux ans et après une vie des plus saintes qu'on ait vues en ce siècle, et qui fut suivie d'une plus sainte mort. Il n'eut en mourant que le regret d'avoir trop ménagé la réputation de l'abbé de Saint-Cyran et de n'avoir pas assez fait connaître le venin de sa doctrine, craignant d'avoir trahi en cela les intérêts de Dieu; personne n'ayant reconnu mieux que lui combien elle était pernicieuse et le mal qu'elle ferait un jour dans l'Église si elle avait cours et si l'on ne s'y opposait pas; il s'en déclara hautement à sa communauté et en parla encore plus précisément à ceux en qui il avait plus de confiance, et l'esprit dans lequel il les laissa en mourant subsista longtemps après lui.

Antoine Arnauld, qui faisait alors sa licence pour prendre le bonnet de docteur, n'avait pas besoin de l'exhortation que lui fit sa mère pour être excité à bien faire dans le parti qu'il avait pris de débiter la nouvelle doctrine. Il avait de la chaleur de reste pour exciter les autres; son esprit porté à la nouveauté et à fuir les sentiments communs, son ambition à se signaler par des voies extraordinaires, l'engagement de sa famille déjà dévouée à Saint-Cyran par d'Andilly et les mères Angélique et Agnès, tout enfin l'excitait à cette nouveauté, que sa mère en mourant voulut l'obliger de soutenir et de défendre comme l'Évangile, et c'est ce qu'il faisait quand elle mourut, car il cabalait alors parmi la jeunesse de sa licence pour leur faire goûter le livre de Jansénius qu'on venait d'achever d'imprimer à Paris. Il le leur prônait, avec ce flux de paroles qui lui était ordinaire, comme un chef-d'œuvre sur ce qu'il y avait de plus épineux dans la théologie, et comme l'interprète le plus fidèle et le plus éclairé des sentiments de saint Augustin sur la grâce et sur la prédestination. On disait sur les bancs et dans les entretiens particuliers que rien n'était plus beau que cet ouvrage (que l'on ne comprenait pas); mais cela se disait par Arnauld, d'un ton si affirmatif, qu'on n'osait en disconvenir. La réputation de ce livre se répandait ainsi dans la Sorbonne par les jeunes gens dont le jugement est d'ordinaire précipité, mais on se ménageait parmi les anciens qui ne se déclaraient pas, pour ne point choquer le cardinal de Richelieu si contraire à ces nouveautés; enfin la prison de Saint-Cyran et du père Seguenot rendait sages ceux qui ne l'auraient pas été sans cela.

On gardait bien moins de mesure en Flandre où les esprits étaient plus échauffés, car ils ne ménageaient déjà plus rien et n'écoutaient plus même les décrets de Rome ni les ordonnances de Bruxelles. Le Pape et le prince ordonnaient la suppression du livre de l'évêque d'Ypres comme pernicieux à la religion et à l'État, mais on s'en moquait et l'on ne parlait plus de ce livre qu'avec éloge, le débitant tête levée sans ménagement et le prônant partout, de sorte que la plupart des évêques, des ecclésiastiques et des religieux du pays, prévenus de la réputation de ce livre sur la bonne foi des chefs de ce parti qui lui donnaient cours, commencèrent à se déclarer contre les jésuites.

Les jésuites, menacés d'un orage si terrible qui se formait contre eux, prirent la résolution de faire tous leurs efforts pour dissiper ce nuage qui commençait à fondre sur leur Compagnie. L'intérêt particulier de leur doctrine, la bonne opinion qu'on en avait partout, leur propre réputation (qu'on ne doit jamais négliger quand elle peut contribuer à la gloire de Dieu), les intentions du Saint-Siége, qui ordonnait la suppression de ce livre, le trouble qu'il allait jeter dans les esprits par des maximes contraires à celles du concile de Trente, l'intérêt même de la religion, tout, enfin, semblait les engager à s'élever contre cet ouvrage et à le réfuter de toutes leurs forces. Ce fut pour cela que ceux de Louvain commencèrent à prendre des mesures avec ceux de Bruxelles pour obtenir par le père Rivero, prédicateur du cardinal-infant, une espèce de permission, ou du moins un consentement tacite de ce prince auquel le livre avait été dédié, d'y répondre et de détromper le public, qui semblait déjà applaudir à une doctrine que Rome désapprouvait. Le cardinal répondit que ce livre commençant à faire du bruit dans le pays par le trouble qu'il excitait dans les consciences, comme on lui en avait déjà donné avis, il ne serait pas fâché qu'on le réfutât, et qu'il ne prétendait pas être responsable des erreurs qu'il contenait, quoiqu'il lui fût dédié.

Sur cette précaution, les jésuites de Louvain, craignant la lenteur du secours qu'on espérait de Rome contre un si dangereux ouvrage, se firent un plan pour le refuter. On le fit soigneusement examiner, parce qu'il y avait d'habiles gens dans leur collége; on y trouva partout une doctrine opposée aux canons, aux conciles, aux Pères et à la tradition, une conformité de sentiments avec tous les hérétiques. Sur quoi on prit le dessein de faire une espèce de parallèle de la doctrine de Jansénius avec celle de la Compagnie, en deux colonnes, mettant celle de Jansénius d'un côté et celle des jésuites de l'autre, pour faire voir plus aisément et plus distinctement le fond de l'une et de l'autre, sans s'y méprendre ; et le parallèle, réduit qu'il fut à six chapitres, fut conçu de telle manière, qu'il renfermait ce qu'il y avait d'odieux dans la doctrine de ce prélat.

Le premier chapitre était une opposition de la doctrine des pélagiens et des semi-pélagiens à celle des jésuites, que Jansénius voulait rendre suspects de cette hérésie pour décrier leur doctrine sous un nom décrié. Le deuxième chapitre contenait une conformité parfaite de la doctrine de la Compagnie avec l'écriture, les conciles, les Pères, les anciens théologiens, saint Thomas, saint Bonaventure, Scot et les autres, et une contrariété manifeste de la doctrine de Jansénius à tout cela. Le troisième montrait que les sentiments de la Compagnie sont aussi semblables à ceux du concile de Trente que ceux de l'évêque d'Ypres lui sont opposés. Le quatrième, que la doctrine de Jansénius était aussi conforme à celle de Luther et de Calvin dans ses principes, dans ses raisonnements et dans ses expressions, que celle de la Compagnie leur était contraire en tous ces articles. Le cinquième chapitre contenait les traités, les menaces et les fiertés, et un grand nombre d'impostures de cet auteur, propres à faire connaître le véritable fond de son esprit, où il paraissait bien de la fausseté et de l'ignorance.

Ce dessein étant achevé et prêt à paraître, les jésuites firent faire une espèce de défi aux chefs de cette cabale, pour justifier leur doctrine dans une dispute réglée devant des juges choisis de part et d'autre, et pour l'opposer à celle de Jansénius, afin de réprimer en quelque façon, par la trop grande liberté qu'ils se donnaient de décrier sans raison la doctrine de leur société, et de la rendre suspecte aux peuples; mais n'ayant pu tirer aucune réponse positive à la proposition qu'ils firent faire à leurs adversaires, et les ayant réduits au silence, ils furent obligés de faire imprimer le projet qu'ils avaient préparé pour se défendre en forme de thèse afin de le soutenir en public.

Le jour de la dispute étant arrêté au 24 mars de cette année 1641, il y eut un grand concours de savants de tous les ordres; il ne s'y trouva aucun des sectateurs de la nouvelle doctrine, mais seulement quelques-uns de leurs émissaires, qui n'y parurent que pour y causer du trouble et de la confusion, afin d'interrompre le cours de la dispute et divertir l'attention des auditeurs par le bruit et le murmure qu'ils tâchèrent en vain d'exciter dans l'assemblée. Le soutenant était un jeune jésuite nommé Jules Thibault, d'un esprit vif et d'une compréhension nette et aisée, qui s'expliquait d'une manière propre à se faire écouter, et qui, s'étant rempli par une longue étude de son sujet, répondit si savamment sur les matières proposées, qu'il satisfit extrêmement l'assemblée : aussi cette dispute eut tout le succès que l'on pouvait désirer d'une pareille entreprise. Tous ceux qui y vinrent sans préjugés en sortirent persuadés que ce livre de l'évêque d'Ypres était très-dangereux. Et l'on peut dire qu'il ne s'est rien fait depuis contre la nouvelle opinion qui en ait davantage découvert tout le venin. Ces thèses, en effet, furent tellement estimées partout, qu'on en fit des éditions en divers endroits de Flandre, d'Allemagne et de France, et l'effet que cet ouvrage eut dans les provinces et les royaumes où il fut débité fut encore incomparablement plus grand que la dispute, car il n'y eut personne un peu raisonnable qui ne reconnût, par ce petit essai, l'énormité de la doctrine de Jansénius, laquelle devait être entièrement détruite par cette seule réponse, si elle n'eût été soutenue par une cabale aussi puissante que fut celle des chefs de cette faction; mais ils ne laissèrent pas, après tout, de s'alarmer un peu de ce que le livre du prélat, qu'ils vantaient comme quelque chose de si admirable, passât dans le public pour hérétique. Les menaces mêmes qu'ils firent à l'imprimeur de ces thèses, et le danger de sa vie, où il fut exposé, marquent assez combien ils prirent impatiemment cette affaire, où ils rabattirent bien de leur fierté.

Après tout, rien ne les toucha plus vivement que l'écrit du père Rivero au cardinal-infant, pour l'informer de ce qui se passait à Louvain sur cela. Ce père, qui n'était pas mal auprès du cardinal, animé de l'effet que les thèses de Louvain eurent dans le pays, car on ne disait plus, après les avoir vues, que les jésuites fussent pélagiens, mais on s'étonnait de voir l'évêque d'Ypres accusé et convaincu des erreurs de Calvin, ainsi ce père, encouragé qu'il fut de la manière dont ces thèses étaient reçues partout, et surtout piqué de l'air offensant dont Jansénius traitait en son livre le père Vasquez, jésuite, qui avait été son régent, prit la plume pour expliquer au cardinal ce qu'il pensait lui-même, et ce qu'il fallait penser de ce livre : il lui représenta que le procédé qu'avaient tenu les partisans de Jansénius dans l'édition de son livre marquait assez la mauvaise opinion qu'ils en avaient eux-mêmes. Car pourquoi tant de mystères pour en dérober la connaissance au public, s'ils le croyaient bon? Pourquoi obliger l'imprimeur à un secret inviolable à prix d'argent? Pourquoi une édition si clandestine, où l'on se cachait avec tant de précaution? Il déclarait ensuite la manière dont l'impression de ce livre avait été reçue à Rome, où le seul projet de l'impression avait été condamné par un décret du Pape, qui défendait qu'on l'imprimât, et ordonnait qu'on le supprimât s'il était imprimé ; qu'on n'avait eu nul égard à ces ordres ; que les chefs de cette cabale, qui se formait contre le Saint-Siége, s'étaient moqués du bref de Sa Sainteté; après quoi, il montrait les raisons qu'on avait eues à Rome de s'opposer à un livre si pernicieux, qui non-seulement renouvelait les erreurs de Baïus, déjà condamnées par deux Papes, mais même qu'il autorisait la plupart des hérésies de Luther et de Calvin, et il faisait un petit abrégé de la doctrine de Jansénius pour donner connaissance au public du poison qu'elle contenait, en le faisant connaître au prince. Ce ne fut pas sans donner quelque atteinte à l'audace de l'auteur, qui, n'ayant étudié que fort superficiellement la théologie, ne laissait pas que de décider des matières les plus difficiles et des questions les plus profondes, avec la hauteur et la hardiesse d'un docteur consommé, et enfin que S. A. R. ne devait pas souffrir qu'on se servît de son nom pour autoriser un parti qui s'élevait contre le Saint-Siége, que la maison d'Autriche avait toujours pris en sa protection, et pour détruire une Compagnie qui avait bien mérité de l'État et de la religion.

Il écrivit ensuite au cardinal Alphonse de la Cueva, commissaire du saint office, pour lui demander justice de l'indignité avec laquelle l'évêque d'Ypres traitait en son livre le cardinal Bellarmin, dont la mémoire devait être en quelque sorte vénérée par tout le sacré collége pour l'honneur qu'il avait fait à la pourpre tant par sa vertu que par sa doctrine; il parlait en outre des outrages que ce même auteur faisait à Suarez, à Vasquez, à Molina et à quelques autres théologiens célèbres parmi les jésuites, qu'il maltraitait sans raison en leur imposant des faussetés atroces. Ces deux écrits en forme de lettres, qui parurent presque au même temps, effrayèrent Fromond et Calenus, tout hardis qu'ils étaient; ils ne doutèrent pas que de si grandes vérités débitées sous le nom du prince, dans le public, y seraient reçues avec bien plus d'autorité, et que le prince lui-même, recevant ces impressions de la part d'un homme qu'il considérait, ne se servît de tout son pouvoir pour supprimer ce livre et dissiper leur parti ; tout était à craindre d'un maître auprès duquel il n'avait point d'accès, car l'archevêque de Malines n'avait encore auprès de lui que le crédit de la parole et une médiocre autorité. Ainsi il n'osait se commettre avec ce prince qu'il croyait gouverné.

Ce fut aussi ce qui fit prendre le parti aux amis du prélat défunt de présenter une requête au cardinal-infant par l'imprimeur du livre, Jacques Zégers, et en son nom. Cette requête, dressée par Fromond et Calenus, était une plainte assez pathétique de l'état pitoyable où le réduisaient les ennemis de l'évêque d'Ypres, ayant dépensé la moitié de son bien et celui de sa femme pour imprimer son ouvrage, et n'ayant rien fait contre les lois, puisqu'il ne l'avait imprimé qu'avec permission et dans les règles : il suppliait bien humblement Son Altesse Royale de considérer qu'il était ruiné, lui et sa famille, si ce livre ne se débitait pas ; qu'au reste ce n'étaient que les ennemis de cet évêque qui le décriaient par une pure jalousie. Il ajoutait un grand éloge de la doctrine de saint Augustin, que cet auteur entreprenait de rétablir contre les scolastiques modernes qui l'avaient corrompue. Ainsi la destinée de la gloire de ce grand saint fut réduite à n'avoir point d'autre protecteur en cette cour qu'un imprimeur ignorant, qui s'avisait mal à propos et contre son caractère de représenter au cardinal le mérite de sa doctrine, en ne souffrant pas qu'elle fût avilie et méprisée par les nouveaux scolastiques.

Cette démarche aussi mal entendue n'eut aucun effet. Le cardinal était à Aire (assiégée par l'armée du roi de France), à la tête des troupes d'Espagne ; il eut même tant d'affaires le reste de la campagne qu'il tomba malade par ses grandes fatigues, et ne put penser aux affaires de la religion. Cependant les sectateurs de Jansénius n'oublièrent rien pour soutenir l'ouvrage du prélat attaqué de toutes parts. L'évêque de Gand, qui était à leur dévotion, condamna les thèses de Louvain dans tout son diocèse comme pleines de calomnies. On écrivit à Rome au cardinal Barberini pour les faire condamner par le Pape parce qu'elles étaient contraires au bref de Paul V, qui portait une défense expresse de traiter des matières de la grâce concernant l'affaire *De auxiliis*, et sur l'avis de l'internonce de Cologne, que les esprits s'aigrissaient en Flandre par la licence que prenaient les jésuites et leurs adversaires d'écrire les uns contre les autres, ce qui ne pouvait se faire sans donner lieu à de grands scandales, le Saint-Siége ordonna la suppression des thèses comme du livre de Jansénius. L'ordre fut confondu dans les provinces par l'intrigue de ceux du parti, et les jésuites qui défendaient la religion contre un livre plein d'erreurs furent eux-mêmes mêlés dans la condamnation, sans qu'on fît aucune distinction des uns et des autres. Mais on fit enfin ouvrir les yeux au cardinal Barberini, qui s'était un peu abandonné à sa précipitation naturelle en cette occasion, et il avoua depuis lui-même au père de Lugo, jésuite, qui était allé le visiter le 20 juillet de cette année, qu'il avait reconnu que les thèses de Louvain n'avaient aucun rapport à l'affaire *De auxiliis*. En effet, il ne s'agissait que de ce point de la grâce dont traite le concile de Trente, et qui est controversé entre les catholiques et les hérétiques, savoir, que la grâce est donnée à tous, et qu'elle ne contraint point la volonté.

Ainsi, comme ces thèses avaient un grand cours partout et qu'elles étaient dans les mains de tout le monde, et qu'on ne pouvait les lire sans avoir une méchante opinion de la doctrine de Jansénius, les chefs de la cabale s'avisèrent, pour faire diversion dans les esprits au moins du pays, de faire après trois ans un service solennel à l'évêque d'Ypres avec toute la célébrité dont peut être capable une pareille solennité. Ce fut dans l'église de Saint-Pierre, la principale de Louvain; on y fit de la dépense pour la décoration, toute l'Université y fut invitée; le concours y fut grand. L'oraison funèbre se fit par un chanoine norbertin, nommé Jean de la Pierre, principal du collége de Prémontré de Louvain, et son discours ne fut qu'un éloge presque perpétuel de l'évêque d'Ypres et une invective outrageuse contre les jésuites. La plupart des auditeurs furent si scandalisés qu'ils ne purent s'empêcher de s'en plaindre; et l'internonce, qui rendit compte au cardinal Barberini de cette action par ses lettres du 11 mai, lui mande combien les jésuites avaient été maltraités en l'occasion de cette cérémonie, qui ne se fit que pour les offenser, à ce qu'on pouvait voir dans le discours dont il envoyait une copie à Rome. Jean de la Pierre était un orateur qui n'avait point d'autre talent que beaucoup d'audace et encore plus d'aigreur; son peu de jugement parut en ce qu'il loua cet évêque de ce qu'ayant prévu le bruit que ferait son ouvrage, et combien il trouverait d'opposition dans les esprits, il ne laissa pas d'ordonner qu'on l'imprimât, c'est-à-dire qu'il le loua de sa constance et de sa fermeté à ne pas se soucier de ce qu'on en dirait à Rome.

De sorte que cette fête qui se fit à la mémoire de Jansénius par ses sectateurs ne servit qu'à faire éclater encore plus leur animosité contre les jésuites et leur entêtement pour la doctrine de ce prélat, à quoi on trouva tellement à redire à la cour, que le père Rivero fut obligé d'en écrire au cardinal la Cueva pour lui représenter combien cette cabale allait causer de trouble dans les esprits, si le Pape n'y remédiait efficacement et au plus tôt. Ces lettres attirèrent de nouveaux ordres de Rome et bien plus pressants que les premiers pour interdire ce livre qui faisait tant de bruit. Le cardinal Barberini qui se donnait des impatiences continuelles sur cette affaire commandait à l'internonce de la finir à quelque prix que ce fût; il ordonna la même chose à l'archevêque de Séleucie, monsignor Grimaldi, nonce en France, et à monsignor Chigi, nonce à Cologne; mais on avait trop laissé grossir le torrent pour qu'il pût être arrêté et la faction devenait partout trop puissante pour s'y opposer. Le cardinal Barberini, qui n'oubliait rien pour remédier au mal, écrivit des lettres fort pressantes à l'archevêque de Malines pour en arrêter le cours; mais ce prélat était trop gouverné par ses deux émissaires, Fromond et Calenus, pour rien écouter de ce qui venait de Rome. L'absence même du cardinal-infant, occupé au siége d'Aire par l'armée des Français, autorisait un peu la conduite de cet archevêque et des conseillers du conseil de Brabant favorables à la nouvelle doctrine que sa présence arrêtait, car on l'avait prévenu sur le danger de ce livre. On savait, d'ailleurs, que le cardinal Barberini, naturellement timide sur les affaires qui pouvaient donner quelque inquiétude au Pape son oncle, ne pensait qu'à accommoder les esprits par des tempéraments qui laissaient aux factieux la liberté d'agir tout entière et gâtait tout par sa lenteur. On prétendit que deux choses l'engageaient à temporiser, l'âge du Pape qui n'était plus capable d'affaires et l'inclination qu'il avait à gratifier les dominicains ; car il craignait que l'on ne donnât quelque atteinte à leur doctrine si on touchait à celle de l'évêque d'Ypres. C'est ce qui le faisait agir si timidement au lieu de se servir de toute sa vigueur ordinaire pour obliger le Pape à censurer un ouvrage qui allait jeter le trouble dans toute l'Église et qui devait avoir de si pernicieuses suites.

Ce n'était pas là l'esprit du cardinal de Richelieu, qui était persuadé que le seul remède qu'il y avait à un mal si dangereux était la rigueur et la sévérité. L'archevêque de Séleucie, monsignor Grimaldi, nonce de Sa Sainteté en France, suivait la cour qui était alors sur la frontière de Picardie pour le siége d'Aire et de Hesdin, que le roi, à la tête de ses troupes, animait de sa présence comme le cardinal de Richelieu qui ne le quittait point. Le nonce, qui avait ordre de la part du Pape de traiter avec lui pour le prévenir sur l'affaire de Jansénius, et pour concerter des moyens qu'il y avait à prendre afin de s'opposer à cette nouvelle doctrine qu'on débitait partout, le suivit et eut de grandes conférences avec lui sur cela, dont il eut sujet d'être satisfait. Ce fut d'Abbeville, proche Hesdin, que cet officier du Pape rendit compte au cardinal Barberini de sa négociation avec le cardinal de Richelieu par ses lettres du 20 juin en ces termes : « J'ai traité avec le cardinal de Richelieu sur le livre de Jansénius et sur les thèses des jésuites ; il me répondit que ces thèses étaient bonnes et ne contenaient rien que de sain, mais que le livre de Jansénius était très-pernicieux et plein d'erreurs ; que son sentiment était qu'il fallait condamner ce livre. » Il ajoutait dans la même lettre que le cardinal de Richelieu l'avait assuré que la Sorbonne ne prendrait aucun intérêt en la protection de ce livre, qu'il en répondait à Sa Sainteté, mais aussi qu'il fallait au plus tôt censurer le livre et qu'on ne pouvait pas différer de le condamner sans faire un grand préjudice au Saint-Siége, et qu'il donnait sa parole qu'il aurait soin qu'il ne se fît rien en France pour la défense de Jansénius ; il ajoutait enfin que rien n'était plus important que de condamner promptement ce livre pour arrêter le cours d'une si dangereuse doctrine et pour la décréditer.

L'assurance que donnait ce ministre d'empêcher qu'on ne remuât en Sorbonne en faveur de la nouvelle doctrine consolait le Pape; mais l'impatience qu'il témoignait de la faire condamner en censurant le livre n'était pas tout à fait ce que le cardinal Barberini souhaitait, car il cherchait des biais en cette affaire pour temporiser, ayant ses raisons pour ne rien précipiter. Il est vrai que le cardinal de Richelieu étant assuré du sentiment des anciens docteurs de Sorbonne sur ces nouveautés pouvait répondre d'eux au Pape; mais la jeunesse commençait à remuer sur ce sujet qui occupait déjà la plupart des esprits, et ceux des anciens qui avaient de l'opposition aux jésuites, à cause des différends qu'ils avaient depuis longtemps contre cette Compagnie, demeuraient favorables à ce parti où ils trouvaient de quoi satisfaire leur animosité. Les cinq docteurs qui y avaient donné leur approbation se joignirent aux fauteurs de cette doctrine. Le jeune Arnauld qui brillait alors dans sa licence, animé du feu dont il était plein par le fond de son tempérament, fier de ses succès sur les bancs et soutenu de toute l'audace qui est naturelle à un bachelier, faisait plus de bruit que personne pour donner vogue à ce livre. Il était alors occupé à enseigner dans le collège du Mans, pour se disposer à prendre le degré de docteur, et on remarqua que ce fut lui qui enseigna le premier dans l'université de Paris que la liberté ne consistait pas dans l'indifférence, nouveauté tout à fait inouïe depuis le concile de Trente; ce qui donna lieu à des murmures dans la faculté. Ce jeune homme avait alors commerce avec Descartes, le plus grand novateur du siècle dans la physique, mais un génie extraordinaire dans les mathématiques. Cette liaison avec un homme de ce caractère marque assez l'esprit de nouveauté qui le possédait dès lors et qui depuis le posséda toujours.

L'attachement qu'il avait avec l'abbé de Saint-Cyran lui donnait toute la chaleur dont il était capable pour débiter hardiment ses maximes; car, outre la doctrine du parti contenue dans le livre de Jansénius, il y avait des maximes dont Saint-Cyran était l'auteur, qui se pratiquaient par ceux qui étaient en pénitence à Port-Royal des Champs, avant la dissipation de cette maison, et qui depuis continuèrent à s'observer à Port-Royal de Paris : comme, par exemple, l'éloignement des autels, la privation des sacrements, l'abandon aux miséricordes de Dieu à la mort sans prendre de précaution, c'est-à-dire mourir sans confession et sans communion. Cette conduite avait pour fondement un des dogmes des plus essentiels à ce parti d'une prédestination et d'une réprobation peu différente de celle qu'enseignait Calvin; mais ce n'étaient que les plus dévoués qu'on traitait de la sorte et qu'on laissait mourir sans sacrements, qu'on croyait inutiles aux moribonds dont la destinée, bonne ou mauvaise, était déjà réglée sans cela. Ce fut aussi sur ce beau principe qu'on dressa le plan de cette pénitence publique qu'on voulait établir dans l'Église sur le modèle de ce qui se fit cette année dans le diocèse de Sens. Voici comme la chose se passa.

Dans le temps que l'*Aurélius* de Saint-Cyran commençait à paraître, il y avait un jeune bachelier en Sorbonne, nommé Henri Duhamel, d'un caractère assez particulier, car sous une apparence de sincérité il cachait je ne sais quoi de faux, qui n'avait jamais toute la couleur qu'il fallait pour imposer aux gens d'esprit; on le connaissait toujours malgré ses déguisements, qui ne lui servaient qu'auprès des gens grossiers ou qui ne l'avaient jamais vu; son grand talent était un art de flatterie accompagnée d'embrassements et de caresses qui allaient jusqu'à la puérilité : par là il était devenu le plus grand comédien du royaume, se donnant tous les airs qui lui plaisaient par le pouvoir qu'il avait sur son cœur et sur son visage, dont il était tellement le maître qu'il en faisait ce qu'il voulait. Tout cela, joint à un grand flux de paroles et à une espèce d'éloquence triviale et populaire, lui donnait de l'autorité sur les gens du commun, sur qui il exerçait un grand empire. Comme c'était un esprit de cabale, il se remplit bientôt l'esprit des nouveautés qu'il trouva en son chemin en ses années de licence; ainsi il fut des premiers à donner de la vogue à l'*Aurélius* et à entrer dans ses sentiments, surtout ceux par lesquels il espérait se signaler, comme, par exemple, ce que cet auteur enseigne de la pénitence et de l'usage ancien qu'on observait autrefois en la pratique de ce sacrement. Il trouva alors ce reste de richéristes qui s'élevaient en Sorbonne et se liguaient contre le Saint-Siége. Élevé dans ces sentiments, prenant des liaisons étroites avec les disciples de Saint-Cyran et avec tout ce qu'il y avait de brouillons en Sorbonne, après y avoir pris le bonnet de docteur, il trouva par hasard une petite cure dans le diocèse de Sens, dans une paroisse appelée Saint-Maurice, qu'il regarda comme une espèce de réduit propre à faire un noviciat dans le dessein qu'il se proposait et de devenir quelque chose par les nouveautés qui se débitaient alors. Dès qu'il se sentit un peu établi dans ce nouveau poste, qui dans le fond était trop obscur pour trouver des gens capables de l'observer ou de s'opposer à ses desseins, après s'être un peu rendu maître des esprits qu'il avait à gouverner, il commença à parler à son peuple d'un ton de prophète, à déplorer en Jérémie le relâchement des mœurs et la mollesse où l'on vivait, retraçant dans ses prônes les images de l'ancienne pénitence, dont il exagérait la pratique avec des éloges perpétuels ; enfin, après avoir assez préparé l'esprit de son peuple par de beaux discours, il se mit dans la tête de rétablir dans sa paroisse l'usage de la pénitence publique, non pas telle qu'elle se pratiquait autrefois dans l'Église, car il ne savait pas assez les canons pour en faire un plan exact, mais il imagina un projet de pénitence à sa fantaisie, composée de l'ancienne, dont il avait pris des parties, auxquelles il en avait ajouté de sa façon, et entreprit de le faire garder en son Église, n'ayant pour cela point d'autre autorité que sa hardiesse, et il donna le nom de pénitence publique, selon les anciens canons, à cette cérémonie qui n'en était qu'un fantôme de son invention.

Ayant donc rebattu cette matière dans ses prônes et ses discours particuliers pour y disposer les esprits, un certain dimanche de cette année 1641, après avoir fait la procession à l'ordinaire autour de son Église, il se fit apporter un fauteuil à l'entrée, où, s'étant assis, il parut un paysan de sa paroisse nu-tête et nu-pieds, qui vint se prosterner devant lui pour être mis en pénitence. Comme cela se faisait de concert entre le curé et le paroissien, toutes les façons y furent assez bien observées pour les démonstrations de douleur de la part du pénitent, et les cérémonies extérieures pour la réconciliation de la part du curé. Ainsi ce pénitent réconcilié suivit son pasteur, qui, triomphant de cette conquête, monta en chaire, et, par un discours un peu plus véhément qu'à l'ordinaire, tâcha d'inspirer à son peuple l'amour de cette pénitence dont il venait de lui montrer un rayon, et dressa un plan et des lois de cette pénitence à observer désormais dans sa paroisse, et, après leur avoir expliqué ses intentions, il distingua ceux qu'il prétendait mettre en pénitence en quatre différents ordres, selon la différence de leurs péchés.

Le premier était pour ces pécheurs qui n'avaient causé aucun scandale à leur prochain, et qui néanmoins avaient besoin, à son avis, d'être purgés par les pratiques d'une pénitence exemplaire, car c'était lui qui réglait cela. Ils assistaient à l'office dans l'église même, mais au bas, vers la porte, et séparés des autres paroissiens de quatre pas de distance. Le deuxième degré était pour ceux qui avaient eu quelque démêlé avec leur prochain, sans scandale toutefois, mais qui s'étaient laissé emporter à quelque parole outrageuse ou à quelque violence dont on aurait été mal édifié. C'était hors de l'église et sous le vestibule qu'ils assistaient à l'office. Le troisième degré était pour ceux qui avaient commis quelque péché scandaleux dont l'énormité malédifiait le public; ils assistaient au service plus éloignés encore que les seconds, on les reléguait dans le cimetière sans entrer dans l'église que pour assister à la prédication. Le quatrième degré était pour les pécheurs d'une vie scandaleuse ou par le libertinage de leurs sentiments, ou par le mauvais exemple de leur débauche; on les éloignait jusque sur une petite colline, vis-à-vis l'église, mais séparée par le vallon où coulait la rivière; on découvrait de cette hauteur l'entrée de l'église, qui n'en était pas extrêmement éloignée.

Les uns et les autres de ces pénitents avaient toujours la tête nue pendant tout l'office, quelque temps qu'il fît, et lorsque le curé était près de monter en chaire, son diacre s'avançait vers la grande porte de l'église et criait tout haut : « Que ceux qui sont en pénitence s'approchent pour entendre la parole de Dieu. » Alors ces pénitents entraient, suivaient le diacre et assistaient au sermon, lequel étant fini, le même diacre disait tout haut : « Que ceux qui sont en pénitence se retirent; » et chacun se retirait dans son poste jusqu'à ce que l'office fût fini. Cet exercice durait autant que le curé le trouvait à propos, c'est-à-dire plusieurs mois quelquefois. A quoi ces pénitents étaient obligés d'ajouter souvent d'autres œuvres de mortification comme le jeûne, la discipline et la haire, mais rarement.

Quand le curé, qui réglait de sa tête les canons de cette nouvelle pénitence, le jugeait à propos, il réconciliait les pénitents à l'Église par ces cérémonies : il se mettait à la porte revêtu d'une aube et d'une étole, accompagné de son diacre et d'autres officiers; assis dans un fauteuil, il tenait les pénitents prosternés à ses pieds pendant qu'il récitait sur eux quelques prières de son rituel, et, après les avoir arrosés d'eau bénite, il leur commandait de se lever, leur donnant la main pour les faire entrer lui-même dans l'église les uns après les autres. Il les confessait pour la seconde fois pour leur donner l'absolution, qu'il différait exprès, disait la messe et les communiait après un mot d'exhortation qu'il leur faisait au bas de l'autel, tenant le saint Sacrement à la main, ensuite de quoi ils étaient reçus à l'offrande avec des agneaux ou des poulets ou autres présents dont le curé profitait.

Cette réforme qu'il avait introduite de son chef sans autorité de l'ordinaire, sans la participation de ses officiers, sans conseil de qui que ce soit, ayant duré le reste de l'année et la suivante, pour l'autoriser encore davantage et ôter tout à fait la difficulté que la plupart des paroissiens avaient à un joug si dur et qui leur paraissait d'autant plus difficile, qu'il était sans ordre des supérieurs et sans exemple, il négocia avec le seigneur de la paroisse nommé Navineau, pour qu'il lui permît de mettre sa fille en pénitence afin de faire un exemple d'éclat dans la paroisse. C'était un homme de bien que ce seigneur, d'un petit esprit et d'une vie assez exemplaire, la fille avait alors environ dix-sept à dix-huit ans, sage, bien élevée et de mœurs fort innocentes. On publia dans le village que la fille du seigneur serait mise en pénitence; chacun en parla selon ses idées; mille soupçons vinrent aux uns, qui furent combattus par les autres. Elle a mécontenté son père, disait-on;

puisqu'il consent à ce traitement. Le curé, cependant, disposait tout pour ce spectacle qu'il allait donner. La demoiselle, en habit de pénitente, fut reléguée au cimetière, d'où elle assistait à l'office pieds et tête nus sans entrer à l'église. On fit croire à cette pauvre fille que cela serait beau et lui serait un grand honneur devant Dieu et devant les hommes. Ce discoureur en conta tant à cette innocente, que, soit par l'ardeur qu'elle eut d'accomplir sa pénitence comme il le souhaitait, soit par la délicatesse de son âge et de son tempérament, qui ne pouvait supporter les fatigues qu'elle prenait (car elle allait même souvent faire de longues prières au pied d'une croix de pierre plantée au delà du cimetière), elle tomba malade d'une fièvre continue qui l'emporta en peu de jours. Personne ne douta que l'excès d'une pareille mortification ne fût la cause de sa mort, et toute la province, épouvantée de cette conduite, imputa sans balancer à l'équipée du curé le malheur de cette demoiselle, qui fut, comme une pauvre victime, sacrifiée à l'extravagance de ce réformateur. Celui-ci, pour consoler le père et dédommager la famille, monta en chaire et déclara de son chef, avec son audace ordinaire, la défunte sainte, en faisant son oraison funèbre. Voilà quel fut le fruit de cette nouveauté, qui ne servit qu'à faire paraître encore plus l'esprit factieux de cette cabale.

Mais il ne s'en tint pas là : il y avait dans le village un cabaretier qui n'était pas le plus complaisant du monde à son pasteur ni à ses manières ; comme il se donnait la liberté de parler assez hardiment de cette innovation de pénitence et d'en railler à tous moments, le curé, qui en fut choqué, chercha occasion de le chicaner pour le punir. Le cabaretier donnait à boire aux passants et même à ceux de la paroisse les dimanches et les fêtes, quand le service était fini, prétendant garder ainsi les ordres de l'archevêque de Sens, qui ne le défendait que durant le service. Le curé l'entreprit sur cela ; le cabaretier s'en moqua, et, comme l'autre le menaçait s'il ne lui obéissait, cet homme, oubliant le respect qu'il devait à son pasteur, laissa échapper le nom de Dieu mal à propos dans son emportement ; sur quoi le curé, transporté d'un zèle un peu intéressé, lui donna un grand soufflet à tour de bras et le renversa à ses pieds, car c'était un rude jouteur. Il aurait pu s'en tenir là, la punition étant si prompte et si violente, mais il le fit traîner en prison, d'où il ne le laissa sortir qu'après lui avoir fait promettre de se mettre en pénitence pendant plus de quatre mois. Ce pauvre homme fut ruiné de cette affaire.

Enfin, pour se signaler encore plus, il s'avisa d'un trait de souplesse qui ne pouvait tomber que dans un esprit pareil au sien ; il y avait dans le voisinage de Saint-Maurice un curé qui, ayant été le scandale du pays, fut touché de Dieu. Duhamel le sut et crut que cet homme serait capable de faire grand honneur à la nouvelle pénitence qu'il venait d'établir en sa paroisse s'il voulait se donner à lui. Que ne fit-il point aussi par ses cajoleries et par toutes ses intrigues pour l'avoir, ne doutant pas que ce ne dût être un grand exemple à sa paroisse et un grand ornement à la pénitence publique? Il en vint enfin à bout et imagina une autre manière de pénitence pour ce curé ou pour le distinguer ou pour le faire remarquer encore davantage; il le faisait monter en chaire sans soutane, les pieds et la tête nus, la corde au cou, et l'y tenait pendant tout le service ; il n'en descendait que pour faire place à celui qui prêchait, en faisant le prône, ce qui dura autant que ce grand pénitencier le trouva à propos. Il établit, en effet, sa réforme par cet exemple d'une telle façon qu'il la fit durer depuis cette année 1644 qu'elle commença jusqu'à l'année 1645, qu'il devint curé de Saint-Merry; et ce ne fut que par une nouveauté si bizarre et par l'extrême hardiesse qu'il eut à la soutenir qu'il fit fortune, qu'on l'estima digne d'être élevé d'une église de village à une des plus considérables paroisses de Paris et qu'on en fit un des plus grands sujets du parti, parce que par la qualité de son esprit naturellement hardi et entreprenant on le jugea propre à tout. Enfin il s'acquit dans la cabale un mérite si grand de son extravagante entreprise où il réussit si bien, que l'on fit son éloge dans le premier ouvrage sorti de Port-Royal, et que le docteur Arnauld, dans la préface de son livre *De la Fréquente communion*, fit passer cette action si inconsidérée et même si punissable pour l'entreprise la plus louable de ce siècle. Voici comme il en parle :

« Tout le monde sait, qu'à vingt-cinq lieues de Paris, Dieu a retracé une image vivante de la pénitence ancienne parmi tout un peuple par la vigilance et la charité d'un excellent pasteur, et par la sagesse d'un grand archevêque qui l'a appelé à ce ministère, et qui aura l'avantage par-dessus ceux qui voudront imiter son zèle dans le rétablissement de la discipline, que c'est lui qui les aura excités le premier par un si grand exemple et qui aura part au mérite de toutes les autres. C'est là qu'on voit les pénitents qui non-seulement reçoivent les pénitences qu'on leur impose, mais qui les demandent avec instance, les pratiquent avec ardeur et tâchent d'en augmenter l'austérité et la durée. Non-seulement ils souffrent qu'on les retranche de la communion du fils de Dieu, mais ils veulent eux-mêmes en être séparés. Ils n'entrent pas dans l'église, se trouvant indignes de mêler leur voix avec celle du peuple de Dieu, ils se tiennent à la porte dans une humilité profonde, pleurant tandis que les autres chantent et priant plus par leurs soupirs que par leurs paroles ; ils ne rougissent point devant les hommes de ce remède salutaire qu'ils procurent à leurs plaies afin que le fils de Dieu ne rougisse point de les reconnaître un jour pour ses enfants devant son père. Ils se retirent de Dieu par un saint respect afin qu'il s'approche d'eux par sa miséricorde ; ils demeurent à la porte de sa maison comme mendiants, mais ils n'osent pas y entrer comme coupables. » Le reste est de la même force au milieu de la grande préface qui est en tête du livre *De la Fréquente communion*.

Voilà quel était déjà le progrès de cette cabale naissante : un aventurier ignorant, volage, hardi, imprudent, imagine une idée nouvelle de pénitence publique, qui n'a aucun rapport à l'ancienne, il la met à tous les péchés comme il paraît dans le blasphème du cabaretier ; l'ancienne n'étant, selon les canons, que pour l'idolâtrie, la rechute dans l'infidélité et l'adultère. Celle de Duhamel s'étendait aux péchés secrets ; l'ancienne ne se pratiquait que pour les publics. La nouvelle ayant pour règle de sa conduite la fantaisie toute pure du curé de Saint-Maurice, l'ancienne ne s'observant que sur les canons où l'on n'osait rien changer dans la pratique qui s'en faisait. Enfin, la nouvelle n'étant qu'une cérémonie mimique qui allait plutôt à détruire qu'à édifier, à éteindre le véritable amour de la pénitence ecclésiastique qu'à le renouveler, et à éloigner plutôt les fidèles de l'usage des sacrements qu'à les y attirer, et cependant on nous produit cette pénitence de l'invention d'un visionnaire qui ne doute de rien et qui cherche à se signaler comme un modèle à proposer aux fidèles pour le suivre et comme un exemple de réforme à imiter. C'est aussi l'esprit ordinaire de l'erreur qui ne s'étudie qu'à se masquer des apparences d'une sévérité et d'une réforme prétendue pour cacher mieux ses désordres.

Cette entreprise, après tout, se fit dans un lieu si obscur, et par un homme si peu considérable, qu'elle n'eut pas de suite ; le bruit même n'en vint pas jusqu'à la cour, et ce grand éloge qu'en fit le docteur Arnauld avec une si grande marque d'affectation ne parut qu'après la mort du cardinal, qui ne l'aurait pas sans doute permise, car cela n'était point selon son goût, et la seule opinion qu'on avait qu'il désapprouvait ces nouveautés en empêchait le progrès.

Les thèses de Louvain avaient presque le même effet en Flandre ; car, comme elles avaient été fort répandues dans le pays, elles avaient beaucoup contribué à détromper les esprits du livre de l'évêque d'Ypres, que l'on faisait déjà passer partout pour rempli d'erreurs et d'une doctrine pernicieuse. Les jansénistes avaient leurs émissaires à Rome, qui soufflaient sans cesse aux oreilles du cardinal Barberini que cette licence que les jésuites s'étaient donnée d'écrire contre le décret de Paul V sur la question de la grâce et le soin qu'ils avaient eu de répandre leurs thèses partout causaient le désordre. Le cardinal s'en plaignit contre ses propres lumières, ce qui obligea les supérieurs à ordonner au père André Jodoci, grand théologien de la Compagnie, d'écrire les raisons qu'on avait eues de publier cette thèse ; ce qu'il fit d'une manière qui fit encore plus voir le venin du livre de Jansénius par sa conformité avec les hérétiques. Les principales raisons de cet écrit étaient que l'on n'avait pensé à ce dessein que pour s'opposer aux insultes que la plupart des ministres de Hollande faisaient aux catholiques sur la conformité de la doctrine de l'évêque d'Ypres avec leur doctrine ; pour détromper les peuples qu'on voulait séduire par le poison du livre de ce prélat, qu'on faisait passer pour un homme extraordinaire ; pour lever le masque de cet auteur, qui répandait le venin de sa doctrine sous le nom de saint Augustin ; enfin pour sauver la religion du péril évident où elle était exposée par un ouvrage si préjudiciable. Il ajoutait qu'on n'avait qu'à examiner ces thèses dont il s'agissait, et que non-seulement on n'y trouverait rien que de conforme à l'Écriture, à la tradition, aux conciles, aux canons, aux Pères et aux docteurs de l'Église les plus orthodoxes, mais même qu'on les jugerait absolument nécessaires dans la conjoncture présente pour préserver l'Église de sa ruine.

Cet écrit, qu'on ne produisait que par ordre de Rome pour savoir les intentions qu'on avait eues de publier ces thèses, et qui en était une espèce d'apologie, acheva de découvrir tellement les pernicieux desseins de cette cabale, et désola encore plus les chefs que les thèses mêmes, parce qu'ils s'étaient eux-mêmes attiré ces reproches par leurs plaintes, et qu'effectivement ce que le père Jodoci assurait des trophées que tous ces protestants de Hollande faisaient de ce nouveau livre n'était que trop vrai, car on recevait tous les jours des lettres de Hollande du succès qu'y avait la doctrine de Jansénius, et que l'internonce même reçut des avis de plusieurs endroits, que l'on faisait de grands éloges de Jansénius dans ce pays-là, ce qui fit tant de bruit en Flandre, que l'archevêque de Malines fut obligé de demander quartier aux jésuites et de composer avec eux pour arrêter leurs plumes. Cette négociation se fit à la sollicitation de l'archevêque par l'évêque d'Anvers avec le provincial des jésuites. Leur provincial donna parole qu'ils n'écriraient plus. L'archevêque de Malines promit la même chose de la part des jansénistes ; mais dans le même temps qu'il promettait cela, Fromond faisait imprimer contre les jésuites un écrit qui parut peu de temps après. C'était une espèce de ressemblance de la doctrine de saint Augustin avec celle de l'évêque d'Ypres, et qui était une censure tacite de celle des jésuites [1].

Comme les jansénistes avaient manqué les premiers à leur

---

[1] Homologia Augustini hipponensis et Iprensia.

parole donnée si solennellement par l'archevêque de Malines, le père Rivero crut pouvoir répondre à cet écrit, prétendant qu'il ne s'agissait pas alors de la doctrine de saint Augustin, mais de celle de Jansénius ; que son livre passait partout pour pernicieux et qu'il était rempli d'erreurs ; que c'était à eux, puisqu'ils se mêlaient d'écrire, et qu'ils faisaient paraître de l'ardeur pour cela, de justifier sa doctrine, et de faire voir au public si les jésuites de Louvain avaient raison ou non, qu'on attendait leur réponse sur cela, et que les injures qu'ils disaient à ces pères ne prouvaient rien ; on demandait des raisons et point d'invectives, qui ne sont propres qu'à faire paraître l'aigreur et la passion de ceux qui s'en servent. Ils firent alors paraître un autre écrit intitulé : *Le songe d'Hippone*. Cet écrit ne disait rien autre chose, sinon que la doctrine de Jansénius était la même que celle de saint Augustin et que les jésuites étaient leurs ennemis déclarés ; ce furent là les deux sujets les plus ordinaires de tous leurs ouvrages en Flandre et en France, tout roulait sur cela, et l'espace de vingt ans ils ne dirent presque rien autre chose pour leur défense dans toutes leurs apologies.

Après tout, comme les thèses de Louvain parurent en Espagne presque au même temps que le livre de l'évêque d'Ypres, il se trouva un docteur de théologie en ce pays-là qui avait présenté au sacré tribunal de l'inquisition un extrait du livre de Jansénius distingué en trois articles, dont le premier contenait les propositions avancées par cet évêque, comme étant conformes aux sentiments de Baïus, dont il prétendait qu'il renouvelait entièrement la doctrine. Le deuxième montrait ce que cette doctrine avait de semblable avec celle des hérétiques modernes, Luther et Calvin. Le troisième, ce qu'elle avait d'opposition aux canons des conciles et aux anciens Pères de l'Église, et aux plus célèbres théologiens, qu'elle traitait injurieusement. L'inquisition, après avoir nommé des commissaires pour examiner le livre de Jansénius, le censura d'une manière assez violente et en défendit le débit.

Cette nouvelle, qui fut mandée à Rome par le nonce du Pape en ce royaume par des lettres du 22 septembre de cette année, avec ce que l'internonce mandait des éloges que les ministres de Hollande donnaient au livre de Jansénius, avec ce que le cardinal de Richelieu avait mandé par le nonce de France au cardinal Barberini, lui fit ouvrir les yeux pour voir le besoin pressant qu'il y avait d'arrêter le cours de ce livre qui faisait tant de bruit partout, et qui commençait à troubler le repos des fidèles et la paix de l'Église. L'internonce s'en expliqua au Pape pour lui représenter qu'il fallait absolument le condamner par une bulle bien expresse; il en écrivit à l'archevêque de Séleucie, nonce en France, pour prendre des mesures avec le cardinal de Richelieu, qui était alors à Reims pour suivre le roi sur la frontière de Champagne, où était une de ses armées. Le cardinal de Richelieu répondit qu'on différait trop, que le mal qui croissait tous les jours menaçait la religion, qu'il répondait à Sa Sainteté de la Sorbonne, qu'on n'y remuerait rien contre ce que le Saint-Siège ordonnerait en cette affaire, que le Pape n'avait qu'à parler et qu'il serait obéi.

Le cardinal Barberini, encouragé par cette réponse du cardinal de Richelieu, voulut prendre des mesures avec le cardinal-infant pour les Flandres, surtout ayant appris que la plupart des religieux de ce pays devenaient favorables à la nouvelle doctrine. Mais tant de précautions marquaient la timidité d'un homme qui, pour vouloir prendre trop de sûreté, ne prenait point de résolution. Le Pape cependant, du conseil de ce cardinal qui le gouvernait, écrivit un bref au cardinal-infant pour le disposer à faire recevoir la bulle qu'il préparait pour censurer tout à la fois le livre de l'évêque d'Ypres, et pour l'exhorter à prendre la religion dans les États qu'il gouvernait en sa protection. L'archevêque de Malines s'était absenté de Bruxelles pour aller prendre les eaux de Spa, moins par régime de santé que par politique; car, comme on n'avait d'accès auprès du prince, dans les affaires de la religion, que par son ministre, il disparut exprès de la cour, sur le bruit qui courut alors qu'il venait quelque ordre nouveau de Rome contre Jansénius, car on mettait tout en usage en ce parti-là pour sauver son honneur. Cependant le bref du Pape pour le cardinal-infant fut envoyé à l'internonce, qui trouva le moyen de le faire rendre à ce cardinal, quoique l'archevêque fût absent. Mais comme le cardinal Barberini pressait l'internonce de solliciter la réponse qu'on ne pouvait avoir que par l'archevêque de Malines, il s'avisa d'écrire à un capucin de la maison d'Aremberg, son ami, qui était à Spa pour sa santé et qui n'était pas mal auprès de l'archevêque.

Ce capucin était un homme de bien, pas malintentionné; mais il ne put rien obtenir de l'archevêque, parce qu'il était éloigné de la cour; il se servait même de la maladie du prince comme d'un prétexte, dans le dessein qu'il avait de ne pas se mêler de cette affaire. En effet, le cardinal, par les fatigues qu'il se donna dans la campagne de cette année et par le méchant air de l'armée, était tombé malade d'une fièvre maligne qui l'obligea à se faire porter à Cambrai, où le danger de la maladie l'arrêta quelque temps; mais comme le bruit s'était répandu dans le peuple qu'il était mort, et que ce bruit faisait un méchant effet dans les esprits, on trouva moyen de le transporter à Bruxelles dans une espèce de litière découverte, afin qu'on le vît; mais il mourut peu de temps après qu'il y fut arrivé, c'est-à-dire vers le commencement de l'automne de cette année 1641.

La mort de ce prince, qui fut regretté dans le pays par la douceur de son gouvernement et par ses autres belles qualités, redonna à tout le parti de nouvelles espérances; car, tout-puissant qu'était l'archevêque de Malines pour les affaires qui regardaient la religion, son pouvoir était borné par le père Rivero, qui avait tout le crédit que peut donner la parole à un homme de son caractère. Il avait la liberté de parler et le bonheur d'être écouté dans les audiences qu'il avait du prince; il ne laissait pas que d'y mêler souvent des discours sur l'archevêque de Malines, et sur l'estime dont il s'était mal à propos laissé prévenir en faveur de la doctrine de Jansénius. Enfin il avait un peu instruit le cardinal (assez bien disposé de lui-même pour la religion) des méchantes intentions de ceux qui gouvernaient l'archevêque, pour rendre suspecte toute leur conduite, ce qui était cause qu'il n'agissait que timidement; mais, depuis la mort du cardinal et pendant tout le temps de l'interrègne, ils devinrent si fiers en devenant les maîtres, qu'ils crurent ne devoir plus rien ménager sur cette affaire. L'animosité contre les jésuites, le mépris de tout ce qui venait de Rome, la hauteur dont il traitait l'internonce, qu'il n'écoutait presque plus, enfin le peu d'égards qu'ils avaient pour toutes les bienséances, tout cela redoubla de la moitié par cette conjoncture, et il ne se peut dire à quel excès de hardiesse ils se laissèrent emporter, et quel avantage ils prirent de cette mort dans le conseil de Brabant, dans l'université de Louvain et dans tout le clergé. L'archevêque devint par là le chef du conseil privé avec un certain pouvoir sur les affaires de religion dans le pays, et le président Roose en devint le chef pour les affaires civiles. Ainsi tout se régla par leurs intrigues depuis qu'ils eurent le pouvoir en main. Et c'est ce que Fabio Chigi, évêque de Nardi, nonce du Pape à Cologne, écrivait au cardinal Barberini, du 11 février de l'année suivante. « Les partisans de Jansénius ont repris cœur depuis la mort du cardinal-infant, parce que l'archevêque de Malines et le président Roose, qui ont part au ministère, leur seront assez favorables pour soutenir toute l'audace et toute l'opiniâtreté dont ils sont capables en leurs entreprises. »

Ce qui ne fut que trop vrai, car le décret de l'inquisition pour la suppression du livre de l'évêque d'Ypres, présenté à l'université de Louvain par l'internonce, fut chicané par les fauteurs de cet évêque avec bien de l'opposition. A la vérité, les anciens opinèrent qu'il fallait s'y soumettre et obéir au Pape; mais les chefs de la faction de la nouvelle doctrine s'y opposèrent avec tant d'animosité et tant de passion qu'ils allèrent implorer le secours du conseil de Brabant, pour empêcher que ce bref ne fût reçu, c'est-à-dire qu'ils eurent recours au bras séculier pour ne pas obéir au Pape, qui est la dernière extrémité où puisse aller la désobéissance. Comme l'archevêque de Malines et le président Roose étaient les maîtres au conseil, le bref fut arrêté, parce qu'on prétendait qu'il fallait une permission du roi d'Espagne pour le recevoir; que c'était une des lois du pays, afin qu'il ne s'y débitât rien que par le concours des deux puissances. Cet obstacle fut une invention du président Roose pour brider le pouvoir du Pape. Outre que c'était un homme peu affectionné au Saint-Siége et même à la religion et qui était fils d'un hérétique d'Anvers, ainsi que l'avait découvert l'internonce, il s'était tellement dévoué à Jansénius, son ancien ami, et à toutes les volontés de l'archevêque de Malines, qu'il eût prostitué son honneur et sa conscience pour l'intérêt de Jansénius, qu'ils avaient tous deux fait évêque par leurs brigues, et la plupart des ministres d'État suivaient le mouvement que leur donnaient l'archevêque et le président.

L'internonce présenta une requête au chancelier, qui n'était pas de leur avis, pour faire casser la résolution du conseil contre le bref. Il représentait que la difficulté qu'on lui faisait sur l'acceptation du bref de Sa Sainteté à l'université de Louvain, sans le consentement du prince, était une pure chicane, dont l'archevêque de Malines et le président Roose étaient les auteurs; que lui et ses prédécesseurs n'avaient jamais trouvé cet obstacle pour faire recevoir les ordres qui leur venaient de Rome sur les affaires de la religion, et qu'on ne leur avait jamais parlé d'agrément du roi pour les faire recevoir; qu'on devait considérer que le mépris témoigné au conseil pour les affaires du Pape retombait sur lui-même, et qu'il y avait apparence que ce n'était pas l'intention du roi. Le chancelier, qui n'était plus le maître de ce tribunal par la faction qui y régnait, ne put pas donner contentement à l'internonce sur sa requête. Mais on ne l'écoutait plus, et l'on peut dire que cet intervalle de temps où le gouvernement du pays vaqua par la mort de l'infant fut le règne des jansénistes; car ils étaient tellement les maîtres dans l'Université, qu'on n'écoutait plus ceux qui parlaient pour l'intérêt du Saint-Siége, ou qui paraissaient bien intentionnés pour la religion. Enfin cette Université, établie autrefois pour la défense de l'Église et du Saint-Siége, par la pureté de sa doctrine et par la droiture de ses sentiments était devenue une manière de prostituée, qui n'ouvrait plus les yeux qu'à la faveur et ne se livrait plus qu'à la fortune et à la complaisance.

L'université de Douai reçut avec toutes les démonstrations d'un respect sincère et d'une parfaite soumission le bref qu'elle avait reçu du Pape pour la suppression du livre de Jansénius; l'internonce écrivit alors au cardinal Barberini pour faire témoigner à cette Université quelque gré de son obéissance, qui fut une manière de reproche à celle de Louvain. Quoique dans le clergé du pays la plupart des évêques, par une lâche complaisance à l'archevêque de Malines, parurent favoriser le livre de Jansénius et se déclarer pour sa doctrine, il ne laissa pas que de s'en trouver d'assez courageux et d'assez zélés pour s'élever contre; entre lesquels l'évêque de Namur fut des premiers à signaler son zèle. Il écrivit à l'internonce qu'il était surpris d'apprendre le refus que faisait l'université de Louvain d'obéir au Pape; qu'il ne concevait pas que pour colorer ce refus elle prétendait qu'il ne pouvait avoir lieu que par l'agrément du roi d'Espagne, et il ne pouvait comprendre que cette Université eût l'audace de contester au Pape le pouvoir de décider dans les affaires de la religion; il ajoutait qu'il y avait à craindre les suites d'une désobéissance aussi scandaleuse, si le Saint-Siége n'y remédiait au plus tôt par quelque chose d'effectif. Cette lettre était datée du 16 octobre et signée Engelbert, évêque de Namur. L'archevêque de Cambrai avait reçu le bref et l'avait fait recevoir de tous les évêques ses suffragants, pendant que l'archevêque de Malines disait tout haut par raillerie à Bruxelles que c'était le bref du cardinal Barberini et point du Pape. Ainsi les esprits étaient partagés dans tout le pays par la division des deux primats. Ce fut en vain que les gens bien intentionnés du conseil de Brabant et du clergé du pays écrivirent en Espagne pour y donner avis de cette division, qui jetait le trouble dans les consciences, parce qu'on parlait différemment dans les deux primaties sur une affaire de religion et qu'on demandait qu'on y apportât remède. Le roi d'Espagne venait de recevoir à Rome du mécontentement dans la personne du marquis de Las Veles, son ambassadeur, qui avait été insulté par l'évêque de Lamégo, envoyé au Pape, de la part du roi de Portugal, pour obtenir des évêques pour son royaume. Cet évêque, voyant qu'il ne pouvait obtenir d'audience du Pape sur l'affaire qui le tenait à Rome et que c'était l'ambassadeur d'Espagne qui l'empêchait, cherchait depuis longtemps à s'en venger; et s'étant trouvé, le 28 août, accompagné d'un grand nombre de Français assez bien armés et suivis d'un grand nombre de pages, d'estafiers et d'autres gens portant les couleurs, il rencontra l'ambassadeur d'Espagne par la ville en son chemin, l'attaqua et, après un combat assez vigoureux, où l'on dit qu'il y eut du sang de répandu, il obligea cet ambassadeur à se sauver d'une manière assez honteuse. Les Barberini n'ayant point satisfait le roi d'Espagne sur un procédé aussi injurieux, ce prince ordonna à son ambassadeur de se retirer de Rome, et plein de son mécontentement, il tâcha de le faire sentir au Pape dans les occasions qu'il en eut et surtout en celle-ci, dont les partisans de l'évêque d'Ypres profitèrent et devinrent encore plus fiers. Ce qui donna lieu aux gens bien affectionnés au Saint-Siége de blâmer la lenteur et la timidité du cardinal Barberini, qui ne cherchait à remédier au mal que par le silence, ce dont on se moqua; et cette conduite faible et politique ne servit qu'à aigrir les esprits des uns et à mécontenter les autres.

L'archevêque de Philippes *in partibus*, vicaire apostolique dans toute la Hollande, ayant approuvé avec éloge un écrit présenté au conseil de Brabant par le neveu de l'évêque d'Ypres Jean Jansénius, chanoine de Bruges, pour le supplier de ne pas souffrir que le bref du Pape, où le nom de son oncle était flétri, eût cours dans le pays, parce qu'il n'était produit que par les jésuites animés contre sa mémoire, demandait que le livre dont il s'agissait fût examiné par les évêques du pays. Le nonce de Cologne eut ordre, par un décret de l'inquisition, de donner avis à cet archevêque qu'on avait été surpris à Rome de voir son nom mêlé dans une affaire qui était contre l'intérêt du Saint-Siége qu'il devait défendre par son caractère, parce qu'étant vicaire du Pape, c'était trahir son devoir de devenir favorable à un livre qu'il condamnait, et que s'il ne profitait de cet avis on y remédierait. Le nonce de Cologne, n'ayant pu se transporter à la frontière de Hollande pour faire en personne la réprimande qu'on lui ordonnait, lui députa un de ses officiers, et l'archevêque reçut ce reproche, qu'on lui fit de la part de l'inquisition, en homme de bien avec des marques de repentir.

On triomphait cependant dans toute la Hollande par les avantages que les ministres protestants tiraient de la nouvelle doctrine dont ils prêchaient en leurs églises à leurs peuples la conformité avec celle de Calvin. On se mit même en peine de faire traduire le livre de Jansénius en hollandais pour l'usage des dames et du peuple. Les partisans de cet évêque, qui avaient pris sa défense en main avec chaleur, conspiraient avec les protestants pour donner cours à cette nouveauté, que le mécontentement du roi d'Espagne et l'attachement de l'archevêque de Malines et du président Roose favorisaient entièrement. Ainsi cette doctrine fit un merveilleux progrès cette année dans les esprits, partie par la négligence du cardinal Barberini qui s'occupait alors mal à propos des préparatifs de la guerre du Pape avec le duc de Parme, et partie par la fierté que le nouveau crédit de l'archevêque de Malines donna aux chefs de cette cabale; c'était l'état où se trouva la nouvelle doctrine dans la Flandre les trois premières années après la mort de son auteur.

Il n'en était pas de même en France, où le cardinal de Richelieu devint plus maître que jamais par le succès des armes du roi. En effet, tout réussit si bien par sa conduite, que sa faveur et son pouvoir en augmentèrent beaucoup, et quoiqu'il eût l'esprit occupé de tout le poids des affaires pour la guerre, il se relâchait peu des soins qu'il donnait à la religion. L'affaire du procès de Saint-Cyran n'avançait pas néanmoins, parce qu'il s'opiniâtrait à ne pas répondre; mais sa prison ne laissait pas que de retenir ceux qui auraient pu remuer. La Sorbonne était dans une parfaite dépendance de ses volontés par le bâtiment magnifique qu'il avait fait commencer pour loger les docteurs. La faveur insigne qu'il venait de faire aux jésuites dans la cérémonie de l'ouverture de leur église de Saint-Louis de la rue Saint-Antoine, où il avait voulu dire la première messe accompagné du roi, de la reine et de toute la cour avec une magnificence digne de lui, avait donné à ces pères un degré de considération et de crédit, malgré le livre d'*Aurélius* et les efforts de la cabale. Enfin le soin qu'il prit de remplir le clergé et le parlement de bons sujets ne contribua pas peu à tenir tout assez en état pour ne laisser rien espérer à ceux qui cherchaient à innover dans la religion.

LIVRE DIXIÈME.

Entretien à Fontevrault du père Rapin avec l'abbé Balthazar Pavillon. — Histoire des croyances de saint Augustin sur la grâce. — Querelles qui s'élevèrent au sujet de la doctrine de ce Père. — Aperçu sur les hérésies provenant de la doctrine de saint Augustin depuis Prosper jusqu'à Jansénius. — Abrégé du livre de Jansénius et de sa doctrine. — Remontrances des nonces au Pape. — Bulle de censure. — Mort du cardinal de Richelieu. — La princesse de Guéménée et la marquise de Sablé. — Élévation du cardinal Mazarin. — Élargissement de Saint Cyran. — Mort de Louis XIII. — Histoire du livre *De la Fréquente communion*. — Mort de Saint-Cyran. — Députation de Louvain à Rome. — Mort du pape Urbain VIII.

Quoique les jésuites eussent fait éclater leur zèle par les soins qu'ils prirent de découvrir tout le venin de la nouvelle doctrine dans leurs thèses de Louvain, et quoiqu'ils fissent encore leurs diligences pour la décrier par leurs autres écrits, et dans tous leurs discours, on ne laissait pas de la débiter partout avec quelque sorte de succès, parce qu'on ne la débitait que sous le nom de saint Augustin. A la vérité, rien n'avait tant réussi à la plupart des hérétiques anciens et modernes que cet artifice. Les pélagiens et les prédestinatiens se firent les premiers honneur de ce nom. Ce fut au nom de saint Augustin que Gotteschalk prêchait que Dieu ne voulait pas sauver tous les hommes. Ce fut sous ce nom que Bérenger attaqua le libre arbitre pour en dépouiller l'homme. Ce nom fut plus cher à Wiclef que le sien propre, et ses disciples, pour le flatter, l'appelaient Jean de saint Augustin. J'ai pour moi saint Augustin, disait Luther; et Mélanchthon, son disciple, disait aux docteurs de Paris : « Qui doute que l'opinion de Luther ne soit la même que celle de saint Augustin ? » Calvin, plus hardi encore que Luther, dans son livre *De la prédestination* disait que saint Augustin était tellement pour lui, qu'il pouvait écrire une confession de foi de ses propres termes.

Mais on peut dire que de tous ceux qui ont entrepris d'innover dans la religion, il n'y en a point eu qui aient fait une profession plus déclarée de s'attacher aux sentiments de saint Augustin, et qui se soient plus honorés de ce grand nom que les jansénistes; car l'abbé de Saint-Cyran, fondateur de ce parti avec l'évêque d'Ypres, longtemps devant que parût ce nouveau livre *De la grâce de Jésus-Christ*, disait partout qu'il n'y avait que saint Augustin de considérable parmi les Pères, que c'était le seul qu'il fallait étudier. Jansénius n'en disait pas moins dans l'université de Louvain quand il parlait à cœur ouvert à ses amis. Ce fut le nom d'Augustin qu'il donna pour titre à son grand ouvrage, qui contient un éloge perpétuel de ce grand saint, ne comptant pour rien tous les autres Pères de l'Église; et ses disciples, depuis sa mort, ne renoncèrent au nom de leur maître que pour s'appeler les disciples de saint Augustin, d'où ils firent comme une espèce de bouclier pour l'opposer à toutes les censures et à toutes les condamnations qu'on fit de leur doctrine dans les lieux où la religion avait du crédit. Ce n'était pas probablement sans raison qu'ils se servaient d'un pareil artifice. Mais il est bon de voir avec combien peu de fondement ils abusèrent d'un nom si vénérable, si grand et si saint; c'est ce que je prétends faire en ce livre pour tâcher de détromper le public en démasquant l'erreur d'un artifice si usé et si faux, et rien n'est plus capable de bien éclaircir cette difficulté, qui me paraît une des plus essentielles de cette histoire, que le récit d'une aventure qui m'arriva dans le temps que j'entrepris de l'écrire.

L'année 1671, que Marie-Madeleine-Adélaïde de Rochechouart, fille du duc de Mortemart, prit possession de l'abbaye de Fontevrault, où elle avait été nommée abbesse par Louis XIV, elle me témoigna souhaiter que j'eusse l'honneur de l'aller voir en son nouvel établissement, ayant contribué à faire connaître son mérite pour ce poste au père Ferrier, confesseur du roi. Dans le séjour que je fis auprès d'elle, il arriva qu'en mes promenades dans le voisinage de l'abbaye je tombai par hasard proche un petit lieu de retraite, où un ecclésiastique vivait dans une assez grande solitude, ne s'occupant que de Dieu et de ses livres. L'étude qu'il avait faite de la théologie pendant sa jeunesse et le loisir que lui donnait sa retraite lui firent venir l'envie d'étudier les questions du temps et la doctrine de la grâce de Jansénius; il s'y était même rendu fort habile par le soin qu'il prit d'étudier cette matière à fond et de s'en instruire d'une manière à ne rien ignorer. Il avait l'esprit bon, il étudiait beaucoup et sans presque aucune distraction. Un frère avocat qu'il avait, qu'il aimait beaucoup, et qui faisait les affaires du monastère sous la défunte abbesse Jeanne-Baptiste de Bourbon, fille légitimée de Henri IV, l'avait attaché à ce lieu, que l'étude de saint Augustin, qu'il lisait depuis trente ans et qui faisait son occupation ordinaire, lui rendait agréable. Il était de Saumur, ville sur la Loire, à quatre lieues de Fontevrault, d'une honnête famille, et il s'appelait Balthazar Pavillon; il me demanda d'abord, dans la visite que je lui rendis, mes sentiments sur l'opinion du temps pour me dire les siens; car il avait eu le temps de se remplir tellement l'esprit de ces matières-là, qu'il ne parlait d'autre chose quand il trouvait des gens capables de l'entendre.

Il commença par un grand discours qu'il me fit sur le caractère d'esprit de saint Augustin, qu'il voulut bien me faire connaître, prétendant qu'on ne le connaissait que superficiellement. Il est vrai qu'il m'aurait bien renversé les idées dans lesquelles j'avais été élevé sur saint Augustin, s'il avait pu me faire d'abord entrer dans ses sentiments. Car il me fit comprendre que ce Père avait le génie trop vaste pour être fort exact : « Je l'admire, me disait-il, par la beauté de son esprit, mais il m'échappe par la profondeur de ses pensées. C'est un aigle qui s'élève au-dessus de tout, mais qui se cache et se perd dans les nues et qu'on perd aussi souvent de vue. Il savait sa religion aussi bien qu'on pouvait la savoir dans le temps où il a vécu; mais la chaleur qui animait son zèle contre les hérésies différentes qu'il combattait lui faisait quelquefois faire plus de chemin qu'il n'en fallait; il allait trop loin pour remettre dans la voie ceux qui s'égaraient, et les diverses manières dont il a été obligé de s'expliquer sur la grâce et la prédestination contre les pélagiens ont un peu contribué à l'écarter des sentiments des saints Pères qui l'avaient précédé, et à le faire passer pour novateur sur ces deux articles, qui sont ceux dont il s'agit présentement dans les questions du temps. » J'eus de la peine à souffrir ce discours, mais il m'en convainquit par le propre témoignage de saint Augustin, qui avoue qu'il avait changé de sentiment sur la prédestination, qu'il ne croyait pas gratuite au commencement, comme la croyaient tous les Pères ses prédécesseurs, parce que, dit-il, il n'avait pas encore examiné cela, et qu'il n'avait pas trouvé comment se fait l'élection à la grâce, qui était le nœud de la difficulté, et Jansénius l'avoue lui-même, m'ajouta-t-il, quand il dit au livre VII de l'*Histoire des Pélagiens*, chapitre XVII, que tous les Pères qui avaient précédé saint Augustin avaient enseigné la prédestination après la vue des mérites. Il ajoutait que Prosper, disciple favori de saint Augustin, convenait dans l'épître à Rufin que cette opinion était nouvelle, et que saint Hilaire, évêque d'Arles, en fut choqué.

De ce pas qu'il me fit faire, il me mena à un second : que saint Augustin avait erré et dans le sentiment qu'il avait de la prédestination gratuite et dans celui de la grâce efficace. Je me révoltai contre sa proposition, qui me parut injurieuse à un si grand saint ; il ne se rebuta point de la peine où il me vit, espérant m'en tirer bientôt par ce raisonnement qu'il me fit.

Saint Augustin a erré dans l'article de la prédestination gratuite et dans celui de la grâce efficace s'il a eu d'autres sentiments sur ces deux points que ceux de l'Église de son temps, et s'il a abandonné la tradition qu'il avait reçue des Pères sur cette créance, il l'a fait, car il prit sur cela d'autres sentiments que ceux de saint Basile, de saint Chrysostome, de saint Jérôme, de saint Hilaire et des autres Pères des trois premiers siècles : donc il a erré. Ce furent ses disciples, saint Prosper et saint Hilaire, qui lui firent ce reproche ; il n'en disconvient pas lui-même, s'appelant l'auteur de cette nouvelle opinion ; sur quoi il me fit un grand discours des diverses aventures de cette doctrine pendant la vie de saint Augustin, après sa mort et dans les siècles suivants. Le détail qu'il m'en fit m'ayant paru de conséquence et d'une trop grande étendue pour ne pas échapper après un entretien, je suppliai l'abbesse de Fontèvrault, entre les mains de qui tombèrent ses papiers après sa mort, qui arriva peu d'années après, de me les envoyer, ce qu'elle fit. J'en tirai cet extrait après les avoir lus. C'est une espèce d'histoire des aventures différentes de la doctrine de ce saint; elle est assez curieuse pour avoir part en cet ouvrage, et pour donner idée du caractère d'esprit de ce Père, dont il ne faut rien laisser perdre de ce qui peut contribuer à le faire connaître, quoique je ne sois nullement de l'avis de celui qui a imaginé ce nouveau système de l'opinion de saint Augustin sur la grâce et sur la prédestination; mais il est bon de l'exposer, quand ce ne serait que pour apprendre au public combien les sectateurs de Jansénius sont loin de leur compte quand ils se glorifient tant d'être les disciples de saint Augustin, et qu'ils font si fort les fiers de cet avantage. Voici le plan de ce solitaire.

Il prétendait qu'il était si vrai que saint Augustin avait pris d'autres sentiments que ceux de l'Église de son temps, et qu'il avait innové en l'article de la grâce et de la prédestination, que ceux qu'il considérait le plus, qui avaient le plus d'estime pour sa doctrine, ces religieux du monastère d'Adoumet, si éclairés, si sages, si réglés, si attachés à ses sentiments par Valentin leur abbé, furent les premiers à se déclarer contre lui (comme il l'avoue lui-même), choqués qu'ils furent de ces nouveautés et des suites terribles qu'ils découvrirent en cette doctrine. Ce qui les obligea de députer deux de leurs frères pour lui témoigner le trouble qu'il leur avait causé, et pour lui représenter que s'il disait vrai, l'éloignement du mal et l'exhortation au bien deviendraient entièrement inutiles aux hommes, s'ils n'avaient plus la liberté de faire le bien comme il le prétendait. D'un autre côté, un prêtre de Carthage, nommé Vital, ami de ce saint, fut si surpris de cette doctrine, qu'il lui écrivit une grande lettre pour le faire expliquer, en lui déclarant son étonnement; d'autres encore s'en scandalisèrent, soutenant que Dieu serait injuste dans son procédé s'il agissait de la manière dont il l'enseignait, parce que les impies auraient droit d'excuser leur impiété parce qu'ils avaient manqué de grâce, ce qui engagea ce Père à s'expliquer encore davantage.

Il imputa d'abord le trouble de la plupart de ces gens-là à leur peu de lumières, croyant qu'ils ne l'entendaient pas, et il ne se contenta pas de leur écrire de grandes lettres pour se justifier, il composa des traités entiers comme celui *De la nature et de la grâce, Du libre arbitre, De la grâce de Jésus-Christ, De la correction et de la grâce*, pour parler plus intelligiblement et répondre aux difficultés qu'on lui faisait; mais il s'arrêta principalement au traité *De la correction et de la grâce*, où il fait état de parler plus nettement. Il prétend, dit-il, dans ce traité : 1° Que Dieu ne veut pas sauver tous les hommes en général, comme il paraît dans les enfants morts avant le baptême. 2° Qu'après le péché d'Adam, Dieu a résolu de sauver les uns et laisser périr les autres. 3° Qu'il n'a créé les réprouvés que pour l'ornement du monde et pour en faire les vases de sa colère. 4° Que l'homme en péchant a perdu sa liberté. 5° Que la grâce fait tout le mérite des élus; et quand on lui reprocha qu'il détruisait la liberté, il répondit qu'il la perfectionnait en la rendant plus soumise à la grâce, et, persuadé de cette doctrine, il crut pouvoir la publier malgré les oppositions qu'on y faisait en Afrique. Il la prêcha avec tant de succès, la débitant comme la doctrine de saint Paul, et se fondant sur son autorité, qu'il y trouva bien des sectateurs, dont les principaux furent Hilaire, Prosper, Flore, Timaze, Valère, Laurens, Pivien, Paulin, Aurèle, Fortunat, Aubin, Marcellin, Paul, Eutrope, Oroze, Possidonius et d'autres prévenus d'estime pour le singulier mérite de ce Père, ne trouvant rien dans l'Écriture ni dans l'Église d'opposé à cette doctrine. Ce solitaire ajoutait que Hilaire même et Prosper voulurent l'apporter en France, où elle ne fut pas tout à fait si bien reçue qu'en Afrique, où le respect qu'on y avait pour ce Père avait disposé les esprits à la suivre. Les plus savants et les plus saints s'y opposèrent à Marseille et dans toute la province d'une telle force, que Hilaire et Prosper lui écrivirent qu'ils ne pouvaient plus résister à cette opposition, ni soutenir ce soulèvement. Voici l'extrait de la lettre de Prosper. Il dit qu'il est obligé de l'avertir du bruit que fait partout sa doctrine, qu'on faisait passer pour dangereuse; que plusieurs gens de bien de Marseille et des environs prétendent que ce qu'il a écrit de la vocation des élus, selon le décret de la volonté de Dieu, dans les traités contre les pélagiens, est contraire aux sentiments de l'Église et des Pères ; qu'il craint que ce ne soit leur faute de trouver à redire dans la doctrine d'un homme si éclairé ; qu'à la vérité, le livre qu'il a écrit *de la Correction* pour apaiser les esprits les avait encore plus alarmés ; qu'il semblait que, par la prédestination, il introduisait une espèce de nécessité, si elle se fait, comme il dit, par le décret éternel de Dieu et non par les bonnes œuvres d'un chacun, et si, selon lui, les hommes sont destinés de Dieu dès le commencement du monde à être des vases d'honneur ou d'ignominie ; qu'une pareille élection ôtait à ceux qui tombent le soin de se relever, et donnait aux justes une occasion de négligence et de tiédeur. Si celui qui est rejeté ne peut être sauvé et celui qui est élu ne peut être damné, toute l'étude de la vertu est éteinte par cette doctrine, qui, sous le nom de prédestination, établit une espèce de fatalité. « Lorsque nous alléguons, ajoute-t-il, que le sentiment de votre béatitude est fondé sur l'Écriture et sur saint Paul, ils se défendent par la tradition, par le sentiment des Pères des quatre premiers siècles, et ils prétendent que les passages de saint Paul, en l'Épître aux Romains, n'ont jamais été expliqués par la réprobation temporelle des juifs, autrement que la foi scandaliserait les fidèles au lieu de les édifier par une conduite si peu équitable. Ils veulent que Notre-Seigneur soit mort pour tous, que nous soyons appelés à sa connaissance et au salut sans exclusion de personne, ce qui n'est point conforme à ce que vous enseignez et dont nous sommes persuadés ; mais nous ne pouvons résister au nombre de ceux qui attaquent votre doctrine et qui sont d'une vie exemplaire, et élevés même à l'épiscopat. Ayez donc la bonté de nous éclaircir sur cela ; apprenez-nous comment la grâce ne détruit point la liberté ; expliquez-nous le secret de votre opinion sur cette prédestination qui fait des vases d'honneur des uns et des vases d'ignominie des autres. Il n'est pas jusqu'à Hilaire, évêque d'Arles, d'ailleurs votre admirateur, qui ne soit choqué de votre opinion ; il nous écrit pour s'en éclaircir et pour en savoir le mystère. »

En effet, cet évêque demanda à Augustin que sa doctrine,

qu'on débitait en France, était nouvelle, nullement bonne à prêcher, que la plupart de ceux qui la désapprouvaient croyaient qu'on ne se sauve que par les bonnes œuvres, et qu'on ne se perd que par les mauvaises ; que la grâce de la loi nouvelle n'était pas différente de celle d'Adam, en quoi il mettait de la différence, enseignant que celle d'Adam donnait le pouvoir de persévérer, et celle du Sauveur donnait la persévérance ; que cette opinion portait les hommes au désespoir, car à quoi sert de les exhorter ou de les menacer si la grâce fait tout indépendamment de la liberté et si les élus reçoivent un tel don de persévérance qu'ils ne peuvent manquer de persévérer contre le sentiment de saint Paul, qui enseigne que Dieu veut sauver tous les hommes ; qu'au reste on le trouve admirable dans tout ce qu'il écrit, excepté en cela qu'il aurait souhaité être lui-même le porteur de sa lettre, pour l'entendre parler sur ce sujet et pour savoir ce qu'il a à répondre à ces difficultés ; mais que, ne pouvant y aller, il avait cru devoir plutôt l'avertir de ces oppositions qu'on faisait à sa doctrine que de les lui laisser ignorer.

Ce Père, ainsi pressé par ses meilleurs amis, prit la plume pour les remercier de ce qu'ils lui demandaient un second éclaircissement, répondit que ce qu'il avait écrit dans son livre *De la prédestination des saints* pouvait suffire à tous leurs doutes, et il répète ce qu'il leur avait déjà dit : 1° Que ce n'était que par le décret de Dieu que les prédestinés étaient sauvés ; qu'ils ne sont pas élus parce que Dieu a prévu qu'ils seront saints, mais qu'ils le deviendront parce que Dieu les a élus, faisant du cœur de l'homme ce qu'il lui plaît ; que ce n'est que par la grâce que l'homme se sauve et non pas par ses mérites, comme le dit Pélage, parce que tous les mérites ont péri dans Adam par son péché. 2° Il explique une différence essentielle de la grâce du Créateur et du Rédempteur ; qu'Adam était maître de celle-là, et celle-ci est maîtresse du cœur de l'homme, c'est elle qui le fait persévérer. 3° Que la grâce de la persévérance ne peut se perdre ; quoi qu'il arrive elle a son effet. 4° Qu'il ne faut pas croire que Dieu veuille généralement sauver tout le monde, mais seulement de la manière qu'on dit qu'un maître dans une ville enseigne tous ceux de la ville, quoique tous ne soient pas enseignés, c'est-à-dire qu'il n'y a aucun d'enseigné qui ne le soit par ce maître, que c'est la foi de l'Église ; que toutefois s'il se trompe il ne veut pas qu'on l'en croie.

Cette réponse alarma encore plus les esprits, au lieu de les apaiser. Les catholiques se joignirent aux pélagiens pour informer le Pape Boniface des nouveautés qu'enseignait Augustin. Boniface, surpris lui-même de cette accusation et des mémoires qu'il reçut de cette information, obligea ce Père d'y répondre et de lui rendre compte de sa doctrine ; mais le Pape, occupé d'autres choses, persuadé d'ailleurs du mérite d'Augustin, qui venait de si bien servir l'Église contre les donatistes, sous Zozime, et n'ayant que fort peu régné, ne put finir cette affaire, qui se renouvela sous Célestin avec plus de chaleur ; car Prosper et Hilaire, grands sectateurs de saint Augustin, continuant à enseigner sa doctrine dans les circonstances odieuses dont on l'accusait, que Dieu ne voulait pas sauver tous les hommes, que Jésus-Christ n'était pas mort pour tous, un prêtre, nommé Ruffin, s'éleva contre eux avec bien de la vigueur et pressa Prosper de lui expliquer ce qu'Augustin voulait dire. On n'a pas su ce que Ruffin écrivit à Prosper ; mais Prosper lui répondit que l'opposition qu'on faisait à ce Père ne venait que de la jalousie des pélagiens, qui ne pouvaient le souffrir. A la vérité, les pélagiens prétendant que l'homme pouvait se sauver par la seule force de sa liberté, Augustin n'avait pu les combattre avec toute la force que demandait la vérité sans donner lieu aux vrais catholiques d'y trouver à redire, l'accusant de détruire tout à fait la liberté, imputant à ce Père l'erreur des manichéens dont il avait suivi la doctrine ; car ces hérétiques introduisaient une espèce de destin et de nécessité. Prosper entreprit de lui expliquer le fond de la doctrine de son maître, prouvant qu'il y avait dans le décret éternel de Dieu un nombre certain d'élus, mais qu'il faut bien entrer dans ses principes pour entendre cette doctrine. De sorte que l'anéantissement de la liberté qu'on reprochait à saint Augustin subsistait toujours et faisait la grande difficulté, à quoi on s'opposa toujours, et le pape Célestin ne put se résoudre à l'approuver.

La mort de saint Augustin étant arrivée en ce temps-là, pendant que les Vandales assiégeaient la ville épiscopale où il s'était enfermé, c'est-à-dire l'année 430, et avant que sa doctrine fût assez établie en Afrique où son crédit l'était si fort, ses disciples entreprirent de l'établir, ne doutant pas que ce ne fût la vraie doctrine de l'Église. Les pélagiens la combattirent avec plus d'ardeur et tâchèrent de la rendre encore plus odieuse parce qu'elle détruisait entièrement la liberté. Il parut alors un livre nouveau sous le titre de *Hypognosticon*, c'est-à-dire mémorial pour répondre à cette objection, lequel combattait les pélagiens en défendant saint Augustin, dont ils étaient les sectateurs. Ce livre avouait que ce Père avait cru la prédestination tout à fait gratuite, mais non pas aussi odieuse que les pélagiens la débitaient; qu'à la vérité Dieu faisait le choix des élus sans aucune vue de leurs mérites, les tirant, par sa miséricorde, de la masse de perdition, mais sans réprouver les autres, n'ayant créé personne pour le perdre. Cet adoucissement ne satisfaisait pas et ne répondait pas à saint Paul qui dit que Dieu veut que tous soient sauvés, et ils ne laissaient pas que de retomber dans le reproche qu'on faisait à leur maître que cette doctrine ôtait le soin du salut aux fidèles par leurs bonnes œuvres, parce qu'on ne pouvait se perdre quand on était élu, et se sauver quand on ne l'était pas.

Mais le dernier ouvrage de saint Augustin sur la prédestination des saints ayant paru en Italie et étant tombé entre les mains de quelques savants, vers les bords de la mer où s'étend la Ligurie dans le voisinage de Gênes, ils en écrivirent à Prosper, choqués de ces sentiments; car Prosper passait alors pour le défenseur le plus déclaré de cette doctrine. Après avoir conféré avec Hilaire et quelques autres des sectateurs de saint Augustin, il répondit qu'il n'avait que suivi les sentiments de saint Paul en l'épître aux Romains; mais comme la principale difficulté de ces savants était que saint Augustin avait changé de sentiments, qu'il avait cru que la prédestination se faisait sur la connaissance des mérites, ils prétendaient qu'ils n'avaient pas eu raison de changer ayant trouvé cette créance dans l'Église. Prosper répondit qu'il n'avait changé qu'après une longue étude et de grandes réflexions sur ce sujet; sur quoi il fut même éclairé d'en haut, comme il l'avoue, ce qui ne devait pas contenter des esprits prévenus du changement de ce saint, et ne voyant pas de fondement bien solide à ce changement. Cet éclaircissement d'en haut devant paraître suspect, puisque saint Paul défend lui-même d'écouter ce qui peut être contraire au sentiment universel de l'Église, quoique révélé par un ange.

Les résistances contre cette doctrine continuant en France, Prosper et Hilaire, ne pouvant apaiser les esprits, s'avisèrent d'aller à Rome accuser d'erreur à leur tour ceux qui publiaient que saint Augustin avait erré, pour prévenir le Pape Célestin en faveur de leur maître et pour lui demander la protection du Saint-Siége pour sa doctrine. Ils commencèrent par lui faire de grands éloges de ce saint et des services qu'il avait rendus contre les manichéens, contre les donatistes et contre les pélagiens; ils lui répétèrent les louanges que les Papes, ses prédécesseurs, lui avaient données; enfin ils négocièrent auprès de Célestin, qui leur accorda ce qu'ils lui demandaient, jusqu'à écrire aux évêques de France pour leur ordonner d'imposer silence aux prêtres de Marseille sur le sujet de saint Augustin, sans toutefois approuver ou désapprouver la doctrine qu'on lui reprochait sur la prédestination qu'il laissa indécise; car cette lettre de Célestin ne regarde que l'erreur des pélagiens sur la grâce, dont il apprend ce qu'il en faut croire sans descendre dans les questions dont il s'agissait alors. Prosper, profitant de cet avantage, voulut se servir de ce bref pour autoriser la doctrine de son maître. Ce fut alors qu'il composa ce fameux poëme *Des ingrats*, comme une espèce de triomphe sur les ennemis de saint Augustin, dans lequel il établit plus que jamais la doctrine de ce saint enseignant: 1° que Dieu ne veut pas que tous soient sauvés en général; 2° qu'il ne les appelle pas tous à la gloire; 3° que la liberté est détruite par le péché d'Adam, et que l'opération de la grâce ne lui est plus soumise; 4° que Jésus-Christ n'est pas mort pour tous, et quelques autres maximes semblables tirées des principes de saint Augustin.

Les prêtres de Marseille s'élevèrent aussi avec plus de chaleur contre ces sentiments, et Cassien à leur tête; il prit même à plume pour réfuter cette doctrine par un livre qui portait pour titre : *De la protection de Dieu*, où il déclare hautement qu'on ne peut dire sans sacrilége ce qu'enseignaient les disciples de saint Augustin, que Dieu ne veut pas que tous les hommes soient sauvés, mais quelques-uns seulement ; que la créance de l'Église était qu'il les appelle tous au salut sans en excepter aucun ; qu'encore que l'homme ait sans cesse besoin de la grâce, il jouit toujours de sa première liberté ; qu'il ne l'a point tout à fait perdue ; qu'il faut bien prendre garde d'attribuer tellement à la grâce les mérites des justes, qu'on ne laisse rien à leur libre arbitre. Enfin, pour répondre aux louanges que les Papes donnaient à saint Augustin, il ajoutait qu'elles ne regardaient que ses premiers ouvrages et nullement les derniers qu'il avait faits contre les pélagiens, où il avait laissé échapper dans l'ardeur de la dispute les erreurs qu'on lui reprochait.

Prosper entreprit de réfuter Cassien par un autre écrit, donnant un autre tour à la doctrine de saint Augustin que celui qu'on lui donnait, prétendant qu'il n'en voulait qu'aux pélagiens et aux autres ennemis de la grâce, et qu'après que Célestin avait fermé la bouche à ceux qui accusaient saint Augustin par les louanges qu'il donnait à tous ses ouvrages sans distinction, on avait tort d'y trouver encore à redire. Les prêtres de Marseille, voyant que les disciples de ce saint n'adoucissaient sa doctrine que pour la sauver, continuèrent à leur résister, et ils furent secondés par le célèbre Vincent de Lérins, qui écrivit contre cette doctrine avec bien de la vigueur. Il ne fut pas possible à Prosper de soutenir cette attaque, ni de résister à un parti qui avait pour chef Vincent de Lérins ; il donna un sens plus doux à saint Augustin, avouant lui-même que c'était parler trop durement de la bonté de Dieu que de dire qu'il ne veut pas sauver tous les hommes, qu'on ne peut nier : 1° qu'il n'ait une volonté générale pour le salut de tous, selon l'ordre que saint Paul donne à Timothée de faire prier pour tous les hommes de toutes les conditions ; 2° que tous ceux à qui l'on prêche l'Évangile sont appelés à la grâce ; 3° que Jésus-Christ est mort pour tous ; 4° que c'est mal parler de dire que nous avons perdu la liberté par le péché ; 5° que ce n'était point par le décret de Dieu que se fait la prédestination. Ce fut ainsi qu'il défendit la doctrine de son maître en l'abandonnant, car il ne parlait pas de la sorte dans ses premières réponses.

Les disciples de saint Augustin, n'ayant pu faire recevoir sa doctrine en la présentant toute pure, s'avisèrent de produire un livre sans nom, *De la vocation des gentils*, mais qu'on attribuait à Hilaire. L'auteur, quel qu'il soit, feignant d'être neutre contre les partisans de la grâce efficace et de la prédestination gratuite et ceux qui la combattaient, tâchait de donner un autre jour à la doctrine de saint Augustin. Si Dieu, dit-il, veut sauver tous les hommes, pourquoi ne sont-ils pas sauvés? car c'est anéantir la grâce de dire que c'est la volonté de l'homme qui s'y oppose, et si la grâce se donne au mérite, ce n'est plus un don, c'est une chose due. Pourquoi ce don n'est-il pas donné à tous par celui qui veut que tous soient sauvés? La solution de ces questions, répond-il, est difficile. Voici, ce semble, le parti qu'il y a à prendre : en prêchant la grâce on ne prétend point détruire la liberté, comme en prêchant la liberté on ne prétend pas nier la grâce, ajoutant : 1° Que Dieu ayant une volonté générale de sauver tous les hommes, il donne aussi des grâces générales à tous, et c'est ainsi, dit-il, qu'il faut entendre saint Paul quand il enseigne que Dieu veut sauver tous les hommes. 2° Il avoue qu'il est dans la liberté de chacun de persévérer ou de ne pas persévérer, mais que celui qui persévère doit sa persévérance purement à la grâce, et non pas à sa fidélité. 3° Que les élus doivent travailler à leur salut par leurs bonnes œuvres, mais qu'il faut rapporter le discernement de ceux qui se sauvent et ne se sauvent pas à un secret jugement de Dieu qui fait ce discernement. 4° Que Jésus-Christ est mort pour tous, ce qu'il faut entendre de tous ceux qui se sauvent. 5° Que la grâce ne détruit pas la liberté, qu'il est dans le pouvoir de l'homme d'y résister, qu'il ne le fait pas, car la grâce lui fait vouloir le bien. Ainsi, s'expliquant de la sorte, il ne change point de sentiment, et sa réponse est plutôt une défaite qu'une explication.

Cette réponse, bien loin de contenter Vincent de Lérins, le choqua encore plus, et l'engagea à un nouvel ouvrage qui fut son admirable livre contre les hérésies, où, sans nommer ni saint Augustin ni ses disciples, qui faisaient trop valoir la décrétale de Célestin, il déclare que ce Pape n'a nullement prétendu justifier la doctrine dont il s'agissait, mais condamner seulement les doctrines nouvelles et leurs auteurs, comme il paraît dans le onzième chapitre de sa lettre, par où ce religieux insinue que saint Augustin est une manière de novateur, et prétend même qu'il est condamné par cette lettre qu'on alléguait pour sa justification, ajoutant que Dieu permet, pour éprouver les esprits, que ceux qui passent pour prophètes, qu'on regarde pour les défenseurs de la vérité, et qui se sont rendus dignes de l'estime générale du public, comme ce Père, mêlent quelquefois des erreurs dans leurs écrits, qu'on a peine à démêler à cause de l'opinion dont on est prévenu en leur faveur, et, pour réprimer le zèle de ses disciples, il déclare qu'il arrive souvent que les sectateurs ne le sont pas, et qu'ils se perdent après que celui dont ils embrassent la doctrine s'est sauvé ; sur quoi cet auteur propose des règles pour distinguer à coup sûr l'erreur de la vérité, déclarant qu'il ne faut jamais recevoir dans l'Église la doctrine nouvelle, quand elle serait proposée par un saint, par un martyr et par un ange, et que la règle de notre créance est de croire ce qui a toujours été cru et reçu généralement par la tradition, car il n'est jamais permis d'ajouter rien de son chef à la foi.

Ce dernier écrit de Vincent de Lérins, qui devait arrêter les disciples de saint Augustin dans le dessein qu'ils avaient de continuer à prêcher cette doctrine qu'on faisait passer pour nouvelle, n'eut aucun effet sur leurs esprits ; au contraire, ils firent de nouveaux efforts par de nouveaux livres, débitant les maximes de leur maître sans aucun ménagement ; que ce n'est que par un décret spécial que Dieu sauve les uns en laissant les autres ; qu'il est la seule cause de notre salut ; que les bonnes œuvres des réprouvés, bien loin de leur tourner à bien, leur tournent à mal, comme les péchés des prédestinés, au lieu de leur faire du mal, leur font du bien ; que tous n'ont pas été rachetés par le sang de Jésus-Christ ; que la liberté est détruite entièrement par le péché d'Adam et que la grâce fait tout sans la volonté.

On ne garda plus de modération dans l'autre parti ; après une pareille déclaration, Fauste Gemade, Arnobe, Prosper, le chronologiste, se joignirent à Vincent de Lérins pour résister avec plus de vigueur à ces nouveautés, et par de nouveaux écrits déclarèrent hautement qu'il était faux que Dieu ne veut pas sauver tous les hommes ; qu'il n'était nullement vrai qu'il ne dépend que de lui que nous soyons bons.; que c'est une erreur égale de donner tout à la grâce et tout à la volonté, car nous n'aurions point de liberté si la grâce faisait tout. Comme la grâce serait inutile si tout se faisait par la liberté, qu'il fallait absolument croire que celui qui périt peut se sauver, comme celui qui se sauve peut périr, que le salut ne dépend pas seulement de Dieu mais de nous, que la vie éternelle est une vraie récompense des bonnes œuvres et que la foi catholique déteste tous ceux qui disent que Jésus-Christ n'est pas mort pour tous.

L'opiniâtreté que les disciples de saint Augustin firent paraître à ne pas se rendre à ces maximes et à soutenir celles de leur maître sans aucun tempérament porta cette contestation à une extrémité qui fit de l'éclat. On s'avisa d'entreprendre un prêtre nommé Lucide qui prêchait ces nouveautés et de le citer au concile provincial d'Arles, où il fut accusé d'hérésie. Le concile l'ayant condamné, il fut contraint d'abjurer sa doctrine et de reconnaître qu'il avait eu tort de la prêcher ; et pour une condamnation complète de ce prêtre, ses adversaires firent confirmer dans un concile tenu à Lyon ce qui avait été défini dans celui d'Arles, et ils prirent un tel avantage de cette condamnation contre les disciples de saint Augustin, qu'ils les marquèrent même dans la liste des hérésies sous le nom des prédestinatiens, et qu'ils donnèrent à entendre que cette hérésie ne s'était formée que des principes de saint Augustin. Les prédestinatiens, disent-ils, sont ceux qui affirment que Dieu ne crée pas tous les hommes pour les sauver ; que tous ne sont pas appelés afin qu'ils obéissent, et que de ceux qui obéissent tous ne persévèrent pas, mais seulement ceux qui sont destinés à la gloire, etc. Ce qui a obligé Jansénius à reconnaître qu'il n'y avait point d'autres prédestinatiens que saint Augustin et ses disciples qui furent ainsi appelés par leurs adversaires, et ce qui est si vrai que Usserius, Mauguin et les autres apologistes de Jansénius avouent eux-mêmes que ces prédestinatiens de Gennadius n'étaient que les disciples de saint Augustin.

Ces conciles qui les condamnaient, dit ce solitaire, n'étant que provinciaux, ne leur firent pas changer de sentiment; ils continuèrent à débiter les mêmes maximes sous le nom de leur maître, ce qui donna lieu à leurs adversaires de leur reprocher qu'ils étaient dans l'erreur et de les appeler prédestinatiens. Cela ne les arrêta point, ils trouvèrent même le moyen d'attirer à leur parti certains évêques d'Afrique (relégués alors en Sardaigne), auxquels ils firent déclarer par une lettre syndicale qu'il fallait croire que Dieu ne veut sauver que ceux qu'il a prédestinés, etc. Mais cet expédient ne leur servit de rien pour autoriser une doctrine si odieuse, car quelques-uns de ce parti s'étant ingérés de la débiter sur les bords du Tessin, vers Pavie en la Lombardie, les fidèles de ce pays-là furent tellement alarmés d'une doctrine si déraisonnable, qu'ils allèrent s'en plaindre à leur évêque avec de grandes marques de l'horreur qu'ils en avaient conçue. Ce prélat trouva cette doctrine si détestable, qu'il la traita de blasphème et qu'il fit toutes les diligences possibles pour en arrêter le cours, et Césarie, évêque d'Arles, ayant entrepris d'enseigner quelque chose de pareil en son diocèse, on s'éleva contre lui et on assembla un concile à Valence, où il aurait été condamné si Cyprien, évêque de Toulon, et quelques autres prélats de ses amis et de son parti (qu'il pria de s'y trouver en sa place, n'osant y paraître lui-même) n'avaient pas trouvé le moyen de le tirer d'affaire en expliquant favorablement ce qu'il avait avancé.

Ainsi les disciples de saint Augustin, voyant qu'on s'opposait partout avec tant d'ardeur et tant d'animosité à leur doctrine, furent obligés de garder quelque temps le silence en attendant une plus favorable occasion de se reproduire. Cette paix qu'ils donnèrent à l'Église, par le parti qu'ils prirent de se taire, dura bien plus qu'ils ne l'avaient prétendu; car, soit que le fil de cette cabale eût été interrompu par la mort de ceux qui en furent les chefs, soit que cette Providence qui veille à la conservation de la religion permît le calme dans les temps de profonde ignorance qui régna dans les siècles suivants, pour ne pas affliger la religion par des contestations qui l'eussent ébranlée, il ne parut aucun vestige de ces nouveautés dans le monde l'espace de plus de deux cents ans, et peut-être qu'un repos si souhaitable aurait encore bien plus duré sans l'inquiétude d'un religieux de Saint-Benoît, nommé Gotteschalk, de l'abbaye d'Orbais, en France, dans le diocèse de Soissons. Ce moine, qui avait de l'esprit, s'amusa à lire saint Augustin avec un peu trop de curiosité, et, cherchant à dire quelque chose de nouveau sur la religion, s'avisa de prêcher la doctrine de ce Père dans toute sa rigueur en un voyage qu'il fit en Italie. On s'opposa avec bien de la rigueur à ces sentiments, et on le chassa honteusement. Cet aventurier se sauva en Dalmatie, où ayant entrepris de prêcher la même doctrine, il en fut chassé de la même manière. Alors il se retira en Pannonie et de là en Norvége, où on ne put le souffrir avec ses nouveautés. Enfin, s'étant réfugié en Allemagne, où il voulut débiter son poison, il fut condamné dans un concile tenu contre lui à Mayence et renvoyé à l'archevêque de Reims, son métropolitain. Ce fut Rabanus Maurus, archevêque de Mayence, qui présida ce concile. Voici l'extrait de la lettre qu'il écrivit à Hincmar en lui envoyant ce religieux.

« Vous saurez, mon révérendissime frère, qu'un moine vagabond, nommé Gotteschalk, qui se dit prêtre de votre diocèse, est venu d'Italie en ces lieux pour y donner cours à une doctrine pernicieuse touchant la prédestination et capable de jeter les peuples dans le trouble et dans l'erreur; car il enseigne que Dieu prédestine également les hommes au bien et au mal, et que ceux qui se perdent ne périssent que parce que Dieu les abandonne. M'ayant avoué qu'il est encore dans ces sentiments après avoir été condamné par le concile qui vient de se tenir à Mayence et l'ayant trouvé incorrigible, nous avons résolu, par ordre du roi Louis, votre souverain, de vous le renvoyer, après avoir condamné sa doctrine, afin que vous le renfermiez en quelque lieu de votre diocèse pour l'empêcher de répandre son erreur, dont il a déjà séduit les esprits de bien des gens. Que me servira, disent déjà plusieurs, de bien faire si je suis destiné à la peine que je ne puis éviter, ni manquer de me sauver si je suis destiné à la gloire? J'ai cru devoir vous en donner avis afin de pourvoir au remède. Au reste, vous pouvez savoir de lui ses sentiments, si vous voulez prendre la peine de l'interroger vous-même. »

Cette lettre fut présentée à Hincmar avec Gotteschalk, qu'il tâcha de réduire par la douceur; mais n'ayant pu rien gagner par là, il le renvoya à Charles le Chauve, qui assembla un concile dans son palais de Cressy; ce moine y fut derechef condamné comme hérétique, et selon la règle de Saint-Benoît fustigé publiquement jusqu'à ce qu'il eût lui-même brûlé son livre; après quoi il fut renvoyé à l'abbaye de Hautvilliers pour y être enfermé dans une étroite prison, d'où il écrivit à Amolon, archevêque de Lyon, comme au primat des Gaules, pour lui demander sa protection, qu'il lui refusa, ayant vu son livre et ayant reconnu le venin de sa doctrine. Enfin il s'avisa d'écrire au Pape; mais n'en ayant rien pu obtenir, il fit tant par ses intrigues qu'il gagna Rémy, successeur d'Amolon, archevêque de Lyon; Prudence, évêque de Troyes; Lupus, abbé de Ferrière; Flore, diacre de l'Église de Lyon; Batram, religieux de Corbie, et quelques autres, qui, ayant cru trouver la doctrine de saint Augustin dans celle de ce moine, entrèrent dans ses sentiments et entreprirent de la défendre. Mais ce fut en vain qu'ils s'efforcèrent d'autoriser la doctrine de Gotteschalk par celle de saint Augustin; ils ne purent la justifier par les conciles qu'ils assemblèrent, lesquels la condamnèrent tous.

Ainsi il se passa encore un temps assez considérable sans qu'on osât toucher à cette doctrine, comme saint Augustin l'avait enseignée, qu'en adoucissant ce qu'elle avait de dur. Il ne laissa pas néanmoins de s'élever certains esprits, plus hardis que les autres, qui osèrent enseigner que l'homme avait perdu sa liberté par le péché d'Adam, et qu'il était en quelque façon porté au mal par la nécessité. Saint Anselme et saint Thomas leur résistèrent avec bien du zèle et les firent passer pour des novateurs, et cette doctrine fut ensuite toujours traitée d'innovation par tous les docteurs orthodoxes de l'Église. Mais, dans les siècles suivants, tous les hérétiques modernes trouvèrent en cette doctrine de quoi fomenter leurs erreurs, et Wiclef fut le premier dans ces temps-là qui, pour colorer ce qu'il y avait d'odieux dans sa doctrine, la débita sous le nom de saint Augustin, avec une manière d'affectation qui lui réussit, car il se fit écouter de son siècle sous un nom si digne de respect, disant, tête levée : « Ce n'est pas mon opinion que je prêche, c'est celle de saint Augustin; il a écrit formellement ce que j'enseigne. » Mais, après tout, quand on considéra sa doctrine de près, elle parut si abominable qu'elle fut condamnée en Angleterre, en Allemagne, en Italie et partout où elle fut débitée; on la condamna même quelque temps après au concile de Constance, pour ce qui regarde la prédestination, dans les circonstances que l'enseignaient les premiers disciples de saint Augustin, aussi bien que l'efficacité de la grâce indépendamment de la liberté.

Ce fut à son imitation que Luther, Zwingle et Calvin s'appelèrent les disciples de saint Augustin, et que, marchant sur les pas de ce saint, à ce qu'ils prétendaient, ils entreprirent d'enseigner que la prédestination et la réprobation dépendaient de la seule volonté de Dieu; que c'était faire outrage à Dieu et à la grâce de croire qu'il la donne à tout le monde et qu'il veut sauver tous les hommes. Il parut quelque chose de si affreux dans cette doctrine, qu'elle révolta partout les esprits des gens de bien, et qu'il n'y eut que les libertins qui s'en accommodèrent. Enfin, dans le siècle passé, un père Léonard, jacobin, et Michel Baïus, docteur de Louvain, entreprirent de remettre dans le public la doctrine de saint Augustin; mais toute radoucie qu'ils la débitèrent, on s'y opposa partout. Le jacobin la prêchant sur les bords de la mer Adriatique, dans le territoire de Venise, le peuple s'en effaroucha de telle sorte, qu'on fit de grandes plaintes au vicaire du patriarche du scandale que causait cette doctrine dans le pays. Ce prélat, prévenu du même sentiment que le prédicateur, et persuadé que Dieu seul, par l'ordre de ses décrets éternels, faisait le prédestiné ou le réprouvé, laissa le cours à cette doctrine sans y apporter remède, ce qui obligea les habitants du pays à accuser leur patriarche au concile de Trente, où il fut cité pour rendre raison de sa créance. Les peuples voisins du Frioul en écrivirent à la république, qui y remédia, pendant qu'on examinait au concile les sentiments de l'archevêque d'Aquilée, qui y furent mal reçus. Mais ce prélat s'étant expliqué devant des commissaires que le concile lui envoya, sa doctrine fut tolérée, avec défense toutefois de la prêcher.

Pour Baïus, quoiqu'il n'eût pas prêché ses sentiments, mais qu'il eût seulement imprimé, l'année 1569, que la liberté ne servait plus à l'homme pour éviter le péché; que ce qui se faisait par nécessité ne laissait pas de se faire librement; qu'il n'y avait que la seule contrainte qui répugnât à la liberté et plusieurs autres dogmes semblables tirés des anciens disciples de saint Augustin et de ce saint docteur, à ce qu'il prétendait, sa doctrine fut condamnée par Grégoire XIII et Pie V, et il en fit l'abjuration dans toutes les cérémonies, à Louvain, le 24 juillet de l'année 1580.

Enfin, de tous ceux qui cherchèrent à débiter leurs erreurs sous le nom de saint Augustin, Jansénius fut le plus subtil et le plus artificieux par l'ordre et par le tour qu'il a donné à son ouvrage, en quoi il a surpris bien des gens et même fort éclairés, qui se sont laissé éblouir par l'éclat de son ouvrage. Jamais peut-être erreur n'a été débitée avec plus d'art ni avec plus de méthode; et ce qui doit nous faire trembler, c'est qu'après que cette erreur a été condamnée par tant de Papes, après qu'on put compter près de cinquante brefs ou bulles pour la censurer, ceux qui en sont aujourd'hui les chefs prétendent encore qu'ils n'ont point été condamnés, et ils débitent leur doctrine avec la même audace et le même front que si elle avait été approuvée; elle vit même encore dans le cœur et dans l'âme de bien des gens, et c'est toujours le nom de saint Augustin dont on se sert pour autoriser ce parti, flétri par tant de censures et décrié partout.

Voilà l'histoire des diverses aventures de la doctrine de saint Augustin, sur laquelle ce solitaire, qui avait lu toute sa vie les livres de ce saint docteur et l'avait étudié à fond dans son désert, s'était fait le système d'opinion que je viens d'exposer, dont il me fit part dans l'entretien que j'eus avec lui et que j'ai achevé de dresser sur ses mémoires après sa mort. Ce fut dans ces écrits qu'il avait ainsi arrangé ses sentiments à l'occasion des nouveautés qui eurent cours dans le monde pendant sa vie. En quoi on peut voir qu'il n'était pas malintentionné sur les opinions nouvelles, mais qu'il avait porté les choses trop loin en ramassant trop soigneusement peut-être tout ce que les hérétiques ont écrit dans la suite des temps pour abuser du nom de saint Augustin, et, quoiqu'il me parût dans cet ermite une connaissance assez profonde du détail de la doctrine de ce saint, qu'il avait examinée à fond, je ne pus pas néanmoins être de son sentiment.

J'avoue à la vérité que c'était la tradition de l'Église sur la prédestination et sur la grâce dans les quatre premiers siècles, qu'on ne se sauvait que par les bonnes œuvres et que la grâce donnée pour cela est soumise à notre liberté. Saint Pierre, persuadé de ces vérités, déclare que Dieu ne veut pas qu'aucun périsse, que tous fassent pénitence et que chacun assure son élection par ses bonnes œuvres. Saint Jean enseigne la même chose en divers endroits de ses épîtres. Saint Paul dit positivement que Dieu est mort pour tous, qu'il veut que tous soient sauvés, qu'il faut prier pour tous, que chacun sera récompensé selon ses œuvres. C'était l'opinion de saint Denis, de saint Clément et des autres successeurs des apôtres. Ce fut aussi le sentiment de Clément d'Alexandrie, de Minutius Félix, de Tertullien, d'Origène, de saint Cyprien et de tous les autres Pères du deuxième et du troisième siècle; que saint Hilaire, saint Ambroise, saint Chrysostome, saint Jérôme, saint Basile, saint Grégoire et les autres Pères du quatrième siècle avaient eu la même créance; Prosper le reconnut en son temps, comme Jansénius et Vossius, dans l'*Histoire des Pélagiens*, ne le désavouent pas dans le leur. La doctrine de la prédestination purement gratuite et de la grâce efficace par elle-même ne commença que dans le cinquième siècle; saint Augustin fut le premier qui l'enseigna après avoir longtemps cru le contraire, selon l'aveu de Prosper, du maître des sentences et du docteur Pererius, ses principaux sectateurs; ce furent les pélagiens qui le firent changer d'opinion dans les disputes qu'il eut avec eux, quoiqu'il ne s'agissait entre eux que de la nécessité de la grâce et nullement de l'efficacité par elle-même, et que dès que saint Augustin eut commencé à se déclarer sur ces deux questions qu'on se révolta contre son sentiment, qu'il ne put justifier par le consentement d'aucun des Pères qui l'avaient précédé, comme on le lui avait reproché.

Il faut avouer aussi que, quoique la tradition la plus commune de l'Église en ces premiers siècles fût que la prédestination n'était pas gratuite et que l'homme avec la grâce était l'ouvrier de son salut, la prédestination gratuite ne laissait pas que d'être une doctrine orthodoxe, l'Église n'ayant rien décidé de contraire. Le concile de Trente, informé de la partialité de cette doctrine dans les esprits, a laissé cette question aux disputes de l'École sans y toucher, et c'est faire injustice à saint Augustin de le traiter de prédestinatien et de novateur pour l'avoir enseignée le premier; mais on doit convenir, pour faire toute justice à ce Père, que la prédestination gratuite qu'il enseigne se trouva, dans son temps et dans les suivants, revêtue de circonstances si dures et si odieuses par quelques-uns de ses premiers disciples, qui ne la comprirent pas aussi bien que la plupart de ceux qui l'embrassèrent depuis. Il paraît, par cette grande digression, combien les jansénistes sont injustes de se faire honneur du nom de saint Augustin, dont les hérétiques de presque tous les siècles précédents se sont servis pour autoriser leurs erreurs. Ce fut aussi le parti que prit Jansénius, qui, ayant imaginé un nouveau plan de grâce, dont il avait pris le premier projet dans la doctrine de Baïus, corrompit la véritable doctrine de saint Augustin pour débiter la sienne sous un nom si illustre, et la revêtit de ces circonstances odieuses dont les hérétiques l'avaient revêtue. Voici la manière dont il s'y prit, ainsi qu'on pourra voir dans le détail de son ouvrage dont j'ai fait ici l'abrégé.

Le livre de l'*Augustinus* d'Ypres contient trois parties : la première est l'histoire des pélagiens, que cet auteur n'entreprit d'écrire que pour faire une satire contre les jésuites; c'est plutôt l'histoire d'un nouveau pélagianisme, composé de façon à le faire ressembler à ces pères. Le premier livre de ce premier tome dépeint Pélage, sa personne, son caractère, ses démarches pour se faire un établissement et ses liaisons avec ses deux disciples, Julien et Célestius. Le deuxième développe le détail des erreurs du système du libre arbitre, dans l'opinion des pélagiens, qui ne le relevaient que pour bannir toute sorte de grâce.

Il niait dans le troisième le péché originel pour autoriser davantage la sensualité. Le quatrième condamne mal à propos ces hérétiques de ce qu'ils disaient, que la nature porte avec soi les semences des vertus morales; que les infidèles peuvent naturellement faire des actions honnêtes, et qu'un péché n'est pas toujours la peine d'un autre. Le cinquième rapporte divers degrés de paganisme et du judaïsme que renferme cette erreur, les grands éloges qu'elle donne à la loi, en élevant la nature et anéantissant la grâce. Le sixième blâme les pélagiens de ce qu'ils enseignaient que la grâce pouvait s'acquérir par des mérites purement humains; qu'ils avaient pris l'idée de leur doctrine d'Origène et des philosophes païens, pour introduire dans le christianisme un état de pure nature; il fait à la fin de ce livre une longue invective contre la vie et contre les mœurs de ces hérétiques. Le septième dit que l'horreur de la prédestination fut l'origine du semi-pélagianisme; car ils la regardaient comme le Destin des païens, capable de causer le désespoir, fomenter la paresse, éteindre la prière, et abolir le fruit des exhortations et des réprimandes. Le huitième livre et le dernier est un détail de la doctrine des semi-pélagiens qui partageaient, dit-il, la volonté de Dieu en absolue et conditionnelle, la source de toutes ces grâces suffisantes, qui sont communes à tous et qu'il appelle la grâce des semi-pélagiens; ce qui n'était pas une erreur; mais Jansénius combat cette doctrine, toute saine qu'elle est, pour établir la fausseté de la sienne et pour traiter les jésuites de semi-pélagiens. Il conclut par une injustice contre eux sur l'hérésie des prédestinatiens.

La deuxième partie contient neuf livres. Le premier est une grande préface sur la théologie scolastique, qu'il tâche de décrier de toute sa force, prétendant que c'est une science vaine qui fait plus de philosophes que de chrétiens; reprochant aux scolastiques, qu'il traite indignement, de ce qu'ils cherchent la vérité par des raisonnements humains, au lieu de le faire par l'étude de la charité comme lui; sur quoi il ne fait grâce à personne, non pas même à saint Thomas, qui a si bien servi l'Église. Il leur reproche qu'ils s'écartent des vrais chemins, comme sont les conciles et les Pères; sur quoi il se vante avec un orgueil extrême d'avoir réussi principalement dans l'étude et la connaissance de la doctrine de saint Augustin, dont il s'appelle le restaurateur. Le deuxième livre est une explication de la nature de la grâce du premier homme et des anges, qu'il examine dans les principes de saint Augustin. Il commence à dresser le premier plan de sa doctrine sur la grâce du Sauveur et sur la distinction qu'il fait de cette grâce avec celle du Créateur. C'est proprement en cet endroit du livre que l'auteur commence à s'égarer dans la différence qu'il tâche d'établir entre ces deux grâces, par la doctrine de saint Augustin mal entendue. Le troisième livre, qui est le premier de sa doctrine dans l'explication qu'il fait de de la nature corrompue, est une suite de cet égarement qui fait que cet auteur attribue trois insignes faussetés à saint Augustin : la première, que la concupiscence est proprement péché ; la deuxième, que ce n'est que par elle que se fait la propagation du péché originel ; et la troisième, que cette propagation ne se fait point par un pacte de Dieu avec le premier homme, mais par l'état de la nature corrompue, qu'il explique dans ce livre et dans les suivants. Le quatrième livre, qui est le deuxième de la nature corrompue, contient les peines de ce péché, qui sont l'ignorance invincible, les mouvements involontaires de la concupiscence et la pente vers la créature, quoique par un motif honnête ; ce qu'il appuie par les principes de Luther en son livre des *Vœux*, et de Calvin au livre IV de son *Institution*, ce qui le fait tomber dans de grandes erreurs. Le cinquième et le sixième contiennent les ruines et la destruction entière du libre arbitre par le péché, pour renouveler la doctrine de Baïus, d'où il tire ces suites terribles que la nécessité a pris dans l'homme la place de la liberté, que les vertus des païens ne sont que des vices, que tout ce qui se fait sans la foi offense Dieu et que c'est la doctrine de saint Augustin, telle que saint Prosper l'explique. Il conclut par une fausse interprétation des bulles de Pie V et Grégoire XIII qui condamnent cette doctrine dans Baïus, et il se moque de leur censure sur cette proposition que l'homme pèche grièvement en ce qu'il fait par nécessité. Le septième est une description de l'état de pure nature et de toutes ses circonstances qu'il nie, contre le sentiment de tous les théologiens, pour conclure, dans le huitième livre, que la béatitude naturelle est impossible; qu'on ne peut aimer Dieu naturellement, même comme auteur de la nature; que l'amour de la vérité et de la justice ne peut être qu'un effet de la grâce; que l'amour naturel de Dieu et de sa justice ne peut être qu'un amour de concupiscence et l'effet du péché, et plusieurs autres conséquences condamnées dans Baïus, qui sont déduites dans le neuvième livre, où il prouve qu'on imputerait à la cruauté de Dieu l'état de la pure nature et que cet état autoriserait l'erreur des manichéens. Il conclut en prétendant que les papes Pie V et Grégoire XIII n'avaient point condamné l'article 53 de Baïus, qui porte que Dieu n'avait pas créé l'homme au même état qu'il naît aujourd'hui. Voici la troisième et dernière partie.

C'est un grand traité de la grâce du Rédempteur, qui comprend dix livres. Le premier est un éloge de cette grâce qu'il appelle *libératrice*, prétendant que la loi n'avait pas cette vertu et que le libre arbitre a été délivré de la servitude du péché par cette grâce. Il distingue la grâce en deux classes, celle de la volonté et celle de l'entendement, et pour relever davantage le pouvoir de la grâce, il diminue tant qu'il peut le mérite de la loi. Le deuxième explique la nature de la grâce de la volonté, qui est la seule presque qu'il reconnaisse, et il établit le fondement de la distinction de ces deux grâces, celle du Créateur et celle du Rédempteur, sur le fondement faux pris du chapitre xii du livre *De la correction*, qu'il avait déjà proposé au livre deuxième du tome II, c'est-à-dire du secours sans lequel on n'agit pas, et du secours par lequel on agit (qui est la source de toutes les erreurs dont est rempli l'ouvrage); car, en expliquant ce secours de la grâce qui fait agir et qu'il faut expliquer par la grâce qui fait persévérer, il tombe dans toutes les absurdités dont sa doctrine est pleine, et comme il sent bien lui-même la faiblesse de ce fondement, il fait de grands discours obscurs et embarrassés sur cette distinction. Il repose tout ce raisonnement sur la preuve de la nécessité d'une grâce actuelle à toutes les bonnes œuvres, dont personne ne doute et dont il n'est pas question; mais c'est pour confondre l'efficacité de la grâce (médicinale par elle-même) avec cette nécessité. Le troisième livre est presque tout entier une déclamation contre la grâce suffisante et contre ses suites, c'est-à-dire de la mort de Jésus-Christ pour tous, de la possibilité des commandements de Dieu, de la volonté sincère qu'il a de sauver tous les hommes et que les endurcis ont toujours de quoi se tirer de l'endurcissement. Le quatrième fait consister cette efficacité victorieuse de la grâce dans une espèce de délectation toute céleste, à quoi toutes les douceurs des plaisirs de la terre ne peuvent résister, ce qui la rend toujours victorieuse; d'où il conclut la nécessité avec laquelle agit cette grâce efficace, qu'il invente et qu'il impute mal à propos à saint Augustin, aussi bien que cette division de grâces prévenante, concomitante, excitante, coopérante, auxquelles il donne le même caractère de nécessité en leur opération. Il enseigne dans le cinquième livre que l'amour pur de Dieu est le seul effet de cette grâce, et qu'il n'y a de vertu que dans cet amour, c'est-à-dire, à son sens, qu'il n'y a point de religion, point de foi, point d'espérance, tout est charité, et sur ce principe il s'élève contre le concile de Trente, pour décider de son chef que ce concile n'a pas eu raison de dire que l'attrition est une disposition suffisante avec le sacrement pour parvenir à la justification. Le reste du livre est une invective contre la crainte de la peine et contre le conseil du Sauveur, qui dit à ses disciples : « Je vais vous apprendre qui vous devez craindre; craignez celui qui peut vous damner [1]. » C'est à ses amis et aux parfaits auxquels il donne ce conseil. Le sixième est une destruction entière de la liberté par cette grâce victorieuse, et dans le septième il s'efforce de donner une idée nouvelle de la liberté par une espèce d'éminence d'amplitude, d'indépendance et d'immensité dont il fait un plan le plus beau du monde, mais le plus faux, parce que la vraie liberté ne peut consister que dans l'indifférence. Il se perd dans le huitième livre sur l'accord qu'il veut établir entre la nécessité et la liberté par l'opération de cette grâce victorieuse; car il anéantit la liberté en voulant trop donner à la grâce, et il tombe par là dans l'erreur condamnée dans la deuxième et troisième proposition, et contraire à la doctrine du concile de Trente.

---

[1] Timete eum qui habet potestatem mittere in gehennam.

Ce qu'il dit dans les neuvième et dixième livres de la prédestination et de la réprobation des anges et des hommes est accompagné de ces circonstances odieuses d'aveuglement et d'endurcissement et de tout ce détail qui révolta tous les siècles précédents contre saint Augustin, auquel on imputa à faux une doctrine si horrible; car il raisonne sur cet article à peu près comme Calvin, qui enseignait une espèce de réprobation positive fondée sur la seule vue du péché originel, qui est ce qu'il y a de plus abominable dans ses dogmes. Tout ce grand ouvrage, compris en trois tomes, n'est qu'une suite de raisonnements pour démontrer plus méthodiquement une doctrine si affreuse; c'est le but de ce livre, fait pour désespérer les gens de bien et pour endurcir encore plus ceux qui ne le sont pas.

Voilà l'une et l'autre doctrine en abrégé; celle qu'on attribuait faussement à saint Augustin a été combattue généralement de toute la postérité, et celle de Jansénius, dont il a fallu donner quelque notion, parce que c'est le fond de cette histoire; d'où l'on peut conclure qu'il est bien injuste de vouloir faire passer sa doctrine pour celle de saint Augustin, ou de s'appeler son disciple, si ce n'est comme Lucide, Gotteschalk, Wiclef, Luther, Calvin, Baïus, tous condamnés d'hérésie sur la grâce et sur la prédestination. Ce n'est que pour convaincre notre siècle de cette vérité, et pour faire ouvrir les yeux à ceux qui en pourraient douter, que j'ai fait ces deux grandes digressions, lesquelles m'ont paru si importantes en ce lieu, que rien n'est plus capable de faire comprendre la mauvaise foi de Jansénius et de ses sectateurs, que de vouloir passer pour les disciples de saint Augustin. Mais reprenons le fil de cette histoire.

Le cardinal Barberini, choqué de la résistance qu'on faisait en Flandre aux ordres du Pape pour la suppression du livre de Jansénius, fit rappeler Paul Stranius, internonce en ce pays, et dont il n'était pas content; il fit envoyer en sa place Antoine Bichi, abbé de Sainte-Anastasie, neveu de Fabio Chigi, dont il avait expérimenté l'habileté. En effet, c'était un homme d'une grande dextérité dans les affaires et d'une prudence déjà consommée. Le cardinal lui ordonna, en partant de Rome, de ne rien faire que du conseil de son oncle le nonce de Cologne, et surtout de tâcher de gagner l'esprit de Fromond et de Calénus par sa douceur. L'abbé suivit exactement ses instructions, consulta le nonce, son oncle, dans toutes les démarches qu'il faisait, flatta Calénus et Fromond par de grandes espérances s'ils voulaient être raisonnables. Mais enfin, après plusieurs conférences qu'il eut avec eux pour les réduire, il trouva que les honnêtetés qu'il leur faisait ne servaient qu'à les rendre plus fiers, ce qui l'obligea d'écrire au cardinal qu'il avait tenté toutes les voies de douceur pour les gagner, et qu'ils en étaient devenus plus insolents; qu'à la vérité ils lui avaient promis de ne plus écrire, mais qu'ils faisaient toujours paraître un éloignement invincible à la soumission qu'ils devaient au Pape, dont ils ne voulaient pas même entendre parler; qu'ainsi il était d'avis qu'on ne ménageât pas davantage des gens si peu disposés à obéir. Il eut soin de faire en sorte que les docteurs de l'université de Louvain, qu'il avait reconnus bien intentionnés et dans les intérêts du Saint-Siége, écrivissent au cardinal dans les mêmes sentiments, pour appuyer les siens, et lui rendissent compte de tout le procédé de ces brouillons, ne doutant pas que la suite de cette affaire, déduite dans toutes ses circonstances, ne dût plaire à ce cardinal, inquiet de son naturel, mais qui se plaisait aux affaires.

Il envoya donc au cardinal un grand mémoire, par lequel ces docteurs l'informaient de la résistance opiniâtre que faisaient les sectateurs de l'évêque d'Ypres à obéir au bref du Pape; qu'ils avaient eu recours au magistrat séculier pour s'opposer à l'exécution que le conseil de Brabant avait ordonnée; qu'ils disaient qu'on ne devait avoir aucun égard à ce bref, sauf le consentement du prince qui était nécessaire pour autoriser ce qui venait de Rome : ce qui ne s'était jamais pratiqué, comme il paraît dans la bulle de la fondation de l'université de Louvain, par Martin V, à la sollicitation de Jean IV, duc de Brabant, dont un des principaux priviléges était une exemption entière des dépendances du pouvoir civil. Le Pape n'accordant la fondation qu'à cette condition, le duc s'était dépouillé de sa juridiction sur l'Université, comme il paraît par la bulle de son érection en l'année 1426 (9 septembre). Ce mémoire contenait un grand détail sur la conduite des partisans de Jansénius, dont la hardiesse et l'insolence opprimaient ce qui restait de liberté dans les délibérations de la faculté, s'étant rendus maîtres des esprits dans l'Université. Il fut signé par huit anciens docteurs, dont il y en avait six de professeurs dans la faculté, et daté du 3 mai 1642.

L'internonce joignit à ce mémoire une copie de la bulle de Martin V et d'Eugène, son successeur, pour faire voir à Urbain VIII le tort qu'on avait de demander le consentement du prince pour la publication des règlements qui venaient de Rome sur les affaires de la religion; il y ajouta une liste des erreurs de Baïus, condamnées par Pie V et Grégoire XIII, et renouvelées par Jansénius. Le nonce de Cologne avait aussi tâché en vain de gagner l'esprit de Fromond et de Calénus par des lettres civiles et obligeantes; ils s'en moquèrent, aussi bien que l'archevêque de Malines, qui amusait l'abbé de Sainte-Anastasie d'espérances vaines et frivoles, ce qui piqua tellement le cardinal Barberini, qu'il reprit la pensée de faire publier la bulle d'Urbain VIII contre la doctrine de Jansénius. Cette bulle était prête depuis plus d'un an, et le cardinal avait différé de la faire publier, espérant adoucir les esprits par sa patience; en quoi il fut trompé, et ce retard, si mal entendu et si mal ménagé, gâta tout; car les chefs de cette cabale, ayant reconnu par ce délai qu'on les ménageait, en devinrent plus intraitables. Il est vrai que la guerre du Pape avec le duc de Parme, pour l'affaire de Castro, avait tellement occupé l'esprit du cardinal Barberini, qu'il n'avait presque pu donner attention aux autres affaires. Et il est vrai aussi que ceux qui se trouvèrent dans le conseil du Pape, favorables à Jansénius et à sa doctrine, avaient représenté qu'il fallait ménager la réputation de cet évêque par des tempéraments qu'ils suggéraient pour adoucir ce qu'il y avait de trop dur dans la bulle, et le Pape, porté naturellement à la douceur, avait consenti qu'on en différât la publication pour les contenter; mais il est encore plus vrai que Barberini prit prétexte de ces raisons pour donner plus de couleur à tous ces retards, afin de les pousser aussi loin que possible pour prendre les biais qu'il voulait donner à cette affaire.

Mais il fut enfin contraint par les fréquentes lettres qu'il reçut du nonce de Cologne, de l'internonce de Flandre et même du nonce de France, qui portaient que la douceur n'était plus de saison dans une affaire si importante, et que tout était perdu si le Pape ne se déclarait pas, de sorte que, ne pouvant plus différer, il fit afficher cette bulle à la porte de Saint-Pierre et au champ de Flore, pour la publier dans les formes, plus d'une année après qu'elle eut été dressée (qui fut le 6 mars de l'année 1642), et elle ne fut publiée que le 19 avril de l'année suivante; ainsi la publication en fut différée plus de treize mois. A la vérité, le cardinal fit de très-grandes diligences pour l'envoyer partout, afin de confondre la résistance des docteurs de Louvain par l'acceptation de tous les peuples.

Ce fut par le nonce de Cologne qu'il commença à l'envoyer pour la répandre sur la frontière et pour la faire tenir plus sûrement à l'internonce de Flandre. L'un et l'autre firent leur devoir, avec cette différence que le nonce de Cologne ne trouva nulle résistance dans la publication qu'il fit, et l'internonce en trouva d'insurmontables. Car, quoique le Pape, pour ménager les esprits de ceux qui s'étaient déclarés dans le pays pour Jansénius, eût supprimé son nom dans la censure qu'il faisait de sa doctrine, et qu'il déclarât ne prétendre condamner que ce qui l'avait déjà été dans Baïus par les deux papes Pie V et Grégoire XIII; bien que Jansénius eût avancé des propositions bien plus dures que Baïus; quoique Urbain VIII eût écrit un bref à don Francisque Mello, gouverneur des Pays-Bas et successeur du cardinal infant, pour faire recevoir la bulle dans tous les pays de son gouvernement; quoique enfin le crédit de l'archevêque de Malines fût bien diminué depuis l'établissement du gouverneur nouveau, on s'opposa avec bien de la chaleur, dans l'université de Louvain, à la publication de la bulle.

L'abbé de Sainte-Anastasie ayant appelé Jean Jehin Kélius, doyen de la faculté, attaché au Saint-Siége et le mieux intentionné de tous, il lui ordonna d'assembler les facultés, de leur signifier la bulle en la lisant, et de la faire recevoir du corps; ce qu'il fit. On l'écouta; mais Fromond, pour éluder l'acceptation, dit d'un ton d'autorité qu'il était de la prudence de la Compagnie de prendre des précautions pour ne pas choquer le conseil de Brabant, qui trouverait à redire qu'on acceptât la bulle sans la participation du prince et sans quelque démonstration de son agrément. Sur cette ouverture, il s'éleva une espèce de murmure, lequel étant secondé par les brouillons, le tumulte devint si grand qu'on suspendit la délibération, et il ne put se rien conclure par l'intrigue de Fromond ; ce qui obligea le doyen à mettre la chose en délibération, sûr qu'il était du plus grand nombre qui opineraient pour recevoir la bulle, et qui paraissaient disposés à se soumettre. En effet, dès la première assemblée, la plupart se déclarèrent pour obéir à Sa Sainteté; mais Sinnich[1], qui était alors recteur de l'Université, s'opposa à la résolution qu'on y devait prendre ; l'affaire fut portée au conseil privé, où la plupart des conseillers étaient déjà devenus favorables à la nouvelle opinion, par le crédit de l'archevêque de Malines et du président Roose, surtout quand on y eut appris, par des lettres expresses de Madrid, que le roi d'Espagne était toujours mécontent du Pape, depuis l'insulte que Lamego, ambassadeur du roi de Portugal à Rome, avait faite avec tant d'éclat au marquis de Las Veles, son ambassadeur, et que c'était ce qui empêchait ce prince d'appuyer les intérêts du Saint-Siége aux Pays-Bas, par l'acceptation du bref envoyé dès l'année précédente pour la suppression du livre de l'évêque d'Ypres. Ainsi l'abbé de Sainte-Anastasie, tout habile qu'il était, ne put rien gagner pour faire recevoir la bulle dans la disposition où il trouva les esprits.

Les choses n'allaient pas mieux en France, quelque zèle que fît paraître le cardinal de Richelieu pour la défense de la religion contre ces nouveautés qui s'y débitaient ; car il avait été obligé de relâcher beaucoup de son attention à l'affaire de Saint-Cyran par le poids de la guerre et des autres besoins de l'État, dont il se trouva presque accablé, sa santé se trouvant déjà bien altérée par les fatigues que lui causait son ministère. Contraint de partir avec le roi dès le commencement du mois de février de cette

---

[1] Il est possible qu'il y ait ici erreur de copiste, et que le nom du recteur soit Smith l'Irlandais ; mais, de crainte de nous tromper, nous avons laissé le nom tel que le porte ici le manuscrit de l'Arsenal.

année 1642, pour le voyage de la Catalogne, qui acheva de ruiner sa santé, il se rendit à Narbonne avec l'incommodité qu'on souffre dans les grands voyages, et continuant à travailler pour faire réussir les entreprises du roi sur Collioure, Tortone, Saint-Elne et Perpignan, qui furent assiégées par les maréchaux de Schomberg, de la Mothe-Houdancourt et de la Meilleraye, il y tomba malade d'une fièvre violente, et ensuite d'une fluxion sur les bras dont il ne put guérir. Le roi étant parti de Narbonne sur la fin du mois de juillet pour s'en retourner à Paris, par Lyon, le cardinal ne put le suivre; il se fit porter à Tarascon où l'air était meilleur, d'où il ne partit que sur la fin du mois d'août pour aller prendre les eaux à Bourbon-Lancy, et il ne se rendit à Paris que vers la fin d'octobre, dans un état qui ne lui permit que peu d'application aux affaires.

On dit que quand il arriva à son palais de la rue Saint-Honoré, où il se fit porter dans une espèce de brancard, ne pouvant plus souffrir le carrosse, il trouva au bas du grand degré quelques docteurs de Sorbonne des plus anciens qui lui furent présentés par Filzac qui venaient le supplier d'empêcher le jeune bachelier Arnauld de remuer dans la faculté pour se faire docteur, surtout après les nouveautés qu'il avait eu la hardiesse d'enseigner dans son cours de philosophie au collége du Mans. Le cardinal leur répondit qu'il y pourvoirait; mais il fut surpris de trouver plus avant Halert, théologal de Notre-Dame, docteur de Sorbonne et depuis évêque de Vabres, qui l'attendait au haut du degré dans la grande salle avec quelques jeunes bacheliers des plus considérables qui venaient le prier du contraire, et comme il se trouvait fatigué et qu'il avait besoin de repos, il lui dit : « Vous êtes des amis de la maison, monsieur le théologal ; je vous verrai un de ces jours pour savoir ce que vous avez à me dire. » C'était pour lui parler en faveur d'Arnauld. En effet, il l'envoya quérir trois jours après, et le théologal lui ayant demandé de la part de la jeunesse qui était sur les bancs qu'on ne refusât point le bonnet à Arnauld, qui avait passé par tous les degrés dans les formes, et l'avait si bien mérité par les épreuves où l'on avait mis sa capacité, le cardinal le prit par la main et lui dit : « Vous êtes homme de bien, monsieur le théologal, et vous avez bonne intention; mais ceux qui vous font parler ne l'ont pas, j'en suis assuré. » Ainsi la chose en demeura là, et la maladie croissant de jour en jour, il mourut le 4 du mois suivant après avoir bien servi l'État et la religion.

Il avait été choisi de Dieu pour humilier l'orgueil de la maison d'Autriche, qui cherchait à devenir la maîtresse du monde et à élever son empire sur les débris du royaume de France et des autres monarchies de la chrétienté; mais on peut dire qu'il ne s'est pas plus signalé par son long et heureux ministère que par la guerre qu'il a faite à l'hérésie et surtout au jansénisme. Dès qu'il fut informé par des gens de créance de la conduite de l'abbé de Saint-Cyran et du dessein qu'il avait d'introduire des innovations dans la religion, il le fit arrêter sans écouter les sollicitations ardentes que ses amis lui firent pour son élargissement; il fit la même chose pour le père Séguenot et pour la même raison. Ce ne fut que pour appuyer les intérêts de la religion qu'il souffrit qu'on le choisît pour proviseur de Sorbonne. Les grandes dépenses qu'il fit pour bâtir à ces docteurs cette superbe maison, qui est aujourd'hui un des plus beaux ornements de Paris, ne fut que pour en faire une espèce de séminaire de défenseurs de la religion. Son attachement au Saint-Siége fut toujours si grand qu'il se faisait une étude particulière d'avoir une grande complaisance pour ce que le Pape désirait. S'il eût vécu encore quelques années, il aurait vu expirer sous son ministère cette hérésie, qui ne commença proprement à vivre qu'après sa mort.

Il est vrai que, dès que ce ministre cessa de vivre, la cabale reprit de plus grandes forces; on forma de nouvelles brigues en Sorbonne pour y donner vogue au livre de l'évêque d'Ypres et pour faire recevoir Arnauld docteur; à quoi le cardinal s'était toujours opposé. Les intrigues se renouvelèrent dans les ruelles; les chaires commencèrent à retentir des maximes de la nouvelle opinion; les presses se remuèrent; les impressions se réchauffèrent et la chaleur redoubla de la moitié dans tout le parti. Mais de tout ce qu'on entreprit alors pour l'intérêt de la nouvelle doctrine, il n'y eut rien où l'animosité de la cabale parut avec plus d'ardeur que dans l'opposition à la bulle d'Urbain VIII et dans la conspiration des principaux chefs du parti pour travailler à faire sortir Saint-Cyran de sa prison. Ce furent les deux affaires qui parurent les plus importantes dans la présente conjoncture à ceux qui étaient à la tête de ce parti ; mais il arriva quelque temps avant la mort du cardinal une de ces aventures curieuses qui ont coutume d'intéresser le public, et qui attira les yeux de tout Paris sur cette affaire, laquelle prit un air nouveau de considération parmi les honnêtes gens par le différend que deux dames de la première qualité eurent ensemble à l'occasion de cette doctrine, et qui devint si célèbre par la grandeur de leur nom et par le mérite de leurs personnes.

Anne de Rohan, princesse de Guéménée, avait passé les premières années de sa jeunesse dans toute la vanité dont pouvait être capable une jeune personne de sa qualité. D'Andilly fut un de ceux qui s'attacha le plus à elle par les assiduités que le voisinage de sa maison de Pomponne en Brie lui donnait le moyen de rendre à cette princesse, lorsqu'elle était à Compurai, sa maison de campagne, qui en était proche ; car ce fut là qu'ils se virent pour la première fois. La princesse avoua à la duchesse de Nemours qu'elle était touchée d'un entretien sur le salut que d'Andilly avait eu avec elle, une après-dînée, dont elle avait passé le matin même pendant la messe à imaginer une coiffure pour se parer, tant elle était vaine, mais toutefois susceptible de dévotion. D'Andilly fut un de ses galants lorsqu'elle était jeune ; il se mit depuis sur le pied de directeur quand elle commença à devenir plus sérieuse. On prétend qu'il lui avait fait connaître l'abbé de Saint-Cyran avant sa prison, lequel lui parla de Dieu et de son salut d'une manière où elle y prit goût ; on dit même que dès lors elle commença à renoncer à la vanité et à s'affectionner à Port-Royal, où elle se fit bâtir un appartement pour s'y retirer, et pour y voir plus souvent les mères Angélique et Agnès qui lui plaisaient. Elle était amie de la marquise de Sablé, qu'elle voyait alors assez assidûment, l'estimant et l'aimant beaucoup ; mais elle ne pouvait souffrir qu'elle communiât si souvent, étant dans le commerce du monde comme elle y était. Le marquis, son mari, l'ayant menée à sa terre de Sablé, proche de la Flèche, elle tomba entre les mains du père Sesmaisons, grand casuiste, qui la faisait communier tous les mois, la trouvant d'une vie assez réglée. A quoi la princesse de Guéménée, qu'on éloignait des sacrements par la conduite qu'on suivait à Port-Royal suivant les principes de Saint-Cyran, trouva à redire. La marquise voulut justifier sa conduite par un écrit de son directeur ; on se mit en état d'y répondre à Port-Royal par le livre *De la Fréquente communion*. La marquise ne put consentir à son impression sans l'agrément du père Sesmaisons. Mais la princesse fit tant de bruit à la marquise du bien qu'elle empêchait en empêchant ce livre de paraître, que la marquise y consentit ; en quoi il paraît quelle part Saint-Cyran avait en ce livre, puisque c'était à lui à qui on s'adressait dans les affaires qui en regardaient l'impression. On n'eut pas de peine à accorder du temps à la marquise pour la contenter, parce qu'on en eut besoin pour disposer tout au fracas qu'on méditait par ce livre *De la Fréquente communion*.

Ce fut le temps qu'on prit pour solliciter les approbations qu'on voulait mettre à la tête de l'ouvrage. On se servit pour cela d'un aventurier auquel il ne manquait pas de cette hardiesse et de cette chaleur qu'il fallait pour réussir. C'était l'abbé Floriot, curé d'un village situé à deux lieues de Paris, sur les hauteurs de Bourg-la-Reine ; il s'était attaché à ce parti sans savoir pourquoi et s'intrigua davantage dans tous les intérêts de la cabale que tous ceux qui s'y étaient attachés par raison ; car souvent la raison fait moins à ces rencontres que l'humeur et la fantaisie. Ainsi, quoique le temps parût favorable au livre *De la Fréquente communion*, dont l'impression ne devait plus trouver d'obstacle après la mort du cardinal de Richelieu, qui s'y serait opposé, on différa la publication encore plus d'un an, pour préparer le public à le mieux recevoir par toutes les façons qu'on fit. Cependant Floriot courait les rues dans Paris pour mendier des approbations ; en quoi il réussit par le bruit qu'il fit et la chaleur de ses sollicitations ; et il eut bientôt à sa suite une troupe de solliciteurs, qui firent encore mieux que lui, par les évêques qu'ils surprirent pour avoir leur approbation.

Il se trouva, sur la fin de cette année, un homme zélé dans la Sorbonne, théologal de Notre-Dame, nommé Habert, qui, ayant lu le livre de Jansénius, se crut obligé par sa qualité de théologal de monter en chaire et de déclamer contre une si pernicieuse doctrine, pour détromper le peuple qu'on voulait séduire par un si dangereux livre; ce qu'il fit avec une force et une vigueur qui lui attirèrent toute l'animosité du parti par les invectives les plus sanglantes qu'on ait vues en ce siècle. Il est vrai qu'il traita d'abord ce livre et ceux qui le produisaient d'ennemis de l'Église et d'hérétiques manifestes; car dans le premier sermon de l'avent de cette année 1642, ce fut ainsi qu'il débuta : « Ce n'est plus aux hérétiques de Charenton que nous avons affaire, c'est un parti presque ruiné, c'est contre les enfants mêmes de l'Église que nous avons à combattre, qui, comme des vipères, déchirent le sein de leur mère; ils disent qu'ils ont de la charité, mais la charité sans la foi n'est rien, etc. » Il continua sur le même ton le dernier dimanche de l'avent et le dimanche de la Septuagésime suivant, et il découvrit à ses auditeurs tout le venin de la doctrine de ce livre pernicieux. Mais cette démarche n'ayant été soutenue de qui que ce soit, car le cardinal de Richelieu étant mort, l'intérêt de la religion fut abandonné et le théologal le fut aussi un peu, son zèle n'ayant point été secondé comme il devait l'être dans une affaire de cette importance, il ne laissa pas dans une cérémonie où l'abbé de Retz, neveu de l'archevêque, prenait les degrés en Sorbonne, de déclamer de toute sa force en pleine assemblée de Sorbonne contre le livre de l'évêque d'Ypres, qu'il appela un calvinisme tout pur, et ce fut la première fois qu'il parla en public après les sermons.

La place du cardinal de Richelieu fut remplie par le cardinal Mazarin, qui s'était intrigué dans nos guerres de Piémont; il fut produit à la cour par le cardinal de la Valette, qui l'avait fait connaître au comte de Champigny, son ami. Ce comte l'avait si bien mis dans l'esprit du cardinal de Richelieu, qu'il eut la nomination de France pour le chapeau de cardinal dans la dernière promotion faite l'année précédente par Urbain VIII. Se trouvant à la cour avec ce caractère et avec quelques services rendus en Italie, le cardinal de Richelieu le fit proposer au roi pour prendre le soin des affaires, et lui donna pour collègues dans le ministère français Sublet des Noyers, marquis d'Angu, et le comte de Chavigny. Le cardinal Mazarin était un Italien, sujet (à ce qu'on prétend) du roi d'Espagne, étant Sicilien ; d'autres disent qu'il était né dans l'Abruzze, province du royaume de Naples, et d'une famille noble ; il fut élevé au collége des jésuites, à Rome, où il fit toutes ses études, et même une partie de sa théologie. Il commença alors à s'attacher au cardinal Colonne, qui le prit en affection, et l'envoya en Espagne, où son frère le connétable était en grande vénération pour les emplois qu'il avait en cette cour, et ce fut pour achever sa théologie à Salamanque qu'il l'y envoya, le voulant pousser par les lettres. Mais ayant eu quelques mécontentements de lui par des légèretés de jeunesse, il le rappela à Rome, où peu après il devint capitaine de cavalerie. Le cardinal Antoine Barberini, auquel il s'attacha, prit soin de lui en lui procurant de l'emploi, et étant allé servir en Piémont, il eut l'adresse de s'y faire distinguer et même de s'y rendre en quelque sorte nécessaire par la confiance que prirent en lui ceux qui commandaient. C'était un esprit souple, qui se mettait à tout jusqu'à faire le courrier pour des voyages qu'il fallut faire à Rome et à Paris, et c'est à lui et à ses diligences qu'on attribua la paix de Casale, qui depuis devint si importante pour la France. Ainsi s'étant par là fait connaître au cardinal de Richelieu et s'étant bien mis dans l'esprit du comte de Chavigny, il fut proposé au chapeau de cardinal et après au ministère. Mais comme il n'eut pas tout le zèle de son prédécesseur pour la religion, l'affaire de la nouvelle doctrine fut un peu abandonnée dans les premières années de son ministère, car il eut alors d'autres choses à penser, et son établissement ne fut pas des moindres qui l'occupèrent d'abord.

On ne put voir à Port-Royal le comte de Chavigny déclaré ministre d'État, avec le cardinal Mazarin (qu'il avait produit et qu'on regardait comme sa créature), sans faire de nouvelles intrigues pour le solliciter à procurer l'élargissement de Saint-Cyran et à le rendre à ses amis ; on y employa tout ce qu'il y avait de personnes considérables dans le parti ; car on n'ignorait pas qu'il était lui-même favorable à ce prisonnier, qu'il traitait bien depuis quelque temps. Mais il avait à se ménager, pour ne pas s'exposer à demander au roi la grâce d'un prisonnier, dont il avait sujet de croire que le cardinal de Richelieu l'avait prévenu. C'était un pas délicat, et il était lui-même trop politique pour ne pas hésiter sur cette démarche, outre qu'il trouvait de l'indécence à solliciter la liberté d'un homme que le cardinal de Richelieu, son patron et son bienfaiteur, avait fait mettre en prison. Ce fut aussi ce qui lui fit prendre l'expédient de faire demander au roi la liberté de Saint-Cyran sans se commettre, et voici comme il s'y prit : il parla au confesseur du roi et lui dit qu'on se plaignait à la cour de ce qu'après avoir arrêté les maréchaux de Vitry, de Bassompierre, le comte de Carmin et quelques autres auxquels il ajouta Baradas (exilé pour des raisons qui regardaient la personne du cardinal de Richelieu), on les retenait si longtemps sans faire leur procès, et qu'il était de la conscience du roi de leur donner des commissaires et de les faire juger, afin de les élargir s'ils étaient innocents ou de les condamner sans les faire languir davantage s'ils étaient coupables. Le confesseur parla, il fut écouté, on donna des commissaires aux prisonniers qui furent élargis le 20 janvier. Baradas fut rappelé de son exil, et l'abbé de Saint-Cyran, dont le comte de Chavigny n'avait pas même nommé le nom au confesseur, fut mêlé dans cette troupe, et délivré de sa prison, après y avoir passé l'espace de cinq ans ou environ. Les jésuites firent du bruit sur cet élargissement, ils menacèrent de s'en plaindre au roi; mais on les apaisa par le secrétaire d'État des Noyers, ami de la société, qui conseilla aux supérieurs d'empêcher des plaintes, qui peut-être ne seraient pas bien reçues. Le comte de Chavigny leur fit même promettre que Saint-Cyran se tiendrait en repos, et ne remuerait plus rien sur les nouveautés qu'il avait commencé à débiter; en quoi il trompa ces pères, qui ne firent pas de bruit sur cet élargissement, dont le comte, qui en était l'auteur, aurait sans doute été blâmé s'ils eussent voulu s'en plaindre au roi. Saint-Cyran fut favorisé dans sa liberté, car le maréchal de Vitry eut ordre de se retirer à Château-Vilain, Bassompierre à Tillières, en Normandie, le comte à Carmin, chacun dans leurs terres, et l'abbé de Saint-Cyran demeura à Paris, libre d'y débiter sa doctrine à discrétion. Il alla se loger, proche les Chartreux, en la maison où il fut arrêté, qui lui était commode par le voisinage de Port-Royal, par la qualité du quartier un peu écarté et propre à des assemblées clandestines, par les chartreux sur qui il avait des desseins, et par d'autres raisons qu'on n'a pas sues. Il fut visité de tout ce qu'il y avait d'hommes et de femmes de qualité dans le parti, et il reprit son autorité de patriarche, et son caractère de chef de parti, avec plus de hardiesse que jamais, étant devenu par sa prison bien plus considérable qu'auparavant, par l'honneur qu'il se faisait d'avoir souffert la persécution pour la doctrine de la grâce et de passer pour une espèce de martyr dans le nouveau troupeau ; il sut si bien profiter de ces avantages, qu'il s'en fit une manière de droit pour débiter ses erreurs bien plus impunément.

Du côté de la cour chacun pensait à son établissement sous le nouveau ministère, et le roi étant devenu chagrin et sa santé devenant aussi plus mauvaise de jour en jour, on le ménagea sur la sortie de Saint-Cyran, dont on n'osa pas même lui parler, et ce fut dans ce temps-là que le parti commença à prendre une nouvelle forme, par la licence qu'on y eut de tout faire et par tous les différents ressorts qu'on y fit jouer pour animer la cabale. Les dames, touchées de curiosité pour la nouvelle doctrine, se rangèrent d'abord de ce parti, où tout prit un éclat nouveau après la liberté de Saint-Cyran, regardé comme un homme sanctifié par sa prison, dont il sortait bien plus pur et plus glorieux qu'il n'y était entré. Arnauld fut bientôt proposé pour prendre le bonnet de docteur en Sorbonne ; et ce fut même avec éloge qu'il fut reçu, car on n'osait plus se déclarer contre un parti qui paraissait si puissant.

Au reste, ce ne fut point tant par le crédit de la doctrine de Jansénius que les jansénistes avancèrent leurs affaires qu'en déguisant leurs véritables sentiments. Ce fut par une morale qui n'avait rien que de beau et d'édifiant, et par tout ce qu'une prétendue réforme a de spécieux pour donner dans les yeux des gens superficiels et pour imposer aux esprits simples. Mais le plus grand effort qu'on fit alors dans le parti fut de s'opposer opiniâtrément à la réception de la bulle d'Urbain VIII, qui condamnait la doctrine de l'évêque d'Ypres d'une manière si déclarée; car tout était perdu si cette bulle eût été reçue. Le voisinage de Flandre fournissait de grands secours pour cela; les partisans de cette doctrine, qui l'avaient reçue des premiers dans l'université de Louvain, avaient eu le temps de faire des observations malicieuses sur ce qu'elle contenait, pour la décrier et pour en arrêter le cours. Fromond, esprit railleur de son caractère et dévoué à la mémoire de Jansénius, y avait travaillé de son chef, et avait été secouru de ses gens, qui butaient à prouver la nullité de la bulle. On avait, à Louvain, composé la fable suivante : on disait que cette bulle était l'ouvrage d'un jésuite anglais, qui, ayant été soupçonné de l'avoir fabriquée, s'était enfui de Rome pour se sauver de la prison dont on l'avait menacé. Cette fable se débitait à Louvain sous le nom de Luca Vadiugo, théologien de l'ordre des mineurs de l'Observance, à Rome, qui l'avait écrite à Louvain, à ce qu'on prétendait.

Ce père ne put souffrir une si grande imposture qui courait sous son nom; car, quoiqu'il devînt dans la suite favorable à cette opinion, il ne laissa pas que d'écrire à un docteur de Louvain, de ses amis, qu'il le priait d'arrêter le cours de cette calomnie dont on le faisait auteur; que la bulle n'était point supposée, comme on voulait le faire croire, qu'elle était véritable, qu'elle avait été publiée à Rome dans les formes, et qu'il en avait vu l'original. Un désaveu si positif déclaré par ce docteur, ami de Vadiugo, ne fut pas écouté; on continua à donner cours à ce conte comme à une vérité; on publia dans tout le pays la fausseté de la bulle; on envoya à Paris les notes qui furent imprimées à Louvain pour y prévenir les esprits; ces notes y furent bien reçues et on en répandit des copies dans le public pour imposer au peuple. Ceux de la Sorbonne qui étaient gagnés, et dont le nombre croissait tous les jours, applaudirent aux écrits de Louvain, et il se trouva bien des gens à Paris qui, sur ces écrits, crurent ou firent semblant de croire que la bulle était supposée.

Telles furent les suites de la misérable politique du cardinal Barberini, par ses longueurs et ses retards, car si la bulle eût été faite et publiée assez à temps pour être reçue en Flandre avant la mort du cardinal infant, et en France avant la mort du cardinal de Richelieu, l'affaire était finie; l'un et l'autre étant aussi bien disposés à l'égard du Saint-Siége qu'il fallait pour la faire recevoir avec tout le respect que méritait un ordre pareil; mais comme elle ne parut que plus d'un an après qu'elle eut été dressée, ces deux cardinaux si affectionnés à la religion n'étant plus, elle fut abandonnée en Flandre à la merci des factieux, qui étaient les maîtres, et mal reçue en France par la situation des affaires, où ceux qui avaient l'autorité n'avaient pas le même esprit que le cardinal de Richelieu, et avaient d'autres intérêts.

Le roi de France cependant mourut à Saint-Germain, le 14 mai, après de grandes langueurs accompagnées de fièvre et d'autres accidents plus fâcheux, et la reine, ayant été déclarée régente pendant la minorité de son fils, le gouvernement prit une autre face. On vit à la cour une autre conduite, d'autres vues, d'autres cabales et d'autres intrigues; mais dans ce changement si universel personne ne profita davantage que les jansénistes, qui devinrent bien plus puissants qu'ils n'étaient auparavant par la faiblesse du gouvernement d'un enfant roi, d'une femme régente et d'un ministre étranger. L'audace de tout oser leur vint par l'impunité de tout faire; à l'audace succéda la fierté; car ne trouvant plus que des applaudissements et des admirations où ils ne trouvaient auparavant que des accusations et des recherches, ils entreprirent de s'insinuer dans l'esprit de la reine régente, de remuer pour s'insinuer à la cour, et de se rendre partout les maîtres des esprits. Le concours des nouveaux prosélytes était grand; les dames s'assemblaient à Port-Royal, où les deux mères Arnauld les instruisaient de la nouvelle opinion, et les honnêtes gens s'assemblaient chez l'abbé de Saint-Cyran ou aux Chartreux, dans la cellule de dom Carouge, qui s'était attaché au parti. Le comte de Chavigny s'y trouvait quelquefois pour autoriser de son nom et de son crédit cette cabale naissante, et le comte d'Albon, son allié, qui avait épousé sa cousine germaine, m'a dit qu'il l'y menait pour l'engager, mais en vain, car il ajoutait qu'il avait toujours trouvé dans ces assemblées un méchant air qui l'en dégoûtait. C'était là que se faisaient les délibérations pour l'avancement de la nouvelle opinion, et qu'on y prenait les conseils pour la conduite des affaires. Ce fut là qu'on résolut de s'opposer à l'acceptation de la bulle, qu'on ferait passer pour supposée et fabriquée par les jésuites, selon les mémoires qu'on en avait de Flandre, et qu'on dressait tous les jours des projets de morale pour donner vogue à la doctrine nouvelle.

On vit le jour de Pâques, de cette année 1643, l'abbé de Saint-Cyran communier dans sa paroisse de Saint-Jacques du Haut-Pas, proche les Chartreux, parmi le peuple à la grand'messe, avec une étole sur son manteau, pour autoriser par une conduite si singulière les bizarres idées qu'il avait de la hiérarchie, et le secret dessein qu'il méditait d'abolir les messes basses dans chaque paroisse, pour ne donner lieu qu'aux grand'messes, ce qui allait à éloigner les peuples de la fréquentation des autels et à refroidir la dévotion des fidèles par la rareté de la célébration des saints mystères. C'était ce qu'il y avait de plus secret dans la cabale que ce dessein sur quoi on ne s'expliquait point, et cette communion laïque de ce patriarche était le signal qu'il commença à donner de ses intentions les plus secrètes. Il vécut de cette manière le reste de l'été, ne disant que rarement la messe ou point du tout; ainsi il donnait à son esprit et à sa religion toutes les formes qu'il voulait, tantôt ne faisant que le hiérarque, et ne prônant que la paroisse pour gagner les curés, tantôt faisant de grands éloges de la vie religieuse et de la perfection des vœux, contre ce qu'il en croyait, pour mettre en vogue le couvent de Port-Royal, comme il paraît par cette grande lettre qu'il écrivit de sa prison, quelque temps avant que d'en sortir, à une jeune princesse[1], qui s'était donnée à Port-Royal pour être religieuse; car rien n'est plus outré que les éloges qu'il fait dans cette lettre de l'état religieux. Cette jeune princesse retomba dans la tiédeur; on pria le directeur d'écrire une seconde lettre pour ranimer son premier feu, mais elle mourut peu après, sans prendre l'habit, âgée de vingt-deux ans. Et à bien examiner ce qu'il dit à la louange des vœux, et ce qu'il dit en son livre *de la Hiérarchie* et dans celui *de la Vir-*

---

[1] Mademoiselle d'Elbeuf l'aînée.

ginité, auquel le père Séguenot avait prêté son nom, on y mit un esprit excessif en tous ses sentiments, composé d'extrémités et de contradictions.

La vie qu'il mena le reste de l'été fut assez sombre et obscure : c'était un atrabilaire, qui, pendant ses cinq ans de prison, était encore devenu plus chagrin qu'auparavant ; se communiquant peu et affectant même de se cacher, pour faire davantage le précieux, il ne sortait presque que pour aller à Port-Royal et aux Chartreux. C'était son royaume que Port-Royal, où il avait repris toute son autorité de chef sans l'ordre de l'archevêque ; il y dominait avec un empire si souverain, qu'il envoyait à Port-Royal des Champs ceux qu'il fallait mettre en pénitence ; car cette maison ayant été dissipée par ordre du roi, l'année que cet abbé fut arrêté, et pour rétablir les choses dans leur première vigueur, il y envoya un nommé Lancelot, homme fort habile dans la grammaire, pour y ériger des écoles de jeunes enfants. On dit qu'il fit de même, en la paroisse de Saint-Jacques du Haut-Pas, pour les filles ; enfin on régla tout ce qui parut nécessaire pour donner des fondements solides à l'établissement de la nouvelle opinion, contre ce que le comte de Chavigny avait fait promettre aux jésuites par leur ami des Noyers, marquis d'Angu.

Cependant on allait mendier à Paris, de porte en porte, des approbations de tout ce qu'il y avait alors de prélats pour le livre *De la Fréquente communion*, que l'on portait déjà tout imprimé, mais sans la préface, où était tout le poison de ce livre. La plupart des évêques, occupés de leurs affaires, ne purent le lire ; mais on voulut y engager Nicolas Sauguin, évêque de Senlis, et Louis d'Attichy, évêque de Riez, qui, pour satisfaire à leur conscience, et ne pas approuver un livre qu'ils ne connaissaient pas, voulurent le voir, et ils le trouvèrent si dangereux, qu'ils furent prier le père Le Mairat, supérieur de la maison professe des jésuites à Saint-Louis, en la rue Saint-Antoine, d'obliger le père Nouët, qui y prêchait les dimanches de cette année, avec un grand concours de monde, à examiner ce livre pour le réfuter, ce que fit ce prédicateur avec un grand succès, qu'il le décria beaucoup avant même qu'il parût. Ceci donna lieu à tout le parti de se remuer pour se venger du père en interposant le crédit de l'abbé de Retz, neveu de l'archevêque, pour l'interdire. L'interdit ne se fit que le dernier dimanche qu'il devait prêcher, et l'abbé de Retz, coadjuteur de Paris, qui s'y trouva escorté de plusieurs gens du parti (parce qu'il avait entrepris de le faire rétracter par ordre de l'archevêque, son oncle), fut si mécontent de ce que ce père, au lieu de révoquer ce qu'il avait dit depuis trois mois dans ses sermons contre ce livre, confirma de nouveau tout ce qu'il y avait trouvé à redire, qu'à force d'importunités auprès de son oncle, qu'il gouvernait, il lui fit interdire la chaire pour toujours.

Les propositions principales qu'il combattait en ce livre, que l'évêque de Senlis lui avait prêté, furent que la conduite de l'Église présente en l'usage des sacrements favorisait l'impénitence des peuples, que les péchés secrets étaient sujets à la pénitence publique, comme les péchés de scandale les plus publics, que c'était honorer Notre-Seigneur au saint Sacrement que de s'en éloigner par respect, que la pénitence la plus parfaite est l'abstinence de la communion et l'éloignement des autels, et quantité d'autres choses encore plus odieuses. Le père Nouët découvrit tout le poison d'un si pernicieux livre, tout caché qu'il était sous ce qu'il y avait de fleurs les plus exquises de l'éloquence de Port-Royal. Il ne se peut dire aussi à quel excès d'aigreur et d'injures Arnauld, qui se déclarait pour auteur du livre, se laissa emporter contre le prédicateur dans une espèce de satire sous le nom d'avertissement qui fut mis à la tête de ce livre, quand il parut en public. C'est une invective pleine de faussetés, dont voici le détail : L'auteur, dit-on, de la réfutation de cet ouvrage est un jésuite, et c'est la cause de leur animosité contre le livre *De la Fréquente communion*, ce qui était tout à fait faux, car c'était un chartreux (le célèbre père Molina) sur qui le père Sesmaisons avait copié son écrit, de sorte qu'il n'y avait pas un mot de lui; ce qui fit dire alors à Pierre Camus, évêque du Belley, en parlant à un des chefs du parti, s'ils avaient de l'estime pour Molina, et ayant répondu qu'ils l'estimaient beaucoup, il leur dit : « Pourquoi donc blâmezvous l'écrit du père Sesmaisons, qui n'est qu'un extrait de Molina? »

C'est une seconde fausseté ce que dit Arnauld au père Nouët, dans le même avertissement qu'il a eu l'audace de déclamer en chaire, contre le suffrage de quinze prélats et de vingt docteurs qui avaient approuvé ce livre; car quand ce père entreprit de découvrir en ses sermons le poison du livre *De la Fréquente communion*, il n'avait encore aucune approbation de qui que ce soit. La troisième fausseté est qu'il impute le zèle du père Nouët à déclamer contre ce livre à l'intérêt que devaient avoir les jésuites à défendre l'écrit du père Sesmaisons qu'on attaquait, car encore une fois ce n'était pas l'écrit d'un jésuite. Le reste du discours de cet avertissement ne roule presque que sur le respect que ce prédicateur devait aux évêques approbateurs *De la Fréquente communion*, qui ne l'avaient pas encore approuvé et dont les suffrages ne parurent que longtemps après que le père Nouët eut commencé ses sermons, ce qu'il fit au mois de mai, comme il paraît par la date des approbations. Le reste est plein de pareilles faussetés, exagérées toujours avec un esprit d'aigreur et de présomption bien éloigné de cette douceur et de cette charité chrétienne qui devait éclater dans un livre de dévotion fait pour réformer la religion. L'auteur montre d'abord quel est son esprit quand il dit, à l'entrée de son avertissement, qu'il ne tenait qu'à lui de faire retomber sur le père Nouët et sur tous ceux de son ordre l'ignorance visible avec laquelle on a attaqué cet ouvrage.

D'Andilly cependant triomphait de joie de voir l'abbé de Saint-Cyran, son ami, non-seulement en liberté, mais encore dans une plus grande considération qu'avant sa prison, car parmi ses autres bonnes qualités il était bon et sincère ami; sa fidélité même dans l'amitié lui faisait honneur dans le monde et lui avait acquis la réputation d'honnête homme. Ce fut par ce principe qu'il devint si zélé pour la nouvelle opinion, qu'il en fut un des premiers apôtres et qu'il la prônait partout; son esprit, son nom, ses emplois lui donnaient de l'accès en bien des lieux où il était considéré, et après avoir gagné la princesse de Guéménée au parti, il gagna encore la marquise de Liancourt par l'attachement qu'il avait encore à la maison de Schomberg (étant sœur du maréchal), sous lequel il avait servi dans les finances. L'hôtel de Liancourt était ouvert à tous les gens d'esprit ; le marquis les attirait auprès de lui par ses bienfaits, ses honnêtetés et ses caresses, et quoique l'abbé de Bourseyes eût grande part à la conquête que fit le Port-Royal de la marquise, on peut dire toutefois que ce fut d'Andilly qui lui donna les premières impressions de la nouvelle doctrine ; car jamais femme n'a été plus susceptible de ces impressions-là que la marquise, et ce fut lui qui lui fit voir les mères Arnauld à Port-Royal, qu'on ne pouvait voir sans concevoir de l'estime pour le parti. C'était sur d'Andilly sur qui on se reposait pour ce qu'il y avait à faire et à entreprendre à la cour, où il réussissait assez bien par les amis, les habitudes et les entrées qu'il y avait. Ces petits succès lui firent penser à la marquise de Rambouillet, femme d'un mérite rare et à qui tous les beaux esprits faisaient alors la cour ; mais elle avait l'esprit trop solide pour donner dans ces nouveautés dont elle ne s'accommodait pas. Sa fille, qui fut depuis la duchesse de Montausier, parut y avoir plus de disposition, mais elle était trop occupée du monde ; elle ne laissa pas que d'écrire à d'Andilly une lettre de compliments sur l'élargissement de son ami l'abbé de Saint-Cyran, quand il sortit de Vincennes, pour lui en témoigner sa joie, et il se trouva bien des gens de la cour qui firent la même chose, comme le marquis de Servien qui fut envoyé plénipotentiaire à Munster avec le comte Davaux, le président de Barillon, qui fut depuis exilé, et d'autres auxquels d'Andilly fit réponse, comme il paraît dans ses lettres imprimées, où il traite Saint-Cyran comme un homme qui était alors le plus grand ornement de l'Église, le plus grand saint et le docteur le plus orthodoxe du siècle, quoique peu de temps auparavant l'archevêque de Paris eût condamné sa *Théologie familière* comme un livre pernicieux et capable de jeter les esprits des fidèles dans l'erreur [1]. C'est toutefois un des livres qui a été le plus prôné par la cabale ; on l'a imprimé plus de dix fois, tant on s'aveuglait

---

[1] Ce même livre fut mis par le pape Innocent X au nombre des livres hérétiques, le 23 avril 1654, pour les erreurs énormes qu'il contenait.

dans le parti sur ce qu'il avait de plus horrible et de plus abominable dans ce qui sortait des mains de ce novateur, pour le faux mérite duquel d'Andilly avait une préoccupation qui n'a jamais rien eu de pareil, car c'était un homme trompé de bonne foi et qui croyait tout ce qui lui venait dans l'esprit à l'avantage de son ami. On fit alors des projets pour s'insinuer dans la cour, qui n'eurent pas de succès ; on avait pensé à faire des tentatives auprès de la reine et du ministre, mais le ministre, qui avait déjà commencé à goûter quelques traits du souverain pouvoir, devint si délicat sur son autorité et sur tous ceux qui s'approchaient de la reine, sous quelque prétexte que ce fût (comme il parut dans la disgrâce du duc de Beaufort, cadet de la maison de Vendôme, qui fut arrêté à cause de ses privautés auprès de cette princesse, ce qui donnait ombrage au cardinal Mazarin), qu'on jugea à propos de différer en cette entreprise, où il y avait à risquer par le peu de connaissance qu'on avait de l'esprit du cardinal, dont les défiances croissaient tous les jours. On remit également à un temps plus favorable le dessein qu'on avait pris de tâcher de gagner cette princesse, où l'on trouva toujours de l'opposition par le soin que prit la marquise de Sennessé, qui fut choisie pour être sa dame d'honneur, de ne point souffrir qu'on la surprît sur la nouvelle opinion.

L'abbé de Saint-Cyran, devenu pesant et chagrin par les incommodités de sa prison, n'avait plus la même vivacité pour l'intérêt de sa doctrine; il disait rarement la messe les jours de fête, il allait communier dans quelques-unes des chapelles des chartreux avec l'étole ; sa santé diminuait tous les jours, et il tomba malade sur la fin de septembre de cette année 1643. Le mal se déclara d'abord par une petite fièvre dont les commencements parurent peu considérables et sans danger; mais soit que son tempérament fût entièrement altéré parce qu'il avait souffert en sa prison, soit que la fièvre fût intérieure et qu'elle ne parût pas aussi dangereuse qu'elle l'était en effet, le danger se déclara si brusquement et surprit tellement la vigilance de ses domestiques, qu'on ne pensa qu'aux remèdes sans penser aux sacrements. Il fut près de huit jours en cet état; mais l'ardeur de son mal embrasa ses entrailles déjà desséchées par l'opiniâtreté de son étude et par les fumées de sa bile ; puis il se fit un transport si fiévreux au cerveau qu'on n'eut pas le temps de lui donner l'extrême-onction tout entière, quelque diligence que fissent ses amis pour sauver quelque reste de bienséance qu'il y avait à ne pas laisser mourir un homme de ce caractère sans sacrements.

Quoi qu'il en soit, il mourut entre les bras de son curé aux premières onctions du sacrement ; ce fut, à ce qu'on prétend, d'une apoplexie dans toutes ses circonstances, et ce fut en vain que pour sauver l'honneur du défunt on trompa le public par la gazette, et qu'on gagna le gazetier pour lui faire mettre dans l'article Paris que le 11 du mois l'abbé de Saint-Cyran, malade depuis quelques jours, mourut ici d'une apoplexie, qui lui survint après qu'il eut reçu le saint viatique, avec une piété digne d'une éminente vertu, car celui qui lui donna l'extrême-onction témoigna le contraire. Mais, pour démêler les contradictions qui se débitèrent alors sur ce fait, il faut savoir que Honorat de Mussey, alors curé de Saint-Jacques du Haut-Pas, traita sur la fin de cet été de cette cure avec l'abbé de Pons qui avait un frère à la cour, dans le service auprès de la reine. Le traité entre l'un et l'autre étant conclu, l'abbé de Pons prit possession de la cure ; mais je ne sais pourquoi M. de Mussey ne s'était pas encore tout à fait démis de son poste, et par une tolérance mutuelle ils faisaient tantôt l'un et tantôt l'autre les fonctions de curé ; et comme dans l'accès de l'apoplexie qui frappa Saint-Cyran on courut à la paroisse pour l'extrême-onction, Mussey qu'on demandait ne s'étant pas trouvé au logis, l'abbé de Pons s'y trouva, il porta les saintes huiles au malade qui mourut peu après. Voici, sur ce sujet, un billet de lui adressé à l'un de ses amis : « Vous me de-
« mandez si M. l'abbé de Saint-Cyran a reçu ses sacrements à
« la mort ; personne ne peut mieux vous répondre de cela que
« moi, car ayant été appelé par ses domestiques pour lui
« donner l'extrême-onction, il mourut avant que j'eusse achevé ;
« j'avais traité de ce bénéfice avec l'abbé Honorat Mussey quel-
« ques jours auparavant, et il ne s'était pas encore entièrement
« défait de ses fonctions ; nous nous aidions l'un l'autre dans
« les besoins de la paroisse, et ne s'étant pas trouvé au logis, je

« fus appelé pour assister ce malade en cette extrémité ; je ne
« pus achever, la mort l'ayant surpris : pour les autres sa-
« crements, il ne les reçut point, et il ne nous en fut pas
« même parlé ni à l'un ni à l'autre ; j'ai remarqué autour
« du malade deux femmes qui le servaient avec bien de
« l'affection, l'une assez jeune, et l'autre avancée en âge ; on
« disait dans le domestique qu'elles avaient grand soin de lui
« et qu'il avait grande confiance en elles. Mon collègue Mussey
« déposa que le défunt avait reçu ses autres sacrements, ce
« qu'on exigea de lui pour sauver l'honneur de cet abbé, et ce
« fut à force d'argent qu'on tira ce témoignage. C'est tout ce
« que je sais sur cela.

« L'ABBÉ DE PONS, *curé de Saint-Jacques du Haut-Pas.* »

On ne peut assez s'étonner du soin qu'eurent les jansénistes de faire à ce défunt un faux honneur d'avoir reçu à la mort ses sacrements, lui qui enseigna toute sa vie la vertu qu'il y avait de s'en priver en mourant, et qui, ayant été malade d'une fièvre qui dura plus de dix jours et qui l'avertissait de penser à la mort et de s'y préparer, affecta d'éviter à dessein les sacrements pour faire un exemple en sa personne de cette affreuse dévotion. L'enterrement se fit le lendemain, à la paroisse de Saint-Jacques du Faubourg, avec un grand concours de gens de qualité. La messe fut célébrée, à ce qu'on dit, par trois évêques : prêtre, diacre et sous-diacre. François de Caumartin, évêque d'Amiens, dit la messe et fit les cérémonies des prières autour du corps. Les autres évêques qui y assistèrent furent l'archevêque de Bordeaux, les évêques de Valence, de Chalcédoine, d'Aire, le coadjuteur de Montauban et quelques autres avec un grand nombre de personnes de qualité de toute sorte ; car, pour faire honneur aux obsèques d'un homme si important, on eut soin de faire une assemblée de conséquence, c'est-à-dire de gens du parti et d'autres qui n'en étaient pas pour faire plus de bruit dans le monde.

Mais quelles façons ne prit-on point pour en faire un béat ! car rien ne fut oublié pour cela. Barcos, neveu de Saint-Cyran, fit, en abrégé, l'éloge de la capacité et de la sainteté de son oncle ; pour son épitaphe, il déclarait que c'était le plus grand saint et le plus grand docteur que Dieu eût donné à l'Église dans ces derniers siècles. Il en fut bien récompensé ; car d'Andilly ayant mené ce neveu du défunt à la comtesse de Chavigny pour avoir d'elle des lettres de recommandation au comte son mari, tout-puissant alors sur le cardinal Mazarin, il obtint du roi l'abbaye de son oncle, où il fit le patriarche encore plus que lui, quand il s'y fut rendu maître des esprits. Mais ce ne fut que dans son abbaye qu'il régna ; il aurait tout gâté par l'austérité et la rigidité de son esprit, s'il se fût trouvé à la tête des affaires à Paris. Il ne fit de véritables progrès pour la nouvelle opinion que dans ce lieu-là, où il vécut d'une vie assez dure et ne s'établit qu'à force de patience et de temps.

Voici donc ce qu'on fit pour rendre la mémoire du défunt célèbre en attirant du monde à son tombeau : on envoyait tous les samedis des prêtres de Port-Royal, qui venaient dire la messe à l'autel le plus proche du tombeau. Ce n'était point la messe des morts avec du noir qu'ils disaient, c'était une messe de confesseur avec du blanc ; car on traitait déjà ce mort de bienheureux à Port-Royal. On envoyait la veille laver et nettoyer la tombe avec un grand soin pour faire mieux lire l'éloge contenu dans l'épitaphe. Les personnes de qualité y venaient en foule, et l'on se succédait dans les prières qu'on faisait auprès de ce tombeau comme on fait au saint Sacrement dans les lieux où se fait l'adoration perpétuelle. Cependant d'Andilly, qui avait fait graver l'image de l'abbé, la distribuait dans le faubourg ; à quoi on ajoutait de petites guérisons et de petits miracles qu'on supposait à ces images pour les rendre recommandables ; mais comme on y ajoutait des aumônes dans le petit peuple, elles y étaient toujours bien reçues. Enfin, ce concours de personnes de condition, ces carrosses plantés à la porte de la paroisse, ces dames en dévotion sur la tombe du défunt ; cet appareil, ces cérémonies donnèrent tellement dans les yeux du peuple, qu'il commença à se mêler à cette dévotion, et par l'idée qu'on lui en fit ou qu'on le força de se faire sur ce qu'il voyait, il s'accoutuma au langage qu'on affecta de débiter dans le faubourg, que le défunt était un saint. Ainsi, par un changement qui paraîtra sans raison, sans fondement et peut-être sans exemple, cet homme, qui n'était sorti de prison que par supercherie, accusé de tant d'innovations, cet homme, si dangereux à l'Église et à la religion, odieux à tous les gens de bien, dont le père de Condren, un des plus éclairés et des plus vertueux de ces temps-là, défendit en mourant le commerce à sa congrégation comme pernicieux; un emporté qui, dans les mouvements de sa colère, n'était point maître de lui, le plus vain de tous les hommes, abîmé dans toute la présomption de l'amour-propre, n'ayant que du mépris pour tout le monde et que de l'admiration pour lui-même, enfin un homme qui s'était fait un point d'honneur de mourir sans sacrements pour établir son opinion, devient, dès qu'il est mort, un grand saint par l'intrigue de sa cabale.

Le concours de dames de qualité qui fréquentaient le Port-Royal; le séjour qu'y fit la petite demoiselle de Longueville, depuis duchesse de Nemours, pendant le mariage du duc, son père, avec mademoiselle de Bourbon; l'empressement qu'avait alors mademoiselle d'Elbeuf de se faire religieuse en ce couvent, où elle demeurait depuis quelque temps; l'intrigue d'Arnauld et de Sainte-Beuve avec la jeunesse de Sorbonne pour donner vogue au livre de Jansénius; l'indifférence où l'on était à la cour sur les affaires de religion; le peu d'intérêt que la plupart des magistrats de premier ordre semblaient prendre en cette nouveauté; enfin les dispositions où les curieux de l'un et de l'autre sexe se trouvèrent alors pour tout ce qui avait l'air de mystère et de singularité, contribuèrent à former ce premier plan du jansénisme, lequel, dans la suite, devint si redoutable à l'Église et à l'État.

On continuait à profiter en Flandre de la faiblesse du nouveau gouvernement de dom Francisque de Mello, naturellement timide, et du mécontentement qu'on avait en Espagne du Pape par l'affaire de l'évêque de Lamego, sur laquelle les Barberini, occupés de leur guerre de Parme, ne faisaient aucune satisfaction, parce qu'ils n'en pouvaient faire. L'archevêque de Malines et le président Rooze, qui n'ignoraient pas ce secret, se servaient de la conjoncture pour empêcher l'effet des promesses que Mello faisait à l'internonce pour la publication de la bulle et qui arrêtait, par l'intrigue de Fromond, toutes les démarches que faisait, dans l'université de Louvain, cet officier du Pape, par ses diligences et par ses sollicitations auprès des anciens et de ceux qui voulaient obéir; car dès qu'ils faisaient des pas pour cela ou qu'on avançait quelque chose pour la bulle, il faisait intervenir des défenses de la part du conseil de Brabant, qui bridaient tous ses desseins. A la vérité, quand on vit le Pape résolu d'abroger tous les priviléges de cette Université si elle n'obéissait pas, ce qui allait tout à fait à la détruire, on y prit le parti de députer à Rome deux docteurs de la faculté pour s'informer sur les lieux de la vérité de la bulle, dont on ne doutait pas.

La députation se fit dans les formes ordinaires, le 19 septembre de cette année 1643. Les députés furent Jean Sinnik[1], doyen de la faculté, et Corneille de Pape, chanoine de l'église de Saint-Pierre de Louvain. Le conseil de Brabant, pour rendre la députation plus célèbre, chargea ces deux envoyés d'affaires, à ce qu'on disait, importantes, avec des lettres de créance scellées de leur sceau. Cependant les chefs du parti agirent fortement auprès du conseil afin que la bulle ne fût reçue dans le pays qu'après le rapport des députés. L'internonce s'opposa de toute sa force à cette requête par une autre plus pressante, qu'il présenta au gouverneur. L'internonce fit écrire par le cardinal Barberini au cardinal Paveirolle, nonce en Espagne, afin qu'il eût soin de prévenir le roi auquel on renvoyait l'affaire par ordre du conseil de Brabant. Les députés arrivèrent cependant à Rome sur la fin de novembre où on les fit languir quelque temps sans les écouter, selon ce que l'abbé de Sainte-Anastasie en avait écrit au cardinal Barberini pour l'avertir du dessein avec lequel ils allaient et par quel esprit se faisait cette députation; car ce n'était que pour fomenter l'esprit de révolte dans l'université de Louvain que les deux députés, les plus brouillons de ce grand corps, venaient se jeter aux pieds du Pape, pour l'amuser d'une fausse soumission, pen-

---

[1] Plus haut le manuscrit porte Sinnich, peut-être faut-il lire Lynch ou Smith, car Simik, Sinnich ou Sinnik ne sont nullement irlandais.

dant qu'ils donnaient lieu aux partisans de l'évêque d'Ypres d'entretenir dans tout le pays une véritable désobéissance aux ordres tant de fois réitérés de Sa Sainteté.

Le cardinal Barberini, sur de pareilles instructions, fit sentir à ces députés toute la sécheresse que méritaient des gens si peu dignes d'être écoutés; on les laissa longtemps à la porte du palais solliciter leur audience; mais enfin ils firent tant de fois retentir le nom de l'archevêque de Malines, du conseil privé de Brabant et de l'université de Louvain, qu'on les écouta, qu'on leur donna des commissaires et qu'on leur fit espérer quelque sorte de satisfaction. Mais la maladie du Pape, ses rechutes fréquentes et ensuite sa mort, ainsi que toutes ces longueurs, ne laissèrent pas de servir au dessein qu'ils avaient de gagner du temps pour le débit du livre de Jansénius, en arrêtant la bulle; car c'était là le seul dessein de cette députation, qui arrêtait en effet tellement le cours des affaires en Flandre, que l'abbé de Sainte-Anastasie, ne pouvant rien avancer pour y faire publier la bulle, mandait au cardinal Barberini qu'il s'étonnait qu'on n'avait pas encore fait arrêter ces deux brouillons de députés qui gâtaient tout.

Ces envoyés avaient eu soin, à ce qu'on dit, de porter à Rome l'original de la soumission de l'évêque d'Ypres, qu'il écrivit en mourant pour mettre à la tête de son livre, ou par remords de conscience, ou par politique. Cet écrit était une déclaration qu'il faisait d'une parfaite soumission au Saint-Siége pour sa doctrine, qu'il remettait au jugement du Pape d'y retrancher ce qu'il lui plairait. Il paraissait, en effet, que c'était l'intention de l'auteur; on sut même qu'une demi-heure ou environ avant sa mort, il marqua encore plus précisément son intention dans son testament. On crut apaiser par là le Pape irrité du peu de déférence qu'on avait eue pour sa bulle; mais ce n'était pas d'un mort, c'était des vivants dont on demandait la soumission, et cette avance que firent les députés ne servit qu'à faire voir leur peu de sincérité. Ils ne laissèrent pas, pour se faire valoir auprès de ceux qui les envoyaient, de faire de grands trophées de leur négociation dont ils se vantaient fort, mais se raillant en secret de ce que l'original de la bulle d'Urbain VIII ne paraissait point, et insinuant à leurs amis qu'il y avait apparence que cette bulle était supposée.

Le grand succès qu'eut à Paris la nouvelle opinion parmi les curieux fut un peu interrompu par le froid que jeta dans les esprits sur cette affaire l'aventure d'une dispute qui se fit au commencement de l'année suivante dans le collége des jésuites. La chose se passa ainsi. Le père Étienne Deschamps achevait ses études de théologie; ses supérieurs lui ordonnèrent de se préparer à soutenir des thèses de tout son cours; à la manière qui se pratique chez les jésuites, il arrangea sur le plan des thèses de Louvain tout ce que les hérétiques modernes ont enseigné sur la grâce et sur le libre arbitre, et en attaquant la doctrine de Wiclef, de Luther, de Calvin, de Dominis, il réfuta la doctrine de l'évêque d'Ypres, sans le nommer ni sans qu'il parût même penser à lui. C'étaient les mêmes termes, les mêmes expressions, les mêmes sentiments, les mêmes raisons, les mêmes dogmes que ceux de Jansénius, mais sous les noms de Luther, de Calvin et des autres; ce qui parut d'autant plus redoutable au parti, qu'ils n'avaient pas le mot à dire pour justifier Jansénius d'une accusation si terrible, car les endroits étaient cités avec tant de fidélité et d'une manière si exacte qu'on ne pouvait s'inscrire en faux contre tant d'évidence, ce qui obligea les chefs à remuer auprès du nonce le cardinal Grimaldi pour empêcher que la thèse fût soutenue. Le nonce, instruit des intentions du cardinal Barberini, qui ne voulait pas de bruit, fut d'avis que la chose fût arrêtée sur le fracas qu'allait causer cette dispute, dont on lui faisait peur; il fit dire aux jésuites qu'il valait mieux supprimer cette thèse. Le chancelier, qui savait du cardinal de Richelieu, son patron, combien il était important pour la religion de résister au jansénisme et de décrier cette nouvelle doctrine, ne fut pas de l'avis du nonce; il jugea que cette dispute pouvait faire du bien et ne pouvait faire du mal. Le nonce s'y rendit; la thèse fut soutenue le 4 janvier de l'année suivante 1644, avec un si grand concours, qu'il n'y eut pas de lieu pour placer la moitié de l'assemblée; il y eut un père de Sainte-Geneviève, nommé Fronto, qui s'était déjà gâté de ces nouveautés, lequel parut des plus ardents à la dispute, mais que le soutenant accablait de passages de saint Augustin, avec une si grande profusion, qu'il ne laissait pas respirer ceux qui l'attaquaient. Jamais chose ne réussit mieux en ce genre de dispute; il ferma la bouche à tous ceux qui voulurent parler, et comme son dessein était de faire bien connaître la conformité de la doctrine de l'évêque d'Ypres avec les hérésiarques modernes, il le fit d'une manière dont toute l'assemblée en fut persuadée, excepté ceux que la prévention empêche, en pareille occasion, d'entendre raison. Le fruit de cette dispute fut de détromper ceux qui avaient des yeux pour les ouvrir et de l'esprit pour comprendre. En effet, le livre de Jansénius, sa doctrine et toute cette cabale devinrent depuis odieux à tous les gens de bien, et quoique ceux de ce parti fissent profession alors de répondre à tout, bien ou mal, ils ne purent jamais, dans la suite, justifier la doctrine de leur chef ni de tout ce que le père Deschamps avança dans les thèses, ni de tout ce qu'il imprima depuis dans son *Antonius Richardus*, pour montrer que la nouvelle opinion n'est point autre dans le fond que l'opinion de Luther, de Calvin, et des autres hérétiques modernes; car rien n'est plus frivole que les réponses de Fromond. Il se radoucit, et fit de grands efforts pour ne rien dire, mais le père Deschamps réfuta même ses réponses, et la chose en demeura là.

Enfin le pape Urbain VIII, après plusieurs attaques de catarrhes et d'infirmités, mourut chargé d'années le 29 juillet de cette année 1644. Le 13 août de cette même année Nicolas Bagni, archevêque d'Athènes, fut nommé par Innocent nonce apostolique en France, en remplacement du cardinal Grimaldi, et prit d'autres voies pour faire recevoir la bulle du Pape.

Voilà ce que j'ai trouvé dans les mémoires qu'on m'a fournis sur toute la suite de cette affaire et sur l'histoire de Jansénius et de Saint-Cyran, c'est-à-dire sur ce qui regarde leurs personnes et la doctrine qu'ils parvinrent à établir par leurs intrigues et celles de leur parti.

FIN.

TABLE DES SOMMAIRES.

LIVRE PREMIER.

Jeunesse de Corneille Janssen. — Ses études à Louvain. — Lipse. — Baïus. — Sa doctrine. — Sa condamnation par Pie V. — Rechute de Baïus. — Nouvelle condamnation de sa doctrine par Grégoire XIII. — Cabale contre les jésuites à Louvain. — Léonard Lessius. — Mort de Baïus. — Jacques Jansson ou Janssen. — Voyage de Jansénius à Paris. — Son amitié avec du Vergier. — Jeunesse de Jean de Hauranne du Vergier. — Ses études. — Querelle entre les jésuites et l'université de Louvain. — Clément VIII interdit la classe de philosophie aux jésuites de Louvain. — Amitié de Lipse et de du Vergier. — Inimitié de Jansénius et de du Vergier contre les jésuites. — Retraite de Jansénius et de du Vergier à Campiprat. — Bertrand Deschaux, évêque de Bayonne. — *La Question royale*. — Affaires religieuses de Bayonne. — Assassinat du maréchal d'Ancre. — Du Vergier à Poitiers. — Retour de Jansénius à Louvain.................. 1

LIVRE DEUXIÈME.

Fondation du collége de Sainte-Pulchérie. — Jansénius en est nommé le principal. — Apostasie de Marc-Antoine de Dominis. — Jansénius fait docteur en théologie. — Troubles de Poitiers. — Du Vergier commence sa cabale. — Correspondance de Jansénius et de du Vergier. — *De la République ecclésiastique* de Dominis. — Amitié de du Vergier avec la famille de d'Andilly. — Projets de réforme dans l'Église par du Vergier et Jansénius. — Voyage de du Vergier à Louvain. — Épisodes et synode de Dordrecht. — Liaison de du Vergier avec le père de Condren et d'Andilly.. 57

LIVRE TROISIÈME.

Mort de Philippe III. — Frayeurs de Jansénius. — Florent Conrius, archevêque de Tuam. — Question des enfants morts sans baptême. — Origine du livre *De la Grâce et du libre arbitre* de saint Augustin. — Le pélagianisme. — *De la Correction de la grâce*. — Retour de Louis XIII à Paris. — Le père de Bérulle. — Affaires politiques. — Plan de Jansénius et de du Vergier pour leur réforme. — Canonisation de saint Ignace. — Falsification des livres de saint Augustin. — Affaires de Hollande. — Disgrâce du comte de Schomberg. — Haine de la famille Arnauld contre les jésuites. — Retraite de d'Andilly. — Guerre contre les jésuites. — Affaires des carmélites. — Portraits de Jansénius et de du Vergier...... 111

LIVRE QUATRIÈME.

Mort de Grégoire XV. — Port-Royal. — Conférence de Bourg-Fontaine. — Mariage du prince de Galles. — Bochard de Champigny. — Difficultés des jésuites dans les Pays-Bas. — Voyages de Jansénius en Espagne. — Libertinage de la cour de Louis XIII. — Le père Garasse. — Jansénius se fait des sectateurs. — Cabale de Jansénius, Trevisi, Calenus et Fromond. — L'archevêque de Malines. — Le Chapelet secret. — Le père de Gibieux......................... 158

LIVRE CINQUIÈME.

Jansénius écrit son *Augustinus*. — État de la religion en France et en Angleterre. — Élection de Richard Smith, évêque de Chalcédoine. — Déplorables effets de l'administration de monseigneur Smith. — Les jésuites écrivent contre la conduite de l'évêque. — Censures du clergé de France et de la Sorbonne. — Urbain VIII condamne la conduite de l'évêque. — Mort et portrait du cardinal de Bérulle. — Maladie de Louis XIII. — La journée des Dupes. — Origine de Port-Royal des Champs. — Irrégularité de l'élection des mères Arnauld. — Organisation du Port-Royal à Paris. — Mauvaise foi de Jansénius au sujet des prédestinatiens. — Vanité de Saint-Cyran. — Voyage de la mère Agnès. — Saint-Cyran commence à diriger le Port-Royal.................. 207

LIVRE SIXIÈME.

Institution de l'adoration perpétuelle au Port-Royal. — Saint-Cyran s'insinue dans l'esprit de l'évêque de Langres. — Saint-Cyran directeur des bénédictines réformées. — Histoire de la Durand. — Mauvaise réussite des intrigues de Jansénius. — Saint-Cyran compose le *Chapelet du Saint Sacrement.* — Pernicieux effets de cette doctrine. — Ouvrage de Saint-Cyran sur la hiérarchie ecclésiastique. — L'*Aurélius.* — Plan de l'*Aurélius.* — Effet qu'il produisit. — La France déclare la guerre à l'Autriche. — Jansénius écrit *Mars gallicus* contre les rois de France. — Fondation d'une nouvelle maison rue Coquillière. — Retour du roi à Paris... 258

LIVRE SEPTIÈME.

Gaston de France, duc d'Orléans, s'enfuit de Bruxelles et revient à Paris. — Formation de l'Académie française : d'Andilly refuse d'en être. — L'évêque de Langres obligé de quitter la direction de Port-Royal. — Saint-Cyran se lie par intérê avec le père Vincent, fondateur des lazaristes. — Rapports de saint

Vincent de Paul avec Saint-Cyran. — Jansénius est nommé évêque d'Ypres. — Retraite d'Antoine Lemaître. — Premiers apôtres du jansénisme. — Saint-Cyran ne prend plus de ménagements. — Rapports au cardinal de Richelieu... 311

LIVRE HUITIÈME.

Affaires des jésuites (1637). — Le père Caussin parle au roi contre le cardinal de Richelieu. — Le père Caussin est exilé. — Le livre du père Séguenot. — Mort de Jansénius. — La duchesse d'Aiguillon. — Arrestation de Saint-Cyran. — Procès de Saint-Cyran. — Interdit de la maison de la rue Coquillière. — Informations contre Saint-Cyran. — Le jeune Arnauld. — Orgueil de Saint-Cyran. — Naissance du Dauphin. — Alliance des richéristes et des jansénistes. — Mort du père Joseph. — Renvoi de la cour de la marquise de Sennessé.. 360

LIVRE NEUVIÈME.

Fromond et Calenus se disposent à publier l'ouvrage de Jansénius. — Vains efforts de l'internonce pour s'opposer à sa publication. — Les jésuites le font interdire en Flandre. — Mort de la mère Arnauld. — Mort du père de Condren. — Les jésuites publient leurs thèses contre le jansénisme. — Histoire de Henri du Hamel. — Cabale janséniste. — Écrits des jésuites. — Faiblesse du cardinal Barberini. — Bulle du Pape. — Mort du cardinal Infant. — Division des partis en Flandre. — Insulte faite à l'ambassadeur d'Espagne............. 410

LIVRE DIXIÈME.

Entretien à Fontevrault du père Rapin avec l'abbé Balthazar Pavillon. — Histoire des croyances de saint Augustin sur la grâce. — Querelles qui s'élevèrent au sujet de la doctrine de ce Père. — Aperçu sur les hérésies provenant de la doctrine de saint Augustin depuis Prosper jusqu'à Jansénius. — Abrégé du livre de Jansénius et de sa doctrine. — Remontrances des nonces au Pape. — Bulle de censure. — Mort du cardinal de Richelieu. — La princesse de Guéménée et la marquise de Sablé. — Élévation du cardinal Mazarin. — Élargissement de Saint-Cyran. — Mort de Louis XIII. — Histoire du livre *De la Fréquente communion*. — Mort de Saint-Cyran. — Députation de Louvain à Rome. — Mort du pape Urbain VIII............................ 458

FIN DE LA TABLE DES SOMMAIRES.

www.ingramcontent.com/pod-product-compliance
Lightning Source LLC
Chambersburg PA
CBHW070946240426
43669CB00036B/1880